MANAGEMENT SCIENCE AND ENGINEERING CLASSICS 管理科学与工程经典译丛

MODERN SYSTEMS ANALYSIS AND DESIGN

管理科学与
工程经典译丛

现代系统分析与设计

（第6版）

杰弗里·A·霍弗 (Jeffrey A. Hoffer)
乔伊·F·乔治 (Joey F. George) 著
约瑟夫·S·沃洛奇赫 (Joseph S. Valacich)
尹秋菊 译

中国人民大学出版社
·北京·

图书在版编目（CIP）数据

现代系统分析与设计：第6版/霍弗等著；尹秋菊译. —北京：中国人民大学出版社，2013.2
（管理科学与工程经典译丛）
ISBN 978-7-300-15844-0

Ⅰ.①现… Ⅱ.①霍…②尹… Ⅲ.①信息系统—系统分析②信息系统—系统设计 Ⅳ.①G202

中国版本图书馆CIP数据核字（2013）第011246号

管理科学与工程经典译丛
现代系统分析与设计（第6版）
杰弗里·A·霍弗
乔伊·F·乔治　　著
约瑟夫·S·沃洛奇赫
尹秋菊　译
Xiandai Xitong Fenxi yu Sheji

出版发行	中国人民大学出版社		
社　　址	北京中关村大街31号	**邮政编码**	100080
电　　话	010－62511242（总编室）		010－62511398（质管部）
	010－82501766（邮购部）		010－62514148（门市部）
	010－62515195（发行公司）		010－62515275（盗版举报）
网　　址	http：//www.crup.com.cn		
	http：//www.ttrnet.com（人大教研网）		
经　　销	新华书店		
印　　刷	涿州市星河印刷有限公司		
规　　格	185 mm×260 mm　16开本	**版　　次**	2013年3月第1版
印　　张	33.25插页1	**印　　次**	2013年3月第1次印刷
字　　数	806 000	**定　　价**	69.00元

《管理科学与工程经典译丛》
出版说明

中国人民大学出版社长期致力于国外优秀图书的引进和出版工作。20 世纪 90 年代中期，中国人民大学出版社开业界之先河，组织策划了两套精品丛书——《经济科学译丛》和《工商管理经典译丛》，在国内产生了极大的反响。其中，《工商管理经典译丛》是国内第一套与国际管理教育全面接轨的引进版丛书，体系齐整，版本经典，几乎涵盖了工商管理学科的所有专业领域，包括组织行为学、战略管理、营销管理、人力资源管理、财务管理等，深受广大读者的欢迎。

管理科学与工程是与工商管理并列的国家一级学科。与工商管理学科偏重应用社会学、经济学、心理学等人文科学解决管理中的问题不同，管理科学与工程更注重应用数学、运筹学、工程学、信息技术等自然科学的方法解决管理问题，具有很强的文理学科交叉的性质。随着社会对兼具文理科背景的复合型人才的需求不断增加，有越来越多的高校设立了管理科学与工程领域的专业，讲授相关课程。

与此同时，在教材建设方面，与工商管理教材相比，系统地针对管理科学与工程学科策划组织的丛书不多，优秀的引进版丛书更少。为满足国内高校日益增长的需求，我们组织策划了这套《管理科学与工程经典译丛》。在图书遴选过程中，我们发现，由于国外高等教育学科设置与我国存在一定的差异，不存在一个叫做“管理科学与工程”的单一的学科，具体教材往往按专业领域分布在不同的学科类别中，例如决策科学与数量方法、工业工程、信息技术、建筑管理等。为此，我们进行了深入的调研，大量搜集国外相关学科领域的优秀教材信息，广泛征求国内专家的意见和建议，以期这套新推出的丛书能够真正满足国内读者的切实需要。

我们希望，在搭建起这样一个平台后，有更多的专家、教师、企业培训师不断向我们提出需求，或推荐好的教材。我们将一如既往地做好服务工作，为推动管理教学的发展做出贡献。

中国人民大学出版社

译者序

信息系统分析与设计工作，是信息管理与信息系统专业的同学，以及从事信息系统开发的工作人员非常重要的学习和工作内容。一个信息系统的分析和设计工作是否充分准确，对信息系统成功与否具有决定性的作用。

译者从事信息系统分析与设计相关的教学工作多年，每每感觉到在教材选择和使用过程中的不顺意之处。然而在本书的翻译过程中，译者发现其知识体系的逻辑性和支持案例的适当性，满足了信息系统分析与设计教学过程中的多种需求。总体来讲，本书具有以下三大特色：

1. 内容的体系性与前沿性

本书主要讲述了两种系统分析与设计的主流方法，即生命周期法和面向对象法，充分阐释了其中所包括的概念、技术和流程，并详细介绍了每一个重要工作步骤的实现方式。除此之外，还强调了几种现代系统分析与设计方法的应用，例如快速应用开发、敏捷开发、极限编程等。

2. 虚拟案例的完美配合

在介绍两种主流系统分析与设计方法的过程中，通过案例的实际运用来强调这些方法的具体实现。书中贯穿了一个完整的案例——百老汇娱乐公司（BEC）信息系统的开发过程，与文中的理论体系相呼应，并利用另外两个案例——松谷家具公司的电子商务网站和 Hoosier Burger 的自动订餐系统，来辅助描述不同的侧重点。

3. 教学资源的丰富性

本书提供的章后材料包括关键术语、复习题、问题与练习部分，为相关内容的学习和掌握提供了很好的支持。同时，也为教师提供了完整的演示文稿。每章章末还为学生提供了大量综合案例分析的素材。

综上特点不难发现，对信息管理与信息系统专业的高年级本科生，以及从事信息系统开发的工作者来说，这都是一本极好的具有完善知识体系和完整实例支持的必备教材。

本书由尹秋菊主译，参与各章翻译工作的有杨婧、陈晴晴、王仕军、支堃、刘明月、冯丽、陈懿等。由于译者水平有限，在翻译过程中，难免存在不足和缺陷，敬请广大读者批评指正。

前　言

描述

本书涵盖了系统分析员成功开发信息系统所需要的概念、技能、方法、技术、工具以及一些必要的观点。主要的目标读者是管理信息系统（MIS）课程或计算机信息系统课程的高年级本科生；第二类目标读者是MBA或MS项目中MIS专业的学生。尽管本书并不是专门为低年级本科生或专业开发人员编写的，但仍可用于这些用途。

我们在系统分析与设计领域拥有70多年的经验，并把这些经验用于编写这个最新版本。我们针对相关概念、技能和技术提供了清晰的表述，这些内容是学生成为一名与他人共同工作、为企业开发信息系统的高效系统分析员所必需的。我们在整本书中使用系统开发生命周期（SDLC）模型作为一个贯穿始终的工具，为学生提供一个强大的概念和系统框架。第6版中的SDLC有五个阶段，以及一个循环的设计。

我们假设使用本书的学生已经学习了关于计算机系统的介绍性的课程，并具有至少使用一种编程语言进行程序设计的经验。对于那些没有接触过系统开发方法基础知识的学生，我们会回顾一些基本的系统原理。我们还假设学生在计算读写能力方面拥有扎实的基础，并对企业基本元素有大概的了解，其中包括与生产、营销、财务和会计功能相关的基本术语。

第6版的更新之处

下述内容是第6版的更新之处：

● 新的内容。我们在第6版中加入了关于系统分析与设计的新内容。第1章中增加了面向服务架构（SOA）；第2章中增加了云计算。双倍扩充了用例的前言部分，包括大量关于如何书写用例的信息。第13章中增加了一些系统实施失败的例子。更新修正了书中的数据、表格，以及相关内容。

● 修正的内容。每章内容都进行了适当的更新。前面已经提到增加了SOA和云计算。其他更新的例子包括：第1章中修正了信息服务（IS）/信息技术工作市场的信息。第2章中更新了世界前10位软件公司的列表，并对全球软件行业多个方面的信息进行了修正。第13章中更新了系统实施失败的例子，以及公司所报告的主要安全风险。所有复制的截屏均来自主要软件产品的当前版本。我们也特地更新了参考文献列表，删除了过时的材料，并增添了最新的文献。

● 广泛重新组织的文本。我们删除了两章（第5版中的第8章和第13章），从共16章缩减为只有14章，以使得内容更为流畅。所删两章中的有些内容被移到其他地方，其他内容则彻底删去。删掉的内容有：原第8章讲述结构化系统逻辑需求的内容，原第13章讲述设计说明书的内容，以及这两章末尾的案例内容，删掉这些内容并没有影响BEC案例的连续性。这是因为虽然这些案例内容与已删掉的章节有关联，但与目前重新组织的内容没有联系。

● 重新安排的内容。从被删掉的“结构化系统逻辑需求”一章中，我们挑选出决策表的内容，并将其移至第7章的末尾，该章主要讲述数据流图。从被删掉的“设计说明书”一章中，我们将自动需求管理工具移至第6章中，该章主要讲述需求确定，它与这一章更为匹配。原第13章中的原型部分也被移至第6章中。敏捷方法与其他计划方法的对比表格，以及快速应用开发均被移至第1章中。最后，原第13章设计说明书中的敏捷方法的内容被移至讲述系统实施的章节中。

● 删除的内容。为了保证内容更能反映现状，并且更为流畅，第6版删除了一些内容。第1章中不再包括系统类型、原型法以及联合应用设计部分。这些主题仅在第6章中讲述。我们也不再论述结构化英语或结构图的内容。在系统实施一章中，我们删除了关于准备用户文档，以及FLORIDA系统失败的内容。

● 面向对象方法的介绍。我们保留了上一版中的面向对象（OO）方法。与面向对象方法相关的简短附录继续紧跟在相应章节后。由于内容被重新组织，一些附录也重新布置或重新设计了。OO附录以下列方式出现：第3章IS项目管理中突出了OO部分的特色。目前第7章有三个OO附录：一是用例；二是顺序图；三是活动图。第8章中有一个专门的面向对象数据库设计部分。这一版中的基本原理与以前的版本相同：完全将结构化方法和面向对象方法分开，以便不讲授OO方法的教师可以绕过它。另一方面，想要向学生讲授面向对象方法的教师现在可以不费力气地找到OO的相关内容。

● 技术插图的更新。本书中的截屏被更新，以显示使用最新版本的CASE工具的样例（包括IBM的Rational产品）、编程和互联网开发环境（包括最新版本的.NET，Visio和微软Office），以及用户界面设计。书中提供了许多网站的参考链接，以便学生能够了解影响信息系统分析与设计的当前技术趋势。

● 百老汇娱乐公司（BEC）的案例。本书每一个新版本的BEC案例均已更新。正如前面所提到的，第6版中删除了案例的两个转换部分。

□ 本书主题

1. 系统开发源自组织环境。成功的系统分析员需要对组织、组织文化及组织运作具有广泛的了解。

2. 系统开发是一个实践性的领域。涵盖最新的实践和公认的概念、原理是教材必须做到的。

3. 系统开发是一个专业。实践的标准、持续的系统开发理念、道德、对与他人合作的尊重是本教材的通用主题。

4. 随着数据库、数据驱动系统架构、快速开发、互联网以及敏捷方法的爆炸式增长，系统开发发生了巨大的变化。系统开发和数据库管理能够并且也应该在高度协调的方式下进行讲授。本书与 Hoffer，Topi 和 Venkatraman 合著的《现代数据库管理》（第 10 版）兼容，后者同样由培生出版公司出版。这两本教材适当的连接为达到 IS 学术领域的要求提供了一个战略性的机会。

5. 系统分析与设计的成功不仅仅需要方法和技术技能，同时也需要项目管理技能，以用于管理时间、资源和风险。这样，学习系统分析与设计就要求对流程，以及技术和本专业的交付成果有一个全面的了解。

考虑到这些主题，本教材强调以下内容：

1. 一个整体组织，而非一种技术或一个观点。

2. 系统分析员或系统项目经理而非程序员或者企业经理的角色、责任和思维。

3. 系统开发的方法和原理，而非本领域专门的工具或与工具相关的技能。

独特之处

本书的一些独特之处如下所示：

1. 本书的安排与 Hoffer，Topi 和 Venkatraman 合著的《现代数据库管理》（第 10 版）类似，两本书中的框架、定义、方法、实例和符号具有一致性，这使得系统分析与设计和数据库课程可以采用这两本教材。虽然本书和《现代数据库管理》一书具有战略兼容性，但每本书依旧是独立的市场领导者。

2. 现代组织系统典型架构的系统开发基础，包括数据库管理和基于 Web 的系统。

3. 把系统描述和建模（包括流程、决策和数据建模）全方位清晰地连接成一个综合兼容的系统分析与设计方法体系。这样一个广泛的覆盖有利于学生了解许多系统开发方法和工具具有的高级功能，它们能根据设计说明书自动生成大部分的程序代码。

4. 广泛地包括口头及书面沟通技能，例如系统文档、项目管理、团队管理，及各种系统开发和获取战略（例如生命周期、原型法、快速应用开发（RAD）、面向对象、联合应用开发（JAD）、系统再造，以及敏捷方法）。

5. 考虑了系统分析与设计的各种方法以及系统设计所使用平台的标准。

6. 讨论了变更管理环境下的系统开发和实施，以及转换策略和系统接受过程中的组织因素。

7. 仔细关注了系统设计过程中人的因素，强调了系统在基于字符以及图形用户界面这两种情况下的可用性。

8. 阐明了 CASE 和可视化开发产品，并着重强调了 CASE 技术目前的局限性。

9. 本书将系统维护部分单列一章。鉴于许多毕业生最初承担的工作都是系统维护，同时它也是系统安装的基础，因此该章涵盖了一个重要的，但在系统分析与设计教材中通常被忽略的主题。

教学特色

本书的教学特色是对书中关键内容的强调和应用。

三个虚构的说明案例

本书贯穿了三个虚构的案例，如下所示：

● 松谷家具公司（PVF）：除了阐述一个企业对客户的电子商务购物网站之外，PVF 的其他系统开发活动也被用来说明重点。PVF 是第 3 章介绍的，并在整本书中多次提及。这个描述性案例用来阐明系统开发生命周期的关键概念。例如，在第 5 章中，我们讲到 PVF 如何规划一个用于客户追踪系统的开发项目。

● Hoosier Burger（HB）：第二个描述性案例是在第 7 章介绍的，并在整本书中多次提及。HB 是一个虚构的位于印第安纳州布卢明顿的快餐店。我们使用这个案例来描述分析员将如何开发并实施一个自动订餐系统。

● 百老汇娱乐公司（BEC）：这个虚构的音像租赁和唱片公司在共 12 章中被用作一个扩展的项目案例，它最早出现在第 3 章。为使章节中的概念更加生活化，这个案例介绍了一个公司如何启动、计划、建模、设计并实施基于 Web 的客户关系管理系统。案例还提出了一些问题，以促进批判性的思考和课堂参与。在教师指南中提供了针对这些问题的建议解决方案。

章后材料

每章章末有大量的资料可供选择，这种设计可适应各种学习和教学模式。

● 小结：回顾该章的主题，并预示本章与下一章的关联。

● 关键术语：介绍该章的重要概念。

● 复习题：测试学生对关键概念的理解。

● 问题与练习：测试学生的分析技能，并要求学生能够应用关键概念予以解决。

● 参考文献：参考文献位于每章章末。本书参考文献的总量超过 100 本图书、期刊和网站，这些资料可以为学生提供额外的主题内容。

使用本书

如前所述，本书适合主流的系统分析与设计课程。它可以安排成一个学期的课程，包括系统分析和设计；也可以安排成两个学期的课程，第一个学期关注系统分析，第二个学期关注系统设计。由于本书是与《现代数据库管理》一书同时出版的，因此本书中的章节及《现代数据库管理》中的章节可以根据课程的需求以各种顺序讲述。本书主要用于商学院，而不是计算机科学项目。应用计算机科学或计算机技术项目也可以使用本书。

对本书感兴趣的教师：

- 具有实际的而不是技术或理论的定位
- 对数据库及使用数据库的系统有所了解
- 在课程中使用实际的项目和练习

那些试图更好地将系统分析和设计课程与数据库课程联系在一起，以对系统开发有一个综合了解的学术项目，尤其会被本书所吸引。

本书是按照系统开发生命周期的顺序进行安排的，这使得主题间存在逻辑联系。然而，它强调使用不同的方法，例如原型法和迭代开发，因此，这种逻辑联系呈现出一种循环过程。第 1 篇是对系统开发的综述，并对本书其余内容进行了介绍。第 1 篇也介绍了许多软件，使得学生可以利用这些软件进行系统开发和项目管理。其余的四篇对一般系统开发生命周期（SDLC）的五个阶段进行了详细的阐述，并在合适的地方穿插介绍了 SDLC 的替代方法。一些章节可略过，这取决于教师的目的和学生的背景。例如，如果学生学过项目管理过程，那么第 3 章“信息系统项目管理”可略过或者快速浏览。如果教师想强调系统被识别后的系统开发过程，或者课程只有不超过 15 周的时间，那么第 4 章“系统开发项目的识别及选择”可以略过。如果学生在先前的数据库或数据结构课程中已经学过这些主题，那么第 8 章“构建系统数据需求”和第 9 章“数据库设计”可以略过或快速浏览(作为更新)。如果教师不希望讲述面向对象方法，那么第 3 章、第 7 章和第 8 章中关于面向对象方法的内容可以略过。最后，如果第 14 章“系统维护”的主题超过了课程的范围，也可以不讲。

由于本书的材料是按照系统开发项目的流程进行安排的，因此不建议你打乱章节的顺序，但是有几个例外：第 9 章“数据库设计”可以在第 10 章“表单和报表设计”和第 11 章“界面和对话设计”后讲述，但第 10 章和第 11 章应按顺序进行。

补充材料包

本书提供了一套综合灵活的技术支持包，以增强教学体验。所有教师补充材料可在教材网站 www. pearsonhighered. com/hoffer 上得到。

提供给教师

- 一个教师资源手册：提供了各章的教师目标、教学建议，以及所有问题和练习题的答案。

- 试题文件和试卷生成器：包括一套综合的试题，涵盖多选题、判断题和简答题。试题按照难易程度安排，并且有书中参考页码。试题文件有微软 Word 版本，还有培生出版公司 TestGen 试卷生成器软件。TestGen 是一个用于测试和评估的套装工具。它使得教师可以很容易地为课程生成和分发试题，可以是传统的打印和分发的方式，也可以通过局域网（LAN）服务器在线分发。TestGen 还有屏幕指南来帮助你浏览整个项目，这个软件具有完全的技术支持。

- 幻灯片：列明讲课注解，高亮显示关键术语和概念。教师可以对其进行增加和编辑。
- 图库：每章文本图形的集合，包括所有的图形、表格和截屏（允许的情况下）。这些图形可用来丰富课堂讲授和幻灯片。

用于在线课程的资料

培生公司通过提供上传文件到 WebCT 和 Blackboard 的课程管理系统中，支持本书用户使用在线课程进行考试和测验。关于特定课程的进一步信息，请联系当地的个人高级教育代表。

目 录

第1篇

系统开发基础

- 系统开发环境
- 软件的起源
- 信息系统项目管理

你即将开始一段旅行，它将在多个方面提升你的教育和经验水平。成为一名系统分析员并不是目的，它是一条通往丰富多样的职业生涯的道路，使你能够锻炼并继续拓展更为广泛的才能。我们希望本书的介绍部分能够打开你的视野，使你认识到系统分析与设计领域的机会，以及系统工作丰富的内涵。

第 1 章介绍了系统分析与设计是什么，及其在过去几十年中的演变历程。随着业务和系统变得越来越复杂，系统分析与设计对速度的强调也与日俱增。系统开发最开始被视为一项艺术，但大多数商人很快意识到，开发系统以支持业务流程并不是一个可以依赖的长期解决方案。因此系统开发变得更结构化、更像工程，管理人员开始强调规划、项目管理和文档的重要性。如今，我们目睹了反对过度强调这三个领域的行为，关注点已转移到敏捷开发上。在第 1 章，我们会对系统分析与设计的演化和当前所关注的敏捷性给出解释。同时你需要记住，系统分析与设计存在于一个多层面的组织背景下，它涉及其他组织的成员和外部各方面。系统开发不仅需要理解每一项技术、工具和方法，还需要理解这些元素是如何相互合作、补充和支持同一组织背景下的其他元素的。

阅读这本书时你还会发现，由于致力于不断完善，系统分析与设计领域正在不断地适应新的形势。在本书中，我们的目标是提供一种技能，使你无论处在什么样的环境中都能有效工作，用所学到的知识来确定当前形势下的最佳选择，并有效地争取它们。

第 2 章介绍了获得软件和软件组件的多个来源。当系统分析与设计是一项艺术时，所有的系统都是由专家自行开发并从零编写的，企业别无选择。但现在几乎没有自行开发的理由，因此系统分析员了解软件产业和许多不同的软件来源变得很重要。第 2 章提供了对软件产业格局的初步描述，解释了系统分析员可利用的多个选择。

第 3 章阐述了系统分析员工作的一个基本特征：在一个项目框架范围内工作，它的资源有限。所有与系统相关的工作都需要对最后期限、不超出预算、协调各类人员给予关注。系统开发生命周期（SDLC）的本质意味着一个项目的系统方法，它是导致最终可交付成果的一组相关活动。项目必须被规划、启动、执行和完成。必须描述项目的规划工作，以便相关部门能予以审查和理解。如果你是一名系统分析员，你就需要注意进度和其他项目规划，因此了解控制你工作的管理流程是很重要的。

最后，第 1 篇还介绍了百老汇娱乐公司（Broadway Entertainment Company，Inc.，BEC）。BEC 的案例有助于说明在每章中所学的内容是如何适用于组织实际情况的。BEC 案例贯穿第 3 章到第 14 章，第 3 章首先介绍了 BEC 公司及其现有的信息系统。这部分介绍有助于我们深入了解 BEC 公司及其系统，以便在后续的案例内容中观察新系统的需求和设计。

第1章

系统开发环境

学习目标

- 定义信息系统分析与设计
- 描述系统开发生命周期（SDLC）
- 解释快速应用开发（RAD）、计算机辅助软件工程（CASE）工具，以及面向服务架构（SOA）
- 描述敏捷方法和极限编程
- 解释面向对象分析与设计及统一开发过程（RUP）

引言

信息系统分析与设计（information systems analysis and design）是一项复杂、有挑战性、刺激性的组织过程，业务团队和系统专家用它来开发和维护基于计算机的信息系统。虽然信息技术（IT）的进步不断给予我们新的能力，但信息系统的开发与设计是由一个组织层面推动的。一个组织可能包含整个企业、特定部门或独立的工作组。通过创新地运用信息技术，组织能应对和预见问题与机会。因此，信息系统分析与设计是一个组织完善的过程。为了组织利益，系统被建立或重建，利益来自再创造、生产、提供组织产品和服务过程中的价值增值。因此，信息系统分析与设计依赖于你对组织目标、结构、进程，以及如何利用信息技术优势的理解。

在目前的商务环境中，发展趋势是将互联网，特别是万维网，越来越多地融入到一个组织的经营方式中。虽然你可能熟悉网络营销和基于 Web 的零售网站，例如 eBay 和 Amazon. com，但绝大多数使用网络的业务是企业对企业的应用。这些应用程序运行业务领域的一切事务，包括发出订单和付款给供应商、履行订单和收集客户付款、保持业务关系，甚至在企业获得组织它们的产品和服务所需资源的最好方式是在线交易时，建立电子市场。虽然互联网似乎普及了这些业务，但重要的是要知道这些业务的核心方面，如销售产品或服务、收取款项、支付员工、维护供应商和客户关系等在互联网时代并没有改变。如今，即使组织处于快节奏、以技术为主导的环境中，了解业务和它的功能仍然是系统开发成功的关键。

IT 行业为你提供了一个对业务产生重要、显著影响的机会。在互联网投资热潮下，信息系统专业人才的需求在 2000 年达到顶峰，然后在 2002 年初趋于稳定。然而，现在对熟练的信息技术员工的需求似乎越来越大。据商业期刊 *Business 2.0*（Kaihla et al.，2006）预测，到 2014 年，美国 1/2 最热门的工作将在信息系统领域。这些高层职位，增长潜力从大到小依次为：（1）网络系统和数据通信分析师（增长 58%）；（2）计算机应用软件工程师（增长 48%）；（3）计算机系统软件工程师（增长 43%）；（4）网络与计算机系统管理员（增长 43%）；（5）数据库管理员（增长 38%）。尽管在美国本土以外，一些 IT 工作仍然在外包，但这些高水平的需求还是产生了。然而，据美国信息技术协会（ITAA，2005）统计，尽管存在外包，但在 IT 工作项目中，美国的经济将继续产生净收益。美国劳动统计局预测，2004—2014 年间，将增加超过 100 万个专业 IT 劳动力的工作机会。在面对快速发展技术的挑战和机遇面前，很难想象一个比信息技术更令人兴奋的职业选择，系统分析与设计是 IT 领域的重要组成部分。此外，分析与设计信息系统将让你有机会更深、更全面地了解组织，这在其他职业可能需要许多年才能完成。

一个重要的（但不是唯一的）系统分析与设计成果是**应用软件**（application software），它是为支持特定的组织功能而设计的软件，如库存管理、工资支付或市场分析。除了应用软件，总信息系统包括硬件、应用软件运行的系统软件、文件和培训材料、与整个系统相关的特定角色、控制，以及使用该软件进行工作的人员。尽管我们将介绍整个系统的各个方面，但重点仍是应用软件的开发，这也是一个系统分析员的主要责任。

在早期的计算机时代，分析与设计被认为是一门艺术。现在，系统和软件的需求如此之大，产业界和学术界已经开发出工作方法，使分析和设计变成一个严谨的过程。我们的目标是帮助你开发所需的知识和技能，来了解和遵循这个软件工程进程。软件工程进程的核心（也是本书的核心）是各种方法、技术和工具，它们已经被开发、测试，并在这些年广泛用于帮助像你一样的系统分析与设计人员。

方法是全面的，系统开发的多步骤方法将指导你工作，并将影响你的最终产品——信息系统的质量。一个组织采用的方法和它的一般管理风格是一致的（例如，一个组织对共识管理的定位将影响其选择的系统开发方法）。大部分方法采用了几种开发技术。

技术是特殊的流程，作为一个分析师，你将遵循它来确保你的工作是深思熟虑的、完整的，并且对你项目组的其他成员而言是可理解的。技术为广泛的工作提供支持，包括进行深入访谈，以确定你的系统应该做什么，规划和管理系统开发项目的活动，绘制系统逻辑，并设计系统生成的报告。

工具通常是计算机程序，以使其容易使用并受益于技术，忠实地遵循整体开发方法的指导方针。要做到有效，技术和工具必须同时与组织的系统开发方法保持一致。技术和工具必须便于系统开发者控制方法中所要求的步骤。方法、技术和工具这三个要素结合在一起，形成系统分析与设计的一个组织方法（见图 1—1）。

图 1—1　系统分析与设计的一个组织方法是由方法、技术和工具来推动的

虽然组织中的许多人对系统的分析与设计都是有责任的，但在大多数组织中，**系统分析员**（systems analyst）承担主要责任。当开始你的系统开发职业时，最初你很可能作为一个系统分析员或承担一些系统分析责任的程序员。一个系统分析员的最主要作用是研究一个组织的问题和需求，以决定人员、方法和信息技术怎样才能最好地结合起来，以促进组织完善。系统分析员可以帮助系统使用者和其他业务经理确定新的需求或加强信息服务。因此，系统分析员是一个变革和创新的代理。

在本章的剩余部分，我们将研究分析与设计的系统方法。你将学习到，当计算成为其更核心部分时，系统分析与设计在过去的几十年中是如何演变的。你还将学习系统开发生命周期，它为系统开发过程和本书提供了基本整体框架。为了支持系统开发过程，本章以对一些方法、技术和工具的讨论结尾。

系统分析与设计的一个现代化方法

基于计算机的信息系统开发与设计始于 20 世纪 50 年代。此后，开发环境发生了巨大变化，这是组织需求和计算机技术能力的快速变化所致。20 世纪 50 年代，开发重点是软件的执行过程。因为计算机能力是一项重要的资源，所以处理效率变成主要目标。计算机规模庞大、昂贵，且不太可靠。重点是对现有流程（通常是在同一部门）的自动化，例如购买或支付。所有应用程序必须在机器语言或汇编语言下开发，由于没有软件产业，这些应用程序都是从零开始开发的。由于计算机如此昂贵，内存也处于溢价，因此系统开发者尽可能保留更多的内存用于数据存储。

第一个程序性或第三代计算机编程语言直到 20 世纪 60 年代才变得可以利用。计算机仍然很庞大、昂贵。利用 20 世纪 60 年代的技术突破，人们开发出了更小、运行速度更快、更便宜的计算机，即微型计算机，这也是软件产业的开端。大多数组织仍然由其开发人员自行从零开始开发应用程序。系统的开发更是一种艺术而非科学。20世纪70年代，当组织意识到为每个应用程序开发定制信息系统是多么昂贵时，这种系统开发观念开始发生变化。当很多人努力使它更像一项工程时，系统开发开始变得更严谨。早期的数据库管理系统采用分层和网络模型，促成了严谨的数据存储和检索。数据库管理系统的开发使系统开发的重点从过程第一转向数据第一。

当微型计算机成为主要的组织工具时，20世纪80年代主要的突破是组织中的计算。随着越来越多的人开始为微型计算机编写商用软件，软件产业有了很大扩展。开发者开始用第四代语言编写越来越多的应用程序，第四代语言与程序语言不同，它指示一台计算机做什么而不是如何做。计算机辅助软件工程（CASE）工具的开发，使系统开发人员的工作更容易、更一致。当计算机继续变得更小、更快、更便宜，并且计算机的操作系统从线式界面变成窗口和图标式界面时，组织也开始使用带有更多图形的应用程序。组织自行开发的软件更少，从软件供应商那里购买的相关软件更多。系统开发人员的工作经历了从建造者到集成者的变迁。

20世纪90年代后期的系统开发环境侧重于系统集成。开发者使用可视化编程环境，例如PowerBuilder或Visual Basic，设计运行在客户机/服务器平台上的用户界面。数据库可能是面向关系或面向对象的，可能是用来自Oracle，Microsoft或Ingres公司放在服务器上的软件开发的。在许多情况下，应用程序逻辑驻留在同一台服务器上。此外，一个组织可能决定从其他公司（例如SAP公司或Oracle公司）购买整个企业范围的系统。企业范围的系统庞大而且复杂，它包含一系列独立的系统模块。开发者通过选择和实施具体的模块来集成系统。从20世纪90年代中期开始，越来越多的系统开发工作放在互联网尤其是网络上。

今天，人们仍然注重为互联网、公司内部网和外部网开发系统。就像传统系统的开发一样，互联网开发者现在依靠以计算机为基础的工具，例如ColdFusion，来加速并简化基于Web的系统开发。很多CASE工具，如由Oracle开发的，现在直接支持Web应用程序开发。包含一个三层设计的系统实施越来越普遍，第一台服务器上包含数据库，第二台服务器上包含应用程序，用户机上包含客户逻辑。21世纪之初的另一个重要开发是移动无线系统组件。无线设备，如手机和个人数字助理（PDA），包括掌上电脑或口袋电脑，可以从几乎任何地方访问基于Web的应用程序。最后，从购买的商用程序或软件中集成系统成为趋势。在许多情况下，组织不自行开发应用程序，它们甚至不自己运行应用程序，而是选择通过应用服务提供商（ASP）进入程序，在细读的基础上加以应用。

开发信息系统和系统开发生命周期

很多组织发现，用一套被称为**系统开发方法**（systems development methodology）的标准步骤来开发和支持它们的信息系统是有利的。和许多过程一样，信息系统的开发也遵循一个生命周期。例如，一个商业化的产品遵循如下生命周期：它被创建、测试并引入市场；它的销售量经历增加、高峰和衰退；最后，产品撤出市场，被其他东西所取代。**系统开发生命周期**（systems development life cycle，SDLC）是许多组织系统开发的一个共同方法，它突出了几个阶段，这些阶段标志着系统分析与设计工作的进展。每本教材的作者和信息系统开发组织都使用了略微不同的生命周期模型，多数分为 3～20 个阶段。

生命周期可以看作一个循环过程，其中的一个系统的结束导致另一个项目的开始，它将开发一个新版本来完全取代现有的系统（见图 1—2）。乍看之下，生命周期似乎是按顺序排列的阶段集，但事实并非如此。它们的具体步骤和顺序是为了适应一个项目的需求，并与管理方式相一致。例如，在任何特定的软件开发生命周期阶段，如果有必要，该项目可返回到一个较早的阶段。同样，如果一个商业化的产品被引进之后完成得不好，它可能暂时撤出市场，在再次引进之前进行改善。在软件开发生命周期中，也有可能同时完成一个阶段的一些活动与另一个阶段的一些活动。也就是说，阶段需要重复直到找到一个可以接受的系统。有些人认为生命周期是螺旋式的，我们认为不同阶段在其中循环（见图 1—3）。但是可以设想，应用于一个组织的系统开发生命周期是控制和计划每个开发项目的一个有序活动集。一个系统分析员所需的技能适用于所有的生命周期模型。软件是在生命周期中最明显的最终产品；其他重要成果包括系统文件和它是如何开发的，以及对用户的培训。

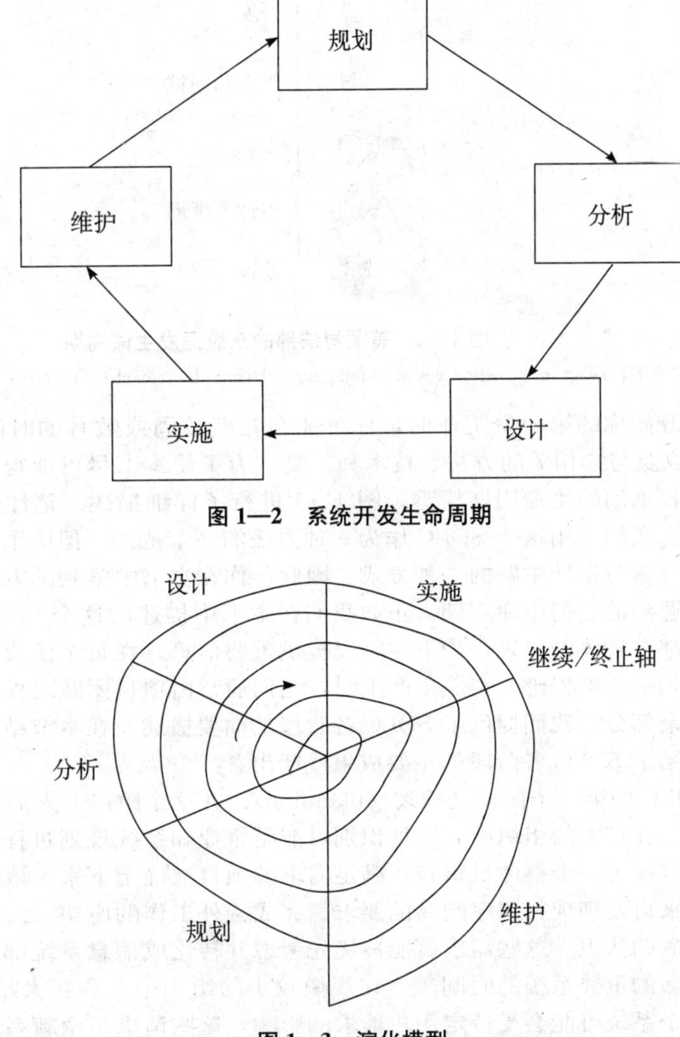

图 1—2　系统开发生命周期

图 1—3　演化模型

每个大中型企业和每个定制软件的生产商都有自己特定的生命周期或合适的系

统开发方法（见图1—4）。即使一个特定的方法看起来并不像一个周期（如图1—4所示），你也可能会发现，SDLC的许多步骤被执行，SDLC的技术和工具被使用。无论你用哪种系统开发方法，利用生命周期方法学习系统分析与设计都能很好地满足你的要求。

图1—4 美国司法部的系统开发生命周期

资料来源：Diagram based on www.usdoj.gov/jmd/irm/lifecycle/ch1.htm#para1.2.

当开始你的第一份工作时，你可能会花费数周或数月的时间来学习你组织的SDLC以及与它相关的方法、技术和工具。为了使本书尽可能得到推广，我们遵循一个比较通用的生命周期模型，图1—5进行了详细描述。请注意，我们的模型是循环的。我们使用这个SDLC作为一种方法的一个范例，但更重要的是将其作为安排系统分析与设计主题的一种方式。因此，你在本书中学到的方法几乎可以适用于你可能遇到的任何生命周期。正如我们在本书中描述的这个SDLC，你会看到，每个阶段都有具体的成果，为下一阶段提供重要信息。在每个阶段结束时，系统开发项目达到一个里程碑，当成果产生时，它们通常由项目团队之外的人来审查。在本节的其余部分，我们提供了SDLC各阶段的简要概述。在本节结束时，我们在一张表中总结了SDLC各阶段的主要成果或产出。

SDLC的第一个阶段是**规划**（planning）。在这个阶段，人们确定新需求或是提升系统。在较大的组织中，这种识别可能是企业和系统规划过程的一部分。组织的信息需求作为一个整体被审查，满足需求的项目被确定下来。该组织信息系统的需求可能来自处理现行程序问题的要求、完成额外工作的愿望，或对信息技术可能产生的机遇的认识。这些需求可能被优先考虑并转化成信息系统部门的一个规划，包括开发新的重要系统的时间表。在规模较小的组织中（和在大组织中一样），确定开发哪个系统可能会受特定用户请求的影响，这些请求是由新系统或提升原系统的需求而产生的，也可能来自一个正式的信息化规划过程。无论是哪种情况，在项目确定和选择中，一个组织需要考虑是否应该投入资源来开发或改进一个信息系统。

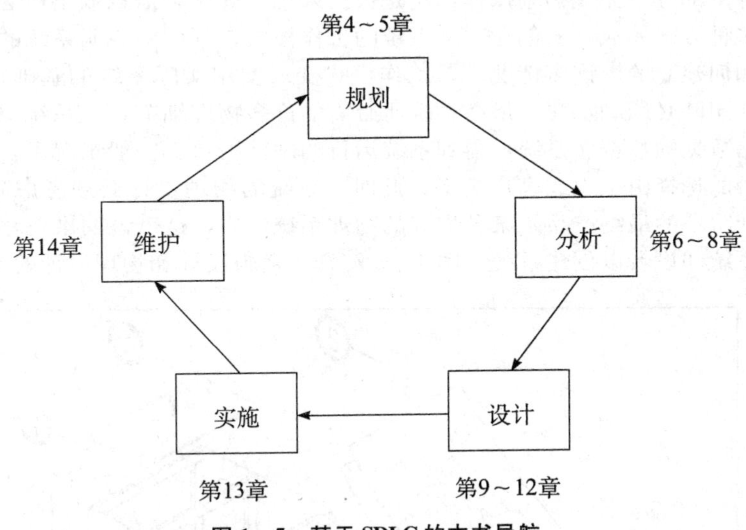

图 1—5　基于 SDLC 的本书导航

项目的确定和选择过程的结果就是决定组织应该进行哪一个系统开发项目，至少应该在初步考虑中。

在规划阶段，需要完成两个额外的重要活动：对系统存在的问题或即将到来的机遇做出正式或初步的调查；陈述组织应该或不应该开发系统的理由。在这一点上，关键的一步是确定所提议系统的范围。在 SDLC 的后续步骤中，项目负责人及系统分析初始团队为将要继续的项目生成一个特定的计划。这一基本的项目计划按标准化的 SDLC 制作，确定时间和执行所需的资源。一个项目的正式定义是基于这样一种可能性，也就是信息系统部门能够开发一个系统，它能解决问题或利用机会，并能确定开发系统的成本是否超过其带来的收益。通常项目负责人及其他团队成员就继续进行后续项目阶段的业务的理由向管理者或一个特殊的管理委员会做陈述，管理委员会负责决定组织将进行哪个项目的工作。

SDLC 的第二个阶段是**分析**（analysis）。在这一阶段，分析员将深入研究该组织的现行程序和用于完成组织任务的现行信息系统。分析有两个子阶段。第一是确定需求。在这个子阶段，分析员与用户一起工作，以确定用户对提议系统的需求。需求的确定过程通常涉及对任何现有系统手动和电脑操作的仔细检查，它可能被取代或作为项目的一部分得以加强。在分析的第二阶段，分析员研究需求，按照它们的相互关系进行构造，并消除任何重复。分析阶段的输出是对分析团队所建议替代方案的一个描述（但不是一个详细设计）。一旦该建议被投资者所接受，分析员就可以开始制定计划，获取所需的任何硬件和系统软件，按照建议来建立或操纵系统。

SDLC 的第三个阶段是**设计**（design）。在设计阶段，分析员将建议的替代解决方案说明转换成逻辑说明，然后转换成物理系统说明。分析员必须设计系统的所有方面，从输入到报告，到数据库和计算机程序的输出。分析员会提供他们设计的系统物理说明，或者是一个模型，或者是详细文档，以指导建立新系统的人员。设计过程的一部分称为**逻辑设计**（logical design），它独立于任何特定的硬件和系统软件。从理论上讲，该系统可以运行在任何硬件和系统软件上，这样做是为了确保预期的系统功能。逻辑设计集中于系统的业务方面，往往是面向高层次的特征。

一旦系统的整体高层次设计完成，分析员开始将逻辑说明转换为物理说明，这个过程称为**物理设计**（physical design）。作为物理设计的一部分，分析员设计系统的各个部分来完成物理操作，这是数据采集、处理和信息输出所必需的。它可以通过多种方式完成，从创建一个系统的工作模式，到详细说明系统的所有部分和它们是如何建立的。许多情况下，工作模式变成使用实际系统的基础。在物理设计中，分析团队必须确定建立最终系统所必需的许多物理细节，从系统用的编程语言，到存储数据的数据库系统，再到系统运行的硬件平台。一般情况下，语言、数据库和平台的选择由组织或客户决定，此时，系统的物理设计必须考虑到这些信息技术。设计阶段的最终产品是某种形式的物理系统说明，这个说明准备移交给程序员和其他系统建设者以创建系统。图 1—6 解释了逻辑设计和物理设计的不同。

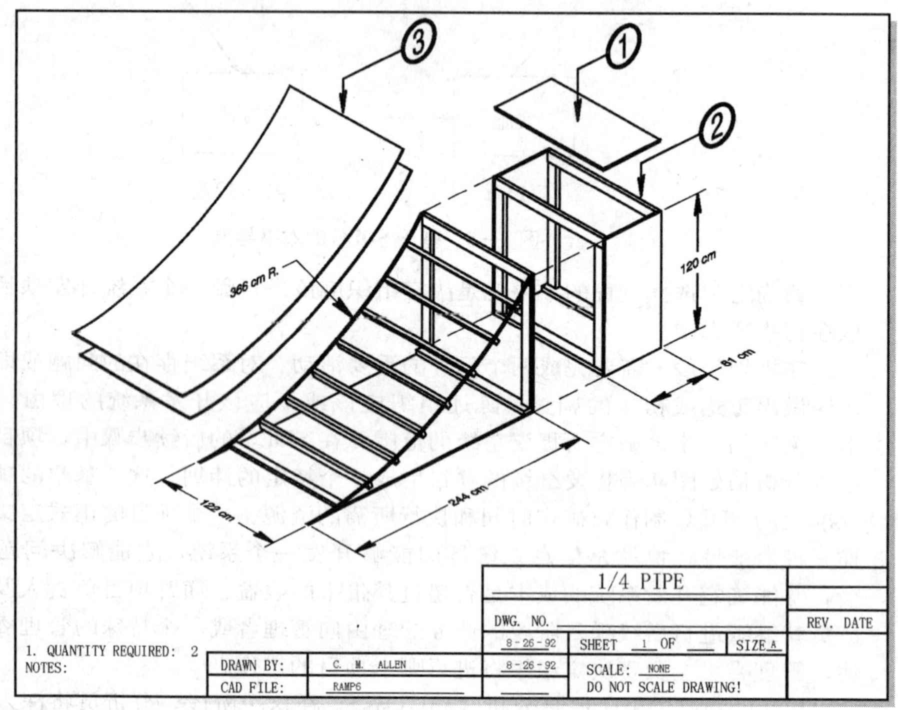

(a)一个滑板坡道蓝图（逻辑设计）

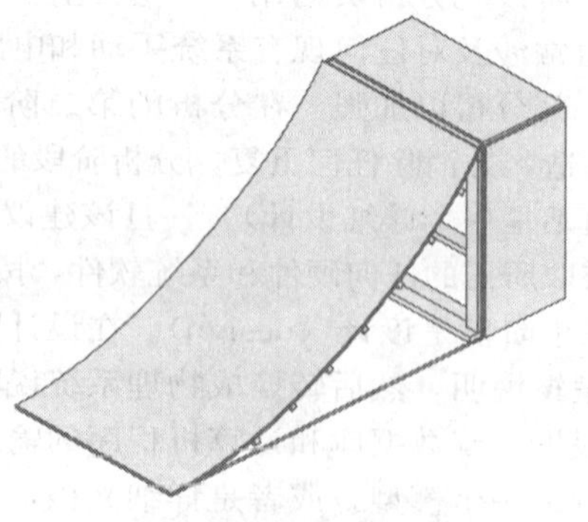

(b)一个滑板坡道（物理设计）

图 1—6　逻辑设计和物理设计的区别

资料来源：www.tumyeto.com/tydu/skatebrd/organizations/plans/14pipe.jpg；www.tumyeto.com/tydu/skatebrd/organizations/plans/iuscblue.html. Accessed September 16，1999. Reprinted by permission of the International Association of Skateboard Companies.

SDLC 的第四个阶段是**实施**（implementation）。物理系统说明，无论是一个详细的模型形式，还是详细的文字说明，都将作为实施阶段的第一部分移交给程序员。在实施过程中，分析员将系统说明转换成一个工作系统，经过测试后投入使用。实施包括编码、测试和安装。编码时，程序员编写构成系统的程序。有时，代码是从被用来建立系统详细模型的同一个系统中产生的。测试时，程序员和分析员测试单独的系统和整个程序，目的是发现并更正错误。安装时，新系统就变成组织日常活动的一部分。应用程序软件安装在现有或新的硬件上，把新系统推荐给用户并对用户进行培训。测试和安装应该尽早在项目立项和规划阶段就进行计划。测试和安装都需要广泛的分析，以便开发完全正确的方法。

实施活动也包括最初的用户支持，例如文档的定稿、培训计划和持续的用户帮助。请注意，文档和培训计划都是在实施阶段完成的。文档的产生贯穿于整个生命周期，培训（和教育）从一个项目开始时出现。只要系统存在，实施就能继续，因为持续的用户支持也是实施的一部分。尽管分析员、经理和程序员都尽了最大努力，但安装并不总是一个简单的过程。许多设计良好的系统最终失败，是因为安装过程出现错误。如果实施没有得到良好管理，即使是设计良好的系统也可能会失败。由于项目团队通常管理实施，因此在本书中我们将强调实施细节。

在 SDLC 中，第五个也是最后一个阶段是**维护**（maintenance）。当一个系统（包括其培训、文档和支持）在一个组织中运行时，用户有时会发现它工作中的问题，并经常想出更好的方式来完成相同的功能。此外，组织对系统的需求也会随着时间的推移而改变。在维护中，程序员按照用户的要求修改系统以反映不断变化的业务环境。这些改变对于保持系统运行和有效是必需的。从某种意义上说，维护不是一个独立的阶段，而是对其他所需研究和贯彻必要修改的生命周期阶段的一个重复。有人可能会把维护看作一个生命周期的叠加，而不是一个单独的阶段。用于维护的时间和精力在很大程度上取决于生命周期前几个阶段的成果。每个系统都会遭遇这样一种情况，此时，系统不再根据需要运行，维护成本过高，或一个组织的需求已经发生重大变化。这些问题表明，是时候开始设计更换的系统，从而完成循环，开始一次又一次的生命周期了。通常，重大维修和新开发的区别并不明显，这就是维修本身类似于生命周期的另一个原因。

SDLC 是一个各阶段密切联系在一起的集合，每一阶段的产品为后续阶段的活动提供信息。根据文字说明，表 1—1 总结了每个阶段的输出或产品。关于 SDLC 各阶段的章节将详细说明每个阶段的产品，以及这些产品是如何开发的。

表 1—1　　SDLC 各阶段的成果

阶段	成果、输出或交付结果
规划	系统和项目的优先事项；数据和网络的体系结构、硬件选择、信息系统管理是相关系统的结果 项目的详细步骤或工作计划 系统范围和规划说明，高层次的系统需求或功能 团队成员和其他资源的分配 系统的合理性和案例
分析	描述当前系统，以及问题和机会 解决、增强和替代当前系统的一般性建议 解释替代系统和替代的理由
设计	功能上，所有系统元素的详细说明（数据、进程、输入和输出） 技术上，所有系统元素的详细说明（程序、文件、网络、系统软件等） 对新技术的收购计划

续前表

阶段	成果、输出或交付结果
实施	代码、文档、培训过程和支持功能
维护	发布文档、培训、支持的新版本和更新软件

系统开发项目本身必须经过精心策划和管理以贯穿整个软件开发生命周期。较大的系统项目更需要项目管理。几个项目管理技术已经发展了近50年，许多项目管理技术由于自动操作而变得更有用。第3章将更详细地讨论项目规划和管理技术。接下来，我们将讨论关于SDLC的一些评论，并列出另一个开发方法以解决这些弊端。

系统开发过程的核心

SDLC提供了一个便捷的方式去思考系统开发流程和本书的组织结构。不同的阶段被定义得很清晰，它们彼此之间的关系很明确，从一个阶段到下一个阶段、从开始到结束的顺序有着令人信服的逻辑。然而SDLC在许多方面是虚构的。尽管几乎所有的系统开发项日都坚持某种类型的生命周期，但活动的确切位置和具体步骤的顺序根据项目的不同差别很大。目前的做法是传统上将属于分析、设计、实施的活动结合成一个单一的过程。与系统需求在分析阶段产生，系统规范在设计阶段建立，编码和测试在实施的初级阶段完成不同的是，目前的做法是将这些活动结合成一个单一的分析、设计、编码、测试过程（见图1—7）。正如我们在图1—8中描述的，这些活动是系统开发的核心。这些活动组合开始于快速应用开发（RAD），已经出现在目前的系统开发中，例如敏捷方法。尽管有一些变化，但敏捷方法的一个著名实例是极限编程。我们将介绍RAD、敏捷方法和极限编程，但对你来说最重要的是对传统SDLC问题的学习。接下来你会了解这些问题，然后学习CASE工具、RAD、面向服务架构（SOA）、敏捷方法和极限编程。

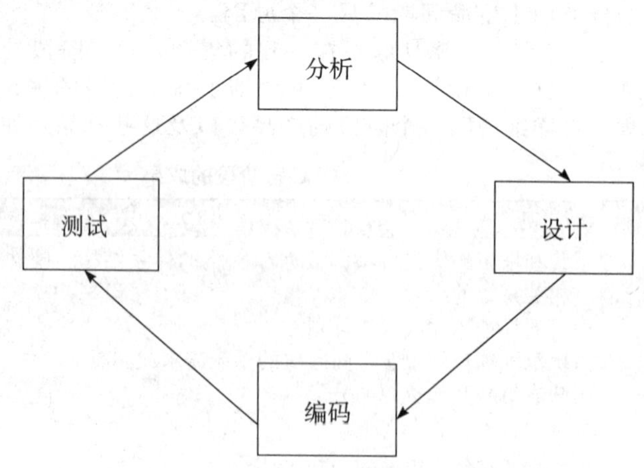

图1—7 分析—设计—编码—测试循环

传统的瀑布式SDLC

关于系统开发传统生命周期方法的一些评论，有些涉及生命周期的组织方式。

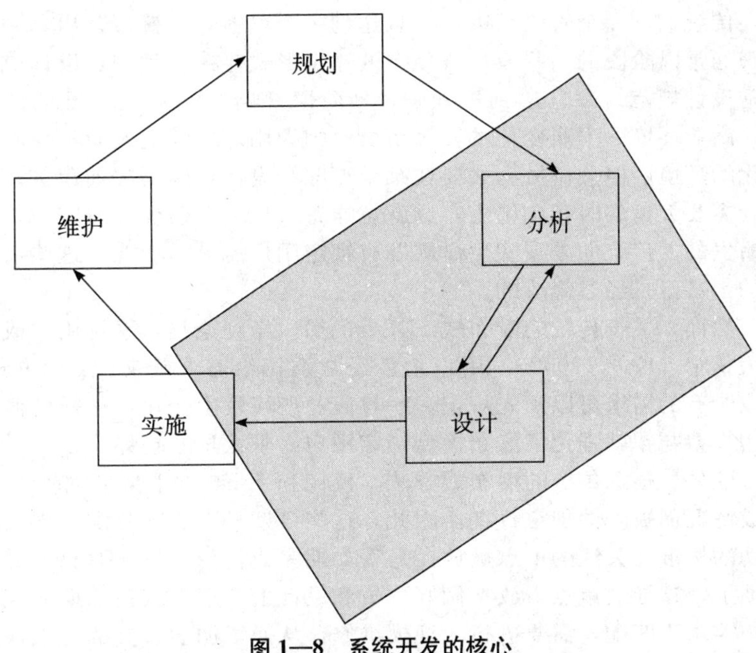

图 1—8 系统开发的核心

为了更好地理解这些评论，最好看一下生命周期传统的描绘形式，即所谓的瀑布式（见图 1—9）。注意项目是如何流动的，项目开始于规划阶段，并从那里运行“下山”到后续阶段，就像流淌在悬崖上的水流。虽然瀑布模型最原始的开发商，W. W. Royce，把瀑布之间的阶段称为反馈，但这种反馈在实施时经常被忽略（Martin，1999）。反馈很容易被忽视，并且大部分开发者将每个阶段视为完整的个体，一旦完成就不会重新回顾。

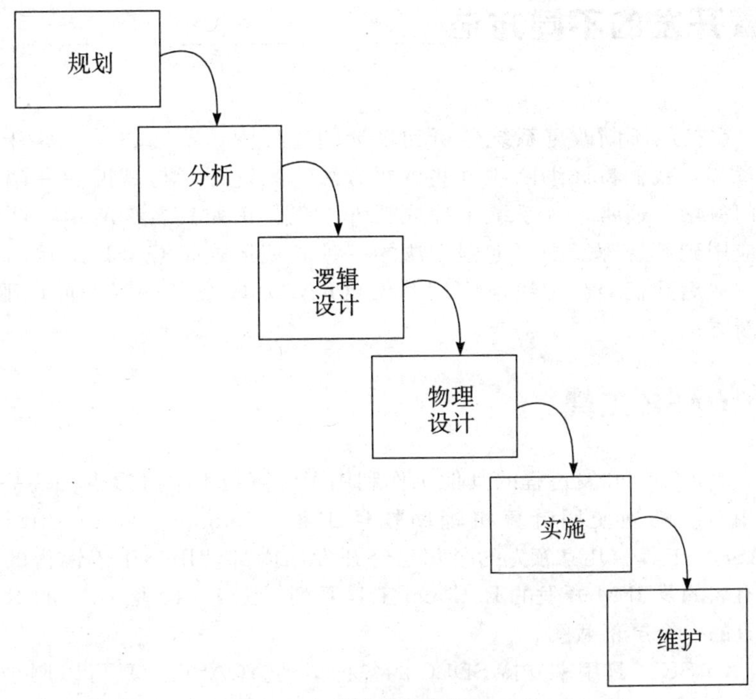

图 1—9 传统的瀑布式 SDLC

传统上，一个阶段结束，一旦达到一个里程碑，就将开启另一个阶段。这个里程碑通常以阶段的一些成果或预定的输出形式存在。例如，设计成果是一套详细的物理设计规范。一旦达到里程碑，新阶段开始，再返回就很难。尽管在开放过程中，商业环境是不断变化的，分析员也因为用户或其他人而不得不改变分析以满足变化的环境，但分析员有必要在某个点冻结设计，继续向前迈进。实施一个特定的设计需要大量的时间和精力，这就意味着一旦一个系统开发完成，再做改变将是非常昂贵的。传统的瀑布式生命周期有锁定用户需求的功能，这些需求可能是先前确定的，甚至是经过修改的。

然而，关于传统的瀑布式 SDLC 的另一个评论是，系统用户或客户的角色定义得太狭窄（Kay，2002）。用户角色经常委托给需求确定或项目的分析阶段，这时假设所有的需求可以预先规定。一旦商业环境发生变化，这样的假设，再加上有限的用户参与，就强化了瀑布模型锁定用户需求太早的趋势。

此外，根据传统的瀑布式方法，模糊和无形的进程，例如分析和设计，会根据完成情况而被硬性规定日期，因此，这些日期是否符合要求在很大程度上成为衡量成功的标准。关注的重点被放在是否如期完成，而不是获取和解释来自开发过程的反馈上，这导致重点未放在做好分析和设计上。重点放在如期完成上会导致系统和用户需求不匹配，需要进行大规模维修，从而增加不必要的开发成本。在系统交付之后发现并解决一个软件问题的开销往往是在分析和设计过程中查找并解决问题的100多倍（Griss，2003）。专注于最后期限而不是好的实践结果会导致不必要的返工和维修工作，这两者的成本都很高。据统计，维修成本占系统开发成本的40%～70%（Dorfman and Thayer，1997）。鉴于这些问题，人们在系统开发工作中开始寻找更好的方法来控制系统的分析和设计。

改善开发的不同方法

在持续不断改善系统分析和设计的过程中，不同的方法被开发出来。在后面的章节，我们将详细阐述这些重要方法。系统开发与其说像一门艺术，不如说像一门科学，通常称为系统工程或软件工程。正如其名称所示，严格的工程技术已被应用到系统开发中。工程方法的一种表现形式是 CASE 工具，接下来你将了解它。然后我们会介绍快速应用开发（RAD）以及一种叫做面向服务架构（SOA）的新方法。

CASE 工具

改善系统开发过程的其他工作利用了计算技术本身提供的优势。其结果是创建和相当广泛地使用**计算机辅助软件工程**（computer-aided software engineering，CASE）工具。几家领先的公司已经开发出内部使用和用于销售的 CASE 工具，但最有名的是 IBM 开发的 Rational 工具系列。图 1—10 是 IBM 的 Rational Rhapsody 工具的一个屏幕截图。

CASE 工具用来支持 SDLC 的各种活动。CASE 工具可以用于帮助识别和选择项目、立项，以及 SDLC 的规划、分析、设计或实施、维护。一个称为资料库的集

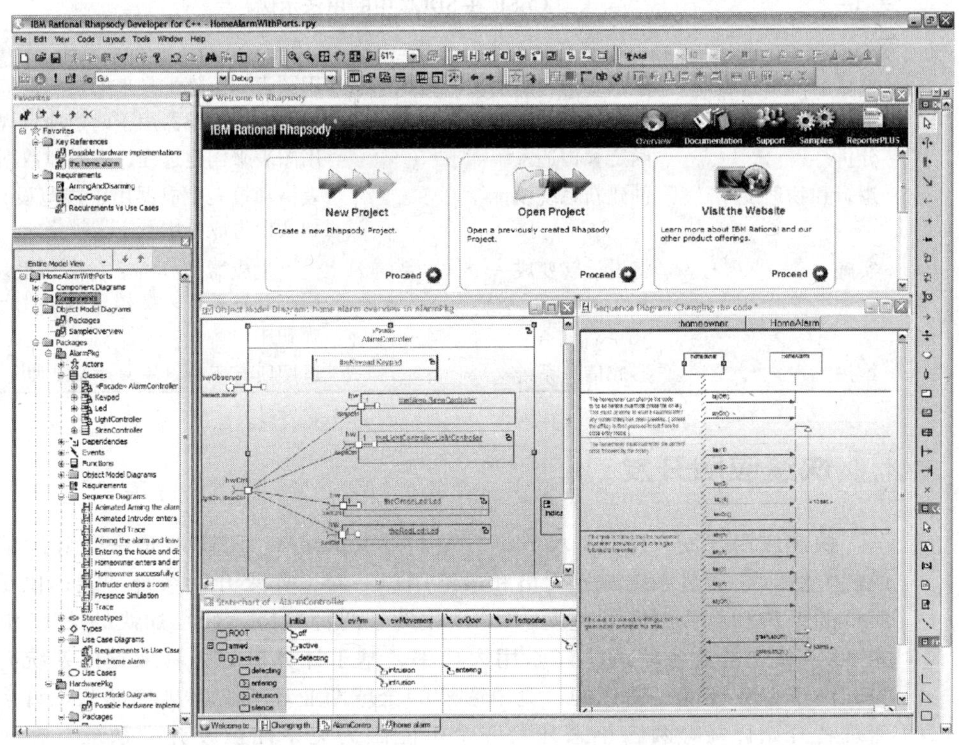

图 1—10 IBM Rational Rhapsody 的一个屏幕截图

资料来源：Reprinted Courtesy of International Business Machines Corporation，copyright 2009 © International Business Machines Corporation.

成和标准数据库是提供产品和工具集成常用的方法，也是使 CASE 更易管理更大、更复杂的工程，以及无缝集成不同工具和产品数据的关键因素。一个有关项目信息的中央资料库的想法并不新鲜，这个资料库的手工形式称为项目手册或工作簿。不同之处是，CASE 是一个来自 IBM Rational Rhapsody 工具的屏幕截图。

CASE 工具的一般类型如下：

● 绘图工具能使系统的过程、数据和控制结构用图表来表示。

● 计算机显示器和报表生成器能帮助规范系统"看起来和感觉"怎样。显示器（或表格）和报表生成器使系统对识别数据需求和数据关系的分析更容易。

● 分析工具自动检查图表、表格和报告中不完整、不一致或不正确的规格。

● 中央资料库能够集成规格、图表、报告和项目管理信息的存储。

● 文档生成器能够生成技术和标准形式的用户文档。

● 代码生成器能够自动产生直接来自设计文件、图表、表格和报告的项目和数据库代码。

凭借自动化的日常工作，CASE 帮助程序员和分析员更有效地做他们的工作。但是，许多使用 CASE 工具的组织并不用它们来支持 SDLC 的所有阶段。有些组织可能广泛使用绘图功能，但不用代码生成器。表 1—2 总结了 CASE 工具在 SDLC 的每个阶段是如何应用的。组织为什么选择部分采用 CASE 而不是全部，有各种各样的原因。这些原因包括缺乏将 CASE 应用到 SDLC 各个阶段的愿景，或者认为 CASE 技术无法满足一个组织独特的系统开发需求。在一些组织中，CASE 使用得非常成功，而在另一些组织却不是这样。

表 1—2 CASE 在 SDLC 中的用法示例

SDLC 阶段	主要活动	CASE 工具应用
项目的确定和选择	显示和构造高层次的组织信息	用图表和矩阵工具来创建和构造信息
项目立项和规划	确定项目的范围和可行性	库和文档生成器用于确定项目规划
分析	确定和构造系统需求	用图表来创建过程、逻辑和数据模型
逻辑和物理设计	创建新系统设计	表格和报表生成器用于规范设计；分析和文档生成器用于定义规格
实施	将设计转变成一个信息系统	代码生成器和分析，表格和报表生成器用于开发系统；文档生成器用于开发系统和用户文档
维护	形成信息系统	运用所有工具（重复生命周期）

快速应用开发

快速应用开发（Rapid Application Development，RAD）是一个开发信息系统的好方法，它通过系统开发人员和最终用户一起工作来开发系统，能提供更好、更廉价的系统和更快的开发速度。RAD 收敛于两种趋势：（1）加快的速度和 80 年代末 90 年代初的业务动荡；（2）用大功率、基于计算机的工具来支持系统开发和维护。由于业务环境是变化的，竞争激烈的全球商业环境变得更加动荡，许多组织的管理者开始怀疑等两三年来开发一个可能因为竞争而被废弃的系统（在有条不紊的、丰富的流程下）是否有意义。

很多开发出的日益强大的支持 RAD 的软件工具，也使这种方法变得更加吸引人。RAD 也变成开发信息系统的合理方法。如今，越来越多的重点放在基于 Web 的系统快速开发上。RAD 工具以及创建的支持快速开发的软件，几乎都提供了基于 Web 应用程序的快速创建。

如图 1—11 所示，相同的阶段既遵循传统的 SDLC，也遵循 RAD，但 RAD 的阶段被缩短且彼此之间紧密结合，以便产生更精简的开发技术。RAD 的规划和设计阶段被缩短，是由于工作重点放在了系统的功能和用户界面需求上，而不是详细的业务分析和对系统性能问题的关注。此外，RAD 着眼于开发时与其他系统分离，从而消除了为与现有标准和设计开发中的系统相协调而进行的耗时的活动。RAD 的重点不是放在生命周期的顺序和结构上，而是放在使不同的工作并行进行，更广泛地使用原型上。同时也要注意，RAD 生命周期的反复对于设计和开发阶段是有限的。这就是在 RAD 方法中进行的大量工作。

要取得成功，RAD 必须依靠汇集多个系统的开发实践和广泛的用户参与。最终用户在最初参与应用计划时就参与了开发过程；通过确定需求，然后进入设计和实施阶段，他们配合系统开发者以验证系统设计的最后元素。很多最终用户的参与发生在成型过程中，此时用户和分析员共同设计新系统的界面和报告。成型包括一个系统的工作模式开发（更多介绍见第 6 章）。CASE 工具可用于建立原型。此外，RAD 可以使用可视化开发环境来代替 CASE 工具的代码生成器，但对于原型来说是相同的。当与基于计算机的设计一致时，用户设计结束。从设计结束到向用户交付新系统可能仅仅需要 3 个月，而不是以往的 18 个月。

建设中，进行设计的信息系统专家可以利用 CASE 工具的代码生成器生成代码。最后用户也参与，当应用系统正在建设时，验证屏幕和设计的其他方面。当开

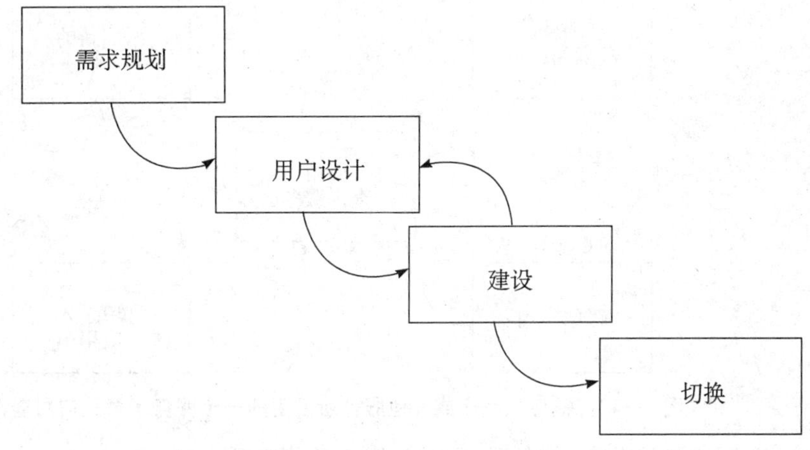

图 1—11　RAD 的生命周期

发小型系统时，建设和用户设计可以结合成一个阶段。

切换是指将新系统交付给它的最终用户。RAD 方法是如此之快，以至于计划切换必须在 RAD 过程的早期就开始。切换涉及许多实施的传统活动，包括测试系统、培训用户、处理组织变革以及新老系统并行，但所有这些活动都在一个加速的基础上进行。

RAD 的主要优势显而易见，即信息系统开发只需普通时间的 1/4。另外一个优点是，缩短开发周期也意味着系统更廉价，因为开发任何特定的系统都需要投入一些资源。Martin（1991）指出，RAD 的开发团队更小，这使开发成本更节省。最后，因为从设计结束到转换需要的时间较短，新系统就更接近当前业务需要的系统，所以，与用传统方法开发的相似系统相比，新系统的质量更高。然而，尽管 RAD 非常有效，但它仅仅适合需要快速开发的系统（Gibson and Hughes，1994）。

□ 面向服务架构

当前系统开发的一个更新的方法称为**面向服务架构**（Service-Oriented Architecture，SOA）。SOA 背后的思想是围绕通用服务或特定的业务功能建立系统，它可以用在许多不同的应用中。一旦一组服务被确定和验证，开发人员就可以将它们集成到新的应用程序中。开发一种服务通常采用现有代码，并为它建立标准接口，因此可以使用标准的对象访问协议进行访问。一个服务的例子是信用查询。任何有关客户和供应商的应用程序都有一个信用查询的功能。例如，美国威斯康星州 18 个不同的信用查询功能构成了政府范围的信息系统组合。在传统的开发方法中，如果一个正在开发的新系统需要纳入信用查询，它最可能有其自己开发的信用查询功能。在 SOA 方法中，现有的信用查询功能将被转换成一种服务，所有目前和未来的应用都可以使用（见图 1—12）。对于相同的功能将不再需要模型。

SOA 方法要想成功，必须确定大量的服务，并可供各种应用程序访问。支持 SOA 方法的组织也需为服务的生成、文档化以及维护建立标准。该组织将设立一个中央服务资料库，在这里服务可以被存储和访问。所有的开发将侧重于服务，而不是系统或应用程序，这标志着开发理念的一项重大变革。系统开发的中心将变成服务而不是应用程序或系统。无论如何，如果 SOA 方法获得成功，将有很多潜在的好处，包括通过服务集成快速应用开发的便利，投资服务再利用的高回报率，通

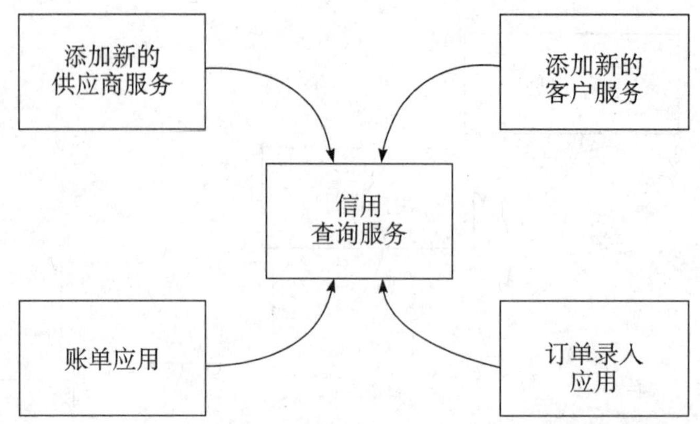

图1—12 被应用程序或其他服务所使用的一个服务示意：信用查询

过互联网或其他共享交际网访问遗留服务的能力等。

集中支持和管理对于SOA成功的重要性，再怎么强调也不为过。任何组织的管理者考虑SOA方法时都需要自问许多问题，但肯定包括如下几个：

- 需要哪些常见的业务服务？
- 哪些服务可以共享？其面临的规则和环境是怎样的？
- 谁来决定一项服务能否被其他应用程序访问？
- 谁拥有数据？是否有服务可以访问数据的协议？
- 谁应该资助共享服务？谁拥有它？
- 谁负责启动和审批变更？
- 业务如何进行才能推动企业资产和共享业务服务的再利用？
- 我们如何衡量通过服务创造和再利用取得的业务价值？

这些问题表明了演变到SOA方法的自然性和所需环境。每个组织对这些问题的回答将会对组织实施SOA方法的方式产生很大影响。幸运的是，很多信息技术厂商，包括IBM和微软，正在快速获得SOA经验，并且为SOA进入它们的生产线提供支持。

敏捷方法

RAD仅仅是对系统开发传统瀑布式方法所存在问题的一个反应。正如你所想象的，系统分析与设计的许多其他方法发展了很多年。2001年2月，许多这些替代方法的支持者在美国犹他州会面，并就各种方法中包含的一些潜在原则达成了共识。这种共识形成了一个文件，他们称为“敏捷宣言”（见表1—3）。据Fowler（2003）所述，敏捷方法具有三个主要原则：（1）专注于自适应法，而不是预测法；（2）专注于人而不是角色；（3）专注于自适应过程。

表1—3 敏捷宣言

敏捷软件开发宣言 17位无政府主义者同意： 　　我们正在寻找更好的开发软件的方法，也在帮助其他人做这件事。通过这项工作我们开始重视以下内容：

- 个体和交互胜过过程和工具。
- 工作的软件胜过面面俱到的文档。
- 客户合作胜过合同谈判。
- 响应变化胜过遵循计划。

也就是说，当我们重视右边的细节时，更重视左边的细节。

我们遵循以下原则：

- 最优先考虑的是通过更早地和持续地交付有价值的软件来满足客户。
- 欢迎变更需求，即使是在开发后期。敏捷过程利用变更从客户那里获得竞争优势。
- 频繁地交付工作软件，从几个星期到几个月不等，且越短越好。
- 在整个项目中，业务人员和开发人员每天都一起工作。
- 围绕被激励的个体来构建项目，给他们提供需要的环境和支持，并且相信他们能够完成任务。
- 向一个开发团队传达信息的最有效率和效果的方式是面对面的交谈。
- 工作软件是进程的首要度量。
- 不断关注优秀的技能和良好的设计会增强敏捷性。
- 敏捷过程提倡可持续发展。赞助商、开发者和用户应该能够无限期地保持恒定的步伐。
- 简单是必要的——扩大工作量的艺术不起作用。
- 最好的构架、需求和设计出自自组织团队。
- 团队要定期反思如何使工作更有效，然后相应地调整行为。

—Kent Beck，Mike Beedle，Arie van Bennekum，Alistair Cockburn，Ward Cunningham，Martin Fowler，James Grenning，Jim Highsmith，Andrew Hunt，Ron Jeffries，Jon Kern，Brian Marick，Robert C. Martin，Steve Mellor，Ken Schwaber，Jeff Sutherland，Dave Thomas (www. agileAlliance. org)

资料来源：Fowler and Highsmith，2001. Used by permission. Courtesy Dr. Dobb's [www. ddj. com].

敏捷方法团体认为，根据工程改编的软件开发方法一般不符合现实世界的软件开发（Fowler，2003）。在工程领域，如土木工程，要求往往很好理解。一旦设计这项有创意和困难的工作完成，施工就变得非常明确。此外，施工可能占整个工程量的 90%。而另一方面，软件不要求很好理解，因为在整个项目中它们都在不断地改变。实施可能仅仅占整个工程量的 15%，设计则多达 50%。敏捷方法的支持者说，能预见的稳定项目如桥梁建设的各项技术，对于流动性的、设计量繁重的项目，如编写软件，往往不能起到很好的作用。目前需要的是包含变化并能够处理缺乏可预见性问题的方法。所有敏捷方法所共享的处理缺乏可预见性问题的一个机制是迭代开发（Martin，1999）。迭代开发的重点是频繁产生一个系统的工作版本，它包含了所需全部功能的一个子集。迭代开发也可为客户和开发人员提供反馈。

敏捷方法关注的焦点是个人的作用，而不是人们所充当的角色（Fowler，2003）。人们充当的角色如系统分析员、测试员或管理员并不重要，重要的是扮演这些角色的个人。Fowler 认为，将工程原理运用到系统开发中，导致把人们看作互换单位的观点产生，而不是把人们看作有才华的个体，每个人都将为开发团队带来独特的作用。

敏捷方法促进了自适应软件开发过程。随着软件的开发，其开发过程应该得到完善和改进。开发团队可以通过一项审查来完成，这常常与迭代的完成相联系。言外之意是，随着过程被改编，人们不期望找到某个特定公司或企业的整体方法论。相反，人们会找到许多方法，每一个都反映了使用它们的团队的特殊才能和经验。

敏捷方法不是适用于每个项目。Fowler（2003）推荐一个敏捷或自适应过程，如果你的项目包括：

- 不可预见的或动态的需求

- 负责任的、充满活力的开发者
- 了解开发过程并能够参与的客户

如果开发团队超过 100 人，或者项目制定了预算并限制了规模，那么它需要一个更加面向工程的、可预见的过程。事实上，一个系统开发工程由敏捷方法组织还是采用更传统的方法，取决于许多条件。如果一个项目具有高风险、高复杂性，并且有一个数百人组成的开发团队，那么更传统的方法比较适合。低风险、规模较小、更简易的开发工作倾向于选择敏捷方法。其他的决定性因素包括组织实践、标准，以及系统不同组成部分外包的程度。很明显，系统外包的范围越大，越需要详细的设计说明，以使合作者能理解需求。表 1—4 尽管不能囊括所有，但列出了这些开发方法的核心区别，它是以 Boehm and Turner（2004）的工作为基础的。对于一个特定的项目，这些区别能用来判断哪一种开发方法更有效。

表 1—4　区别系统开发中敏捷方法和传统方法的五个重要因素

因素	敏捷方法	传统方法
规模	非常适用于小产品和小团队，对隐性知识的依赖限制了可扩展性。	方法演变为处理大型产品和团队，很难适用于小项目。
危险程度	在安全性很重要的产品上未进行检验，潜在的困难是设计简单、缺乏文档。	方法演变为处理极其重要的产品，很难适用于不重要的产品。
动态性	简单的设计和持续重构创造了高度动态的环境，但也是为稳定环境而返工所需费用的潜在来源之一。	详细的规划和预先设计创造了极其稳定的环境，但也是为动态环境而返工所需费用的来源之一。
人事	需要持续保有大量的稀缺专家，使用不敏捷的人是很危险的。	在项目定义阶段需要大量的稀缺专家，在项目后期需求很少，除非环境是高度动态的。
文化	这样一种文化蓬勃发展，人们感到舒适并获得多种自由（在混乱中繁荣）。	这样一种文化蓬勃发展，人们感到舒适并被授予各种角色，这些角色都有明确的做法和步骤（在秩序中繁荣）。

资料来源：Boehm and Turner，2004. Used by permission.

许多不同的方法都在敏捷方法的覆盖范围之内。Fowler（2003）列出了几种重要的方法，即自适应软件开发、Scrum 方法、特征驱动开发和其他的敏捷开发方法。也许这些方法中最有名的就是极限编程，接下来将会介绍。

□ 极限编程

极限编程是由 Beck（2000）提出的一种系统开发方法。它的特点是周期短，增加了规划方法，关注于程序员编写的自动化测试，以及客户监测开发过程，并形成了一个渐进的开发方式，贯穿于整个系统生命周期。极限编程的核心特点是它利用两个人的开发团队，这将在稍后介绍，并且在开发过程中有一个客户联络员。极限编程中有关设计规范的部分是：（1）如何将规划、分析、设计和实施融合成一个活动阶段；（2）以其独特的方式捕捉和提出系统需求和设计规范。极限编程中，生命周期的所有阶段都转化为一系列活动，这些活动建立在编码、测试、倾听和设计这些基本过程基础之上。

根据这一方法，编码和测试工作在同一进程中密切相关，编写代码的程序员也开发测试。重点是对可能导致中断或出错的一些内容进行测试，而不是测试所有部分。代码编好后测试很快。极限编程背后的总体思路是，代码集成到正在开发的系统，并在写入几小时后进行测试。如果所有的测试运行成功，那么开发继续。否则，代码将重写，直到测试成功。

极限编程的另一部分是结对编程的实践，它使编码和测试工作更加顺利。所有编码和测试由两个人共同完成，他们编写代码和开发测试。Beck 认为，结对编程不是一个人打字，另一个人旁观，而是两个人一起工作来解决他们面对的问题，他们交流信息和见解，并分享技能。比起传统的编码实践，结对编程的优点包括：（1）开发者之间更多（更好）的沟通；（2）生产力水平更高；（3）更高质量的代码；（4）增强了极限编程的其他部分，例如编码和测试训练（Beck，2000）。尽管极限编程与其他系统开发方法相比有其优势，但它并不适用于所有人和所有项目。

面向对象分析与设计

毫无疑问，**面向对象分析与设计**（object-oriented analysis and design，OOAD）越来越受欢迎（我们将贯穿全书地阐述这种方法）。继面向过程和面向数据方法之后，OOAD 通常被称为系统开发的第三种方法。面向对象的方法将数据和程序结合成单一的实体，这一实体称为**对象**（object）。对象通常对应于一个信息系统处理的真实事物，如客户、供应商、合同和租赁协议。将数据和程序结合在一起就出现一个问题，即对任何一个给定的数据结构的操作数量有限，传统的系统开发保持数据和程序相互独立是有意义的。OOAD 的目标是使系统成分可重复使用，从而提高系统质量和系统分析与设计的效率。

面向对象背后的另一个重要思想是**继承**（inheritance）。对象被组织成**对象类**（object class），它们是共享结构和行为特征的一组对象。继承允许创造新的类，它们分享现有类的一些特征。例如，调用一个对象类"人"，你可以使用继承去定义另一个对象类"客户"。对象类"客户"将分享对象类"人"的某些特征：他们都有姓名、住址、电话号码等。由于"人"是更一般的类，"客户"则更具体，每个客户都是一个人，但不是每个人都是客户。

正如你所期望的，一种计算机编程语言可以建立和操纵对象和对象类，以创建面向对象的信息系统。已经存在几个面向对象的编程语言（例如，C++，Eiffel 和 Java）。事实上，面向对象的语言最先开发出来，然后才出现面向对象分析与设计。由于 OOAD 还比较新，在众多 OOAD 技术中还没有达成共识或标准。一般情况下，面向对象分析的主要任务是确定对象，并定义其结构和行为以及它们之间的关系。面向对象设计的主要任务是为对象行为的细节建模，并与其他对象相联系以满足系统需求，重新审视和重新定义对象，以便更好地继承和利用面向对象的其他优势。

面向对象的系统开发方法共享敏捷方法的迭代开发方法。有人说，目前系统开发关注的敏捷性无非是对已出现多年的面向对象方法的主流接受，所以对这种相似性的出现不必感到惊讶（Fowler，2003）。最流行的面向对象开发的迭代方法之一是**统一开发过程**（Rational Unified Process，RUP），这是一个基于迭代的、增量的系统开发方法。RUP 有四个阶段：初始、细化、构造、移交（见图 1—13）。

在初始阶段，分析员定义范围，确定项目的可行性，了解用户需求，并制定一个软件开发计划。在细化阶段，分析员详细分析用户需求，开发基本构架。分析与

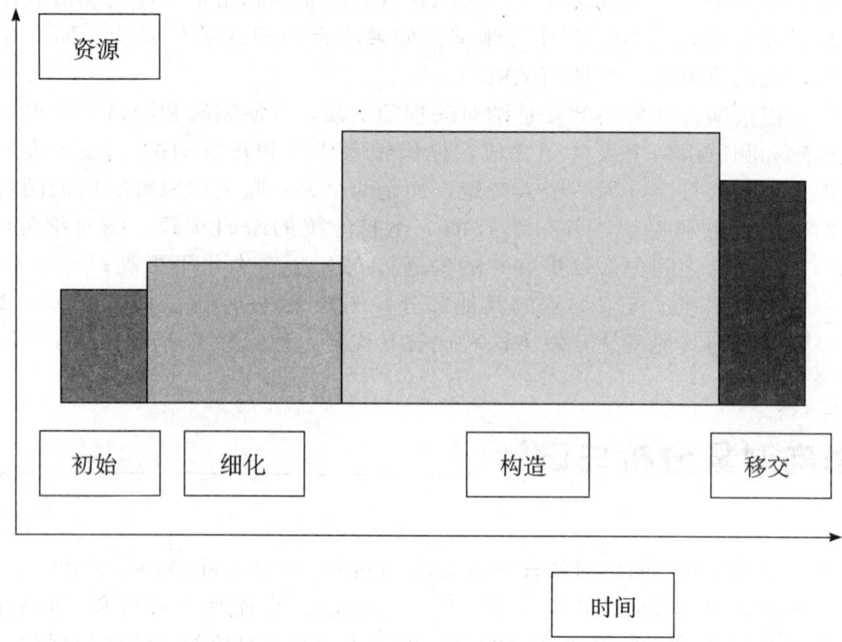

图 1—13 基于 OOAD 开发的若干阶段

设计活动构成了细化阶段的主要部分。在构造阶段，实际上是对软件进行编码、测试和记录。在移交阶段，部署系统，提供用户培训和支持。如图 1—13 所示，显而易见，构造阶段通常是最长的、资源最密集的。细化阶段也是漫长的，但资源并不密集。移交阶段资源密集但时间短暂。初始阶段时间短暂，所需资源最少。图 1—13 矩形的区域提供了对每个阶段资源分配的一个估算。

每个阶段可以进一步划分为迭代。软件的增量开发被视为一系列迭代。初始阶段一般会带来一次迭代，项目的范围和可行性由本阶段决定。细化阶段可能有一两次迭代，并被普遍认为是四个阶段中最重要的阶段（Kruchten，2000）。尽管其他活动也涉及系统分析与设计，但细化阶段是最相关的。在细化阶段结束时，该项目的体系架构已经确定下来。该架构包括产品轮廓、重要部分的可行性说明、详细的术语表和初步的用户手册、详细的构造说明，以及计划支出的可修订预算。

虽然构造阶段主要涉及编码，且编码经过多次迭代完成，但修改用户需求也可能需要进行分析与设计。这些组件可开发或者购买，且应用于编码中。每个可执行文件完成后，可进行测试和集成。在构造阶段结束时，具有实战能力的测试版本得以发布。移交阶段需要纠正问题，进行 β 测试、用户培训以及产品的转化。移交阶段完成时，项目目标达到验收标准。一旦达到验收标准，产品就可以发布销售。

我们的系统开发方法

许多对 SDLC 的批判是从生命周期滥用的角度来提出的，这些批判有真实的，也有虚幻的。基于现实的批判之一是，对生命周期方法的依赖性推动无形和动态的过程，如分析和设计，进入一个注定失败的阶段（Martin，1999）。开发软件像建造一座桥梁，不能总使用相同类型的施工过程（Fowler，2003），即使将软件开发看作一门科学而非艺术，也毫无疑问引起了过程和最后产品的巨大改进。另一个基于现实的批判是，对生命周期的依赖性导致了大量的过程和文件，其中的大部分似乎都有其存在的理由。太多的过程和文件确实减缓了开发的速度，因此，流线型的开发构成了 RAD 的基础，敏捷开发者认为源代码就是足够的文件。更多在虚幻基础上有关 SDLC 的批判是，SDLC 的所有版本像一个瀑布，步骤之间没有反馈。另一种错误的批判是，生命周期方法在进程的早期阶段就限制用户参与其中。然而敏捷方法，尤其是极限编程，提倡分析—设计—编码—测试这样一个顺序，这本身就是一个周期（见图 1—7），用户可以参与这个周期的每个阶段。因此，周期本身并不限制用户的参与。

无论这些批判是否基于事实，传统的 SDLC 瀑布式方法确实存在问题，我们赞成系统开发领域中的改变。这些改变正在使传统方法中的问题固定化，毫无疑问，结果是更巧妙、更快速地产生更好的软件。

然而，尽管对系统分析与设计中的生命周期方法存在一些批判，但系统分析与设计发生在一个周期中这一观点是很普遍的，我们也这样认为。有许多类型的周期，从瀑布式到分析—设计—编码—测试循环，它们都抓住了系统开发的迭代本质。瀑布式方法可能会失去其相关性，但图 1—7 中的循环正在日益普及，分析—设计—编码—测试循环往往被嵌入一个更大的组织循环中。虽然我们通常使用系统分析与设计和系统交替开发这些术语，但也许将系统分析与设计想象成图 1—7 中的周期，将系统开发想象成图 1—2 中更大的周期会更合适。分析—设计—编码—测试循环在很大程度上忽略了在它之前的组织规划，以及在其之后的组织安装和系统维修，而这些是大型系统开发工作的重要方面。对于我们来说，最好的、最清晰的方式是在整个周期中思考这两方面的工作。

因此，在这本书中，几乎每一章的开始你都会看到图 1—2。我们将使用我们的 SDLC 作为这本书的组织原则，对于活动和进程依据它们是否适合规划、分析、设计、实施或维护进行分类。在一定程度上，我们将人为地分开这些活动和过程，以便每个可以单独学习和理解。一旦清楚地了解各个部分，就很容易了解它们如何与其他部分相协调，最后看成一个整体也就变得容易。正如可以人为地分开活动和过程，我们也可以人为地构造 SDLC 各阶段之间的界限。我们接受的界限不应该是硬性和快速的划分。事实上，正如我们在敏捷方法中和介绍 OOAD 时看到的，一些阶段可能因为速度、理解和效率而合并。我们的目的是以一种合乎逻辑的方式介绍这些部分，以便你能理解所有部分，并在系统开发中以一种最好的方式将它们集成到一起。然而，周期和迭代的结构仍然是一个整体，最好将周期看作一条组织和指导原则。

小结

本章介绍了系统分析与设计，基于计算机的信息系统开发和维护这一复杂的组织过程。你了解了组织中的系统分析与设计在过去 50 年中发生的变化。你还了解到指导系统分析和设计的基本框架——系统开发生命周期（SDLC），以及其他五个主要阶段：规划、分析、设计、实施和维护。你看到，对 SDLC 生命周期有一定的批判，并且人们已经开发出其他框架来处理这些问题。这些方法包括快速应用开发（RAD），它依赖于原型；计算机辅助软件工程（CASE），以及敏捷方法，其中最著名的是极限编程。本章还简要介绍了面向对象分析与设计，这种方法正变得越来越流行。纵观所有这些方法，其基本思想都是迭代，体现在系统开发生命周期和敏捷方法的分析—设计—编码—测试循环中。

关键术语

分析（analysis）
应用软件（application software）
计算机辅助软件工程（computer-aided software engineering，CASE）
设计（design）
实施（implementation）
信息系统分析与设计（information systems analysis and design）
继承（inheritance）
逻辑设计（logical design）
维护（maintenance）
对象（object）
对象类（object class）
面向对象分析与设计（object-oriented analysis and design，OOAD）
物理设计（physical design）
规划（planning）
快速应用开发（Rapid Application Development，RAD）
统一开发过程（Rational Unified Process，RUP）
面向服务架构（Service-Oriented Architecture，SOA）
系统分析员（systems analyst）
系统开发生命周期（systems development life cycle，SDLC）
系统开发方法（systems development methodology）

复习题

1. 什么是信息系统分析与设计？
2. 在过去的40年，系统分析与设计发生了怎样的变化？
3. 列出并解释SDLC的不同阶段。
4. 列出并描述传统的瀑布式SDLC存在的一些问题。
5. 什么是CASE工具？
6. 描述一个综合CASE系统的各个主要部分。是否存在一个部分比其他部分更重要？
7. 描述CASE是如何用来支持SDLC的各个阶段的。
8. 什么是RAD？
9. 什么是SOA？
10. 解释敏捷方法是什么意思。
11. 什么是极限编程？
12. 与一个基于工程的方法相比，你何时用敏捷方法进行开发？
13. 什么是面向对象分析与设计？

问题与练习

1. 当建设一个系统时，为什么使用系统分析与设计方法是重要的？为什么不用看起来“快速且简单”的方式建设系统？“工程方法”提供了什么价值？
2. 原型怎样被用作SDLC的一部分？
3. 对照图1—2和图1—3，你能看出什么异同？
4. 对照图1—2和图1—4，你能否将图1—4中的步骤和图1—2中的阶段相匹配？怎样解释这两幅图的区别？
5. 对照图1—2和图1—11，它们有什么异同？解释图1—11是如何说明开发中速度这一概念的？
6. 对照图1—2和图1—9，图1—9是如何解释在图1—2中没有说明的传统瀑布式方法中存在的一些问题的？将图1—9转换成周期如何解决这些问题（见图1—2）？
7. 解释面向对象分析与设计和传统的方法有何不同？为什么不用RUP（图1—13）表示一个周期？用它的效果是好还是不好？解释你的理由。

参考文献

"ABC: An Introduction to Service-oriented Architecture (SOA)." 2007. CIO online. Available at *www.cio.com/article/40941/ABC_An_Introduction_to_Service_oriented_Architecture_SOA_*. Accessed February 3, 2009.

Beck, K., and C. Andres. 2004. *eXtreme Programming eXplained*. Upper Saddle River, NJ: Addison-Wesley.

Boehm, B., and R. Turner. 2004. *Balancing Agility and Discipline*. Boston: Addison-Wesley.

Dorfman, M., and R. M. Thayer (eds). 1997. *Software Engineering*. Los Alamitos, CA: IEEE Computer Society Press.

Fowler, M. 2003. "The New Methodologies." December. Available at *http://martinfowler.com/articles/newMethodology.html*. Accessed February 3, 2009.

Fowler, M., and J. Highsmith. 2001. "The Agile Manifesto." Available at *www.ddj.com/architect/184414755*. Accessed March 19, 2009.

Gibson, M. L., and C. T. Hughes. 1994. *Systems Analysis and Design: A Comprehensive Methodology with CASE*. Danvers, MA: Boyd & Fraser Publishing Company.

Griss, M. 2003. "Ranking IT Productivity Improvement Strategies." Available at *http://martin.griss.com/pub/WPGRISS01.pdf*. Accessed February 3, 2009.

Holley, K., J. Palistrant, and S. Graham. 2006. "Effective SOA Governance." IBM white paper. Available at *www.ibm.com/developerworks/webservices/library/specification/ws-soa-governance/*. Accessed February 3, 2009.

Information Technology Association of America. 2005. "Executive Summary: The Comprehensive Impact of Offshore Software and IT Services Outsourcing on the U.S. Economy and the IT Industry." Available at *www.itaa.org/newsroom/product.cfm?EventID=1496*. Accessed May 3, 2006.

Kaihla, P., E. Schonfeld, and P. Sloan. 2006. "The Next Job Boom." *Business 2.0*, 7(4): 89–90, 92, 94, 96, 98, 100.

Kay, R. 2002. "QuickStudy: System Development Life Cycle." *Computerworld*, May 14. Available at *www.computerworld.com*. Accessed February 3, 2009.

Kruchten, P. 2000. "From Waterfall to Iterative Lifecycle—A Tough Transition for Project Managers." Rational Software White Paper: TP-173 5/00. Available at *www.ibm.com/developerworks/rational*. Accessed February 3, 2009.

Martin, J. 1991. *Rapid Application Development*. New York: Macmillan Publishing Company.

Mearian, L. 2002. "Merrill Lynch Unit Puts Software Development Process to the Test." *Computerworld*, October 14. Available at *www.computerworld.com*. Accessed February 3, 2009.

Vesgo. J. 2006. "BLS Projects IT Work Force to Add a Million New Jobs Between 2004 and 2014." CRA Bulletin. Available at *www.cra.org/wp/index.php?p=70*. Accessed January 1, 2008.

第2章

软件的起源

学习目标

- 解释外包
- 描述六种不同的软件来源
- 讨论如何评估实用软件
- 解释复用以及它在软件开发中的角色

引言

正如你在第1章中所了解到的，以前并没有系统分析员和基于符号的计算机编程语言，但人们仍然为计算机编写应用程序。你在第1章了解到在过去的50多年中发生了怎样的变化。即使如今的系统分析员有多种编程语言和开发工具可以使用，你仍旧可以轻易地争辩说目前的系统开发甚至比50年前更困难。现在，有一件事情需要你来做决定：你是否想要编写应用软件，或是在公司自行开发并且从头写起。目前，有多种软件来源。本书的大多数读者将为开发软件的公司而不是某个公司的信息系统部门工作。而对于那些的确在公司信息系统部门工作的人来说，关注的重点不仅仅是自行开发，而是在哪里能够获得多个组件，以将它们组合起来，从而完成你的任务。你和你的团队编写的代码主要是将这些组件整合起来，而大部分的应用软件将由其他人开发。即使你不编写代码，你依旧需要使用系统分析与设计生命周期中基本的结构和流程来构建你的组织所需要的应用系统。本书其余部分将关注系统开发中的组织流程，但首先你需要更多地了解当今的开发环境中软件的来源。

在本章中，你将了解组织中软件的不同来源。第一种来源是外包，一个组织中信息系统的全部或者部分的开发、维护工作由另一个组织来完成。然后你将学习六种不同的软件来源：（1）IT 服务公司；（2）打包软件提供商；（3）ERP 提供商；（4）云计算提供商；（5）开源软件；（6）组织本身（当自行开发软件时）。你将了解评价这些不同来源软件的标准。本章结束时会有一个关于复用及其对软件开发影响的讨论。

系统的获得

尽管对于第一个管理信息系统是何时何处被开发的这一问题一直存在争论，但在英国，这样一个系统被公认为是在 J. Lyons & Sons 公司出现的。在美国，第一个管理信息系统是通用电气公司（General Electric，GE）在 1954 年开发的工资单系统（Computer History Museum，2003）。在那个时代以及之前的许多年，获得一个信息系统的唯一方式是自行开发。软件产业是在通用电气的工资单系统完成十年后才出现的。

自通用电气的工资单系统开发出来之后，自行开发在所有系统开发工作中所占的比重很小。现在的公司内部信息系统部门将越来越少的时间和精力花在从头开发系统上。1998 年，公司信息系统组报道说，花在传统的软件开发和维护工作上的时间和金钱比 1997 年少了 33%（King and Cole-Gomolski，1999）；相反，它们增加了 42%的应用外包。当自行开发时，大多与互联网技术有关。开发者可能认为基于互联网的开发比传统开发更有挑战性，也更有趣味。

当今的组织在寻找信息系统时有多个选择。我们将以一个关于外包开发和运作的讨论开始，然后继续探讨软件的来源。

外包

如果一个组织为另一组织开发或者运行一个计算机应用，就称为**外包**（outsourcing）。外包包括一系列工作布置。一种极端的情况是，一个公司在它自己的计算机上开发并运行你的应用——你做的所有工作就是提供输入、带走输出。这种外包的一个例子是：一个公司为客户运行工资单系统，这些客户就不需要单独开发这样的系统。相反，它们仅需要提供员工的工资单信息及酬金，公司将为员工提供填好的薪水支票、工资财务报表、税收及其他报表。对许多组织而言，采用这种方式外包工资单是一项节约成本的工作。外包的另一个例子是雇用一个公司在你的公司场所计算机上运行你的应用程序。在一些场合下，一个组织采用这样的方式解决其信息系统单元全部或部分的问题，并辞掉其信息系统部的所有员工。通常带入组织内部并运行组织计算程序的公司，将重新雇用组织原来的信息系统部门的一些员工。

外包是一项很大的业务。一些组织以上亿美元的成本外包其 IT 功能的开发。2009 年外包全球市场份额预计为 1.43 万亿美元。2008 年 IT 外包市场份额预计为

4 410亿美元。个体外包供应商同样为它们的服务签署了大额合同。IBM和EDS是两家众所周知的最大的外包公司。这两家公司与很多公司都签有外包合同。IBM的客户包括美国运通（American Express，其合同金额为40亿美元）、奎斯特电信（Qwest Communications，其合同金额为20亿美元）。然而，外包并不是没有风险。惠普的一个子公司，EDS，在与美国海军签署的70亿美元的外包合同中就出现了很多问题。

为什么一个组织愿意外包其信息系统运作？正如我们在工资单例子中看到的，外包可能会节约成本。如果一个公司专注于为其他公司运行工资单管理系统，它就能利用为多家公司运行同一种稳定的计算机应用程序所产生的规模经济来降低价格。外包也为公司提供了一种方式以忽略自身在信息系统方面的不足，而将开发和运营等操作委托给拥有这些知识和技能的人来做（Ketler and Willems，1999）。采用外包的其他原因还有：

- 释放内部资源
- 提高组织的收益潜能
- 缩短对市场的反应时间
- 提高流程效率
- 外包非核心活动

一个组织也有可能是由于政治原因而采用外包的手段来完成其全部的信息处理功能，例如组织在其信息系统单元所面临的操作问题。30年前，美国密歇根州Grand Rapids市雇用了一个外包公司来运行它的计算中心，以便能更好地管理其计算中心的员工。这是因为工会合同和公务员的约束使得公司很难辞退员工，因此，这个城市引进了一个设备管理组织来运行它的计算操作，这样它就能够同时清退掉那些问题员工。正如之前提到的，总体外包还有一个原因，就是一个组织的管理者可能认为它的核心使命不包括管理信息系统单元，因此把这部分功能委托给更有经验的专业计算机公司，可能会获得更高效的处理能力。柯达公司在20世纪80年代末期决定，由于它并不是一个计算机应用企业，因此将信息系统架构委托给IBM，将个人电脑管理委托给Businessland（Applegate and Montealagre，1991）。

尽管你很可能听说过，全世界的外包，就IT职位而言大多在印度，但事实上全球的外包市场很复杂。根据ATKearney 2007年的一项报告，印度是第一大外包国家，中国紧随其后，并且计划到2011年赶超印度（Ribeiro，2007）。全球前十个外包国家并不都是经济强国或都在亚洲，其中4个在亚洲，3个在亚太，3个在拉丁美洲，还有1个在东欧。甚至美国也是一个外包国家，在ATKearney中的排名是第21位。事实上，印度的外包公司，例如Wipro，Infosys和Tata Consulting都在美国开设了办事处。由于印度公司在外包领域已经很成功，并且考虑到汇率波动问题，目前与印度公司签署外包合同比以前更昂贵了，因此许多公司开始转向其他国家。许多美国公司转而采用被称为近岸外包的方式，或者与拉丁美洲国家的公司签署外包合同。许多这样的国家在一个时区范围以内，它们也具有类似印度那样的劳动力成本优势（King，2008a）。墨西哥逐渐被视为印度及其他国家的一个补充。对于公司而言，把它们的外包任务同时分配给几个国家的供应商的做法也越来越普遍。例如，荷兰皇家壳牌公司在2008年与EDS签署了40亿美元的IT合同，这些工作将会在马来西亚、荷兰、英国及美国完成。

外包也是一名系统分析员需要关注的事情。当为一个系统使用替代系统开发策略时，作为一名分析员，你应该向该领域提供外包服务的组织咨询。很可能至少有一家这样的组织已经开发并且运行与你的需求非常接近的系统。或许外包替代系统会是你的一个选择。在考虑外包之前，要弄清你的系统需求是什么，这意味着你有能力评判外包服务供应商是否能很好地对你的需求作出反应。然而，如果你决定不考虑外包，你需要确定是否应购买替代系统的一些软件组件，而不是自行开发。

□ 软件来源

我们可以把软件来源分成六类：IT 服务公司、打包软件提供商、ERP 提供商、云计算提供商、开源软件和自行开发（见图 2—1）。这些不同的来源代表多个可选项中几个重要的选项，软件来源也可以是几种方案的组合。

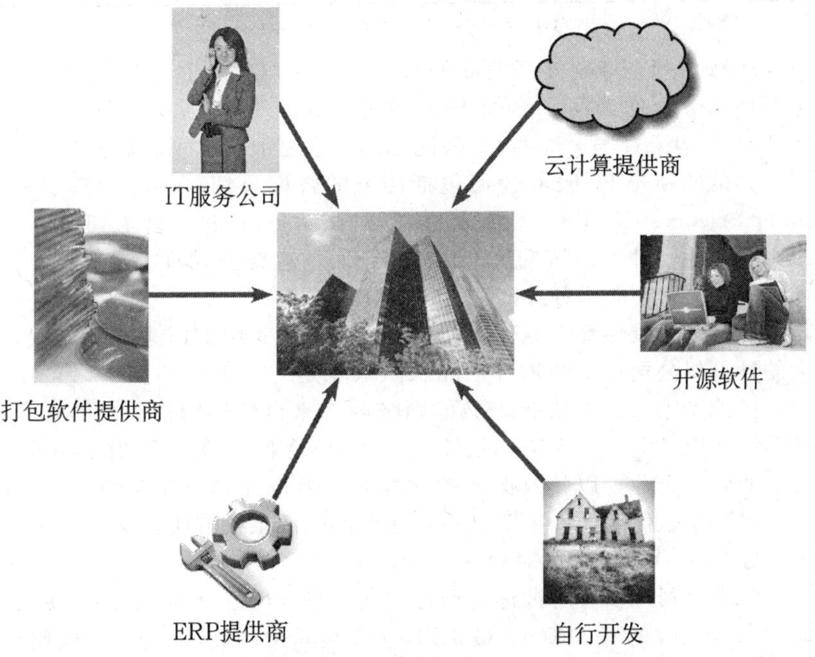

图 2—1　应用软件来源

IT 服务公司　如果一个公司需要信息系统，但并不具备自行开发该系统的经验和人员，并且无法得到合适的商用系统，那么这个公司很有可能向 IT 服务公司咨询。IT 服务公司帮助客户开发内部使用的定制信息系统，或者它们开发、托管并运行应用或提供其他服务。注意在表 2—1 中，其中的四个公司专注于包括定制系统开发的软件服务业。这些公司雇用具有信息系统开发专长的员工。这些员工也可能具有某个特定业务领域的经验。例如，为银行工作的咨询师在掌握信息系统技术的同时，也了解财务体系。咨询师使用与公司进行自行开发时相同的方法、技术和工具。

表 2—1　　2007 年全球顶级软件公司

排名	公司	2007 年软件/服务收益（百万美元）	软件业务范围
1	IBM	74 126	中间件/应用服务器/Web 服务器
2	微软	44 846	操作系统

续前表

排名	公司	2007 年软件/服务收益（百万美元）	软件业务范围
3	EDS	22 134	外包服务
4	埃森哲	19 696	系统整合服务/IT 咨询
5	惠普	18 971	系统整合服务/IT 咨询
6	Oracle	17 996	数据库
7	SAP	14 980	企业应用/数据整合
8	计算机科学公司（CSC）	14 857	系统整合服务/IT 咨询
9	凯捷	12 818	系统整合服务/IT 咨询
10	洛克希德-马丁	10 213	纵向工业应用

资料来源：www.softwaremag.com. Used with permission.

IBM 位列全球软件开发商的首位，这一点你可能感到奇怪，你可能认为 IBM 主要是一个硬件公司。然而 IBM 这些年来已经逐渐从硬件开发领域转行。它于 2002 年收购了普华永道的 IT 咨询部门，这更加坚定了其转向服务业及咨询业的意向。其他的领先 IT 服务公司包括传统的咨询公司，例如计算机科学公司（Computer Sciences Corp.）、埃森哲和凯捷（Capgemini）。这个列表还包括惠普，另一家原先关注硬件但已转向 IT 服务的公司。惠普公司在 2008 年 5 月宣称它将收购 EDS，以继续它向服务导向型公司转化的进程。

打包软件提供商 软件行业自 20 世纪 60 年中期以来渐成气候。一些世界上最大的计算机公司仅生产软件产品。微软就是一个很好的例子，它在表 2—1 所示的排名中位列第二。微软近 98%的财务收入来自软件销售，主要是它的 Windows 操作系统，以及它的个人工作软件——Office 套件。位列第六的 Oracle 是一个绝对意义上的软件企业，以其数据库软件闻名，但也开发企业系统。位列第七的 SAP 公司也是一个软件企业，主要开发企业范围内的系统解决方案。在稍后的企业系统部分，你会对 Oracle 和 SAP 有更多的了解。

软件公司开发有时被称为预打包或者是商用系统的产品。微软的 Project（见图 2—2）、Intuit 的 Quicken、QuickPay 和 QuickBooks 都是这类通用软件。打包软件开发业占有很大的市场份额。这类软件涉及的范围很广泛，从大众化的软件包例如

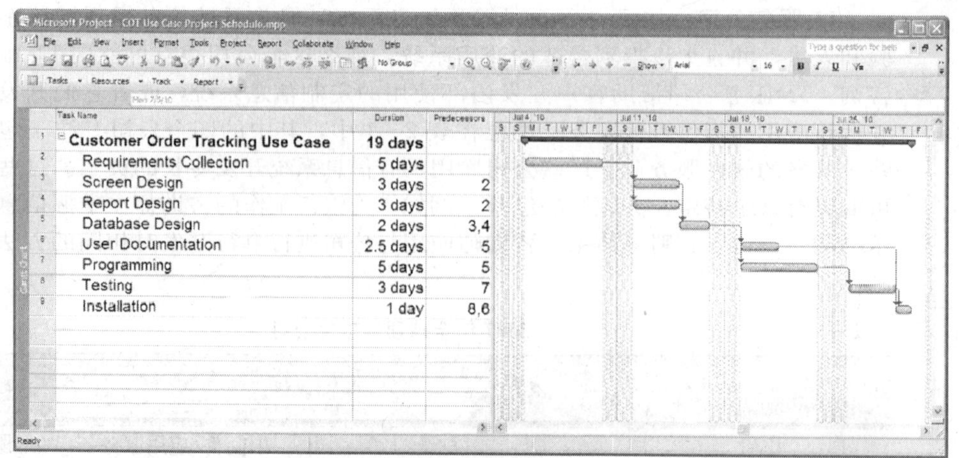

图 2—2 微软的 Project

总账管理，到专业化的软件包例如幼儿园管理。软件公司开发的软件可以运行在多种不同的计算机平台上，从微型计算机到微软 Project 大型主机。公司的规模可以是几个人，也可以是几千人。

软件公司在最初的软件设计完成后咨询系统用户，并完成系统的一个早期版本。然后系统将在实际组织中进行测试，以判断是否存在问题或是否有待改进之处。直到系统测试完成才可以向公众销售。

一些商用软件无法修改以满足某一组织的特定需求。这样的应用系统有时称为交钥匙系统。只有当大量用户要求作出某一特定的改变时，交钥匙系统的生产商才有可能对软件做出变更。然而，也有一些商用软件可以由生产商或用户进行修改，以更准确地满足组织的需求。虽然许多组织都能完成类似的业务，但没有两个组织做事情的方式完全相同。因此，一个交钥匙系统可能满足某种程度的要求，但它永远也不会完美匹配特定组织的需求。一个合理的估计是：商用软件最多能够满足组织 70%的需求。那么，即使是在最乐观的情况下，仍有 30%的组织需求无法得到满足。

ERP 提供商　正如在第 1 章中提到的，越来越多的组织选择完整的软件解决方案以支持其运营和业务流程，这称为企业解决方案或**企业资源计划系统**（enterprise resource planning（ERP）systems）。这些 ERP 软件解决方案由一系列整合的模块组成。每个模块都支持一个特定的、传统的业务功能，例如会计、分销、制造或人力资源。模块与传统方法之间的差异是：这些模块都集成起来以完成业务流程，而不是单一的业务功能。例如，一系列模块将支持整个订单处理流程，从接受订单到调整库存、运输、结算，一直到售后服务。传统的方法是在不同的业务功能领域使用不同的系统，例如，在会计领域使用记账系统，在仓库中使用库存系统。而使用企业软件解决方案，公司可以将一个业务流程的所有部分集成在统一的信息系统里。一项交易的所有方面都无缝地发生在单一的信息系统中，而不是分散在关注某一业务功能领域的一系列相互分离的系统里。

企业解决方案的优点还包括业务流程各方面数据的单一存储，以及模块的灵活性。单一存储确保数据更加一致和准确，所需维护更少。这些模块是灵活的，因为一旦基本系统确定下来，附加模块可以根据需要添加。添加的模块也会立即集成到现有的系统中。但是，企业解决方案软件也有一些弊端。该系统非常复杂，所以可能需要较长时间才能完成。组织通常不具备实施系统所需的必要内部知识，于是它们不得不依靠顾问或软件供应商的员工，而这是非常昂贵的。在某些情况下，组织必须改变它们的业务处理方式，以便从企业解决方案的变迁中受益。

几个主要的供应商提供企业解决方案软件。最有名的可能是 SAP AG 公司，这家德国公司前面提到过，以其旗舰产品 R/3 而闻名。SAP 这三个字母代表数据处理中的系统、应用和产品。SAP AG 公司成立于 1972 年，但其大部分业务增长是从 1992 年开始的。2007 年，SAP 公司成为软件第七大供应商（见表 2—1）。另一个企业解决方案的主要供应商是 Oracle 公司，公司总部设在美国，其数据库软件更为人们所知。Oracle 公司在 2007 年软件公司前十名中位居第六（见表 2—1）。它通过自己的财务系统和并购其他的 ERP 供应商，在 ERP 市场上占有很大的份额。2004 年末，Oracle 收购了 PeopleSoft 公司（一家成立于 1987 年的美国公司）。在被 Oracle 收购之前，PeopleSoft 关注于人力资源管理方面的企业解决方案，后来扩大到财务、物料管理、分销和制造等。就在 Oracle 收购 PeopleSoft 之前的 2003 年，PeopleSoft 通过收购另一个 ERP 供应商 J. D. Edwards 壮大了公司实力。SAP 公司和Oracle公司加在一起，大约控制了ERP市场60%的份额。据预测，到2009年，ERP市场每年的增长幅度将为6%～7%（Woodie，2005）。由于ERP系统的高端市场趋于饱和，ERP供应商为了谋求增长，正在寻求一些中小型企业。例如，SAP为中小型企业提供的产品名为SAP Business ByDesign（见图2—3）。

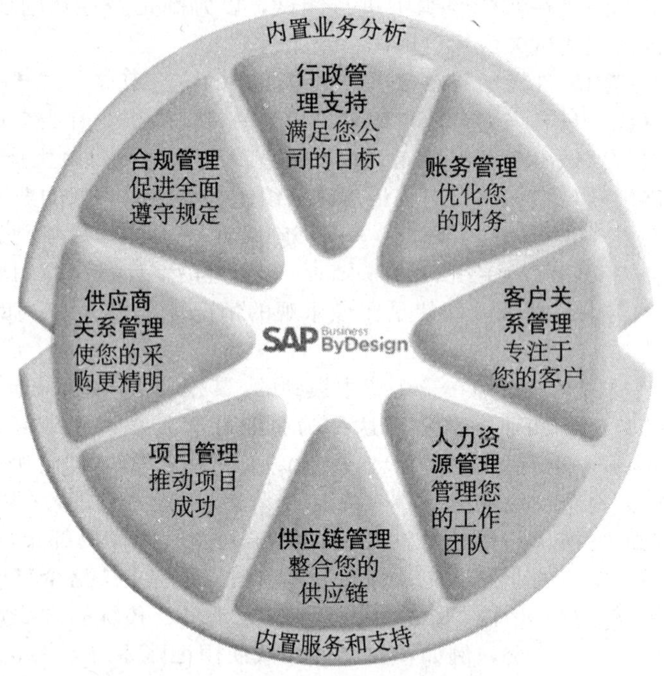

图2—3 SAP Business ByDesign——为中型企业设计的一个产品

资料来源：www. sap. com/usa/solutions/Sme/Businessbydesign/Flash/bsm/A1S. html. © Copyright SAP AG. All rights reserved.

云计算 组织获得应用的另一个方法是租入或从第三方供应商那里得到它们的许可，而第三方供应商在远程站点运行应用程序。用户可以通过互联网或者虚拟专用网络访问应用程序。应用程序供应商购买、安装、维护和升级应用程序。用户根据使用次数付费，或由应用程序供应商授权软件，通常是按月计算。虽然这种做法在过去有不同的叫法，但今天被称为**云计算**（cloud computing）。云计算是指在互联网上提供应用，这样客户就不必为运行和维护应用程序所需的硬件和软件资源而进行投资。在其他的文章中，你也许已经见到把互联网称作云，这来源于在计算机网络图中对互联网的描述方式。云计算一个著名的例子是Google Apps，它在线提供一些常见的个人工作工具，这些工具软件运行在谷歌的服务器上（见图2—4）。另一个著名的例子是Salesforce. com，它提供了在线客户关系管理软件。云计算涉及许多技术领域，包括作为服务的软件（通常称为SaaS），例如Google Apps和Salesforce. com，以及作为服务的硬件，它允许公司订购服务器所需的容量和存储量。

美林公司（Merrill Lynch）曾经预言，截至2013年，全球企业计算的12%将由云计算来完成（King，2008b）。云计算的市场总量预计为1 600亿美元，其中包括950亿美元的业务和650亿美元的在线广告。最有可能立刻获得收益的是那些能快速调整产品线以满足云计算需要的公司。例如知名的IBM，它在全球有9个云计

Why businesses use Google Docs to collaborate on files more smoothly

1. **Work together without the hassles of attachments** – Coworkers can share the same online copy of each doc, spreadsheet or presentation. All revisions are saved and recoverable.
   Share a doc
2. **Present and publish through the web** – Presentations can be delivered to remote audiences, and documents and spreadsheets can be published internally for employees to view.
3. **Interoperate with traditional file formats** – Import and collaboratively edit or publish from .doc, .xls, .csv, .ppt, .txt, .html, .pdf and other formats. You can export as well.
   Import a doc
   Export a doc

Watch the Google Docs overview video

See other Google Apps videos

"The migration to Google Apps was very simple and painless, and that's exactly what we were hoping for. I foresee the collaboration tools in Google Apps growing in importance, as our sales partners start to use Google Docs to collaborate with vendors, customers, and folks here at corporate."

– Shawn Faulkingham, Director of IT, Indoff, Inc.

图 2—4　Google Apps 组件——Google Docs 的介绍

资料来源：Google.

算中心；微软，它在 2008 年宣布其 Azure 平台，以支持在其服务器上的业务应用开发、运行和客户服务；亚马逊，在自己的服务器上为顾客提供存储量。

这些增长预测表明，采取云计算路线有其特有的优势。选择云计算最重要的三个理由是：(1) 释放内部 IT 人员；(2) 能够比通过内部开发方法更快地获得应用；(3) 以低成本获得高质量的应用，所有这些都能给公司带来收益。最吸引人的一点是，能够访问大型复杂系统，而不必经过在内部实施系统这一昂贵耗时的过程。云计算也可以使你远离一个不太令人满意的系统解决方案。然而，IT 经理也有一些顾虑。主要的顾虑是可靠性，其他的顾虑包括安全性和遵守政府法规，例如《萨班斯-奥克斯利法案》。

开源软件　开源软件与你到目前为止读过的软件不同。不同之处在于它是免费提供的，不仅包括它的最终产品，还包括它本身的源代码。之所以与其他软件不同还因为它是由一个有共同兴趣的团体而不是特定公司的员工开发的。开源软件执行与商业软件相同的功能，如操作系统、电子邮件、数据库系统、Web 浏览器等。一些最知名且最受欢迎的开源软件包括 Linux，一个操作系统；mySQL，一个数据库系统；Firefox，一个 Web 浏览器。开放式源代码也适用于软件组件和对象。开放式源代码由一个团体来开发和维护，有时这个团体可能非常大。开发人员通常使用常见的 Web 资源，例如 SourceForge. net，来组织他们的活动。2009 年 1 月，SourceForge. net 有近 180 000 个项目和超过 190 万个注册用户。毫无疑问，如果没有互联网提供接入和组织发展活动，开放式源代码运动也不会获得现在的成功。

如果软件是免费的，你可能想知道一些人是如何通过开发开源软件来获益的，公司和个人通过开放式源代码获益主要有以下两种方式：(1) 提供维护或其他的服务；(2) 提供该软件的一个免费版本，然后销售更多功能的版本。与其他方案相比较，一些开源解决方案对软件行业有更大的影响。例如，Linux 在服务器软件市场上已经非常成功，估计占有 14%的市场份额。在桌面操作系统领域，Linux 占有 2%的市场份额。其他的开源软件产品也很成功，例如 mySQL，并且开源软件在软件行业的份额似乎注定要继续增长。

自行开发 我们讨论了作为软件来源的几种不同类型的外部组织，自行开发也是一个选择。在所有的组织系统开发工作中，自行开发逐渐变为很小的一部分。在本章前面提到过，企业内部信息系统部门在从零开始的系统中所投入的时间和精力越来越少。根据最近的一项研究（Banker et al.，1998），自行开发比起其他的开发方式，例如打包应用，可能导致更大的维护负担。研究发现，使用代码生成器作为自行开发的基础将导致维护工作的增加，而使用打包应用将减少维护工作。

当然，自行开发不需要包括组成整个系统的所有软件的开发。包括购买和自行开发组件的混合解决方案比较常见。如果你选择从外部来源获得软件，那么这个选择应在分析阶段完成时做出。选择一个软件包还是外部供应商取决于你的需求，而不是由供应商销售什么来决定。正如我们将要讨论的，你分析研究的结果将确定你想购买的产品类型，并使你与外部供应商的合作更容易、更高效、更有价值。表 2—2 比较了在本节中讨论的六种不同的软件来源。

表 2—2 **六种不同软件来源的比较**

生产商	何时选择这种类型的组织以获得软件	内部员工需求
IT 服务公司	当任务需要定制并且系统无法内部开发或需要溯源时	可能需要内部工作人员，这取决于应用
打包软件提供商	当支持的任务是通用的时	一些 IS 和用户工作人员定义需求和评估包
ERP 提供商	适用于跨功能边界的完整系统	需要一些内部员工，但大部分是咨询顾问
云计算	适用于即时访问应用程序，且支持的任务是通用的	少，为其他 IT 工作释放员工
开源软件	当支持的任务是通用的，但成本是一个问题时	一些 IS 和用户工作人员定义需求和评估包
自行开发	当资源和工作人员都可用，且系统必须从头开始建设时	内部员工必不可少，但员工规模可能有所不同

选择商用软件

一旦你决定购买商用软件，而不是为你的新系统编写部分或者全部软件，怎样决定购买什么样的软件呢？有几个标准需要考虑，而针对每一个可能的软件，还可能产生特定的标准。对于每一个标准，在软件包和自行开发相同的应用之间都需要做一个明确的比较。最常见的标准如下：

- 成本
- 功能
- 供应商支持

- 供应商的生存能力
- 灵活性
- 文档
- 响应时间
- 安装的简易性

这些标准没有特定的顺序，标准的重要性随着项目和组织的不同而有所改变。如果你必须选择所有这些标准中最重要的两个，那么可能是供应商的生存能力和供应商支持。你肯定不想选择一个与未来业务无关的供应商。同样，你也不想从有着支持不力声誉的供应商那里获得软件许可。如何对其他标准的重要性进行排序很大程度上取决于具体情况，你会根据情况找到适合自己的排序。

成本包括对比购买或者许可软件包的成本与自行开发相同系统的成本。你应该对购买供应商升级或者年度许可费用的成本和维护你自己的软件所产生的成本做一个比较。可以基于经济可行性措施对购买和自行开发的成本进行比较。

功能是指软件能完成的任务和强制执行的、必要的、所需的系统功能。软件包能完成所有的用户需求任务还是只能完成一部分？如果是一部分，它能完成必要的核心任务吗？请注意，满足用户的需求发生在分析阶段结束时，因为直到用户的需求被搜集和确定，你才能评估打包软件。购买应用软件不能代替系统分析阶段，相反，购买软件是在分析阶段获得目标系统设计策略的一部分。

像我们前面所说，供应商支持是指供应商是否提供支持和在多大程度上提供支持。支持可以是帮助安装软件，对用户和系统员工进行软件培训，对安装后产生的问题提供帮助。最近，很多公司已经大幅减少了为客户提供的免费支持，因此，还应该考虑使用电话、上门、传真或计算机公告板这些支持措施的成本。与支持有关的是供应商的生存能力，你不希望使用一个由可能很快倒闭的供应商所开发的软件。最后提到的这一点不应该忽略。软件行业的波动性很大，创新型应用软件有可能是由企业家在家庭办公间开发出来的——传统的小作坊行业。这样的组织即使拥有非常优秀的软件，也往往没有足够的资源或者经营管理能力来长久地维持经营。此外，各大软件公司的竞争活动会使小企业的产品过时或与操作系统不兼容。撰写这本书时，我们与之交流的一个软件公司正在为了生存而挣扎，试图使它的软件可以在任何 IBM 兼容的个人电脑上（假定视频板、监视器、BIOS 芯片、其他组件可以任意组合）工作。小公司很难适应硬件和系统软件的变化，优秀的商用软件也可能消失。

灵活性是指你或者供应商定制软件的容易程度。如果该软件灵活性不大，你的用户就可能为了适应软件而不得不改变他们的工作方式。他们会以这种方式来适应吗？购买的软件可以通过几种方式加以修改。如果你愿意支付重新设计和编程的费用，有时供应商会为你做一些定制化的改动。一些供应商以一种易于进行定制的方式来设计软件。例如，软件可能有几种不同的方式处理数据，在安装时用户可以进行选择。此外，假如这些模块都用第四代语言编写，那么布局和报告可能很容易被重新设计。报告、表单、布局可以很容易地使用一个程序来进行自定义，即公司名称以及用于报告、布局、表单、标题栏的一些选项，都将从你提供的参数表中选择。在进行系统自行开发时，你可能会使用相同的定制技术，以便该软件能很好地适应不同的业务单位、产品线或部门。

文档包括用户手册及技术文档。文档的可读性和即时性如何？如果需要多个副本，如何收费？响应时间是指在一次交互式会话中，软件包响应用户请求需要多长时间。另一个对时间的衡量是，软件完全运行一项工作需要多长时间。最后，安装的简易性是指加载软件并使其实际运行的困难程度。

□ 验证购买软件的信息

你可以从供应商处得到你想要的关于一个软件包的所有信息。其中一些信息可能包含在软件文档和技术营销材料中，其他的信息可能根据要求提供。例如，你可以向未来的供应商发送一份调查问卷，询问它们软件包中的具体问题。这可能是一个**征求建议书**（request for proposal，RFP）或报价请求（RFQ）的一部分，当进行大宗购买时，你的组织会需要这些。文章篇幅不允许我们在这里讨论 RFP 和 RFQ，如果你不熟悉这些流程，不妨参考有关采购和营销方面的图书（本章的结尾处有一些关于 RFP 和 RFQ 的文献）。

当然，亲自使用软件、运行软件（通过一系列基于你的软件选择标准而进行的测试），这一点是不可替代的。记住：测试的不仅仅是软件，还有文档、培训材料，甚至技术支持设备。作为招标的一部分，你可以对未来的软件供应商提出一个要求，即它们在你的电脑上安装（免费或以商定的费用）该软件一段时间。这样，你就可以判定该软件在你的环境中而不是在他们有演示目的的一些优化环境中工作得如何。

最可靠和最有洞察力的资源之一就是该软件的其他用户。供应商通常会提供一个客户清单（记住，它们自然会告诉你满意的客户，因此你可能不得不探寻一些其他客户）和那些愿意与潜在客户联系的人。在这里，个人联系网也是一个资源，它由专业团体、大学朋友、贸易协会、当地商务会所发展而成；不要犹豫，去找自己的一些资源。这种现在的或以前的客户，就软件在它们组织中的应用，能提供深度见解。

为了获取关于可能购买的软件包的更多意见，你可以使用独立的软件测试和抽取服务，它定期评估软件并收集用户意见。这些调查结果在支付一定费用的情况下可以获得，可以是订阅服务，也可以是按需服务（两项有名的服务是 Auerbach Publishers 和 DataPro）；偶尔，中立的调查也会在贸易出版物中出现。然而通常情况下，在贸易出版物中的文章，即使是软件评论，实际上也是由软件制作者提供的，其立场并不中立。

如果你正在对比几个软件包，你可以根据每个标准进行打分，然后用定量方法比较这些分数，该方法将在第 4 章说明。

复用

复用（reuse）是指在新的应用中使用先前编写的软件资源。因为许多应用片段是跨程序通用的，所以直观看来，如果这些通用的片段在需要时不必每次都重新写入，将带来很大的节约。复用能提高程序员的工作效率，因为对于一些功能，如果能利用现有的软件，在相同的时间内，他们就能完成更多的工作。复用也能缩短开发时间，减少进度超时。因为现有的软件已经经过测试，复用它们能使软件缺陷率降低，减少维修费用，所以软件质量会得到提高。

虽然复用可以应用在软件的许多方面，然而它最普遍的应用包括两种不同的开发技术：面向对象的开发和基于组件的开发。在第 1 章，你已经了解了关于面向对象开发的内容。例如，创建一个对象类来给员工建模，对象类“Employee”包含关于员工的数据，以及计算各种工作类型薪酬的指令。该对象类可以用于与员工相关的任何应用中，如果计算不同类型的员工薪酬发生变化，只需要改变该对象类即可，而不需要改变使用它的各种应用。从定义上讲，在多于一个的应用中使用对象类“Employee”，就构成了复用。

基于组件的开发与面向对象的开发有一点很类似，即关注于开发可用于不同程序的通用意义上的软件片段。组件可能和对象一样小，也可能和处理单一业务功能的软件一样大，例如货币转换。基于组件的开发理念是，来自不同层次复杂度和规模的许多不同组件的一个应用的集合。许多供应商正在开发组件库，以便可以从中检索组件并按需组合到希望的应用中。

有证据表明复用是有效的，尤其是针对对象类。一个实验室的研究发现，对象类库的复用能够提高生产力、降低缺陷密度、减少返工等（Basili et al.，1996）。对于惠普来说，一个复用程序可能为特定产品开发上市节约 1/3 的时间（甚至更多），从 18 个月缩短至不到 5 个月（Griss，2003）。然而，因为复用是在一定的组织背景下进行的，所以必须考虑各种问题。技术问题包括：目前缺乏创建和明确定义的方法，缺乏放置在库中的可复用软件的标识，同时，当前可复用和可靠的软件资源数目较少。主要的组织问题包括：缺乏复用的约定，缺乏适当的培训和推广复用所需的奖励，缺乏使复用实现制度化的组织支持，以及很难衡量因复用而取得的经济收益。Royce（1998）认为，由于开发一个可复用组件的成本相当大，大部分组织都无法与既定的商业机构竞争，这些机构把销售组件作为它们的主要业务。成功取决于能否平衡大型用户的成本及其项目基础（见图 2—5）。复用最初用在其他应用中的对象类和组件上，还存在一些法律合同方面的问题（Kim and Stohr，1998）。

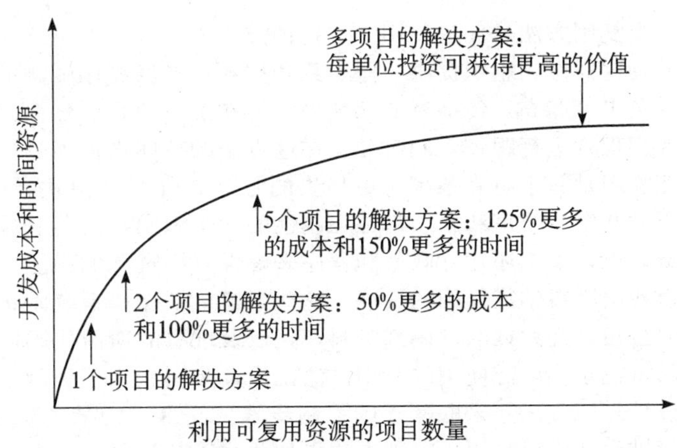

图 2—5　完成可复用组件所必要的投资

资料来源：Royce，1998. Used by permission.

当一个组织的管理层决定将复用作为一项策略时，对于组织而言，将复用方法与其策略业务目标相匹配是很重要的（Griss，2003）。随着更多企业复用经验的获得，复用的收益也随之增长，但复用所需成本和必需的资源数量也随之加大。软件复用有三个基本步骤：抽取、存储和重新语境化（Grinter，2001）。抽取包括可复用软件部分的设计，从现有软件资源入手，或者从头开始。存储包括形成可用的软件资源，以供其他用户使用。虽然听起来像一个简单的问题，但存储其实有很大的挑战性。问题是，不是简单地把软件资源放在架子上，而是将其正确地标识并分类，以便其他用户想用时能找到它们。一旦一个资源被找到，重新语境化就变得很重要。这包括使复用资源可以被开发者所理解，开发者想在他们的系统中使用它。软件是复杂的，特定系统环境下某一特定系统的软件资源可能与它表面上看起来完全不同。一个表面上被称作"客户"的通用资源，实际上可能是完全不同的事物，这取决于它被开发的环境。相对于花时间和精力去认真地理解别人开发的软件，简单地建立自己的资源似乎更容易。正如前面所提到的，一个复用策略的关键是，为复用提供奖励、激励和组织支持，以使复用他人的软件比开发自己的资源更值得。

一个组织可以采取上述四个方法来进行复用（Griss，2003）（见表2—3）。应对复用并不是一个真正的方法，至少从一个正式组织的角度来看是这样。使用这种方法，个人可以寻找或是自行开发可复用资源，组织很少为复用资源进行奖励（即使有的话）。由于是由个人来追踪和分配他们自己的软件资源，因此存储不是问题。对于这样一个个人驱动的应对方法，很难衡量其对公司的潜在利益。

表2—3　　四个复用方法

方法	复用水平	成本	政策和程序
应对	无到低	低	无
促进	低	低	鼓励开发人员进行复用，但不是必须的
管理	中	中	复用资源的开发、分享和采用都是强制性的，文档化、打包和验证都制定有专门的组织政策
设计	高	高	复用是强制性的，政策被固化以衡量复用效果；无论最初的应用程序是什么，在开发的初始阶段，代码必须被设计成可复用；可能会有公司级别的复用办公室

资料来源：Based on Flashline，Inc. and Griss，2003.

另一个复用方法是促进复用。在这种方法中，开发人员不是必须进行复用，但他们被鼓励这样做。组织提供一些工具和技术，确保复用资源的开发和共享。一个或更多的员工可能充当传播者的角色来宣传和推广项目。然而，很少对复用资源的质量和利用程度进行跟踪，同时公司在这方面的整体投资很少。

管理复用是一个更有条理、更昂贵的管理软件复用模式。使用这种复用方法，复用资源的开发、分享和采用都是强制性的。组织明确流程和政策，以确保实施复用和衡量结果。组织还建立政策和程序来确保复用资源的质量。这种方法关注于从各种渠道找出潜在的能复用的资源，这些渠道包括操作系统附带的实用资源库、出售资源的公司、开源社区、内部资料库，以及现有的遗留代码，等等。

最昂贵也是最广泛使用的复用方法是设计复用。除了强制进行复用并衡量其成效外，设计复用方法还采取额外的强制步骤，使得当为某一特定应用设计资源时，该资源就被设计成可复用。这种方法更加关注于开发复用资源，而不是寻找能被选为复用的现有资源。可能设立一个公司级别的复用办公室，用来监测和管理整体方法。在这种方法下，高达90%的软件资源可能被复用到不同的应用中。

每一个复用方法都有它的优势和弊端。没有任何一种方法是全能的，可以解决所有组织、所有情况下的复用难题。成功的复用要求对如下议题有深入了解，即复用怎样才能适合较大的组织目标和策略，以及可复用资源必须适应其所在的社会和技术环境。

小结

作为一名系统分析师，你必须知道在哪里能找到满足一个组织部分或全部需求的软件。你可以从以下来源获得应用（及系统）软件：IT 服务公司、打包软件提供商、ERP 供应商、云计算供应商和开源软件供应商，以及内部系统开发部门，包括现有软件组件的复用。你甚至可以雇用一个组织来满足系统开发的所有需求，这就是所谓的外包。当选择商用软件产品时，你还必须知道所用的标准。这些标准包括成本、功能、供应商支持、供应商的生存能力、灵活性、文档、响应时间和安装的简易性。征求建议书是一种可以收集更多有关系统软件信息（例如性能和成本）的途径。

关键术语

云计算（cloud computing）
企业资源计划系统（enterprise resource planning (ERP) systems）
外包（outsourcing）
征求建议书（request for proposal，RFP）
复用（reuse）

复习题

1. 描述并对比几种不同的软件来源。
2. 如何在几种不同的商用软件中进行选择？应该采用什么标准？
3. 什么是 RFP？分析员如何使用它收集有关硬件和系统软件的信息？
4. 一个系统分析员可以采用什么方法来核实供应商关于软件包的声明？
5. 什么是 ERP 系统？这个系统作为设计策略时的优点和弊端是什么？
6. 解释复用，并说明它的优点和弊端。
7. 比较和对比四种复用方法。

问题与练习

1. 调查如何准备一份征求建议书（RFP）。
2. 回顾本章提到的选择商用软件的标准，用你自己的经历和想象描述在现实生活中选择商用软件的其他标准。对于每一个新的标准，解释如何使用它是有效用的（即这些标准是有用的）、无效用的，或者两者兼有。
3. 在选择商用软件的部分列出了评价候选软件包的八个标准。假设选择是在备选定制软件开发商之间而不是在预写软件包之间进行，应采用什么标准来选择和比较这些应用定制开发的投标者？为每个标准下定义。
4. 项目团队如何推荐一个 ERP 设计策略，并与其他类型的设计策略比较来证明其推荐的合理性？

参考文献

Applegate, L. M., and R. Montealegre. 1991. "Eastman Kodak Company: Managing Information Systems Through Strategic Alliances." Harvard Business School case 9-192-030. Cambridge, MA: President and Fellows of Harvard College.

A.T. Kearney. 2007. "Offshoring for Long Term Advantage." Available at *www.atkearney.com/main.taf?p=5,3,1,185*. Accessed January 1, 2009.

Banker, R. D., G. B. Davis, and S. A. Slaughter. 1998. "Software Development Practices, Software Complexity, and Software Maintenance Performance: A Field Study." *Management Science* 44(4): 433–450.

Barrett, L. 2008. "Outsourcing Market Will Remain Robust in 2008." Available at *www.internetnews.com/ent-news/pring.php/3720431*. Accessed January 1, 2009.

Basili, V. R., L. C. Briand, and W. L. Melo. 1996. "How Reuse Influences Productivity in Object-Oriented Systems." *Communications of the ACM 39*(10): 104–116.

Computer History Museum. 2003. Timeline of Computer History. Available at *www.computerhistory.org*. Accessed Feb.

14, 2009.

2005. "ASPs Take Two, Outsourcing Special Report." *Computerworld*. Available at *www.computerworld.com/managementtopics/ outsourcing*. Accessed May 3, 2006.

Grinter, R. E. 2001. "From Local to Global Coordination: Lessons from Software Reuse." In *Proceedings of Group '01*, 144–153. Boulder, CO: Association for Computing Machinery SIGGROUP.

Griss, M. 2003. "Reuse Comes in Several Flavors." Flashline white paper. Available at *www.flashline.com*. Accessed February 10, 2009.

Harney, J. 2000. "Lost Among the ASPs." *Intelligent Enterprise* (February 9): 27. 30–31. 34.

Ketler, K., and J. R. Willems. 1999. "A Study of the Outsourcing Decision: Preliminary Results." *Proceedings of SIGCPR '99*, New Orleans, LA: 182–189.

Kim, Y., and E. A. Stohr. 1998. "Software Reuse: Survey and Research Directions." *Journal of MIS* 14(4): 113–147.

King, J., and B. Cole-Gomolski. 1999. "IT Doing Less Development, More Installation, Outsourcing." *Computerworld*, January 25. Available at *www.computerworld.com*. Accessed December 28, 2003.

King, R. 2007. "The Outsourcing Upstarts." *BusinessWeek* online, July 31, 2007. Available at *www.businesweek.com/print/technology/content/jul2007/tc20070730_998591.htm*. Accessed August 24, 2007.

King, R. 2008a. "The New Economics of Outsourcing." *BusinessWeek* online, April 7, 2008. Available at *www.businessweek.conm/print/technology/content/apr2008/tc2008043_531737.htm*. Accessed January 29, 2009.

King, R. 2008b. "How Cloud Computing is Changing the World." *BusinessWeek* online, August 4, 2008. Available at *www.businessweek.com/print/technology/content/aug2008/tc2008082_445669.htm*. Accessed January 29, 2009.

Ribeiro, J. 2007. "IDC: China Will Be Top Destination for Off-Shoring." *InfoWorld* online. Available at *www.infoworld.com/article/07/07/05/China-top-offshore-destination_1.html*. Accessed January 29, 2009.

Royce, W. 1998. *Software Project Management: A Unified Framework*. Boston: Addison-Wesley.

"2005 Software 500." Available at *www.softwaremag.com*. Accessed October 18, 2005.

Woodie, A. 2005. "ERP Market Grew Solidly in 2004, AMR Research Says." *The Windows Observer*, February 25. Available at *www.itjungle.com/two/twp062205-story04.html*. Accessed October 25, 2005.

第3章

信息系统项目管理

学习目标

- 解释管理信息系统项目的过程
- 描述一个高水平的项目经理应该具有的技能
- 列出并描述一个项目经理在项目启动、项目计划、项目执行和项目结束过程中所需的技能和所参与的活动
- 解释关键路径进度表的含义，描述创建甘特图和网络图的过程
- 解释商业项目管理软件包是如何有助于描述和管理项目进度表的

引言

在第 1 章和第 2 章，我们介绍了系统开发生命周期的五个阶段，并了解了信息系统项目如何经历这五个阶段，在某些情况下有些阶段是重复执行的（见 George et al.，2007）。本章我们将关注系统分析员作为项目经理在信息系统项目中的职责。在系统生命周期中，项目经理的职责是启动、计划、执行和结束系统开发项目。项目管理是信息系统开发项目中较重要的方面。有效的项目管理有助于确保系统开发项目满足客户的期望，并在预算和时间限制内交付系统。

目前，大部分公司所承担的项目类型正在转变，这使得项目管理越来越困难，甚至对项目的成功与否起着至关重要的作用（Fuller et al.，2008；King，2003；Kirsch，2000）。例如，过去组织比较注重发展大型的、专门设计的、独特的应用

软件。而目前，组织中许多系统开发工作比较注重执行软件包，如企业资源计划（ERP）和数据仓储系统。现存的遗留应用程序正在修改以实现B2B业务在互联网上的顺利实施。新的基于Web的界面也被纳入现存的遗留系统中，使得全球范围的各类用户可以访问公司的信息和系统。此外，将由全球外包合作伙伴所开发的软件整合进组织现有的应用组合中，已是一种比较通用的方式（King，2003）。同提供应用软件的供货商、整合系统的客户或供应商，或一个更大和更加多元化的用户群一起工作，要求项目经理具有很高的技能。因此，了解项目管理的过程很重要，这是成功所需的一项重要技能。

本章我们将关注系统分析员在管理信息系统项目中的角色，并将其视为项目经理。第一部分你将了解松谷家具公司（PVF）的背景，该企业是我们将要访问的一个制造型企业，这个实例将贯穿本书的余下部分。然后介绍项目经理的任务和项目管理过程。接着讨论在报告项目计划时使用的技术——甘特图和网络图。最后对商用项目管理软件进行讨论，它可以用来协助各种项目管理活动。

松谷家具公司的背景

松谷家具公司（PVF）制造高质量的木质家具，配送给全美国的零售店。它的产品线包括餐桌椅、立体橱柜、组合柜、起居室家具和卧室家具。20世纪80年代早期，PVF的创立者亚历克斯·舒斯特（Alex Schuster）开始在他的车库生产和销售定制家具。亚历克斯使用文件夹和一个档案柜来管理发票并与客户保持联系。直到1984年，由于生意扩大，亚历克斯不得不租用仓库并雇用兼职的会计人员。PVF的产品变得多元化，销售量翻倍，员工也增加至50名。1990年，PVF搬迁至它的第三个，也是目前的位置。由于公司运作的复杂度增加，亚历克斯进行了重组，公司由以下几个功能区域组成：

- 制造，它被进一步划分为三个不同的功能部门——制造、装配和修饰
- 销售
- 订单处理
- 会计
- 采购

亚历克斯和这些功能区域的经理建立的人工信息系统，如会计总账和文件夹，在那段时间起了很大的作用。然而，最终PVF选择安装一套网络服务器应用程序，用来自动接收发票、获取应收账款，并控制库存。

当这些应用软件第一次被计算机化的时候，根据每个功能区域的需要，每个应用软件都有它自己的数据文件。在这种情况下一个典型的特点就是，目前的应用软件在很大程度上与它们所依据的手工系统相似。图3—1描述了PVF所采用的三个应用系统：订单、发票和工资单。20世纪90年代末期，PVF组成了一个小组来学习数据库可能的转变方式。经过初步的学习，管理部门决定将他们的信息系统转变为这样一种方式。公司升级了它的网络服务器，并建立了一个集中化的数据库管理系统。目前，PVF已经成功配置了一个完整的、涉及全公司的数据库，并转变了它的应用软件，使其可以和数据库一起工作。然而，PVF仍在快速发展，目前应用系统的压力也在不断增大。

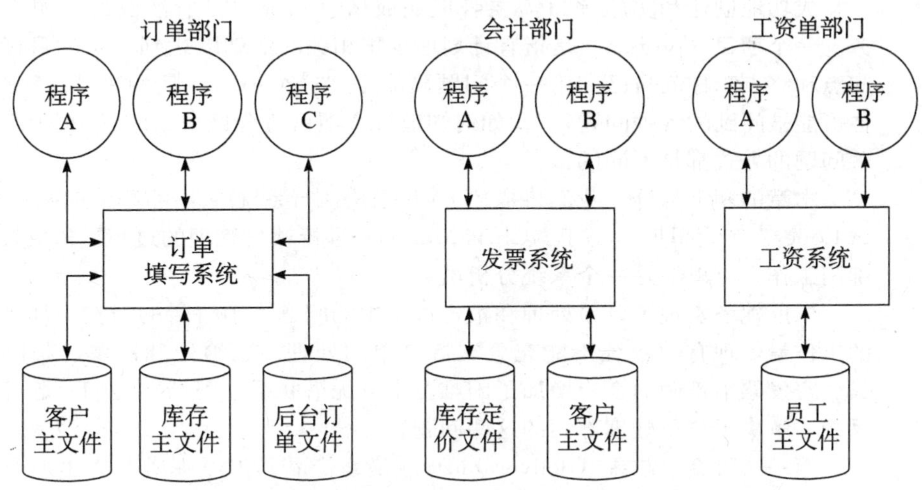

图 3—1　PVF 所采用的三个应用系统：订单、发票和工资单

资料来源：Hoffer，Prescott，and Topi，2009.

在 PVF，基于计算机的应用软件支持着它的业务进程。当客户订购家具时，他们的订单必须给予相应的处理。家具必须制造并配送给正确的客户，把正确的发票寄至正确的地址。员工必须按他们的工作得到相应的报酬。考虑到这些任务，大部分的计算机应用软件用于会计和财务领域。这个软件包括订单、发票、应收账款、库存控制、应付账款、工资单和总账。以前，每个软件都有它自己的数据文件。例如，它有一个客户主文件、一个库存主文件、一个后台订单文件、一个库存定价文件和一个员工主文件。订单处理系统使用其中三个文件的数据：客户主文件、库存主文件和后台订单文件。但现在所有的系统通过公司的主要数据库被设计和整合起来，这些数据根据实体或主题（如客户、发票和订单）组织在一起。

和许多其他公司一样，PVF 决定开发自己的应用软件，也就是说，它将雇用员工、购买计算机硬件和软件来设计满足自己需求的应用软件（获得应用软件的方法在第 2 章已经介绍过）。虽然 PVF 在不断地快速发展，但是市场的竞争越来越激烈，特别是互联网和万维网在不断发展。让我们看一下 PVF 在开发一个新的信息系统时，项目经理所起的至关重要的作用。

管理信息系统项目

项目管理是信息系统开发中的一个重要方面，也是系统分析者的一项关键技能。项目管理的目标是确保系统开发项目满足用户的期望，并在预算和时间限制内交付系统。

项目经理（project manager）是具有管理、领导、技术、冲突管理和用户关系管理等多种技能的系统分析员。他的职责是启动、计划、执行和结束一个项目。作为项目经理，你所处的环境是不断改变的，需要不断解决问题。在有些组织中，项目经理是一个经验丰富的系统分析员，而在其他地方，无论有无经验，分析员都被期望能担任这个职务，管理项目的一部分，或者协助有经验的分析员来承担项目经理的职务。了解项目管理的过程是你成功所需的重要技能。

成功地创建和实施项目需要管理完成信息系统项目所涉及的资源、活动和任务。一个**项目**（project）是指有计划地承担相关的活动以达到一定的目标，它包括起点和终点。你问自己的第一个问题可能是“这个项目从何而来？”考虑在组织中你可能被问到的各种问题，“我如何知道哪个项目适合这个组织？”每个组织回答这些问题的方式都是不同的。

本章的剩下部分，我们将描述PVF采购执行系统中朱厄妮塔·洛佩斯（Juanita Lopez）和克里斯·马丁（Chris Martin）进行项目管理的过程。朱厄妮塔在订单部门工作，克里斯是一个系统分析员。

朱厄妮塔发现了订单处理和报告过程中的问题：销售量的增长增加了生产部门的工作量，现有的系统不能充分支持订单的处理。这给处理订单、获得正确的家具、寄发票给正确的客户增加了困难。朱厄妮塔联系克里斯，他们一起开发了一个系统，解决了订单处理部门的这些问题。

第一个**可交付成果**（deliverable）或最终产品是朱厄妮塔和克里斯开发的系统服务请求（SSR），它是PVF用来请求系统开发工作的一个标准格式。图3—2是采购执行系统中的SSR。表中有请求系统人员的姓名和联系方式、问题描述，以及联系人和发起人的姓名与联系方式。

松谷家具公司
系统服务请求

提出人 朱厄妮塔·洛佩斯　　日期 2010年10月1日
部门 采购、制造支持
地点 总部，1-322
联系方式 电话：4-3267　传真：4-3270　电子邮箱：jlopez

请求类型	紧急程度
[√] 新系统	[ ] 立即——操作遭到破坏或机会丧失
[ ] 系统改进	[ ] 存在问题，但仍可运行
[ ] 系统错误纠正	[√] 可以容忍业务机会的丧失，直到安装新系统

问题描述

PVF销售量的增长使生产制造工作大幅增加。而且，更多对客户服务的关注缩短了制造提前期，这给采购活动带来更大的压力。此外，缩减开支的压力使与供应商的谈判更具挑战性，要求供应的及时性并减少库存投资。现有的系统对生产和采购的支持已经不能满足新的商业环境的要求。数据无法获得，信息不能总结，供应订单不能及时处理，货物购买无法得到很好的支持。PVF在原材料上已经花费了很多，但是仍不能满足生产的需要。

服务请求

我请求对目前的操作进行全面的分析，以设计和开发一个全新的信息系统。这个系统要处理所有的采购事务，支持输出和提供重要采购数据的报告，帮助采购代理商实现货物的购买。

联系人 克里斯·马丁（电话：4-6204　传真：4-6200　电子邮箱：cmartin）
发起者 萨尔·迪瓦里奥（Sal Divario），采购部主任

由系统优先权委员会完成

[ ] 批准请求　指派给 ____
　　　　　　　开始日期 ____
[ ] 建议修改
[ ] 建议用户开发
[ ] 拒绝原因 ____

图3—2 采购执行系统的系统服务请求

这个请求然后交由 PVF 的系统优先权委员会进行评估。因为所有的组织都有时间和资源的限制，所以并不是所有的请求都能被批准。委员会评估了与业务问题、系统需解决的问题或能够创建的机会相关的开发请求，讨论了设立怎样的项目才能适合组织信息系统的架构和长期开发计划。审核委员会选择了那些最适合全体组织目标的项目（我们将在第 4 章中学习组织目标的相关知识）。在有关采购执行系统请求的实例中，委员会发现了请求的价值，批准进行更加详细的可行性研究。**可行性研究**（feasibility study）是由项目经理进行管理的，它从经济和可操作性的角度进行观察，确定信息系统对组织是否有帮助。可行性研究在系统开发之前开始。图 3—3 说明了采购执行系统项目启动期间的几个步骤。

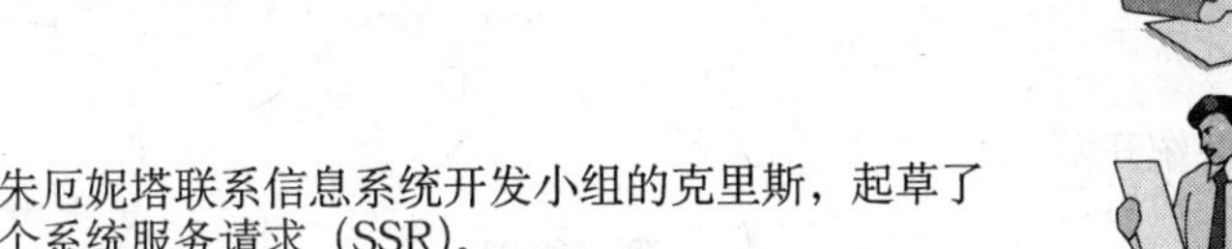

图 3—3 采购执行系统项目启动阶段五步骤的图示

总而言之，开发系统的两个主要原因是：利用商业机遇和解决商业问题。利用商业机遇可能意味着，通过新系统的创建为用户提供创新性的服务。例如，PVF 想要创建一个网站使用户可以获得 PVF 的订单信息，并能在任何时候下订单。解决商业问题是修正现有系统中的数据处理过程，为用户提供更加准确和及时的信息。例如，像 PVF 这样的公司可能会创建一个由密码保护的内部网，其中包括重要的公告和预算信息。当然，项目也不是经常因为前面所提到的理性原因而发起的（利用商业机遇和解决商业问题)。例如，在一些情况下，组织和政府启动项目是为了消耗资源，达到或填补预算，使人们有事可做，或培训人员以提高他们的技能。本章的重点不是组织怎样或为什么确定项目，而是一旦项目启动，我们如何进行管理。

一旦一个潜在的项目被确定，组织就必须确定实现项目所需要的资源。这需要通过分析项目的范围和确定成功实施项目的可能性来实现。信息确定以后，组织才能确定在时间和资源的限制内能否利用机遇或解决特定的问题。如果确实可行的话，将会对项目进行更加详细的分析。你将会看到，确定一个项目的规模、范围和资源需求的能力是项目经理拥有的多项技能中的一项。我们经常把项目经理想象为一个把许多球抛在空中变戏法的人，这反映了项目开发的各个方面，如图3—4所示。

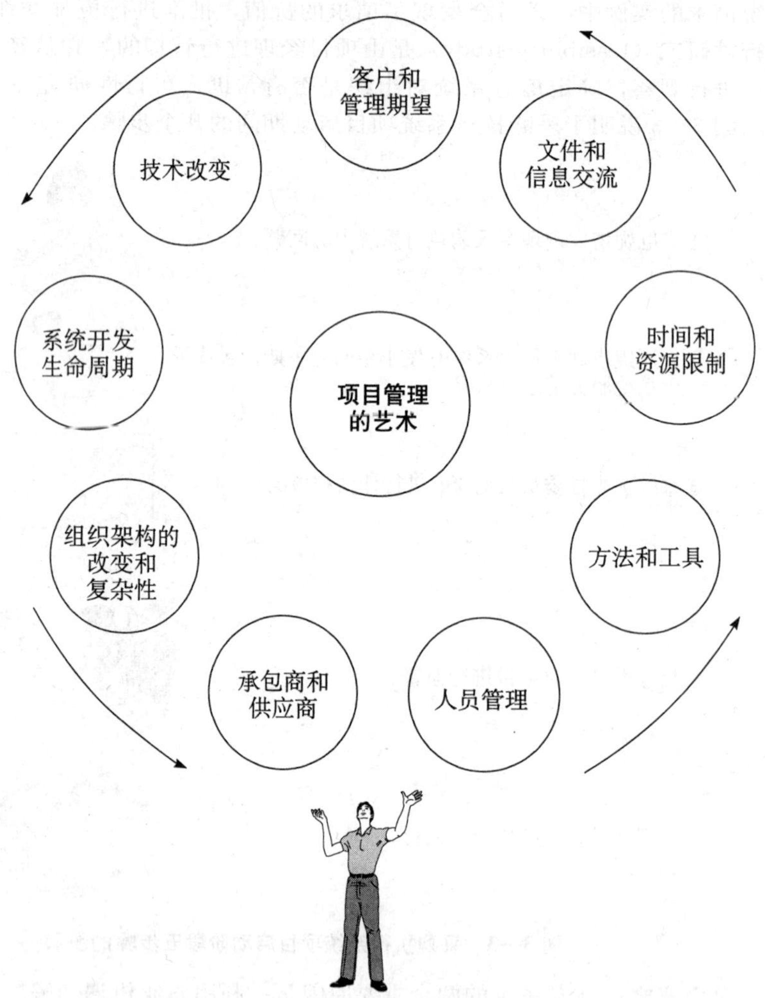

图3—4 项目经理处理的各种活动

为了成功地组织一个复杂信息系统的开发，项目经理必须具有良好的人际关系、领导才能和专业技能。表3—1列出了项目经理的一般技能和活动。注意，许多能力都是和人事或一般管理相联系的，而不仅仅是专业技能。表3—1说明，一个高效的项目经理不仅仅拥有各种技能，也是任何项目成功实施最重要的人。

表3—1 项目管理者共有的活动和技能

活动	描述	技能
领导	通过利用才智、人格魅力和能力影响他人的一般活动以达到共同目标	沟通；联络管理部门、用户和开发者；分派任务；监督进度

续前表

活动	描述	技能
管理	有效地利用资源来完成项目	确认活动并对其进行排序；交流期望；为活动分派资源；检查结果
客户关系	和客户亲密合作，以确保项目按预期提交	解释系统需求和规格；选址准备和用户培训；与客户的接触点
技术问题的解决	设计活动并排序，以达到项目目标	解释系统需求和规格；确定活动及其顺序；权衡可选方案；为问题找到解决方案
冲突管理	对项目团队进行冲突管理，使冲突水平不是太高也不是太低	解决问题；协调个人差异；折中；设定目标
团队管理	管理团队，使团队表现更加出色	团队之间的沟通和交流；同事评价；解决冲突；创建团队；自我管理
风险和变更管理	识别、评估和管理风险以及项目中的日常变更	观察环境；识别和评估风险和机遇；预测；重新配置资源

本章的余下部分将着重介绍**项目管理**（project management）的过程，它涉及四个阶段：

1. 启动项目
2. 计划项目
3. 执行项目
4. 结束项目

每个阶段都涉及许多活动。按照这个项目管理的正式流程进行，将增加项目成功的可能性。

启动项目

在**项目启动**（project initiation）期间，项目经理执行许多活动来评估项目的规模、范围和复杂性，并确定后续活动的程序。根据项目的不同，一些启动活动可能不是必需的，而另一些则可能是非常重要的。启动项目时所涉及的活动类型如图3—5所示，下面是其具体描述。

项目启动

①确定项目的启动团队

②确定与客户的关系

③确定项目启动计划

④确定管理流程

⑤确定项目管理的环境和项目工作手册

⑥开发项目章程

图3—5 项目启动阶段的六项活动

1. 确定项目的启动团队。这项活动涉及组织项目团队的核心成员来帮助完成项目的启动活动（Verma，1996，1997）。例如，在PVF的采购执行系统项目期间，克里斯·马丁被分配到采购部门。PVF的策略是启动团队的成员至少包括一个客户代表，在这个例子中，客户代表是朱厄妮塔·洛佩斯；还要包括一名信息系统开发小组的成员。因此，项目的启动团队由克里斯和朱厄妮塔组成，克里斯是项目经理。

2. 确定与客户的关系。对客户的全面了解有助于建立更稳固的合作关系和更高水平的信任。在PVF，管理层试图在交易单元（如采购部门）和信息系统开发小组之间建立稳固的工作关系，这是通过分派专人作为两个小组之间的联系人来实现的。因为克里斯被分派到采购部门工作了一段时间，所以他了解现有采购执行系统中存在的问题。PVF的政策是分派专人到每个业务单元，这有助于确保克里斯和朱厄妮塔比项目创建时更默契地在一起工作。许多组织都是用相似的机制来确立与客户的关系。

3. 确定项目启动计划。这一步是组织启动团队来确定项目的目标和范围（Abdel-Hamid et al.，1999）。克里斯的任务是帮助朱厄妮塔，把她的业务需求转变为改进信息系统的书面需求。因为克里斯和朱厄妮塔熟悉彼此在项目开发过程中的任务，所以下一步就是确定什么时候以及怎样进行沟通，确定所要交付的产品和项目开发步骤及截止日期。他们的初始计划包括会议日程等。根据这些步骤最终创建系统服务请求（SSR）的格式。

4. 确定管理流程。成功的项目要求开发有效的管理程序。在PVF，许多管理程序被系统优先权委员会和信息系统开发小组确立为标准操作程序。例如，所有的项目开发工作都需回到工作所要求的功能单元。有些组织会根据自己的需要制定特定的程序。然而一般情况下，当确定程序时，你所关心的问题是团队交流和报告程序的开发、工作的分派、项目程序的改变、项目筹资和开具账单的方式。克里斯和朱厄妮塔是比较幸运的，因为PVF的大部分程序已经确定下来，这允许他们继续其他的项目活动。

5. 确定项目管理的环境和项目工作手册。这项活动的重点是收集和组织你在项目管理过程中将用到的工具，并创建项目工作手册。项目工作手册的内容大部分是图表和系统说明书，因此项目工作手册是由项目团队确定的，作为所有项目通信、输入、输出、传送、程序和标准的一个知识库（Rettig，1990；Dinsmore and Cabanis-Brewin，2006）。**项目工作手册**（project workbook）可以由在线电子文件或一个大的三层文件夹保存起来。项目工作手册可供所有团队成员使用，它对项目审查、新增项目成员的定位、与管理人员和客户交流、确定以后的项目、回顾先前的项目很有帮助。确定项目工作手册并努力记录工作手册中的所有项目信息是你作为项目经理的两项最重要的活动。

图3—6描述了采购执行系统的项目工作手册。它由一个大的纸质版活页文件夹和电子信息组成，里面包括系统的数据字典、存储在数据库中的数据目录，以及图形。对这个系统来说，所有的项目文件材料都有一个单独的文件夹。把项目文件材料展开成多个文件夹也是很常见的。然而，随着更多的信息由电子方式进行获取和记录，纸质版文件夹就很少使用了。许多项目团队把他们的项目工作手册保存在网上。网站的创建使所有的项目成员可以轻而易举地获取所有项目文件。这些网站可以是一个简单的文件存储或是有密码保护和安全等级的精心设计的网页。使用网

页存储你的文件，其优点在于它可以使项目成员和客户随时检查项目状态和相关信息。

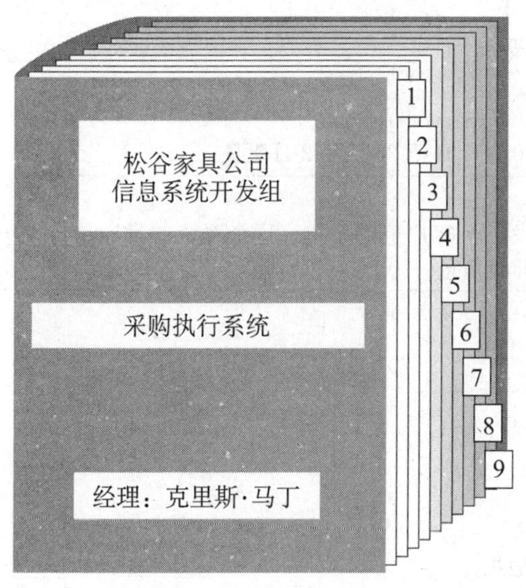

图 3—6　采购执行系统的项目工作手册（包括 9 个关键文档，纸质版和电子版均有）

6. 开发项目章程。**项目章程**（project charter）是为客户准备的一个篇幅短小的（通常是一页）、高水准的文件，用来描述所提交项目和项目主要元素的大致内容。项目章程的具体细节有很大的不同，但是通常包含以下元素：

- 项目的标题和授权日期
- 项目经理的姓名和联系方式
- 客户的姓名和联系方式
- 项目的开始和结束日期
- 关键的利益相关者，项目的任务和职责
- 项目目标和说明
- 主要的假设或方法
- 关键利益相关者的签名部分

项目章程使你和你的客户对项目有一个共同的理解。它也是一个非常有用的沟通工具，它向组织宣布一个特定的项目将会启动。图 3—7 是一个项目章程的样本。

这六项活动执行完毕则意味着项目启动的结束。继续项目的下一阶段之前，我们还需进行的工作是组织管理人员、客户和项目团队成员开会，对上一阶段的工作进行评估。会议的目的是明确继续、修改还是放弃这个项目。在 PVF 的采购执行系统项目中，委员会接受了 SSR，并组织了一个项目指导委员会来监控项目的进度，同时在以后的活动中对团队成员提供指导。如果修改了项目的范围，我们就需要重新回到项目的初始阶段，收集其他信息。如果决定继续这个项目，在项目计划阶段将会制定一个更加详细的项目计划。

松谷家具公司

项目章程 提交日期：2010年11月2日

项目名称：客户追踪系统

项目经理：吉姆·伍（jwoo@pvf.com）

客户：市场销售部门

项目发起人：杰姬·贾德森（jjudson@pvf.com）

项目开始日期/结束日期：2010年10月2日至2011年2月1日

项目综述：

这个项目是为市场销售部门开发一个客户追踪系统。这个系统的目标是自动……节约雇员的时间，减少错误，拥有更多的即时信息……

目标：

- 使数据输入错误最少
- 提供更多的即时信息
- ……

主要假设：

- 这是一个内部系统
- 界面是一个浏览器
- 系统可以更方便地访问客户数据库
- ……

利益相关者及其职责：

利益相关者	职务	职责	签名
杰姬·贾德森	市场销售部副总裁	项目规划、资源管理	Jackie Judson
亚历克斯·达塔	首席信息官	监督、资源管理	Alex Datta
吉姆·伍	项目经理	计划、监督、执行项目	Jim Woo
詹姆斯·乔丹	销售主管	系统功能	James Jordan
玛丽·希德	人力资源副总裁	人员配置	Mary Shide

图3—7 提议的信息系统项目的章程

计划项目

项目启动的下一步是**项目计划**（project planning）。研究表明有效的项目计划和确定的项目结果正相关（Guinan et al.，1998；Kirsch，2000）。项目计划是确定清晰的、分散的活动，以及在单一项目中完成每个活动所需要的工作。它需要做许多关于可用资源的假设，如硬件、软件和人员。计划近期的活动比确定将来发生的活动简单一些。实际上，你必须经常制定一些综合性的长期计划和比较详细的近期计划。项目管理的重复性要求持续监督项目的实施并周期性更新近期信息（通常是在每个阶段结束时）。

图3—8阐述了制定近期计划的原则，它通常比长期计划更加详细明确。例如，如果没有完成先前的活动，则很难严格执行项目的后期活动。此外，初期活动的结果可能会影响后期的活动。这意味着确定后期活动的详细解决方案非常困难或很可能无效。

随着项目启动阶段的完成，各种各样的活动必须在项目计划阶段执行。例如，在采购执行系统项目过程中，克里斯和朱厄妮塔写了一份10页的计划书。一些非

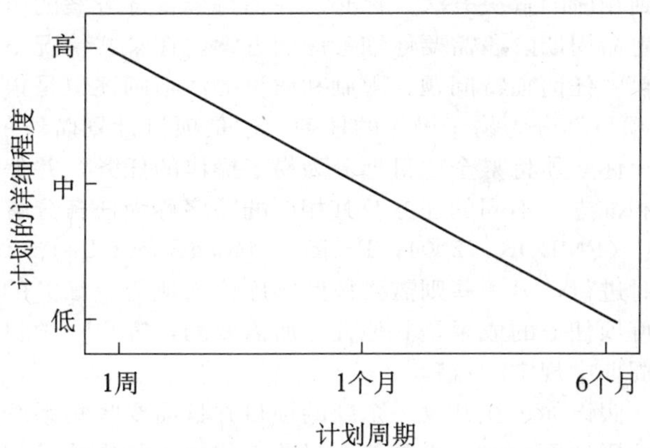

图 3—8　近期的项目计划应更详细，随着时间的推移细节越来越少

常大的项目计划书为了详尽描述计划可能有几百页。图 3—9 中总结了在项目计划阶段所执行的活动类型，下面也有相应描述。

项目计划

①描述项目的范围、备选方案和可行性

②将项目划分为易于操作的任务

③评估资源和创建资源计划

④创建初步的进度表

⑤开发交流计划

⑥确定项目的标准和流程

⑦识别和评估风险

⑧进行初步预算

⑨开发项目范围管理说明书

⑩设定基线项目计划

图 3—9　项目计划阶段的 10 项活动

1. 描述项目的范围、备选方案和可行性。这项活动的目的是了解项目的内容和复杂性。在 PVF 系统开发方法中，第一次会议的第一个议题就是确定系统的范围。尽管在克里斯和朱厄妮塔编写 SSR 时并没有包括项目范围的信息，但是为了使项目能够顺利进行，对项目有一个统一的认识是很重要的。在这个活动过程中，应该就以下问题达成一致：

- 项目实施中存在什么问题和机会？
- 可能取得的结果是什么？
- 需要做哪些事情？
- 如何衡量成功？
- 我们如何知道什么时候可以完成项目？

在确定项目的范围之后，你的下一个目标是识别现有的商业问题和可能的机遇，并找到相应的解决方法。你必须评估每个备选方案的可行性，并选择在随后的系统开发生命周期阶段需要仔细考虑的方案。在某些情况下，可能会发现现成的软件。对项目中任何独特问题、限制和假设的清晰阐述也是很重要的。

2. 将项目划分为易于操作的任务。这是项目计划阶段的一项至关重要的活动。在此阶段，你必须将整个项目划分为易于操作的任务，并保证这些任务彼此之间在逻辑上顺利推进。不同的任务及其相应的顺序称为**任务分解结构**（work breakdown structure）（PMBOK，2004；Project Management Institute，2002）。一些任务可能需要同时进行，另一些则需要按照顺序依次执行。任务的顺序取决于：关键资源可获得时哪项任务的成果是其他任务所需要的，客户对项目的约束条件，以及系统开发生命周期中规定的流程。

例如，假设你正在开发一个新的项目并且需要收集系统需求，系统需求将通过与新系统的用户面谈以及查看他们目前工作报告的方式获得。图3—10的甘特图中描述了这些活动的任务分解结构。**甘特图**（Gantt chart）是一个项目的图形描述，表示每项任务在实施过程中所分配的时间。不同的颜色、阴影或形状是用来突出每项任务的。例如，关键路径上的那些活动（稍后会有详细的描述）可能是红色的，一项汇总任务可能会用一条特殊的线表示。图3—10的第1，2和6行用黑色水平线标示的部分表示一项汇总任务。一项任务的计划和实际的执行时间或进度用不同的颜色、阴影或形状进行对比。甘特图不能完全显示一项任务的优先顺序，只是简单表示一项活动的开始和结束。在图3—10中，在第二列中用“天”表示任务的工期，在第三列中标示了必须优先执行的任务。大部分的项目管理软件支持各种类型的任务工期，包括分钟、小时、日、星期和月。随着你在以后各章节中的学习就会发现，系统开发生命周期由许多阶段组成，需要将其划分成不同的活动。创建一个任务分解结构需要将不同的阶段分解成汇总任务的活动，以及特殊任务的活动。例如，在图3—10中，“面谈”活动由三个任务组成：设计面谈表格、约定面谈时间和进行面谈。

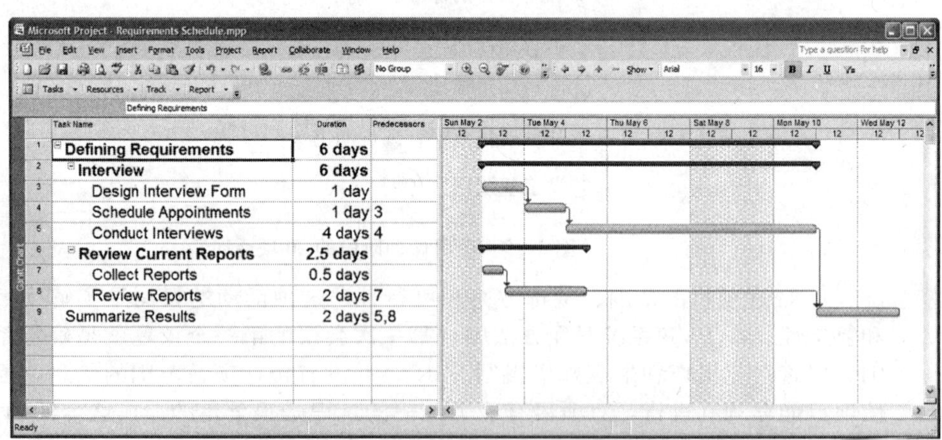

图3—10 显示项目任务、任务工期和前续任务的甘特图

详细地确定任务可能会造成项目管理不必要的复杂性。你可以凭借经验来确定你描述任务的最佳详细程度。例如，要在一个小时内完成最后的任务分解结构可能非常困难。或者说，选择一项范围太大的任务（例如，通常持续几个星期）将无法使你清晰了解项目状态和任务之间的相互依赖性。一项“任务”的特征是什么？任务：

● 由一个人或一个确定的团队来执行

- 有一个简单的、确定的可交付成果（然而，任务是创建可交付成果的过程）
- 有一个知名的方法或技术
- 有被广泛认可的前续和后续步骤
- 是可测量的，因此可以确定任务完成的百分比

3. 评估资源和创建资源计划。这项活动的目标是确定每个项目活动的资源需求，并利用这些信息来创建一个项目资源计划。资源计划可以有效地聚集和配置资源。例如，你可能不希望新的程序员进入项目的速度快于你为他们准备工作的速度。项目经理利用各种各样的工具来帮助评估项目的规模和花费。最经常使用的方法叫做创建成本模型（COnstructive COst MOdel，COCOMO），它使用从先前不同复杂性的项目中导出的数据（Boehm et al.，2000）。COCOMO 使用这些不同的参数来预测基本的、中等复杂的和非常复杂的系统的人力资源需求（见图 3—11）。

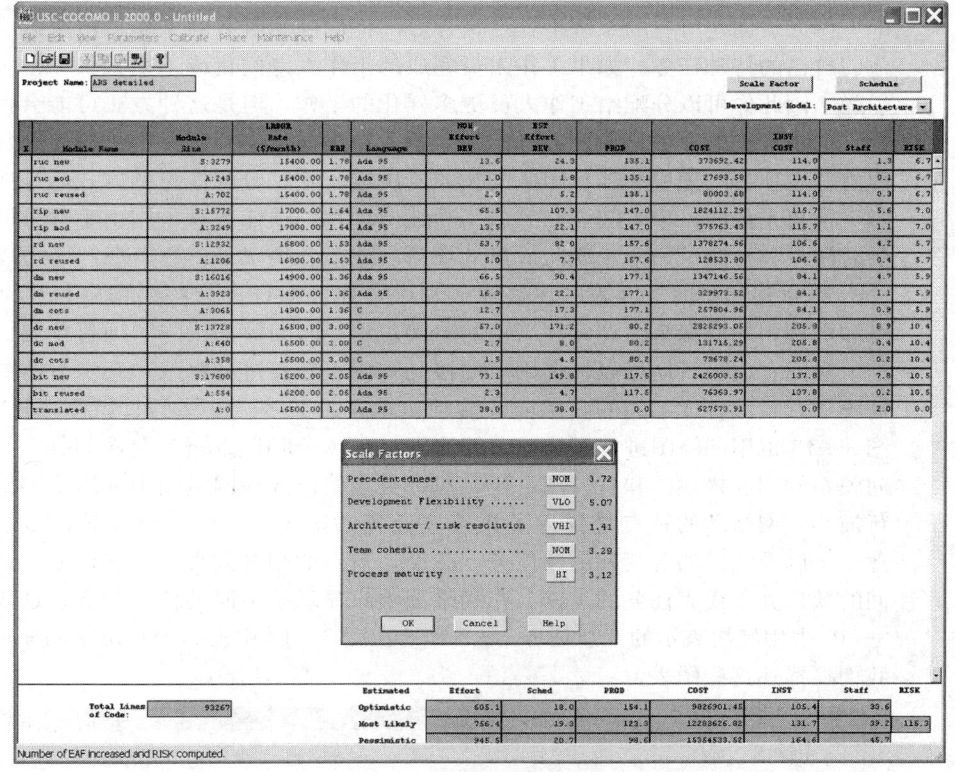

X	Module Name	Module Size	LABOR Rate ($/month)	EAF	Language	NOM Effort DEV	EST Effort DEV	PROD	COST	INST COST	Staff	RISK
	ruc new	S:3279	15400.00	1.78	Ada 95	13.6	24.3	135.1	373692.42	114.0	1.3	6.7
	ruc mod	A:243	15400.00	1.78	Ada 95	1.0	1.8	135.1	27693.58	114.0	0.1	6.7
	ruc reused	A:702	15400.00	1.78	Ada 95	2.9	5.2	135.1	80003.68	114.0	0.3	6.7
	rip new	S:15772	17000.00	1.64	Ada 95	65.5	107.3	147.0	1824112.29	115.7	5.6	7.0
	rip mod	A:3249	17000.00	1.64	Ada 95	13.5	22.1	147.0	375763.43	115.7	1.1	7.0
	rd new	S:12932	16800.00	1.53	Ada 95	53.7	82.0	157.6	1378274.56	106.6	4.2	5.7
	rd reused	A:1206	16800.00	1.53	Ada 95	5.0	7.7	157.6	128533.80	106.6	0.4	5.7
	dm new	S:16016	14900.00	1.36	Ada 95	66.5	90.4	177.1	1347146.56	84.1	4.7	5.9
	dm reused	A:3923	14900.00	1.36	Ada 95	16.3	22.1	177.1	329973.52	84.1	1.1	5.9
	dm cots	A:3065	14900.00	1.36	C	12.7	17.3	177.1	257804.96	84.1	0.9	5.9
	dc new	S:13728	16500.00	3.00	C	57.0	171.2	80.2	2825293.05	205.8	8.9	10.4
	dc mod	A:640	16500.00	3.00	C	2.7	8.0	80.2	131716.29	205.8	0.4	10.4
	dc cots	A:358	16500.00	3.00	C	1.5	4.5	80.2	73678.24	205.8	0.2	10.4
	bit new	S:17600	16200.00	2.05	Ada 95	73.1	149.8	117.5	2426003.53	137.8	7.8	10.5
	bit reused	A:554	16200.00	2.05	Ada 95	2.3	4.7	117.5	76363.97	137.8	0.2	10.5
	translated	A:0	16500.00	1.00	Ada 95	38.0	38.0	0.0	627573.91	0.0	2.0	0.0

Estimated	Effort	Sched	PROD	COST	INST	Staff	RISK
Optimistic	605.1	18.0	154.1	9826901.45	105.4	33.6	
Most Likely	756.4	19.3	123.3	12283626.82	131.7	39.2	115.3
Pessimistic	945.5	20.7	98.6	15354533.52	164.6	45.7	

图 3—11　COCOMO 被许多项目经理用来预计项目资源

资料来源：USC-COCOMO Ⅱ. 2000. 00 from *Software Cost Estimation with COCOMO Ⅱ*，USC Center for Software Engineering. Courtesy of USC.

在项目资源计划部分，人员是非常重要和昂贵的。项目的人员分配对完成项目的时间估计和整体项目的完成质量具有深远的影响。分配任务给项目人员使其可以在这个过程中学习新的技能也是很重要的。确保不分配给项目人员超过他们能力范围的任务或者不将任务分配给不适合的人员也同样重要。资源评估需要根据人员所分配的特殊任务进行修改。图 3—12 显示了三个程序员相对的编程速度和编程质量。图中表明卡尔不能承担时间紧迫的任务，布伦达不能承担质量要求高的任务。

解决任务分配的一个方法是在项目中，给每个工作人员分配单一的任务类型（或几种任务类型）。例如，你可以让一个工作人员创建所有的计算机展示，让另一

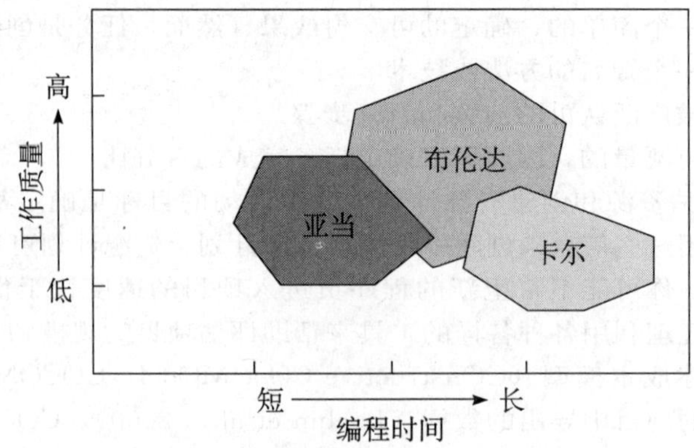

图 3—12 编码质量和编程速度之间的权衡

个工作人员创建所有的系统报告。这种专门性保证了所有的工作人员可以有效完成他们自己的特殊任务。如果工作人员完成的工作太专门化或工期太长，他可能会很烦躁，因此你可以分配给工作人员更多样化的工作，但是这种方法可能会使效率降低。一个折中的方法是在任务分配的专业化和多样化中找到一个平衡点。任务的分配由开发项目的规模和项目团队的技能所决定。除了分配任务的方式，还应该确保每个项目人员在一个时间点只完成一项任务。在一项任务只占用了小部分团队成员的时间（如，测试另一个团队成员的项目）或紧急情况下，会出现例外的情况。

4. 创建初步的进度表。在这项活动中，你根据任务分解结构中每项活动的信息和可利用的资源来估计每项活动的时间。这些时间评估确定了项目预定的开始和结束时间。目标日期可以根据用户的接受程度重新安排和修改。确定可行的进度表需要你开发额外或不同的资源或改变项目范围。图 3—10 中的甘特图描述了进度，图 3—13 也用网络图进行了描述。**网络图**（network diagram）是项目任务和它们之间关系的图表描述。和甘特图一样，每种类型的任务在网络图中都用不同的特征进行描述。网络图的特点是描述了相连接任务的排序——在矩形或椭圆形中进行描述——以及它们的前续和后续任务。然而，节点的相对大小（代表任务）或节点之间的缺口并不代表任务的工期。在网络图中只显示了不同的任务节点，这也就是图 3—10 中用黑线表示的汇总任务 1，2 和 6 在图 3—13 中没有表示出来的原因。稍后我们将描述这些图表。

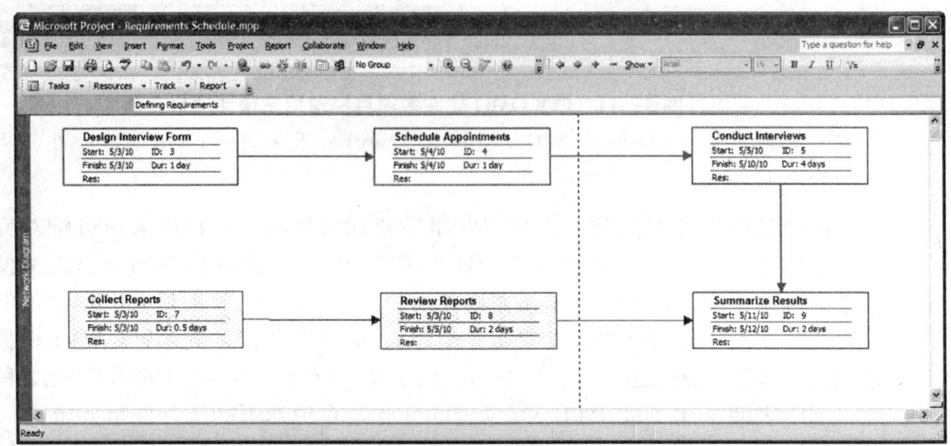

图 3—13 网络图（矩形或椭圆表示任务，箭头表示活动的关系或顺序）

5. 开发交流计划。这项活动的目标是概述管理层、项目团队成员和客户之间的交流过程。交流计划包括团队什么时候应该提交怎样的口头和书面报告，团队成员之间该如何协调工作，应该向有关的利益团体报告什么样的项目信息，供应商和项目相关的外部承包商共享什么样的信息等。客户的专有资料和保密资料在所有团队中共享是很重要的（Fuller et al.，2008；Kettelhut，1991；Kirsch，2000；Verma，1996）。当开发一个交流计划时，需要解决各种问题以确保计划的综合性和完整性，包括：

- 项目的利益相关者是谁？
- 每个利益相关者所需的信息是什么？
- 信息在什么时候以及间隔多长时间需要被创建？
- 什么样的资源需要收集和用来创建这个信息？
- 谁来收集、存储和验证信息的准确性？
- 谁来把这些信息组织和整理成一个文档？
- 当出现问题时，谁来联系每个利益相关者？
- 用什么形式打包这些信息？
- 为了将这些信息传递给项目的利益相关者，应该使用什么交流媒介？

当为项目的利益相关者解决这些问题时，一个综合性的交流计划就生成了。在这个计划中，对交流文档的总结、任务分配、日程安排和分配方法都有一个大致的描述。另外，项目交流矩阵可以提供一个完整的交流计划总结（见图 3—14）。这个矩阵可以由每个项目成员共享，可以由项目团队以外的利益相关者来验证，以便正确的人可以在正确的时间以正确的形式获取正确的信息。

利益相关者	文件	格式	团队联系人	截止日期
团队成员	项目状态报告	项目内部网	胡安·金	每个月的第一个星期一
管理者	项目状态报告	纸质版	胡安·金	每个月的第一个星期一
用户	项目状态报告	纸质版	詹姆斯·金	每个月的第一个星期一
内部的 IT 员工	项目状态报告	电子邮件	杰姬·詹姆斯	每个月的第一个星期一
IT 经理	项目状态报告	纸质版	胡安·杰里米	每个月的第一个星期一
签约程序员	软件说明	电子邮件 项目内部网	乔丹·金	2010 年 10 月 1 日
培训分包商	实施和培训计划	纸质版	乔丹·詹姆斯	2011 年 1 月 7 日

图 3—14　项目交流矩阵提供了一个交流计划的高层总结

6. 确定项目的标准和流程。在这项活动期间，你需要确定会产生多少种备选方案，并由你和你的项目团队进行测试。例如，团队必须确定使用哪种工具，怎样修改标准的系统开发生命周期，使用什么样的系统开发生命周期方法，文件的类型是什么（如用户使用手册的字体和空白），团队成员将如何报告他们所分配的活动的状态和使用的专业术语。设定所接受工作的项目标准和流程是开发一个高质量系统的保证。此外，确定清晰的标准后再培训新的团队成员会更容易些。项目管理和实施的组织标准使个别项目标准的确定更容易些，不同项目人员的互换或共享更为可行。

7. 识别和评估风险。这项活动的目标是识别项目资源的风险并评估这些风险的结果（Wideman，1992）。新技术的使用、潜在用户对变更的抵制、关键资源的可用性、系统创建所导致的竞争性反应或管理行为的改变，或团队成员对技术或商业领域缺乏经验等都会产生风险。你应该不断地尝试识别并评估项目风险。

项目风险的识别在PVF开发新的采购执行系统时是必需的。克里斯和朱厄妮塔需要识别并描述项目可能的负面结果及其发生的可能性。虽然我们把风险的识别和项目范围的确定作为两个独立的活动，但它们经常是相互联系的，通常放在一起讨论。

8. 进行初步预算。在这一步，你需要做出初步的预算，应该包括项目相关的成本和收益。项目预算要证明它的收益是值得这些支出的。图3—15给出了一个新开发的系统的成本和收益分析。这项分析显示了项目收益和成本的净现值计算，以及投资回报和现金流的分析。在第5章中我们会全面讨论项目预算问题。

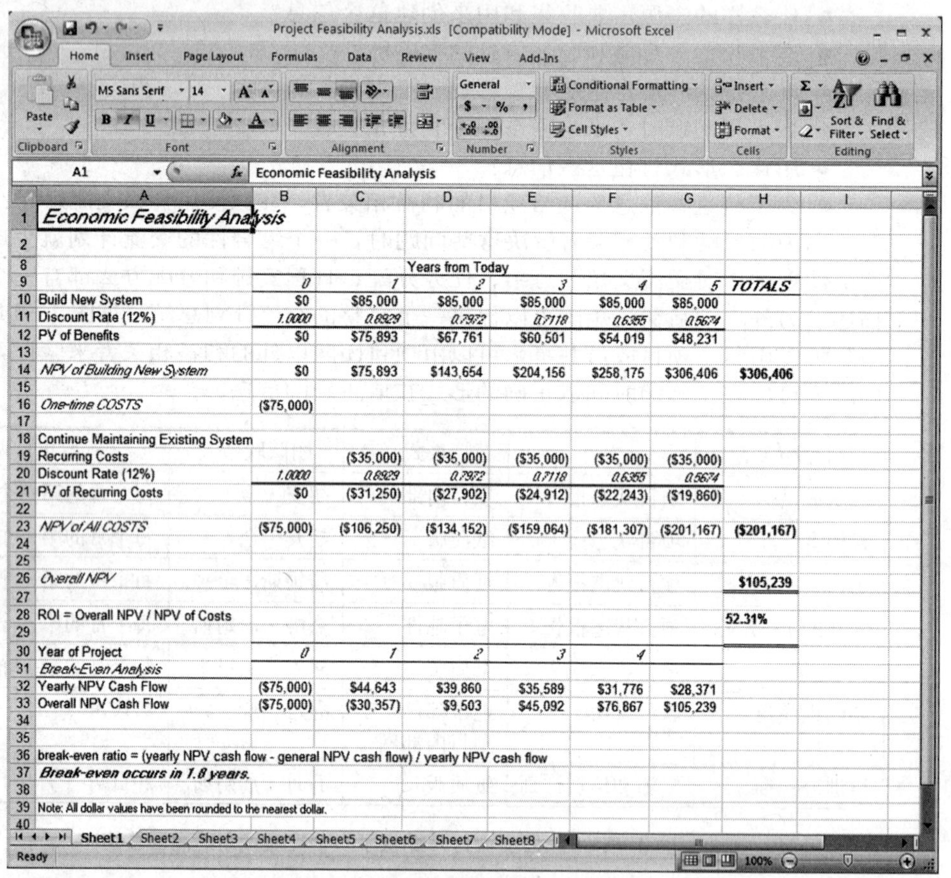

	A	B	C	D	E	F	G	H
1	*Economic Feasibility Analysis*							
2								
8				Years from Today				
9		*0*	*1*	*2*	*3*	*4*	*5*	*TOTALS*
10	Build New System	$0	$85,000	$85,000	$85,000	$85,000	$85,000	
11	Discount Rate (12%)	*1.0000*	*0.8929*	*0.7972*	*0.7118*	*0.6355*	*0.5674*	
12	PV of Benefits	$0	$75,893	$67,761	$60,501	$54,019	$48,231	
13								
14	*NPV of Building New System*	$0	$75,893	$143,654	$204,156	$258,175	$306,406	**$306,406**
15								
16	*One-time COSTS*	($75,000)						
17								
18	Continue Maintaining Existing System							
19	Recurring Costs		($35,000)	($35,000)	($35,000)	($35,000)	($35,000)	
20	Discount Rate (12%)	*1.0000*	*0.8929*	*0.7972*	*0.7118*	*0.6355*	*0.5674*	
21	PV of Recurring Costs	$0	($31,250)	($27,902)	($24,912)	($22,243)	($19,860)	
22								
23	*NPV of All COSTS*	($75,000)	($106,250)	($134,152)	($159,064)	($181,307)	($201,167)	**($201,167)**
24								
25								
26	*Overall NPV*							**$105,239**
27								
28	ROI = Overall NPV / NPV of Costs							**52.31%**
29								
30	Year of Project	*0*	*1*	*2*	*3*	*4*		
31	*Break-Even Analysis*							
32	Yearly NPV Cash Flow	($75,000)	$44,643	$39,860	$35,589	$31,776	$28,371	
33	Overall NPV Cash Flow	($75,000)	($30,357)	$9,503	$45,092	$76,867	$105,239	
34								
35								
36	break-even ratio = (yearly NPV cash flow - general NPV cash flow) / yearly NPV cash flow							
37	***Break-even occurs in 1.8 years.***							
38								
39	Note: All dollar values have been rounded to the nearest dollar.							
40								

图3—15 系统开发项目的成本—收益分析

9. 开发项目范围管理说明书。项目计划阶段即将结束时的一项重要活动是开发项目范围管理说明书。它主要是为客户开发的，这个文件概括了将要做的工作并清晰地描述了所要提交的项目是什么样的，使其他项目团队的成员对打算开发的项目的规模、工期和结果有清楚的了解。

10. 设定基线项目计划。一旦项目计划的所有初期活动完成，你就应该开发一个基线项目计划。基线项目计划包括项目任务的估计和资源需求，用来指导下一个项目阶段——执行。随着项目执行中新信息的获取，基线项目计划会不断进行更新。

在项目计划阶段结束时，基线项目计划的评估是复核计划书中的所有信息。随着项目启动，有必要不断修改计划，这就意味着在继续进行下去之前要回到先前的项目计划阶段的活动。如在采购执行系统项目开发时，你需要提交一份计划书，向项目指导委员会做一个简要的展示。委员会可能认可这个计划，也可能要求进行修改，或根据现有的纲要认为现在继续这个项目是不明智的。

□ 执行项目

项目执行（project execution）将基线项目计划付诸实施。在系统开发生命周期的环境中，项目执行主要发生在分析、设计和实施阶段。在开发采购执行系统过程中，克里斯·马丁负责项目执行过程中的五项主要活动。图 3—16 对这些活动进行了总结，并在余下部分进行了描述。

项目执行

①执行基线项目计划

②监督违反基线项目计划的项目进度

③管理基线项目计划的变更

④维护项目工作手册

⑤沟通项目状态

图 3—16　项目执行阶段的五项活动

1. 执行基线项目计划。作为项目经理，你要监督基线计划的执行。这意味着你启动项目执行阶段的活动，确定需要和将要分配的资源，确定并培训新的团队成员，保证项目按计划执行，并且确保所提交项目的质量。这是一项艰巨的任务，但是项目管理技术的使用使任务变得容易。例如，在项目中若完成一项任务，则可以在项目日程表中进行标注。在图 3—17 中，任务 3 和 7 在完成百分比那栏中标注为 100%。项目团队成员是流动的。你有责任给新的团队成员提供他们所需的资源，并帮助他们熟悉团队。你可以通过组织社交活动、规范团队成员会议、审核项目可交付成果以及组织其他团队活动来提高团队的效率。

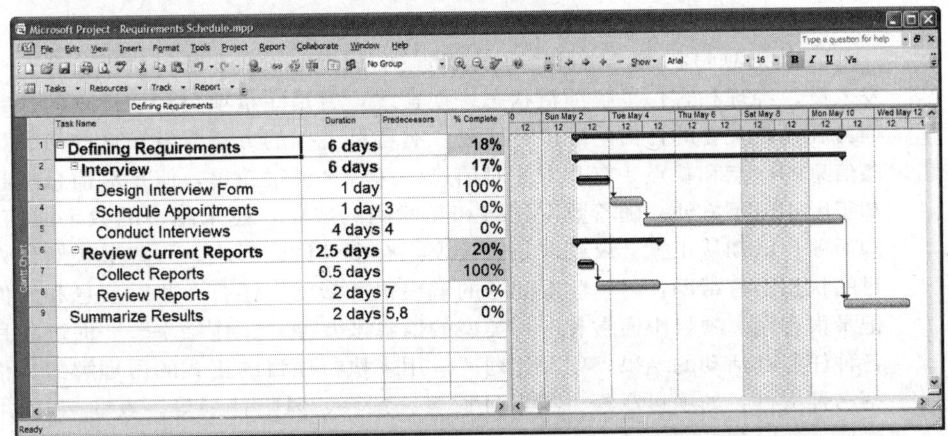

图 3—17　甘特图中的任务 3 和 7 已经完成

2. 监督违反基线项目计划的项目进度。当你执行基线项目计划时，你应该监督具体的进度。如果项目比日程表有所提前（或推迟），你也许要调整资源、活动和预算。监督项目活动会导致修改现有的计划。测量每项活动所花费的时间和精力可以帮助你准确估计项目未来的情况。项目日程表如甘特图的使用使违反计划的活动能够显现出来，网络图使人们更易于理解活动的延迟。监督进度也意味着团队领导必须评估每位团队成员，偶尔改变工作的分配或进行人员变动，为员工的监督者提供反馈。

3. 管理基线项目计划的变更。你在对基线计划进行变更时可能会遇到压力。在PVF，政策要求只有当变更被认可，才能制定项目说明书，并且所有的变更都必须在基线计划书和项目工作手册中（包括所有的图表）反映出来。例如，如果朱厄妮塔对采购执行系统现有的设计提出重要的变更，这个正式变更要求必须得到指导委员会的批准。这个变更请求需要解释变更的原因，并描述对前后的活动、项目资源和整个项目时间表的影响。克里斯将不得不帮助朱厄妮塔处理这个请求。这个信息使项目指导委员会更加容易评估这个中途变更所产生的成本和收益。

除了正式请求的变更，变更还可能在你的控制之外发生。实际上，许多事情都会导致基线项目计划的变更，包括以下各种可能：

- 活动完成日期的推迟
- 一个失败的活动必须重做
- 在项目后期识别了一个新活动
- 生病、辞职或解雇对人事所造成的不可预见的变更

当一个事件的发生推迟了活动的结束日期时，你通常有两种选择：找出回到原日程表的方法或修改计划。找出回到原日程表的方法是优先采取的方法，因为不需要改变计划。培训和顺利解决问题是你需要掌握的重要技能。

如你在本章稍后的部分中所看到的，项目日程表对评估变更的影响很有帮助。使用这些图表，你会很快发现一个特定活动的变更是否会影响其他活动的完成时间，或整个项目的完成时间是否会变化。你通常必须找到一个方式来重新安排这些活动，因为最终的项目完成时间是相对固定的。如果超过预期的截止时间，组织会被处以相应的罚金，甚至被追究法律责任。

4. 维护项目工作手册。在所有的项目阶段中，保持所有项目时间的完整记录是必要的。工作手册提供了文件资料，使新的团队成员可以很快了解项目任务。它说明了制定设计决策的原因，也是创建所有项目报告主要的信息资源。

5. 沟通项目状态。项目经理的职责就是使所有的项目利益相关者——系统开发人员、经理和客户了解项目状态。换言之，就是注重项目沟通计划的执行，并对项目利益相关者的任何问题进行回复。有各种各样的方法来发布这些信息，包括每条信息的优点和缺点。有些方法对信息发送者来说很简单，但是对信息接收者而言却很困难或不方便。随着数字网络和互联网的成熟，越来越多的数字通信被交换。沟通项目活动从正式会议到非正式会议，有多种讨论形式。一些形式对他人了解项目的状态很有帮助，另一些对问题的解决很有帮助，还有一些对信息和事件的永久记录很有用。项目中通常有两种类型的信息被互换：工作结果——促进项目完成的各种任务和活动的结果；项目计划——用来执行项目的正式的可理解的文件，它包括多种文件，如项目章程、项目日程表、预算、风险计划等。表3—2列举了许多沟通方法，包括它们的正式程度和最可能的使用方式。不管你使用什么方法，经常沟通会促进项目的成功实施（Kettelhut，1991；Kirsch，2000；Verma，1996）。

表 3—2　　项目团队的沟通方法

方法	正式程度	使用
项目工作手册	高	通知 永久记录
会议	中到高	解决问题
研讨会	低到中	通知
项目通讯	中到高	通知
状态报告	高	通知
规格说明书	高	通知 永久记录
会议记录	高	通知 永久记录
公告板	低	通知
备忘录	中到高	通知
简易午餐	低	通知
走廊讨论	低	通知 解决问题

这部分描述了你作为项目经理在基线项目计划执行过程中的任务。先前阶段执行的质量对项目的顺利执行有重要的影响。如果你开发了一个高质量的项目计划，这个项目成功实施的可能性会高一些。下一部分将描述项目管理的最后一个阶段——项目结束阶段的任务。

□ 结束项目

项目结束（project closedown）的重点是使项目完成。项目结束可以归结为自然或非自然的结束。当项目的要求满足时，自然结束才会发生——项目成功完成了。非自然结束是指项目在没有完成时就结束了（Keil et al.，2000）。许多事件都会导致项目的非自然结束。例如，你可能会了解到那些用来指导项目的假设却被证实是错误的，系统的性能或开发团队在一定程度上不合适，或者某些需求在客户的商业环境中是不相关或无效的。项目非自然结束最可能的原因是花完了时间或金钱，或兼而有之。不管项目中止的结果如何，还有许多活动必须执行：结束项目，进行项目后评价，并终止与客户的合同。在系统开发生命周期的环境下，项目结束发生在项目实施阶段之后。系统维护阶段通常代表项目的持续，每一个都必须进行独立的管理。图 3—18 总计了项目结束阶段的活动，余下部分对此进行了详细的描述。

项目结束

①结束项目

②进行项目后评价

③终止与客户的合同

图 3—18　项目结束阶段的三项活动

1. 结束项目。在结束阶段，你要执行多种活动。例如，如果有多个团队成员和你一起工作，项目完成可能意味着一些成员工作的确认和任务分派的改变。你可能需要对每个团队成员进行评估，并提供人员的评估报告和加薪决定。你可能想对你的团队成员提出职业规划的意见，给上级写信说明团队成员完成的特殊任务，写信感谢那些对项目的开发提供帮助但不是团队成员的人。作为项目经理，你必须准备处理可能发生的负面的人事问题，如停止工作，特别是当项目不是很成功时。在结束项目阶段，项目完成时让所有相关当事人知道这件事，结束所有的项目文档和财务记录使项目最后的审核得以执行是很重要的。你也应该庆祝团队的收获。一些团队会举行一个聚会，每个团队成员可能会获得一件纪念品（如，一件写着"我从X项目中解脱出来了"的T恤），目的是庆祝凭借团队的努力完成了一项艰难的任务。

2. 进行项目后评价。当你结束项目时，需要和管理人员和客户一起对项目进行最后的评价。这些评价的目的是确定下列内容的优缺点，即项目的可交付成果、生成这些成果的过程，以及项目管理过程。为了使下一个项目尽可能完善，让每个人了解什么是对的和错的很重要。记住，组织采用的项目开发方法是现有的指导方针，它必须不断完善和提高。

3. 终止与客户的合同。最后一项活动的目的是保证项目合同中的所有要求得到满足。一个由合同协议控制的项目，通常是当双方都书面同意时才算完成。因此，必须获得你客户的认可，这说明所有职责已经完成，进一步的工作或者由他们自己完成，或者涵盖在另一份系统服务请求或合同下。

结束项目是一项非常重要的活动。项目直到结束才算完成，在结束时才能确定项目是成功还是失败。项目的完成意味着你可以开始新的项目，或者是应用你所学到的知识。既然你对项目管理有了一定的理解，下一阶段的工作就是描述系统开发所使用的特殊技术，并安排活动和资源。

表述和安排项目计划

项目经理有许多可用的技术来描述和归档项目计划。这些计划文件可以采用图表或文字报告的形式，图表报告在描述项目计划时比较流行。最经常使用的方法是甘特图和网络图。因为甘特图通常不表示任务的排列顺序，而只是简单地表示任务应该开始和结束的时期，所以它更经常用于表示相对简单的项目或一个大型项目的一部分，表示一个工作人员的活动，或者通过与时间表上的完成日期进行对比来监控活动进度（见图3—19）。网络图通过将一项任务与其前后任务相连接来表示活动的顺序。有时网络图更合适，有时甘特图更容易显示项目的一些方面。这里描述了这两种方法的主要不同点。

- 甘特图形象地展示了任务的工期，而网络图则形象地描述了任务之间的依赖关系。
- 甘特图形象地描述了任务在时间上的重叠，网络图虽然不能表示时间上的重叠，却能表示可以并行执行的任务。
- 一些形式的甘特图可以形象地展示可用松弛时间，即最早开始时间和最晚完成时间的间隔。网络图通过活动矩形中的数据表达了这个内容。

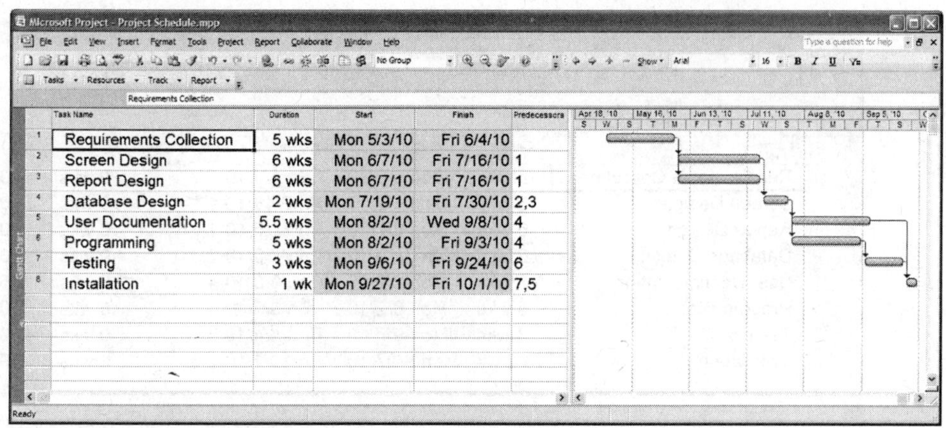

(a) 甘特图

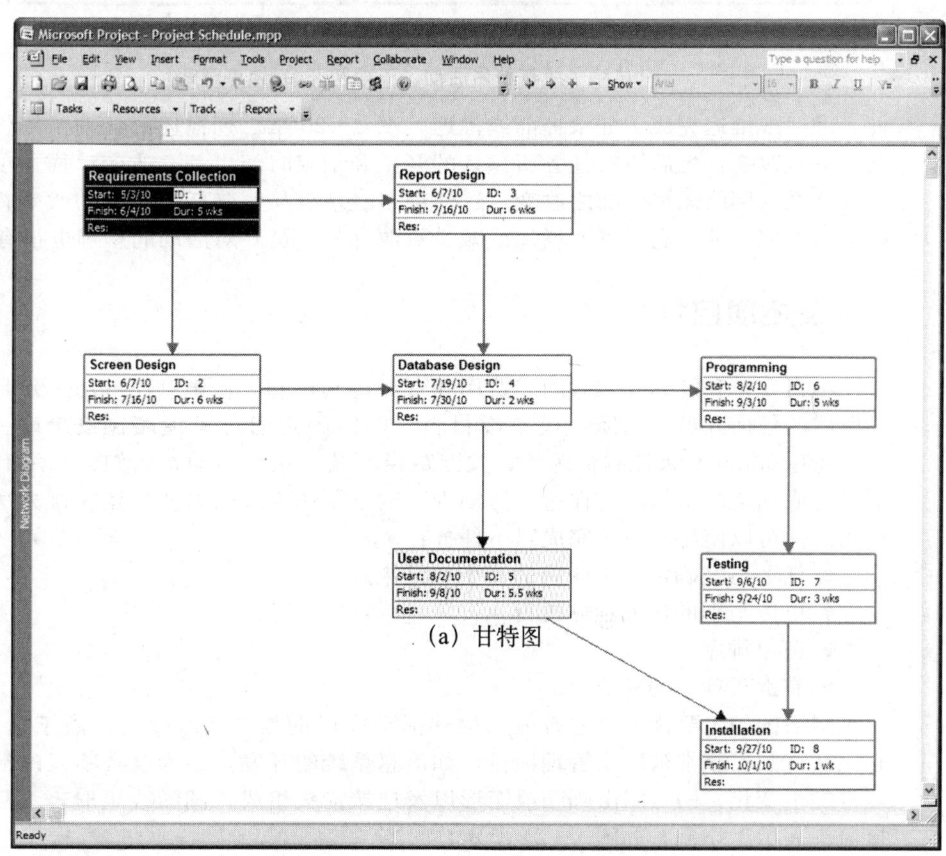

(b) 网络图

图 3—19 描述项目计划的图表

项目经理使用文字报告来描述任务中的资源利用情况、项目的复杂性及可控制活动的成本分配等。例如，图 3—20 列举了微软 Windows 项目中所有的项目活动、它们的工期以及开始和结束的日期。大部分项目经理使用电脑系统来编写他们的图表和文字报告。本章的余下部分，我们将更加详细地讨论这些自动化系统。

项目经理要定期审查正在进行的项目任务所处的状态，评估这些活动是否会提

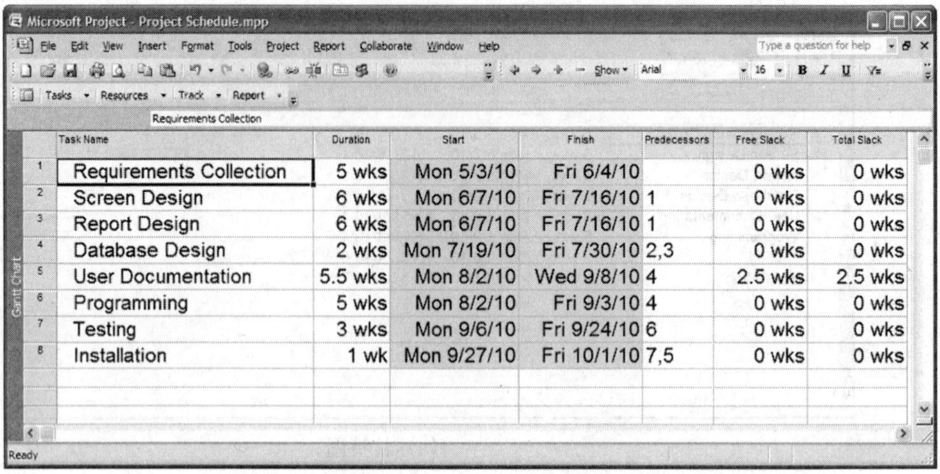

Microsoft Project - Project Schedule.mpp

	Task Name	Duration	Start	Finish	Predecessors	Free Slack	Total Slack
1	Requirements Collection	5 wks	Mon 5/3/10	Fri 6/4/10		0 wks	0 wks
2	Screen Design	6 wks	Mon 6/7/10	Fri 7/16/10	1	0 wks	0 wks
3	Report Design	6 wks	Mon 6/7/10	Fri 7/16/10	1	0 wks	0 wks
4	Database Design	2 wks	Mon 7/19/10	Fri 7/30/10	2,3	0 wks	0 wks
5	User Documentation	5.5 wks	Mon 8/2/10	Wed 9/8/10	4	2.5 wks	2.5 wks
6	Programming	5 wks	Mon 8/2/10	Fri 9/3/10	4	0 wks	0 wks
7	Testing	3 wks	Mon 9/6/10	Fri 9/24/10	6	0 wks	0 wks
8	Installation	1 wk	Mon 9/27/10	Fri 10/1/10	7,5	0 wks	0 wks

图 3—20 Windows 的 Microsoft Project 的一个截屏

（总结了所有项目活动、工期和开始/结束时间）

前、准时或推迟完成。如果提前或推迟，图 3—20 第二列描述的活动工期将会被更新。一旦改变，之后所有任务所预计的开始和结束时间也都会改变，描述项目任务的甘特图或网络图也会随之改变。这使项目经理容易明确任务工期的改变将如何影响项目的完成期。它对考察增加或减少资源（如人员）对活动的影响也很有帮助。

□ 表述项目计划

项目安排和管理要求时间、费用和资源得到控制。**资源**（resources）是完成活动所需的任何人员、团队、设备或材料。网络图是通过**关键路径进度表**（critical path scheduling）来控制资源的。关键路径涉及一系列活动，它们的顺序和工期对项目完成期会产生影响。在这一活动中，网络图作为最知名的日程安排方法而广泛使用。你可以使用网络图完成以下任务：

- 任务已经确定，有明确的开始和结束点
- 可以与别的任务独立进行
- 可以排序
- 有助于项目的完成

网络图的主要优点是它有能力描述活动完成期是如何改变的。由于这个原因，它比甘特图更经常被用来管理项目，如信息系统的开发，因为这类项目的活动工期经常发生变化。网络图由圆圈或矩形以及连接箭头组成，圆圈或矩形表示活动，连接箭头表示工作流，如图 3—21 所示。

□ 利用计划评价与审查技术计算期望执行时间

在创建项目进度表时，最困难和最容易出错的活动是确定任务分解结构中每项任务的工期。当一项任务非常复杂和不确定时，做出这些评估特别困难。**计划评价与审查技术**（Program Evaluation Review Technique，PERT）是一种利用乐观、悲观和现实时间评估计算一项特定任务预计所需时间的技术。当你对一项任务所需的时间很不确定时，这项技术可以帮助你做好时间估计。

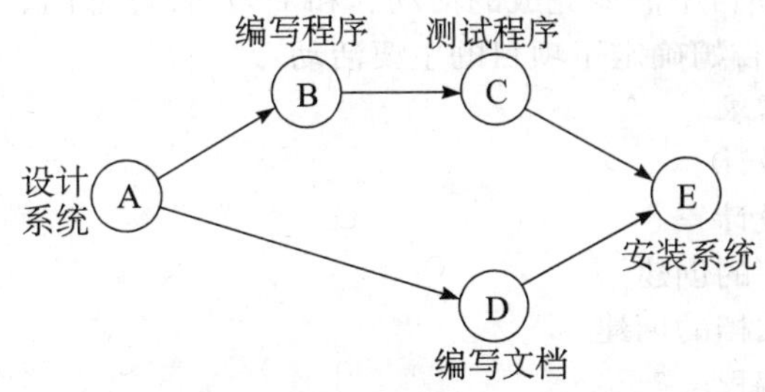

图 3—21　表示活动（用圆圈表示）及其顺序（用箭头表示）的网络图

乐观（o）和悲观（p）时间反映了完成活动所需的最少和最多时间。现实时间（r）或最有可能时间反映了项目经理对完成活动所需时间的"最好估计"。一旦活动的这些估计值被确定，期望执行时间（ET）就可以计算出来了。由于期望完成时间应该与现实时间最接近，它的权重通常是乐观时间和悲观时间的 4 倍。把这些加起来再除以 6，就确定了期望执行时间。这个公式如下所示：

$$ET = \frac{o + 4r + p}{6}$$

式中，

ET——完成一项活动的期望执行时间；

o——完成一项活动的乐观时间；

r——完成一项活动的现实时间；

p——完成一项活动的悲观时间。

例如，假设你的领导让你计算即将来临的编程任务的预定完成时间。对于这项任务，你预计乐观完成时间是 2 个小时，悲观完成时间是 8 个小时，最有可能完成时间是 6 个小时。使用 PERT 计算的预定完成时间是 5.67 小时。商业项目管理软件如 Microsoft Project 可以帮助你使用 PERT 来计算预定完成时间。另外，许多商业工具允许你根据需要设定乐观、悲观和最有可能完成时间。

□ 为松谷家具公司项目创建甘特图和网络图

虽然 PVF 是一个有历史的制造型企业，但是它已经开始向选定的目标市场进行直接销售。增长最快的市场之一是适合大学生的经济型家具。管理部门要求开发一个新的销售促销跟踪系统（SPTS)。这个项目的启动阶段已经成功完成了，目前正处于详细的项目计划阶段，它对应于系统开发生命周期的启动和计划阶段。SPTS 将会用这个系统来追踪下个秋季大学生的购买状况。学生通常会购买低价的床、书柜、书桌、桌子、椅子和衣橱。由于 PVF 通常不会储存大量的低价商品，管理部门认为这个追踪系统会提供大学生市场的销售信息以促进下一阶段的销售（如，期中考试时垫子的销售）。

为了收集下阶段主要购买期的销售数据，应该在秋季开始之前设计、开发和实施这个信息系统。这个截止日期使项目团队有 24 周来开发和实施该系统。PVF 的系统优先权委员会将依据 24 周内完成这个项目的可行性在本周做一个决定。项目经理吉姆·伍使用了 PVF 的项目计划方法，他知道下一步应该是创建项目的甘特图和网络图来描述基线项目计划，以估计在 24 周内完成项目的可能性。项目计划的主要活动是将项目划分为可管理的活动、估计每项活动的时间以及它们的完成顺序。以下是吉姆做事的步骤：

1. 确定项目中需要完成的活动。和 PVF 管理部门、销售和开发人员讨论新的 SPTS 之后，吉姆确定了项目的主要活动：

- 收集需求
- 界面设计
- 报表设计
- 数据库的创建
- 用户文档的创建
- 软件编程
- 系统测试
- 系统安装

2. 估计和计算每项活动的期望完成时间。识别主要的项目活动之后，吉姆确定了每项活动的乐观、悲观和最有可能完成时间。这些数据可以用来计算所有项目活动的期望完成时间，如之前使用 PERT 方法部分所述。图 3—22 描述了 SPTS 项目每项活动的估计时间。

活动	时间估计（周）			期望时间（*ET*）$\frac{o+4r+p}{6}$
	o	*r*	*p*	
1. 收集需求	1	5	9	5
2. 界面设计	5	6	7	6
3. 报表设计	3	6	9	6
4. 数据库设计	1	2	3	2
5. 用户文档	2	6	7	5.5
6. 编程	4	5	6	5
7. 测试	1	3	5	3
8. 安装	1	1	1	1

图 3—22 SPTS 项目估计时间的计算

3. 确定活动顺序，通过创建甘特图和网络图确定所有活动的优先关系。这有助于你了解这些活动之间是怎样联系的。吉姆开始研究每项活动发生的顺序。图 3—23 描述了 SPTS 项目的分析结果。图的第一行表示没有活动优先于收集需求。第二行表示进行界面设计之前必须收集需求。第四行表示要进行数据库的设计必须先进行界面和报表设计。因此，0，1 或更多的活动需要优先进行。

活动	前续活动
1. 收集需求	—
2. 界面设计	1
3. 报表设计	1
4. 数据库设计	2，3
5. 用户文档	4
6. 编程	4
7. 测试	6
8. 安装	5，7

图 3—23 SPTS 项目的活动顺序

根据图 3—22 和图 3—23 中关于估计时间和活动实施顺序的信息，吉姆可以创建项目活动的甘特图和网络图。为了创建甘特图，每项活动的水平线反映了该活动的顺序和工期，如图 3—24 所示。但是甘特图也许不能直接显示每项活动之间的依赖关系。例如，图中数据库设计紧跟着界面设计和报表设计完成后开始，但并不表示界面设计和报表设计这两项活动必须在数据库设计开始前完成。为了表示这些优先顺序，必须使用网络图。图 3—24 表明了这些优先顺序。

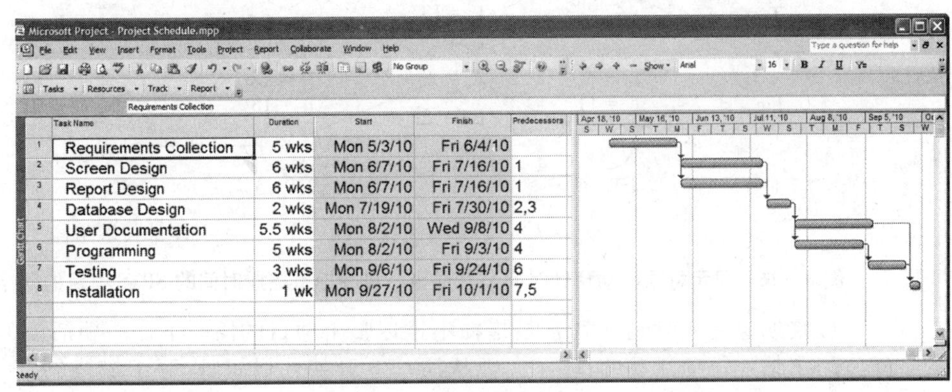

	Task Name	Duration	Start	Finish	Predecessors
1	Requirements Collection	5 wks	Mon 5/3/10	Fri 6/4/10	
2	Screen Design	6 wks	Mon 6/7/10	Fri 7/16/10	1
3	Report Design	6 wks	Mon 6/7/10	Fri 7/16/10	1
4	Database Design	2 wks	Mon 7/19/10	Fri 7/30/10	2,3
5	User Documentation	5.5 wks	Mon 8/2/10	Wed 9/8/10	4
6	Programming	5 wks	Mon 8/2/10	Fri 9/3/10	4
7	Testing	3 wks	Mon 9/6/10	Fri 9/24/10	6
8	Installation	1 wk	Mon 9/27/10	Fri 10/1/10	7,5

图 3—24　描述 SPTS 项目中每项活动的顺序和工期的甘特图

网络图的两个主要元素是：箭头和节点。箭头反映了活动的顺序，而节点反映了活动花费的时间和资源。图 3—25 描述了 SPTS 项目的网络图。图中有 8 个节点，标为 1～8。

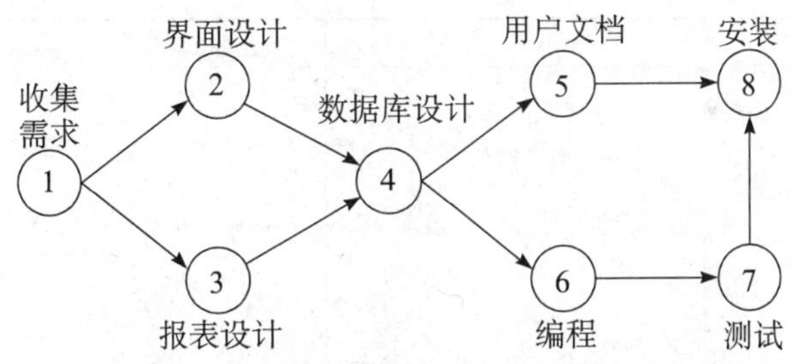

图 3—25　描述活动（圆圈）及其顺序（箭头）的网络图

4. 确定关键路径。网络图的关键路径由相连接的活动顺序表示，它产生最长总工期。这个顺序中的所有活动和节点都在**关键路径**（critical path）“上”。关键路径代表了该项目完成的最短时间。换言之，关键路径上任何活动的推迟都会影响这个项目的完成期。但是，不在关键路径上的节点可以被推迟，而且不会影响项目的最终完成期。不在关键路径上的活动包括**松弛时间**（slack time），它使项目经理在日程安排上有一定的弹性。

图 3—26 是吉姆创建的 SPTS 项目的网络图，确定了关键路径和期望完成时间。为了确定关键路径，吉姆计算了每项活动最早和最晚的完成时间。他发现，将从左到右（按照活动顺序）每一项活动的期望执行时间（ET）加起来（从活动 1 开始一直到活动 8），就得到了每项活动的最早期望完成时间（T_E）。在本例中，活动 8 的 T_E是 22 周。如果有两个或更多的活动在某个活动之前，将使用这些活动的最大期望完成时间来计算新活动的期望完成时间。例如，由于活动 5 和活动 7 在活动 8 之前，而活动 5 和活动 7 的最大期望完成时间是 21，因此活动 8 的 T_E是 21＋1，即 22。项目最后一项活动的最早完成时间是完成整体项目需要的时间。由于每

项活动的完成时间是变化的，因此这个完成时间只是一个估计值。完成这个项目可能会花更多或更少的时间。

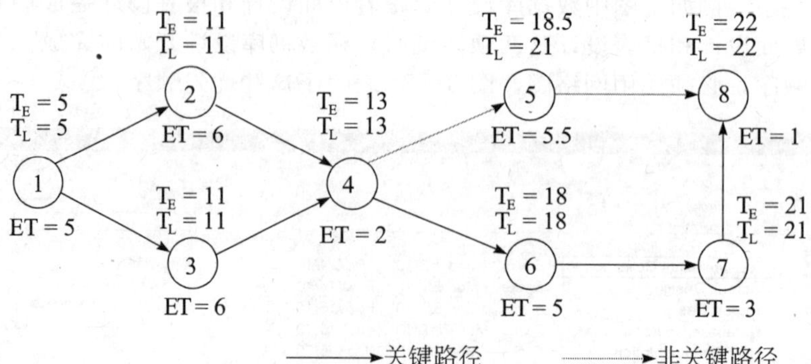

图3—26　显示每项活动预计时间及其最早、最晚期望完成时间的SPTS项目的网络图

最晚期望完成时间（T_L）是指在不推迟整个项目的情况下，一项活动的完成时间。为了估计每项活动的 T_L，吉姆从活动8开始，设定 T_L 等于最终的 T_E（即22周）。下一步，他从右到左计算一直到活动1，逐步减去每项活动的期望时间。每项活动的松弛时间等于最晚期望完成时间减去最早期望完成时间（T_L-T_E）。图3—27显示了SPTS项目中所有活动的松弛时间。关键路径上所有活动的松弛时间是0。因此，除活动5之外，其他活动都在关键路径上。图3—26中的一部分显示了两条关键路径：1—2—4和1—3—4，因为这些平行活动的松弛时间都是0。

活动	T_E	T_L	松弛时间 T_L-T_E	在关键路径上
1	5	5	0	✓
2	11	11	0	✓
3	11	11	0	✓
4	13	13	0	✓
5	18.5	21	2.5	
6	18	18	0	✓
7	21	21	0	✓
8	22	22	0	✓

图3—27　SPTS项目活动的松弛时间计算（除活动5外，其他活动都在关键路径上）

网络图中除了可能有多条关键路径外，还有两种类型的松弛时间。自由松弛时间是指一项任务完成时间的延迟并没有推迟任何后续任务的开始时间。总松弛时间是指一项任务完成时间的延迟并没有影响整个项目的完成时间。了解了自由松弛时间和总松弛时间后，如果项目的日程表需要做些改变，项目经理可以确认在哪里做出改变。如果想进一步了解松弛时间以及它在管理任务时如何使用，可以参考Fuller，Valacich and George（2008）编著的《信息系统项目管理》（*Information Systems Project Management*）一书。

使用项目管理软件

有许多项目管理软件可以帮助你管理项目开发。软件供应商也在持续不断地开发和发布新版本的管理工具。大部分工具有一系列共同点，包括确定任务和对任务进行排序的能力、对任务进行资源分配、更容易修改任务和资源等。项目管理工具可以在兼容 IBM 的个人电脑、苹果机和更大的主机，以及以工作站为基础的系统机器上运行。这些系统根据所支持任务的数量、它们之间关系的复杂性、系统处理和存储能力，当然还有费用而变化，从几百美元的以个人电脑为基础的系统，到超过 10 万美元的大规模项目不等。然而，很多工作可以在 Microsoft Project 以及一些公共域或共享软件系统上进行。例如，许多共享的项目管理软件（如 OpenProj，Bugzilla 和 eGroupWare）可以在互联网上下载（如 www. download. com）。由于这些软件不断改进，你应该在对比之后再选择特定的软件包。

在使用这些项目管理软件时，你应该对这些活动进行分类。适合 Windows 操作系统的 Microsoft Project 在网上得到很高的评价（见 www. microsoft. com，然后搜索“Project”，你也可以在互联网上进行搜索，有许多有用的 Microsoft Project 使用技巧）。当使用这个系统进行项目管理时，你至少需要执行以下活动：

- 确定项目的开始或结束日期
- 输入任务，分派任务关系
- 选择一个日程安排方法来审查项目报告

□ 确定项目的开始日期

确定项目的大体信息，包括确定项目的名称、项目经理和项目开始与结束的日期。开始和结束日期用来安排未来的活动，或基于活动的工期及其相互关系追溯其他的活动（如下）。图 3—28 是在 Windows 环境下，利用 Microsoft Project 来确立项目开始和结束日期的界面。界面显示的是采购执行系统项目。这里，项目的开始日期是 2010 年 11 月 8 日，星期一。

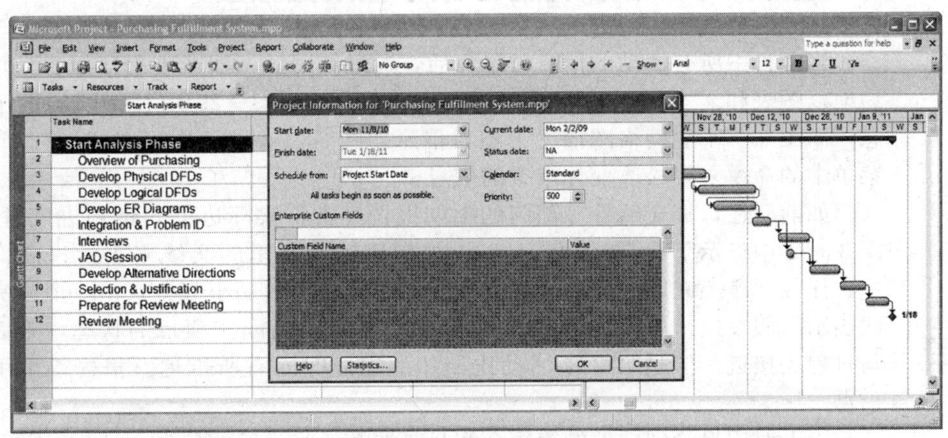

图 3—28　Windows 环境下在 Microsoft Project 中确立项目的开始日期

□ 输入任务，分派任务关系

定义项目的下一步是确定项目任务和它们之间的关系。如在采购执行系统项目中，克里斯通过对项目初始系统的分析确定了 11 项任务（任务 1——开始分析阶段——是一项汇总任务，对相关的任务进行分组）。任务的输入界面如图 3—29 所示，与一个财务电子表格程序类似。用户移动光标或鼠标到文本框中，然后输入一个文本名和每个活动的工期。计划开始和结束日期会自动根据项目的开始日期和工期计算出来。为了设定活动之间的关联，在把当前活动输入 Predecessor（前续）列之前，必须确定每项活动的 ID 编码。每列的附加编码使任务之间的先后关系更精确。例如，考虑 ID 编码是 6 的 Predecessor（前续）列。这个单元格中的输入表明，活动 6 必须在活动 5 完成的前一天才能开始（Microsoft Project 为提前还是推迟提供了多种不同的选择，正如本例中显示的，但是对这些问题的讨论超出了本书的范围）。项目管理软件使用这些信息创建了甘特图、网络图和其他项目相关报告。

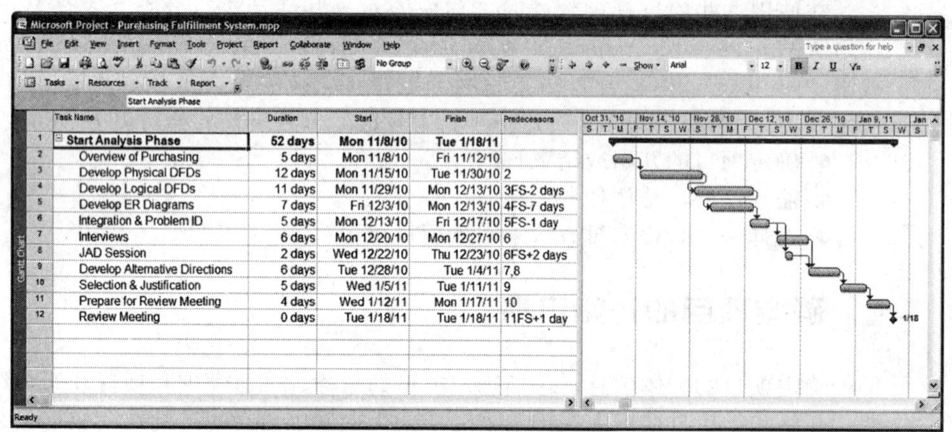

	Task Name	Duration	Start	Finish	Predecessors
1	**Start Analysis Phase**	**52 days**	**Mon 11/8/10**	**Tue 1/18/11**	
2	Overview of Purchasing	5 days	Mon 11/8/10	Fri 11/12/10	
3	Develop Physical DFDs	12 days	Mon 11/15/10	Tue 11/30/10	2
4	Develop Logical DFDs	11 days	Mon 11/29/10	Mon 12/13/10	3FS-2 days
5	Develop ER Diagrams	7 days	Fri 12/3/10	Mon 12/13/10	4FS-7 days
6	Integration & Problem ID	5 days	Mon 12/13/10	Fri 12/17/10	5FS-1 day
7	Interviews	6 days	Mon 12/20/10	Mon 12/27/10	6
8	JAD Session	2 days	Wed 12/22/10	Thu 12/23/10	6FS+2 days
9	Develop Alternative Directions	6 days	Tue 12/28/10	Tue 1/4/11	7,8
10	Selection & Justification	5 days	Wed 1/5/11	Tue 1/11/11	9
11	Prepare for Review Meeting	4 days	Wed 1/12/11	Mon 1/17/11	10
12	Review Meeting	0 days	Tue 1/18/11	Tue 1/18/11	11FS+1 day

图 3—29 Windows 环境下在 Microsoft Project 中输入任务并指定任务间的关系

□ 选择一个日程安排方法来审查项目报告

当项目中所有活动的信息被录入后，通过使用显示器或者打印报告，可以很容易地以图表和文本的形式查看这些信息。例如，图 3—29 用甘特图描述了项目信息，而图 3—30 用网络图描述了项目信息。图 3—30 表示你可以通过选择“视图”菜单中的命令来轻松改变你审查的信息。

如前所述，提交给管理部门的中期报告经常将实际进度与计划进度进行对比。图 3—31 中显示了 Microsoft Project 如何用活动条里的实线来表示进度。在此图中，任务 2 已经完成，任务 3 也接近完成，但是还剩一小部分，由一段未完成的实线表示。假设这个界面代表 2010 年 11 月 24 日，星期三项目的状态，第 3 项活动与日程表接近，但是第 2 项活动比期望的完成时间有所推迟。报告得出了相同的信息。

以上对项目管理软件的简短介绍只是涉及一些浅显的信息，使你了解到这些系统的能力和特点。那些被广泛使用，尤其是用于多人项目的其他功能，多与资源的使用和利用有关。与资源相关的功能可以使你定义如下指标，如标准成本比率以及通过记录节日、工作小时数和假日来实现的每日可用性。这些功能对确定项目的成本非常有用。通常，资源会由多个项目共享，并对项目日程产生重要影响。

由于任务的资源分配是根据组织项目安排进行的，所以对大部分项目经理来说，这是一项非常耗时的活动。这些强大的工具所提供的一些功能，在很大程度上缓解了计划和管理项目的压力，使项目和管理资源得到有效的利用。

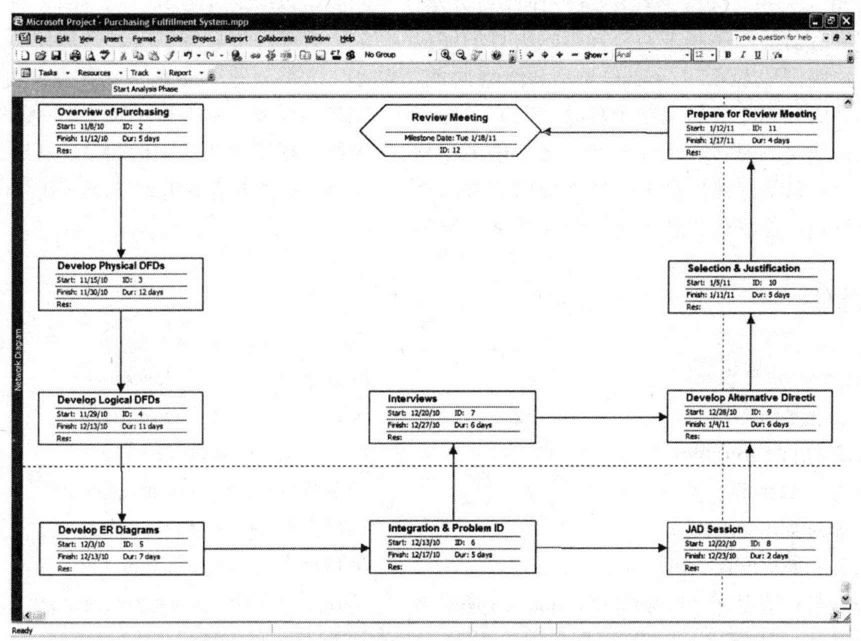

图 3—30　Windows 环境下在 Microsoft Project 中查看项目的网络图信息

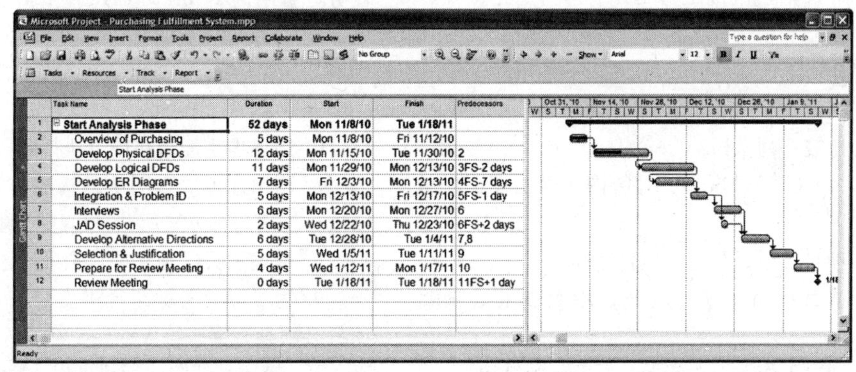

图 3—31　对比实际活动进展（右框）及计划活动（左框）的甘特图

小结

本章的重点是管理信息系统项目和项目经理在这个过程中的任务。项目经理要同时具有技术和管理上的技能，负责决定项目的规模、范围和资源需求。一旦项目被组织认为是可行的，项目经理就要确保项目满足用户的需求，并在预算和时间限制下提交项目。为了进行项目管理，项目经理必须执行四项主要活动：项目启动、项目计划、项目执行和项目结束。项目启动的重点是估计项目的规模、范围和复杂性，确定项目规程以支持稍后的项目活动。项目计划的重点是确定清晰独立的活动，主要是确保完成每项活动。项目执行的重点是将项目启动和计划阶段的计划付诸实施。项目结束是使整个项目成功结束。

甘特图和网络图是计划和控制项目非常有效的图表技术。甘特图和网络图都是日程安排技术，要求一个项目的每项活动都有明确的开始和结束时间，可以独立于其他的活动并且有先后顺序，它们的完成意味着项目的结束。甘特图用水平线来代表一个活动的开始、持续和结束时间。网络图是一种关键路径日程安排方法，可以表明活动之间的相互关系。关键路径法是一种计划方法，表明项目活动的顺序和工期直接影响项目的完成时间。这些图表显示了活动的开始和结束时间，哪些活动的推迟不会影响整个项目的日程、每个活动的松弛时间是多少，以及和原计划进展不相符的活动。网络图使用概率估计来确定关键路径和截止日期，这些能力使得网络图在非常复杂的项目得以广泛应用。

有多种工具可供项目经理使用来进行项目管理。大部分的工具有一系列共同功能，包括定义和排序任务、为任务分配资源、修改任务和资源。系统根据所支持活动的数量、活动之间关系的复杂性、进度和存储需求以及费用的不同而不同。

关键术语

关键路径（critical path）
关键路径进度表（critical path scheduling）
可交付成果（deliverable）
可行性研究（feasibility study）
甘特图（Gantt chart）
网络图（network diagram）
计划评价与审查技术（Program Evaluation Review Technique，PERT）
项目（project）
项目章程（project charter）
项目结束（project closedown）
项目执行（project execution）
项目启动（project initiation）
项目管理（project management）
项目经理（project manager）
项目计划（project planning）
项目工作手册（project workbook）
资源（resources）
松弛时间（slack time）
任务分解结构（work breakdown structure）

复习题

1. 比较下列术语：

a. 关键路径进度表、甘特图、网络图、松弛时间

b. 项目、项目管理、项目经理

c. 项目启动、项目计划、项目执行、项目结束

d. 项目工作手册、资源、任务分解结构

2. 讨论组织实施信息系统项目的原因。

3. 列举并描述一名项目经理的通用技能和活动。你认为哪项技能最重要？为什么？

4. 描述项目经理在项目启动阶段进行的活动。

5. 描述项目经理在项目计划阶段进行的活动。

6. 描述项目经理在项目执行阶段进行的活动。

7. 列出几种项目团队的沟通方法，并描述团队成员使用每种方法所共享信息类型的一个例子。

8. 描述项目经理在项目结束阶段进行的活动。

9. 为了保证关键路径进度表的可用性，一个项目必须具有哪些特征？

10. 描述甘特图的创建过程。

11. 描述网络图的创建过程。

12. 项目计划发生在系统开发生命周期的哪个阶段？项目管理又发生在哪个阶段？

13. 为什么一项活动必须在另一项活动开始之前进行？换言之，什么决定项目活动的先后顺序？

问题与练习

1. 你认为项目管理的哪个阶段最具挑战性？为什么？

2. 系统分析与设计阶段的风险是什么？在项目管理阶段，项目经理应如何处理风险？

3. 搜索有关项目管理软件评论的计算机杂志或网页。最受欢迎的软件是什么？每个软件包的优点和缺点是什么？如果有人想为他的个人电脑购买项目管理软件，你的建议是什么？为什么？

4. 信息系统项目和其他类型项目的相似点是什么？它们之间有什么不同？在问题与练习3中

你所列出的项目管理软件是否适合所有项目，或只适合特殊类型的项目？哪个软件最适合信息系统项目？为什么？

5. 如果有机会，你会成为信息系统项目经理吗？如果答案是肯定的，为什么？如果你是项目经理，你的优势是什么？如果答案是否定的，为什么？应该具备什么能力才可以管理信息系统项目？制定你进行信息系统项目管理所必需的训练课程的时间表。

6. 计算下列活动的期望完成时间。

活动	乐观时间	最可能时间	悲观时间	期望时间
A	3	7	11	
B	5	9	13	
C	1	2	9	
D	2	3	16	
E	2	4	18	
F	3	4	11	
G	1	4	7	
H	3	4	5	
I	2	4	12	
J	4	7	9	

7. 一个项目已经确定包括下列活动以及它们所需要的完成时间。

活动	当前活动	周数	前续活动
1	明确需求	2	—
2	分析流程	3	1
3	分析数据	3	2
4	设计流程	7	2
5	设计数据	6	2
6	设计屏幕	1	3，4
7	设计报表	5	4，5
8	编程	4	6，7
9	测试及文档	8	7
10	安装	2	8，9

a. 创建这些活动的网络图。

b. 计算最早期望完成时间。

c. 描述关键路径。

d. 如果活动 6 的完成时间由 1 周改为 6 周，会发生什么事情？

8. 创建问题与练习 7 的项目甘特图。

9. 再看一下问题与练习 7 中的活动。假设你的团队处于项目开始的第一周，发现每项活动估计的工期是错误的。活动 2 只需 2 周就可以完成。活动 4 和 7 会比期望的时间增加 2 倍。所有其他的活动会比之前估计的时间增加 1 倍。另外，增加一项新的活动——活动 11，它需要 1 周时间完成，它之前的活动是活动 10 和 9。调整网络图并重新计算最早期望完成时间。

10. 创建你即将参加项目的甘特图和网络图。从工作、家庭或学校的角度选择一个最有深度的项目。确定要完成的活动及它们的顺序，创建一幅图来反映它们的开始时间、工期和完成时间，以及所有活动的相互关系。为了创建网络图，使用本章中的流程来估计每项活动的时间并计算每项活动的期望完成时间。确定关键路径以及每项活动最早和最晚的开始和结束时间。哪些活动有松弛时间？

11. 在问题与练习 10 所描述的项目中，假设最糟糕的情况发生了。有一个关键成员退出，被分配到城市另一端的另一个项目。剩下的团队成员有点冲突。项目关键的可交付成果比期望的时间有所提前。此外，你还要确定项目早期的哪项活动需要比期望更长的时间。更糟糕的是，你的老板绝对不能接受新的截止日期。关于项目的变更和问题，你有什么对策？创建甘特图和网络图，为项目的特殊变更和问题提出解决方案。如果需要新的资源来满足新的截止日期，阐述你使用的基本原理，使老板相信这些额外资源对项目成功是重要的。

12. 假设你有一个项目，包括从 A 到 G 共 7 项活动。推导以下每项活动的最早完成时间（EF）、最晚完成时间（LF）和松弛时间。哪些活动在关键路径上？创建这些任务的甘特图。

活动	前续活动	期望工期	EF	LF	松弛时间	是否在关键路径上
A	—	5				
B	A	3				
C	A	4				
D	C	6				
E	B,C	4				
F	D	1				
G	D,E,F	5				

13. 创建问题与练习 12 中任务的网络图。标出关键路径。

14. 假设你有一个项目，包括从 A 到 J 共 10 项活动。已知以下每项活动的最早完成时间（EF）、最晚完成时间（LF）和松弛时间。哪些活动在关键路径上？在你的网络图上标出关键路径。

活动	前续活动	期望工期	EF	LF	松弛时间	是否在关键路径上
A	—	4				
B	A	5				
C	A	6				
D	A	7				
E	A，D	6				
F	C，E	5				
G	D，E	4				
H	E	3				
I	F，G	4				
J	H，I	5				

15. 创建问题与练习14中任务的甘特图。

16. 假设你有一个项目，包括从A到K共11项活动。已知以下每项活动的最早完成时间（EF）、最晚完成时间（LF）和松弛时间。哪些活动在关键路径上？创建甘特图和网络图，并在网络图上标出关键路径。

活动	前续活动	期望工期	EF	LF	松弛时间	是否在关键路径上
A	—	2				
B	A	3				
C	B	4				
D	C	5				
E	C	4				
F	D，E	3				
G	F	4				
H	F	6				
I	G，H	5				
J	G	2				
K	I，J	4				

17. 设计进度表时，列举你执行的活动。创建表格描述每项活动、它的工期、前续活动和期望工期。为这些任务创建网络图。在网络图中标出关键路径。

18. 完全分解一个你在其他课程中所完成的项目（例如，一个学期项目或论文）。讨论你停止分解的详细程度，并解释原因。

19. 以问题与练习18中所分解的项目为基础，创建任务分解结构。

20. 组织一个小团队，选择一个项目（可以是任何事，如计划一台晚会、写小组学期论文、开发一个数据库应用软件等），在即时贴上写出这个项目所需完成的任务（每张即时贴一项任务）。利用即时贴创建任务分解结构（WBS）。它是完整的吗？如果有必要，增加新的任务。与其他的任务相比，在WBS中哪些任务处于低水平？做这些工作最困难的部分是什么？

参考文献

Abdel-Hamid, T. K., K. Sengupta, and C. Swett. 1999. "The Impact of Goals on Software Project Management: An Experimental Investigation." *MIS Quarterly* 23(4): 531–555.

Boehm, B. W. et al. 2000. *Software Cost Estimation with COCOMO II.* Upper Saddle River, NJ: Prentice Hall.

Dinsmore, P. C., and J. Cabanis-Brewin. (2006). *The AMA Handbook of Project Management: Vol. 1.* New York: AMACOM. American Management Association.

Fuller, M. A., J. S. Valacich, and J. F. George. 2008. *Information Systems Project Management.* Upper Saddle River, NJ: Prentice Hall.

George, J. F., D. Batra, J. S. Valacich, and J. A. Hoffer. 2007. *Object-Oriented Analysis and Design,* 2nd ed. Upper Saddle River, NJ: Prentice Hall.

Guinan, P. J., J. G. Cooprider, and S. Faraj. 1998. "Enabling Software Development Team Performance During Requirements Definition: A Behavioral Versus Technical Approach." *Information Systems Research* 9(2): 101–25.

Hoffer, J. A., M. B. Prescott, and H. Topi. 2009. *Modern Database Management,* 9th ed. Upper Saddle River, NJ: Prentice Hall.

Keil, M., B. C. Y. Tan, K. K. Wei, T. Saarinen, V. Tuunainen, and A. Wassenaar. 2000. "A Cross-Cultural Study on Escalation of Commitment Behavior in Software Projects." *MIS Quarterly* 24(2): 631–664.

Kettelhut, M. C. 1991. "Avoiding Group-Induced Errors in Systems Development." *Journal of Systems Management* 42(12): 13–17.

King, J. 2003. "IT's Global Itinerary: Offshore Outsourcing Is Inevitable," September 15, 2003. Available at *www.cio.com.* Accessed February 21, 2006.

Kirsch, L. J. 2000. "Software Project Management: An Integrated Perspective for and Emerging Paradigm." In R. W. Zmud (ed.), *Framing the Domains of IT Management: Projecting the Future from the Past,* 285–304. Cincinnati, OH: Pinnaflex Educational Resources.

PMBOK. 2004. *A Guide to the Project Management Body of Knowledge,* 3rd ed. Newtown Squre, PA: Project Management Institute.

Project Management Institute. 2002. *Work Breakdown Structures.* Newton Square, PA: Project Management Institute.

Rettig, M. 1990. "Software Teams." *Communications of the ACM* 33(10): 23–27.

Royce, W. 1998. *Software Project Management.* Boston: Addison-Wesley.

Verma, V. K. 1996. *Human Resource Skills for the Project Manager.* Newton Square, PA: Project Management Institute.

Verma, V. K. 1997. *Managing the Project Team.* Newton Square, PA: Project Management Institute.

Wideman, R. M. 1992. *Project and Program Risk Management.* Newton Square, PA: Project Management Institute.

附录

面向对象系统分析与设计：项目管理

学习目标

- 描述 OOSAD（面向对象系统分析与设计）项目的特色

OOSAD 项目的特色

在本章中，我们了解了如何使用结构化开发方法进行项目管理。这些思想和技术对大部分项目和开发方法是非常有效的。然而，当使用迭代的设计方法开发系统时——如使用原型设计或面向对象分析与设计——需要考虑其他一些问题。这里我们将讨论这些项目类型的一些特色（见 Fuller et al.，2008；George et al.，2007）。

当使用迭代的方法进行项目开发时，它意味着在项目的整个工期内，最终的系统将通过每次迭代过程被创建出来。使用这种方法，系统是逐步演化的，因此直到项目的最后一次迭代，整个项目才算完成（见图 3—32）。为了使系统按照这种方式进行演变，项目经理必须了解 OOSAD 项目的一些特色。

作为一套完整的组件来定义系统

为了通过一系列迭代来管理项目，项目经理必须将整个项目划分为一系列组

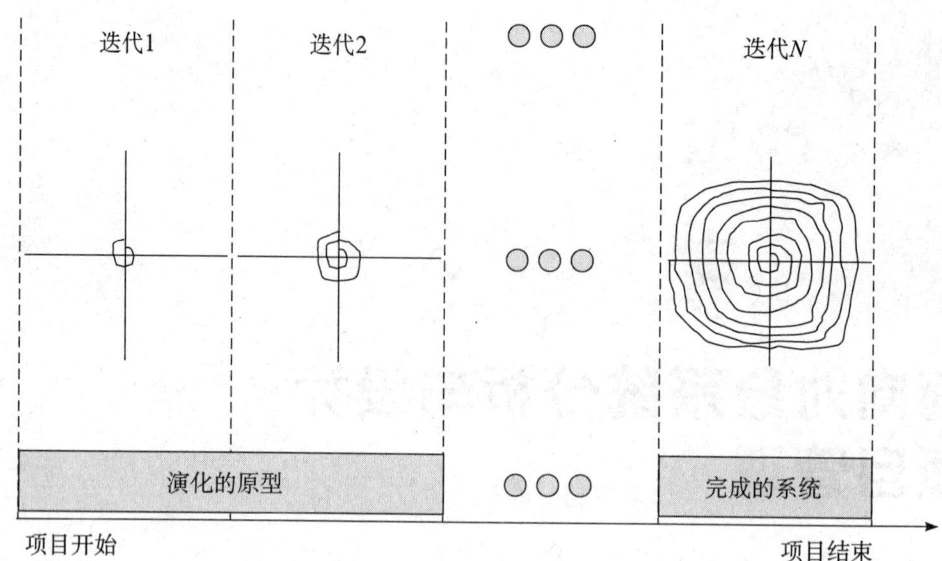

图 3—32　OOSAD 项目中，系统在整个项目生命周期中逐步演变

件；在最后整合时，组件将产生整个系统（见图 3—33）。每个独立的系统组件通常可以看作整个系统的“垂直切片”；这是系统的一个重要功能，可以向用户显示。另一种情况是，每个切片不应该是一个水平跨越整个系统的子系统，因为这些水平切片通常并不关注某个特定的系统功能，并且也没有必要向用户显示。基本上，每个垂直切片代表了一个系统的用例（关于用例图的更多信息，请参见第 7 章）。此外，如图 3—33 所示，项目管理和计划是一项贯穿整个项目生命周期的活动。

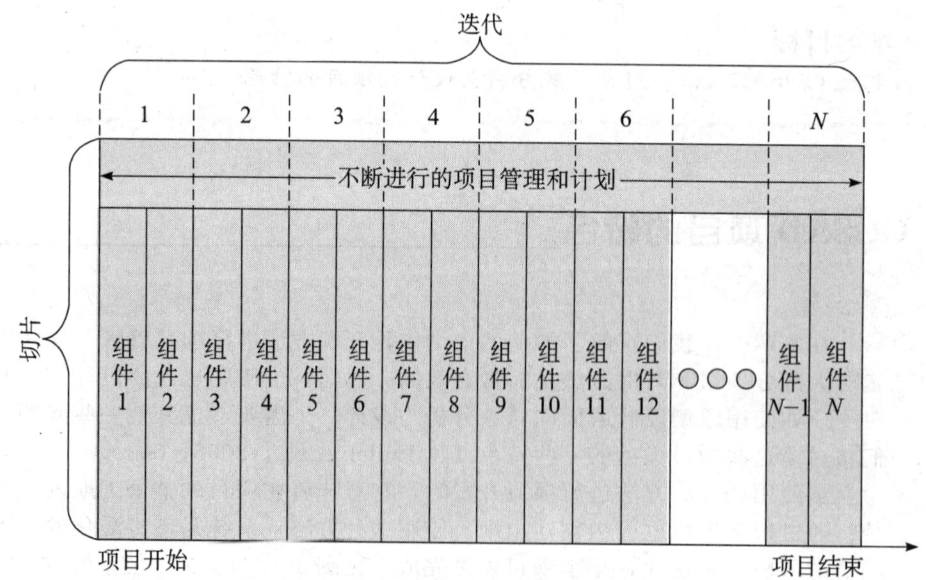

图 3—33　利用持续管理和系统功能逐步演变来进行面向对象项目的开发

把整个系统定义成组件集合可能导致一个结果，即与项目后期开发的内容相比，项目早期构建的组件需要返工的可能性更大。例如，在项目的早期阶段，会出现组件遗漏或者对主要结构功能缺乏理解，随着项目的进展，为了成功地将这些组件整合成单一的综合系统，项目早期开发的组件可能要做很大的修改。这就意味着返工是 OOSAD 项目中很自然的一部分，因此当返工发生时不需要给予过度的关注。它仅仅是 OOSAD 项目迭代和递增式开发过程的一个特点。

□ 首先解决难点

OOSAD 方法的另一个特点是它首先解决难点。在传统的结构化系统开发中，难点（如选择物理实施环境）在开发的后期才会得以解决。结果证明，传统的系统开发方法将会导致一些主要的系统架构直到项目的后期才确定。这种方法有时是有问题的，因为这些决策通常决定一个项目成功与否。另一方面，尽早解决难点可以在消耗大量资源之前发现问题。这会减少项目风险。

此外，尽早地解决与系统架构相关的难点，有助于后续组件的完成，这是因为这些组件依赖于这些基本架构的性能。（在一些项目中，最困难的组件是以简单的组件为基础的。在这种情况下，在解决难点之前要先解决稍简单的问题。尽管如此，也要尽快把重点放在难点上。）从项目计划的角度来看，这意味着整个项目生命周期中组件存在自然的进展和顺序。第一次或第二次的迭代重点是系统架构，如数据库或网络基础设施。一旦完成架构，核心的系统能力如创建和删除记录就可以执行。在核心系统组件完成后，细节系统功能将得以实施，以帮助调整主要的系统能力。在最后的迭代过程中，重点是结束项目活动（如改进界面、用户使用手册和培训）（见图 3—34）。

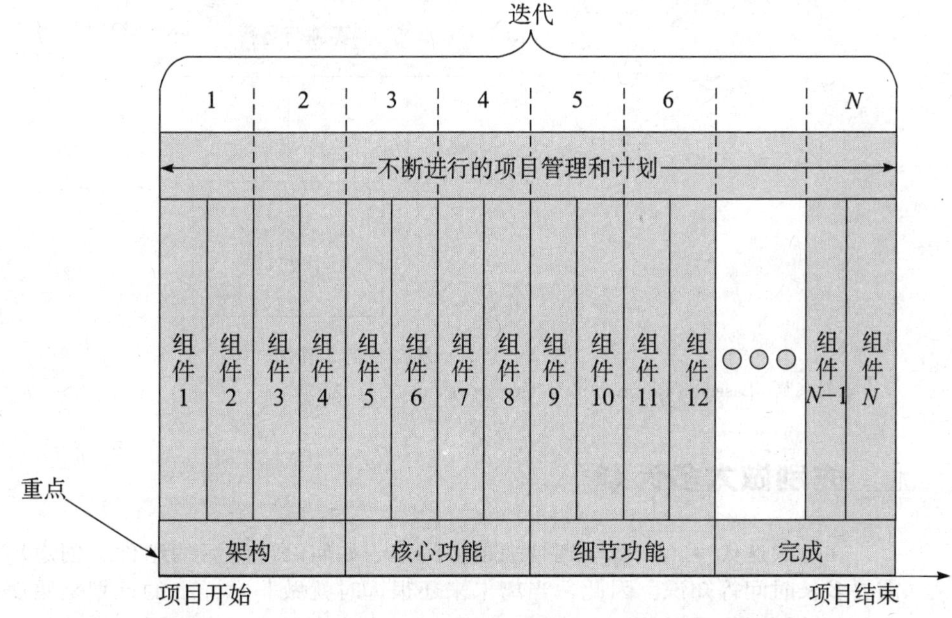

图 3—34　系统组件的重点和顺序在项目整个生命周期中不断改变

□ 使用迭代管理项目

在每次项目迭代中，所有系统开发生命周期中的活动将被执行一遍（见图 3—35）。这意味着每次项目迭代都包括管理和规划、分析、设计和实施与运行活动。对于每次迭代，被用来处理的输入是那些所分配的项目组件——垂直切片或用例，以及上次迭代的结果。此次迭代的结果作为下次迭代的输入。例如，随着组件的设计和实施，从中可以学到很多关于随后的组件应该怎样实施的经验。在每次迭代中所学到的内容可以帮助项目经理对随后的组件如何设计、将会产生什么问题、会用到什么资源，以及组件的工期及其复杂性有一个更好的了解。因此，一些有经验的项目经理认为，在项目早期制定一个非常详细的项目计划是错误的，因为还有很多未知的因素。

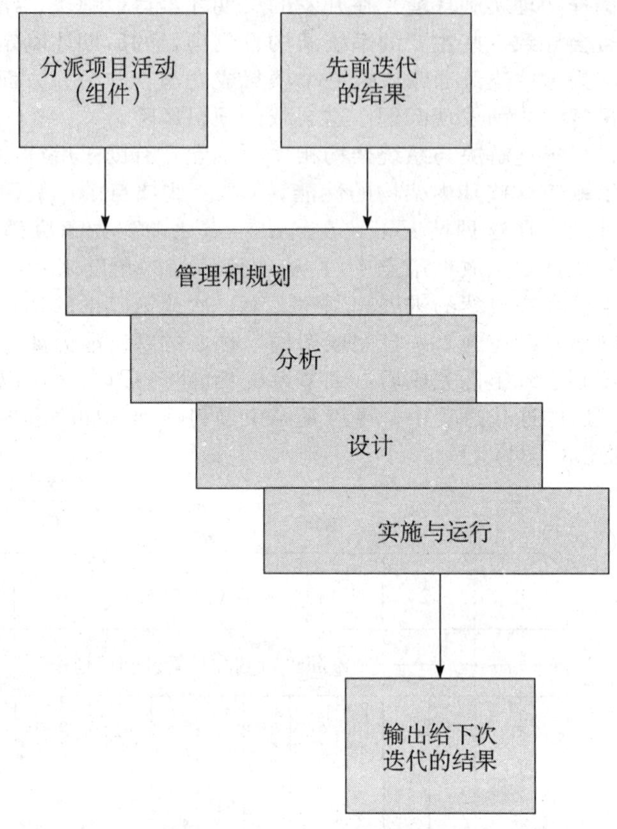

图3—35　一次迭代的工作流

资料来源：Based on Royce，1998；George et al.，2007.

□ 先别做太多计划

在每次迭代中，你将学到越来越多的关于如何设计随后的组件、创建每个组件需要多长时间等知识。因此，当离未来还很远时就做非常详细的计划是错误的，因为这些计划可能是错的。在OOSAD中，每次迭代完成时，你的目标就是了解目前的系统、开发团队的能力，以及开发环境的复杂性等。随着这种了解因项目的进展而逐渐深入，项目经理能做出越来越好的预测和计划。因此，对所有的项目迭代做非常详细的计划很可能会浪费大量的时间。项目经理应该只对下一次或下两次迭代做出详细的计划。根据项目经理在项目进展中所学到的内容，他应该持续不断地修改进度表、时间估计和资源需求，以得到越来越好的预测（见图3—36）。

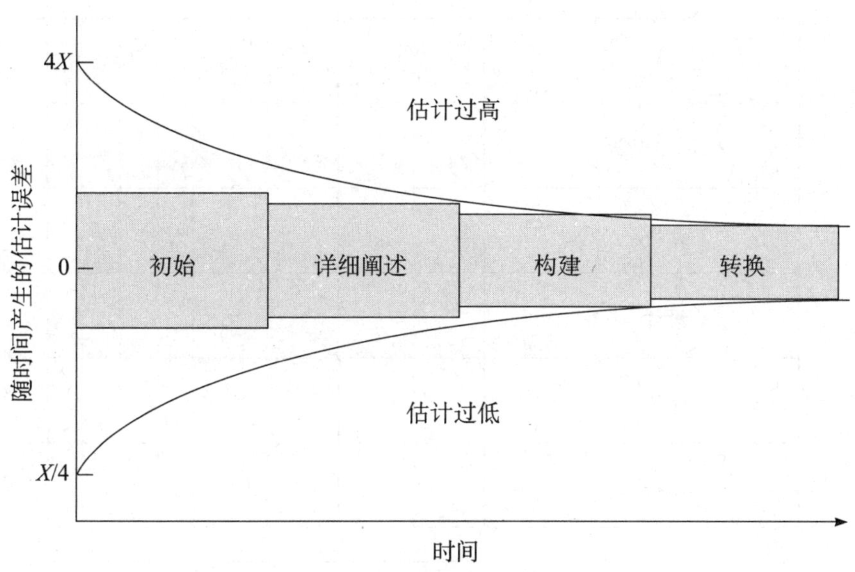

图 3—36 规划估计随着时间推进而不断改善

资料来源：Based on Royce，1998；George et al.，2007.

迭代的次数和每次迭代的时间

许多人在首次体验 OOSAD 时都会提一个问题：迭代的次数和每次迭代的时间是多少。迭代的时间是固定的，通常从两周到八周不等，但也可以是一周（特别是小项目）。在单一迭代的过程中，可以创建多重组件（用例）。然而，不要试图把太多组件的开发整合成单一的迭代，这一点也很重要。经验表明，进行多次迭代每次迭代包含较少的组件，比进行很少的迭代每次迭代包含较多的组件效果更好。只有通过迭代——完成一个完整的开发周期，项目经理才能从中学到大量的知识，以帮助他更好地计划后续的迭代。

在初始阶段通常进行一次迭代，但是在大的复杂项目中，进行两次或更多的迭代也很常见。同样，通常在一两次迭代之后再进行详细阐述，但是系统的复杂性和规模也会对其有所影响。构建过程可以从两次到多次迭代不等，而转换通常需要一两次迭代。因此，有经验的 OOSAD 项目经理在设计和创建系统时通常会使用 6～9 次迭代（见图 3—37）。注意，每次迭代结束时，所有已经完成的组件要被整合成一个综合的系统。第一次迭代时，可能会创建一些简单的组件原型，如文件的打开、关闭和保存。随着项目的发展，原型也会越来越复杂，直至整个系统完成（见图 3—38）。

项目整个生命周期的活动重点是改变

在整个项目生命周期中，项目经理一直在进行迭代，以初始阶段为起点，以转换阶段为终点。此外，在整个迭代过程中，项目经理从事系统开发生命周期中所有阶段的活动。然而，在项目生命周期中，每个阶段活动的层次是不断改变的（见图 3—39）。例如，在整个项目生命周期中，管理和规划是项目中一个不断进行的重要部分。此外，初始阶段的焦点是分析，详细阐述阶段的焦点是设计，构建阶段的焦

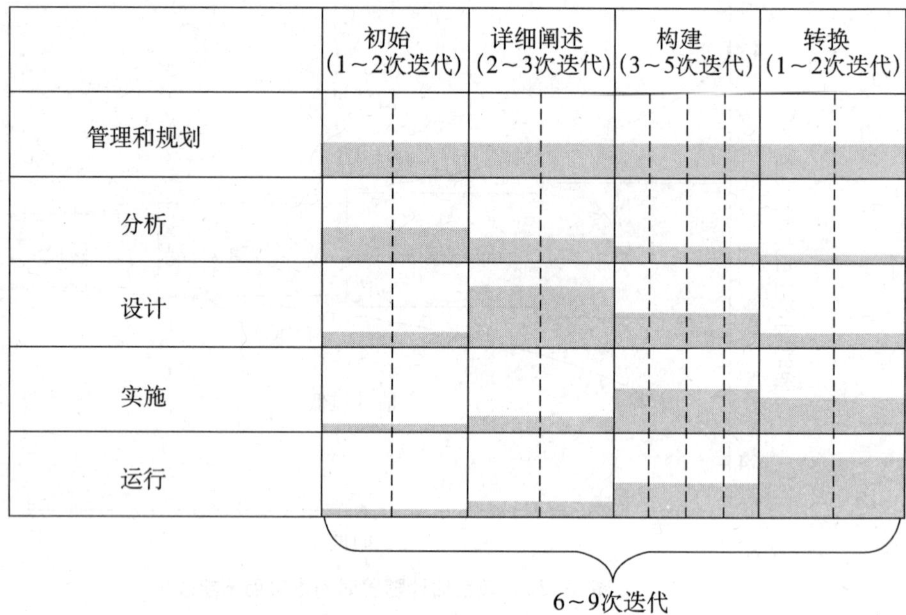

图 3—37 一个 OOSAD 项目通常有 6~9 次迭代

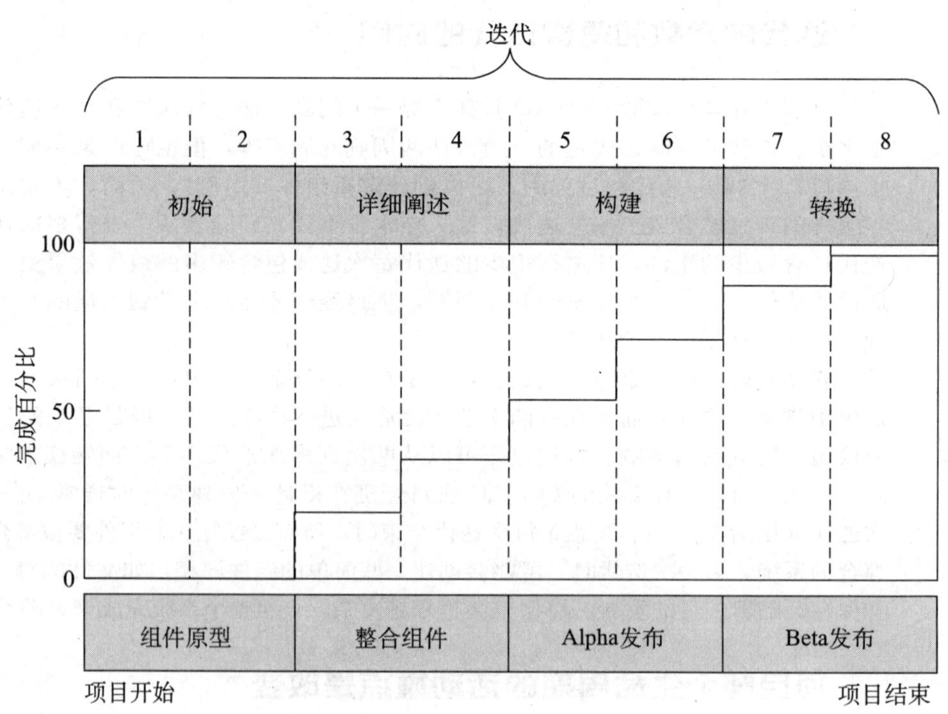

图 3—38 系统功能随着项目的进展而演变

资料来源：Based on Royce，1998；George et al.，2007.

点是实施，转换阶段的焦点是使系统可运行。总而言之，尽管在每次项目迭代中，所有的项目生命周期活动都会执行，但这些活动的混合和焦点也会随着时间而不断改变。

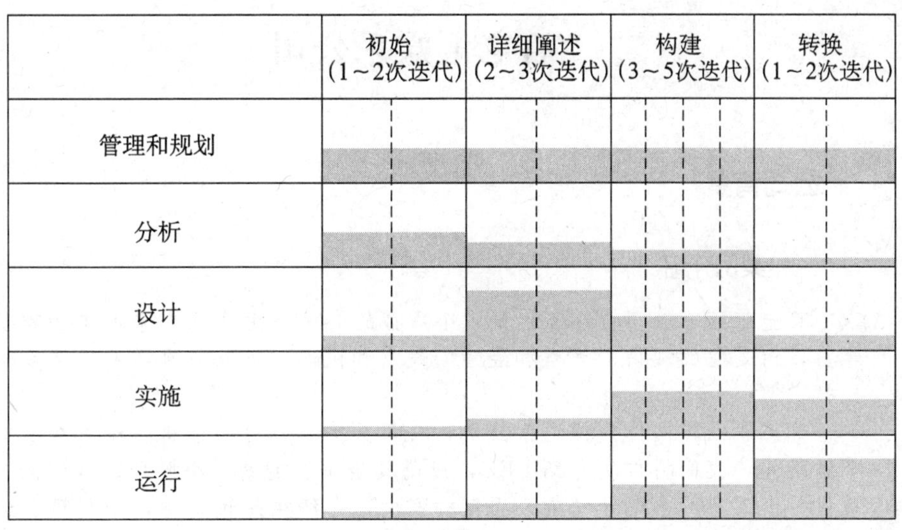

图 3—39　从项目开始到结束，系统开发过程中活动的等级和焦点是不断改变的

小结

当管理一个 OOSAD 项目时，项目经理必须定义项目的一系列组件。一旦这些组件被定义，将对其进行分析和排序，使最困难的组件首先实施。OOSAD 项目是由一系列迭代管理的，每次迭代都包括系统开发生命周期的所有阶段。随着每一次迭代的进行，更多的系统组件被构建，更多的知识得以学习，例如被开发的系统、开发团队的能力，以及开发环境的复杂性等。随着时间的推移，学到的知识越来越多，项目经理可以更加精确地计划项目活动。因此，详细设计长远的活动规划并不可取，应该只为现在或随后的迭代制定详细的计划。大部分的项目有 6～9 次迭代，大项目的迭代次数更多。一次迭代发生在一个固定的周期内，通常是两周，也可以根据项目的特点缩短或延长。

思考题

描述 OOSAD 项目的特点，以及如何管理这些项目。

问题与练习

1. 在 OOSAD 项目中，为什么项目经理要首先解决难点？

2. 在 OOSAD 项目中，为什么预先做太多计划是错误的？

百老汇娱乐公司

◆ 公司背景

◇ 案例介绍

百老汇娱乐公司（BEC）是一个虚拟的公司，主要从事录像带的租赁和唱片的零售。但是它的规模、策略和经营问题（和机遇）可以与真实的快速发展的行业相比拟。

这里我们将向你介绍这家公司、公司员工和公司的信息系统。在所有的之后章节结尾处，我们将再次介绍BEC，讨论其生命周期的各个阶段。我们的目标是给你提供一个真实的系统开发生命周期的案例，介绍在此过程中，分析员、经理和用户怎样进行合作才能开发一个信息系统。通过这个案例，你将在一个不断演变的系统开发项目中承担任务，并讨论与每个阶段相关的问题。

◇ 公司概况

直至2010年1月1日，BEC在美国、加拿大、墨西哥和哥斯达黎加有2 443家分店。在每个国家和加拿大每个州至少有一家BEC的分店。加拿大有58家，墨西哥有25家，哥斯达黎加有6家。公司目前正努力在日本开设分店，也计划在一年内将业务拓展到欧盟。BEC的美国总部设在南卡罗来纳州的斯帕坦堡；加拿大的总部设在温哥华；拉丁美洲的总部设在墨西哥的墨西哥城。

每个BEC的商店标价销售两种产品：CD和电子游戏。每个商店也租赁两种产品：DVD和电子游戏。2009年，唱片销售和录像带的租赁总额占百老汇公司美国收入的75%以上（见BEC表3—1）。国外业务使公司收入增加了24 500 000美元。

BEC表3—1　　BEC 2009年国内收入

分类	收入（千美元）	百分比
销售收入		
唱片销售	572 020	34%
录像带销售（DVD）	154 000	9%
电子游戏销售	92 760	5%
租赁收入		
录像带租赁	742 080	44%
电子游戏租赁	139 140	8%
总计	1 700 000	100%

除了这些店铺的供应外，BEC开始认真考虑在线订购服务。在过去几年内，在线订购服务意义重大，而且市场也在不断扩大。为了保持竞争力，BEC认为有必要对此进行投资。BEC将会利用现有的销售网络和互联网在在线租赁市场上竞争。由于这个新的计划，公司的营业成本将会受到短期影响。但是从长期来看，BEC决定维持在线租赁订购业务。不管在国内还是国外，家庭录像带和唱片销售业务都在不断扩大。这几年，家庭录像带比戏剧票房或电影院的收入还要高。最近，DVD的发展使家庭录像带进入数字时代，它可以提供质量更高和更广泛的内容。

为了对BEC所处的竞争行业有更好的了解，我们看一下家庭录像带和唱片销售行业的五个关键因素：

1. 供应商——所有主要经销商，包括唱片（如EMI、索尼BMG、环球唱片及华纳唱片集团）、电子游戏（如微软、任天堂、索尼）和录像带（如福克斯、索尼、维亚康姆）。

2. 购买者——个体消费者。

3. 替代品——电视（广播、有线、卫星）、订阅娱乐（如HBO和Showtime）、首映电影、按次计费、视频点播服务、基于互联网的多媒体、剧院、收音机、音乐会和体育节目。

4. 进入壁垒——极少的壁垒和很多的风险，包括通信和娱乐公司联合创建有线电视和网络电视，使消费者可以待在家里，从一个计算机化的菜单系统中选择各种各样的视频文件、音乐和其他家庭娱乐活动。实际上，BEC在线电影租赁服务的一个竞争对手是Netflix，它已经开始测试新的视频服务，叫做视频点播服务，它允许下载和视频刻录。另一个紧迫的威胁是电视录像机（DVR）的发展，它允许对电视节目进行录像。DVR最主要的供应者是TiVo。

5. 公司之间的竞争——大型唱片零售商（如沃尔玛、FYE和百思买）、大型录像带租赁连锁店（如Blockbuster Entertainment，它比BEC规模更大，更具有国际竞争力）和在线电影租赁服务提供商（如Blockbuster和Netflix，它们比BEC规模更大，更具有竞争力）。

◇ 公司历史

BEC的第一家商店于1977年开在美国南卡罗来纳州斯帕坦堡的Westgate购物商场里，是一家销售唱片的商店。这个商店主要销售唱片，也销售盒式录音带。BEC的创始人，也是目前的董事会主席奈杰尔·布罗德（Nigel Broad），在1968年从他的出生地英国移民到美国南卡罗来纳州。奈杰尔在爵士俱乐部和乐队一起演出9年之后，用从他母亲那里继承的遗产成立了BEC，开设了第一家BEC商店。

销售很稳定，利润也在不断增长。很快，奈杰尔便开了第二家商店，然后是第三家。预计他的BEC商店已经满足了斯帕坦堡居民对唱片的需求后，1981年奈杰尔决定在格林威尔附近开设第四家商店。几乎是在同一时间，他增加了一条新的产品线——Atari视频游戏。太空入侵游戏的启动为奈杰尔带来了巨大的利润。公司不断扩大，从百老汇扩展到美国南卡罗来纳州，从而进入邻近的州。

20世纪80年代初，奈杰尔看中了录像带的潜在市场。在百老汇已经有一些出租录像带的商店，但是它们规模较小并且相互独立运作。奈杰尔看中了将录像带出租和唱片销售相结合这一机会。如果可以改变一些传统录像店的规则，如取消高昂的会员费、允许客户租赁录像带超过一个晚上，那么他就可以将更多的录像带租给客户。奈杰尔想为任何地方的客户提供最好的选择。

1985年，奈杰尔在斯帕坦堡最初的BEC商店里开设了唱片和录像带相结合的门店。客户的反响非常好。1986年，奈杰尔决定将所有17家BEC商店改为同时销售唱片和录像带。为了扩展录像带的出租业务，奈杰尔和他的财务总监比尔·巴顿（Bill Patton）决定上市。当100万股以每股7美元的价格销售一空时，他们非常惊喜。放弃Atari，增加新的任天堂游戏所得的收益使即将消逝的电子游戏重新复苏。

整个20世纪80年代，BEC商店的利润不断增长。通过收购现有的唱片和录像带连锁店，包括Music World，BEC进一步扩大。1987—1993年，BEC的商店数量每年都在翻倍增长。1991年，奈杰尔决定向国际发展，同年在加拿大新增了12家分店。1994年在拉丁美洲开设了三家分店。

2003年，家庭电子游戏产业不断扩展。在分析电子游戏的销售数据时，奈杰尔发现了一个新的趋势。当一个新的硬件平台或游戏产生时，销售量会有很大增长，但是，当用户期盼新的平台或游戏时，就会抑制他们的购买量，所以销售量会有一定的下降。奈杰尔认为可以充分利用家庭电子游戏产业的周期性。商店对游戏的交易模式进行整合，使用户可以用旧的游戏换新的游戏，或以一个公允价格出售他们玩过的游戏。这个创意使从电子游戏出租中获得的收益要高于从电子游戏销售中获取的收益。

2009年，奈杰尔认识到，要想使BEC在电影出租行业具有一定的竞争力，它应该提供在线出租订阅服务。新产业中的主要参与者Netflix已经拥有很大的市场份额，而电影出租行业中的另一个大型参与者Blockbuster也进入这个市场。为了保持现有的用户群，奈杰尔做了一个战略上的转移，准备投资这个新的领域。BEC并没有投资于新的配送中心，而是将现有的商店作为在线租售服务的配送点，这就缩短了交易时间并且降低了操作费用。由于这种新服务的便捷性，BEC保持了现有的客户群，与此同时还挽回了一部分在出租服务竞争中丢失的客户。

1977年，公司只有10名员工和398 000美元营业收入，到2010年1月1日，BEC已经成长为在全世界拥有24 225名员工和17亿美元营业收入的公司。

◇ 公司组织

1992年，当公司开设第1 000家分店时，奈杰尔决定不再担任公司的首席执行官，只担任主席的职位，并提升他的亲密好友艾拉·阿布拉莫维茨（Ira Abramowitz）为首席执行官（见BEC图3—1）。

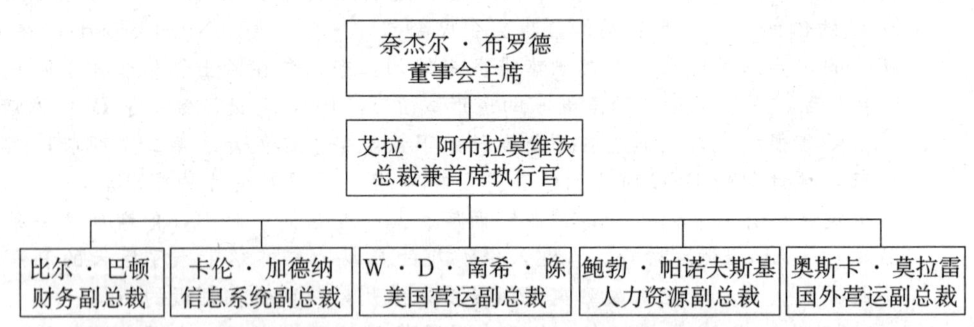

BEC图3—1　百老汇娱乐公司的组织结构图

BEC的大部分高级员工也得到了晋升。首席财务官比尔·巴顿是从没有经验的公司第一个图书管理员和会计做起的。卡伦·加德纳最初是外部咨询团队的一员，在1986年和1987年创建了百老汇的第一个信息系统。1990年她成为副总裁，负责BEC的信息系统。人力资源副总裁鲍勃·帕诺夫斯基在1981年进入公司。内部晋升的一个例外是美国营运副总裁W·D·南希·陈。她在1991年从Music World被招聘进公司，不久以后，该连锁店被BEC收购。奥斯卡·莫拉雷是1992年从Blockbuster Entertainment聘请来的，那时他负责在拉丁美洲扩展业务。

◇ 信息系统的开发

BEC从1977年到1984年没有使用任何以计算机为基础的信息系统。随着公司的成长，会计总账、文件和客户账目信息越来越杂乱无章。许多这种规模的企业，所有者没有很多的专业知识或资金来开发公司自己的信息系统。例如，比尔·巴顿在 1984 年购买 IBM AT 之前，一直是手工管理库存数据。公司业务的计算机化使其在 1984 年增设 10 家分店的工作容易多了。

1985 年，BEC 还没有对员工进行信息系统的培训，所有管理者都忙于处理企业的扩张业务。奈杰尔和比尔觉得应该雇用一部分有经验的信息系统专业人员，但是他们不知道怎么管理这些人员，怎么挑选优秀的员工，或期望从这些员工身上获得什么。奈杰尔和比尔意识到，计算机软件是十分复杂的，为一个快速变化的组织建立系统十分具有挑战性。他们也知道建立信息系统需要原则。因此，在与美国南卡罗来纳州的一些商业领导人交流之后，奈杰尔与 Fitzgerald McNally 信息顾问公司接触，洽谈为百老汇定制一个计算机信息系统的设计和开发问题。1985 年，还没有预先写好的程序可以用来帮助这个相对较新的产业——录像带及唱片出租和商店的运行。

奈杰尔和比尔希望新系统可以执行会计、工资单和库存控制的相关工作。奈杰尔希望系统可以为百老汇的快速发展提供便利。在操作上，他意识到录像带出租业务对信息系统有一些独特的要求。一方面，客户不仅要从商店拿走产品，还要在租期结束时将产品归还。另一方面，客户需要在百老汇进行登记，并交付一定的押金，以确保录像带会归还。

在管理层上，奈杰尔希望录像带在商店的进出，以及所有客户的信息都能实现计算机化。他还希望可以通过百老汇客户描述其租赁习惯的数据来进行搜索。他想知道什么录像带最受欢迎，谁是百老汇的常客——不仅仅在美国的南卡罗来纳州，还在百老汇业务的所有地区。

Fitzgerald McNally 公司很高兴获得了百老汇的项目。它们任命卡伦·加德纳来领导开发团队。卡伦领导由他自己的分析员和程序员组成的团队，和几个 BEC 的经理一起进行了彻底的分析和设计研究。研究中采用的方法为主要的系统开发工作提供了原则。这种方法以信息规划开始，经历信息系统开发生命周期的所有阶段。

卡伦在两年后提交和安装了这个系统。系统是集中化的，在斯帕坦堡总部安装了 IBM 4381 型号的主机，在每个 BEC 的商店装有三个终端机、三支光笔和三台点阵打印机。例如，当录像带被出租和归还时，光笔通过扫描 DVD 盒上的条形码进行记录。光笔还可以扫描用户的账户编号，它以条形码的形式记录在客户的 BEC 会员卡上。打印机打印收据。另外，系统还包含一台小型的个人电脑和打印机来处理一些办公事务，如货物的订购和获取。软件能够监控和更新库存数据。另一个软件产品可以创建和更新客户数据库，而最终软件包的其他部分是为会计账目和工资单设计的。

1990 年，卡伦·加德纳离开了 Fitzgerald McNally 并加入百老汇，作为信息系统团队的领导者。1995 年，公司已经拥有 2 000 家分店，卡伦也在努力扩大和加强百老汇的信息系统。百老汇在总部使用一种客户机/服务器计算机网络，在所有的 BEC 分店使用 POS 计算机系统来处理上百万的客户交易。

◇ BEC 目前的信息系统

BEC 有两个系统开发和支持团队：一个负责店内的应用软件，另一个负责公司、地区和国外的应用软件。企业开发团队和店内团队之间有联络员，因为许多公司系统的数据是流入或来自店内应用软件的（如市场分析系统是以店内系统收集的交易数据为基础的）。BEC创建了一年和三年的信息系统规划，包括店内和公司两个层级的功能。

自1987年安装后，最初的店内系统功能基本没什么改变。例如，客户和库存跟踪还是由光笔、产品标签上的条形码和会员卡几部分完成。出租、归还、销售以及库存的改变与员工的上下班时间，都在本地的一个POS电脑系统上以电子形式进行登记。晚上，这些数据将会通过调制解调器和定期的电话联络成批地传输给公司总部，数据将被存储在IBM AS/400计算机网络上（见BEC图3—2）。

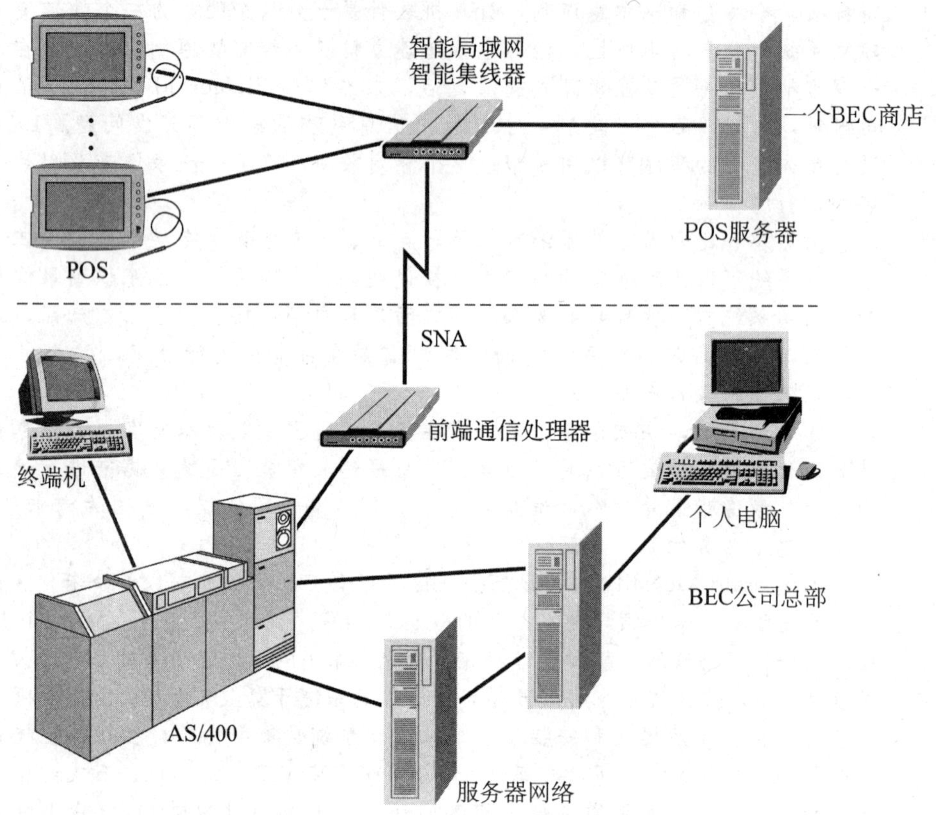

BEC图3—2　BEC的硬件和网络体系结构

如BEC图3—2所示，每个BEC商店都有一个NCR电脑作为主机，服务于多个结账柜台处的POS终端，它也用来生成报告。一些经理已经学会如何使用电子数据表、文字处理和其他软件包来处理BEC的系统所不支持的功能。将前端的通信处理程序从IBM AS/400的网络中卸载下来，使服务器可以专注于数据处理的应用程序。BEC的通信协议是IBM标准的系统网络架构（System Network Architecture，SNA）。公司的数据库管理系统是IBM公司的关系数据库管理系统DB2。BEC使用各种各样的编程环境，包括C，COBOL，SQL（DB2的一部分）和代码生成器。

库存控制和采购是集中完成的，员工工资由团队支付。每个商店都有电子记录，只记录它自己的活动，包括库存和人事部门。每个商店的利润表、余额表和其他财务报表由集中化的系统产生。在下文中，我们将评价店内系统和公司系统。

◇ 店内系统

BEC表3—2列出了安装在每个商店的应用软件。BEC已经开发了硬件和软件的全套软件包（称为娱乐追踪器（ET）），可以安装在全世界的每个商店里。除了英语之外，系统还提供西班牙语和法语版本。

BEC 表 3—2　　BEC 商店（娱乐追踪器）的应用软件列表

系统名	描述
会员	支持新会员的登记，分发会员卡，恢复不活跃的会员，临时会员的本地数据管理
租赁	支持所有产品的出租和归还，以及尚未归还的租赁报告
销售	支持所有产品的销售和归还（包括录像带、唱片、快餐、BEC 的服装和礼品券）
库存控制	支持所有出租和销售库存的改变，这些库存不以销售为基础（例如，收到出租的新磁带，运输中产品因损坏而被拒绝，以及物品从租赁目录到销售目录的转换）
员工	支持雇用和解雇计时工，以及所有的时间报告活动

正如你在 BEC 表 3—2 中所看到的，所有这些应用软件都是事务处理系统。实际上，在 POS 终端上还有一个主界面用来激活每个 ET 应用软件。这些系统运行在本地分布式数据库上，每个商店都有一个类似结构的数据库。晚上，公司与店铺系统之间将传输各种批处理数据（商店交易、价格和会员资料的更新等）。本地的数据库包括人员、产品、销售、出租、归还、员工和任务分配几个方面的数据。数据库只包含当前的数据，客户的销售和出租历史数据保存在公司的数据库中。因此，本地的商店不保存任何有关客户销售和出租活动的数据（公开出租除外）。

如果本地商店中有超过一年没有任何交易信息的会员，将会把他从本地数据库中剔除出去。当会员使用 BEC 的会员卡，而在本地数据库中没有该会员的记录时，会员将被要求提供他的联系方式和电话号码。

除商店经理以外，所有商店员工的工资都是以小时结算的，销售经理以薪水支付。通过使用有条形码的员工证，上下班时间数据将作为一个事务，输入到与处理会员事务相同的 POS 终端中。薪水每两个月会用快递寄出。公司系统将产生雇员报告，包括出勤、工资单和业绩等，并传送给商店经理。

所有其他商店都采用人工记账，公司办公室会处理应收和应付账款。本地商店经理负责通过电话或邮件联系那些逾期未归还租赁物品的客户。每晚那些逾期客户的文件都会被传送到每个商店，如果有客户想要使用拖欠账款的会员卡，该客户将被告知在租赁任何货品之前需要支付所有未付款，并且当前的交易是无效的。当已终止关系的会员想要使用他们的会员卡时，商店员工会扣留该卡片，并出示一个书面通知，解释他们目前所拥有的权利。被盗的会员卡也会做相似的处理，除此之外，商店经理还要与使用被盗会员卡的人进行交涉。

◇ 公司系统

公司系统在 IBM 服务器上运行，使用 IBM 的 DB2 关系数据库管理系统，有些仍在个人电脑上运行。应用软件使用 COBOL，C，SQL 和几种第四代语言进行编写，所有系统都是由 BEC 开发的。员工和经理使用个人电脑与公司系统进行交互访问，他们也运行独立的终端应用软件，如文字处理（Word）、电子数据表（Spreadsheets）、专业化数据库和商业图表等。公司有 20 多个主要系统，包括 350 多个程序，大约 500 000 行代码。还有一些更专业化的系统通常是为个别的经理、项目或特殊事务开发的。BEC 表 3—3 列举了一些最经常使用的和最大的公司主要系统。

BEC 表 3—3　　BEC 企业应用软件列表

系统名	描述
人力资源	支持所有的员工功能，包括工资单、福利、就业和评价历史、培训和职业发展（包括员工在大学里获得奖学金的情况和家庭情况）
应收账款	支持过期费用的通知，从拖欠账款的客户中收集账款
银行业务	支持与金融机构的交互，包括账户管理和电子资金的划拨
应付账款、采购和运输	支持产品和内部使用物品的采购和再出售/出租、产品至商店的运输、向供应商付款
总账和财务会计	支持所有的财务报表和报告功能
资产管理	支持 BEC 所有财产和不动产的购买、出租和管理
会员追踪	支持所有 BEC 会员的记录保持、公司系统和商店系统间数据的传输和接收
存货管理	支持追踪店内、其他地方物品的库存，重新订购这些需要补充的物品
销售追踪和分析	支持各种市场和产品采购功能的销售分析活动，该活动依据每晚从商店传来的销售和租赁事务数据进行
商店联系	支持公司总部和商店之间每晚的数据传输，以及公司和商店系统之间数据的输入和输出
欺诈	支持监控会员特权的滥用
股东服务	支持所有的股东活动，包括记录股票的购买和转移、股息的支出和报告
商店和选址分析	支持商店的活动和收益及潜在地址的分析

银行应用软件中有一个有趣的地方，即因为这些商店没有经济责任，所以 BEC 使用本地银行进行日常的存款和换零钱。BEC 的公司银行，NCNB，为 BEC 安排了代理银行关系，这样本地的存款就可以被电子转移到 BEC 在 NCNB 的公司账户上。

BEC 的应用软件还在继续扩张，不断进行修改。例如，通过与酒店和汽车旅馆合作提供 VCR 的租赁，BEC 正在开拓一个新的市场，目标市场是经常旅行的人。在任何时候，都有大约 10 个主系统在进行改进或新系统在开发。每年会收到 250 多个变更请求，这些新请求包括从最小的错误修复到重新格式化，或从创建新报告直到创建整个新系统。

◇ 系统的状态

由于业务快速增长，BEC 为信息系统团队经理提供了重要的发展空间。卡伦·加德纳考虑重组她的员工，以便将更多的注意力放在国际领域。当卡伦的资源得到授权时，BEC 仍使用 Fitzgerald McNally 提供的服务。卡伦的部门包括 33 个开发人员（程序员、分析员和其他的数据库、网络方面的专业人员等）加上数据中心的员工，他们在数量和技术上都足够应付所有的请求。

卡伦在管理信息系统团队时面临的主要挑战，是在快速改变和竞争的商业环境中保证员工在技能上的进步，以成功支撑系统的运行。此外，员工需要成为优秀的项目经理，能够全面地了解业务，向客户及彼此之间展示他们卓越的沟通技巧。卡伦在管理中也注重信息系统的读写能力，认为技术不会如想象的那样得到彻底的开发。

为了应对这种情况，卡伦找到了几种可行的方案。第一，她要求大幅增加培训预算，包括通过大学学费的支付计划来增加收益。第二，卡伦想要制定一个开发计划，保证初级人员得到更好的发展，并包括用户部门。作为计划的一部分，BEC 的员工会轮流参与信息系统团队，将其作为他们职业规划的一部分。这个计划将增强与用户部门的关系，增进终端用户对技术的理解。这套在信息系统内外部对技术、管理、商业和人际交往能力等方面的开发，是卡伦的团队能否把握信息系统领域重要需求和机遇的至关重要的因素。

◇ 案例小结

BEC 是一个租赁与销售唱片、录像带和游戏的连锁企业，市值 17 亿美元。1977 年，BEC 从美国南卡罗来纳州斯帕坦堡市的一个商店起步，通过扩张和兼并已经成为一个在 4 个国家拥有 2 000 多家商店的企业。

BEC 的硬件和软件环境与许多国际连锁店相似。每个商店都有一个含 POS 终端的计算机系统，主要是运行销售和租赁事务处理应用，如产品销售和租赁、会员资料、库存系统和员工支付活动。公司系统在公司数据中心的计算机网络上运行。公司系统处理所有账目、银行业务、资产、销售、会员追踪以及其他应用程序。

BEC 的快速增长使公司对信息服务有巨大的需求。为了建立和维护系统，BEC 将其员工划分为不同的功能区，以同时满足国内和国际的需要。BEC 使用目前先进的数据库管理和编程语言技术。BEC 的信息系统在保持现有的业务和技术方面面临挑战。在随后的章节中，我们将会看到一些案例研究来说明 BEC 在这个商业和技术环境中如何应对新系统的需求。

问题

1. 到目前为止，是什么导致 BEC 的成功？
2. 在不久的将来，BEC 的信息系统组织还能沉着应对重大系统的开发吗？
3. BEC 的系统分析员需要哪些特殊的管理技能？
4. BEC 的系统分析员需要哪些特殊的沟通技能？
5. 除了案例中提到的信息，BEC 的系统分析员需要哪些特殊领域的组织知识？
6. 起初，BEC 为什么使用外部承包商 Fitzgerald McNally 来开发它的第一个计算机软件？
7. BEC 做了哪些工作来促进其应用系统在全球的使用？
8. 在 BEC，你认为公司系统和店内系统的联系是紧密还是松散？为什么？
9. 在未来，BEC 会遇到什么样的挑战和限制？这些挑战和限制将怎样影响 BEC 系统的开发？

第2篇

系统规划

■ 系统开发项目的识别及选择

■ 系统开发项目的启动及规划

开发新系统或修改已有系统的需求，超过了大部分实施系统开发项目的组织所拥有的能力和资源的限制，无论是自己开发还是与顾问公司一起。这意味着组织必须设定系统开发的优先顺序和方向，并开发那些具有最大净收益的项目。作为一名系统分析员，你必须分析用户的信息需求，还必须帮助他们创建商业案例，或证明为什么要创建系统以及实施开发项目。

开发任何新的或改良信息系统的目的是增加企业的价值。作为系统分析员，我们必须选择使用系统开发资源来构建系统组合，从而为企业增加最大的价值。我们如何确定系统的商业价值，又如何识别那些能够带来重要收益的应用呢？第 2 篇解释了这个问题，即系统开发生命周期的第一阶段，我们称之为规划阶段。商业价值来源于支持重要的商业目标，并帮助组织实现它们的经营战略。所有的系统，不管是支持操作的还是战略功能的，都必须和商业目标相关联。这一篇的两章描述了如何创建这种关联。

系统项目是以信息系统规划的启动（对系统的主动识别），或用户及信息系统专业人员对新系统或改进系统的需求（对问题或机会的反应）开始的。在第 4 章中，我们将大致描述企业规划、信息系统规划和项目识别及选择之间的联系。虽然我们没有将信息系统规划作为系统开发生命周期的一部分，但是信息系统规划的结果在很大程度上影响着系统项目的启动和实施。在第 4 章中，信息系统规划不仅为组织选择所需要的系统提供了重要依据，还描述了评估任何潜在系统项目的生存能力所必需的策略。

业务经理和信息系统专业人士所提出的系统服务请求（SSR），是项目识别的最主要来源，通常是为了使系统更专业或提高现有系统的性能。当业务经理认为改进后的信息服务对他们的工作有帮助时，他们会要求创建新系统或改进系统。当信息系统专业人员认为技术转变可以排除现有的系统实施障碍，或者认为现有系统的性能需要改进时，他们会要求更新系统。不论发生哪种情况，管理部门都必须了解服务请求，并对该系统及相关联项目给予判断。

我们在第 4 章中继续使用百老汇娱乐公司（BEC）的例子。在这个案例中，我们将介绍一个新信息系统的想法是如何通过企业战略规划以及业务经理创造力之间的共同作用而提出的。我们也将看到这个想法如何评估，以及它如何引导系统开发项目的启动。

第 5 章的重点是系统定义并选择之后将发生的事情：下一步是创建商业案例、启动并规划所提出的系统请求。这个规划促进了对潜在系统变更的范围以及所请求系统本质的理解。根据对系统需求的初步理解，建立一个项目规划，以描述生命周期中系统分析阶段的详细步骤和所需资源，以及之后各阶段的大致步骤。所请求系统的可行性和潜在风险也被列出，并进行经济成本—收益分析，以表明系统变更所产生的潜在影响。除了系统的经济可行性或验证之外，还要评估技术、组织、政治、法律、进度和其他的可行性。识别潜在的风险，例如不希望的结果，并制定应对这些可能性的计划。当系统开发项目正式建议书完成，并提交给负责系统开发资源的人员批准时，意味着项目启动和规划的结束。如果得到批准，则项目进入到系统开发生命周期的分析阶段。

随后的第 5 章将阐述 BEC 案例中项目的启动和规划阶段。在这个案例中，我们将描述 BEC 是如何识别一个至关重要的商业目标的，它为所请求的系统提供了动力。这个案例进一步描述了对商业目标的分析，是如何引领对 BEC 有竞争优势的系统以及与其相关的开发项目规划的判断的。

第4章

系统开发项目的识别及选择

学习目标

- 描述项目识别及选择的过程
- 描述确定企业战略规划和信息系统规划的过程
- 说明企业战略规划和信息系统规划之间的关系
- 描述信息系统规划是如何帮助识别及选择系统开发项目的
- 分析信息系统规划矩阵，以确定信息系统与信息系统项目之间的密切关系，并预测信息系统项目对企业目标的影响
- 描述互联网电子商务的三个等级：互联网、企业内部网和企业外部网

引言

目前，信息系统可以涉及整个企业。无论信息在何处存储，经理、知识工作者和所有其他组织成员都期望可以很容易地使用和检索信息。过去所使用的不完整的系统——通常称为“信息孤岛”——已经被整合的、完整的企业系统所代替，它可以轻松地支持信息共享。虽然在这些“孤岛”之间建立连接的目标需要花费一些时间才能实现，但是它为信息系统开发明确了方向。企业资源计划（ERP）系统的使用，如SAP（www. sap. com）和Oracle（www. oracle. com），已经在许多组织的“孤岛”之间建立了联系。此外，随着互联网的使用对商业活动的不断支持，系统整合已经成为组织最关心的问题（Hasselbring，2000；King，2003；Luftman，

2004；Overby，2006）。

整合之后，企业范围内的计算对企业和信息系统管理提出了重大的挑战。例如，如果个人和部门的信息存储在不同的系统和数据库中，组织将如何控制和维护所有这些数据？在许多情况下它们无法做到，几乎不可能追踪到是谁使用了哪些系统和什么数据，在哪些地方是重复的或不一致的，以及信息的精确度如何。个人或部门系统及数据库同时存在的原因是，许多用户没有意识到企业数据库中存在这些信息，或者他们获取这些信息很不方便，因此创建并维护他们自己的信息和系统。对新系统和替换系统来说，系统项目的明确识别及选择对控制系统和数据而言是至关重要的一步。许多首席信息官（CIO）期望，随着 ERP 系统和改进系统集成的出现，以及企业互联网解决方案的快速部署，这些“孤岛”将会不断减少甚至是消失（Koch，2005；Luftman，2004；Newbold and Azuna，2007；Ross and Feeny，2000）。

信息系统的获取、开发和维护会消耗大部分组织的大量资源。组织将受益于按照一个正式的流程进行项目的识别及选择。系统开发生命周期的第一阶段是项目的识别及选择，正好与这个主题相关。在下文中，你会了解项目识别及选择的一般方法，以及这个过程的产出和结果。然后是对企业战略规划和信息系统规划的简要描述，这两项活动会大幅改善项目的识别及选择过程。

识别及选择系统开发项目

系统开发生命周期的第一阶段是规划，由项目识别及选择和项目启动及规划组成（见图4—1）。在项目识别及选择过程中，一位高级经理、一个业务小组、一位信息系统经理或一个执行委员会，识别和评估组织能够承担的所有可能的系统开发项目。接下来，那些被认为在给定可用资源条件下能够带来最大组织收益的项目，将被挑选出来进行后续的项目活动。组织在识别及选择项目的方法上有很大的不同。在一些组织中，项目的识别及选择是一个非常正式的过程，它是一个大的整体项目规划过程的结果。例如，一个大组织可能会密切关注正式的项目识别过程，将推荐方案和所有竞争方案进行严格的对比。然而，一个小组织可能会使用非正式的项目选择过程，它允许一位高级信息系统经理独立选择项目，或者允许个别的企业单元在批准了提交的项目预算后再识别项目。

信息系统开发请求有多个来源。一个来源是经理和业务小组对替换或扩展现有系统的请求，以获得所需要的信息或为客户提供新的服务。请求的另一个来源是信息系统经理，他想要提高系统的效率并降低操作成本，或将它转移到一个新的操作环境中。最后一个来源是正式的规划小组，它识别改进的项目，以帮助组织完成其企业目标（如为客户提供更好服务的新系统）。无论一个特定组织事实上是如何执行项目识别及选择过程的，它们都有一个大致的执行顺序。在下文中，我们将描述项目识别及选择的一般过程，以及这个过程产生的结果。

信息系统开发项目的识别及选择的过程

项目识别及选择由三个主要的活动组成：

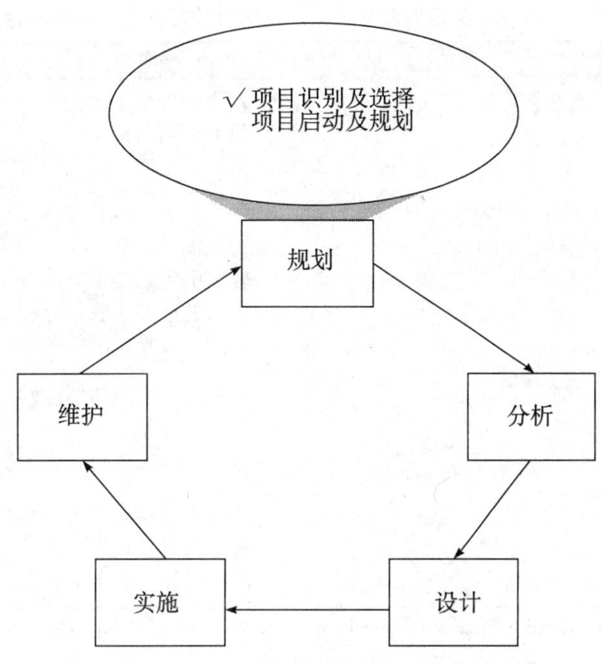

图 4—1　突出项目识别及选择的系统开发生命周期

1. 识别潜在的开发项目

2. 将信息系统开发项目划分等级并排序

3. 选择信息系统开发项目

每个步骤的描述如下：

1. 识别潜在的开发项目。根据组织的不同，项目识别的方式也是不同的。该过程可由下述角色执行：

● 高级管理层中的关键成员，可以是中小型组织的 CEO，也可以是大型组织的高级执行官。

● 指导委员会，由对系统有兴趣的横向管理人员组成。

● 用户部门，在该部门中，请求单元的领导或者请求部门的委员会决定提交怎样的项目（通常，如果你是系统分析员，你要协助用户准备这些请求）。

● 开发团队或高级信息系统经理。

所有已知的识别方法都有各自的优缺点。例如，研究表明，高级管理层所做的项目识别通常侧重于战略组织目标。指导委员会所做的项目识别更多地反映了委员会的多样性，因此侧重于它的交叉功能。由个体部门或业务小组所做的项目识别，则通常侧重于狭隘的战术上的功能。最后，由开发团队所做的项目识别的一个主要特点是，现有的硬件和系统与所计划系统整合的容易程度。其他因素，如项目成本、工期、复杂性和风险也会受到给定项目来源的影响。表 4—1 简要总结了每个选择方法的特点。除了谁做决定，组织的特色，如公司多样化水平、纵向整合水平，或发展机会程度，也会影响所有的投资或项目选择的决定（Dewan et al.，1998；Luftman，2004；Yoo，Sangwan，and Qiu，2006；Thomas and Fernandez，2008）。

在所有可能的项目来源中，由高级管理层和指导委员会所做的那些定义，在很大程度上反映了组织的更广阔的需求。这是因为高级管理层和指导委员会对整体的

表4—1　决定信息系统识别及选择的几种可选方法的特点

选择方法	特点
高级管理层	较大的战略关注性 最大的项目规模 最长的工期 全企业范围的考虑
指导委员会	跨职能关注性 较大的组织变革 正式的成本—收益分析 较大、较具风险的项目
职能部门	狭窄的、非战略关注性 较快的开发 涉及较少的用户、管理层次和业务功能
开发团队	关注于与现有系统的整合 较少的开发延迟 较少关注于成本—收益分析

资料来源：Based on McKeen，Guimaraes，and Wetherbe，1994；GAO，2000.

商业目标和约束有一个高层次的了解。由高级管理层或多样化的指导委员会所做的项目识别，可称为自顶向下的来源。

由职能经理、业务单元或信息系统开发团队所做的项目识别，是为特定业务部门的特定需求而设计的。换言之，这些项目不能反映组织的整体目标。但是这并不意味着各个职能经理、业务单元或信息系统开发团队所做的项目识别是有缺陷的，只是因为他们可能没有考虑更大的组织问题。起源于经理、业务单元或开发团队的项目，通常称为自底向上的来源。在这类项目中，如果你是一名系统分析员，在生命周期中你会最早承担任务，作为向用户提供持续支持的一部分。你要帮助用户经理提供信息需求说明书、了解开发这个项目的原因，以及在所有提交的项目中，评价哪个项目将会进入系统开发生命周期的项目启动及规划阶段。

总而言之，项目识别可以采用自顶向下和自底向上两种方式。正式的项目识别及选择过程根据组织的不同而有很大的差别。另外，由于资源的限制，不可能开发所有提议的系统，大部分的组织会有一些流程来划分每个项目的优势并进行排序。那些被认为与组织的总体目标不一致、在功能上与现有系统存在冗余，或者不必要的项目，将从考虑范围内被排除。这个主题会在下面继续讨论。

2. 将信息系统开发项目划分等级并排序。项目识别及选择过程的第二项活动关注于评估潜在项目的相对优势。随着项目识别过程的进行，高级管理层、指导委员会、业务单元或信息系统开发团队都可以对项目划分等级。此外，评价给定项目的相对优势所使用的准则是变化的。表4—2对通常使用的评估准则进行了总结。任何组织在划分等级和排序的过程中，可能会用到一个或多个准则。

表4—2　分类和排序项目时可能用到的评估准则

评估准则	描述
价值链分析	当开发产品和/或服务时哪项活动会增加价值和成本
战略定位	哪个项目可以帮助组织实现它的战略目标和长期目标
潜在收益	哪个项目可以提高收益、顾客服务水平等，延长这些收益的持续期

续前表

评估准则	描述
可利用资源	项目要求的资源数量和类型以及它们的可用性
项目的规模/工期	完成项目所需的人员数量和时间长度
技术上的困难/风险	在给定的时间和资源限制内成功完成项目的技术风险等级

随着项目识别及选择过程的进行，组织所使用的评估项目的实际准则可能发生变化。例如，如果是组织中的指导委员会，它可能会选择按月或按季度来审核项目，并且使用各种类型的评估标准。在这些会议中，将会检查与已识别项目相关的新的项目请求，并且监控项目的进展。使用项目的相对等级来指导这个识别过程的最后一项活动——项目选择。

评估信息系统开发项目经常会用到的一个重要项目评估方法是**价值链分析**（value chain analysis）（Porter，1985；Shank and Govindarajan，1993）。价值链分析是对组织生产产品和/或提供服务等组织活动进行分析的过程，它决定了哪里可以增加价值，以及哪里会产生成本。一旦组织对它自己的价值链有一个清晰的了解，组织的运营和业绩将会得到提升。与其他项目相比，那些为价值链提供最大收益的信息系统项目将被给予优先权。

可能正如你猜测的一样，信息系统已经成为组织改变和提升价值链的主要方式之一。例如，许多公司已经使用互联网与供应商及顾客进行重要商业信息的交换，如订单、发票和收据。对组织进行一次价值链分析，把组织想象为一个大的输入/输出过程（见图 4—2）。一端是组织的输入，例如已购买的物品。在组织内，那些物品和资源以一定的方式进行整合以生产产品和服务。另一端是输出，表示进行营销、销售，并配送给客户的产品和服务。在价值链分析中，首先，你必须了解每项活动的功能和价值过程，以及哪里可以增加价值。其次，确定每个环节的成本（和产生成本或引起成本波动的因素）。在了解了价值链和成本之后，你可以将你的价值链和相关成本与其他组织，最好是你的竞争对手作对比。通过比较，你可以识别在执行信息系统项目过程中应该优先考虑的事情。

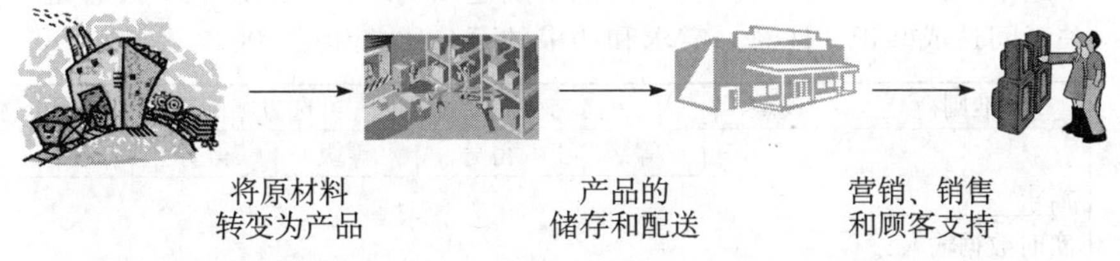

图 4—2 将组织想象为一条价值链，将原材料转变为用户需要的产品

3. 选择信息系统开发项目。项目识别及选择过程的最后一项活动，是为项目的进一步开发做出最实际的选择。项目选择是考虑短期和长期项目的过程，并且选择最有可能完成商业目标的那些项目。此外，商业环境随着时间不断改变，任何一个项目的相对重要性也在不断改变。因此，项目的识别及选择是一个非常重要且持续进行的活动。

在做项目选择决定的时候，必须考虑各种各样的因素。图 4—3 表明选择决策需要了解组织需求、现有系统和正在进行的项目、可利用的资源、评估准则，以及目前的商业环境，同时，决策者的观点对项目的选择起着重要的作用。在决策过程中会出现各种可能。当然，项目可能会被接受，也可能会被否决。接受一个项目通常意味着系统开发生命周期下一个阶段的资金得到了批准。拒绝意味着不再开发这个项目。然而，项目也可能会被有条件地接受，也可能在所需要的资源被批准或可用时，或系统的一个特别棘手的问题得到解决之后，才被继续开发。项目可能会回到最初的请求者——被告知由他们自己进行开发或者购买所请求的系统。最后，在对被建议的部分做过修改或澄清之后，请求者需要再次更改并重新提交他们的请求。

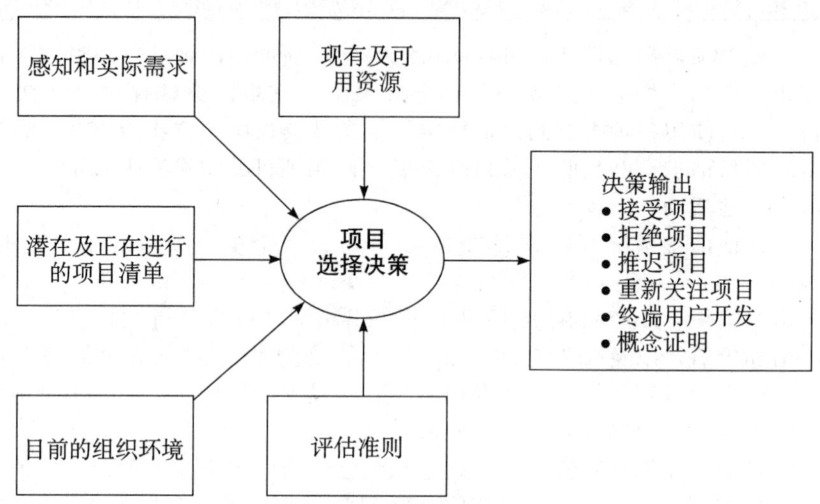

图 4—3 项目选择决策必须考虑的各种因素和可能产生的各种结果

图 4—4 描述了在不同的项目中做决定，或考虑一个给定系统的多个可选设计的一种方法。例如，假设对一个系统进行识别和选择，有三个可选方案——A，B 或 C。我们假定早期的规划会议定义了三个主要的系统需求和四个主要的约束，可以帮助选择继续执行的方案。图 4—4 左边一列中，列举了三个系统需求和四个约束。不是所有的需求和约束都是同等重要的，而是以它们的相对重要性来衡量的。换言之，你没必要同等权衡所有的需求和约束，需求在一定程度上比约束重要一些。分析团队从用户和项目经理的讨论中得到权重。这些权重是主观上确定的，由于这个原因，它们需要在公开讨论中确定以揭示根本的设想，接着是尽量在利益相关者间达成共识。注意，需求和约束的百分比总和是 100。

准则	权重	可选方案 A		可选方案 B		可选方案 C	
		等级	得分	等级	得分	等级	得分
需求							
实时数据输入	18	5	90	5	90	5	90
自动记录	18	1	18	5	90	5	90
实时数据查询	14	1	14	5	70	5	70
	50		122		250		250
约束							
开发成本	15	4	60	5	75	3	45
计算机硬件成本	15	4	60	4	60	3	45
运营成本	15	5	75	1	15	5	75
培训的容易程度	5	5	25	3	15	3	15
	50		220		165		180
合计	100		342		415		430

图 4—4 使用加权多准则分析来帮助进行可选项目及系统设计的决策

其次，每个需求和约束的评估等级在 1～5 之间。等级 1 表示可选方案不能很好地满足需求，或者可选方案违背了约束。等级 5 表示可选方案满足或超过了需求，或很明确地遵守了约束。等级比权重更具主观性，它也需要通过用户、分析员和经理之间的公开讨论来确定。对每个需求和约束来说，它的分数是每个需求和每个约束的等级同它们的权重相乘得来的。最后一步是为每个可选方案计算它的加权分数。注意，我们已经包含了三套合计：需求合计、约束合计和总合计。当你考虑需求合计时，可选方案 B 或 C 都是最优选择，因为它们同时满足或超过了需求。然而，如果你只考虑约束，则可选方案 A 是最优选择，因为它没有违背任何约束。当我们综合考虑需求和约束时，最优可选方案是 C。然而是否最终选择开发方案 C 是另一个问题。决策者可能会选择方案 A，即使了解到它可能并不满足两个主要的需求，但是它有最低的成本。简而言之，一个系统开发项目中的最优选择也许并不是那个最终被开发的项目。组织可以通过执行一项周密的分析来提高它们的决策效益。

□ 可交付成果

规划阶段第一部分的主要可交付成果是给定信息系统开发项目的进度表，它来源于自顶向下和自底向上两种方法，以便进入规划阶段的下一部分，即项目启动及规划（见图 4—5）。这个阶段的结果是确保对项目的选择给予深思熟虑，并且清楚了解每个项目如何帮助组织达到它的目标。根据**循序渐进式承诺**（incremental commitment），选定的项目不一定是由一个工作系统确定的。在随后的每个系统开发生命周期阶段之后，你、项目团队的其他成员和组织人员将会重新评估你的项目，确定商业环境是否发生了改变，或对系统的成本、收益和风险有一个更详细的了解，以确定这个项目是否值得付出先前的努力。

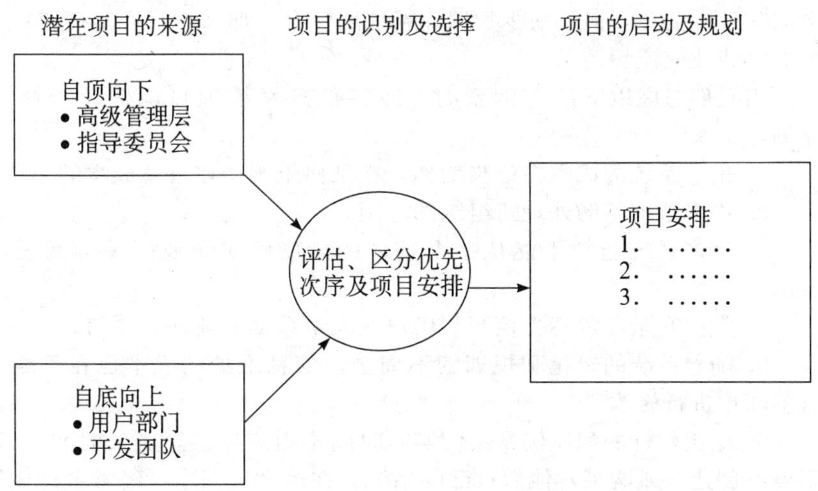

图 4—5　信息系统开发项目来源于自顶向下和自底向上两种方法

许多组织发现，为了做一个好的项目选择决策，需要对组织的企业战略和目标有清晰的了解。这意味着对企业，以及对信息系统在组织目标实现过程中所期望角色的清晰了解，是改善识别及选择过程的前提条件。在下一部分，我们将对许多组织在设置企业战略和目标时，以及定义信息系统在规划中的任务时所遵循的流程进行简要的介绍，包括企业战略规划和信息系统规划。

企业和信息系统规划

虽然有多种动因来仔细规划项目的识别及选择（见 Atkinson，1990；Kelly，2006；Luftman，2004；Ross and Feeny，2000），但是组织在决定如何分配信息系统资源时，通常并没有一个系统的规划过程。相反，项目经常源于解决孤立的组织问题。实际上，组织会有这样的疑问："解决目前存在的特殊问题所要求的流程（应用程序）是什么？"这个方法所面临的困难在于，它所要求的组织流程可能会随着环境的改变而改变。例如，一个公司可能会决定改变为客户开账单的方法，或一所大学会改变学生登记入学的流程。当这些改变发生时，有必要对现有的信息系统进行再次修改。

相反，基于规划的方法的本质问题是："什么样的信息（或数据）需求才能满足决策的需要，同时适合目前企业的业务流程，也能很好地适应未来？"这个方法的主要优势是组织的信息需求与它的业务流程相比，很少发生变化（或变化非常缓慢）。例如，除非一个组织从根本上改变它的业务，否则，它最初的数据结构可能会继续稳定存在超过十年的时间。然而，在这段时间内，访问和处理数据的流程可能会改变多次。因此，大部分组织面临的挑战在于设计综合的信息模型，使数据与语言及程序相对独立，以便轻松地访问、创建和更新数据。

为了受益于基于规划的方法来进行项目的识别和选择，一个组织必须分析它的信息需求，并认真规划项目。如果没有仔细地进行规划，组织可能会创建只支持个别流程的数据库和系统，而不能为整个组织提供共享的资源。进一步来说，如果业务流程发生变化，但是缺少数据和系统的整合，那么它将会阻碍组织有效地制定业务战略或改变流程。

当我们考虑以下所有因素时，改善信息系统项目识别及选择的需求是很明显的：

1. 信息系统的成本在稳步增加，在某些组织中接近总成本的40%。
2. 许多系统不能处理跨组织的应用。
3. 许多系统通常不能从一个整体的角度解决企业的关键问题，或支持战略应用。
4. 数据冗余经常不受控制，用户在大量数据面前缺乏自信。
5. 随着系统的老化和规划的不周全，信息维护的成本也在不断增加，必须持续不断地进行修改。
6. 应用软件的积压经常会使实施时间推迟三年甚至更长时间，最后用户崩溃，不得不创建（或购买）他们自己的系统，在这个过程中，经常会产生冗余的数据库和不兼容的系统。

只是认真地进行项目规划和选择当然不能解决所有这些问题。然而我们相信，由高级管理层驱动的原则性方法，是应用信息系统以达到组织目标最有效的前提条件。这部分的重点是让你清楚地了解，一个具有宽泛组织关注点的给定开发项目是如何进行项目识别及选择的。特别地，我们将描述企业战略规划和信息系统规划，这两项活动有助于提高项目识别及选择的决策质量。这部分还将概括出有关业务方向的信息类型，以及能影响选择决策和引导已批准项目方向的系统需求。

□ 企业战略规划

制定有效的项目选择决策的首要条件是对组织现状、组织对未来的愿景，以及如何完成转变以达到组织所期望的未来状态有清晰的了解。图 4—6 描述了企业战略规划的三个步骤。第一步的重点是对目前的企业有个大致的了解。换言之，如果你不知道自己在哪里，就不可能知道你将去哪里。下一步，高级管理层必须决定企业未来的定位。最后，在了解了目前和未来的企业状况后，开发一个战略规划以指导这个转变。开发和精练企业现有和未来模式的过程，与转变战略一起被称作**企业战略规划**（corporate strategic planning）。在企业战略规划制定过程中，主管们通常会开发使命声明、未来企业目标声明，以及所设计的战略，以帮助组织达到它的目标。

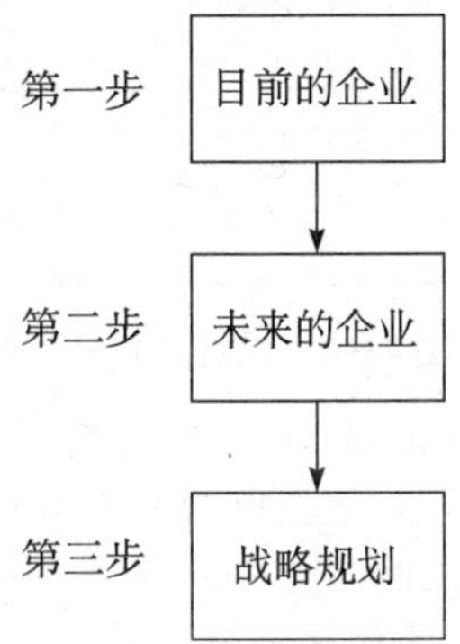

图 4—6　企业战略规划的三个步骤

所有成功的组织都有一个使命。企业的**使命声明**（mission statement）通常简单地陈述企业业务是什么。例如，图 4—7 描述了松谷家具公司（PVF）的使命声明。在考察了 PVF 的使命声明之后，我们了解到它的主要业务是为大众、企业和机构，如大学和医院，生产和销售高质量的木质家具。可以很清楚地看到 PVF 没有制造铁质文件柜，或是通过批发出售其产品的业务。基于使命声明，你可以得出结论，即 PVF 不需要零售信息系统；相反，一个高质量的人力资源信息系统和它的目标一致。

松谷家具公司

企业使命声明

我们的业务是设计、建造和销售高质量的木质家具给零售店，供家庭、办公和公共团体使用。我们注重产品的质量，以及与顾客和供应商的关系。我们认为员工是最重要的资源。

图 4—7　松谷家具公司的使命声明

在定义企业的使命之后，组织就可以确定它的目标了。**目标声明**（objective

statement）指的是“广泛的、永恒的”组织目标。这些目标可以用一系列陈述来表达，它们是定性的或者定量的，但是不包括随时间而发生改变的细节部分。目标通常被认为是关键成功因素。这里，我们将简单地使用目标这个词。图 4—8 描述了 PVF 的目标，包括和组织使命相关的几个方面。例如，第二个目标是 PVF 如何对待它们与客户之间的关系。这个目标表示 PVF 响应客户要求，投资建设一个订单追踪系统，从而为客户提供高质量的服务。一旦企业确定了它的任务和目标，竞争战略也就形成了。

松谷家具公司

企业目标声明

1. PVF 将努力提高市场的占有率和收益率（最主要的目标）。
2. PVF 要成为顾客服务方面的市场领导者。
3. PVF 要不断地进行技术创新，比竞争者拥有更快的产品更新速度。
4. PVF 会雇用少量的高级人员以完成最主要的目标。
5. PVF 要在员工、供应商和顾客中创建一个具有性别、种族、价值观和文化多样性的环境。

图 4—8　松谷家具公司的企业目标声明

竞争战略（competitive strategy）是组织试图完成任务和目标的一种方法。实质上，战略是组织在竞争性商业世界中的游戏规划。在竞争战略的经典丛书中，Michael Porter（1980）在他的书中定义了三个通用战略，即成本领先战略、产品差异化战略，以及产品专注化或细分化战略，以达到企业目标（见表 4—3）。这些通用战略使你可以轻松地对比同一行业内的两家公司，它们通常采用不同的竞争战略。此外，组织通常根据不同的信息需求采用不同的竞争战略，以帮助制定决策。例如，劳斯莱斯和起亚是采用不同战略的两家汽车公司。一个是极端奢华的高端生产线，另一个是普通的汽车市场中相对低成本的生产线。劳斯莱斯可能会创建信息系统来收集和分析客户的满意度信息，以帮助管理企业主要的目标。相反，为了管理活动以满足低成本战略，起亚可能会创建系统来追踪设备和材料的利用率。

表 4—3　　通用竞争战略

战略	描述
成本领先	这个战略反映了基于提供给顾客的产品或服务成本的行业竞争。例如，在汽车行业中，韩国的现代就是以低成本为基础进行竞争的汽车公司。
产品差异化	这个竞争战略反映了特定市场的主要产品标准（例如，高质量、风格、性能、空间）。在汽车行业中，许多生产商试图以高质量来区分它们的产品（例如，“在福特，质量是第一位的。”）。
产品专注化	这个战略与成本领先战略及差异化战略相似，但是市场专注度更窄。例如，汽车行业的一个细分市场是敞篷跑车。在这个市场中，一些生产者可能会采用成本领先战略，而有些厂商可能采用基于性能或风格的差异化战略。

资料来源：Adapted with permission of The Free Press，a Division of Simon & Schuster Adult Publishing Group，from Porter，1980. Copyright © 1980，1998 by The Free Press. All rights reserved.

为了更好地配置资源，如市场和销售部门的创建，或为了建立更高效的信息系统，组织必须清楚地了解它的任务、目标和战略。若对此缺乏了解，将很难知道完成商业目标的关键活动是什么。从信息系统开发的角度来看，若想了解企业达到商业目标的关键活动，信息系统的支持会增加识别这些关键活动的几率。换言之，只有清楚地了解组织的使命、目标和战略，信息系统开发项目才能被识别及选择。信息系统的实施如何帮助组织达到它们目标的规划过程是下一部分的重点。

□ 信息系统规划

第二个规划过程对项目识别及选择决定的质量起着重要的作用，称为**信息系统规划**（information systems planning，ISP）。信息系统规划是评估组织的信息需求，定义信息系统、数据库和技术以最大限度地满足这些需求的有序方法（Carlson et al.，1989；Cassidy，2005；Luftman，2004；Parker and Benson，1989；Segars and Grover，1999）。这意味着在信息系统规划制定期间，你（或更有可能是负责信息系统规划的资深信息系统经理）必须对现在和未来的组织信息需求建模，开发战略和项目规划，以便将现有信息系统和技术转变成所期望的未来状态。信息系统规划是一个自顶向下的过程，它考虑了所有的外在因素，即行业、经济、相对规模和地理位置等对公司成功起重要作用的因素。这意味着信息系统规划必须关注信息系统和技术，以及二者如何在企业战略规划过程中帮助组织实现它定义的目标。

图 4—9 描述了建模过程的三个主要活动。与企业战略规划一样，信息系统规划也包括三步，第一步是评估现有的相关信息系统资产，即人力资源、数据、流程和技术。下一步是开发这些资源的目标蓝图。这些蓝图反映了企业为达到在战略规划中所指定的目标所需要的资源。最后，确定一系列计划项目，以完成从现有状态到未来状态的完美转变（当然，来自信息系统规划流程的项目只是项目的一个来源。其他的来源还包括经理和业务单元的自底向上的需求）。

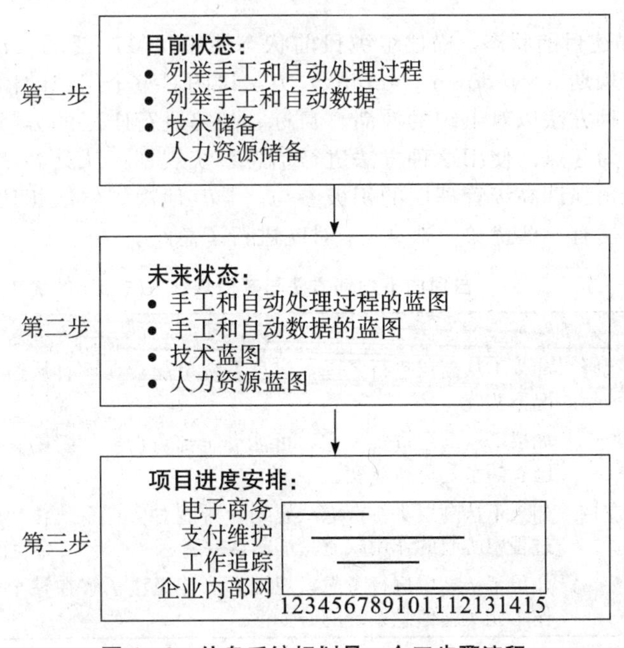

图 4—9　信息系统规划是一个三步骤流程

例如，一个项目可能会关注于研究通信网络的重新配置，以加快数据通信的速度，或在业务范围内调整工作流和数据流。项目不仅包括信息系统的开发或现有系统的修正，还包括新系统、技术和平台的获取和管理。这三项活动和企业战略规划中的活动相同，图4—10描述了这个关系。各种方法，如企业系统规划（BSP）和信息工程（IE），已经被开发用来支持信息系统项目的进程（见 Segars and Grover，1999），大部分包括以下三项主要活动：

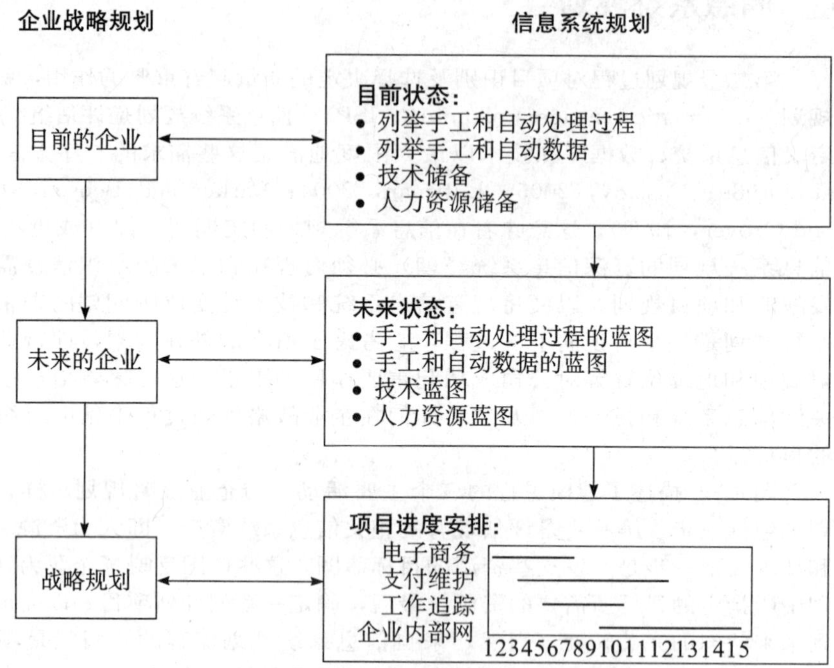

图4—10 企业战略规划和信息系统规划相同的活动

1. 描述目前状态。描述组织目前状态使用得最广泛的方法是自顶向下规划法。**自顶向下规划**（top-down planning）方法试图对整个组织的信息需求有一个广泛的了解。这种方法以对组织的使命、目标、战略进行广泛的分析，并决定每个目标的信息需求为起点。使用这种方法进行信息系统规划，从其名字即可看出，是从高层组织的视角强调高级管理层的积极参与。与其他规划方法相比，信息系统规划的自顶向下方法有一些优势，表4—4对此进行了总结。

表4—4 自顶向下规划方法与其他规划方法相比的优势

优势	描述
更广阔的视野	如果不从高层进行考虑，信息系统可能会在没有从通用的角度了解业务的情况下实施。
改进集成	如果不从高层进行考虑，可能会全部重新实施新的管理信息系统，而不是从已有的系统进行演变。
改进管理支持	如果不从高层进行考虑，规划者可能对信息系统在帮助他们达到企业目标的过程中所起的作用缺乏足够的认同。
更好的了解	如果不从高层进行考虑，规划者可能无法了解在整个企业而不仅仅是单个操作单元实施信息系统的必要性。

资料来源：Based on IBM，1982；Slater，2002；Overby，2008.

与自顶向下规划方法相比，**自底向上规划**（bottom-up planning）方法要求对企业问题和机遇进行识别，以帮助定义项目。与使用自顶向下方法制定信息系统规划相比，使用自底向上方法速度更快、成本更低，而且它在识别紧迫任务方面更具优势。然而，自底向上方法经常会忽视整个组织的信息需求。它会导致独立的冗余信息系统和数据库的创建，如果不从本质上进行修正，它们将很难整合在一起。

描述目前状态的流程以选择一个规划团队开始，包括授权主管对现有状态建模。为了对此进行了解，团队将查询企业的文档，会见经理、主管和客户；对竞争者、市场、产品和资产进行详细的审查，收集能够表示目前状态的信息类型，包括识别所有组织的位置、单元、功能、流程、数据（或数据实体）和信息系统。

例如，在 PVF 中，组织的位置是由组织运作的所有地理区域组成的，包括总部办公室和分公司的位置。组织单元表示在组织中工作的人员和业务单元。因此，组织单元可能包括制造部门副经理、销售经理、销售人员和职员。功能是日常业务活动的跨组织集合。业务功能的例子可能包括研发、员工开发、采购和销售。流程是一系列用以支持业务功能的手工或自动化过程。业务流程的例子可能包括工资单的处理、顾客账单和产品运输。数据实体表示在业务流程内创建、更新、删除或使用的信息条目。信息系统表示将数据转化为信息的自动化和非自动化系统，用以支持业务流程。例如，图 4—11 描述了 PVF 业务功能、数据实体和信息系统的部分内容。高层次的信息收集后，每个条目将被分解成更小的单元，以便进行更详细的规划。图 4—12 描述了 PVF 高层次的业务功能被分解为更详细的支持性功能。

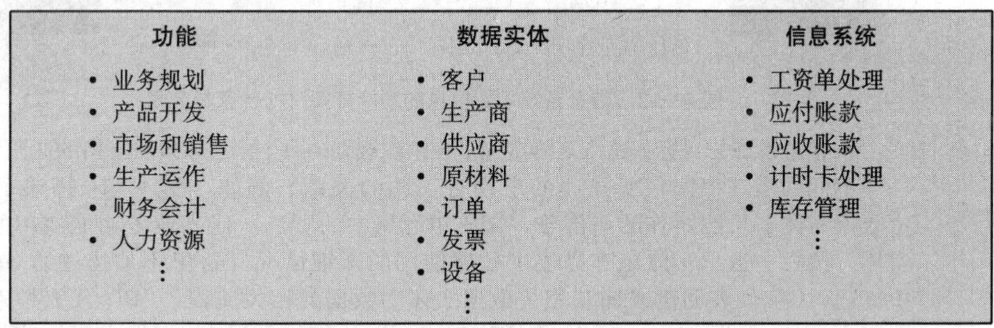

图 4—11　信息系统规划信息（松谷家具公司）

创建这些列表之后，就可以开发一系列矩阵，将其与组织的各种元素进行对比。开发的矩阵类型包括以下几个方面：

- 位置—功能：这个矩阵定义了各个组织地点的业务功能。
- 位置—单元：这个矩阵定义了组织单元的位置，或它与特定业务位置的相互关系。
- 单元—功能：这个矩阵定义了组织实体和每个业务功能的关系。
- 功能—目标：这个矩阵定义了为达到组织目标所必需或期望的功能。
- 功能—流程：这个矩阵定义了支持每个业务功能的流程。
- 功能—数据实体：这个矩阵定义了每个业务功能使用的数据实体。
- 流程—数据实体：这个矩阵定义了每个流程中所捕获、使用、更新或删除的数据。
- 流程—信息系统：这个矩阵定义了支持每个流程的信息系统。
- 数据实体—信息系统：这个矩阵定义了每个系统中创建、更新、获取或删除的数据。

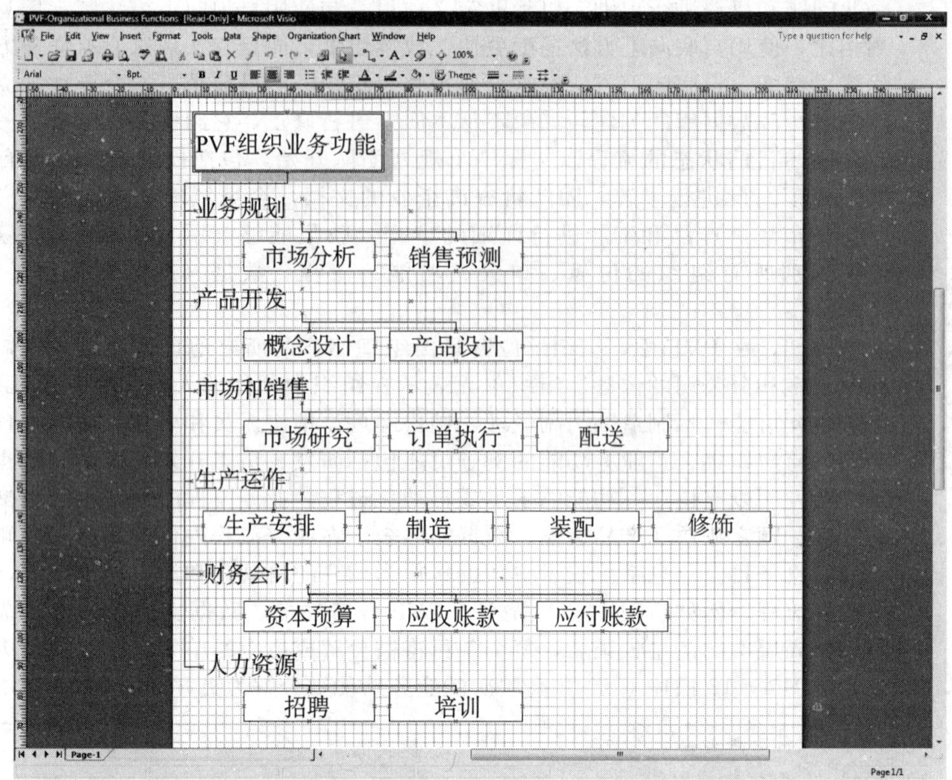

图4—12 信息系统规划信息的功能分解（松谷家具公司）

● 信息系统—目标：这个矩阵定义了在组织规划中每个信息系统所支持的业务目标。

不同的矩阵根据它所描述的事物有不同的关系。例如，图4—13描述了PVF中数据实体—功能矩阵的一部分。矩阵单元格中的“×”代表业务功能使用的数据实体。流程—数据实体矩阵描述了数据使用的详细情况（这里不加描述），单元格中标记“C”代表创建或捕获相关数据实体中数据的相关流程，“R”代表检索（或使用），“U”代表更新，“D”代表删除。这意味着不同的矩阵根据它所描述的事物有不同的关系。由于这种灵活性以及描述信息的简易性，分析员使用各种矩阵以了解组织目前的状态，为规划未来打基础（Kerr，1990）。图4—14介绍了信息系统规划中使用矩阵的基本内容。

2. 描述目标状态、趋势和约束。描述完目前状态之后，信息系统规划过程的下一步是定义反映组织所期望的未来的目标状态。这意味着目标状态由位置、单元、功能、流程、数据和信息系统的期望状态组成（见图4—9）。例如，如果所期望的组织目标状态是拥有几个新的分支机构，或一条新的生产线，它需要许多新的员工职位、功能、流程、数据，那么大部分的列表和矩阵就需要更新，以反映这个新的愿景。除了组织的约束之外，目标状态还要根据技术和业务趋势进行开发。这意味着要构建业务趋势和约束，以帮助确认目标状态体现了这些问题。

总而言之，为了创建目标状态，规划师首先必须编辑他们最初的列表，以记录在满足组织环境（如时间、资源、技术更新、竞争等）的约束和趋势下，所期望的位置、单元、功能、流程、数据和信息系统。其次，更新矩阵使信息与期望的未来状态在一定程度上保持一致。规划师根据目前和未来列表及矩阵的不同，来识别项目和转变战略。

	顾客	产品	供应商	原材料	订单	工作中心	设备	员工	发票	工作顺序	…
市场和销售											
市场研究	√	√									
订单执行	√	√			√				√		
配送	√	√									
生产运作											
生产安排						√	√	√		√	
制造						√	√	√		√	
装配						√	√	√		√	
修饰						√	√	√		√	
财务会计											
资本预算					√	√	√				
应收账款	√	√	√	√	√				√		
应付账款											
⋮											

图 4—13　数据实体—功能矩阵（松谷家具公司）

信息系统规划过程中，在识别及选择单个项目之前，会发生大量的“幕后分析”。在可能是 6 个月到一年不等的规划期间，信息系统规划团队会开发和分析各种各样的矩阵，如相关文本中所描述的一样。开发矩阵是为了描述组织目前和未来的视图。有关目前状态的矩阵称为现状矩阵。换言之，它们描述的是目前的实际情况。有关目标或未来状态的矩阵称为未来矩阵。将现在和未来的视图进行对比，会发现存在于重要业务信息中的关系，最重要的是，为特定开发项目的识别及选择奠定了基础。很多 CASE 工具提供的功能可以帮助你至少在以下三个方面了解这些矩阵：

1. 信息管理。使用复杂矩阵的一个重要原因是可以管理信息。使用 CASE 工具资料库中的字典功能，术语（如业务功能、流程和数据实体）可以在单一的地方进行定义或修改。因此，所有的规划者将得到最新的信息。

2. 矩阵创建。CASE 资料库中的报告系统可以很容易地产生矩阵报告。由于规划信息可以根据许多团队成员的情况随时改变，因此轻松地改变记录和产生最新的报告对规划处理来说是至关重要的。

3. 矩阵分析。CASE 为规划者所提供的最有价值的功能，是可以在矩阵内或跨矩阵进行复杂的分析。这种分析通常称为**近邻聚类**（affinity clustering）。近邻指的是信息的相似程度。因此，近邻聚类是安排矩阵信息的过程，使有特定水平或类型的信息聚类在矩阵报告中的相邻位置。例如，流程—数据实体矩阵的近邻聚类会粗略地创建一个大的斜对角矩阵，通常在相邻的行中使用相似的数据实体，在相邻列的相同流程中使用相似的数据实体。规划者使用这种分析的通用形式来定义经常一起出现（或应该一起出现）的术语。规划者会使用这样的信息来对信息进行分组和关联（例如，数据—流程，功能—位置等）。例如，那些由一套公共流程所使用的数据实体，可用来构建一个特定的数据库。当经理请求系统变更时，那些与重要战略目标相关的业务流程很可能受到更多的关注。

图 4—14　规划矩阵的意义

3. 开发转变战略和规划。一旦目前和未来的状态创建完毕，信息系统规划团队将会着手开发一份详细的转变战略和规划。这个规划除了充分描述各级管理者在组织中需要做的事情，以及如何、何时、由谁做之外，它还是一个综合性的反映广泛和长远问题的说明书。图 4—15 描述了一个普通的信息系统规划所包括的内容。

Ⅰ. 组织的使命、目标和战略
简要描述组织的使命、目标和战略。简要描述组织目前和未来的视图（如我们现在在哪里，我们想要去哪里）。
Ⅱ. 信息存储
这部分对企业的各种业务过程、功能、数据实体和信息需求进行了总结。这份存储将考虑目前和未来的需求。
Ⅲ. 信息系统的使命和目标
描述组织从目前向未来进行转变的过程中，信息系统所起的最主要的作用。虽然以后会被修改，但是它代表对组织中信息系统总体任务目前最好的估计。例如，这个任务可能是必要的成本、投资或战略优势。
Ⅳ. 信息系统开发的约束
简要描述企业技术和现有资源水平方面的约束，包括财务、技术和人员。
Ⅴ. 总体信息需求和长远的信息系统战略
对组织的总体系统需求进行总结，以及信息系统部门为满足需求所选择的长期（2～5年）战略。
Ⅵ. 短期规划
描述现有项目和系统的详细情况，以及本年度将要开发或提高的项目的详细规划。这些项目可能是长期信息系统战略的结果，或者是来自经理的请求，它们已经被批准并处于生命周期的某些阶段。
Ⅶ. 总结
包含可能但尚未确定的事件对规划的影响、目前所知的业务变更元素集合，以及它们对项目预计影响的描述。

图4—15 信息系统规划概要

信息系统规划通常是一个综合性的文档，描述了短期和长期的组织开发需求。在规划中定义的短期和长期开发需求通常由一系列项目表示（见图4—16）。长期规划中的项目倾向于为后续项目打基础（如数据库从旧技术到新技术的转换）。短期规划中的项目由特定的步骤组成，以便实现目前系统到新系统的平稳过渡，或对动态商业环境做出回应。自顶向下或规划驱动的项目，与一组自底向上或需求驱动的项目一起，形成短期系统开发规划，后者作为来自经理的系统服务请求进行提交。相同的是，短期和长期项目都为组织选择的过程明确了方向。短期规划不仅包括通过规划过程识别的那些项目，还包括从自底向上的请求中挑选出来的项目。总体信息系统规划也影响所有的开发项目。例如，信息系统使命和信息系统约束可能会使项目选择特定的技术，或在系统设计时强调一些特定的应用功能。

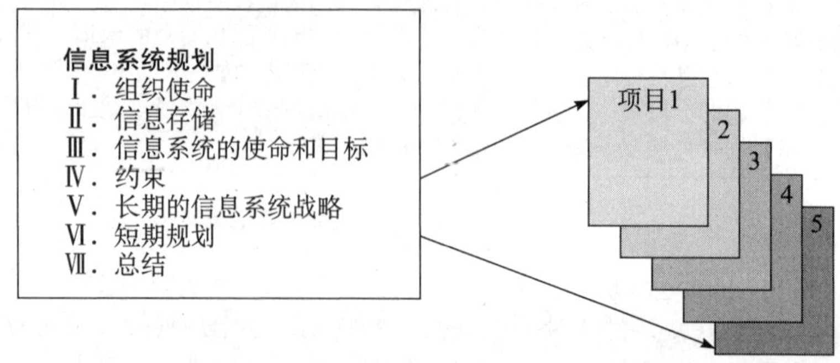

图4—16 来自信息系统规划的系统开发项目

在这一部分，我们描述了开发信息系统规划的大致过程。信息系统规划是一个详细的过程，是决定如何最好地实施信息系统和技术的主要部分，以帮助实现组织目标。虽然全面地讨论信息系统规划已经超出了本章的范围，但是从我们的讨论中可以清楚地了解到，基于规划的项目识别及选择会为组织带来很大的好处。你可能很清楚，作为一个系统分析员，你通常不会参加信息系统的规划，因为这个过程需要资深的信息系统和企业管理人员参与。另一方面，信息系统规划的结果，如图 4—13 中的规划矩阵，是你识别和判断项目的重要信息来源。

电子商务应用：识别及选择系统开发项目

为基于互联网的电子商务应用软件识别及选择系统开发项目，与为传统的应用软件识别及选择系统开发项目没什么差别。尽管如此，在开发基于互联网的应用软件时还有一些问题需要特殊考虑。在这一部分，我们将着重介绍与基于互联网的系统开发项目识别及选择过程直接相关的那些问题。

互联网基础

互联网的名字来源于“网络互联”的概念，也就是连接主机和它们的网络形成一个更大的全球性网络。互联网的本质是一个大的世界范围的网络，它们使用共同的协议实现彼此之间的通信。连通的网络包括 Windows，UNIX，IBM，Apple，Linux 和许多其他的网络和计算机类型。互联网是全球网络最主要的代表。使用互联网来处理日常商业活动被宽泛地称为**电子商务**（electronic commerce，EC）。然而，并不是所有的互联网电子商务应用软件都是相同的。例如，互联网电子商务应用有三个基本类型：互联网、企业内部网和企业外部网。图 4—17 是电子商务使用互联网的三个可能模式。用于描述个人和企业之间交易的专业术语是基于互联网的电子商务。因此**互联网**（Internet）用来描述全球性的计算网络，以及企业对客户（B2C）的电子商务应用。**企业内部网**（Intranet）是一个企业内部使用的互联网，**企业外部网**（Extranet）是多个企业之间使用的互联网。企业外部网的电子商务通常称为“B2B”，因为它是企业对企业的电子商务。

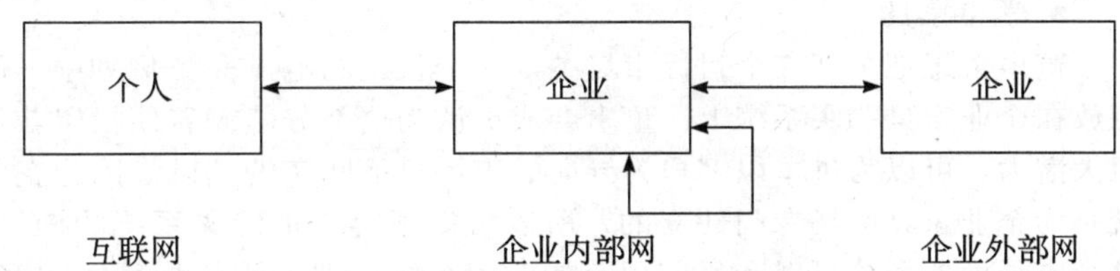

图 4—17　电子商务的三个可能模式

企业内部网和企业外部网是近年来组织利用技术进行通信的两种方式。例如，企业内部网在很大程度上类似于“全球的”局域网（LAN）。具有内部网的组织可以限制在企业内部网上运行的应用软件，如电子邮件或存货控制系统，还可以限制计算机硬件与企业内部网的连接速度和质量。换言之，企业内部网对一个企业内部使用信息系统支持商业活动的古老方式来说是一个新的转折——一个全球性的转折。同样，企业外部网与一个已经存在的计算模式——**电子数据交换**（electronic data interchange，EDI）是相似的。EDI使用通信技术在组织之间直接传递商业文档。使用EDI，合作伙伴（供应商、生产商、顾客等）建立计算机之间的连接，使它们可以交换电子数据。例如，使用EDI的企业可以向供应商发送一份电子形式的购买订单，而不是一个书面请求。纸质订单可能需要几天才能到达供应商那里，而EDI的购买订单只需要几秒钟就可以。互联网上的EDI型数据传输已经成为电子商务世界中组织间通信的标准。

在开发企业内部网或企业外部网时，开发者要知道用户是谁，使用的应用软件是什么，网络连接的速度是多少，以及所支持的通信设备的类型是什么（例如，Firefox等网络浏览器，或iPhone等具有上网功能的移动电话）。当开发一个互联网的电子商务应用软件时，为了建立一个有用的系统，开发者会遇到无数未知事件。表4—5列举了在设计和建立电子商务应用软件时，将要处理的各种未知事件的样本。这些未知可能会导致进行一个基于仔细分析的权衡，了解谁将是潜在的用户，他们可能的位置在哪里，以及他们如何连接到互联网。即使需要考虑这些问题，互联网电子商务应用依旧在全世界不断出现。有一个企业决定创建自己的电子商务网站，它就是PVF。

表4—5　　在设计和创建互联网应用软件时未知但必须考虑的因素

用户	• 关心的问题：谁是用户？ • 例子：用户位于什么地方？用户的专长、教育背景或期望是什么？
连接速度	• 关心的问题：连接的速度是多少？什么信息将会得到有效的展示？ • 例子：调制解调器、有线调制解调器、数字用户线、卫星、宽带、移动电话
存取方式	• 关心的问题：访问网页的方法是什么？ • 例子：互联网浏览器、个人数字助理（PDA）、具有上网功能的移动电话、网络电视

□ 松谷家具公司的WebStore

PVF董事会要求创建一个项目小组，调查开发一个电子商务系统的可能性。特别地，市场调查发现在线购买家具有很好的机会，特别是在以下领域：

- 企业家具
- 家庭办公家具
- 学生家具

董事会想把全部三个目标市场纳入一个长期的电子商务规划中，但是首先将重点放在企业家具购买系统上。董事会成员认为这部分蕴涵着使投资获得充足回报的巨大潜力，可以为进军以客户为导向的市场打下坚实的基础。因为企业家具购买系统是为企业家具市场专门建立的，所以可以很容易地定义系统的操作需求。此外，这个电子商务系统可以和目前现有的两个系统，即采购执行系统和客户追踪系统，完美地整合在一起。同时，这也为启动PVF的互联网战略打下了基础。本书余下的部分将继续追踪WebStore项目的进展，直至它可运行为止。

小结

在本章中，我们描述了系统开发生命周期规划阶段的第一项主要活动，即项目的识别及选择。

项目识别及选择由三个主要活动组成：定义潜在的开发项目、将信息系统开发项目划分等级和排序，以及选择信息系统开发项目。各种组织成员或单元被分配来执行这个流程，包括高级管理层、来自各部门的指导委员会、业务部门和职能经理、开发团队或最资深的信息系统执行者。可以使用广泛的准则来评估和选择潜在的项目，如价值链分析、与企业战略的契合度、潜在收益、资源的有效性和需求，以及风险等。

如果利用企业战略规划和信息系统规划对决策进行指导，那么项目识别及选择过程的质量会有所提高。企业战略规划是识别使命、目标和组织战略的过程。这个过程的关键部分是选择一个有竞争性的战略，并描述组织如何才能达到它的目标。

信息系统规划是评估组织信息需求，并且定义最适合这些需求的数据库的一种有序方法。信息系统规划是一个自顶向下的过程，要考虑所有可能影响组织成功的外在因素。信息系统规划评估了现有的系统和组织所期望的未来状态，以决定哪个项目可以满足组织未来的需求。

企业和信息系统规划紧密联系。从概念上来说，它们的联系可以由各种矩阵来描述，它们表示了组织目标、位置、单元、功能、流程、数据实体和系统之间的关系。被选中的系统是支持组织战略最重要的部分。

互联网由成千上万的相互联系的个人网络组成，他们使用共同的通信协议。电子商务（EC）使用互联网来处理日常商业活动。基于互联网的电子商务是个人与企业之间的交易。企业内部网是组织内部使用的网络。企业外部网是企业之间通信使用的网络。

本章的重点是让你更清楚地了解组织是如何识别及选择项目的。改进项目识别及选择有如下几个原因：信息系统的成本快速增加，系统不能处理跨组织的应用，系统经常不能定义重要的组织目标，数据冗余经常不受控制，以及系统维护的费用不断增加。因此，如果组织想通过信息系统实现最大的收益，那么有效的项目识别及选择是必不可少的。

关键术语

近邻聚类（affinity clustering）
自底向上规划（bottom-up planning）
竞争战略（competitive strategy）
企业战略规划（corporate strategic planning）
电子商务（electronic commerce，EC）
电子数据交换（electronic data interchange，EDI）
企业外部网（Extranet）
循序渐进式承诺（incremental commitment）
信息系统规划（information systems planning，ISP）
互联网（Internet）
企业内部网（Intranet）
使命声明（mission statement）
目标声明（objective statement）
自顶向下规划（top-down planning）
价值链分析（value chain analysis）

复习题

1. 比较下列术语：

a. 使命、目标声明、竞争战略

b. 企业战略规划、信息系统规划

c. 自顶向下规划、自底向上规划

d. 成本领先战略、产品差异化战略、产品专注化战略

e. 数据实体、信息系统

2. 描述项目识别及选择的过程。

3. 描述几个项目评估准则。

4. 描述价值链分析，以及组织是如何使用这个技术来评估和对比项目的。

5. 讨论几个对改善目前信息系统规划需求有帮助的因素。

6. 描述企业战略规划所涉及的步骤。

7. 三个通用的竞争战略是什么？

8. 描述信息系统规划的含义是什么，以及这个过程中涉及的步骤。

9. 列举自顶向下规划与其他规划方法相比较

的优势。

10. 简要描述信息系统规划和项目识别及选择中的9种规划矩阵。

11. 讨论在设计和建立互联网应用时必须考虑的一些因素。

问题与练习

1. 为一个企业撰写一份使命声明，可以从任何你希望的地方开始。使命声明要陈述你所在的商业领域，以及你最看重的企业方面。

2. 当你满意于为前一个问题所撰写的使命声明时，请描述为完成该使命所需要的目标和竞争战略。

3. 假设一个组织并没有开发充足的战略信息系统规划。列举至少六个这种规划没有适时开发（或没有开发完整）的原因。这些原因是有依据的吗？这个不充分的战略信息系统规划的含义是什么？目前存在的约束、问题、缺陷和障碍是什么？

4. 正如在本章中所描述的，信息系统规划是与企业战略规划紧密关联的。如果在组织中并没有一个正式的企业战略规划流程，那么那些负责信息系统规划的人该如何做？

5. 在系统开发生命周期的项目识别及选择阶段，经济分析是非常粗略的。为什么会这样？你认为一个潜在的项目可以成功地经历生命周期第一阶段的重要因素是什么？

6. 在出色完成信息系统规划的那些组织中，为什么通过自底向上而识别的项目会进入生命周期的项目启动及规划阶段？

7. 图4—14介绍了近邻聚类的概念。假设通过近邻聚类发现有3个业务功能使用了5个数据实体。这对系统开发生命周期中的项目识别和随后的步骤有什么含义？

8. Timberline Technology公司在其北加利福尼亚的工厂生产膜电路。此外，所有电路设计、研究和开发工作也是在此进行的。所有的财务、会计和人力资源部门都设在美国中西部的总部。销售工作由在全国不同城市的6个销售代表处执行。处理工资单、应付账款和应收账款的信息系统位于公司总部，而库存管理系统和计算机集成生产系统位于加利福尼亚的工厂。尽你所能列举这家公司的位置、单元、功能、流程、数据实体和信息系统。

9. 对上一题中所描述的下述每个分类，为Timberline Technology公司创建最合理的规划矩阵，包括：功能—数据实体、流程—数据实体、流程—信息系统、数据实体—信息系统。Timberline Technology公司可能需要而没列举的信息系统还有哪些？

10. Timberline Technology公司的所有者（见问题与练习8）考虑在爱达荷州和亚利桑那州各新建一家工厂，并在全国各地增加6个销售代表处。更新问题与练习9中的矩阵，以考虑这些改变。

参考文献

Atkinson, R. A. 1990. "The Motivations for Strategic Planning." *Journal of Information Systems Management* 7 (4): 53–56.

Carlson, C. K., E. P. Gardner, and S. R. Ruth. 1989. "Technology-Driven Long-Range Planning." *Journal of Information Systems Management* 6 (3): 24–29.

Cassidy, A. 2005. *A Practical Guide to Information Systems Strategic Planning.* London: CRC Press.

Dewan, S., S. C. Michael, and C-K. Min. 1998. "Firm Characteristics and Investments in Information Technology: Scale and Scope Effects." *Information Systems Research* 9 (3): 219–232.

GAO. 2000. Information Technology Investment Management: A Framework for Assessing and Improving Process Maturity. U.S. Government Accountability Office. Available at *www.gao.gov/special.pubs/ai10123.pdf.* Accessed January 28, 2009.

Hasselbring, W. 2000. "Information System Integration." *Communications of the ACM* 43 (6): 33–38.

IBM. 1982. "Business Systems Planning." In J. D. Couger, M. A. Colter, and R. W. Knapp (eds.), *Advanced System Development/Feasibility Techniques,* 236–314. New York: Wiley.

Kelly, R. T. 2006. "Adaptive and Aware: Strategy, Architecture, and IT Leadership in an Age of Commoditization." In P. A. Laplante and T. Costello (eds.), *CIO Wisdom II,* 249–269. Upper Saddle River, NJ: Prentice Hall.

Kerr, J. 1990. "The Power of Information Systems Planning." *Database Programming & Design* 3 (12): 60–66.

King, J. 2003. "IT's Global Itinerary: Offshore Outsourcing Is Inevitable." Computerworld.com, September 15. Available at *www.computerworld.com.* Accessed February 6, 2009.

Koch, C. 2005. "Integration's New Strategy." CIO.com, September 15. Available at *www.cio.com.* Accessed February 6, 2006.

Laplante, P. A. 2006. "Software Return on Investment (ROI)." In P. A. Laplante and T. Costello (eds.), *CIO Wisdom II,* 163–176. Upper Saddle River, NJ: Prentice Hall.

Luftman, J. N. 2004. *Managing the Information Technology Resource.* With C. V. Bullen, D. Liao, E. Nash, and C. Neumann. Upper Saddle River, NJ: Prentice Hall.

McKeen, J. D., T. Guimaraes, and J. C. Wetherbe. 1994. "A Comparative Analysis of MIS Project Selection Mechanisms." *Data Base* 25 (2): 43–59.

Newbold, D. L., and M. C. Azua. 2007. A Model for CIO-Led Innovation. *IBM Systems Journal* 46(4), 629–637.

Overby, S. 2006. "Big Deals, Big Savings, Big Problems." CIO.com, February 1. Available at *www.cio.com.* Accessed February 6, 2009.

Overby, S. 2008. "Tales from the Darkside: 8 IT Strategic Planning Mistakes to Avoid." January 22. Available at *www.cio.com.* Accessed February 10, 2009.

Parker, M. M., and R. J. Benson. 1989. "Enterprisewide Information Management: State-of-the-Art Strategic Planning." *Journal of Information Systems Management* 6 (Summer): 14–23.

Porter, M. 1980. *Competitive Strategy: Techniques for Analyzing Industries and Competitors.* New York: Free Press.

Porter, M. 1985. *Competitive Advantage.* New York: Free Press.

Ross, J., and D. Feeny. 2000. "The Evolving Role of the CIO." In R. W. Zmud (ed.), *Framing the Domains of IT Management: Projecting the Future from the Past,* 385–402. Cincinnati, OH: Pinnaflex Educational Resources.

Segars, A. H., and V. Grover. 1999. "Profiles of Strategic Information Systems Planning." *Information Systems Planning* 10 (3): 199–232.

Shank, J. K., and V. Govindarajan. 1993. *Strategic Cost Management.* New York: Free Press.

Slater, D. 2002. Mistakes: Strategic Planning Don'ts (and Dos). June 1. Available at *www.cio.com.* Accessed February 10, 2009.

Thomas, G., and W. Fernandez. 2008. Success in IT Projects: A Matter of Definition? *International Journal of Project Management.* October: 733–742.

Yoo, M. J., R. S. Sangwan, and R. G. Qiu. 2006. "Enterprise Integration: Methods and Technologies." In P. A. Laplante and T. Costello (eds.), *CIO Wisdom II,* 107–126. Upper Saddle River, NJ: Prentice Hall.

百老汇娱乐公司

◆ 定义及选择客户关系管理系统

◇ 案例介绍

卡丽·道格拉斯（Carrie Douglass）毕业于斯蒂尔沃特州立大学，获得了市场营销专业的学士学位。卡丽在斯蒂尔沃特州立大学所修的课程中，有几门是关于信息技术在市场营销领域中的应用，还有一门是关于电子商务。在斯蒂尔沃特的时候，卡丽在百老汇娱乐公司（BEC）位于俄亥俄州森特维尔一个郊区的商店做兼职助理经理。毕业之后，由于卡丽在BEC出色的工作表现，以及在班级及学生会的杰出表现，她被BEC正式录用。卡丽立即参加了BEC的经理发展项目，该项目由三个月的培训、多个商店的资深经理人的考察，以及工作经验三部分组成。

第一周的培训在BEC位于俄亥俄州哥伦布的区域总部进行。卡丽了解了公司的流程和政策、家庭娱乐设施的发展趋势，以及在BEC商店中使用的个人惯例。在这周中，公司向卡丽介绍了BEC最近十年的蓝图，公司的愿景声明如BEC图4—1所示。

十年蓝图

前言

本蓝图为BEC今后十年的发展提供指导。它向我们展示了公司的前景——我们的任务、目标和战略是如何融合在一起的——为公司所有的人员和决策指明了方向。

我们的使命

BEC是一个公开的营利性组织，主要从事家庭娱乐产业，着眼于全球市场。BEC的存在是为了服务客户，主要目标是通过对自身要求的不断提高来增加股东的投资。BEC在最高的道德标准下运营；尊重所有员工的尊严、权利和贡献；致力于使社会更美好。

我们的目标

1. BEC努力增加市场占有率和收益率（最主要的目标）。
2. BEC要成为我们所处行业各个领域的领导者，包括人力资源、技术、运营和市场。
3. BEC要充分利用所有的资源。
4. BEC要在收益率和增长率方面都成为行业的领导者。
5. BEC要在技术上不断创新，比竞争对手更快地开发出新的产品和服务，为顾客提供更好的服务。
6. BEC要在员工、供应商和顾客中，营造一个性别、种族、价值观和文化等方面多样化的环境。

我们的战略

BEC通过给客户提供高质量的客户服务、最广泛的产品和服务、尽可能低的价格，致力于成为家庭娱乐产品和服务的全球供应商。

BEC图4—1　百老汇娱乐公司的使命、目标和战略

这里所说的蓝图对受训期间的卡丽来说十分抽象。卡丽看了一个录像带，内容是BEC的主席奈杰尔·布罗德解释蓝图的重要性。奈杰尔·布罗德非常真诚并且热情四溢地表示，BEC的未来依赖于每个员工的不断创新，只有这样才能实现蓝图中所规划的愿景。

当三个月的发展项目结束以后，卡丽感到惊讶的是，她被任命为森特维尔商店的经理。以前的经理晋升为哥伦布市的营销总监，才为卡丽创造了这次机会。卡丽充满热情地开始了这份工作，想要将她在斯蒂尔沃特和管理发展项目中学到的内容应用到实践中。

◇ 新系统的构想

虽然卡丽对自己的技能很有信心，但她相信学习永无止境。因此有天晚上，她在自己的电脑上登录了亚马逊的网页，想找几本介绍零售市场趋势的图书。在这个网页上，卡丽发现亚马逊所销售的有些产品与BEC店里销售和租赁的产品是一样的。她以前经常访问BEC的网页。尽管公司有丰富的信息来源（她是在公司网站上找到她的第一份工作的），但是BEC并没有和顾客之间开展电子商务。

突然，BEC十年蓝图中的语句出现在卡丽的脑海中。蓝图说"BEC要成为我们所处行业各个领域的领导者，包括人力资源、技术、运营和市场"。"BEC要在技术上不断创新……为顾客提供更好的服务"。这些语句使卡丽想起她在店里听到的一位母亲和几个孩子之间的一段对话。

这位母亲是BEC的一位老顾客，她称赞卡丽店里的整洁和结账时的效率。然而，她接着说，她希望BEC能够了解自己各方面的需求。例如，她喜欢看电影，但是由于她和孩子们的日程安排非常紧张，这使得她去店里租电影看越来越困难。如果BEC能提供在线租赁订阅服务就太好了。这样，现有的BEC顾客就可以享受到这种服务的方便性和灵活性。卡丽想知道为什么BEC没有提供这种服务。

卡丽在亚马逊上找到的一本书中谈论了客户的关系营销。这似乎准确地说明了这位母亲想要从BEC获得什么。这位母亲不只是想要产品和服务，还需要在线服务，以更好地满足她所有家庭娱乐活动的需要。她希望BEC不要用一种对她来说非常不方便的方式向她销售和租赁产品。

在卡丽受训期间，信息系统部门的副总裁卡伦·加德纳描述了BEC所使用的各种信息系统。她还提到了BEC的下一步规划是提供在线租赁订阅服务。在一次受训课程中，卡丽有机会与卡伦进行了交谈，并且告诉卡伦她学过市场营销领域中的信息技术以及电子商务课程。卡伦对卡丽的教育背景印象非常深刻，表示她的专项技能对改善BEC网站以满足顾客的需要具有重要的意义。卡丽非常兴奋，因为她对如何改善网站以更好地满足顾客的需要有了一些想法。

作为一名新的商店经理，卡丽非常忙碌，但她还是渴望就她的想法做些事情。她仍然不太明白BEC的各个方面是如何工作的（例如，经理发展项目中并没有描述如何与BEC的信息系统组织一同完成工作）。卡丽认为，也许她可以召集斯帕坦堡信息系统组织中的某些人来讨论她的想法。她首先想到的人就是卡伦。然而，这时候打电话给副总裁似乎不是一个明智的举动，因为如果没有一个比较全面的关于顾客信息服务的规划，将无法引起BEC管理层的注意。当BEC销售人员使用的计算机系统，即娱乐追踪系统出现问题时，卡丽可以拨打求助电话。但这似乎也不是一个正确的选择，因为她的想法和娱乐追踪系统没有直接的关系。然而卡丽知道，在对新工作给予全部关注的同时，有一个方式可以更好地明确她的想法。她要做的就是打个电话，之后她的想法会有一个雏形。

◇ 规划书的形成

卡丽的电话是打给玛莎·坦恩（Martha Tann）教授的，他是斯蒂尔沃特州立大学管理信息系统（MIS）项目的主任。卡丽选修了坦恩教授的MIS课程，这是斯蒂尔沃特所有商学院学生的必修课。坦恩教授还指导了两个学期 MIS 专业的学生实践课。在这个实践课中，学生在当地的一家公司为一个新的或替代的信息系统做系统分析、设计和开发工作。卡丽的想法是，希望 MIS 专业的学生开发一个系统原型，并通过这个原型将该系统的概念卖给 BEC 的管理层。

在随后的几周中，卡丽和坦恩教授讨论了她的想法，以及 MIS 专业的学生将如何运作这个项目。参加课程的学生要从当地组织为课程所提交的一组项目中，选择他们想要实施的项目。当地组织所提交的需求往往多于课程中能够处理的需求，正如大部分组织对信息系统的需求多于其可用的资源一样。项目的需求通过系统服务请求的形式呈现给学生，这与组织中的做法相同，即使用者请求信息系统团队开发一个信息系统项目。一旦选择了一个项目，学生小组就像是一个系统分析员团队，受雇于主办组织或外部咨询公司。在主办组织的约束下，学生小组可以使用任何适合当前状态的方法或技术来实施这个项目。

卡丽所提交的最初的系统服务请求，经过坦恩教授修改之后，如 BEC 图 4—2 所示。这份请求以标准格式展示，该格式用于斯蒂尔沃特州立大学 MIS 项目课程中的所有项目。坦恩教授检查了所提交的初始请求是否能够被学生所理解，并指导提交者如何使项目对学生更有吸引力。

在最终的系统服务请求中进行选择时，学生小组寻找那些能够给他们提供最好的机会去学习和整合进行管理及指导一个系统分析和设计所需技能的项目。坦恩教授还要求学生成立一个指导委员会（有时也叫做系统优先权委员会），来选择对主办组织最适合以及最有价值的项目。因此卡丽知道，她必须使这个项目案例更加简洁且更有说服力，即使在初步研究开始之前。她关于项目的想法必须和其他的请求书一同完成，正如她后来在 BEC 提出这个想法时一样。至少，她可以在这个原型中得到经验，以证明她想法的价值——如果斯蒂尔沃特的学生接受了她的请求。

卡丽和坦恩教授讨论了如何才能使她的项目想法更加有说服力。坦恩教授建议，有很多动因促使学生选择项目，例如便利性、使用令人感兴趣的技术的机会、可执行性，以及感觉到他们的工作会使组织显得与众不同。卡丽的项目似乎满足前三个动因，但是坦恩让卡丽再考虑一下最后一个动因。很明显，学生所开发的系统越可能被 BEC 的 MIS 团队接受，并进行进一步的开发，学生就会越认为他们的工作是有成效的。坦恩教授让卡丽调查 BEC 的信息系统最优先考虑的是什么，并试图将她的想法与那些优先事务联系起来。

卡丽打电话给森特维尔先前的经理史蒂夫·特陶（Steve Tettau），想要了解他在地区办事处的新职位上是否对企业的信息系统优先事务有所了解。卡丽是幸运的。史蒂夫刚被分配到一个由信息系统人员和业务经理组成的团队中，他们负责对娱乐追踪系统进行彻底的审核。项目领导者让团队分析，如何将娱乐追踪系统和 BEC 的信息系统规划紧密结合在一起，尤其是娱乐追踪系统如何与 BEC 十年蓝图的目标及详细的信息系统战略目标相关联。这些目标包括以下几个方面：

- 将信息系统开发和企业目标更好地结合
- 提交全球系统的解决方案
- 减少系统开发工作的积压
- 提高信息系统员工的技能

团队领导人已经告诉史蒂夫，负责决定开发哪个信息系统项目的 BEC 系统优先权委员会，需要看到对项目的概括分析，包括它如何与其他项目竞争有限的企业资源，以及与企业战略规划和信息系统战略规划的相关性如何。

系统服务请求
斯蒂尔沃特州立大学
MIS项目课程

斯蒂尔沃特州立大学

提出人 卡丽·道格拉斯 日期 2010年1月12日
部门 百老汇娱乐公司，OH-84店
地点 4600 So. Main Street
联系方式 电话：422-7700 传真：422-7760 电子邮箱：CarrieDoug@aol.com

请求类型	紧急程度
[√] 新系统	[ ] 立即——操作遭到破坏或机会丧失
[ ] 系统改进	[ ] 存在问题，但仍可运行
[ ] 系统错误纠正	[√] 可以容忍业务机会的丧失，直到安装新系统

问题描述

目前，百老汇娱乐公司（BEC）向客户提供光盘、唱片和游戏等产品的销售及租赁服务。BEC盈利状况良好，正在快速发展。来自现有和新兴同业者不断增长的竞争，要求BEC考虑满足客户需求的更好方式。客户日益希望能享有在线租赁服务的便捷性。客户希望我们能够意识到他们的需求，并创造一项新的服务，以帮助他们更好地管理时间和娱乐需求。BEC的愿景是成为一个利用技术提供最高质量的客户服务，以及最广泛的产品和服务的市场领导者。尽管提供这样一项在线租赁服务作为我们与客户关系的一部分与公司的愿景相吻合，但目前尚未实现。所提议系统的目的是证明（或推翻）这样一项服务可以提高客户满意度，并能带来收益的增加和市场份额的可能增长。公司希望能够获得持续的竞争优势，但在现阶段这并不是必要的。

特别地，所提议系统将提供下列服务：(1) 客户查看各类商品标题的能力；(2) 将他们的偏好放在意愿清单里；(3) 检查运送状态；(4) 没有到期日或超期罚款的租赁；(5) 阅读来自其他客户的推荐；(6) 店内特殊品的促销。该项目应该对在线租赁服务进行完整的分析，设计一个基于Web的系统以提供这样的服务，并对该系统的原型进行实施和测试。

服务请求

我请求对这个想法进行全面的分析。我需要该系统的一个工作原型，此原型应能由所选择的一组实际客户进行测试。该原型应该包括主要的系统功能。应该进行用户调查，以收集证据来支持（或可能不支持）我的后续请求，即在BEC的全部商店里都建立这样一个系统。

联系人 由项目团队所指定的学生团队领导
发起者 卡丽·道格拉斯，BEC OH-84店经理

以下由系统优先权委员会完成

[ ] 批准请求 指派给 ______
开始日期 ______
[ ] 建议修改
[ ] 建议用户开发
[ ] 拒绝原因 ______

BEC图4—2 卡丽·道格拉斯的系统服务请求

有了这些新的信息，卡丽准备了一个图表，用来把她关于客户关系管理系统的想法与公司和信息系统的目标结合起来，如BEC图4—3所示。尽管这些信息非常概括，但是可以帮助斯蒂尔沃特的学生了解新系统的潜在范围，以及这个系统将产生影响的潜在领域。

	等级	简要的解释
蓝图目标		
1. 增加市场占有率和收益	高	通过系统增加市场占有率、保留客户，增加收益
2. 各业务领域的领导者	中	系统改善营销
3. 充分利用资源	低	节约商店员工的时间
4. 在收益和增长方面成为行业领导者	高	见1
5. 技术的创新应用	高	我们有可能超越竞争者
6. 价值多样性	高	每个顾客的输入都会被记录
信息系统规划目标		
1. 将信息系统开发和企业目标更好地结合	高	这个项目在6个目标上的得分都很高
2. 提交全球系统解决方案	高	互联网系统很容易在全球范围内部署，网页可以使用多种语言
3. 减少系统开发工作的积压	没有	没有明显的影响
4. 提高信息系统员工的技能	中	这是一个领先的应用，需要最前沿的技能
对目前系统的影响	低	可以和娱乐追踪系统共享或互换数据，但是所建议的系统并没有改变现有系统的架构

BEC 图 4—3　基于网络的客户关系管理系统与信息系统规划的结合

◇ 案例小结

关于新系统或改进系统的想法有各种来源，包括修理有缺陷的系统、改善现有系统的性能、竞争压力或新的/改进的政府法规、自顶向下的组织行动方案产生的请求，以及经理的创新性想法等。由卡丽·道格拉斯提交的基于互联网的客户信息系统请求是一个常见的案例，属于最后一种来源的分类。组织经常被这些请求弄得不知所措。组织必须决定哪些想法是最有价值的，以及对每个请求作出怎样的回应。

卡丽的想法为斯蒂尔沃特的学生提供了一次参加实际系统开发项目的机会。尽管卡丽不期望最终能很专业地完成这个系统，但是顾客将会使用这个可行的原型，将其作为百老汇娱乐公司将要创建系统的一个样例。所提交的项目要求经历信息系统分析与设计阶段的所有步骤。如果系统被证明是值得的，卡丽会因为她的创造力而得到奖励，也可能她的想法以失败告终。她的想法成功与否依赖于斯蒂尔沃特的学生的工作质量。

问题

1. 坦恩教授没有对卡丽·道格拉斯提交的SSR（见BEC图4—2）进行审核。如果你是坦恩教授，你会要求所提交的请求做任何的改变吗？如果会，你要求改变什么，为什么？如果不会，为什么？记住，SSR只是要求进行初始的研究，而不是一个完整的问题陈述。

2. 如果你是坦恩教授的一名学生，你想参加这个项目吗？为什么？

3. 假设你是BEC指导委员会或系统优先权委员会的成员，如果你收到了这个项目，你会以怎样的行动推荐该项目？证明你的答案。

4. 卡丽应该和卡伦·加德纳联系吗？卡丽是否应该只接受史蒂夫·特陶的建

议，或者应该再和别人进行一些讨论？证明你的答案。

5. 本章中有一个观点，即将系统请求和组织的竞争战略联系在一起。BEC 的竞争战略是什么（列举至少表 4—3 中的条目）？鉴于这个竞争战略，你将如何处置卡丽的项目请求？

6. 如果你是 BEC 信息系统部门的一名系统分析员，你接到了卡丽关于她项目想法的电话，你将如何回应卡丽？你认为，除了已经准备的内容之外，卡丽还应该做哪些准备，以便将这个请求提交给系统优先权委员会？

7. 关于 BEC 图 4—3 中的等级和解释，你有什么疑问（假设你是系统优先权委员会的一员，可能会看到这个表格）？请解释。你会建议为表格增加一些关于已提交系统的任何其他概要信息吗？请考虑是否有其他信息会进一步将所建议系统和企业战略规划及信息系统规划联系起来，或帮助提升所提交系统的潜在价值（复习本章所陈述的关于如何选择项目的观点，从而为该问题找到可能的答案）。

8. 如果你是一家小型咨询公司的会计代表，当你收到卡丽关于她将要执行项目的请求时，你的反应会是什么？系统服务请求和项目定位文件作为征求建议书是否充分？如果是，为什么？如果不是，那遗漏了什么？

第5章 系统开发项目的启动及规划

学习目标

- 描述项目启动及规划过程中所涉及的步骤
- 说明项目范围说明书及基线项目计划的需求和内容
- 列举并描述评估项目可行性的各种方法
- 描述有形和无形的收益和成本与一次性或衍生的收益和成本之间的差异
- 进行成本—收益分析，说明货币的时间价值、现值、贴现率、净现值、投资回报和盈亏平衡分析的含义
- 说明评估与系统开发项目相关的技术风险的一般规则
- 描述在结构化走查中的活动和参加者的任务

引言

在系统开发生命周期的第一阶段系统规划中，要执行两项主要活动。第一项活动是项目的识别及选择，它的重点是识别新的或改善的系统中所必须包含的活动。这项活动不是为了处理某个特定的项目，而是为了识别组织将要进行的项目投资组合。因此，项目的识别及选择经常被认为是生命周期的前期步骤。这个潜在项目的识别可能是一个更大的规划流程（即信息系统规划）的一部分，或者是来自经理和业务单元的请求。无论一个项目是如何被识别及选择的，下一步是在项目启动及规划阶段进行更加详细的评估。这个评估的重点不是所提交的系统如何操作，而是了

解所提交项目的范围，以及在给定可用资源的情况下完成的可能性。组织了解这个项目是否值得投入资源是至关重要的，不然会出现重大失误（DeGiglio，2002；Laplante，2006）。因此，本章将关注这个流程。项目启动及规划是确定是否接受、拒绝或重定位项目的阶段，也是你作为系统分析员，在系统开发过程中开始担任主要角色的阶段。

下一部分将对项目的启动及规划进行简要的回顾。然后描述几种评估项目可行性的技术。接着，我们将讨论建立基线项目计划的过程，即把在可行性分析中未覆盖的信息组织起来。一旦这个规划开发完毕，就要对项目进行正式的审查。然而，在项目进入系统开发生命周期的下一阶段——系统分析之前，项目规划必须被审核和接受。在本章的最后一部分，我们将提供一个项目审查过程的综述。

启动及规划系统开发项目

在执行项目启动及规划（PIP）时，一个关键因素是确定 PIP 何时结束，并确定系统开发生命周期的下一个阶段——分析阶段何时开始。这是一个问题，因为在 PIP 阶段的许多活动也可以在分析阶段完成。确定 PIP 和分析阶段之间的划分时，Pressman（2005）认为必须考虑三个重要问题：

1. 在项目启动及规划过程中应该付出多大努力？
2. 谁负责项目启动及规划过程？
3. 为什么说项目启动及规划是一项富有挑战性的活动？

为第一个问题找到答案，即确定在项目启动及规划过程中需要付出多大努力是很困难的。然而实际经验表明，在项目启动及规划阶段花费的时间和努力，会在项目以后的阶段得到补偿。适当的和富有洞察力的规划，包括确定项目范围以及识别项目活动，无疑会缩短之后各个项目阶段的时间。例如，一项认真的可行性分析可以识别不值得追踪的项目，这样可以节省一笔可观的资源费用。实际消耗的时间受项目的规模和复杂度，以及组织建立相似系统的经验的影响。一条普遍规则是，开发项目 10%～20%的努力会花在 PIP 的研究上。因此，为了能够全面地了解所请求系统的动因，我们应该在 PIP 上花足够的时间。

对于第二个问题，谁负责进行项目的 PIP，大部分的组织都会任命一个有经验的系统分析员，或一个大项目的分析团队来执行 PIP。在为最后的规划做准备的过程中，分析员会和系统的使用者（经理和用户），以及其他的技术开发人员一起工作。如果客户非常了解他们自己的信息服务需求，有经验的分析员与他们一起工作时，不需要进行详细的分析就可以直接进行 PIP，详细的分析通常在生命周期的分析阶段完成。如果与不是很了解自己需求的客户一起工作，缺乏经验的分析员可能会在 PIP 阶段付出更多的努力，以确定项目范围和工作计划的可行性。

至于第三个问题，PIP 之所以被认为是一项富有挑战性的活动，这是因为 PIP 研究的目标是将不明确的系统请求文件转化为清晰的项目描述。这是一个开放的过程。分析员必须清楚了解所提议项目的动机和目标。因此，系统分析员、用户和管理层的有效沟通对建立一个有意义的项目规划是至关重要的。对一个跨部门的项目来说，在项目的方向上让所有部门意见统一也许很困难，因为不同部门有不同的业务目标。因此在 PIP 阶段，越复杂的项目组织设置会导致需要花越多的时间来分析目前和所提议的系统。

在本章的余下部分，我们将描述这些问题所涉及的必要活动。在下一部分，我们将再次回顾项目的启动及规划活动，就像我们在第3章的“管理信息系统项目”那部分所概括的一样。然后对这个过程的交付物和结果进行简要描述。

信息系统开发项目启动及规划的流程

正如它的名字一样，项目启动及规划阶段包括两项主要活动，如图5—1所示。由于第3章已经描述了项目启动及规划流程的步骤，本章的重点是描述在这个流程中所使用的几种技术。在此，我们简要回顾一下项目启动及规划的流程。

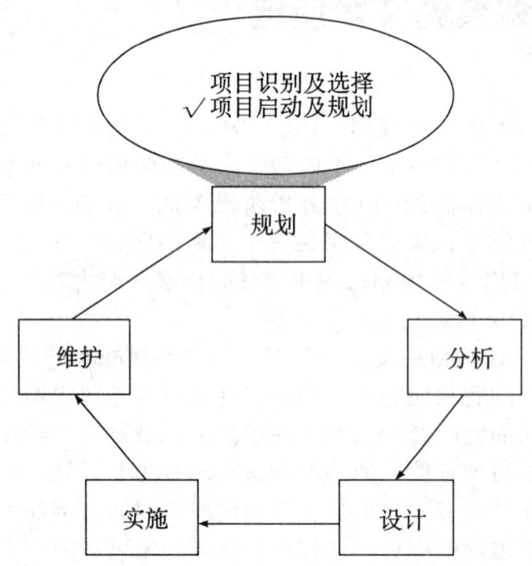

图5—1 突出项目启动及规划的系统开发生命周期

项目启动的重点活动旨在协助组织一个团队进行项目规划。在启动过程中，一个或多个分析员被分派和一名客户共同工作，客户可能是提出项目请求或将被拟建项目影响的业务团队中的一员，共同工作的目的是确定工作标准和沟通规程。表5—1描述了需要进行的活动。取决于项目的规模、范围和复杂度，一些项目启动活动也许不是必须的，或者是非常重要的。此外，许多组织还建立了协助通用启动活动的规程。项目启动的一项关键活动是制定项目章程（已经在第3章中进行了定义）。

表5—1　项目启动的元素

- 建立项目启动团队
- 建立客户关系
- 建立项目启动计划
- 建立管理规程
- 建立项目管理环境和项目工作手册
- 制定项目章程

项目规划是项目启动及规划的第二项活动，它与一般的信息系统规划有所不同，其重点是评估整个组织的信息系统需求（已在第 3 章中讨论）。项目规划是确定明确的、离散的活动，以及完成一个项目中的每项活动所要做的工作。项目规划过程的目标是开发基线项目计划（BPP）和项目范围说明书（PSS）（Morris and Sember，2008）。BPP 是开发项目余下部分的基础。由团队制定的 PSS 清楚地概括了为客户所开发的项目的目标及限制条件。随着项目启动过程的进行，项目的规模、范围和复杂度会决定项目规划的流程，以及所产生文档的复杂性。另外，还要对资源的可用性及潜在的问题作出各种假设。这些假设和系统的成本—收益分析组成了**商业论证**（business case）。表 5—2 列举了项目规划过程中所执行的活动范围。

表 5—2　　**项目规划的元素**

- 描述项目的范围、可选方案和可行性
- 将项目划分为易管理的任务
- 估计资源，创建资源计划
- 制定初步的进度安排
- 制定沟通计划
- 确定项目的标准和规程
- 识别和评估风险
- 制定初步的预算
- 制定项目范围说明书
- 设置基线项目计划

□ 可交付成果

项目启动及规划阶段主要的可交付成果是基线项目计划和项目范围说明书。**基线项目计划**（Baseline Project Plan，BPP）包括项目启动及规划阶段收集和分析的所有信息。这个计划是对现有系统的全面了解，反映了关于项目范围、收益、成本、风险和所需资源的最优估计。基线项目计划为生命周期的下一个阶段，即系统分析阶段规定了详细的项目活动，但并没有详细地介绍其他的后续阶段（这取决于系统分析阶段的结果）。同样，随着项目的推进，收益、成本、风险和资源需求会越来越详细和量化。项目选择委员会也使用基线项目计划来协助确定项目应该被接受、重定位还是取消。如果被选择，基线项目计划就会成为系统开发生命周期随后所有活动的基础性文件；然而，它会随着项目的推进而不断演化。也就是说，在随后的系统开发生命周期中，随着新信息的获得，基线项目计划将不断更新。随后我们将在本章中介绍如何创建基线项目计划。

项目范围说明书（Project Scope Statement，PSS）是为客户准备的一个简短文件，用来描述项目的可交付成果，并概述完成项目要做的所有工作。PSS 确保了你和你的客户对项目有共同的理解。这也是一个非常有用的沟通工具。PSS 是一个很容易创建的文件，因为它通常是对基线项目计划信息的高层总结（稍后会进行描述）。PSS 的任务将根据你与客户的关系不断变化。一个极端的情况是，PSS 可以是正式合同协议的基础，概述了项目的截止日期、成本和规格。另一个极端情况是，PSS 仅仅作为一个沟通工具，概述了对系统的可交付成果、完成时间及其可能消耗资源的最优估计。例如，一个合同规划或咨询公司可能会与客户确定非常正式的关系，并使用宽泛正式的 PSS。或者，一个内部的开发团队可能会使用篇幅只有一两页的 PPS，其目的是通知客户，而不是设定合同的义务和截止期限。

评估项目的可行性

如果没有资源和时间的限制，所有的项目都是可行的（Pressman，2005）。然而遗憾的是，大部分项目开发都有严格的预算和时间限制。这意味着评估项目的可行性是所有信息系统项目必须执行的活动，也是一项潜在的大任务。这就要求你作为一名系统分析员能够评估各种各样的因素。通常，对某些项目来说，一些因素会比其他因素更重要，而对另外的项目而言却并非如此。虽然一个特定项目的细节会决定哪些因素最重要，但是下面的分类代表了大多数可行性因素：

- 经济
- 技术
- 运行
- 进度
- 法律和合同
- 政策

这些可行性分析的最高级别一起构成了商业论证，用于判断项目的资源花费。在本节的剩余部分，我们将考察各种可行性问题。我们首先从和经济可行性相关的问题开始，接着描述进行这种可行性分析所使用的技术。然后讨论评估技术项目风险所使用的技术。最后，虽然所讨论的问题不是和经济及技术可行性直接相关，但对确保项目成功还是十分重要的。

为了帮助你更好地了解可行性评估的过程，我们将考察松谷家具公司（PVF）的一个项目。针对这个项目的系统服务请求（SSR）由 PVF 的营销副总裁杰姬·贾德森提交，其目的是开发一个客户追踪系统（CTS）（见图 5—2）。杰姬认为这个系统可以使 PVF 的营销团队更好地追踪客户购买活动以及销售趋势。她认为如果创建了这个系统，它会给 PVF 带来很多有形和无形的收益。这个项目是由系统优先权委员会经过项目启动及规划研究而选择的。在项目的启动期间，资深系统分析员吉姆·伍被分配和杰姬一起工作，来启动并规划这个项目。在这一时刻，项目的所有启动活动都基本完成了。为了完成基线项目计划，杰姬和吉姆开始着重关注项目规划活动。

评估经济可行性

评估**经济可行性**（economic feasibility）的目的是识别与开发项目相关的财务收益和成本（Laplante，2006）。经济可行性经常被叫做成本—收益分析。在项目启动及规划阶段，不可能精确地确定该项目所有相关的收益和成本。但花费充裕的时间来识别和量化这些项目很重要，否则你不可能进行充分的经济分析，并在若干竞争项目中做有意义的比较。这里我们将描述开发一个信息系统通常会产生的收益和成本，还会提供几种有用的工作表用于记录成本和收益。另外，还会描述几种进行成本—收益计算经常使用的技术。为了确定项目是否应该继续、重定位或停止，在系统开发生命周期每个阶段结束进行检查时将使用这些工作表和技术。

松谷家具公司
系统服务请求

提出人　杰姬·贾德森　　　　日期　2010 年 8 月 20 日
部门　市场部
地点　总部，570c
联系方式　电话：4-3290　传真：4-3270　电子邮箱：jjudson

请求类型	紧急程度
[✓] 新系统	[ ] 立即——操作遭到破坏或机会丧失
[ ] 系统改进	[ ] 存在问题，但仍可运行
[ ] 系统错误纠正	[✓] 可以容忍业务机会的丧失，直到安装新系统

问题描述

PVF 的销售增长给市场部带来了大量的工作。这些工作在很大程度上增加了我们处理和理解数据的难度，并且数据越来越复杂。目前，我们使用手工和复杂的以计算机为基础的电子数据表来追踪和预测客户的购买模式。这种分析方法有很多问题：(1) 很难捕捉购买的趋势，因为当我们从商店的系统取得数据之后，再手动输入我们的试算表，将会有一周甚至更长的延迟；(2) 人工输入数据经常会发生错误（这会使随后的分析缺乏可信度）；(3) 系统中大量的数据和分析的复杂程度可能会使目前的系统崩溃——有时候程序会开始重新计算，但是不返回结果，或者返回不正确的结果。

服务请求

我请求彻底分析对目前的客户购买活动进行追踪和分析的方法，并设计、创建一个全新的信息系统。这个系统要处理所有客户的购买活动，支持显示并报告关键的销售信息，协助营销人员了解市场环境渐增的复杂性和竞争性。我认为这个系统会提升 PVF 的竞争力，特别是使我们可以更好地服务我们的客户。

联系人　吉姆·伍，4-6207　传真：4-6200　电子邮箱：jwoo
发起者　杰姬·贾德森，营销副总裁

由系统优先权委员会完成

[ ] 批准请求　　指派给 ______
　　　　　　　　开始日期 ______
[ ] 建议修改
[ ] 建议用户开发
[ ] 拒绝原因 ______

图 5—2　客户追踪系统的系统服务请求（松谷家具公司）

确定项目收益　一个信息系统能够为组织带来许多收益。例如，一个新的或变革后的信息系统可以自动完成固定的工作并减少错误；为客户和供应商提供创新性的服务；提高组织的效率、速度、灵活性和士气。一般而言，这些收益可以是有形的，也可以是无形的。**有形收益**（tangible benefit）是指可以用金钱或确定的事物计量的收益。有形收益的实例可能包括减少人员花费、较低的交易成本或较大的利润空间。值得注意的是，并不是所有的有形收益都可以计量。例如，有形收益允许公司用 50%的时间来完成一项任务，但是这很难用节省了多少钱来衡量。大部分的有形收益可以分为以下几类：

- 成本的减少和避免
- 错误的减少
- 灵活性的增加
- 活动速度的提高
- 管理计划和控制的改善
- 新市场的开辟和销售机会的增加

在PVF的客户追踪系统中，吉姆和杰姬确定了几项有形收益，图5—3中的工作表对有形收益进行了总结。在从当前客户追踪系统的用户处收集信息后，吉姆和杰姬需要在图5—3中确定取值。他们首先与负责收集、录入数据和分析当前客户追踪数据正确性的人员进行沟通。这个人估计将10%的时间用在纠正数据录入的错误上。假如这个人的工资是25 000美元，吉姆和杰姬估计由于错误的减少所带来的收益就是2 500美元。吉姆和杰姬还和使用当前的客户追踪报告的经理进行了沟通。使用这个信息，他们可以估计其他的有形收益。他们认识到，成本的减少和避免可以通过更好的库存管理来实现。同样，灵活性的增加可以通过缩短手工重组数据的时间来实现，这些数据有不同的用途。另外，管理计划和控制的改善可以通过对新系统进行更广泛的分析来实现。总体来说，经过分析预测，新系统可带来的收益将达到大约每年50 000美元。

有形收益工作表 客户追踪系统项目	第1年到第5年
A. 成本的减少和避免	$4 500
B. 错误的减少	2 500
C. 灵活性的增加	7 500
D. 活动速度的提高	10 500
E. 管理计划和控制的改善	25 000
F. 其他 ________	0
总的有形收益	**$50 000**

图5—3 客户追踪系统的有形收益（松谷家具公司）

吉姆和杰姬还识别了系统的一些无形收益。尽管这些收益不能量化，但是最终的基线项目计划仍对它们进行了描述。**无形收益**（intangible benefit）是指无法用金钱或确定的事物计量的收益。无形收益可能有直接的组织收益，如员工士气的提升，或更广泛的社会意义，如废弃物排放量或资源消耗量的减少。在项目启动及规划阶段，潜在的有形收益将不得不视为是无形的，因为在生命周期的这个阶段，你可能没办法以金钱或确定的方式来衡量它们。在之后的阶段，随着你对所设计的系统分支更加了解，无形收益可能会变成有形收益。在这种情况下，基线项目计划要进行更新，商业论证也要进行调整，以便判断项目是否能够进入下一阶段。表5—3列举了各种与开发信息系统相关的无形收益。而实际收益根据不同的系统会有所变化。在确定了项目收益后，还需要确定项目成本。

表5—3 开发信息系统的无形收益

• 竞争的需要	• 对决策的质量更加自信
• 更加及时的信息	• 提高处理的效率
• 改善组织计划	• 改善资产的利用
• 增加组织的灵活性	• 改善资源的控制
• 促进组织的学习和理解	• 增加文书工作的准确性
• 新的、更好或更多信息的可获性	• 提高员工士气或客户满意度的改进工作流程
• 研究更多选择的能力	• 对社会的正面影响
• 更快的决策速度	• 增加社会责任感
	• 更好地利用资源（“更绿色”）

资料来源：Based on Parker and Benson，1988；Brynjolfsson and Yang，1997；Keen，2003；Cresswell，2004.

确定项目成本　和收益相似，信息系统也包括有形成本和无形成本。**有形成本**（tangible cost）是指可以用金钱或确定的事物来衡量的成本。从信息系统开发的角度看，有形成本包括下列事项，如计算机硬件成本、劳动力成本，以及包括员工培训和改革创新在内的运营成本。此外，**无形成本**（intangible cost）是指无法用金钱或确定的事物来衡量的成本。无形成本包括客户商誉和员工士气的丧失，或运作的低效率。表 5—4 对与开发及运作信息系统相关的成本进行了总结。预测开发信息系统的相关成本是一门不精确的科学。然而，信息系统的研究者为改善成本估计的过程提供了一些指导方针（见表 5—5）。低估和高估成本都是必须避免的问题（Laplante，2006；Lederer and Prasad，1992；White and Lui，2005）。低估会导致成本超支，而高估会导致不必要的资源分配，它们本应得到更好的利用。

表 5—4　　可能的信息系统成本

成本类型	例子	成本类型	例子
采购	计算机硬件、软件、基础设施 管理层和员工 顾问和服务	项目	基础设施的更换/改善 项目人员 培训 开发活动 服务和采购 组织的破坏 管理层和员工
开始	最初的运营成本 管理层和员工 员工招聘	运营	基础设施的更换/改善 系统维护 管理层和员工 用户培训和支持

资料来源：Based on Kink and Schrems，1978；Sonje，2008.

表 5—5　　更好的成本估计指南

1. 使用一项清楚的指导方针来进行估计。
2. 使用有经验的开发者和/或项目经理来进行估计。
3. 创建一种文化，使所有的项目参与者都为准确的估计负责。
4. 使用历史数据，以协助更好地估计成本、风险、进度和资源。
5. 随着项目的进行不断更新估计。
6. 监控流程并记录差异，以改善未来的估计工作。

资料来源：Based on Lederer and Prasad，1992；Hubbard，2007；Sonje，2008.

除了有形成本和无形成本之外，你还要区分与信息系统相关的开发成本，分为一次性成本和衍生成本（尽管此处我们不讨论收益的差异，但是这对收益同样适用）。**一次性成本**（one-time cost）是与项目启动、开发以及系统开始阶段相关的成本。这些成本通常包含如下活动，如系统开发、新计算机硬件和软件的购买、用户培训、场地整理，以及数据或系统的转换。当进行成本—收益分析时，应该建立工作表来记录这些支出。对非常大型的项目来说，产生一次性成本的时间可能会持续一年或多年。在这些情况下，每年都要创建一个分开的一次性成本工作表。这种分开会使现值的计算更容易（稍后会进行描述）。**衍生成本**（recurring cost）是指系统不断演变和使用时所产生的成本。这些成本通常包括：

- 应用软件的维护
- 增量数据存储的成本

- 增量沟通的成本
- 新硬件和软件的租金
- 供应品和其他成本（如纸张、表单、数据中心人员）

一次性成本和衍生成本都由固定成本和可变成本组成。固定成本是指在固定的时间间隔或以固定的频率产生的成本（例如设备的出租支付）。可变成本是根据使用情况而变化的成本（例如长途电话费用）。

在决定项目成本的过程中，吉姆和杰姬还确定了项目的一次性成本和衍生成本。这些成本在图5—4和图5—5中进行了总结。这些图表明项目的一次性成本是42 500美元，衍生成本是每年28 500美元。一次性成本是通过和吉姆的老板讨论系统情况而得到的，他认为项目开发大约需要4个月的时间（每个月5 000美元）。为了有效运行新系统，营销部门可能至少要更新目前工作站中的5个（每个3 000美元）。另外，每个工作站（每个1 000美元）的软件许可和适度的用户培训费用（每10个用户250美元）也是必需的。

一次性成本工作表 客户追踪系统项目	第0年
A. 开发成本	$ 20 000
B. 新计算机硬件	15 000
C. 新（购买）的软件，如果有	
1. 应用软件包	5 000
2. 其他________	0
D. 用户培训	2 500
E. 场地整理	0
F. 其他________	0
总的一次性成本	**$ 42 500**

图5—4　客户追踪系统的一次性成本（松谷家具公司）

衍生成本工作表 客户追踪系统项目	第1年到第5年
A. 应用软件维护	$ 25 000
B. 所需要的增量数据存储：20 MB× $ 50 （估计成本/MB= $ 50）	1 000
C. 增量沟通（线路、信息）	2 000
D. 新硬件和软件的租金	0
E. 供应品	500
F. 其他________	0
总的衍生成本	**$ 28 500**

图5—5　客户追踪系统的衍生成本（松谷家具公司）

正如你在图5—5中所看到的，吉姆和杰姬认为所提交的系统将是高度动态的，这需要平均每5个月进行一次维护，主要是为了增强系统的功能，因为用户期望从系统中得到更多内容。也要考虑其他持续不断的费用，包括增加数据存储、通信设施和供应品。你应该对信息系统项目相关的收益和成本类型有所了解，还应该清楚与一个特定项目相关的许多潜在的收益和成本。另外，由于开发和使用系统可能会持续几年的时间，这些收益和成本必须折算成现值，才能做一个有意义的成本—收益的比较。在下一部分，我们将介绍时间和金钱之间的关系。

货币时间价值　大部分用于确定经济可行性的技术都围绕着**货币时间价值**（time value of money，TVM）而展开，它反映了今天可用的货币价值可能比它在未来的价值更大的概念。正如前面所讨论的，信息系统的开发包括一次性成本和衍生成本。而且，系统开发的收益可能在未来才能看到。由于多个项目可能会对同一笔投资资金进行竞争，它们也会有不同的使用年限，所以在比较这些投资选择时，要把所有的成本和收益都转化为现值。

一个简单的例子可以帮助你了解货币时间价值的概念。假设你想从熟人那里买一辆二手车，她让你每年支付 1 500 美元，共 3 年，从下一年开始，总共是 4 500 美元。如果她同意按当时的价格进行简单的相加（如果你有钱），你认为她可以接受的价格是多少？仅仅是支付 4 500 美元？应该更多还是更少？为了回答这个问题，我们必须考虑货币时间价值。我们中的大部分人可能会欣然接受目前的 4 500 美元，而不是分 3 年，每年 1 500 美元，因为假定这些钱可用于投资，那么今天的 1 美元（或本例中的 4 500 美元）要比明天或明年的 1 美元更值钱。这些钱被借出或投资的利率称为资本成本，当进行货币时间价值计算时称为**贴现率**（discount rate）。让我们假设卖方将销售汽车所得的货款放在银行里，并享有 10%的投资回报率。当计算三个 1 500 美元的**现值**（present value）时，我们可以使用以下简单的公式：

$$PV_n = Y \times \frac{1}{(1+i)^n}$$

式中，PV_n代表的是 n 年后 Y 美元的现值；i 为贴现率。

在这个例子中，三个 1 500 美元的现值可以这样计算：

$$PV_1 = 1\,500 \times \frac{1}{(1+0.10)^1} = 1\,500 \times 0.909\,1 = 1\,363.65$$

$$PV_2 = 1\,500 \times \frac{1}{(1+0.10)^2} = 1\,500 \times 0.826\,4 = 1\,239.60$$

$$PV_3 = 1\,500 \times \frac{1}{(1+0.10)^3} = 1\,500 \times 0.751\,3 = 1\,126.95$$

这里的 PV_1，PV_2和 PV_3反映了第 1，2，3 年的 1 500 美元目前的价值。

为了计算三个 1 500 美元的净现值（NPV），只要把先前计算的现值简单相加即可（$NPV = PV_1 + PV_2 + PV_3 = 1\,363.65 + 1\,239.60 + 1\,126.95 = 3\,730.20$）。换言之，给定 10%贴现率的情况下，买方可接受 3 730.20 美元的支付款，它与三个 1 500 美元的价值相同。

假定我们已经知道了时间和金钱之间的关系，进行经济可行性分析的下一步，是要创建一个总结性的工作表，以反映所有收益及成本的现值，还要包括所有相关的分析。由于经济社会的快速发展，PVF 的系统优先权委员会认为许多信息系统的使用年限不会超过 5 年。因此，所有的成本—收益分析计算都将以 5 年为基准，所有和时间相关的分析时间上限都是 5 年。另外，PVF 的管理层设置的资本成本是 12%（如 PVF 的贴现率）。吉姆创建的工作表如图 5—6 所示。

图 5—6 中工作表的单元格 H11 总结了项目总的有形收益的净现值。单元格 H19 总结了项目总成本的 NPV。总体来说，项目的 NPV（35 003 美元）表明项目的收益超过成本（见单元格 H22）。

项目的总体投资回报率（ROI）如工作表中的单元格 H25 所示。由于可选项目

PVF -- WebStore Project.XLS [Compatibility Mode] - Microsoft Excel

	A	B	C	D	E	F	G	H
1	**Pine Valley Furniture**							
2	**Economic Feasibility Analysis**							
3	**WebStore Project**							
4								
5				Year of Project				
6		*Year 0*	*Year 1*	*Year 2*	*Year 3*	*Year 4*	*Year 5*	*TOTALS*
7	Net economic benefit	$0	$50,000	$50,000	$50,000	$50,000	$50,000	
8	Discount Rate (12%)	1.0000	0.8929	0.7972	0.7118	0.6355	0.5674	
9	PV of Benefits	$0	$44,643	$39,860	$35,589	$31,776	$28,371	
10								
11	*NPV of all BENEFITS*	$0	$44,643	$84,503	$120,092	$151,867	$180,239	**$180,239**
12								
13	*One-time COSTS*	($42,500)						
14								
15	Recurring Costs	$0	($28,500)	($28,500)	($28,500)	($28,500)	($28,500)	
16	Discount Rate (12%)	1.0000	0.8929	0.7972	0.7118	0.6355	0.5674	
17	PV of Recurring Costs	$0	($25,446)	($22,720)	($20,286)	($18,112)	($16,172)	
18								
19	*NPV of All COSTS*	($42,500)	($67,946)	($90,666)	($110,952)	($129,064)	($145,236)	**($145,236)**
20								
21								
22	*Overall NPV*							**$35,003**
23								
24								
25	*Overall ROI - (Overall NPV / NPV of All COSTS)*							**0.24**
26								
27								
28	*Break-Even Analysis*							
29	Yearly NPV Cash Flow	($42,500)	$19,196	$17,140	$15,303	$13,664	$12,200	
30	Overall NPV Cash Flow	($42,500)	($23,304)	($6,164)	$9,139	$22,803	$35,003	
31								
32	Project break-even occurs between years 2 and 3							
33	Use first year of positive cash flow to calculate break-even fraction - ((15303 - 9139) / 15303) = .403							
34	***Actual break-even occurred at 2.4 years***							

图 5—6　反映客户追踪系统所有收益及成本的现值的总结表（松谷家具公司）

可能有不同的收益和成本，可能有不同的生命周期，总体 ROI 值对以经济为基础的项目比较是非常有用的。当然，这个例子表明了整个项目的 ROI，我们应该对项目每年的 ROI 进行计算。

图 5—6 中的最后一种分析是**盈亏平衡分析**（break-even analysis）。盈亏平衡分析的目标是寻找收益和成本平衡的点（如果存在的话，例如，盈亏平衡发生的时刻）。为了进行这项分析，要确定每年现金流量的 NPV。这里，每年的现金流量可以通过从每年的收益现值中减去一次性成本和衍生成本的现值获得。现金流量总的 NPV 反映了之前各年总的现金流量。检查工作表的第 30 行，盈亏平衡发生在第 2 年和第 3 年之间。因为第 3 年是总的 NPV 现金流量图中呈非负值的第 1 年，盈亏平衡发生在该年的哪一点，可以通过以下方法算出：

$$\text{盈亏率}=\frac{\text{每年的净现值现金流量}-\text{全部的净现值现金流量}}{\text{每年的净现值现金流量}}$$

使用图 5—6 中的数据：

$$\text{盈亏率}=\frac{15\ 303-9\ 139}{15\ 303}=0.403$$

因此，实际的盈亏平衡大约发生在第 2.4 年。图 5—7 是这项分析的图形描述。使用经济可行性分析中的信息，PVF 的优先权委员会可以更好地了解客户追踪系统的潜在经济影响。从分析中可以清楚地了解到这些内容，如果没有这样的信息，委员会可能就无法知道所提交系统的成本和收益，也不可能在接受或拒绝这个服务请求时做出明智的决定。

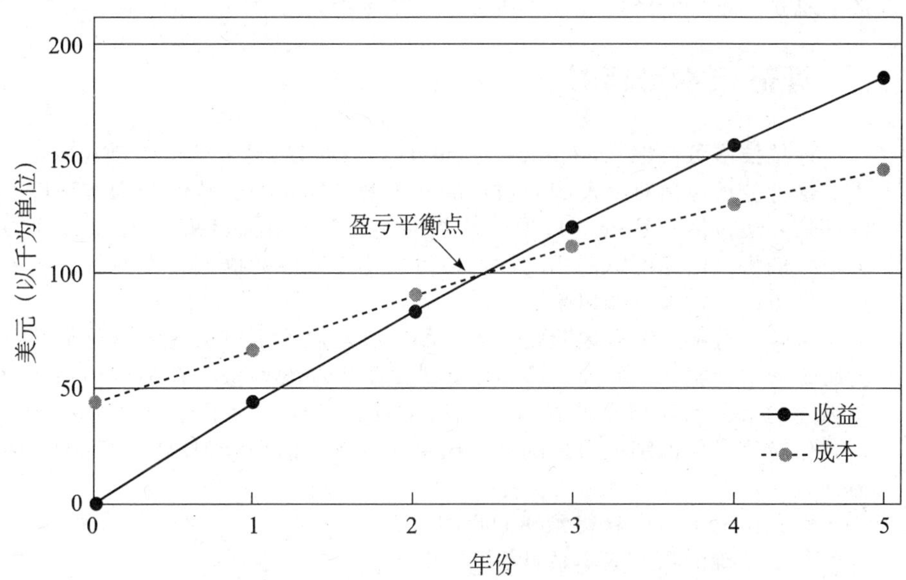

图 5—7　客户追踪系统的盈亏平衡分析（松谷家具公司）

你还可以使用很多技术来计算项目的经济可行性。由于大部分信息系统的使用年限都超过一年，在这超过一年的时间里都会产生收益和成本，因此大部分分析经济可行性的技术都会采用货币时间价值的概念。有些成本—收益分析技术十分简单，也有些是非常复杂的。表 5—6 描述了经常使用的经济可行性分析技术。要想对经常使用的货币时间价值或成本—收益分析技术有进一步的了解，建议有兴趣的读者阅读一些介绍财务或管理会计的教材。

表 5—6　　经常使用的经济成本—收益分析技术

分析技术	描述
净现值（NPV）	NPV 使用由公司的资本成本确定的贴现率来确定项目的现值。贴现率用来确定现金收入和支出的现值。
投资回报率（ROI）	ROI 是项目的净现金收入与项目的现金支出的比率。权衡分析可以通过比较竞争投资项目具有代表性的 ROI 进行。
盈亏平衡分析（BEA）	BEA 可以找出项目中累积的现金流等于它最初和后续投资所需要的时间。

一个被批准继续进行的系统项目，在启动及规划阶段可能无法达到盈亏平衡，也不能拥有高于一些组织基准的 ROI。因为在这个阶段，你还无法量化项目的很多收益和成本，对于一个项目而言，这样的财务障碍很常见。这种情况下，只有尽可能全面地做一个经济可行性分析，包括创建一个很长的无形成本或收益列表，才能推进项目进行。另一个选择是在项目启动及规划阶段，使用悲观、乐观和预期的收益及成本，进行图 5—7 中所示的经济分析。这个可能的结果，再加上所列举的无形收益，以及请求业务单位的支持，通常会使项目顺利进入分析阶段。但你不能保证你的经济分析是十分精确的，特别是当投入资金不足时。这种情况下，为了识别

现有系统的低效率和缺点，以及新系统将如何解决这些问题，在项目的启动及规划阶段进行典型的分析阶段活动也是必需的。因此，为系统项目进行经济分析是一项开放性的活动，进行多少分析要根据特定的项目、持股人和商业条件来确定。对新的信息系统进行经济可行性分析通常非常困难。

□ 评估技术可行性

评估**技术可行性**（technical feasibility）的目的是了解组织创建所提议系统的能力。这种分析包括对开发团队对可能使用的目标硬件、软件和操作环境的了解程度的评估，还包括对系统的规模、复杂性和团队对相似系统的经验的评估。在这部分，我们将讨论你可以使用的评估项目技术可行性的框架，在回答一些基础性问题后，就可以确定项目的风险了。

了解所有项目都有风险是很重要的，有些风险不可避免。这是显而易见的，因为组织通常期望从大风险的项目中获得更加丰厚的回报。在你评估项目时，了解技术风险的来源和类型是非常有价值的工具。而且，为了降低风险需要进行风险管理，你应该尽早识别项目中的潜在风险。没有评估和管理风险的可能结果包括以下方面：

- 无法从项目中获得预期的收益
- 不精确的项目成本估计
- 不精确的项目持续期估计
- 无法达到适当的系统性能水平
- 无法将新系统与现有系统的硬件、软件或组织流程充分整合

你可以进行风险管理，如改变项目规划来避免风险因素，分派项目成员仔细管理有风险的方面，设置确定是否存在潜在风险的监控方法，也就是说，使之具体化。

给定项目的技术风险取决于以下四个因素：项目规模、项目结构、开发团队在应用软件和技术领域的经验，以及用户团队对系统开发项目和应用领域的经验（同样见 Kirsch，2000）。表 5—7 对这些风险进行了总结。可以使用这些因素进行技术风险评估，有四个一般准则。

表 5—7　项目风险评估因素

风险因素	实例
项目规模	项目团队的成员数 项目持续期 项目所涉及的部门数 编程工作量（如小时数、功能点） 外包伙伴的数量
项目结构	新系统或现有系统的革新 由系统导致的组织、流程、结构或人员的改变 用户感知和参与的意愿 管理层对系统的承诺 系统开发中的用户信息量
开发团队	熟悉硬件、软件开发环境、工具和操作系统 熟悉所提议应用的领域 熟悉建立相似规模的相似系统

续前表

风险因素	实例
用户团队	熟悉信息系统开发过程 熟悉所提议应用的领域 熟悉使用相似的系统

资料来源：Based on Applegate，Austin，and McFarlan，2007；Tech Republic，2005.

1. 大项目的风险比小项目的风险大。当然，项目规模与开发团队通常开发的相关项目规模是相对而言的。对一个开发团队来说“小”的项目，可能对另一个团队来说是个相对较“大”的项目。表5—7列举了影响项目规模的因素类型。

2. 与一个系统要求不清、结构混乱、定义不明确，或屈从于某个人判断的系统相比，系统要求容易获得和高度结构化的系统其风险会低一些。例如，由于有法定的报表要求和标准的账户流程，一个工资单系统的开发需求就很容易满足。另一方面，一个行政支持系统就要根据特定的行政决策风格，以及组织的关键成功因素来专门定制，因此，开发风险更大一些（见表5—7）。

3. 系统开发使用经常采用的或标准的技术，比不经常采用的或非标准的技术的风险要小。当开发团队缺少与技术环境相关的知识时，很可能会在开发过程中遇到不可预见的技术问题。减少风险的方法是使用标准的开发工具和硬件环境。对有经验的系统开发者来说，谈论使用尖端技术（或用他们的话说，不成熟的技术）的困难是件很平常的事情（见表5—7）。

4. 对系统开发过程和应用领域熟悉的用户团队，会比对这些都不熟悉的用户团队面临更小的风险。成功的信息系统开发要求用户和开发团队的积极合作与协作。用户对应用领域和系统开发过程的熟悉，会帮助他们了解自己的需求和影响项目成功的因素（见表5—7）。

企业可能也会实施一个高风险的项目。许多组织把风险看作一个投资组合问题：考察所有的项目，你会发现高风险、中等风险和低风险项目所占的合理比例。假定一些高风险的项目可能会遇到困难，而组织不能应对太多这种困难。许多低风险的项目可能不会有很大的攻击性，因此很难在创新系统方面实现重大的突破。每个组织必须确定它可接受的不同风险项目的混合比例。

图5—8用矩阵描述了评估相关风险经常使用的一般规则。吉姆和杰姬使用风险因素规则评估客户追踪系统的技术风险等级，得出如下结论：

		低结构化	高结构化
对技术或应用领域高度熟悉	大项目	(1) 低风险（很容易受管理不善的影响）	(2) 低风险
	小项目	(3) 非常低的风险（很容易受管理不善的影响）	(4) 非常低的风险
对技术或应用领域极不熟悉	大项目	(5) 非常高的风险	(6) 中等风险
	小项目	(7) 高风险	(8) 中等—低风险

图5—8 项目结构等级、项目规模、对应用领域的熟悉程度对项目实施风险的影响

资料来源：Based on Applegate，Austin，and McFarlan，2007；Tech Republic，2005.

1. 对 PVF 的开发组织来说，这是一个相对较小的项目。系统的基础数据很容易获得，因此系统的创建不是一项大工程。

2. 项目需求高度结构化，并且很容易获得。实际上，可使用一个现有的以电子数据表为基础的系统进行检查和研究。

3. 开发团队对用来创建系统的技术很熟悉，因为系统只是简单扩展了现有系统的功能。

4. 如图 5—3 所示，他们已经使用了基于 PC 的电子数据表系统，所以用户团队熟悉应用领域。

假设已经进行了风险评估，吉姆和杰姬将他们的信息绘制到图 5—8 的风险框架中。他们得出结论，这个项目的技术风险应该是“非常低”（图中的单元格(4)）。尽管这个方法对了解技术可行性非常有用，但许多其他问题也会影响系统的成功。下面将对这些非经济和非技术的问题进行描述。

评估其他可行性问题

在这部分，我们将对项目规划期间，为系统进行商业论证时可能需要考虑的其他形式的可行性问题进行简要的总结。

评估运行可行性　对项目可能进行的第一项相关检查是获得它的预期目标，称为**运行可行性**（operational feasibility）。它的目的是对所提交的系统能够解决业务问题或利用机会的程度有一个了解，这些问题或机会已在系统服务请求或项目识别研究中列出。对一个由信息系统规划驱动的项目来说，运行可行性包括从与正在完成的信息系统规划是否一致或是否必需的角度来评判项目。实际上，任何项目的商业论证都可以通过显示和企业或信息系统规划的关联而得到加强。对运行可行性的评估，还应该包括所提议的系统将如何影响组织结构和流程。对组织结构或流程具有大量广泛影响的系统，通常是风险更大的项目。因此，了解信息系统如何符合组织目前的日常运行是非常重要的。

评估进度可行性　与项目工期相关的一个可行性问题，通常称为评估**进度可行性**（schedule feasibility）。对于你，一名系统分析员来说，评估进度可行性的目的是了解所有可能的时间范围和完工日期得到满足的可能性，因为满足这些日期要求对处理组织需求具有重大意义。例如，一个系统可能受下列截止日期的控制，包括：政府规定的时间、业务循环的某一特定时间点（如引进新产品的季初），或至少在竞争者预计引进一个相似系统之前。此外，只有在进度要求时能够获得所需的资源，具体的活动才是可行的。例如，不要在繁忙的业务期安排进行系统测试，也不要在年假中安排关键的项目会议。项目启动及规划阶段产生的活动进度计划，对系统分析阶段的安排应该是非常精确详细的。而在系统分析之后的阶段中，预计的活动及活动的相关时间通常不再详细，仅仅保持在生命周期阶段的水平上（例如，物理设计阶段需要 6 周，编程需要 4 个月等）。这意味着评估项目启动及规划阶段的进度可行性，仅是对系统能否在业务机会和用户期望的限制条件下完成所进行的一个粗略分析。在评估进度可行性时，你还要评估进度的平衡。例如，项目团队规模、关键人员的可用性、转包或外包活动，以及开发环境的改变等因素，都会对最后的进度产生影响。与各种其他的可行性相同，当你能够确定下阶段每一步骤的细节时，在各阶段之后都要对进度可行性进行再评估。

评估法律及合同可行性　第三个问题是评估**法律及合同可行性**（legal and contractual feasibility)。在这个领域中，你需要了解和系统创建相关的任何可能的法律分支。注意事项可能包括：侵犯版权或泄密、劳动法、反垄断法（它可能限定创建的系统必须与其他组织共享数据）、对外贸易条例（例如，一些国家限制访问外企员工的数据）、财务报告标准，以及目前已经或者尚未确定的合同义务。合同义务可能涉及合资企业所使用软件的版权、使用硬件或软件的授权、与合伙人的保密协议或劳资协议等（例如，一个工会协议可能会排除一些薪酬或工作监控功能，而这些功能可能是用户希望系统能够提供的）。一个经常发生的情况是，用在新计算机上的一个系统的开发，可能需要一个新的或延期的系统软件授权，而这个授权更加昂贵。通常，如果你的组织以前使用外部组织来开发特定的系统或服务，你从未想过要自己处理，那么法律及合同可行性对你来说就是一个较大的问题。在这种情况下，另一个团队拥有程序源代码的所有权会使人难以扩展现有的系统，或阻碍新系统和现已购买系统之间的连接。

评估政策可行性　当你试图了解组织内部关键的利益相关者是如何看待所提议的系统时，**政策可行性**（political feasibility）就是最后一个要重点考察的可行性问题。因为信息系统可能会影响到组织中信息的分布，也就是某种程度上权力的分布，所以信息系统的创建可能会衍生出政治问题。那些不支持项目的利益相关者可能会阻挡、破坏或改变项目已确定的关注点。

总而言之，取决于给定的情况，在规划一个项目时要考虑各种可行性问题。这种分析包括与项目相关的经济、技术、运行、进度、法律、合同和政策问题。除了上述讨论的问题之外，组织的项目选择还受其他问题的影响。例如，如果这个系统被认为有战略必要性，那么即使它有高成本和高风险，也会创建这个项目；这意味着，组织认为这个项目对组织的生死存亡有重要的影响。此外，如果项目需要很少的资源并具有很小的风险，那么也会选择这个项目。如果提议系统的那个经理很有权势或很有说服力，那么这个项目也会被选择。这表示，除了在这里讨论的以及能够被分析的事项之外，系统选择还受其他因素的影响。理解了项目的选择可能依赖于那些分析之外的因素的事实，你作为系统分析员的任务是对可评估的事项进行彻底的审查。你的分析可以确保项目评审委员会在做项目批准决策时，拥有尽可能多的信息。下面我们将讨论一般情况下项目规划是如何审核的。

建立及审核基线项目计划

在项目启动及规划阶段收集的所有信息，都会被收集并整理成一个称为基线项目计划的文件。一旦基线项目计划完成，项目的客户和其他利益相关团体将会对项目进行正式的审核。这个展示，即走查，将在本章的后面部分进行讨论。审核的重点是在项目继续进行之前，核实基线项目计划中所有的信息和假设。

建立基线项目计划

正如前面所提到的，项目规模和组织标准将会决定项目启动及规划过程，以及基线项目计划的复杂性。然而大多数有经验的系统建立者发现，项目规划以及一份详细的项目计划对项目的成功是至关重要的。图 5—9 提供了一份基线项目计划的概要，它主要包括四个部分：

1. 引言
2. 系统描述
3. 可行性评估
4. 管理问题

基线项目计划报告
1.0 引言 A. 项目综述——提供明确项目范围、可行性、验证、资源需求和进度的执行概要。此外，还要对系统的问题、实施环境和影响项目的限制条件进行简要的说明。 B. 建议——提供对规划过程中重要发现的总结，以及对后续活动的建议。
2.0 系统描述 A. 可选方案——提供可选系统配置的简要描述。 B. 系统描述——提供已选配置的描述，以及输入信息、执行任务和结果信息的描述。
3.0 可行性评估 A. 经济分析——使用成本—收益分析对系统开发进行经济验证。 B. 技术分析——提供相关技术风险因素及项目整体风险等级的分析。 C. 运行分析——除了评估系统将如何改变当前的日常活动之外，还提供所提议系统如何解决业务问题，以及如何利用商业机会的分析。 D. 法律及合同分析——提供与项目相关的任何法律或合同风险的描述（如版权或保密性问题，数据的获取或转移等）。 E. 政策分析——提供组织中关键的利益相关者对所提交系统的看法的描述。 F. 进度、时间线和资源分析——提供在使用各种资源配置方案下，可能的时间范围和完成时间场景的描述。
4.0 管理问题 A. 团队的配置和管理——提供团队成员的任务和报告关系的描述。 B. 沟通计划——提供管理层、团队成员和客户要遵循的沟通规程的描述。 C. 项目标准和规程——提供可交付成果如何被客户评估和接受的描述。 D. 其他项目特有的问题——提供在规划阶段所揭示的与项目相关的任何其他问题的描述。

图5—9 基线项目计划的概要

基线项目计划的引言部分 引言的目的是对整个文件进行简要的综述，概括建议的项目行动步骤。整个引言部分通常只有几页。尽管引言是基线项目计划的第一部分，但是通常到最后才写这部分内容。只有执行了大部分的项目规划活动，才能撰写出清晰的综述和建议。首先要执行的一项活动是定义项目的范围。

确定了PVF公司客户追踪系统的范围后，吉姆首先需要了解项目的目标。为确定目标，吉姆与杰姬及她的几个同事进行了一次短暂的会面，并对她们的需求有了清晰的了解。他还花几个小时审核现有系统的功能、处理过程和执行客户追踪活动的数据使用需求。这些活动为他定义项目范围和识别可能的备选方案提供了所需的信息。备选的系统解决方案涉及不同的系统范围、使用平台和获得系统的方法。当我们讨论生命周期的分析阶段时，要对备选的解决方案进行详细的说明，称作设计战略。在项目启动及规划阶段，设计战略最关键的要素是系统的范围。总而言之，范围的确定依赖于以下因素：

- 哪些组织单元（业务功能和部门）会受到所提议的系统或系统变更的影响？

● 所提交的系统需要与哪些现有系统互动或保持一致，或哪些系统由于备选系统而需要改变？

● 在提出请求的组织内部或外部（或作为整体的组织），谁会关心所提议的系统？

● 要考虑哪些潜在的系统性能？

图 5—10 展示了客户追踪系统的项目范围说明书。

松谷家具公司（PVF）　　　　准备人：吉姆·伍
项目范围说明书　　　　日期：2010 年 9 月 10 日

一般项目信息
项目名称：客户追踪系统
主办人：杰姬·贾德森，营销部门副总裁
项目经理：吉姆·伍

问题/机会说明：
销售增长已经超过了营销部门精确追踪和预测客户购买趋势的能力。为了达到企业的目标，必须找到一个执行这个过程的改进的方法。

项目目标：
为了在最复杂的产品市场中为客户提供更好的服务，营销部门要精确地追踪和预测客户的购买趋势。这还会使 PVF 能够识别生产和物料的合理应用。

项目描述：
为了协助营销人员了解动态的市场条件，创建的新系统要能收集所有客户的购买活动、支持展示和报告销售信息、综合数据和显示动态信息。这个项目要遵循 PVF 的系统开发生命周期。

业务收益：
增加对客户购买习惯的了解
提高对市场和销售人员的利用
提高对生产和物料的利用

项目的可交付成果：
客户追踪系统的分析与设计
客户追踪系统的程序
客户追踪文档
培训程序

预计项目工期：
5 个月

图 5—10　客户追踪系统的项目范围说明书（松谷家具公司）

对客户追踪系统来说，只使用文本信息就可以确定项目的范围。然而，使用图表，如数据流程图和实体—关系模型，来确定项目的范围也是非常普遍的。例如，图 5—11 使用上下文数据流图确定了 PVF 公司采购执行系统的系统范围。在基线项目计划中引言部分的另一个事项是对文件的其他部分进行简要的总结。

基线项目计划的系统描述部分　基线项目计划的第二部分是系统描述，在这里除了要描述解决特定问题的最合适的方案，还要描述可能的备选方案。注意这个描述是高层次的，大部分以表格的形式进行。例如，备选方案要尽可能简单描述以下内容：

1. 基于 Web 的在线系统

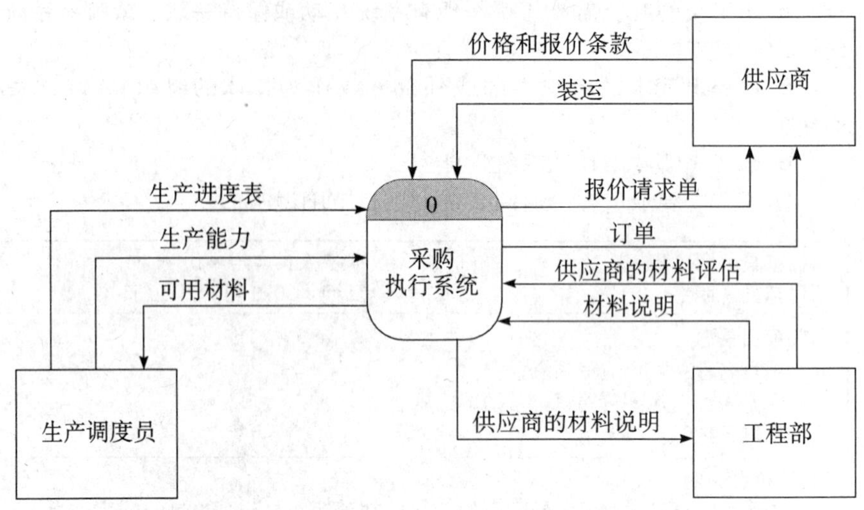

图 5—11 采购执行系统中表示项目范围的上下文数据流图（松谷家具公司）

2. 有中心数据库的主机
3. 有分散数据库的局域网
4. 有在线检索功能的批数据处理
5. 一个预写软件包的购买

如果该项目被批准开发或购买，那么在系统分析阶段，你需要以更加详细和严格的方式收集和整理信息，更深入地评估这些信息以及系统其他的可选方向。此时，你的目标仅仅是识别出最明显的备选方案。

当吉姆和杰姬为客户追踪系统考虑备选方案时，他们主要关注两个问题。第一，他们讨论了如何获得系统，并确定了三种选择：如果找到满足 PVF 需求的系统，则购买；将系统开发外包给一个组织；或在 PVF 内部开发系统。第二个问题是明确全面的系统功能。为了完成这项任务，吉姆让杰姬写了一系列声明，列举了她所想到的营销人员使用客户追踪系统时需要完成的任务类型。这个声明是系统描述的基础，可以协助他们完成决策。在考虑了营销团队的独特需求后，两人都认为最好的方案是在 PVF 内部开发系统。

基线项目计划的可行性评估部分 第三部分是可行性评估，它涉及项目成本及收益、技术难点以及诸如此类的问题。这部分还包括使用网络图和甘特图来说明高层次的项目进度安排。回想第 3 章的内容，这个过程称作任务分解结构。在项目启动及规划阶段，任务和活动的估计一般不是很详细。所以一个精确的任务分解只有到下一两个生命周期活动中才能确定。识别项目的主要任务之后，将会对资源需求进行估计。和确定任务及活动一样，这项活动主要是对人力资源需求进行粗略的估计，因为人员是最昂贵的资源。一旦确定了主要的任务和资源需求，就可以编写初步的进度安排了。确定一个可接受的进度安排可能需要你寻找另外的或不同的资源，或者是改变项目的范围。项目规划阶段大部分的工作通常是这些可行性评估活动。

基线项目计划的管理问题部分 最后一部分，管理问题概述了和项目相关的许多管理问题。如果所提议的项目完全按照组织标准的系统开发方法实施，那么这部分的篇幅将非常短。然而，大部分项目都有一些独特之处，需要或多或少地偏离标准方法。在团队的配置及管理部分，你需要确定从事这个项目的人员类别、谁负责哪些任务，以及工作是如何被监督及审查的（见图 5—12）。在沟通计划部分，你要解释用户是如何知道项目进度的（如定期的审查会议甚至是一个短讯），以及使用什么方法来促进团队成员的思想共享，如某种形式的基于计算机的会议（见图 5—13）。项目标准和规程部分所包含的信息可能是，项目变更请求及任何对项目成功有重要影响的议题的提交或批准流程。

<table>
<tr><td colspan="2">项目：
Web Store</td><td colspan="2">起草者：
Juan Gonzales</td><td colspan="4" rowspan="2">标识：
P=主要的
S=支持的</td></tr>
<tr><td colspan="2" rowspan="2">经理：
Juan Gonzales</td><td colspan="2">页数：1 页/共 1 页</td></tr>
<tr><td colspan="2">责任矩阵</td><td colspan="4"></td></tr>
<tr><td>任务编号</td><td>任务</td><td>Jordan</td><td>James</td><td>Jackie</td><td>Jeremy</td><td>Kim</td><td>Juan</td></tr>
<tr><td>A</td><td>收集需求</td><td>P</td><td>S</td><td></td><td></td><td></td><td>S</td></tr>
<tr><td>B</td><td>开发数据模型</td><td></td><td></td><td>P</td><td></td><td>S</td><td>S</td></tr>
<tr><td>C</td><td>开发软件界面</td><td></td><td></td><td>P</td><td></td><td>S</td><td>S</td></tr>
<tr><td>D</td><td>建立数据库</td><td></td><td></td><td>S</td><td></td><td>P</td><td>S</td></tr>
<tr><td>E</td><td>设计测试</td><td>S</td><td>S</td><td>S</td><td>P</td><td>S</td><td>S</td></tr>
<tr><td>F</td><td>运行测试</td><td>S</td><td>S</td><td>S</td><td>S</td><td>S</td><td>P</td></tr>
<tr><td>G</td><td>创建用户文件</td><td>P</td><td>S</td><td></td><td></td><td></td><td>S</td></tr>
<tr><td>H</td><td>安装系统</td><td>S</td><td>P</td><td></td><td></td><td>S</td><td>S</td></tr>
<tr><td>I</td><td>进行客户支持</td><td>S</td><td>P</td><td></td><td></td><td>S</td><td>S</td></tr>
</table>

图 5—12　任务责任矩阵

利益相关者	文件	格式	团队联系人	截止日期
团队成员	项目现状报告	项目内部网	Juan 和 Kim	每月的第一个星期一
管理总监	项目现状报告	复印件	Juan 和 Kim	每月的第一个星期一
客户团队	项目现状报告	复印件	James 和 Kim	每月的第一个星期一
内部信息技术人员	项目现状报告	电子邮件	Jackie 和 James	每月的第一个星期一
信息技术经理	项目现状报告	复印件	Juan 和 Jeremy	每月的第一个星期一
合同程序员	软件说明书	电子邮件/项目内部网	Jordan 和 Kim	2010 年 10 月 4 日
培训分包商	实施和培训计划	复印件	Jordan 和 James	2011 年 1 月 10 日

图 5—13　项目沟通矩阵对沟通计划做了一个高层次的总结

你现在应该对基线项目计划如何创建，以及它所包含的各类信息有所了解。它的创建并不意味着要创建一个项目，它只是整个系统开发过程中的一个步骤。开发基线项目计划有两个主要目标：第一，它帮助确保客户和开发团队对项目有一个共同的认识。第二，它帮助主办机构清楚地了解项目的范围、收益及工期。

□ 审核基线项目计划

在系统开发生命周期的下一阶段开始之前，用户、管理层和开发团队必须审核基线项目计划（BPP），以确保它是有意义的。这个审核要在基线项目计划提交或展示给项目批准者之前进行，批准者可能是一个信息系统指导委员会，也可能是这个项目的资助人。审核的目标是确保所提议的系统符合组织标准，并确保所有相关团队了解并同意 BPP 中所包含的信息。执行这个审核的一般方法（与随后的生命周期阶段的审核相同）称为结构化走查。**走查**（walkthrough）是由同伴群体来审核系统开发过程中所创建的任何成果，它广泛应用于专业的开发组织中。经验表明，走查是确保信息系统质量的一个非常有效的方式，它已经成为许多分析员的日常活动。

大部分的走查不是非常正式，持续期也不是很长。然而，为走查建立一个特定的议程是非常重要的，以便使所有的参与者能够了解项目的覆盖范围以及预期完成时间。在走查会议上，需要有人担任特定的角色。这些角色如下所示（Yourdon，1989）：

- 协调者。这个人的工作是安排会议，使会议顺利进行。他可能是项目的领导者或是负责目前生命周期步骤的首席分析员。
- 展示者。这个人向团队描述工作成果。展示者通常是完成所呈现的所有或部分工作的一名分析员。
- 用户。这个人（或团队）确认工作成果满足项目用户的需求。这个人通常不属于项目团队。
- 秘书。这个人做笔记，记录团队所做的决定或下达的命令。他可以是分配到项目团队中的职员，或团队中的一名分析员。
- 标准检查者。这个人的任务是确保工作成果符合组织的技术标准。许多大型组织会有一个团队负责建立标准的流程、方法或文件格式。这些标准检查者验证这些工作，使开发组织的其他人也可以使用这些工作成果。
- 维护人员。这个人的任务是从未来维护活动的角度来审核工作成果。他的目标是使系统及其文件易于维护。

在吉姆和杰姬完成客户追踪系统的 BPP 之后，吉姆和他的老板沟通，请求召开一个走查会议，并任命一个项目协调者。PVF 公司通过提供一个走查审核表来协助协调者，如图 5—14 所示。使用这个表，协调者可以更容易地为每项走查任务确定合适的人员，确保每个人都收到审核材料，并且确保每个人都知道会议的安排、日期、时间和地点。在会议上，吉姆展示了 BPP，杰姬从一个用户的角度增加了一些评论。在走查展示完成后，协调者安排每个代表就其对工作成果的建议进行投票。这个投票的结果可能是工作成果被确认；或者在会议中建议先进行修改，然后再确认；或建议工作成果在提交批准之前进行较大的修正。在后一种情况下，通常要求对工作成果进行较大的修改，因此在项目提交给系统优先权委员会（指导委员会）之前，必须安排另一次走查会议。在客户追踪系统案例中，全体走查成员都支持基线项目计划，只要求在进度工期的预期上稍做修改。秘书把这些建议记录在走查行动列表上（见图 5—15）并提交给吉姆，吉姆将其写入将展示给指导委员会的最终版本的基线计划中。

正如前面讨论所建议的，在多数系统开发团队中，走查会议经常发生，而且用于审核基线项目计划之外的更多活动，包括：

- 系统说明书
- 逻辑和物理设计
- 代码或程序部分
- 测试程序及结果
- 手册和文件材料

使用结构化审核过程的一个主要优势，是它能确保在项目期间内有一个正式的审核点。在之后的项目每个阶段，都要进行一次正式的审核（并在项目进度表中显示），以确保在分配给项目额外的资源之前，项目的各个方面都能很好地完成。这种审核每个主要项目活动以保证前一阶段成功完成的传统方法称为渐增式承诺。使用这种方法可以使人们在任何时候更容易停止或重新定向项目。

松谷家具公司（PVF）
走查审核表

会议协调者：

项目/部分：

协调者检查清单：

1. 与制作人确认材料已准备好，并且很稳定：________________________
2. 问题邀约、分配责任、分发材料：[ ] 是　[ ] 否
3. 设定会议日期、时间和地点：

　日期：_____/_____/_____　　时间：__________上午/下午（圈一个）

　地点：________________________

责任	参加者	能否参加	是否收到材料
协调者	________	[ ] 是　[ ] 否	[ ] 是　[ ] 否
展示者	________	[ ] 是　[ ] 否	[ ] 是　[ ] 否
用户	________	[ ] 是　[ ] 否	[ ] 是　[ ] 否
秘书	________	[ ] 是　[ ] 否	[ ] 是　[ ] 否
标准检查者	________	[ ] 是　[ ] 否	[ ] 是　[ ] 否
维护人员	________	[ ] 是　[ ] 否	[ ] 是　[ ] 否

日程安排：

_____ 1. 所有参加者都愿意遵循 PVF 的走查规则
_____ 2. 新材料：所有走查材料
_____ 3. 旧材料：先前行动列表的核对
_____ 4. 新行动列表的创建（每个参与者都做出贡献）
_____ 5. 小组决策（如下）
_____ 6. 将表格的复印件送给项目控制经理

小组决策：

_____接受产品现状
_____审核（没有进一步的走查）
_____审核并安排另一次走查

签名：		

图 5—14　走查审核表（松谷家具公司）

<table>
<tr><td colspan="2" align="center">松谷家具公司
走查行动列表</td></tr>
<tr><td colspan="2">会议协调者：</td></tr>
<tr><td colspan="2">项目/部分：</td></tr>
<tr><td colspan="2">走查日期和时间：
日期：_____/_____/_____　　　时间：__________上午/下午（圈一个）</td></tr>
<tr><td>已解决（√）</td><td>审核中提出的问题：</td></tr>
</table>

图 5—15　走查行动列表（松谷家具公司）

走查贯穿于项目的整个过程，为团队成员和外部利益相关者服务。这些展示对团队帮助很大，遗憾的是，这些展示经常做得不太好。虽然计算机技术和强大的可用软件可以协助设计和传达展示文稿，但是做一个有效展示非常不容易。微软的PowerPoint是创建基于计算机的展示的一个业界标准。尽管这个程序使用起来相对简单，但是它也被滥用，如将“附加的修饰物”添加到一个基于计算机的展示中，其实是使注意力发生转移。像任何项目一样，为了做一个有效的展示，必须进行计划、设计和表达。如果你的幻灯片设置拙劣、难以理解，或者前后不一致，那么不管你表达得多好都没有用。你的听众会注意到幻灯片的低质量，而忽略你所说的内容。幸运的是，如果你采用以下一些步骤，将会很容易设计出高质量的展示稿，如表5—8所示。

表5—8　　有效展示的指南

展示计划	
听众是谁?	为了设计最有效的展示，你需要考虑听众。(如，他们知道你的主题是什么吗? 他们的学历水平是什么?)
报告内容是什么?	在你的心中，展示应该有一个特定的目标。
展示环境如何?	了解房间的大小、形状和灯光是设计最佳展示的至关重要的信息。
展示设计	
顺序安排	安排幻灯片的顺序，将元素或主题放在一个合适的位置，而不是使其随机分散于材料的始终。
简单化	确保不要把太多的信息放在一张幻灯片上，使它难以阅读。此外，做尽可能少的幻灯片；换言之，只包括你绝对需要的信息。
一致性	确保字体、字号、颜色、设计方法和背景的一致性。
使用多样性	在大部分有意义的样式中同时使用文本和图表来传达信息。
不要只依赖拼写检查器	仔细审核展示文稿的排版和单词错误。
使用少量的修饰物	确保使用熟悉的图表来指导和提高幻灯片的质量；不要忽略增加的修饰物的信息。此外，在进行幻灯片和元素转换时要更加仔细，确保不要丢失信息的特殊效果。
补充材料	使用补充材料时要小心，确保它们没有转移听众的注意力。例如，直到你想让听众阅读材料时才提供这些材料。
有一个清晰的开始和结束	在开始时，介绍你自己和你的团队成员（如果有的话），感谢你的听众的到来，并对你将要展示的东西提供一个清晰的大纲。结束时，使用一张总结性的幻灯片，使听众知道展示结束了。
展示表达	
练习	确保你从头到尾测试了已完成的工作，它包含你所有的要点，并能在要求的时间范围内以有效的方式展示出来。
提前到达，再次熟悉你的展示文稿	当你的展示准备完毕时，比听众提前到达是一个好习惯。
学会使用快捷键	展示时使用快捷键可以使你将注意力放在信息而不是软件上。
表达	为了做有效的展示，你必须锻炼自己成为一个有效的公共演讲者。
个人表现	你的举止和表现能在很大程度上提高听众接受你的展示的程度。

电子商务应用：启动及规划系统开发项目

为一个基于互联网的电子商务应用启动及规划系统开发项目与为传统的应用启动和规划项目非常相似。在第 4 章中，你了解了 PVF 公司的管理层是如何开始 WebStore 项目的，该项目通过互联网销售家具产品。在这部分，我们将着重介绍与系统开发项目识别及选择阶段直接相关的一些问题。

为松谷家具公司的 WebStore 启动及规划系统开发项目

假定 WebStore 项目有很高的优先级，营销副总裁杰姬・贾德森和资深系统分析员吉姆・伍被分配来完成这个项目。正如先前在本章中所描述的客户追踪系统一样，他们的最初活动是开始项目启动及规划。

启动及规划 PVF 公司的电子商务系统 为了开始启动及规划过程，吉姆和杰姬在这几天中召开了几次会议。在第一次会议中，他们确定了所提议系统的项目名称为"WebStore"。其次，他们确定了潜在的收益、成本和可行性问题。为了协助这个过程的进行，吉姆根据他和杰姬及其他项目团队成员一起开发的基于网页的系统，列举了这个项目的潜在成本（见表 5—9）。

表 5—9 **基于 Web 的系统成本**

成本分类	实例
平台成本	主机托管服务 Web 服务器 服务器软件 软件插件程序 防火墙服务 路由器 互联网连接
内容和服务	创意设计及开发 持续的设计费用 Web 项目经理 网站技术经理 内容员工 图形员工 支持人员 网站增强基金 内容之外的版权费用 编程、顾问和研究 培训和旅行
营销	直接邮件 启动及正在进行的公共关系 平面广告 链接到其他网站的费用 促销 市场营销人员 广告销售人员

WebStore 项目走查　与项目团队会面之后，吉姆和杰姬确定了一份初始的收益及成本列表（见表 5—10）以及一些可行性问题（见表 5—11）。其次，吉姆与 PVF 公司的几位专业技术人员一起开发了初始的项目进度表。图 5—16 展示了用甘特图描述的 84 天的进度表。最后，吉姆和杰姬在走查会议上，向 PVF 公司的董事会和高级管理人员展示了他们最初的项目规划。所有人对项目规划都很满意，赞成 WebStore 项目进入分析阶段。

表 5—10　　PVF 公司 WebStore：项目收益及成本

有形收益	无形收益
• 降低每项交易的间接成本 • 重复业务	• 第一个进入市场 • 完成基于网页的信息系统的基础 • 为客户使用提供方便
有形成本（一次性）	**无形成本**
• 互联网服务启动费用 • 硬件 • 开发成本 • 数据输入	• 无面对面的互动 • 不是所有的客户都使用互联网
有形成本（衍生）	
• 互联网服务的主机托管费用 • 软件 • 支持 • 维护 • 通过传统渠道销售量的降低	

表 5—11　　PVF 公司 WebStore：可行性问题

可行性问题	描述
运行	全天候在线网络开发 退货/客户支持
技术	开发、维护和运行的新技能
进度	在第 3 季度前必须开放
法律	信用卡欺诈
政策	传统的分销渠道会损失业务

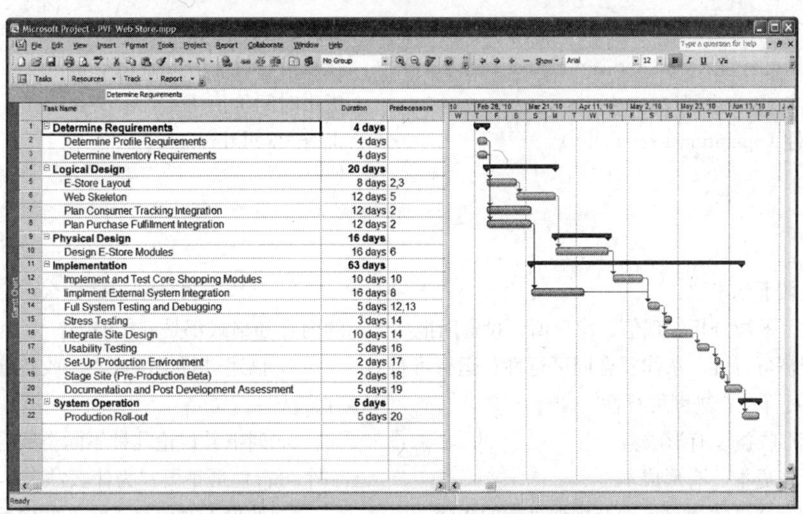

图 5—16　PVF 公司 WebStore 项目的进度表

小结

项目启动及规划阶段是项目生命周期中一项至关重要的活动。在这一时刻，项目可能被批准开发、由于不可行而遭受拒绝或重新定位。这个过程的目标是将模糊的系统需求转换为有形的系统描述，包括项目目标、可行性问题、收益、成本和时间进度表。

项目的启动包括组成项目启动团队、确立客户关系、开发一个计划使项目开始、设定项目管理的规程并创建整个项目管理的环境。项目规划阶段的一个重要活动是对与项目相关的各种可行性问题进行评估。可行性评估包括经济、技术、运行、进度、法律及合同和政策可行性的评估。这些问题受到项目的规模、所提议系统的类型、开发团队的集体经验和系统潜在客户的影响。高成本和高风险的项目不一定就是不好的，相反，对于一个组织来说，了解与项目相关的成本和风险，以及当前正在进行的项目组合是很重要的。

在完成各种分析之后，就可以创建 BPP 了。一个 BPP 包括对所提议的系统或系统变更所进行的高层次的描述、各种可行性概要，以及针对项目的管理问题总结。在信息系统开发之前，用户、管理人员和开发团队必须审核并同意这个计划。走查审核关注于评估项目的优点，如果该项目被接受进行开发，就需要确认它是否符合组织的标准和目标。这个过程是为了确保所有的相关部门在随后的开发活动开始之前了解并同意计划中所包含的信息。

项目启动及规划是一项具有挑战性且耗时的活动，它要求许多组织参与者积极参加。总体来讲，开发项目和信息系统功能的最终成功，取决于原则和合理方法的有效使用，这些方法包括本章中所阐述的技术。在之后的章节中，你会了解其他各种工具，它们将协助你成为一名高效的信息系统设计师和开发者。

关键术语

基线项目计划（Baseline Project Plan，BPP）
盈亏平衡分析（break-even analysis）
商业论证（business case）
贴现率（discount rate）
经济可行性（economic feasibility）
无形收益（intangible benefit）
无形成本（intangible cost）
法律及合同可行性（legal and contractual feasibility）
一次性成本（one-time cost）
运行可行性（operational feasibility）
政策可行性（political feasibility）
现值（present value）
项目范围说明书（Project Scope Statement，PSS）
衍生成本（recurring cost）
进度可行性（schedule feasibility）
有形收益（tangible benefit）
有形成本（tangible cost）
技术可行性（technical feasibility）
货币时间价值（time value of money，TVM）
走查（walkthrough）

复习题

1. 比较下列术语：

a. 盈亏平衡分析、现值、净现值、投资回报

b. 经济可行性、法律及合同可行性、运行可行性、政策可行性、进度可行性

c. 无形收益、有形收益

d. 无形成本、有形成本

2. 列举并描述项目启动及规划过程的步骤。

3. 基线项目计划包括什么内容？所有基线计划的内容和格式都是一样的吗？为什么？

4. 描述进行经济成本—收益分析经常使用的三种方法。

5. 列举并讨论几种不同类型的项目可行性。哪一个可行性最重要？为什么？

6. 如果不对信息系统开发项目进行相关的技术

风险评估，可能后果是什么？

7. 用什么方式可以识别一个信息系统项目比另一个风险更大？

8. 一个信息系统项目的收益类型或分类是什么？

9. 组织可能从信息系统的开发中获得怎样的无形收益？

10. 描述货币时间价值的概念。贴现率如何影响 1 美元在未来一年内的价值？

11. 描述结构化走查的过程。在走查过程中，要执行哪些任务？

问题与练习

1. 考虑购买一台在家里使用的个人计算机和激光打印机，使用表 5—7 中的项目风险评估因素评估这个项目的风险。

2. 考虑你在家或工作时使用一台个人计算机，列举一个信息系统的有形收益。基于这个清单，判定你使用个人计算机是否有益？为什么？使用表 5—3，列出从信息系统中所获得的无形收益。这个分析是支持还是否定了你先前的分析？基于这两种分析，判定你使用个人计算机是否有益。

3. 作为一个例子，考虑一下为你的工作部门或者为大学学生实验室购买一个个人计算机网络。估算这个例子所需要的表 5—4 中列出的那些成本，包括一次性成本和衍生成本。

4. 假设一个信息系统的货币收益是每年 85 000 美元，一次性成本是 75 000 美元，衍生成本是每年 35 000 美元，贴现率是 12%，5 年时间期，计算该信息系统中这些成本及收益的净现值。此外，计算项目整体的投资回报，然后进行盈亏平衡分析，在哪个时间点实现盈亏平衡？

5. 从你在问题与练习 3 中描述的信息系统中选择一个作为例子，既可以是为你的工作部门也可以是为大学学生实验室购买个人计算机网络。估算你的系统成本及收益，计算净现值和投资回报，并进行盈亏平衡分析。假设贴现率是 12%，5 年时间期。

6. 使用图 5—9 中所提供的 BPP 概要，表述你在问题与练习 3 和 5 中选择的信息系统的系统说明书。

7. 将问题与练习 4 中的贴现率改为 10%，重做这项分析。

8. 将问题与练习 4 中的衍生成本改为 4 000 美元，重做这项分析。

9. 将问题与练习 4 中的时间期改为 3 年，重做这项分析。

10. 假设一个信息系统的货币收益是第 1 年 50 000 美元，随后的 4 年每年增加 5 000 美元（即第 1 年＝50 000 美元，第 2 年＝55 000 美元，第 3 年＝60 000 美元，第 4 年＝65 000 美元，第 5 年＝70 000 美元）。一次性开发费用是 90 000 美元，衍生成本在持续期内是每年 40 000 美元。公司的贴现率是 10%，时间期为 5 年，计算这些成本及收益的净现值。此外，计算整个项目的投资回报，并进行盈亏平衡分析，在哪个时间点实现盈亏平衡？

11. 将问题与练习 10 中的贴现率改为 12%，重做这项分析。

12. 将问题与练习 10 中的衍生成本改为 60 000 美元，重做这项分析。

13. 将问题与练习 10 中的时间期改为 3 年，重做这项分析。

14. 为你在问题与练习 3 及 5 中所选择的系统，完成 BPP 报告中的 1.0，A，项目综述部分。BPP 中这个初始部分做得好不好有多重要？如果这部分没有完成或不正确，将会产生什么问题？

15. 为你在问题与练习 3 及 5 中所选择的系统，完成 BPP 报告中的 2.0，A，备选方案部分。如果没有进行成熟的可行性分析，你对这个系统可行性的直觉是什么？

16. 为你在问题与练习 3 及 5 中所选择的系统，完成 BPP 报告中的 3.0，A～F，可行性分析部分。这些可行性分析与前一个问题中你的直觉相比有什么差异？如果在系统可行性分析时依赖你的直觉，将会产生什么问题？

17. 为你在问题与练习 3 及 5 中所选择的系统，完成 BPP 报告中的 4.0，A～C，管理问题部分。为什么有人会认为项目规划中的那些额外步骤是在浪费时间？为了让他们确信这些步骤很重要，你会对他们说些什么？

参考文献

Applegate, L. M., R. D. Austin, and F. W. McFarlan. 2007. *Corporate Information Strategy and Management,* 7th ed. Boston: Irwin/McGraw-Hill.

Brynjolfsson, E., and S. Yang. 1997. The intangible benefits and costs of investments: evidence from financial markets. Proceedings of the International Conference on Information Systems, pp. 147–166. Available at *http://portal.acm.org.* Accessed January 29, 2009.

Cresswell, A. M. 2004. Return on Investment in Information Technology: A Guide for Managers Center for Technology in Government. University at Albany, SUNY. Available at *www.ctg.albany.edu.* Accessed January 29, 2009.

DeGiglio, M. 2002. "Measure for Measure: The Value of IT." Cio.com, June 17. Available at *www.cio.com.* Accessed February 6, 2006.

Hubbard, D. 2007. The IT Measurement Inversion. June 13. Available at *www.cio.com.* Accessed February 10, 2009.

Keen, J. 2003. Intangible Benefits Can Play Key Role in Business Case. September 1. Available at *www.cio.com.* Accessed February 10, 2009.

King, J. L., and E. Schrems. 1978. "Cost Benefit Analysis in Information Systems Development and Operation." *ACM Computing Surveys,* 10 (1): 19–34.

Kirsch, L. J. 2000. "Software Project Management: An Integrated Perspective for an Emerging Paradigm." In R. W. Zmud (ed.), *Framing the Domains of IT Management: Projecting the Future from the Past,* 285–304. Cincinnati, OH: Pinnaflex Educational Resources.

Laplante, P. A. 2006. "Software Return on Investment (ROI)." In P. A. Laplante and T. Costello (eds.), *CIO Wisdom II,* 163–176. Upper Saddle River, NJ: Prentice Hall.

Lederer, A. L., and J. Prasad. 1992. "Nine Management Guidelines for Better Cost Estimating." *Communications of the ACM,* 35 (2): 51–59.

Morris, R., and B. M. Sember. 2008. *Project Management That Works.* AMACOM Division of American Management Association, New York City, NY.

Nash, K. S. 2008. TCO Versus ROI. April 9. Available at *www.cio.com.* Accessed February 10, 2009.

Parker, M. M., and R. J. Benson. 1988. *Information Economics.* Upper Saddle River, NJ: Prentice Hall.

Pressman, R. S. 2005. *Software Engineering,* 6th ed. New York: McGraw-Hill.

Sonje, R. 2008. Improving Project Estimation Effectiveness. Available at *www.projectperfect.com.au.* Accessed January 28, 2009.

Tech Republic. 2005. Project risk factors checklist. Version 2.0. Available at *http://articles.techrepublic.com.com/5100-10878_11-1041706.html.* Accessed January 29, 2009.

White, S., and S. Lui. 2005. "Distinguishing Costs of Cooperation and Control in Alliances." *Strategic Management Journal,* 26 (10): 913–932.

Yourdon, E. 1989. *Structured Walkthroughs,* 4th ed. Upper Saddle River, NJ: Prentice Hall.

百老汇娱乐公司

◆ 启动及规划客户关系管理系统

◇ 案例介绍

卡丽·道格拉斯是百老汇娱乐公司（BEC）位于俄亥俄州森特维尔商店的经理。当斯蒂尔沃特州立大学管理信息系统专业的学生接受她设计客户信息系统的请求时，她非常高兴。这些学生将这次信息系统的开发当作独一无二的机会。这个系统处理了当前商业活动中最热门的话题之一，即客户关系管理。客户关系管理是电子商务的一个简单形式，而电子商务目前是信息系统开发最活跃的领域之一。许多管理信息系统专业的学生都想承担这个项目，但是坦恩教授限制每组只有四名组员。坦恩教授选择了特蕾西·韦斯利（Tracey Wesley）、约翰·惠特曼（John Whitman）、米西·戴维斯（Missi Davies）和阿伦·夏普（Aaron Sharp）这四个人来承担 BEC 项目。

BEC 的学生团队从来没有承担过这样一个大型并且开放式的项目。每个小组成员都参加过许多其他的班级团队活动，从兼职工作、暑期实习或合作办学中获得了一些实际的工作经验。但是没有人在类似 BEC 这样的店里工作过，尽管他们是 BEC 的常客，并且这个小组的学生们从未在同一组里工作过。特蕾西和约翰已经为人父母，因此，他们对像卡丽所提议的这类信息系统有一些个人兴趣。坦恩教授选择这四个人，一部分原因是他们具有多样性。特蕾西对编程很感兴趣，她在 2010 年用一个秋季的时间在当地的电气设施公司做实习生，负责一个大型金融系统基于 Web 的用户界面。约翰在代顿公立学校做全职的计算机应用助教。米西在她大二转入管理信息系统专业（MIS）之前主修的是市场营销。在转入 MIS 之前，她在当地一家百货公司做过兼职的客户服务。阿伦是团队最好的技术人员，实际上他在上高中时就已经开始在斯蒂尔沃特州立大学修 MIS 的课程了。阿伦负责他所在高中的网页建设，他和另一个 MIS 专业的学生在大三时就组成了他们自己的公司，为代顿地区一些小公司提供关于网站建设的咨询服务。

◇ 启动及规划项目

学生们急切地想要见到他们的客户。这个团队在一天放学后见面，计划与卡丽的第一次会议。他们觉得第一次会议应该时间很短（不超过一个小时）、非正式，并且应该选择在森特维尔的商店见面。没有展示和正式的座谈。会议日程包括认识卡丽，询问她在提交 SSR 之后有没有任何新的想法，为随后几个星期的工作制定安排，并从卡丽那里获得他们需要的一些资源。

学生团队同意与卡丽在早上商店开始营业之前召开会议。对卡丽来说，这是一个非常好的时间，因为不会有任何干扰。此外，由于商店里没有会议室，所以早间会议不会干扰商店的运行。以后更正式的会议可能会在学校或商店附近的办公中心召开。

团队告诉卡丽他们项目课程的要求，包括他们在每个系统开发阶段需要向坦恩教授提交成果的暂定日程安排（见 BEC 图 5—1）。尽管卡丽希望项目尽快进行，但是她知道这个日程安排要和坦恩教授进行讨论。每个团队成员都说明了自己的背景、技能以及个人对这个项目的目标。卡丽说明了她的背景。团队很惊奇地发现卡丽也是刚从斯蒂尔沃特州立大学毕业，他们感觉到与这个项目发起者志趣相投。

日期（周）	可交付成果	形式
每2周	状态报告	一页的备忘录
4	基线项目计划	书面报告
8	需求说明书	书面报告、CASE资料库、BPP更新
9	需求走查	向同学和客户进行口头报告
11	功能设计说明书	书面报告、CASE资料库、BPP更新
14	物理设计说明书	书面报告、CASE资料库、BPP更新
15	测试及安装计划	书面报告
19	代码走查	向另一个课程团队进行口头报告
21	初步的系统示范	向同学和客户进行口头报告
25	用户文件材料	书面报告
27	最终报告初稿	书面报告
29	最终报告	书面报告、所有的系统文件材料
29	安装、移交给客户	安装结果的状态报告
29	练习最终展示	在课堂上进行口头报告
30周	最终展示	向MIS项目咨询委员会进行口头报告

BEC图5—1 MIS高级项目课程提交的项目成果暂定时间表

在为分析阶段的详细步骤以及之后阶段的一般步骤做计划之前，他们想要确定，自卡丽提交她的请求以来，她的想法有没有改变。很自然地，卡丽提交请求以来一直非常繁忙，只有几个新的想法。首先，卡丽对她所提议的系统更加热衷了。她声称一旦项目开始，她可能每几天就会有一些新的想法。团队解释说，尽管这可能非常有用，但系统需求在某个时间点应该被固定，以便可以完成详细设计，并且构建系统原型。更多的想法可以合并在以后的增强版中。其次，卡丽询问在课程结束并建立了初始系统之后会怎样？她如何能获得进一步的帮助？团队认为他们应该考虑一下后续问题如何处理。米西提出了一个方案，即如果卡丽认为项目的最终成果足够好，那么在接近项目尾声时的接管会议上，可以让BEC公司的信息系统人员参与。卡丽认为这可以作为一个备选方案，在以后的项目过程中再考虑。

第三，卡丽询问在项目期间团队如何与她进行互动。团队说他们将在两个星期内，向卡丽提供一份项目下一阶段（整个分析阶段）的详细进度表，作为项目总体计划的一部分。和进度表一起递交的还有一份说明书，规定了面对面审核会议召开的时间、书面状态报告，以及项目沟通计划的其他元素。最后，卡丽对系统需求提出了一个新的想法。她建议网站应包括一个有用的功能，即在页面上列出商店员工针对本周受欢迎的电影所发表的评论，评论分成以下几类：冒险片、神秘片、纪录片、儿童片等，这个清单每周更新。卡丽强调她希望从员工那里而不是从其他的来源（例如外部电影/音乐评论网站的链接）获得这些评论。

在第一次会议即将结束时，团队希望卡丽为他们做一件事。他们请求卡丽将这个项目介绍给所有的商店员工。团队希望员工知道有个项目正在开发之中，也希望他们了解开发项目的原因和目标是什么，同时这些学生可能会向员工提问，并对他们进行观察，此外，还需要所有员工的合作。卡丽说她很高兴发布这个通知，她让团队为她准备一份草稿。在将通知发出去之前，卡丽可以对它进行修改。

接着，卡丽带领这些学生快速参观了BEC在森特维尔的商店。在不同的区域参观时，卡丽将那些区域中的活动和所提议的基于Web的客户信息系统关联起来。在结账区她谈到，系统可以通过允许用户在线查看电影推荐或者在线租赁电影来节约员工的时间。进入商店后，她将团队介绍给了一名员工，并解释员工如何将时间投入到更重要的工作中，而不是仅仅向客户建议该买或该租什么样的产品。在靠近商店入口处，卡丽认为可以在那里放一台电脑，客户可以在此访问系统，就像在家里通过互联网对系统进行操作一样。

在快速参观结束时，团队的每个成员都对卡丽为项目所做的工作表示感谢。学生们承诺会认真对待这个项目，并利用这个项目来提升斯蒂尔沃特毕业生的职业生涯。在随后的几个星期，学生们关注于编写初始项目规划，而卡丽提供了他们所需要的任何信息。

◇ 开发基线项目计划

第二天，斯蒂尔沃特的学生团队见面，回顾与卡丽的会议。他们非常高兴。卡丽善于交流，对这个项目非常感兴趣（米西认为，甚至可能是过于急切），并且很支持他们。在第一次参观中，他们并没有学到很多关于所提议系统的内容，但是他们不想第一次会议就钻研得太深。可能在项目规划提交之前，他们必须和卡丽再交流一次。在接下来的几个星期内，为完成BPP还有很多工作要做。通过使用白板，团队开始识别BPP的主要部分，这样他们可以进行工作划分，使每项工作能按时完成。他们识别出以下内容：

● 一份详细的需求说明书。当然，在分析阶段，需求已经被证实和详细描述了，但是团队仍需要一些更加完整的说明，而不仅仅是卡丽所提交的SSR。

● 一个Web系统与BEC其他信息系统的关系模型。这是团队非常不确定的领域。在他们参观商店时，卡丽提到了店里使用的销售终端系统（POS）和娱乐追踪系统（ET）。团队成员需要进行进一步的研究，以确定他们将要设计和建立的Web系统与ET系统整合的程度。

● 一个所提议系统的宏观模型。团队认为，对他们正开发的系统进行概括的最好方法之一，是在BPP中用一张图来表示系统能做什么。学生们在课上学习过各种系统建模符号，认为可以将其中一些用于项目的早期阶段。学生们希望他们与客户在对系统的期望上达成一致。

● 一份有形和无形的收益及成本清单。目前，团队还无法对许多有形收益及成本进行量化，但是分析阶段需要获取这些重要的信息，它们是分析阶段成果的必要组成部分。团队注意到了公司的十年蓝图，以及调整BEC信息系统规划的文件，因此，所提议的系统应该是一个很好的开端。但是仍需要一项更详细的分析来说服卡丽投资开发这个新系统。

● 一份项目和系统风险清单。BPP应该识别技术、运行、进度、法律或政策风险，以及团队如何应对这些风险。

● 一份项目安排。日程安排需详细描述分析阶段的时间进度，之后的阶段可以粗略一些。当将主要成果交付给坦恩教授时，项目的里程碑大致明确即可，但是团队能够提交一份不同于教学大纲中罗列的那种进度安排，并把它作为课程的成果。

● 一份项目资源需求说明书。人力资源受到限制，客户组织中没有人可以参与到项目中。坦恩教授希望由团队完成所有的工作，除了卡丽，不清楚BEC商店还有谁可以帮助他们。特别是与ET系统相关的内容更不知从何处获得。希望ET系统的相关文档可以为他们提供所需要的信息，或者他们可以向BEC公司信息系统部门的员工询问。团队希望他们可以与某些员工座谈，并与客户接触，以发现期望的系统功能，以及更好地调整收益及成本。

- 一份技术资源清单。团队成员经过讨论认为，他们可以使用斯蒂尔沃特的电脑资源来完成大部分的开发工作，但在某些时候，卡丽还是应该为他们提供一些计算机设备、网络连接，以及与网络服务提供商（ISP）签订的合同。需要确定这个项目的哪些资源是现在需要的，哪些可以等到卡丽确定接受他们的系统时才提供。
- 一份管理和沟通计划。团队成员讨论如何组织团队。在他们第一次见面时就讨论了各自的优点和缺点。为了更好地完成工作，一些团队成员认为他们可以按优势进行划分。其他人认为，利用项目在自己稍薄弱的领域获取经验也是很重要的。还有人提议说随着每次进展到不同的主要项目阶段，大家可以轮流做不同的工作。好的争论可以促使每个人都成为项目领导者。团队组织的解决方法还不是很清晰。在沟通计划方面，坦恩教授希望每两周有一次状态报告。团队成员认为，将这些状态报告稍微修改就可以变成提交给卡丽的例行报告。他们之间以及和卡丽之间都是使用电子邮件进行联系。团队中有人认为，需要为所有的状态报告及主要的书面文档确定一个格式。他们希望所有的报告和展示都有一致的格式，这可以给坦恩教授和BEC公司的所有人一种专业的感觉。

确认了BPP中应该包括的内容后，团队成员还没有决定由谁来承担哪项工作。因此他们决定，让每个人都写一份理由清单，说明为什么他可以负责写在白板上的那项工作。他们第二天还将见面，试图解决团队所遇到的第一个问题。

◇ 案例小结

该项目的启动及规划阶段证明了仔细开发一个BPP的重要性。为BEC俄亥俄州森特维尔商店所开发的基于Web的客户信息系统，将使其受益于不断增加的销售及租赁，同时，也会有许多潜在的无形收益。然而一次性成本和衍生成本，以及实施新系统的风险使得项目的成功变得不确定。项目的动机与许多重要的BEC目标相关，还有充满热情的顾客（卡丽）。然而，对于斯蒂尔沃特MIS专业的学生来说，这是他们第一次全权负责这么大的项目，他们非常小心，希望项目可以有一个可靠的计划作为开端。

问题

1. 卡丽同意告知员工这个项目的存在，该通知由项目团队来起草。为卡丽准备这份通知。告诉员工一些他们需要知道的内容，以使他们对此事不感到奇怪，同时告知他们需要合作，准备好为项目成员提供他们所需要的信息。

2. 当团队成员和卡丽见面时，她说她可能“每隔几天就会有一些新的想法”。向斯蒂尔沃特的学生提供一些项目管理规程方面的建议，以便应对卡丽的这些新的想法。

3. 斯蒂尔沃特的学生们认为，在BPP中应该包含详细的需求说明。根据你从前面的章节中所了解到的关于BEC案例的信息，你根本无法提供比SSR更详细的说明书。为了准备BPP中的这部分说明，学生应该做什么？记住，这份说明书应该在分析阶段之前完成，但是可以根据分析的结果进行修改。

4. 学生团队识别出的应该包含在BPP中的内容，还有一个所提议系统的宏观模型。根据目前你在课程中学到的关于系统分析与设计的技术，以及你以前学到的知识和工作经验，推断什么类型的模型可能最合适？如果可以，为所提议的基于

Web 的客户关系信息系统建立一个宏观模型，包括这个系统应如何与娱乐追踪系统以及其他现有的 BEC 公司的信息系统进行交互。

5. 在这个实例中，斯蒂尔沃特的团队成员很难将任务分派给个人。另一种方法是先确定团队中的角色，然后将任务分配给角色，再指定人员担任不同角色。列举出你认为为完成所提议的系统，斯蒂尔沃特的学生团队中应该存在的角色。

6. 斯蒂尔沃特的学生们为他们的 BPP 确定了九项内容。他们有没有遗漏什么内容？如果有，对遗漏的内容进行简单的说明。

7. 斯蒂尔沃特的学生们在他们的 BPP 中包含了系统有形和无形的收益及成本。列举你认为 BPP 这部分应该包含的事项。你认为应该如何收集信息来量化每项潜在的有形收益？

8. 根据你目前的了解，你认为项目有哪些风险？它是较低风险的项目，还是中等或者高风险的项目？验证你的答案。你认为应该如何处理这些风险？

9. 为项目开发一个暂时的进度表。与实例中的情况一样，需要详细描述下一个阶段，即分析阶段，之后各阶段的描述可以粗略些。假设你有一学年来完成这个项目，而且这个项目的最终结果必须是一个可以运作的系统。

10. 为了准备 BPP 的细节，斯蒂尔沃特的团队成员还需要进行哪些额外的活动？描述每项活动。

第3篇

系统分析

■ 确定系统需求
■ 构建系统流程需求
■ 构建系统数据需求

分析是系统开发生命周期的第一阶段，在这个阶段你将更深入地了解系统变化的需要。系统分析需要投入大量的人力以及成本，因此只有当管理者认为当前提出的系统开发项目有可取之处，并能够通过分析阶段进行深入探寻时，才会执行系统分析。分析团队不应该想当然地进行流程分析，或者是试图加快分析的速度。大多数研究者都认为，在开发完成的系统中存在大量错误的直接原因，就是在系统生命周期的分析与设计阶段掉以轻心。由于分析是一个庞大而复杂的流程，为了理解方便，我们将整个流程分为两项主要活动：

- 需求确定。主要是调查研究活动。
- 需求构建。这项活动将会对当前的业务运作及新的信息处理服务作出全面清晰的描述。

分析的主要目的是明确支持组织的既定目标和功能需要哪些信息或是信息处理服务。将这些信息收集整理起来的过程称为需求确定（即第 6 章的主题）。第 6 章中的调查研究技术可用于了解当前系统、替换系统将提供支持的组织，以及用户对替换系统的需求以及预期。

在第 6 章，我们将探讨一个新系统的主要来源，即业务流程再造（BPR）。与许多为了提高效益而产生的系统开发项目不同，BPR 引发了信息系统所支持的流程的本质改造。我们将在第 7 章中利用数据流图来支持流程重构，从而进一步说明 BPR 与信息系统分析之间的联系。在第 6 章，你还将了解敏捷方法中部分用于需求确定的新技术，包括极限编程中的规划策略以及以使用为中心设计。在第 6 章的结尾，百老汇娱乐公司（BEC）的案例说明了怎样利用面谈的结果来更好地理解新系统的需求，以及怎样将不同的需求确定技术结合使用，以获取对需求更透彻的了解。

有关当前的运营系统以及要替换系统的需求信息必须收集整理起来，以便系统地分析和设计。收集以及整理信息的过程中，将会产生一些图表及描述（模型），它们可用来分析当前业务运作和信息系统中不足、低效、缺失和不合逻辑的部分。根据用户的需求，这些图表及描述也可用来确定替换系统的策略。

可根据当前和替换信息系统的三个基本方面来划分需求确定的结果：

- 流程。在系统内，数据移动及处理操作的顺序。
- 逻辑和时序。数据转换和操作的规则，并标明由什么触发了数据转换。
- 数据。无论何时以及如何处理都不受影响的数据固有结构。

一个系统的流程可以用数据流图来展现（即第 7 章的主题）。这一章还包含了决策表的内容，决策表是一种用来描述数据流图的流程框中逻辑和时序的方法。在第 7 章的结尾有三个附录，每个附录都介绍了一种面向对象的专门技术。第一个附录介绍了用例建模，它是一种用来映射系统功能的面向对象方法。第二个附录介绍了活动图。第三个附录介绍了顺序图。这些面向对象建模的重点都是逻辑和时序。最后，在第 8 章探讨了系统中的数据，包括定义数据结构的规则、数据的完整性，并着重说明哪些有关业务实体及实体间关系的数据在系统中必须是可访问的。第 8 章的主体部分介绍了实体关系技术，结尾部分介绍了用于面向对象数据建模中的类图。第 7 章和第 8 章中的 BEC 案例从流程、逻辑和数据建模方面阐述了一个新系统。这个案例也说明在一个系统中，如何将这三方面的图表和模型相互联系，从而对所提议的系统作出统一透彻的结构化描述。

第6章 确定系统需求

学习目标

- 描述设计和执行面谈的可选方法，并拟定一个用于确定系统需求的面谈计划
- 说明用于确定系统需求的观察法和文档分析法的优缺点
- 解释计算法如何为需求确定提供支持
- 参与并协助规划一个联合应用设计会议
- 在需求确定阶段使用原型法
- 描述需求确定的现代方法
- 了解需求确定技术如何适用于电子商务应用的发展

引言

系统分析是系统开发生命周期的一部分，在这个阶段将确定当前信息系统具备怎样的功能，并评估用户希望在新系统中获得的功能。分析有两个阶段：需求确定和需求构建。本章你将学习如何确定系统需求。随着时间的推移，用于需求确定的技术变得更加结构化，并且越来越依赖计算机的支持。我们将首先学习一些用于需求确定的较为传统的方法，包括面谈、观察用户的工作环境、收集规程和其他书面文档。然后我们会探讨用于收集系统需求的一些较为现代的方法。首先就是联合应用设计（JAD）。其次，你将了解分析员怎样越来越依赖信息系统帮助他们进行分析。你会发现，第 1 章中所提及的 CASE 工具在需求确定中非常

有用，原型法在一些需求确定工作中也将变成关键工具。最后，你将会了解：无论是使用业务流程的重新设计、用户参与的敏捷开发、以使用为中心设计等方法，还是关注于开发基于互联网的应用，需求分析在系统分析与设计阶段都将持续起着重要的作用。

确定需求

如图6—1所示，系统分析有两个子阶段：需求确定和需求构建。我们将这些作为单独的步骤提出，但是实际上应该将它们当作并行和迭代的步骤来考虑。例如，如果已经确定了当前及所需系统的某些方面，就应该开始构建这些需求或建立原型，来向用户说明系统的运作方式。通过结构化和原型法找出的系统不符合需求和不足之处，会使你进一步探讨当前系统的运作和组织未来的需要。最终，你的想法和获取的需求会归结为对当前系统运作以及新系统需求的透彻准确的描述。当你想要启动分析阶段时，可能尚不明确需求确定包含哪些工作。这个流程我们将在下一节讨论。

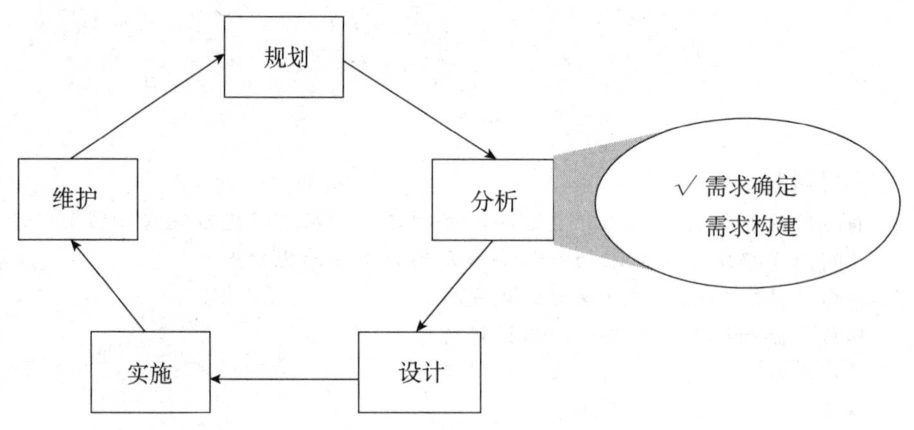

图6—1　突出分析阶段的系统开发生命周期

确定需求的流程

一旦管理层批准一个新系统的开发（这是在系统开发生命周期的项目识别及选择阶段最后完成的），并且项目已经完成启动和规划（详见第5章），就应该确定新系统应该具备哪些功能。在需求确定阶段，分析员应从尽可能多的信息来源，例如通过当前系统的用户、通过观察用户，以及通过报告、表格以及规程，来了解系统应该具备哪些功能。所有的系统需求都要认真记录下来，从而为构建需求做好准备（即第7章和第8章的主题）。

收集系统需求与进行任何调查活动有许多相似之处。你是否读过福尔摩斯或其他类似的推理小说？你是否喜欢解决困惑？根据这些经验，我们可以得出在需求确定子阶段，一个好的系统分析员所具备的共同品质，包括：

- 无畏。分析员应该质疑一切，需要询问这样的问题：是否所有的交易处理方式都相同？是否有人会被收取标准价格以外的费用？是否有一天会允许并鼓励员工跨部门工作？

● 公正。分析员的角色是为业务问题找到最好的解决办法或是发现机会，而不是找到一种方法来证明购买新硬件的可行性，或者是坚持将用户想要的全部内容都整合进新系统中。分析员必须考虑各方提出的问题，并试图找到最佳的综合解决方案。

● 放宽限制。假定任何事都可能发生，消除不可行性。例如，不要接受这样的说法："我们一直都是这样做的，所以将继续这样做。"传统做法与规则和政策不同。传统可能已经成为一个很好的借口，但是当组织和环境发生改变时，选择传统做法只是一种惯性，而不是明智的策略。

● 注重细节。每个元素都必须适应其他的元素。即使是最好的系统，只要其中某个元素有了偏差，就意味着它会在某些时候出错。例如，对顾客的定义不准确就可能意味着，当顾客没有产生订单时，即将这个顾客的数据清除，但这些以前的顾客可能对未来的销售起到至关重要的作用。

● 变革。从某种程度上来说，分析是一个创造性的过程。必须尝试以新的角度看待组织。必须考虑每个用户如何看待自己的需求。不要妄下这样的结论："我之前做过类似的系统，这个新系统必须以与我之前建立的系统相同的方式运作。"

□ 可交付成果

需求确定中的主要可交付成果是在确定流程过程中所收集到的各种形式的信息，例如面谈记录；观察及分析文档的记录；一系列表格、报告、工作说明及其他文档；计算机生成的输出，如系统原型等。简而言之，在系统开发生命周期的子阶段中，分析团队收集到的用于确定系统需求的任何信息，都将包含在可交付成果中。表 6—1 给出了一些在需求确定阶段需要收集的特定信息的例子。

表 6—1　　需求确定的可交付成果

1. 与用户交谈或观察用户所获得的信息：面谈记录；观察记录；会议纪要。
2. 现有的书面信息：企业的使命和战略陈述；业务报表、报告和电脑输出的样本；规程手册；工作说明；培训手册；现有系统的流程图和使用说明；咨询报告。
3. 基于计算机的信息：JAD 会议的结果；CASE 资料库的内容和现有系统的报告；系统原型的输出和报告。

这些可交付成果包含系统分析时需要的信息，这些信息都是在正开发的系统范围之内。另外，还需要了解组织的下列信息：

● 业务目标促使什么样的工作产生，以及这些工作是如何运作的
● 员工在工作中需要的信息
● 组织内部用于支持工作的数据（包括定义、容量、大小等）
● 何时，以何种方式，由何人移动、转换和存储什么样的数据
● 不同数据处理活动的顺序及其他相关性
● 规定数据如何加工和处理的规则
● 描述业务本质、市场以及运作环境的政策和准则
● 影响数据值的关键事件，以及这些事件发生的时间

显而易见，为了方便利用，必须将大量信息进行整合。这就是下一阶段需求构建的目的。

你可能已经从分析的这个子阶段中看出，需要收集的信息量巨大，特别是当系统的开发范围宽泛时。收集和整合大量信息需要相当长的时间，因为需要投入大量的人力而且花费很多。过多的分析没有成效，“分析瘫痪”一词就是用来形容那些陷入大量分析工作的系统开发项目的。由于过度分析的风险，如今系统分析员更多地将重点放在待开发的系统而不是当前系统上。在本章后面将会介绍到的技术，例如JAD和原型法，都是在保证分析工作有效的前提下，为了使分析员做最少量的分析工作而开发出的方法。为了保证需求确定的快速和灵活，也开发出了一些新技术，例如持续的用户参与、以使用为中心设计和极限编程中的规划策略。传统的调查研究技术将在下一节介绍。

确定需求的传统方法

系统分析的核心是收集信息。首先，必须收集有关当前正在使用的信息系统的信息，了解用户希望如何使用新的信息系统或替换系统，来改进现有系统和组织运作。获得这种信息的最好途径之一，就是同那些属于组织中不同部门的人员交谈，他们会直接或间接受到系统可能变化的影响。这些人包括用户、管理者、投资者，等等。另一种收集现有系统信息的方法，就是收集与现有系统及业务流程相关的文档。本章将介绍直接从利益相关者处获得信息的多种方法，包括面谈、群组面谈、名义群体法和直接观察，还将介绍以书面规程、报表、报告和其他手写文件的形式，收集有关当前系统及组织运作的文档。表6—2给出了这些收集系统需求的传统方法。

表6—2　　收集系统需求的传统方法

- 与员工进行个别面谈以了解当前系统的运作和问题，以及未来系统的需求。
- 与具有不同需求的一组员工进行面谈，找到他们对系统的需求的异同。
- 在特定的时间观察员工，了解他们是如何处理数据的，以及在他们的工作中需要什么样的信息。
- 研究业务文档，获取记录的问题、政策、规则、指南，以及组织中数据和信息实际应用的例子。

□ 面谈及倾听

面谈是分析员收集有关信息系统项目信息的主要方法之一。在项目早期阶段，分析员将花大量时间与员工面谈，面谈的内容包括：员工的工作、员工在工作中使用的信息，以及可能支持他们工作的信息处理的类型。与其他一些利益相关者进行面谈，将获得组织的指导方向、政策、管理者对其管理单元的期望和一些非常规的组织运作等方面的信息。在面谈期间，你会收集到事实、意见、推论等信息，并且可以通过观察员工的肢体语言、情感来了解他们对系统的期望以及他们对当前系统的评价。

有效地进行面谈有许多方法，没有哪种方法比其他方法更显著有效。表6—3总结了一些在进行面谈时需要遵循的指导方针，稍后将对其进行探讨。

表 6—3　　有效面谈的指导

计划面谈 • 受访者准备：预约、主要问题 • 准备清单、日程表和问题 注意倾听并做好笔记（如果允许的话，记录下来） 在面谈 48 小时内回顾笔记 保持中立 寻求不同的意见

首先，在面谈前必须做好充分的准备。每次面谈应约在被面谈者时间方便的时候，并提前告知其面谈的基本主题。让被面谈者提前准备特定的问题，或查阅可靠的文档。面谈者应花一定的时间来思考，希望从此次面谈中得到哪些信息，并将要提的问题记录下来。不要以为自己可以预想到所有可能的问题。面谈者希望面谈过程是自然的，并且在某种程度上，面谈者希望自然地引导面谈过程，以获取被面谈者提到的专业知识。

面谈者需要准备一份面谈指导或备忘录，以便清楚地知道自己打算以什么样的顺序提问，以及在面谈的每个部分花多少时间。备忘录应该包含一些深入的问题以作为获得预期回答的跟进提问。在某种程度上，面谈者可以将面谈期间的笔记整合到面谈指导中，如图 6—2 所示。这份指导可以作为面谈中获得的信息概要的大纲。

面谈指导样例的第一页包含本次面谈的大纲。除了被面谈者是谁以及何时进行面谈这些基本信息外，面谈者应该列出本次面谈的主要目标。这些目标通常包含面谈者需要收集的最重要的数据、需要达成协议的一系列问题（例如某些系统报告的内容）、需要探究的领域，这些不一定是具体的问题。面谈者同样需要有关被面谈者关键信息的备忘录（例如，工作经历、在某个问题上采取的立场、在当前系统中起到的作用等）。这些信息将使面谈者变得亲切，显示出面谈者认为被面谈者很重要，并且对面谈者解释某些回答有所帮助。此外还需要一个日程表，该日程表是对本次面谈每个部分的大约时间的限制。面谈者不需要精确地遵循这个时间限制，但是日程表有助于面谈在规定的时间内涵盖所有方面。在某些情况下，例如回答与问题不匹配、面谈期间相关主题的记录被忽略，或提出的问题无法解决，可以进行一般的观察。

在后续几页中应列出特定的问题；图 6—2 的示例表中为这些问题留有记录的地方。由于可能会产生意料之外的信息，因此面谈者不需要严格遵守指导的顺序。但是，面谈者可以核对自己提过的问题，并且记录下来以提醒自己返回或跳过某些问题，从而使本次面谈灵活开展。

选择面谈的问题　面谈者将决定自己要提的开放式问题和封闭式问题的组合和顺序。**开放式问题**（open-ended questions）通常是用来试探信息的，当面谈者无法预料所有可能的回答，或不知道要问什么确切问题时使用。在问题的大致范围内，鼓励被面谈者谈论任何他们感兴趣的东西。例如，“对你来说，当前使用的信息系统给你的工作带来的最大好处是什么?”或者“列出三个最常使用的菜单选项”。面谈者必须对回答迅速做出反应，并确定是否有跟进的问题需要解释和说明。有时肢体语言会暗示用户的答案不完整，或用户不愿透露一些信息；这时，一个跟进的问题可能有助于进一步理解。面谈时使用开放式问题的一个优点是，预先未知的信息会显现出来。然后，面谈者可以沿着意外的思路继续探究，以获取更多的新信息。开放式问题还会使被面谈者感到轻松，因为他们可以用自己的逻辑和语言来回答。

<table>
<tr><th colspan="2">面谈大纲</th></tr>
<tr><td>被面谈者：
被面谈者姓名</td><td>面谈者：
面谈者姓名</td></tr>
<tr><td>地点/媒介：
办公室、会议室或电话号码</td><td>预约日期：
开始时间：
结束时间：</td></tr>
<tr><td>目标：
收集什么数据
达成什么协议
探究什么领域</td><td>提示：
被面谈者的背景/经验
已知的被面谈者的观点</td></tr>
<tr><td>日程表：
介绍
项目背景
面谈概述
将涵盖的主题
获得记录的许可
主题一　问题
主题二　问题
⋮
要点总结
被面谈者提问
结束</td><td>大约时间：
1 分钟
2 分钟

1 分钟

5 分钟
7 分钟
⋮
2 分钟
5 分钟
1 分钟</td></tr>
<tr><td colspan="2">一般观察：
被面谈者似乎很繁忙，给出的回答很简短，因此在未来几天会继续询问跟进的问题。被面谈者的电脑关着，可能他不是一个常规的计算机用户。</td></tr>
<tr><td colspan="2">未解决的问题和未涉及的主题：
被面谈者需要查找从 1999 年起的销售数据。他提出了关于如何处理退货的问题，但是我们没有时间讨论。</td></tr>
<tr><td>被面谈者：</td><td>日期：</td></tr>
<tr><td>问题：</td><td>记录：</td></tr>
<tr><td>在满足条件时，开始提问
问题 1：
你是否使用过当前的销售追踪系统？如果是，多久使用一次？

如果是，转向问题 2</td><td>回答：
是的，我每周要为我的生产线提交报告。

观察：
似乎有点着急，可能高估了使用频率。</td></tr>
<tr><td>问题 2：
你最不喜欢系统的哪个部分？</td><td>回答：
销售额以数量而不是金额显示。

观察：
系统可以用美元显示销售额，但是用户不知道。</td></tr>
</table>

图 6—2　典型的面谈指导

开放式问题可以让被面谈者有参与感和掌控感。开放式问题的一个主要缺点是，回答问题需要的时间长度难以掌握。另外，开放式问题难以概括。

封闭式问题（closed-ended questions）为被面谈者提供了一系列可选择的答案。例如：

你认为以下哪个选项是当前使用的信息系统给你的工作带来的最大好处？（只选一项）

a. 便于获得你需要的所有数据

b. 系统响应时间

c. 能够远程访问系统

当问题的主要答案众所周知时，封闭式问题能起到良好的效果。另一个好处是，基于封闭式问题的面谈不需要投入大量的时间，并且能够覆盖更多的主题。通过观察被面谈者的肢体语言和说话的语调，有助于解释他们的回答。封闭式问题也是开始面谈的简单方法，并可以确定沿什么思路追问开放式问题。面谈者也可以在选项中包含一个“其他”选项，以此鼓励被面谈者给出预料之外的回答。封闭式问题的一个主要缺点是，有些有用的信息并没有包含在定义好的答案中，这些信息可能会被忽略，被面谈者在回答时只是选择了一个选项，却并没有给出最好的答案。

封闭式问题就像考试中的客观题，有如下几种形式可供选择：

- 判断题。
- 多项选择题（只选一个答案或选择所有相关选项）。
- 以量表形式评价一个反应或观点，从坏到好，从非常赞成到非常不赞成。量表中的每个观点对于被面谈者来说都应该是明确连贯的，并且通常有一个中立的观点。
- 按重要性对每个项目排序。

面谈指导　首先，无论是开放式问题还是封闭式问题，不要表现出被面谈者的答案是对或错。必须让被面谈者感觉到他们可以说出自己真实的想法和观点，每个人的想法都是平等的。例如，应该尽量避免提出“尽管大多数用户不喜欢这个特性，但你认为系统是否应该继续提供覆盖默认值的功能？”这样的问题，因为这样的措辞已经预设了什么样的答案是可接受的。

第二个指导就是在面谈中，一定要仔细聆听被面谈者都说了些什么。如果可以的话，仔细记录下来或者是对面谈进行录音（一定要得到被面谈者的允许!）。那些答案可能包含对项目非常重要的信息。此外，对面谈者来说，这可能是从某一被面谈者处获得信息的唯一机会。如果面谈的时间已经用完，但是面谈者还需要从被面谈者那里获得信息，就需要安排一次后续的面谈。

第三，一旦面谈结束，面谈者需要回到办公室并在 48 小时内将所作的记录整理成稿。如果对面谈进行了录音，就利用录音核对记录中的资料。因为 48 小时过后，对面谈过程的记忆会迅速淡忘。当整理和组织记录时，写下由于记录中的错误或模糊的信息而产生的附加问题。将面谈者自己的观点和说明与调查事实分开，列出一个需要进行后续说明的不明确观点的清单。继续采访被面谈者，得到这些新问题的答案。利用电话来证实自己记录的准确性。面谈者可能还希望将自己面谈的记录副本发给被面谈者，让其检查记录的准确性。最后，为被面谈者愿意抽出时间接受面谈表示感谢。可能还需要再次采访被面谈者。如果被面谈者将成为系统的用户，或者会通过其他方式为系统的成功做出贡献，面谈者希望给他们留下一个好印象。

第四，除非确信某些功能是可交付系统中的一部分，否则不要在面谈过程中预设新系统或替换系统的功能。要让面谈者了解完成这个项目需要很多步骤，需要考虑很多人的观点以及技术可行性。要让被面谈者知道他们的想法会被慎重考虑，但是由于系统开发流程的迭代性，最终系统是否具有某些功能现在还言之过早。

第五，在面谈中收集多种观点。明确系统潜在用户、受系统变化影响的其他系统用户、管理者及上级领导、对当前系统有使用经验的信息系统工作人员，以及其他考虑当前系统问题及发现机遇的人员都是谁，以及能提供哪些新的信息服务，以更好地服务于组织。面谈者希望了解所有可能存在的观点，以便在后续的审批步骤中提出基于这些信息的使所有利益相关者都能接受的建议和设计方案。

□ 群组面谈

利用面谈收集系统需求的一个缺点是，分析员需要调和收集到的信息中存在的明显的矛盾。许多面谈可能会出现关于当前系统以及替换系统不一致的信息。面谈者必须从这些不一致的信息中找出对当前及未来系统最准确的表述。这个流程需要一些后续的电话采访和额外的面谈。通常，在办公室要找到核心人员是非常困难和令人失望的，并且安排新的面谈也非常费时。此外，新的面谈又会产生新的问题，反过来又会需要额外的面谈来对之前的被面谈者进行跟进。显然，通过一系列个人面谈和后续的电话采访来收集信息不是一个高效的流程。

提供给面谈者的另一种有效方法就是群组面谈。在群组面谈中，面谈者可以一次采访到多个关键人员。为了确保所有重要的信息都能被收集，需要由一个或多个面谈者来开展这个面谈。在有多个面谈者的情况下，可以由一名分析员提问，其他的分析员记录，或是由不同的分析员着重记录不同类型的信息。例如，可能由一名分析员听取有关数据需求的信息，而其他分析员记录有关时序和关键事件的触发器等信息。在这一流程中涉及的面谈者数量可以最少两个，最多达到认为可以顺利完成本次面谈为止。

群组面谈有许多优点。第一，它是一种比一系列个人面谈更有效利用面谈者时间的方法（虽然被面谈者投入的时间可能更值得关注）。第二，几个人一起面谈，将为他们听取其他关键人员的意见，以及表示他们是否赞成同事的观点提供机会。例如，一个人的意见可能导致另一个人说“这使我想起”或者“我不知道这是个问题”。面谈者将受益于这种讨论，因为这有助于面谈者明确那些普遍观点一致，但在某些地方意见差别很大的问题。

群组面谈的一个主要缺点就是安排起来比较困难。涉及的人员越多，安排对每个人来说都方便的时间和地点就越困难。现代视频会议技术可以最大限度地降低地理分散所带来的困难。群组面谈是JAD流程的核心，我们将在后续章节讨论。一项为群组工作提供的专有技术——名义群体法，将在下面讨论。

名义群体法　这些年来已经开发出许多不同的改善群体工作流程的技术。在群组成员之间产生观点的一种流行技术就是**名义群体法**（Nominal Group Technique, NGT）。顾名思义，名义群体法就是一些人为解决一个共同问题而一起工作，组成名义上的群体。群组成员可能聚集到一个房间采用名义群体法，但是在其他时间，他们都是独立工作。通常情况下，群组成员列出一个有关他们自己想法的书面清单。在最后的想法产生阶段，群组成员在训练有素的引导者的指导下，汇合他们每个人的想法。汇合过程通常需要引导者按顺序让每个人说出一个想法，而这个想法之前并没有提过。当一个人大声说出他的想法时，其他人将它写在黑板或活动挂图上。当所有想法都被介绍之后，引导者将要求整个群组公开讨论这些想法，主要是对其进行阐述说明。

一旦所有参与者了解了所有的想法，引导者将试图减少这些想法的数量，群组将继续进行额外讨论。有许多用于减少想法数量的方法。引导者可能要求参与者选择一个想法子集，子集中是他们认为重要的想法。然后引导者会在房间里走动，要求每个人大声说出对他们来说重要但没有被其他人提及的想法，或由引导者与群组共同确认并消除或合并一些相似的想法。在某些时候，引导者和群组在结束会议时，会保留一些容易处理的想法，而这些想法将在下一阶段被优先考虑。

在需求确定方面，利用名义群体法产生的想法，通常应用于现有系统存在的问题，或是将被开发的新系统的功能。最终会产生一个由群组成员自己提出并优先考虑的问题或功能清单。至少参加名义群体法的整个群组对这份清单享有所有权。

有一些迹象表明名义群体法可以用来找到工作重点和改进群组工作，并且，由名义群体法产生的想法通常比普通的群组会议得出的想法数量更多、质量更高。名义群体法可以用来完善普通的群组面谈中已完成的工作，或者是作为 JAD 工作的一部分，这些将在本章的后续部分详细介绍。

直接观察用户

从开始到现在我们讨论的所有关于收集信息的方法，都需要员工回想和表达他们自己所了解的信息，这些信息有的是关于组织的，有的是关于支持这些流程的信息系统的。但是，即使当员工试图让自己变得可信，并且告诉分析员他们的想法是事实时，他们提供的信息也不一定可靠。这听起来似乎很奇怪，人们对自己做了怎样的工作，以及怎样完成这项工作，竟然没有一个完全准确的评价。但是在以往的面谈或那些在面谈中表现出极大热情的员工身上都存在这个问题。由于并不能总是信赖员工如实地说明和汇报了自己的行为，分析员可以通过观察员工做了什么，或员工在工作环境中如何表现，来获取相对客观的测量数据，以完善和证实员工描述的信息（详见以下“软饮料的销售失败”案例，这个例子说明：系统分析员了解所要设计系统的第一手业务资料是十分重要的）。

例如，有这样一种可能的观点来说明一位虚构的管理者如何完成她的工作：管理者仔细计划她的活动，长时间地工作并坚持解决工作中的问题，同时控制自己工作的节奏。管理者会告诉分析员她就是这样度过一天的。然而，当 Mintzberg（1973）观察管理者是如何工作时，他发现管理者一天的工作实际上被很多干扰所打断。管理者以琐碎的方式工作，在被下属或其他管理者的电话和造访打断之前，他们仅能短时间地关注于一个问题或一个谈话。我们根据虚构管理者所描述的工作环境而设计的信息系统，可能并不能有效地支持这个管理者实际所处的工作环境。

软饮料的销售失败

系统分析员很惊讶地发现，当一个新的卡车物流运输系统被安装之后，软饮料产品的销量反而降低而不是增加了。该软件是通过采用更高效的物流配送路线，让司机更频繁地访问每个顾客来减少缺货量的。

这个结果令人十分困惑，管理者要求分析员推迟预定的假期，但是分析员坚持说，只有在经过几天的休息和放松之后，他才能重新研究系统。

然而，分析员并没有休假，他拜访了一个曾在系统设计阶段面谈过的调度员，要求调度员给他一个几天的路线行程。分析员沿着新系统安排的路线开车（而真正的司机正在休假）。分析员发现这条路线如预期的那样高效，所以在这方面分析员并没有找到销量下降的原因。

在分析员“假期”的第三天和最后一天，他在一家商场内询问商场管理者是什么导致销量下降。商场管理者没有给出解释，但是观察到了一个看似无关的现象，就是真正的司机似乎没有时间去商场。他似乎对陈列的商品没有兴趣，也没有询问促销宣传，这与他以往的做法不同。

从这个谈话中分析员发现，新的卡车物流运输系统从某种意义上来说太完美了，以至于它将司机安排在一个如此紧张的时间表中，使他们没有时间去享受“闲聊”这样的特殊待遇，而这一特殊待遇恰恰能为公司产品带来竞争优势。

如果不作为系统用户亲身体验和观察系统，分析员可能永远不会发现系统设计的真正问题。一旦时间被用于为新产品进货以及必要的市场营销工作，产品的销量即刻回升，并超过了之前没有应用新系统时的水平。

另一个例子是，分析员可以通过较为客观的方式来分辨一个员工如何使用电子邮件和他使用多少电子邮件之间的区别。一个员工可能会说他被泛滥成灾的电子邮件所困扰，他将大部分时间用于回复这些电子邮件。然而，当分析员检查电子邮件记录时，会发现这名员工平均每天只收到3封邮件，最多的一次在8小时内收到10封。在这种情况下，分析员不需要去观察他阅读电子邮件，就能够准确知道该员工需要处理多少电子邮件。

获取系统记录的目的与直接观察相同。然而，这是一种获取更多员工和系统交互的第一手资料和客观评价的方法。在某些情况下，行为测量是比员工自身描述更为准确的对现实的反映。在另一些情况下，行为信息将证实员工直接描述的信息。虽然观察法和获取客观测量数据是收集相关信息的可取方法，但它们在真正的组织环境中并不完全可行。因此，这些方法并不是完全公正的，正如没有一个数据收集方法是完全公正的一样。

例如，观察可能会导致员工改变他们正常的操作行为。那些知道自己正在被观察的员工可能会紧张，犯更多的错误，更谨慎地严格遵照规程操作，也可能比平常工作得更快或更慢。此外，由于观察通常都不连续，分析员只能获得对员工或工作的简要印象，这其中可能并不包含重要的事件和活动。由于观察是非常耗时的，分析员不仅只能观察有限的时间，而且只能观察有限数量的员工和地点。再者，观察所获得的数据只是多种不同类型的数据源中的一小部分。选择哪个员工和哪个地点进行观察是一个非常困难的决定。分析员希望挑选典型和非典型的员工和地点，在正常和特殊的情况下进行多次观察，以便从观察中获取丰富的数据。

分析规程和其他文档

如前所述，询问那些每天都使用系统的用户或是对系统有兴趣的人，是一种收集有关当前和未来系统信息的有效方法。观察当前的系统用户，是一种了解当前系统如何运作的更为有效的方法，但是这个方法只能揭示当前系统运作所有方面的一部分。这些确定系统需求的方法可以通过检查系统和整理文档来改善，因为通过检查系统和整理文档，可以了解更多关于当前系统以及系统所支持的组织结构的细节。

虽然在此讨论的几种重要文档类型，在理解未来系统的可能需求方面非常有用，但是我们的讨论并没有涵盖所有可能类型的文档。分析员应该试图找到所有与系统重构相关的企业结构书面文档。除了我们讨论过的一些特定文档，企业的使命声明、业务规划、企业结构图、业务方针手册、工作说明、企业内外部函件，以及企业之前的研究报告都能提供有价值的信息。

通过分析文档，分析员可以获得哪些有关新系统需求的信息？在文档中可以获取下列信息：

- 前系统存在的问题（例如，缺失的信息和冗余的步骤）。
- 当能够得到某些特定的信息或信息处理流程时（例如，基于客户类型的销售分析），满足新需求的机会。
- 影响系统需求的企业发展方向（例如，试图将客户和供应商与企业更紧密地联系起来）。
- 对现有系统感兴趣的相关关键人物的头衔和姓名（例如，指导关键客户购买行为研究的销售经理的姓名）。
- 企业和关键人物的价值观，这些关键人物能帮助确定不同用户不同功能需求的优先顺序（例如，即使意味着减少短期利润，也要保持市场份额）。
- 可能不会被任何其他的需求确定技术所识别的、非正常情况下出现的特殊信息处理流程事件（例如，一些大客户的特殊处理需求，以及需要使用客户定制流程的内容）。
- 当前系统被设计出来的原因，它可以显示当前软件缺失的功能，而这些功能在新系统中可能是可取的和迫切需要的（例如，在当前系统的设计中，客户购买竞争者产品的数据无法获得，但是这些数据现在可以从多个渠道获得）。
- 数据、数据处理规则，以及必须由信息系统实施的企业运作原则（例如，当客户有任何问题时，为他们指定一个销售部门的员工作为客户的主要联系人）。

一种有用的文档类型是为群组或个人编写的书面工作规程。规程描述了如何执行一项特定的工作或任务，包含在完成工作的过程中所使用和创建的数据和信息。例如，图6—3中展示的规程包含了准备公开一项发明所需要的数据（功能及优势、图形、发明者姓名和见证者姓名清单）。它同时表明，除了发明者，主管科研的副校长、系领导和院长都必须审核这些材料，而且需要一个见证人来为公开发明进行备案。这些显然会对需要保留什么样的数据、必须将信息发送给谁，以及管理数据有效形式的规则产生影响。

然而，规程并不是无障碍的信息来源，有时分析员通过分析一些书面规程会发现，两项甚至更多的工作中存在重复。在进行系统设计之前，分析员需要将这些重复工作视为问题以引起管理者的重视。也就是说，在通过信息系统重构来获取最大效益之前，需要对企业结构进行重新设计。分析员可能遇到的另一个问题是规程的丢失，为其创建文档并不是分析员的工作，而是管理者的工作。第三个有关书面规程的常见问题是规程过期。当分析员与规程中所描述的工作执行人员进行面谈时，可能会发现规程已经过期。重写规程以便其可以与实际相匹配的决定虽然需由管理者做出，但是分析员可以根据自己对组织的理解提出建议。第四个有关书面规程的常见问题是，正规的规程可能与分析员在面谈和观察中收集到的有关组织运作以及需要的信息等资料相矛盾。和其他情况一样，正式决定取决于管理者。

准备公开发明的指导意见
（详见专利政策和工艺路线规程中的员工手册）

（1）每张申请表只能公开一项发明。
（2）准备完整的公开说明。
只有让从事相关领域的人员了解这项发明，公开说明才足以满足专利的用途。
（3）按照如下要求准备一份完整的发明公开说明：
- 该发明的所有重要元素、它们之间的关系以及运作模式。
- 可以用来替代任何元素的等价物。
- 新的功能清单。
- 该发明与之前的发明相比存在的优势。
- 该发明是否已经被创建或测试。

（4）提供适当的附加材料。
需要提供图纸和描述性材料来予以说明。材料的每一页都必须由每个发明者签字、注明日期，并且有相关的见证者。任何与该项发明相关的当前或计划的出版物都应该包含在内。
（5）指出原有的知识和信息。
相关的出版物、专利或先前的设备、相关的研究以及工程活动都应该明确指出。
（6）为公开说明见证。
公开说明的见证者应该是共同发明者之外的人员，在阅读和理解该说明后，在该说明的每一页上签字。
（7）向主管科研的副校长、系领导和院长提供原件和一份复印件（如果是授权或合同支持，则需提供两份复印件）。

图6—3 规程样例

所有这些问题都说明了**正式系统**（formal system）和**非正式系统**（informal system）之间的差别。正式系统是由组织的正规文档认可的系统；非正式系统是指组织内实际的运作方式。正式规程的不完善、工作中的个人喜好和习惯、阻力控制以及其他因素的存在，导致非正式系统不断变化。了解正式系统和非正式系统都很重要，因为它们都提供了对信息需求的理解，并说明了从当前系统向未来系统转换需要哪些信息服务。

第二种对系统分析有用的文档类型是业务表（见图6—4）。该表可以用于记录订单中的付款信息，以及哪些货物已经装船发货等所有类型的业务功能。表单对理解一个系统是十分重要的，因为它表明了什么样的数据流入和流出系统，以及系统必须实现哪些功能。在图6—4的发货单样例中，可以看到填写的数据包括：客户名称和收货地址、发货单编号和订单数量、发货单中每行的数据（数量、种类、折扣率、金额）和合计数据。

表单可以说明有关企业性质的一些重要信息。例如，该公司可以向不同地址装船发货，客户可以使用折扣，由客户支付货运费用等。打印出来的表单应与电脑的显示结果相一致，系统由某些员工输入和维护数据，并为在线用户显示数据。包含实际企业数据的表单对分析员来说非常有用，因为它可以帮助分析员确定应用程序实际使用的数据特性。随着时间的推移，人们使用表单的方式也在不断改变，在设计表单时可能不再需要实际数据。可以利用第7章和第8章提到的系统分析技术来确定不需要哪些数据。

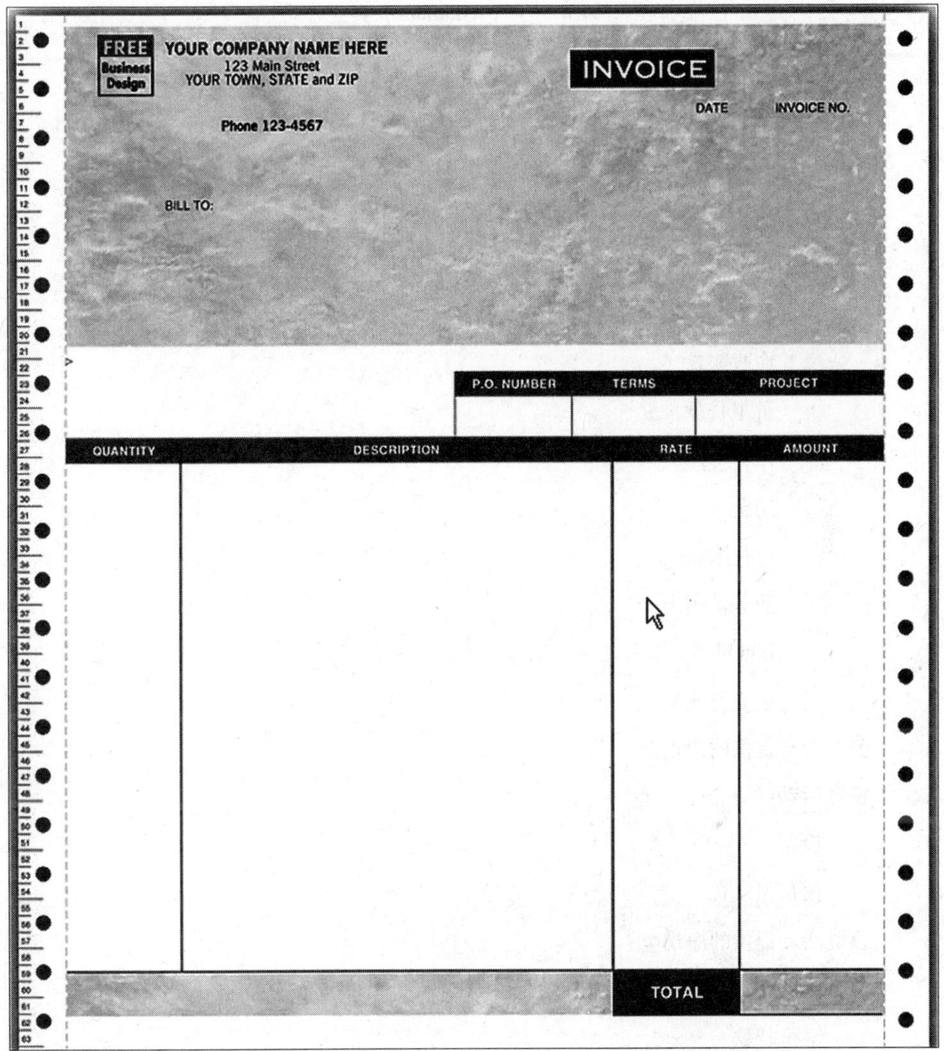

FREE Business Design
YOUR COMPANY NAME HERE
123 Main Street
YOUR TOWN, STATE and ZIP
Phone 123-4567

INVOICE
DATE　INVOICE NO.

BILL TO:

P.O. NUMBER	TERMS	PROJECT

QUANTITY	DESCRIPTION	RATE	AMOUNT
		TOTAL	

图 6—4　业务表样例——QuickBooks 的发货单

资料来源：http：//jnk. btobsource. com/NASApp/enduser/products/product _ detail. jsp? pc513050M＃. Reprinted by permission.

第三种有用的文档类型是当前系统生成的报表。作为某些系统的主要输出，报表能使分析员利用其中的信息和生成的必要数据追溯工作。图 6—5 给出了一个典型的财务报表——现金流量表。通过分析这些报表，分析员可以确定在什么时间需要什么样的数据，以及怎样操作原始数据使其生成报表中的字段。

如果当前系统是基于计算机的，那么第四种有用的文档就是当前信息系统的描述性文档，它包含了当前系统是如何设计以及如何运作的。有许多符合这一条件的文档类型，例如流程图、数据字典、CASE 工具报告以及用户手册等。能够获得这些文档的分析员是幸运的；许多内部开发的信息系统缺乏完整的文档（除非使用 CASE 工具）。

组织文档的分析、观察法以及面谈，是收集系统需求最常用的方法。表 6—4 总结了观察法与文档分析法的区别。

Mellankamp 实业公司
现金流量表
2011 年 10 月 1 日至 2011 年 12 月 31 日

	2011 年 10 月 1 日至 12 月 31 日
经营活动	$ 38 239.15
净利润	
调节净利润所作的调整	
由经营活动提供的净现金：	
应收账款	－$ 46 571.69
员工贷款	－62.00
库存资产	－18 827.16
定金	－2 461.80
应付账款	29 189.66
业务信用卡	70.00
BigOil 卡	－18.86
应缴营业税	687.65
经营活动提供的净现金	$ 244.95
投资活动	
设备	－$ 44 500.00
预付保险费	2 322.66
投资活动提供的净现金	－$ 42 177.34
筹资活动	
银行贷款	－$ 868.42
应急贷款	3 911.32
应付票据	－17 059.17
设备贷款	43 013.06
期初余额	－11 697.50
所有者权益	－6 000.00
留存收益	8 863.39
筹资活动提供的净现金	$ 20 162.68
本期净现金的增加	－$ 21 769.71
期初现金	－$ 21 818.48
期末现金	**－$ 43 588.19**

图 6—5　报表样例——现金流量表

表6—4 观察法与文档分析法的比较

特点	观察法	文档分析法
信息含量	高（多种渠道）	低（被动）、信息陈旧
所需时间	可能很长	少到中等
费用	可能很高	少到中等
后续和试探性问题	优点：在观察期间或观察结束后，可以询问试探性和说明性问题	限制：只有当文档原作者在时，才能询问试探性问题
机密性	被观察者认识观察者；当被观察时，被观察者可能改变自己的行为	取决于文档的性质；不会仅仅通过阅读就发生改变
主体参与	被面谈者是否参与并作出承诺取决于是否知道自己正在被观察	没有主体或者没有明确的承诺
潜在观众	数量有限，时间有限（瞬时印象）	哪些文档被保存，或者文档并不是为此目的而创建所带来的潜在偏见

确定系统需求的现代方法

虽然我们把面谈法、观察法以及文档分析法称作确定系统需求的传统方法，但是所有这些方法仍然被分析员用于收集重要的信息。现在有很多用于收集有关当前系统、组织结构对新系统的需求，以及新系统功能等信息的新技术。本节将会介绍一些用于分析阶段的现代信息收集技术（见表6—5）：联合应用设计（JAD）、支持JAD的CASE工具，以及原型法。如前所述，这些技术不仅能够支持有效的信息收集和结构化，而且可以减少分析的时间。

表6—5 收集系统需求的现代技术

- 在JAD会议中，将用户、投资者、分析员以及其他相关人员聚集起来，共同讨论和审核系统需求。
- 在JAD中，利用CASE工具分析当前系统，以满足不断变化的业务需求。
- 利用迭代法开发系统原型，并通过展示系统功能加强对系统需求的理解。

联合应用设计

联合应用设计（Joint Application Design，JAD）起源于20世纪70年代末，由IBM公司最先使用，从那以后JAD的应用便延伸到各行各业。例如，在康涅狄格州的保险业中，JAD技术十分流行，并形成了JAD用户组。事实上，一些常用的JAD方法已经被记录并推广开来（详见Wood and Silver，1995）。JAD蕴涵的主要思想，是将与当前系统分析相关的关键用户、管理者、系统分析员聚集起来。从这方面来看，JAD有点类似于群组面谈。但是，JAD遵照角色和议程的特殊结构，由分析员掌控用户回答问题的顺序，与群组面谈有很大的不同。在分析阶段使用JAD技术的主要目的，是从与系统相关的关键人员处收集系统需求。由此得出的结果是紧密且结构化的，并且非常有效。作为一个群组面谈，JAD把所有关键人员同时聚集在一起，使分析员更加深入了解在哪些方面可以达成一致，哪些方面存在冲突。与所有这些重要人员持续一星期的紧张会议，使分析员有机会解决冲突，而对于无法解决的冲突，至少能够理解为什么这些冲突不能轻易解决。

通常JAD会议在特定地点进行，而不是在相关人员正常工作的地方。这种做法蕴涵的思想是使参与者尽可能远离干扰，以便集中精力在系统分析上。一个JAD会议可以在任何地方进行，持续时间从四个小时到一星期不等，并且可能由一些小会议组成。一个JAD会花费大量的企业资源，其中最昂贵的是相关人员所需花费的时间。其他费用包括相关人员去往远程站点的旅费、住宿费及餐费等。

典型的JAD参与者如下：

● JAD会议领导。**JAD会议领导**（JAD session leader）组织并执行JAD，他接受过群组管理、协作以及系统分析方面的训练。JAD会议领导制定满足需求的议程，在讨论的问题上保持中立的态度，不提供意见和观点，而集中精力使群组按照议程讨论问题、解决冲突和分歧，并征求所有人的想法。

● 用户。待审议系统的关键用户是JAD的主要参与者。他们是唯一清楚了解日常使用系统将会带来什么的人。

● 管理者。带有疑问使用系统的工作群组管理者，能够对新的企业发展方向、动机，以及系统对企业的影响等提供意见，并在JAD阶段协助支持需求确定工作。

● 投资者。由于JAD费用高，其前期主要工作就是必须由公司相对高层的人员投资。如果有投资者出席会议，通常只是在会议一开始或结束的时候。

● 系统分析员。虽然系统分析团队成员的实际参与可能有限，但是需要他们参加会议。分析员从用户或管理者那里获取信息，而不是执行和支配会议流程。

● 记录员。**记录员**（scribe）在JAD会议期间做会议记录。通常是在笔记本电脑上利用文字处理器、记事本、图表进行记录，这些内容可以直接导入CASE工具中。

● 信息系统员工。除系统分析员之外，其他的信息系统员工，如程序员、数据库分析员、信息系统规划员以及数据中心的员工都可能参与会议，从讨论中获取信息，并可能就当前提出想法的技术可行性，或当前系统的技术限制提出自己的意见。

JAD会议通常在特殊会议室进行，参与者在如图6—6所示的U形桌子旁列席。这样的房间中通常配有白板。可能会使用其他的视听工具，例如能够轻易在白板上排列的磁铁标记、挂图、电脑显示器等。挂图的纸张通常用于追踪在JAD期间无法解决的问题，或者是那些需要额外信息（这些信息可在会议间歇获得）的问题。电脑可用来创建和显示表单和报表的设计图样、当前和替换系统的图表，以及建立原型。

当一个JAD结束时，最终得到的成果是有关当前系统的运作，以及替换系统相关研究的一系列详细说明文档。根据JAD的不同目的，分析员也可能在JAD结束后收集到一些关于替换系统所需功能的详细信息。

参加JAD 假设你是一名系统分析员，第一次参加JAD。参加一个JAD是什么样的？通常情况下，JAD是在舒适的具有便利设施的工作外会议场所进行的。在JAD的第一个早上，你和其他分析员走入如图6—6所示的房间。引导者已经在房间里了，并在挂图上写好了当天的议程。记录员带着笔记本电脑坐在一个角落里，

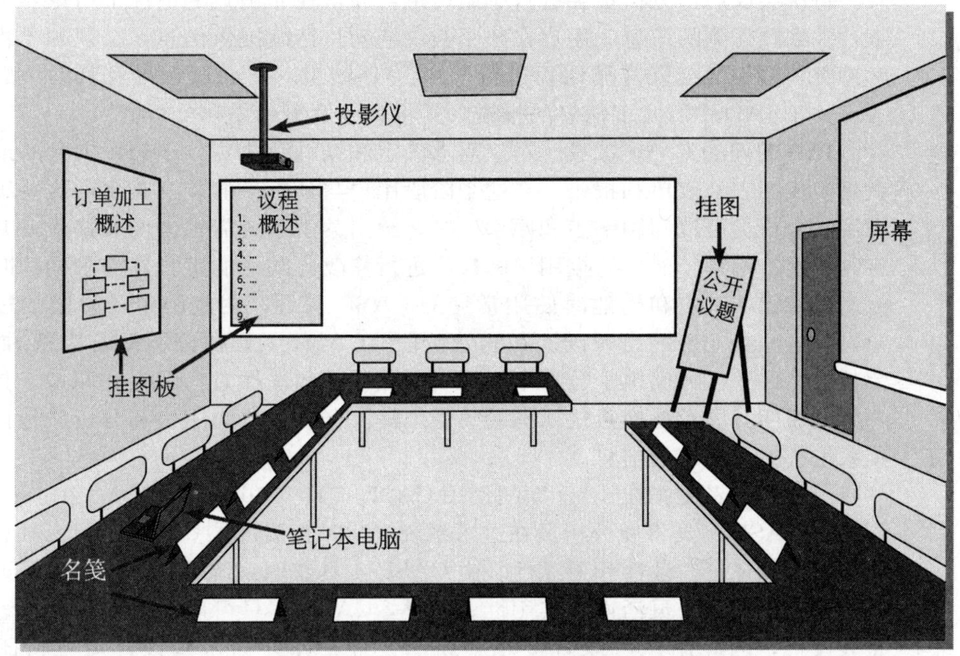

图 6—6 JAD 的典型会议室布局说明

资料来源：Based on Wood and Silver，1995.

准备记录当天的活动。用户和管理者开始进入小组，并围坐在 U 形桌旁。你和其他分析员回顾有关你们至今所了解到的并准备在会议上讨论的信息的笔记。会议领导以简短的致辞和会议流程开场。第一天用于概括当前系统和与之相关的问题。接下来的两天用于分析当前系统。最后两天用于分析报告。

会议领导介绍企业的投资者，后者将谈论与系统分析研究相关的组织单元、当前系统的情况，以及改善当前系统以满足不断变化的业务环境的重要性。投资者离开后，由会议领导接管会议。接着会议领导将会议的发言权留给高级分析员，由他们对已确定的系统关键问题做一个展示。展示结束后，会议领导让在场的用户和管理者开始讨论。

经过几分钟的探讨，来自企业不同部门的两个用户开始激烈讨论。一个用户所代表的部门是原始系统设计的典型服务对象，他认为该系统感觉缺乏灵活性是一个优点而不是缺陷。而另一个用户代表的部门在并购前是另一家公司的一部分，他认为当前系统太过死板以至于几乎无法使用。这时会议领导出面调停，并试图帮助用户找出导致系统感觉缺乏灵活性的某些原因。

至此产生了关于原始系统开发人员开发意图的问题。会议领导会询问分析团队对原始系统设计的看法。由于这些问题在本次会议期间无法得到回答（原始设计者并未在场，同时原始设计文档并不可得），会议领导会将这些问题纳入“待做事项”清单中。这些问题将成为挂图中“待做事项”的第一个项目，然后会议领导指派你去找出原始系统开发人员的开发意图。会议领导将你的姓名写在“待做事项”清单中的项目旁，然后继续进行会议。在 JAD 结束前，你必须得到这个问题的答案。

在 JAD 期间，会议都将按照这种方式进行。分析员将做展示，帮助引导关于表单和报表设计的讨论，回答用户及管理者提出的问题，并对所说的内容进行记录。每次会议后，分析员会进行小组讨论，通常在非正式的情况下讨论当天发生的事，并回顾得到的信息。用户在整个会议期间将持续提供信息，会议领导将协助调解冲突，并保证会议遵循议程进行。当JAD结束时，会议领导及其助手必须准备一份关于JAD中所发现信息的报告，并将其分发给用户和分析员。

JAD期间的CASE工具 对于需求确定和结构化来说，CASE工具的最大用处就是生成图表、表单和报告。在这个阶段用户与分析员的交互越多，这些工具就越有用。分析员可以利用图表和原型工具，给出关于系统需求的图表格式，并把这些工具展示给用户，然后依据用户的反应进行修改。同样的工具在需求构建时也十分有用。在需求确定和构建时使用常见的CASE工具，会使两个子阶段的过渡更简单，并且减少花费的总时间。在构建阶段，CASE工具在分析需求信息的正确性、完整性、一致性方面也十分有用。最后，在替换和选择时，图表和原型工具是向用户生动说明并展示替换系统功能的关键工具。这种做法为用户和分析员选择最佳替换系统提供了更好的信息。

一些研究者主张在JAD期间使用CASE工具（Lucas，1993）。在JAD期间使用一个CASE工具将使分析员在进入系统模型时直接进入CASE工具，在合并建模的流程中保证了一致性和可靠性。由CASE工具获取系统需求，比记录员或分析团队进行记录更具有灵活性和实用性。此外，CASE工具可以用于项目菜单、显示和报表设计，因此用户可以直接观察新旧设计，并评估这些设计对分析团队的实用性。

在需求确定期间使用原型法

原型法（prototyping）是一个迭代的过程，要求用户和分析员针对一个已建立的初步信息系统，根据用户的反馈不断修改。原型法可以替代或加强系统开发生命周期。在这里，我们感兴趣的是如何利用原型法加强需求确定过程。

为了收集初步需求，分析员要继续对用户进行面谈并收集文档。原型法将使分析员快速地把基本需求转化为包含有限必需功能的信息系统。然后由用户查看和测试原型。通常，看到字面上的需求转化成物理系统，将会促使用户修改现有需求并进一步提出新需求。例如，在最初的面谈中，一个用户可能希望所有相关的实用发货单信息，例如客户姓名和住址、服务记录和支付记录，都在一个电脑窗口中显示出来。一旦用户在原型中看到这样的设计非常拥挤和混乱，他将改变想法，转而要求这些信息有组织地在多个窗口中显示，并且多个窗口间能够轻易切换。他同样可能想到一些在最初的面谈中没有提出的重要需求（数据、计算等）。

分析员会采纳所提出的建议，重新设计原型（见图6—7）。修改后，用户将再次查看和测试原型。然后，分析员再次依据用户的意见进行修改。通过这样迭代的过程，为分析员更好地获取系统需求提供了很好的机会。

由于原型在每次迭代中都会变化，将会导致在原型中获取更多的系统设计规范。原型可以成为最终生成系统的基础，这个过程称为演化式原型法。此外，该原型也可以只是一个模型，作为实际系统构建时的参考。在这个称为舍弃式原型法的过程中，原型在使用过后就被舍弃。

演化式原型法 在演化式原型法中，分析员由目标系统的部分建模开始，如果这部分原型是成功的，分析员将根据这些已成形的部分继续构建系统的剩余部分（McConnell，1996）。一个演化式原型法的生命周期模型说明了该流程迭代的本质，

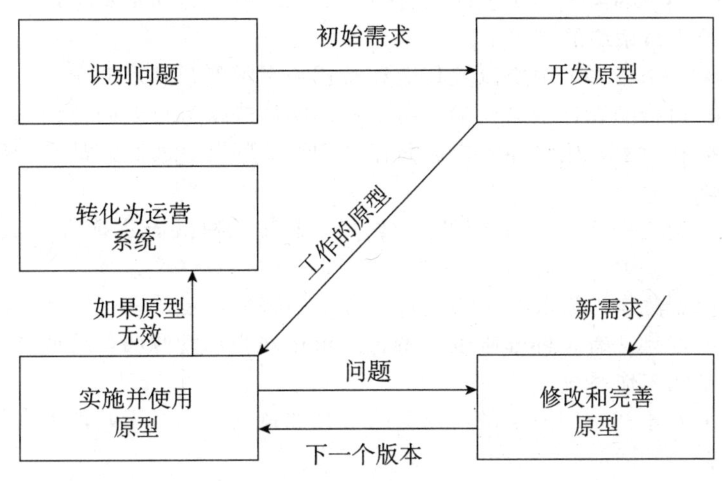

图 6—7　原型法

资料来源：Adapted from "Prototyping: The New Paradigm for Systems Development," by J. D. Naumann and A. M. Jenkins, *MIS Quarterly* 6 (3): 29-44.

以及不断修改原型直至正式发布的趋势（见图 6—8）。这种方法的一个重要方面就是该原型将成为最终实际生成的系统。正因为如此，分析员通常从系统最困难和最不确定的部分开始。

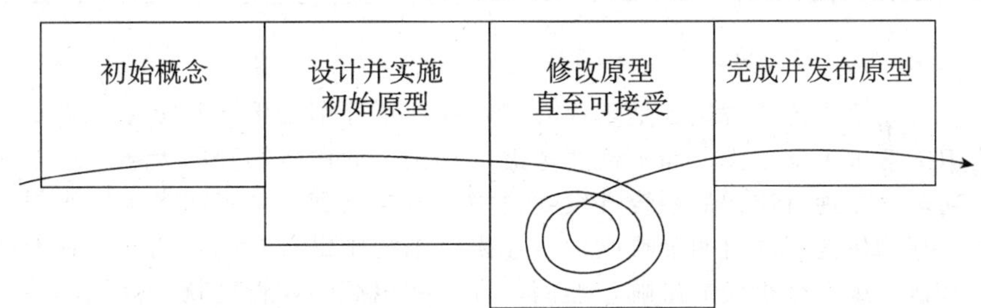

图 6—8　McConnell 的演化式原型法模型

虽然原型系统可能对于展示一个系统的各方面起到了很好的效果，如用户界面等，但是最终生成的系统自身将具有更多的功能，其中某些对用户来说是不可见的。任何系统都必须设计为能够进行数据库访问，具有数据完整性、系统安全性和网络连接。系统还要设计为支持可扩展性、多用户和多平台。这些设计规范很少会被纳入一个原型里。此外，高达 90%的系统功能是用于处理例外情况的（McConnell，1996）。而原型的设计仅能用来处理典型情况，所以必须在原型中添加例外情况处理功能，然后将其转换为生成系统。显然，原型仅实现了系统需求的一部分。

舍弃式原型法　与演化式原型法不同，舍弃式原型法不保留已开发的原型。在该方法中，不会有任何将原型转化为运营系统的意图。相反，原型被开发出来，用于快速说明系统设计中不明确的某些方面，以及帮助用户在不同的功能和界面特性中做出选择。一旦创建的原型中不确定性减少，该原型将被舍弃，而从该原型的创建和测试中获取的信息将成为需求确定的一部分。

在下列情况下，原型法是确定需求的最有效方法：

- 用户的需求不明确或没有被很好地理解，这通常发生在开发全新的系统或开发决策支持系统的背景下。
- 一个或多个用户以及其他利益相关者都参与到系统中。
- 可行的设计相当复杂，需要具体的形式来进行全面评估。
- 在过去，用户和分析员间存在沟通的问题，而双方都希望确保系统需求尽可能具体。
- 建立一个工作系统的工具（例如表单和报表生成器）和数据都可以轻易获得。

原型法作为需求确定的工具也有一些缺陷，包括：

- 原型法有一种逃避生成系统需求正式文档的倾向，这使系统更难发展成为一个完整的工作系统。
- 对于初始用户来说，原型法有其独特性，而对于其他潜在用户来说，原型法很难普及和适应。
- 原型通常是作为独立系统而建立的，从而忽略了共享数据、与现有系统交互以及扩展应用程序的问题。
- 系统开发生命周期中的审查阶段被忽略，以至于一些细微的但是很重要的系统需求可能被忘记（例如安全性、一些数据输入控件、跨平台的数据标准化等）。

确定系统需求的基本方法

无论是传统方法还是现代方法，在本章介绍的用于确定系统需求的方法都可应用于需求确定工作，而不需要考虑其动机。而你所学到的大多数内容通常是被应用到自动化现有流程的系统开发项目中。分析员利用系统需求确定来发现当前存在的问题和机遇，同时明确哪些内容在未来系统中是必要的。通常，现有的做事方式会对新系统产生很大的影响。然而，在一些组织中，管理就是寻找新方法来完成当前的任务。这些新方法与如何完成一件事的思想有本质区别，但回报可能是巨大的：做同样的工作可能只要更少的人员，与客户的关系可能有明显改善，以及流程可能变得更有效率和效益，所有这些都会导致利润增加。现有方法被全新的方法所替代的整个流程通常称为**业务流程再造**（business process reengineering，BPR）。尽管BPR这一术语通常与发生在20世纪90年代的管理变革热潮联系在一起，但是企业家仍然对如何改善业务流程非常感兴趣（Sharp and McDermott，2001）。虽然业务流程再造这一术语似乎有些过时，但流程定向仍然是BPR运动中留下的有价值的东西。

为了更好地理解BPR，考虑如下类比。假设你是一个优秀的欧洲高尔夫选手，在比赛时调整自己的状态以适应欧洲的高尔夫球场和天气。你已经学会了如何控制球在大风中的飞行、让球在开阔的草地上滚动、在坡度起伏的草地上推杆，以及在没有景观帮助的情况下找到目标，而北美场地通常是有景观的。当你去美国参加巡回赛时，你会发现逐步提高推杆质量、击球精度和沙坑击球会有所帮助，但是新的竞争环境并不符合你的比赛风格。你必须重新调整所有的方法，学会如何瞄准目标、让球在草地上旋转和停止，并控制人群和媒体的干扰。如果你足够优秀，你将会适应，但是不通过调整，你永远都无法获胜。

正如出色的高尔夫选手需要在不断变化的条件下调整自己的比赛状态一样，全球经济的竞争将会导致大多数公司进入一种新的模式，即不断改善自身产品和服务的质量（Dobyns and Crawford-Mason，1991）。企业意识到，创造性地使用信息技术可以显著改善大部分业务流程。BPR 蕴涵的思想是不仅要改善每个业务流程，而且要从系统建模的角度重组一个企业中主要部分的完整数据流，以便消除不必要的步骤，并在以前的不同操作步骤间实现协同效应，同时使企业对未来的变化更具有适应性。例如，IBM、宝洁、沃尔玛和福特正积极推行 BPR 的工作，并取得了巨大的成功。然而很多公司发现，在应用 BPR 原则上面临很多困难（Moad，1994）。但是作为一种从本质上改善业务流程的方法（正如第 4 章中的描述），BPR 的概念在企业战略规划和信息系统规划方面都有积极的应用。

BPR 的倡导者认为，显著提高业务流程的质量，可以通过创造性地应用信息技术来实现。BPR 的倡导者同样认为，通过调整现有的流程不能实现彻底改善，而应利用一张白纸，问这样一个问题："如果我们是一个新的企业，将怎样完成这个活动?" 改变完成工作的方式同样也改变了信息共享和存储的方式，这意味着，许多 BPR 工作的结果是信息系统维护请求或是系统替换请求。很可能你在自己的组织中将遇到或已经遇到过 BPR 的提议。

□ 明确再造的流程

任何 BPR 工作的第一步，都涉及了解哪些流程需要改善。要做到这一点，首先必须了解哪些流程是企业中的关键业务流程。**关键业务流程**（key business processes）是为特定的客户或市场生成特定的输出而设计的一系列重要结构化活动。这个定义中的一个重要方面就是，关键流程侧重于企业的某些输出，例如，一个产品的创建或一项服务的提供。关键业务流程也是以客户为中心的。换句话说，关键业务流程包括用于设计、建立、交付、支持，并为特定客户提供特定产品的所有活动。因此，BPR 工作首先就需要了解哪些是企业关键业务流程的活动，然后调整活动的顺序和结构来实现速度、质量、客户满意度的根本改善。已学过的用于确定系统需求的技术，同样可以用于获取和了解关键业务流程。对关键人物进行面谈、观察工作活动、阅读和研究企业的文档、进行 JAD 都可以用于发现和理解关键业务流程。

在识别关键业务流程后，下一步就要明确那些可以通过再造而得到根本改善的特定活动。Hammer and Champy（1993）因术语 BPR 和该流程本身而被广泛认知，他们建议在识别需要彻底改善的活动时，需要询问以下三个问题：

1. 这项活动对生成一个输出而言有多重要？
2. 改变这项活动有多大的可行性？
3. 这项活动功能失效的情况如何？

这些问题的答案为选择哪些活动进行变革提供了依据。那些被认为是重要的、多变的、功能失效的活动是主要的对象。为了识别功能失效的活动，专家建议在以下场景进行寻找，即个体间存在大量的交互信息、信息被冗余地记录或需要重新定义、有过量的缓冲库存和检查，以及需要大量返工或很复杂等。在信息系统开发过程中用于建模数据、流程、事件和逻辑的大多数工具和技术，也用于 BPR 工作内的业务流程建模（详见 Davenport，1993）。因此，系统分析员所具备的技能对于许多 BPR 工作来说也很重要。

破坏性技术

一旦关键业务流程和活动被识别出来，就必须应用信息技术从根本上改善业务流程。为了做到这一点，Hammer and Champy（1993）建议企业“归纳性地”考虑信息技术。归纳是从特殊到一般的推理过程，这意味着管理者必须了解新技术的力量，并想出改变工作方式的创新方法。这有悖于演绎法思维，演绎法认为首先应该发现问题，然后制定解决方案。

Hammer and Champy 认为，管理者在应用演绎法时，要特别考虑破坏性技术。**破坏性技术**（disruptive technologies）就是让那些长期存在的、抑制企业实现彻底业务改善的业务规则得到突破的相关技术。例如宝洁，一个庞大的消费品公司，应用信息技术实现了“变革创新”（Teresko，2004）。信息技术帮助企业的不同工作部门在新产品上实现无缝合作。宝洁还在设计阶段的早期利用计算机仿真来加快产品设计，并对客户的潜在产品进行测试。表6—6展示了几个长期存在的业务规则和观念，它们阻碍了企业对流程进行彻底的改善。例如，第一个规则表明，信息在某个时刻只能在一个地方出现。然而，分布式数据库（详见第12章）的出现和无线网络的普及，对这个长期存在的业务观念产生了“干扰”。

表6—6　正被破坏性技术淘汰的长期存在的企业规则

规则	破坏性技术
信息在某个时刻只能在一个地方出现	分布式数据库允许信息共享
企业必须选择集权或分权	先进的通信网络可以支持动态的组织结构
管理者必须做出所有决策	决策支持工具可以帮助管理者
外地员工需要一个可以接收、存储、检索和传递信息的办公场所	无线数据通信和便携式电脑可以为员工提供“虚拟”的办公场所
与潜在买家最好的接触是个人接触	互动的通信技术支持复杂的消息传递
必须知道货物运送到哪里	自动识别和跟踪技术帮助确定货物运送到哪里
定期修改计划	高性能计算可以支持实时更新

需求管理工具

如前所述，无论使用什么方法确定需求，这个流程中都会产生大量信息。虽然接下来的两章专门用于介绍如何构建需求，但是还有其他的方法可以记录这些内容。企业和开发人员一直在寻找更有效和创造性的方法来创建和维护需求文档。一种已经开发出来的方法是基于计算机的需求管理工具（见图6—9和图6—10）。这些工具使分析员更易保存当前的需求文档、添加有关说明的更多信息，以及在整体包中定义不同部分间的链接。需求管理工具通常与现有的许多用于需求说明的标准兼容，例如统一建模语言2.0（www.uml.org）、系统建模语言（SysML）（syseng.omg.org/SysML.htm）和业务流程建模标注（BPMN）（www.bpmn.org）。

需求管理工具非常有助于那些传统的、基于计划的系统开发方法，而这也是到目前为止我们一直在讨论的类型。它们与敏捷方法是不同的运作方式，后者往往会采用多种方法来收集需求。你将在下一节了解利用敏捷方法收集需求的流程。

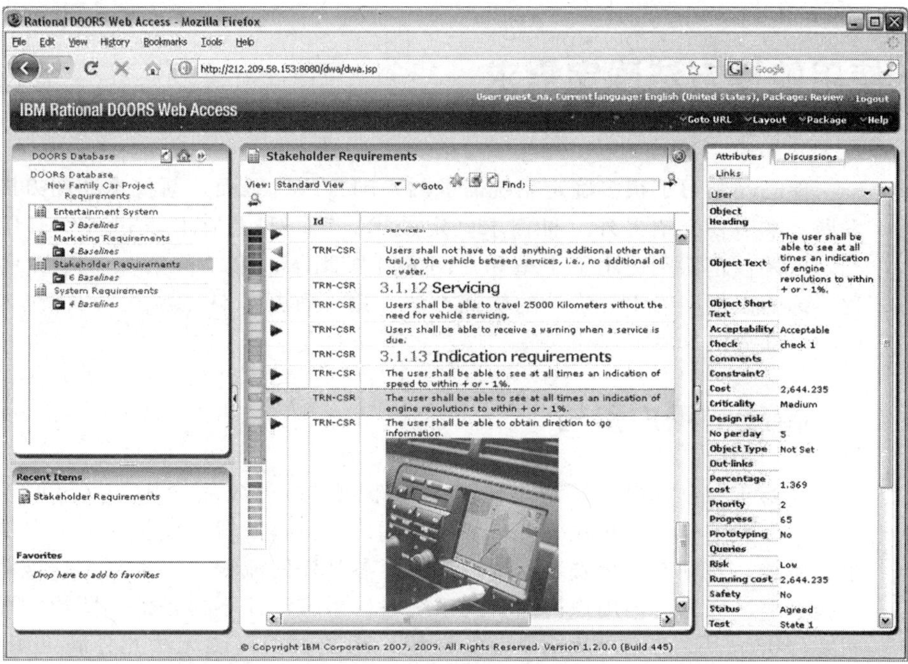

图 6—9　IBM Rational DOORS Web Access 的截屏

资料来源：Reprinted Courtesy of International Business Machines Corporation，copyright 2009 © International Business Machines Corporation.

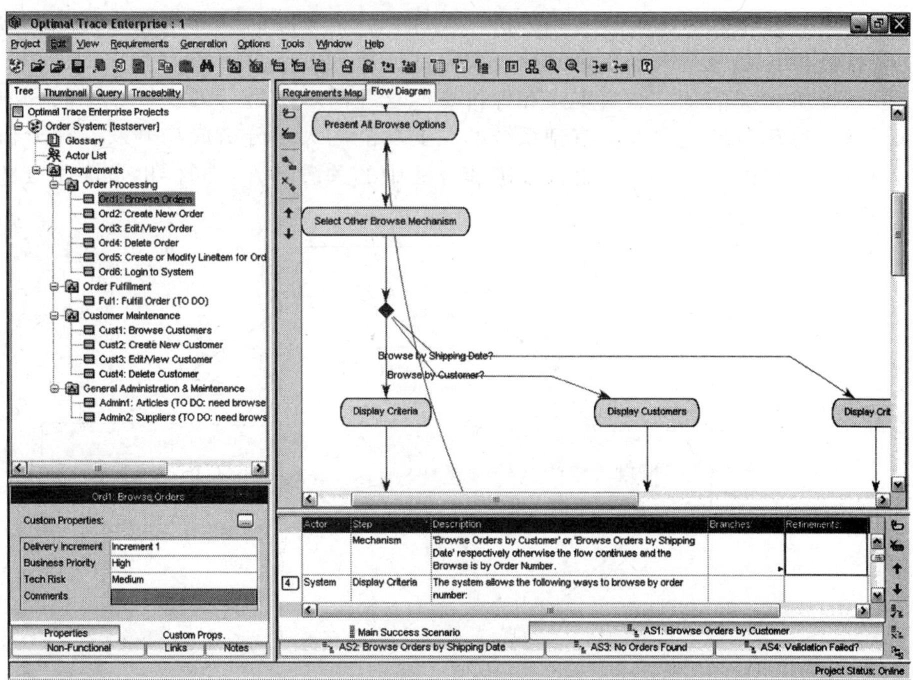

图 6—10　Micro Focus 的业务需求管理工具——Optimal Trace 的截屏

资料来源：www. microfocus. com/000/Data% 20Sheet% 20-% 20Optimal% 20Trace _ tcm21-28011. pdf. © 2009 Micro Focus. All rights reserved.

使用敏捷方法确定需求

你已经学习了很多确定系统需求的不同方法。然而，新技术和新方法也在不断发展。本节要介绍另外三种需求确定技术。第一种是在开发过程中有用户持续参与，这种技术特别适用于小型和专门的开发团队。第二种是一个类似于JAD的流程，称为以使用为中心设计的敏捷方法。第三种是“计划游戏”，它作为极限编程中的一部分被开发。

持续的用户参与

在第1章，你已经了解了传统的瀑布式系统开发生命周期（SDLC）的缺陷。其中一个缺陷是，瀑布式SDLC只允许用户在分析阶段早期参与。一旦从用户处收集到需求，直到系统被安装，用户都不再参与任何流程，一直到用户被请求签署同意验收书。通常，当用户再次看到系统时，系统已经不再是他们所想的那样。一旦系统分析结束，若用户改变了业务流程，系统就很可能无法充分满足用户的需求。这种传统的瀑布式SDLC和用户参与的观点是非常老套的，它没有描述每一个使用瀑布模型的系统开发项目。然而，用户参与不充分的现象十分普遍，足以被视为系统开发中非常实际和严重的问题。

解决用户参与不充分这一问题的一个方法，是让用户持续参与整个分析和设计过程。如果该方法能够遵循分析—设计—编程—测试这一周期进行，就能够起到最佳效果，而这个周期正是敏捷开发方法所赞同的（见图6—11），因为用户可以为需求提供相关信息，然后观察和评价按照这些需求所进行的设计、编码和测试。这个迭代过程可反复多次，直到系统的主要功能的大部分被成功开发。在分析和设计过程中用户的广泛参与，是很多敏捷方法中的关键部分，同样也是快速应用开发的重要部分（详见第1章）。

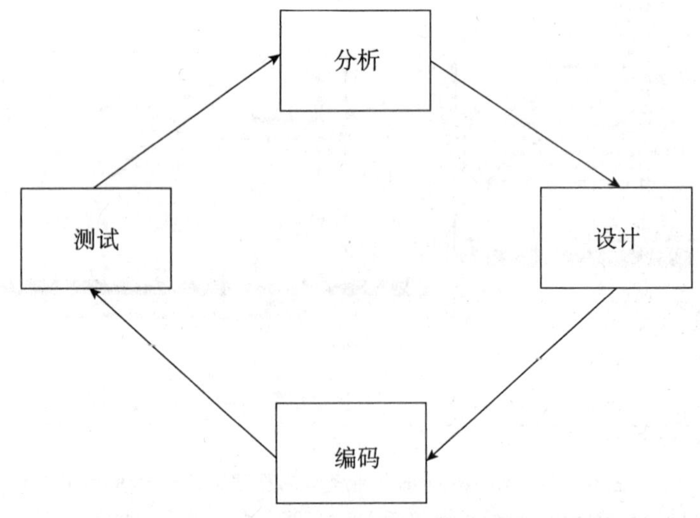

图6—11　分析—设计—编码—测试周期的迭代

持续的用户参与是波音 757 飞机上线路设计和安装系统能够取得成功的重要原因（Bedoll，2003）。该系统用于支持那些为客户定制飞机配置的工程师，它可以使工程师分析可能被安装在波音 757 飞机上的所有 50 000 个线路。建立一个类似系统的前一次尝试花了 3 年多时间，但是所开发的系统却从未使用。利用敏捷方法所进行的第二次开发，只用 6 周的时间就完成了系统。成功的关键之一是一个用户联络员，他花一半时间联系小型开发团队，而另一半时间联系其他最终用户。除了按照分析—设计—编码—测试这一周期运作外，该分析团队每周都会公布工作成果。用户联络员参与每个阶段。显然，这样的需求确定要想成功，与开发团队共同工作的用户必须非常熟悉业务，并且可能要放弃自身正常的业务职责，以便专心参与到系统开发中。

□ 以使用为中心设计的敏捷方法

持续的用户参与在系统开发中是一个很好的方式，以确保准确地获取需求，并快速在系统设计中实现。然而，这样的方法只有在开发团队规模较小时效果才最佳，就像波音公司案例那样。此外，在整个开发项目期间，并不总是能实现持续的用户参与。因此，敏捷开发人员提出了其他的方法来保证在系统开发流程中实现有效的用户参与。方法之一就是以使用为中心设计的敏捷方法，该方法最初是 Larry Constantine（2002）提出的，并由 Jeff Patton（Patton，2002）改编以使之适用于敏捷方法。Patton 介绍了该流程的 9 个步骤，目前已经改编和公布了其中的 8 个，如表 6—7 所示。

表 6—7　　用于需求确定的以使用为中心的敏捷方法的步骤

1. 将分析员、用户、程序员以及测试人员聚集起来，隔离在房间中对设计进行共同研发，同时包括一个了解这个流程的引导者。
2. 给每个人提供机会去表达对当前系统的看法，以及希望新系统所具有的功能。将所有的想法和建议记录在白板或挂图上，让每个人都能够看见。
3. 明确最重要的用户角色，并明确是谁使用系统及他们使用系统的目的。将这些角色写在 3×5的卡片上。排列这些卡片以便相似的角色互相接近。Patton（2002）把这称为角色模型。
4. 明确为了达成目标，用户角色需要完成哪些任务，将这些任务写在 3×5 的卡片上。首先根据任务的重要性进行排序，然后根据任务出现的频率进行排序。依据这些任务的相似程度将卡片摆放在一起。Patton（2002）把这称为任务模型。
5. 依据任务的相似程度将任务卡分组摆放在桌上，处理一沓卡片，称为交互情境。
6. 直接在交互情境中的每张任务卡上写下任务描述。列出完成这项任务所需步骤。描述尽量口语化以便阅读。然后进行简化。
7. 把每一沓卡片暂时看作由单个用户界面支持的一系列任务，例如界面、网页或对话框，针对该界面设计一个纸笔式原型。展示系统界面中每个部分的基本尺寸和位置。
8. 扮演一个用户角色，按照纸笔式原型中所描述的交互情境完成每一项任务。确保用户角色通过原型可以达到他的目标。据此完善原型。

注意整个过程与 JAD 会议的相似性。所有的专业人员都聚集在一起，并在引导者的帮助下共同工作。以使用为中心设计的敏捷方法的独特之处在于支持它的流程，它关注于用户角色、用户目标，以及实现这些目标所需完成的任务。然后，在会议结束前将任务进行分组，转化为纸笔式原型。从用户及开发人员处获取的需求将作为原型系统的界面。Patton（2002）认为这个方法有两个最有效的方面：其一是吐苦水，这使所有人可以公开抱怨自己对系统的不满意之处；其二是 3×5 卡片的使用，这是一种非常有效的沟通工具。然而，如同任何一种分析和设计流程或技术，以使用为中心设计的敏捷方法并不适用于各个项目或公司。

□ 极限编程中的规划策略

你已经在第1章中了解了极限编程，并知道这是由 Kent Beck（2000）整合的一种软件开发方法。你还了解到它以周期短、增量式规划方法、关注程序员所编写的自动测试、客户监控开发流程，以及在整个系统生命周期中持续依赖演变的开发方法而闻名。极限编程的一个关键点就是它利用两人的编程团队，并且在开发过程中有客户在现场。极限编程与需求确定相关的部分是：（1）如何将规划、分析、设计和创建整合在一起形成单一的活动阶段；（2）独特的获取和显示系统需求及设计规范的方式。将生命周期的所有阶段都整合成一系列基于编程、测试、听取意见、设计这一基本流程的活动。

然而，这里所关注的重点是处理需求和规范的方法。这两项活动都出现在 Beck 所说的“规划策略”中，规划策略确实是一个程式化的开发方法，需要在新系统的用户和创建系统的开发人员间最大限度地创造富有成效的交互。规划策略的参与者是企业和开发人员。企业是客户，理论上由了解所开发系统将要支持的流程的人员代表。开发人员由实际设计和创建系统的人员代表。规划策略的成果是 Beck 所说的“故事卡”。这些卡片是由企业创建的，其中包含了系统中程序或功能的描述。每张卡片都标明了日期和编号，并在整个开发过程中追踪记录其状态。

规划策略有三个阶段，分别是：探索、达成协议和监督（见图6—12）。在探索阶段，企业为其所希望新系统具有的功能创建故事卡。开发人员对实施这一程序所需的时间进行估计。这时，将一张故事卡分成多张故事卡可能是有益的，因为在讨论中这将使功能和程序的范围变得更加明确。在达成协议阶段，企业将故事卡分为三类：基本功能、增值功能和附加功能。开发人员基于他们能否对开发每个功能所需时间进行很好的估计，依据风险将故事卡分类。然后企业选择即将包括在下一批公布成果中的卡片。在最后的监督阶段，企业有机会了解开发过程的进展，并与开发人员共同调整相应的计划。监督可每三周进行一次。

图6—12　极限编程中的规划策略

企业和开发人员间的规划策略完成后，接下来是只有程序员参与的迭代规划策略。与故事卡不同，程序员写下基于故事卡的任务卡。通常，一张故事卡可生成多张任务卡。迭代规划策略与规划策略有相同的三个阶段：探索、达成协议和监督。在探索阶段，程序员把故事卡转化为任务卡。在达成协议阶段，他们接受工作分配，并对工作量进行平衡。在监督阶段，程序员编写系统功能的代码并测试，如果有效，就将新功能集成到已开发的系统中。迭代规划策略发生在规划策略监督阶段的会议间隔期间。

你可以看到规划策略和以使用为中心设计的敏捷方法在某些方面非常相似。它们都依赖于用户参与、将卡片作为沟通工具，并关注于被开发的系统需要支持的任务。虽然这些方法与较为传统的需求确定方法，如面谈法和原型法有很多不同，但它们的许多核心原则是相同的。客户或者用户仍然是系统该具备怎样的功能的信息来源。仍需获取和协商需求。虽然记录范围和文档类型可能有所不同，但是整个流程仍需记录。给出已经记录并确认的需求，将记录分解为任务，设计规范就很容易满足完整性、一致性、可变性和可追溯性等质量要求。

电子商务应用：确定系统需求

确定一个基于互联网的电子商务应用系统的系统需求，与其他应用所遵从的流程相同。在最后一章，你将会了解 PVF 的管理者是怎样开始 WebStore 项目的，它是一个在互联网上销售家具的项目。本节中，我们将考察 PVF 确定系统需求时所遵从的流程，重点介绍一些你自己开发基于互联网的应用系统时需要考虑的问题，以及系统应具备的性能。

确定松谷家具公司 WebStore 的系统需求

为了尽快收集系统需求，吉姆和杰姬决定举行一个为期三天的 JAD 会议。为了使会议获得更多的成效，他们邀请了一系列跨部门人员，包括从销售到营销、运作、信息系统的员工代表。此外，他们还邀请了一个经验丰富的 JAD 会议引导者切里·莫里斯（Cheri Morris）来主持会议。切里、吉姆和杰姬共同制定了一个野心勃勃并且详细的会议议程。他们的目标是收集以下项目需求：

- 系统布局和导航特性
- WebStore 和网站管理系统的功能
- 客户和库存信息
- 系统原型演化

在本节的剩余部分，我们将简要介绍 JAD 会议的成果。

系统布局和导航特性 作为 JAD 会议筹备工作的一部分，所有与会者都要求访问一些已经建好的零售网站，包括 www.amazon.com，www.landsend.com，www.sony.com 和 www.pier1.com。在 JAD 会议上，要求他们介绍所发现的这些网站的吸引人之处，以及烦琐之处。这使与会者可以识别并讨论他们希望 WebStore 网站所具备的功能。这项活动的成果总结如表 6—8 所示。

表 6—8　　WebStore 所需的系统布局和导航

布局设计	• 在整个网站中导航菜单和网站标识的位置应该保持一致（使用户熟练访问网站，尽量避免用户在网站中“迷失”） • 图形尽量小，以便快速显示页面 • 尽可能以图文并茂的形式呈现
导航	• 网站的任何部分都能通过其他部分的导航菜单进行访问 • 用户应能始终知道他们当前所处的位置

WebStore 和网站管理系统的功能　就 WebStore 的大致布局和导航特性达成一致后，会议重点随后转向系统基本功能。为了协助这一流程，信息系统开发部门的系统分析员开发出 WebStore 的框架草案。这个框架是基于一些流行的零售网站的共同网站界面类型和功能开发出来的。例如，许多零售网站都有“购物车”功能，它使客户能够选择多个商品后一次结账，而不是一次只能购买一件商品。经过一番讨论，与会者同意以如表 6—9 所示的系统框架结构来建立 WebStore 系统。

表 6—9　　WebStore 和网站管理系统的架构

WebStore 系统	网站管理系统
□ 主页 • 产品线（目录） ✓ 办公桌 ✓ 椅子 ✓ 桌子 ✓ 文件柜 • 购物车 • 付款 • 个人账户资料 • 订单状态/历史 • 客户评价 □ 公司简介 □ 反馈 □ 联系我们	□ 用户资料管理 □ 订单维护管理 □ 内容（目录）管理 □ 报告 • 总点击量 • 最常浏览页面 • 用户/每日浏览时间 • 用户/每周浏览天数 • 尚未购买商品（已放入购入车，尚未结账） • 反馈分析

除了 WebStore 的基本功能之外，营销和销售部门的员工描述了几个所需要的报表，以便能够有效地管理客户账户和交易记录信息。此外，该部门希望能够对网站的访问者进行详细的分析，例如销售追踪等。运作部门员工表示需要更加方便地更新产品目录。这些收集到的需求和活动都将纳入系统设计架构，称为网站管理系统，如表 6—9 所示。WebStore 和网站管理系统的架构，都将作为信息系统部门进一步分析和设计的基础。

客户和库存信息　WebStore 将支持三种类型的客户购买家具：

- 企业客户
- 家庭办公客户
- 学生客户

为了有效追踪这些不同类型的客户，必须由系统获取和存储不同的信息。表 6—10 总结了在 JAD 会议中所明确的各种客户类型的信息。除客户信息外，有关商品的订购信息也需要获取和存储。订单反映了在执行销售事务中，一系列必须明确的商品信息。因此，除了获取客户信息，也必须获取和存储商品和销售数据。表 6—10 列出了此项分析的结果。

表 6—10　WebStore 的客户和库存信息

企业客户	家庭办公客户	学生客户
• 公司名称	• 姓名	• 姓名
• 公司地址	• 从事业务活动（企业名称）	• 学校
• 公司电话	• 地址	• 地址
• 公司传真	• 电话	• 电话
• 公司首选配送方式	• 传真	• E-mail
• 采购人员姓名	• E-mail	
• 采购人员电话		
• 采购人员 E-mail		
库存信息		
• 库存单位（SKU）	• 商品尺寸	• 可选颜色
• 名称	• 商品重量	• 价格
• 商品描述	• 可选材料	• 订货提前期

系统原型演化　作为 WebStore 需求确定的最后活动，得益于信息系统员工的大量工作，JAD 的与会者将对系统实施如何演化进行探讨。在完成分析和设计活动后，与会者一致认为，实施应分三个主要阶段进行，以便更易于识别和实施需求的变更。表 6—11 总结了这三个阶段，以及在每个实施阶段所要完成的功能。

表 6—11　WebStore 系统实施的阶段

阶段 1——基本功能
• 简单的目录导航；每部分两件商品——设置有限的属性
• 25 个样本用户
• 模拟信用卡交易
• 完整的购物车功能
阶段 2——观察和体验
• 设置商品的完整属性和多媒体资料（图片、视频）——通常称为“商品目录清单”
• 完整的网站布局
• 与采购执行系统和客户追踪系统模拟集成
阶段 3——分批/试生产
• 与采购执行系统和客户追踪系统完整集成
• 完整的信用卡处理功能
• 完整的商品目录清单

在 JAD 会议的总结阶段，与会者感觉很好。大家都感到取得了很大的进步，并且识别出了明确的需求。有了这些需求，吉姆和信息系统部门员工就可以开始着手将这些需求清单转化为正式的分析和设计文档。为了展示 WebStore 的信息流，需要画出数据流图（详见第 7 章）。为了展示 WebStore 内部使用的数据模型，需要画出实体—联系图（详见第 8 章）。这些分析文档都将作为系统详细设计和实施的基础部分。

小结

正如我们在第 1 章中所了解到的，系统开发生命周期的系统分析阶段分为两个子阶段：需求确定和需求构建。第 6 章着重介绍了需求确定，即有关当前系统和替换系统需求的信息收集。第 7 章和第 8 章将着重介绍如何构建需求确定阶段得到的需求。

对于需求确定来说，系统信息的传统来源包括面谈法、观察法、群组面谈法，以及规程、表格和其他有用的文档。通常，收集充足的关于当前系统的信息和替换系统的需求，需要用到其中大多数甚至是全部方法。每种信息收集方法都有其优点和缺点。选择使用哪种方法，取决于所需信息是丰富的还是完整的，可用的时间和预算，在初次信息收集完成后是否需要更深入地探讨，对这些系统需求进行评估时是否需要保密，用户参与和承担义务的愿望，以及是否需要收集潜在用户群体的需求等。

进行面谈时，开放式问题和封闭式问题都可以提出。在每种情况下，分析员都必须非常准确地设计问题，以避免歧义，确保获得正确的回复。在观察时，分析员尽量不要打扰或干扰正常的业务活动，以便被观察的人员不改变其正常的业务流程。应比较所有需求收集方法得出的结果，因为正式或官方的系统与人们实际的工作方式，即非正式系统间存在差别。

你还了解了几种收集需求信息的现代方法，其中许多方法本身就依赖于信息系统的使用。JAD会议源于群组面谈的想法，并增加了结构化和JAD会议领导。通常JAD会议的与会者包括会议领导、记录员、关键用户、管理者、投资者及系统分析员。JAD会议通常在办公场所之外举行，并可能持续长达一个星期的时间。

使用计算机进行系统分析越来越流行，如利用CASE工具和原型来支持需求确定。作为原型法流程的一部分，用户和分析员紧密合作，共同确定需求，并由分析员建立相应的模型。然后分析员和用户共同修改模型，直到模型接近用户的需求。

BPR是一种彻底改变业务流程的方法。BPR工作是一组新信息需求的来源。信息系统和一些技术通常通过取消或放宽限制企业的传统业务规则来实现BPR。需求确定的敏捷技术是另一种明确新系统，或改进系统所要支持的功能的现代方法。持续的用户参与依赖于用户的高度参与。以使用为中心设计的敏捷方法和规划策略依赖于用户和开发人员间的互动，以发现新系统应包含的基本任务和功能。

大多数用于传统系统需求确定的技术，也可卓有成效地用于互联网应用系统的开发。对于互联网应用来说，同样需要准确及时地获取需求。

需求确定的成果是一系列完整的信息，包括一些说明了当前系统的研究成果，以及新系统或替换系统所需增加功能的图表。然而，这些信息并不能使分析员明确实际问题，或是清楚说明可能的新功能。因此，分析员将研究这些信息，并将其构建为适于明确问题及清晰描述新系统规程的标准形式。我们将在随后的两章中探讨用于构建需求的一些流行方法。

关键术语

业务流程再造（business process reengineering，BPR）
封闭式问题（closed-ended questions）
破坏性技术（disruptive technologies）
正式系统（formal system）
非正式系统（informal system）
联合应用设计（Joint Application Design，JAD）
JAD会议领导（JAD session leader）
关键业务流程（key business processes）
名义群体法（Nominal Group Technique，NGT）
开放式问题（open-ended questions）
原型法（prototyping）
记录员（scribe）

复习题

1. 描述系统开发生命周期中的系统分析阶段及其主要活动。

2. 描述分析时所用到的四种传统的信息收集方法。它们分别在什么时候使用，会体现出哪些优越性？

3. 什么是JAD？它较之传统的信息收集技术的优势是什么？缺点是什么？

4. 怎样利用计算机来支持需求确定工作？

5. 如何在需求确定阶段应用名义群体法？

6. 怎样利用CASE工具支持需求确定工作？哪些CASE工具适合在需求确定阶段使用？

7. 描述需求确定阶段如何使用原型法。与传统方法相比，其优缺点是什么？

8. 在进行业务流程再造的学习时，哪些是需要改变的业务流程？为什么？

9. 破坏性技术是什么？它怎样帮助企业彻底改变业务流程？

10. 为什么持续的用户参与是获取系统需求的有效方法？在什么情况下使用？在什么情况下不使用？

11. 描述以使用为中心设计的敏捷方法。描述规划策略。比较这两种需求确定技术。

问题与练习

1. 以CASE工具或原型法为主题，从媒体资料或学术研究文献中查找相关文章。根据所阅读的文章进行总结，编写一份说明来论证为什么这类系统在JAD会议中非常有效，同时说明这类系统在JAD中的局限性。

2. 本章提到，通过观察潜在系统用户来获取系统需求存在一个潜在问题，就是当人们正在被观察时，可能改变自己的行为。你将怎样克服这一潜在的干扰因素来获取准确的需求？

3. 对于需求确定方法之一的文档分析法，总结其可靠性和实用性。你将怎样处理存在的问题，以便有效地将业务文档作为系统需求的信息来源？

4. 假设你被要求领导一个JAD会议，列出将协助你成功扮演这个角色所要遵循的10条原则。

5. 假设你将与你的导师进行面谈，以确定为成为一名程序员/分析员，应该选择哪些课程以获得相应的技能，准备一个类似于图6—2的计划。

6. 为了收集对下一版软件包的想法，编写至少三个可能在面谈中要求用户回答的封闭式问题。通过询问你的朋友来测试这些问题，并询问她为什么选择某个答案。通过这次面谈，判断她是否误解了你的任何问题。如果存在误解，重写问题以使其更加明确。

7. 图6—2展示了有关面谈的部分指导原则。如果是进行群组面谈，面谈指导会有怎样的不同？

8. 群组面谈法和JAD是收集系统需求的有效方法，但是召开群组需求收集会议时，会产生特殊的问题。总结在这些群组会议中存在的特殊问题。假设你是群组面谈者或是群组引导者，提出可能解决这些问题的方法。

9. 复习第4章中关于企业和信息系统战略规划的材料。这些流程与BPR有什么不同？BPR带来了哪些传统战略规划方法中没有的新观点？

10. 研究敏捷方法并撰写一份有关敏捷方法如何处理系统需求确定的报告。

参考文献

Beck, K., and C. Andres. 2004. *eXtreme Programming eXplained.* Upper Saddle River, NJ: Addison-Wesley.

Bedoll, R. 2003. "A Tale of Two Projects: How 'Agile' Methods Succeeded After 'Traditional' Methods Had Failed in a Critical System-Development Project." Proceedings of 2003 XP/Agile Universe Conference. New Orleans, LA, August. Berlin: Springer-Verlag, 25–34.

Constantine, L. 2002. "Process Agility and Software Usability: Toward Lightweight Usage-Centered Design." *Information Age* August/September. Available at *www.infoage.idg.com.au/index.php?id=244792583.* Accessed February 12, 2004.

Davenport, T. H. 1993. *Process Innovation: Reengineering Work Through Information Technology.* Boston: Harvard Business School Press.

Dobyns, L., and C. Crawford-Mason. 1991. *Quality or Else.* Boston: Houghton-Mifflin.

Hammer, M. 1996. *Beyond Reengineering.* New York: Harper Business.

Hammer, M., and J. Champy. 1993. *Reengineering the Corporation.* New York: Harper Business.

Lucas, M. A. 1993. "The Way of JAD." *Database Programming & Design.* 6 (July): 42–49.

McConnell, S. 1996. *Rapid Development.* Redmond, WA: Microsoft Press.

Mintzberg, H. 1973. *The Nature of Managerial Work.* New York: Harper & Row.

Moad, J. 1994. "After Reengineering: Taking Care of Business." *Datamation.* 40 (20): 40–44.

Naumann, J. D., and A. M. Jenkins. 1982. "Prototyping: The New Paradigm for Systems Development." *Mis Quaterly* 6(3): 29–44.

Patton, J. 2002. "Designing Requirements: Incorporating Usage-Centered Design into an Agile SW Development Process." In D. Wells and L. Williams (eds.), *Extreme Programming and Agile Methods – XP/Agile Universe 2002, LNCS 2418,* 1–12. Berlin: Springer-Verlag.

Sharp, A., and P. McDermott. 2001. *Workflow Modeling: Tools for Process Improvement and Application Development.* Norwood, MA: Artech House Inc.

Teresko, J. 2004, "P&G's Secret: Innovating Innovation." *Industry Week* 253 (12), 27–34.

Wood, J., and D. Silver. 1995. *Joint Application Development,* 2nd ed. New York: John Wiley & Sons.

百老汇娱乐公司

◆ 基于 Web 的客户关系管理系统的需求确定

◇ 案例介绍

作为俄亥俄州森特维尔百老汇娱乐公司（BEC）的经理，卡丽·道格拉斯对由斯蒂尔沃特州立大学学生所组成的管理信息系统团队取得的进步十分满意。与特蕾西·韦斯利、约翰·惠特曼、米西·戴维斯和阿伦·夏普进行的第一次会议富有成效。他们提出的 BEC 公司基于 Web 的客户关系管理系统的项目计划似乎可行。卡丽希望学生们向她展示所提议系统的设计方案。但是在展示可行系统之前，需要开展一些活动来收集系统需求，以便执行该项目计划。卡丽希望这些活动能够尽快完成，并且不浪费员工的时间。

◇ 需求确定准备

斯蒂尔沃特团队的学生几乎已经准备好对客户关系管理系统的需求进行详细的分析。在第一次会议中卡丽提出的意见非常有帮助。然而，团队成员仍然有一些问题需要明确，以帮助他们更好地确定需求。团队中的米西和阿伦两位成员安排了与卡丽的第二次短暂访问，以便收集更多的背景资料。

首先，他们询问卡丽她的店面业务目标是什么。卡丽说每个 BEC 商店都有三个主要目标：(1) 每月至少增加 1.5 个百分点的收入；(2) 每月至少增加 1 个百分点的利润；(3) 维持客户满意度在 95%以上。为了实现这些目标，商店的管理者以奖金作为奖励。客户满意度是由独立的市场调研公司每月通过随机的电话访问得出的。每家商店或每个有 BEC 商店的地区都会联系一些样本客户，要求回答有关他们在 BEC 或与 BEC 竞争的商店消费体验的 10 个问题。就个人而言，卡丽希望在她工作的第一年能够成为一个高于平均水平的店面管理者，这就意味着，她期望能切实完成 BEC 公司下达给她的目标。她还希望被看作一个具有创造力的店面经理，在她以后的职业生涯中有潜力成为高层管理者。她喜欢为 BEC 工作，并且有着长期职业规划。

其次，团队询问卡丽对该项目的需求确定阶段如何进行有何想法。卡丽期望团队可以在没有她指导和监督的情况下独立工作，因为她没有时间与团队密切合作。她还期望团队可以询问她或她的员工任何问题，从而使每个人都可以参与到这个项目中。米西和阿伦了解到，卡丽并没有想过让店面的客户参与小组会议，而这些客户可能会提出对拟建系统功能的意见。卡丽最终同意并建议可以通过每次购买或租赁活动来派发传单给客户，邀请他们参加团队为获取其观点而召开的任何形式的会议（可以是个人或群组面谈、调查等）。紧接着，卡丽询问了该项目的时间节点。团队成员告诉卡丽，他们在项目计划中已经列出了，即他们的课程将持续 27 个工作周。

在会议的最后，团队成员向卡丽索要了一份通过店内系统可获得的计算机功能描述。卡丽同意给他们发送一份她在培训（详见 BEC 案例和第 3 章章末）中获得的 BEC 公司信息系统概要。如果他们需要更多细节，他们需给出所要的特定信息，卡丽会尽量从公司其他员工处获得这些信息。

◇ 进行需求确定

在米西和阿伦与团队的其他成员分享了他们与卡丽举行会议的成果后，斯蒂尔沃特州立大学的学生认为，他们准备好了进行一系列需求确定活动。米西和阿伦在与卡丽的会议中收集到的信息，将帮助团队准备适当的问题向员工、客户和潜在客户询问。卡丽给出的关于公司目标的回答告诉他们，这些通常在其他娱乐商店消费的潜在客户，也可以为他们提供有用的信息。他们决定并在基线项目计划中列出了收集需求的三个步骤（见 BEC 图 6—1）。

1. 与四个 BEC 员工进行群组面谈	在本次面谈中，团队将会获得员工对卡丽在系统服务请求（详见 BEC 图 4—2）中所提出的系统需求的反应，并且基于他们与客户的交互经验，询问他们有关系统所需功能的想法。团队还想从员工处了解更多有关娱乐追踪系统、店内销售系统和新系统间的联系。员工还可以帮助团队识别要成功实施系统存在哪些潜在障碍，以及员工和客户对系统的接受度。
2. 与至少四个 BEC 和非 BEC 的客户进行个人面谈	在这些面谈中，团队将解释建立所提议系统的大致目的，询问参与者对系统功能的想法，获得被面谈者对其他类似的 BEC 公司竞争者或非竞争者的网络系统功能的反应。
3. 与来自 MIS 项目课程的学生进行结构化走查会议	在本次会议中，团队成员将演示该系统的原型，从而在向卡丽、员工和客户展示修改的原型之前，获得同学们对该系统原型的反馈。

BEC 图 6—1　斯蒂尔沃特 MIS 团队学生对需求确定的计划

同时，收集系统功能的会议也在进行。特蕾西和约翰将研究娱乐追踪系统（ET）的文档，以确定哪些数据可以从 ET 中转移以及它们的格式如何。这些分析是确定企业 ET 系统和客户关系管理系统所需信息流所必不可少的。对 ET 的分析和系统功能分析会议的结果，将帮助团队明确业务中的关键事件，以及对这些事件的反应逻辑，并对管理系统数据完整性的规则做出决策。明确这些系统特性，对提出和记录结构化的系统设计很重要，这些将在项目的后续步骤中完成。需求确定的工作需要获取大量信息，这些信息不仅帮助他们开发出能展示系统功能和用户界面的原型，对后续的系统开发，如系统的设计、实施和安装也有帮助。

◇ 案例小结

斯蒂尔沃特的学生团队非常积极地开始实施 BEC 的客户关系管理系统项目。两个与客户的初步会议似乎也进展顺利。团队成员喜欢与卡丽一起工作，卡丽似乎也有同感，所以与团队的交谈非常坦诚。但这也是该项目存在风险的迹象。首先，卡丽可能过于热情，并且对系统的想法过于天真。作为一个缺乏经验的店面管理者，她可能没有成熟或明确的想法。其次，其他的店面员工很多只是兼职而不是 BEC 公司的长期员工，他们虽然参与该项目的开发，但并不能提供有价值的想法。团队应该对长期员工或是其他该项目的关键利益相关者的想法进行评价。再次，卡丽要求该项目在成本最低的情况下进行。直到团队对系统需求有明确的了解，并明确店内可用的技术，额外的费用才能弄清楚。当然，团队可以在斯蒂尔沃特的计算机上开发设计出系统的概念原型，但如果该系统是在店内使用，就可能产生一大笔启动费用。最后，团队有些担心卡丽不愿让信息系统部门员工参与该项目。卡丽似乎很犹豫，在该团队完成工作后，是否以接管会议的方式作为后续跟进，她想让自己成为与公司在信息系统细节上起缓冲作用的人。让新系统与娱乐追踪系统协调运作，是该项目成功的一个关键因素。

团队成员一致认为该项目会是一个很好的学习机会。需要完成独立的分析和设计工作。该项目的进度和所使用的技术在他们的课程要求内是公开的。需要处理一些有趣的利益相关者的问题。目前系统所带来的利益和完成项目所需的费用都不明确。该团队具有多样性，有多种技能和经验，但是团队成员将如何反应并协同工作，使项目在最后期限内完成还是个未知数。

问题

1. 就目前你所了解的BEC客户关系管理系统项目，你认为谁是该系统的利益相关者？在案例的简要介绍中，这些利益相关者是否参与了前期的需求确定阶段的工作？你会如何建议让每个利益相关者都参与项目，以便在需求确定阶段能获取最多的信息，并实现该项目的成功？

2. 制定分析阶段的详细项目进度表。这个进度表应该遵循前几章BEC案例中问题的答案或是老师给你的任何项目指导。

3. 你对第2个问题的答案可能包含了卡丽和其他利益相关者的审查点。这些审查点是该项目整体沟通计划的一部分。说明你为该项目提出的整体沟通计划。团队成员间将如何彼此沟通问题、发现和成果？团队如何与利益相关者进行沟通？

4. 评价斯蒂尔沃特的学生提出的三项需求确定的活动。你是否会提出不同步骤来收集系统需求？为什么？

5. 与第4个问题的答案无关。为斯蒂尔沃特学生提出的两次面谈会议准备详细的面谈计划。利用图6—2作为面谈计划的模板。卡丽列出的关于BEC店面的三个目标，对你的面谈计划产生了什么影响？准备一份案例中提到的邀请客户参加面谈的传单草案。你将如何让非BEC的客户参加面谈？

6. 你将如何使用与斯蒂尔沃特学生不同的方法，让BEC商店的客户（实际和潜在的）参与需求确定？他们是否需要参与？如果不需要，为什么？如果需要，准备一份面谈计划，关注于群组面谈或JAD会议、观察法或任何你所提出的用于了解他们对系统需求的方法。

7. 你将如何使用与斯蒂尔沃特学生不同的方法，让BEC商店的员工参与需求确定？他们是否需要参与？如果不需要，为什么？如果需要，准备一份面谈计划，关注于群组面谈或JAD会议、观察法或任何你所提出的用于了解他们对系统需求的方法。

第7章

构建系统流程需求

学习目标

- 通过学习数据流图的样例，理解流程的逻辑建模
- 遵照一定的规则和指导绘制数据流图，保证流程建模的准确性和结构化
- 将数据流图分解为较低层的图表
- 平衡高层和低层的数据流图
- 利用数据流图作为支持系统分析的工具
- 探讨电子商务应用中的流程建模
- 利用决策表来展示在条件陈述下的逻辑选择

引言

在上一章，你已经学到了系统分析员用来收集必要的信息，以便确定信息系统需求的几种方法。在本章，我们将重点介绍一个工具，可用来描述需求确定中所收集到的信息，即数据流图。数据流图可以帮助你展示数据流如何贯穿信息系统、数据流间的关系以及数据如何存储在特定位置。数据流图同样能展示那些改变或转换数据的流程。由于数据流图侧重于多个流程间数据的运动，因此这类图称为流程建模。

正如其名称所示，数据流图是一个允许分析员（某种情况下是用户）描述数据在信息系统中流动的图形化工具。该系统可以是物理的、逻辑的、手动操作的或是

基于计算机的。在本章，你将学习如何绘制和修改数据流图。我们会给出绘图时所用到的基本符号和绘图规则。你也将学到绘图时该做什么，不该做什么。我们同时提出两个有关数据流图的重要概念：平衡和分解。在本章的最后，我们将介绍作为信息系统分析一部分和支持业务流程再造的工具的数据流图的使用。你同样将了解流程建模对电子商务应用分析的重要性。此外，你还将了解决策表。决策表允许你展示一些数据流图流程中的条件逻辑。最后，在本章的结尾，我们将介绍用于逻辑和流程建模的面向对象方法，包含用例、活动图和顺序图。

流程建模

流程建模涉及图形化地展示系统的功能或流程，即系统、系统环境及系统内部组件间的数据获取、处理、存储和分布。流程建模的一个普遍形式就是**数据流图**（data flow diagram，DFD）。随着这几年的发展，相继开发出许多用于流程建模的不同工具。在本章，我们将着重介绍数据流图这种传统的结构化分析与设计的流程建模技术，它也是目前最常用的流程建模技术之一。我们还将介绍决策表，它是一种描述在数据流图处理流程中所包含的条件逻辑的流行方法。

结构化分析的系统流程建模

如图7—1所示，系统开发生命周期分为两个子阶段：需求确定和需求构建。分析团队带着大量从需求确定阶段收集到的信息进入需求构建阶段。在需求构建阶段，你和其他团队成员必须将收集到的信息整合成对当前信息系统有意义的描述，以及替换系统所必要的需求。除了要对信息系统中的流程要素进行建模，并明确数据在系统中的转换方式，还必须进行流程逻辑建模（决策表）和系统内部数据结构建模（见第8章）。对于传统的结构化分析来说，流程建模只是信息系统的三个主要内容之一。总之，流程、逻辑和数据建模为信息系统提供了一个完整的规范，并且在适当辅助工具的支持下，还为许多运作的信息系统组件的自动生成奠定了基础。

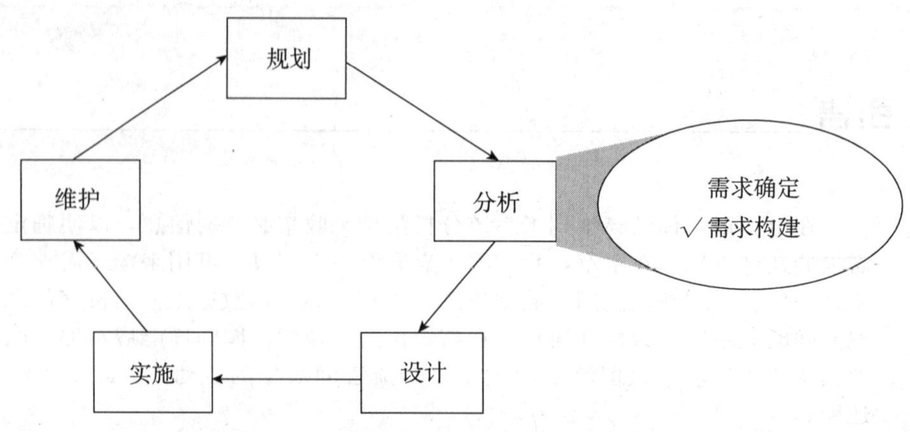

图7—1 突出分析阶段的系统开发生命周期

可交付成果

在结构化分析中，流程建模的主要可交付成果就是一系列连贯相关的数据流图。表 7—1 给出了用数据流图研究和记录系统流程时生成的可交付成果的详细清单。首先，上下文图定义了系统的范围，说明了系统内外都有哪些元素。其次，系统的数据流图定义了哪些流程将移动和转换数据，接收输入和生成输出。用足够的细节绘制这些图表，有助于理解当前系统并最终确定如何将当前系统转换为替换系统。最后，将所有图表中所有对象的详细信息都包含在项目字典或 CASE 资料库中。这种对可交付成果的逻辑处理将帮助你更好地理解现有系统。然后你可以将该系统抽象为其基本元素，以便展示新系统如何满足需求确定阶段所明确的信息处理需求。切记，流程建模中的可交付成果只是表明你在需求确定阶段获取了什么信息；在系统开发生命周期的后续阶段，你和其他团队成员将确定如何用自动或手动功能实现这些新系统中的新需求。由于需求确定和构建通常是同步进行的，因此数据流图从大致框架到逐步细化的演变，将使你更好地理解当前系统和替换系统。

表 7—1　　流程建模的可交付成果

1. 上下文图
2. 系统的数据流图（适当分解）
3. 每个数据流图中元素的完整描述

尽管数据流图是流程建模的流行工具，并能够显著提高软件开发的效率，但并不是所有的系统开发方法都应用了数据流图。一些组织，例如 EDS，开发出自己的图表进行流程建模。还有其他一些组织依靠 CASE 工具集中的流程建模工具进行流程建模。诸如快速应用设计和面向对象的分析设计方法等（见第 1 章），甚至不需要单独进行流程建模。

数据流图为手动或自动的操作步骤间数据的移动提供了符号并说明了其重要概念，同时为组织中工作流的描述提供了一种方法。数据流图也将继续作为信息系统专业人员分析和沟通的有力工具。因此，我们将用几乎整章的篇幅介绍数据流图，同时也将在本章有关用例的附录中介绍用例和用例图以作为补充。

数据流图绘制原理

数据流图是多功能的绘图工具。它只有四种符号，你可以用数据流图表示物理或逻辑信息系统。数据流图在描述物理系统的细节方面不如流程图；但流程图在描述完整的逻辑信息流方面不是十分有效。流程图被结构化分析与设计的拥护者所诟病，因为它过于物理导向。流程图的符号主要用来表示物理处理设备，例如终端和永久存储设备。其中一个对流程图持续不断的批评就是，对这种图表的过度依赖会导致不成熟的物理系统设计。为了与系统开发生命周期的循序渐进式承诺相一致，必须确保所有的功能需求都是正确的并且被用户和其他利益相关者所接受，才可以对使用的技术和该系统的物理特性做出决策。

数据流图并不存在不成熟的物理设计这一问题，因为它不依赖任何表示具体物理处理设备的符号。由于只有四种符号，因此它比流程图更易使用。

定义和符号

数据流图有两套不同的标准符号集（见图7—2）；每套符号集都包含四种不同的符号，不同的符号集中四种符号所代表的含义相同，分别是：数据流、数据存储、加工和来源（或称为外部实体）。本书中我们使用的符号集是由Gane and Sarson（1979）制定的。另一套符号集是由DeMarco（1979）和Yourdon（Yourdon and Constantine，1979）制定的。

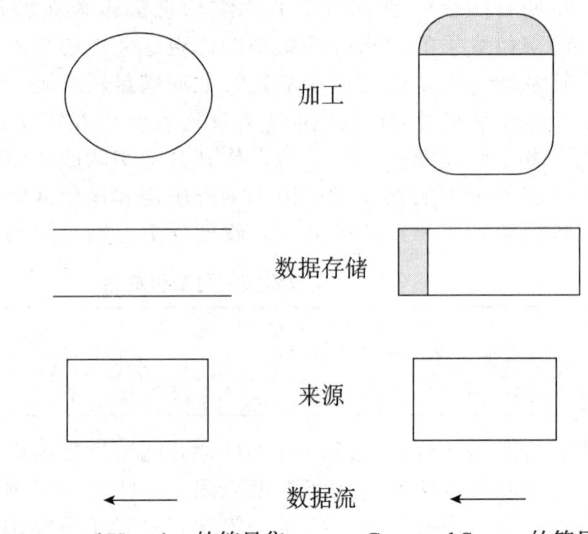

图7—2 DeMarco and Yourdon与Gane and Sarson的数据流图符号集比较

一个数据流可以被最好地理解为运动中的数据，从系统的一处移动到另一处。数据流可以表示顾客订单或是工资单；同样也可以表示数据库的一条查询结果、打印报告的内容或输入计算机显示的数据等。一个数据流是同时移动的数据集，因此它可以分解为许多同时生成并共同移动到目的地的独立数据。**数据存储**（data store）是静止的数据。数据存储可以表示许多不同的数据物理位置；例如，一个文件夹、一个或多个基于计算机的文件、一个笔记本等。要理解系统中数据的移动和处理，了解系统的物理配置并不重要。数据存储可能包含顾客、学生、顾客订单、供应商发票等数据。**加工**（process）是导致数据进行转换、存储或分布的操作动作。当对系统的流程进行建模时，该流程是手动执行或由计算机自动执行并不重要。最后，**来源/去向**（source/sink）是数据的原始来源或要到达的目的地。来源/去向有时称为外部实体，因为它们处于系统外部。一旦被处理，数据或信息就会离开系统到达另一处。由于来源/去向处于我们所研究的系统外部，因此我们对来源/去向的许多特性并不感兴趣。尤其，我们不考虑如下细节：

- 数据来源和去向之间发生的交互。
- 来源或去向怎样处理信息及如何运作（即来源或去向是一个“黑盒”）。
- 如何控制或重新设计来源或去向，因为从研究的系统角度来看，接收的数据与发送的数据通常是一致的。
- 如何让来源或去向直接访问存储的数据，因为作为外部实体，它们不能直接访问或处理系统内部存储的数据；也就是说，系统内的加工必须在系统及所处环境间接收和分布数据。

每个符号集中的符号规范都如图 7—2 所示。在两种规范中，数据流都由一个箭头表示。箭头以一个表示数据运动的有意义的名称标记；例如，顾客订单、销售收据和薪酬等。该名称表示作为包中一部分的所有独立数据元素移动的集合，也就是说，所有数据同时移动。两种规范中正方形都表示来源/去向，以一个名称来表示该外部实体，如顾客、出纳员、EPA 办公室或库存控制系统等。Gane and Sarson 的规范中以一个圆角矩形表示加工；DeMarco and Yourdon 的规范中以一个圆形表示。Gane and Sarson 的圆角矩形顶部有一条线，线的上方标明流程的编号，线的下方标明该流程的名称，如生成薪酬、计算加班工资、计算年级平均分等。Gane and Sarson 的规范中以一个缺少右边线的开口矩形表示数据存储，在该矩形左边的方框内标明数据存储的编号，该矩形的主要部分以一个有意义的名称标记数据存储，如学生档案、成绩单、班级名册等。DeMarco and Yourdon 的规范中以两条平行线表示数据存储，平行线可以是水平或垂直的。

如前所述，来源/去向通常在系统外部并定义了该系统的边界。数据必须从系统外部的一个或多个来源获取，经由系统生成信息发送到一个或多个去向（这是开放系统的原则，几乎所有信息系统都是开放系统）。发生在来源/去向内部的数据处理我们并不感兴趣，因为该处理过程在我们所绘制的系统之外。一个来源/去向可能由如下部分构成：

- 向你所分析的系统发送信息或从你所分析的系统接收信息的另一个组织或组织单位（如一个供应商或一个学院——在以上任一种情况下，该组织都处于你所研究的系统之外）。
- 处于你所分析的系统业务支持单元内部或外部，并与该系统交互的人员（如一个顾客或一个信贷员）。
- 与你所分析的系统交换信息的另一个信息系统。

很多时候，刚学习如何使用数据流图的学生可能会对一个事物究竟是来源/去向还是系统内的加工感到困惑。这种情况通常发生在数据在系统内跨部门流动导致处理过程发生在一个部门，而被处理的数据移动到另一个部门，从而产生额外的处理时。学生会把第二个部门误认为是来源/去向以强调数据从一个物理位置移动到另一个位置的事实（如图 7—3（a）所示）。然而，我们并不关心数据的物理位置。我们对数据在系统中是如何移动并如何处理的更感兴趣。如果另一部门的数据处理过程可以由你的系统自动实现或数据处理过程可能取决于重新设计，那么你可以将第二个部门表示为一个或多个加工而不是来源/去向（如图 7—3（b）所示）。

□ 绘制数据流图：一个例子

为了更好地说明数据流图是如何对信息系统的数据流进行逻辑建模的，我们举一个例子。假设 Hoosier Burger 是位于印第安纳州布鲁明顿的一家网上餐厅，它由鲍勃（Bob）和特尔玛·梅伦坎普（Thelma Mellankamp）所有。有些人认为它的汉堡包是布鲁明顿甚至是印第安纳州南部最好吃的。许多人，特别是印第安纳大学的学生和老师经常光顾 Hoosier Burger。该餐厅利用一个信息系统来接收顾客订单、将订单发送到厨房、监控商品销量和库存以及生成管理报告。

该信息系统如图 7—4 所示。该图所示的系统最高级展示称为**上下文图**（context diagram）。你可能注意到该上下文图只包含一个加工，没有数据存储，有四个

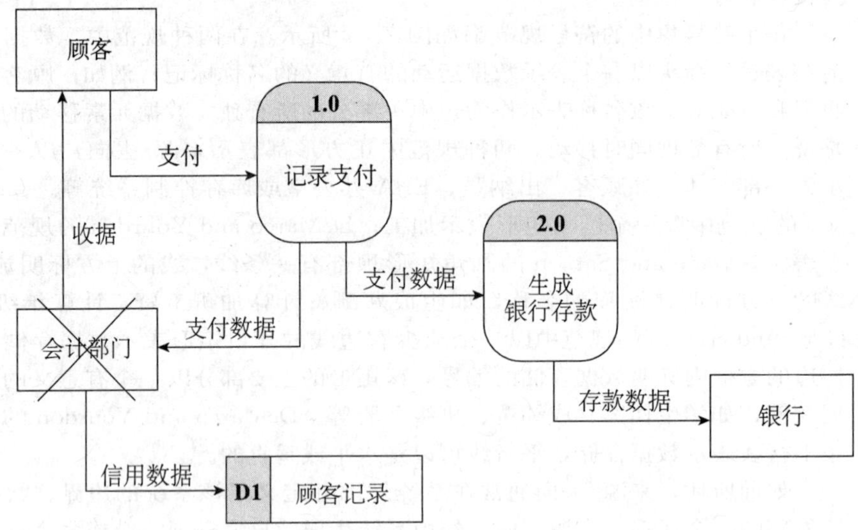

(a) 数据流图中将加工作为来源/去向的错误画法

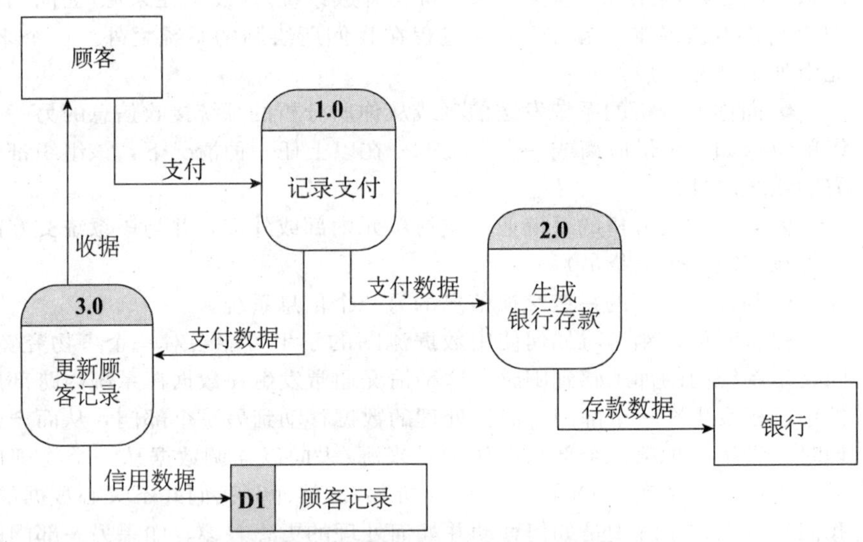

(b) 数据流图中流程的正确画法

图 7—3　来源/去向及流程间的区别

数据流和三个来源。这个唯一的加工标记为 0，代表整个系统；所有的上下文图都只有一个加工，将其标记为 0。来源/去向表示该系统的环境边界。由于该系统的数据存储理论上在该加工内部，因此上下文图中没有出现数据存储。

分析员必须明确系统中的哪些加工由上下文图中的单一加工表示。如图 7—5 所示，我们定义了四个单独的加工。主要加工表示该系统的主要功能，并且这些主要功能与如下动作相一致：

1. 从不同的来源获取信息（如加工 1.0）
2. 维护数据存储（如加工 2.0 和加工 3.0）
3. 为不同的数据去向生成和分布数据（如加工 4.0）
4. 数据转换操作的高级描述（如加工 1.0）

这些主要功能通常与系统主菜单中的活动相一致。

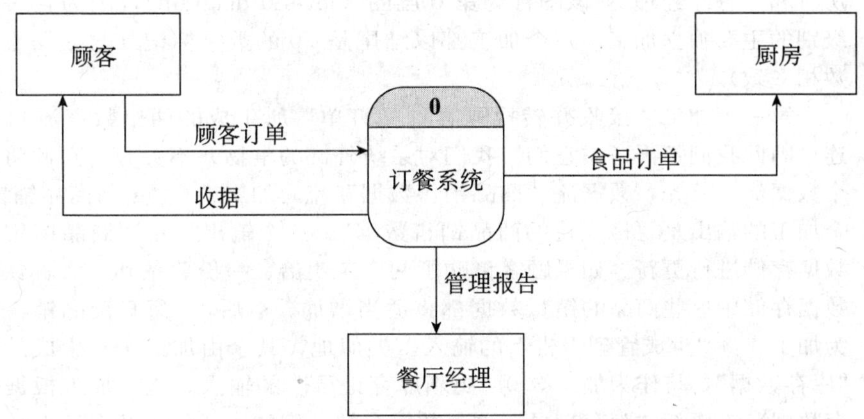

图 7—4　Hoosier Burger 的订餐系统上下文图

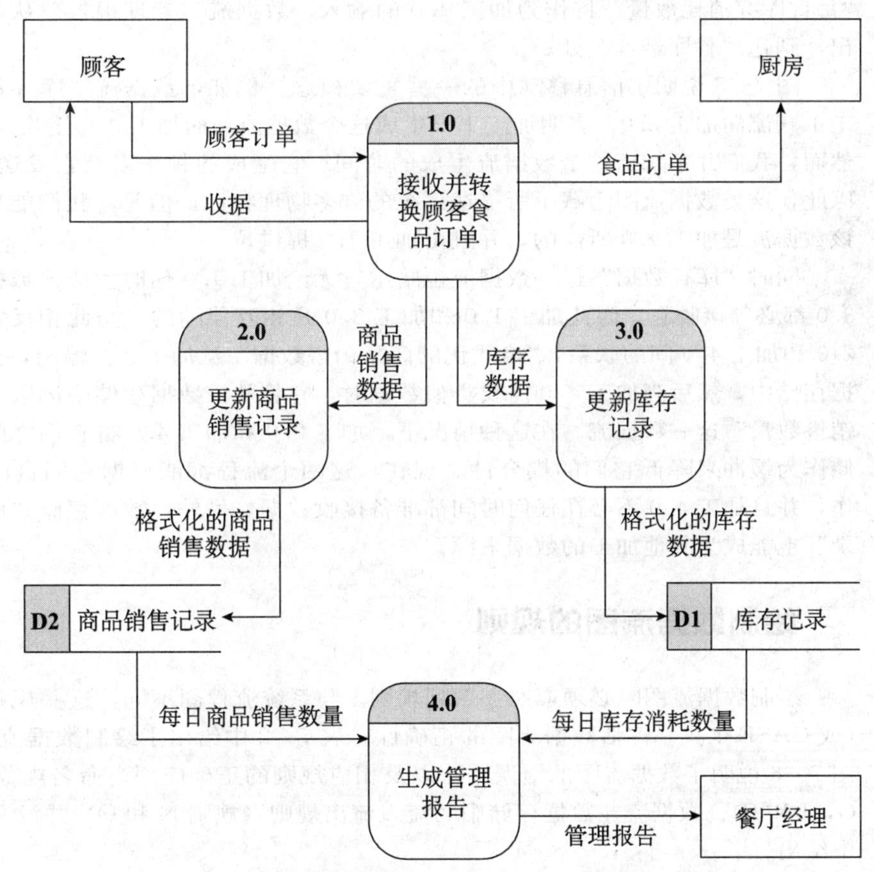

图 7—5　Hoosier Burger 的订餐系统的第 0 层图

我们看到该系统以“顾客订单”开始，与上下文图相一致。在第一个加工 1.0 中，我们看到顾客订单被处理，生成四个数据流：（1）“食品订单”发送到“厨房”；（2）“顾客订单”转换为“商品销售数据”；（3）“顾客订单”转换为“库存数据”；（4）该加工为顾客生成“收据”。

注意，本例中的上下文图和该图中的来源/去向是相同的，都是“顾客”、“厨房”和“餐厅经理”。该图称为**第0层图**（level-0 diagram），因为它表示系统最高级别的主要独立加工。每个加工都以结尾是.0的数字标记（与数据流图中的层级数相一致）。

第一个加工“接收并转换顾客食品订单”所生成的两个数据流与外部实体相连，因此我们不再考虑它们。我们对系统外部的事物并不关心。在此将追踪另外两个数据流。首先，数据流“商品销售数据”流向加工2.0“更新商品销售记录”，这个加工的输出是“格式化的商品销售数据”。这个输出将对“商品销售记录”这一数据存储进行更新。如果顾客订购了两个三明治、一份薯条和一大杯饮料，那么在数据存储中这些商品的销量数据都将适当增加。然后，“每日商品销售数量”将作为加工4.0“生成管理报告”的输入。类似地，其余由加工1.0生成的数据流，如“库存数据”，将作为加工3.0“更新库存记录”的输入。这个加工根据数据流“库存数据”来更新“库存记录”这一数据存储。例如，一份有两个汉堡包的订单意味着Hoosier Burger餐厅将减少两块汉堡肉饼、两个汉堡面包和四片奶酪。数据流“每日库存消耗数量”将作为加工4.0的输入。数据流“管理报告”从加工4.0输出，到达“餐厅经理”处。

图7—5说明了信息移动中的一些重要概念。例如，数据流“库存数据”从加工1.0流向加工3.0，表明加工1.0生成这个数据流，而加工3.0接收这个数据流。然而，我们并不知道这个数据流生成的时间、它生成的频率以及它发送的数据量。因此，这类数据流图隐藏了所描述系统的许多物理特性。但是，我们能从中了解到该数据流是加工3.0所需的，并且由加工1.0提供。

同时“库存数据”这一数据流也暗示，无论加工1.0何时生成该数据流，加工3.0都必须接收它。因此加工1.0和加工3.0是相互伴随的。与此相反，考虑加工2.0和加工4.0间的联系，“格式化的商品销售数据”从加工2.0输出，到达一个数据存储中，然后当加工4.0需要类似数据时，它将从该数据存储中读取“每日商品销售数量”这一数据流。在这种情况下，加工2.0和加工4.0将它们之间的数据存储作为缓冲来降低它们的耦合性。现在，这两个流程都能根据它们自己的节奏运作，并且加工4.0不必在任何时间都准备接收数据。另外，数据存储“商品销售记录”也能成为其他加工的数据来源。

绘制数据流图的规则

绘制数据流图时必须遵照一系列规则。与系统流程图不同，这些规则将帮助你（或CASE工具）评估数据流图的正确性。表7—2中给出了绘制数据流图的规则。图7—6说明了数据流图的错误画法以及相应规则的正确应用。命名规范（规则C，G，I和P）、数据流在数据存储中的流入流出规则（规则N和O）并没有在图7—6中给出。

表7—2　绘制数据流图的规则

加工：
A. 加工不能只有输出。这样会导致数据无中生有。如果一个对象只有输出，那么它一定是来源。
B. 加工不能只有输入（类似于黑洞）。如果一个对象只有输入，那么它一定是数据去向。
C. 加工用动词来标记。

数据存储：

D. 数据不能直接从一个数据存储移向另一个数据存储。数据必须由加工移动。

E. 数据不能直接从外部来源移向数据存储。必须由加工来接收数据并将数据传递到数据存储。

F. 数据不能直接从数据存储移向数据目的地。数据必须由加工移动。

G. 数据存储用名词来标记。

来源/去向：

H. 数据不能直接从来源移至去向。如果该数据与我们的系统相关，那么一定要经由加工移动。否则，该数据流就不应该显示在数据流图中。

I. 来源/去向用名词来标记。

数据流：

J. 数据流在两个对象间只有一个流向。它可能在流程和数据存储间双向流动，以表示更新之前的信息。但是，这种情况通常用两个单独的箭头表示，因为它们不是同时发生的。

K. 数据流的交叉意味着相同的数据从共同的地点输出，去往两个或更多的加工、数据存储和来源/去向（这通常表示相同的数据去往不同的地点）。

L. 数据流的交汇意味着由两个或更多的加工、数据存储和来源/去向输出的相同信息，到达共同的地点。

M. 数据流不能直接回到它离开的加工。必须有另外至少一个加工来处理该数据，生成一些其他的数据流，然后将原始数据返回到开始的加工中。

N. 数据流到达数据存储意味着更新（删除或修改）。

O. 数据存储中输出的数据意味着获取或使用。

P. 数据流用名词来标记。一个箭头上可以出现多个数据流，意味着将这些数据流作为一个包共同移动。

资料来源：Adapted from Celko，1987.

除了表 7—2 中的规则，还有两项经常应用的数据流图指导原则：

1. 一个加工的输入和输出必须不同。这是因为加工都有将数据输入转换为输出的目的，而不是简单地不做任何操作就让数据流过。让相同的数据流入和流出一个加工会导致该加工生成的其他新数据流被误认为输入数据的处理结果。

2. 数据流图中的对象有唯一的名称。每个加工都应该有唯一的名称。没有理由让两个加工具有相同的名称。但是，为了保证数据流图的整洁，可以重复绘制数据存储和来源/去向。当两个箭头有相同的数据流名称时，必须注意这些数据流要完全一致。当两个包中的数据几乎相同但不完全相同时，更易于重新使用这些相同的数据流名称。一个数据流的名称表示一个特定的数据集，即使是比该数据流多一条数据或少一条数据的数据流，都必须给予不同的唯一的名称。

□ 数据流图的分解

在前面 Hoosier Burger 订餐系统的例子中，我们以高层级的上下文图作为开始。但是随着对系统更深入的思考，我们发现了由四个加工所组成的更大的系统。将单一系统分解为四个加工部分称作功能分解。**功能分解**（functional decomposition）是将一个系统的说明或组成部分分解为更详细部分的迭代过程。该过程创建了一系列分等级的相关图表，给定图表中的加工会在另一图表中描述得更为详细。在 Hoosier Burger 的系统中，我们将一个大系统分解为四个加工。每个生成的加工（或子系统）同样也是分解的候选加工。每个加工都应由多个子加工组成。每个子加工也可能分解为更小的单元。直到没有子系统可以在逻辑上进一步分解，该分解过程才停止。最低级别的数据流图称为基本数据流图，我们将在本章的后面进行介绍。

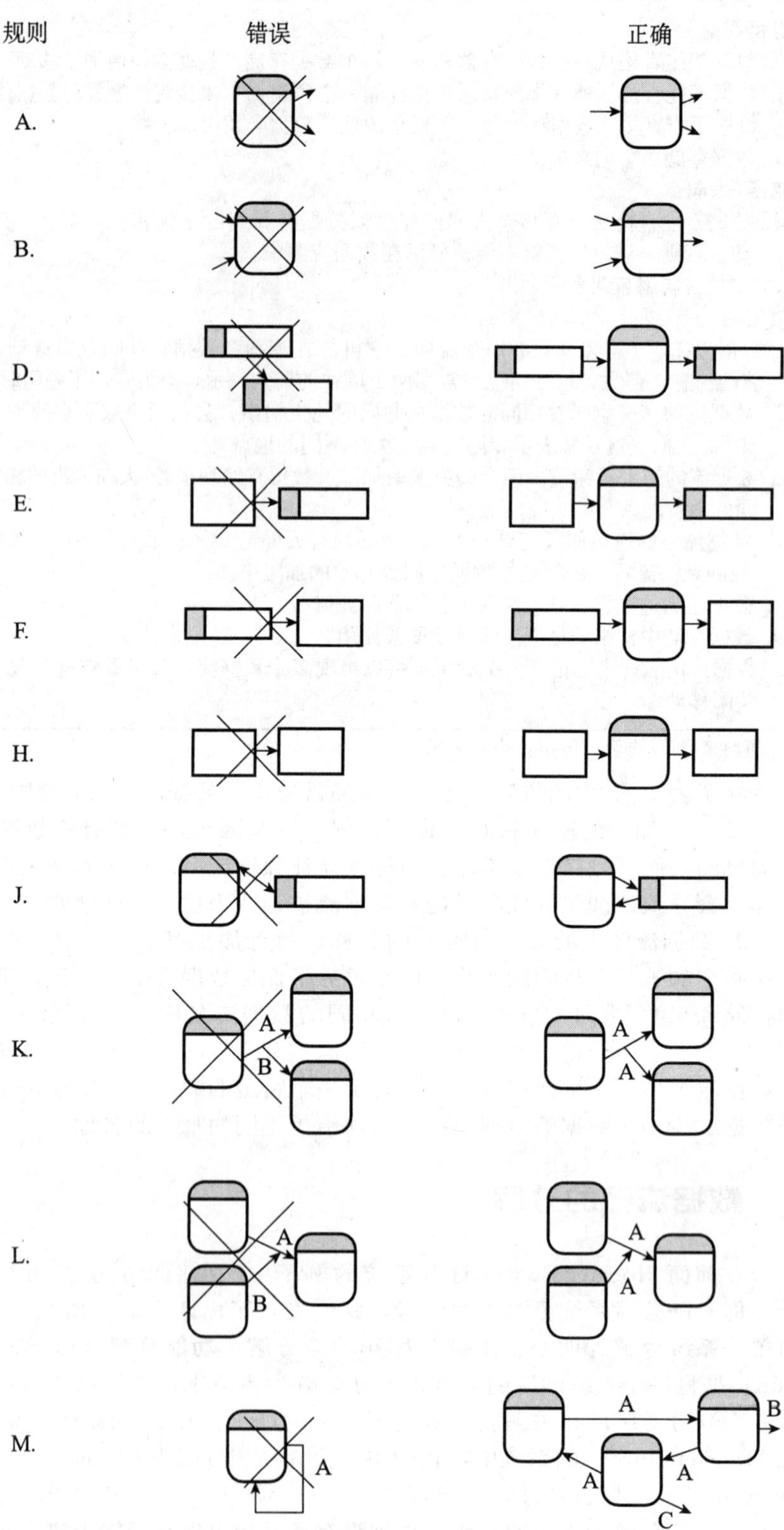

图 7—6 数据流图的正确和错误画法

现在我们回到 Hoosier Burger 订餐系统的例子来说明怎样对第 0 层图进一步分解。图 7—5 中名为“接收并转换顾客食品订单”的第一个加工，将顾客口头的食品订单转换成四个不同的输出（例如，“给我两个汉堡、一小份薯条和一杯橘子汽水”）。加工 1.0 就是一个适合的分解候选加工。考虑加工 1.0 要完成的所有不同任务：（1）接收一份顾客订单；（2）将输入的订单转换成对厨房系统来说有意义的形式；（3）将订单转换为给顾客打印的收据；（4）将订单转换为销售数据；（5）将订单转换为库存数据。在加工 1.0 中至少完成了四个逻辑独立的功能。我们将加工 1.0 的分解用另一个数据流图表示，如图 7—7 所示。

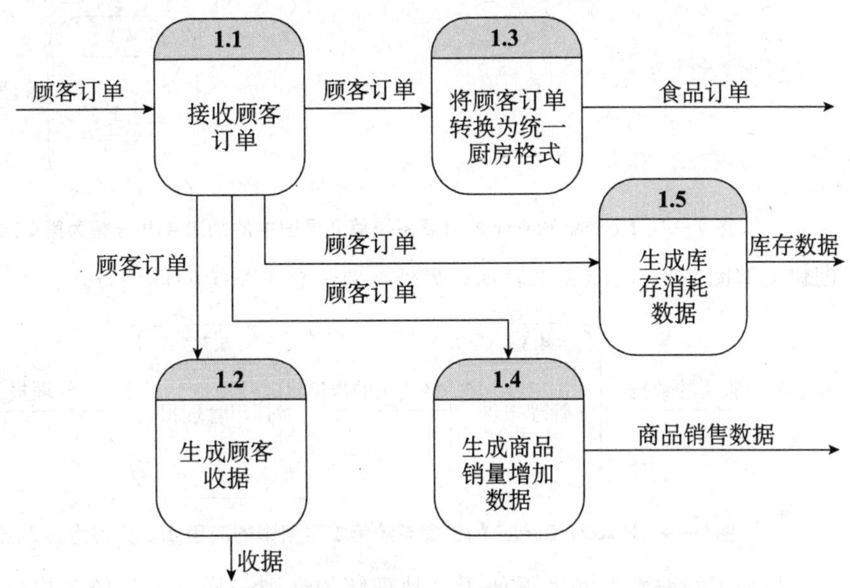

图 7—7　Hoosier Burger 的订餐系统第 0 层图中的加工 1.0 分解为第 1 层图

注意到图 7—7 中所标记的五个加工都是加工 1.0 中的子加工，分别为加工 1.1、加工 1.2 等。同时也发现，与我们之前看到的其他数据流图相同，每个加工和数据流都被命名。你可能还注意到，该图中没有出现任何来源/去向。虽然你可能将来源/去向包含在其中，但是来源/去向已经在上下文图和第 0 层图中有所展示。如图 7—7 的数据流图称为第 1 层图。如果我们决定用类似的方式来分解加工 2.0，3.0 和 4.0，同样应该创建第 1 层图。一般来说，一个**第 *n* 层图**（level-*n* diagram）就是将第 0 层图经过 *n* 次分解得到的数据流图。

加工 2.0 和加工 3.0 在利用数据输入进行数据存储更新方面所完成的是类似的功能。由于更新一个数据存储是独立的逻辑功能，因此不需要对其加工进一步分解。但是，我们可以将加工 4.0“生成管理报告”分解为至少三个子加工：“访问商品销售和库存数据”、“整合商品销售和库存数据”，以及“准备管理报告”。加工 4.0 的分解如图 7—8 中的第 1 层图所示。

每个第 1 层、第 2 层或第 *n* 层数据流图都是从第 *n* 层的角度来表示一个加工；每个数据流图都应由单独一页来展示。根据经验，没有一个数据流图会有超过 7 个加工，因为太多的加工会使整个图表看起来很混乱并且难以理解。为了进一步分解 Hoosier Burger 的订餐系统，我们仔细审查两个已经生成的第 1 层图（加工 1.0 和加工 4.0）的每个子加工。如果认为其中任一子加工需要进一步分解，我们将创建第 2 层图来表示。例如，如果认为图 7—8 中的加工 4.3 需要进一步分解，则可以

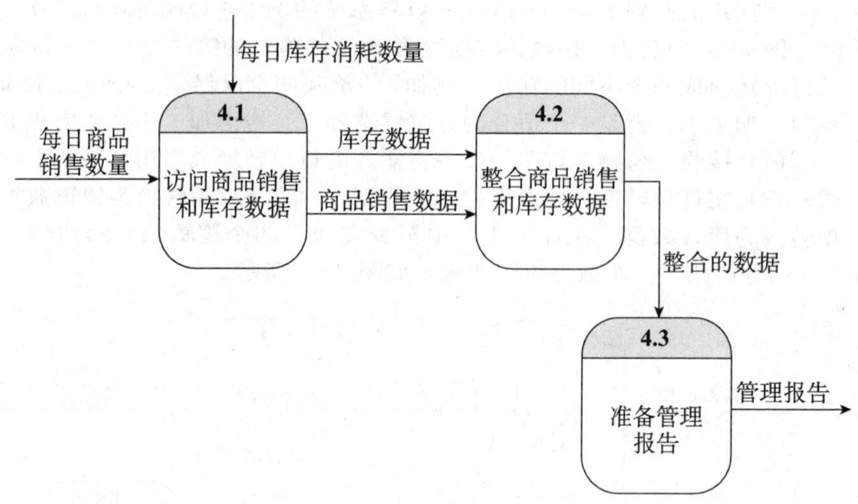

图 7—8　Hoosier Burger 的订餐系统第 0 层图中的加工 4.0 分解为第 1 层图

创建类似图 7—9 的图表来表示；另外，要注意子系统的标记方式。

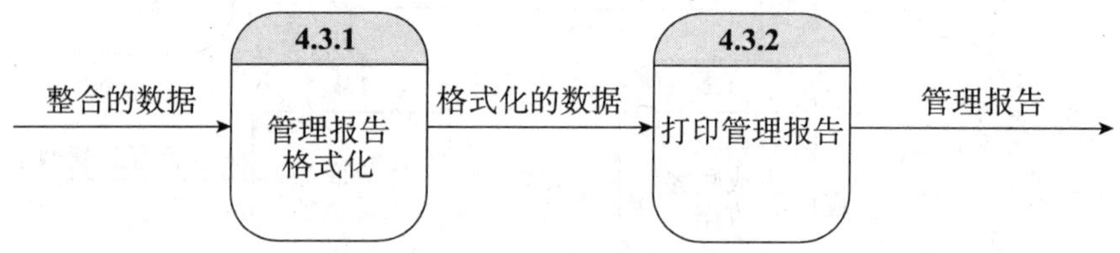

图 7—9　Hoosier Burger 的订餐系统第 1 层图中的流程 4.3 分解为第 2 层图

与加工的编号需要遵循便于清楚理解的规则一样，加工的名称也应该简洁清楚。通常，加工的名称应该以动词开始，例如接收、计算、转换、产生或生成等。加工的名称通常与计算机编程语言中的动词相同。示例的加工名称包括合并、排序、读取、写入和打印等。加工名称应该以简洁的语言来描述加工的基本操作，并且应该具有足够的描述性以便每个看到名称的人都能准确明白该加工的主要功能是什么。大多数时候，刚学习数据流图的学生会把执行该加工的人员或部门作为加工名称。这种做法并不是非常有效，因为我们感兴趣的是该加工所要表示的功能而不是执行该加工的人员或该加工发生的地点。

□ 平衡数据流图

当你将数据流图从一个层级分解到另一个层级时，需要遵循一个守恒定律。必须保证将加工分解到下一层级时输入与输出守恒。也就是说，出现在第 0 层图中的加工 1.0，当被分解为第 1 层图时必须有相同的输入与输出。这种输入与输出守恒称为**平衡**（balancing）。

我们来看一系列数据流图平衡的例子。回顾一下图 7—4，它是 Hoosier Burger 订餐系统的上下文图。注意到该图中有一个名为“顾客订单”的输入，它是由顾客发起的。同样注意到该图中有三个输出，分别是：给顾客的“收据”、给厨房的“食品订单”以及“管理报告”。然后再看图 7—5，这是订餐系统的第 0 层图。记住所有的数据存储和数据流都是在系统内部流入或流出的。注意在上下文图中出现的一个输入和三个输出同样出现在第 0 层图中。另外，并没有流向系统的新输入或从系统流出的新输出生成。因此，我们可以认为上下文图和第 0 层数据流图是平衡的。

现在再看一下图 7—7，该图中第 0 层数据流图中的加工 1.0 被分解了。正如之前所看到的，加工 1.0 有一个输入和四个输出。这一个输入和多个输出都出现在图 7—7 的第 1 层图中。没有增加新的输入或输出。再比较一下图 7—5 中的加工 4.0 和图 7—8 中被分解后的加工 4.0，可以看到相同的输入输出守恒。

图 7—10 展示了一个不平衡的数据流图样例。该上下文图中有一个输入 A 和一个输出 B。但是在第 0 层图中，增加了一个输入 C，并且数据流 A 和 C 来源不同。这两个数据流图是不平衡的。如果一个输入出现在第 0 层图，那么它也必须出现在上下文图中。为什么会出现这种情况呢？也许，当绘制第 0 层数据流图时，分析员意识到该系统同样需要 C 来生成 B。A 和 C 都出现在第 0 层数据流图中，但是分析员忘记去修改上下文图。在修改时，分析员同样需要将“来源一”和“来源二”在上下文图中进行修改。在根据上下文图创建每一层级的图表时，保证数据流图的平衡非常重要。

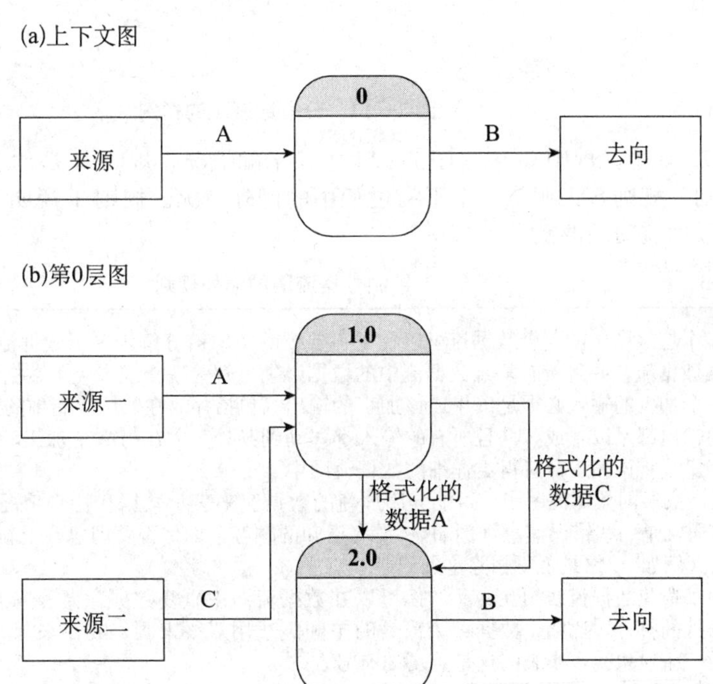

图 7—10 不平衡的数据流图

一个在第 n 层图中由多个子数据流构成的数据流可以在第 $n+1$ 层图中被分解为单独的加工输入数据流。例如，图 7—11 的 Hoosier Burger 订餐系统中的部分数据流图，在图 7—11（a）中，一个复合的或作为包的数据流，包括“支付”和“优惠券”，作为某个加工的输入。也就是说，“支付”和“优惠券”通常是一起流动并同时输入加工的。在图 7—11（b）中，该加工被分解（有时指分解或嵌套）为两个子加工，并且每个子加工都接收一个上一层数据流图中复合数据流分解后的数据流。这样的图表也是平衡的，因为每张图中都包含相同的数据。

保持数据流图平衡的规则会带来四个绘制数据流图的额外规则。这些规则总结

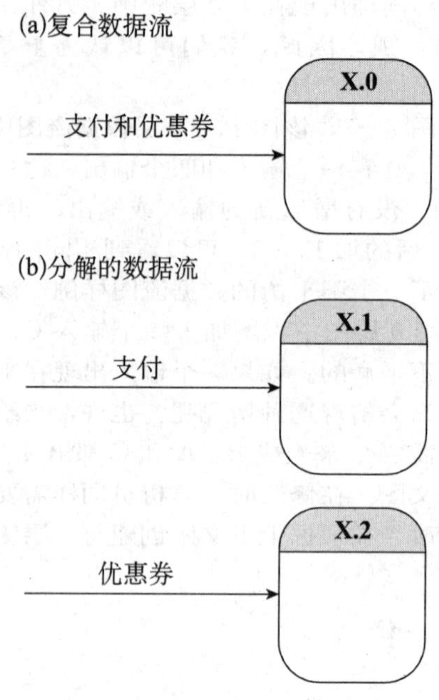

图 7—11　分解数据流的样例

在表 7—3 中。规则 Q 包含图 7—11 中显示的情况。规则 R 是加工的输入与输出守恒规则。规则 S 说明了一个平衡过程中的例外情况。规则 T 说明了如何最大限度地减少数据流图的混乱。

表 7—3　　绘制数据流图的额外规则

Q. 一个层级图中的复合数据流可以在下一层级的图中被分解为单个数据流，但是不能增加新的数据流，并且所有复合数据流中的数据必须分解为一个或多个子数据流。
R. 一个加工的输入必须足以生成该加工的输出（包括存放在数据存储中的数据）。因此，所有的输出都足以生成，并且所有的输入都移动到某处：去往另一个加工、该加工外的数据存储，或将该加工分解得更详细的数据流图中。
S. 在最底层的数据流图中，可能会添加新的数据流来表示数据在特殊情况下的传输；这些数据通常是一些错误信息（例如，“没有已知的顾客，你是否要创建一个新顾客?”）和确认信息（例如，“你是否要删除这条记录?”）。
T. 为了避免数据流线相互交叉，你可以在数据流图中重复数据存储和来源/去向。使用一个额外的符号，比如，数据存储符号的中间竖线用双线来画，或在来源/去向的正方形角上画一条对角线，来表明这是重复的符号。

资料来源：Adapted from Celko，1987.

数据流图样例

为了说明怎样创建和完善数据流图，我们看看来自 Hoosier Burger 的另一个案例。我们已经了解到订餐系统生成两种类型的使用数据——商品销量和库存。每天结束时，餐厅经理鲍勃会生成库存报告，来了解售出的每一件商品要消耗多少库存。这个库存报告显示的消耗量只是鲍勃日常使用的一个大型手动库存控制系统的一项输入。图 7—12 给出了鲍勃的库存控制系统所包含的步骤。

1. 餐厅开始营业前完成食材交货。
2. 卸货并储存货物。
3. 将发票和文件进行归档记录。
4. 手动添加交货数量到库存记录表中。
5. 完成后，打印库存报告。
6. 计算实际库存数量。
7. 比较库存报告总量和实际库存数量。
8. 将实际盘点数量与最低订货量比较。如果少于最低订货量，则生成订单；如果多于最低订货量，则不做处理。
9. 支付账单，并将它们标记为已支付。

图 7—12　鲍勃对 Hoosier Burger 餐厅的库存控制系统所包含的活动

在 Hoosier Burger 的库存系统中，有三个外部的数据来源，分别是：供应商、订餐系统的库存报告以及现有库存。供应商提供发票作为输入，然后系统返回支付和订单给供应商作为输出。库存报告和现有库存都将作为库存盘点的系统输入。当鲍勃收到来自供应商的发票时，他将这些收据记录在发票记录表中，并将实际的发票归档。使用这些发票时，鲍勃将库存记录表中的数量记录下来，库存记录表是以纸张形式储存的关于每个库存项目的清单。图 7—13 中给出了 Hoosier Burger 的库存记录表部分样例。请注意最低订货量（避免一件商品断货而必须持有的库存最低水平）出现在该记录表中。同时该记录表还包含库存初始数量、交货数量和每件商品消耗数量。当供应商交付记录表中的货物时，在该表中输入交货数量；当鲍勃对比了实际物理消耗的库存数量和订餐系统生成的库存报告中的库存消耗数量后，在该表中输入库存消耗数量。应该注意到，Hoosier Burger 餐厅有一些每日交货订单是为那些每天都要使用但是易腐坏的食材设立的，例如汉堡面包、肉类和蔬菜等。鲍勃依据最低订货量和现有库存量来决定下哪些订单。他利用这些发票来确定需要支付哪些账单，并把每项支付都仔细记录下来。

库存记录					
日期		1月1日			1月2日
项目	再订购数量	初始数量	交货数量	消耗数量	初始数量
汉堡面包	50 打	5	50	43	12
热狗面包	25 打	0	25	22	3
英式松饼	10 打	6	10	12	4
餐巾	2 箱	10	0	2	8
吸管	1 箱	1	0	1	0

图 7—13　Hoosier Burger 的库存记录表

为了创建数据流图，我们需要明确鲍勃已建立的库存控制系统的本质。其中哪些是追踪库存和支付账单的关键数据？包含哪些关键加工？构成 Hoosier Burger 库存系统有至少四个关键加工，分别是：（1）添加到库存的数量统计；（2）从库存中取出的数量统计；（3）下订单；（4）支付账单。系统所使用的关键数据包括库存记录和当前库存量，无须考虑它们如何被确定。系统的主要输出仍然是订单和支付。如果我们重点来看该系统的基本元素，会得到如图 7—14 所示的上下文图和第 0 层图。

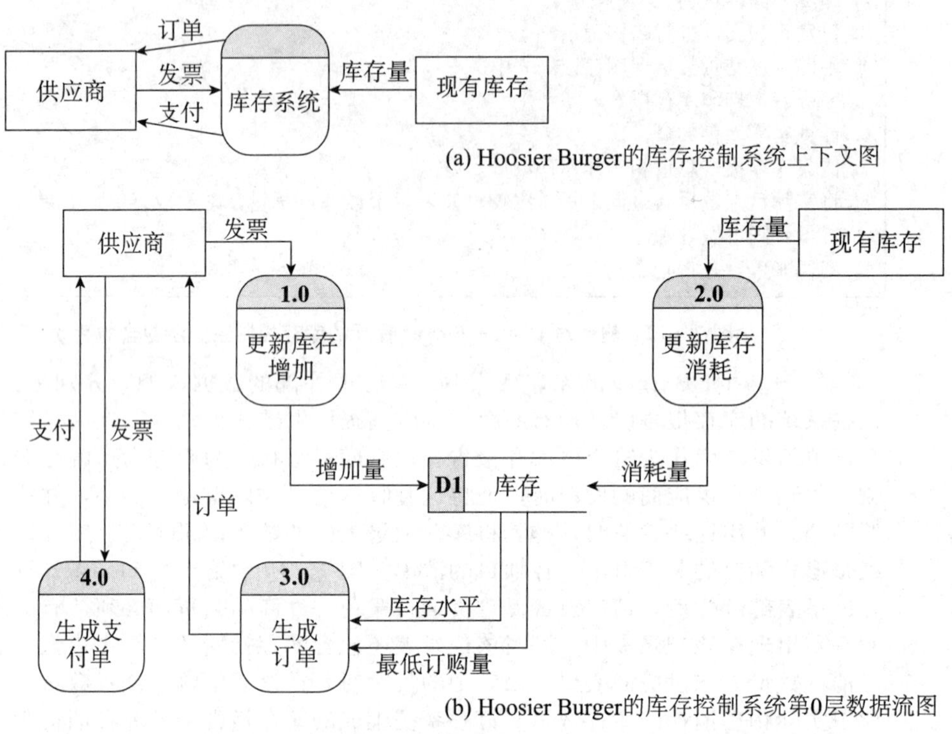

(a) Hoosier Burger的库存控制系统上下文图

(b) Hoosier Burger的库存控制系统第0层数据流图

图 7—14

基于这一点，我们可以根据该系统所需的新功能来修改数据流图。就 Hoosier Burger 的库存控制系统来说，鲍勃希望增加三个功能。首先，鲍勃希望新装运的货物数据可以输入到一个自动系统中，从而可以代替纸质库存记录表。鲍勃希望装运的货物数据尽可能与当前流行的装运数据形式相同，因为一旦新的货物到达餐厅，数据就可以尽快录入系统。其次，鲍勃希望系统能够自动判断是否要下新的订单。自动订单会使鲍勃对 Hoosier Burger 餐厅在任何时候都有足够的原料感到放心。最后，鲍勃希望在任何时候都能知道每件商品的大致库存水平。如汉堡包一类的商品，鲍勃可以直观检查其库存量，并确定大概还剩下多少库存，以及在营业结束前需要补充多少库存。对其他的商品来说，鲍勃通过系统粗略了解库存中有什么原料比通过目测观察更加迅速。

Hoosier Burger 库存系统修改后的数据流图如图 7—15 所示。图 7—14（b）与图 7—15 中修改的数据流图的主要区别就是修改的数据流图中增加了新的加工 5.0，该加工允许查询库存数据以便估计每项原料有多少库存。鲍勃的其他两个要求改变的请求都可从库存系统现有的逻辑角度实现。加工 1.0“更新库存增加”并没有标明是实时更新还是批量更新，以及该更新是发生在纸质表格中还是作为自动化系统的一部分。因此，即时向自动系统输入货物装运数据可以包含在加工 1.0 中。同样，加工 3.0“生成订单”并没有标明该订单是由鲍勃生成还是由计算机生成，以及该订单是实时生成还是批量生成，因此鲍勃对系统自动生成订单的请求可以由加工 3.0 表示。

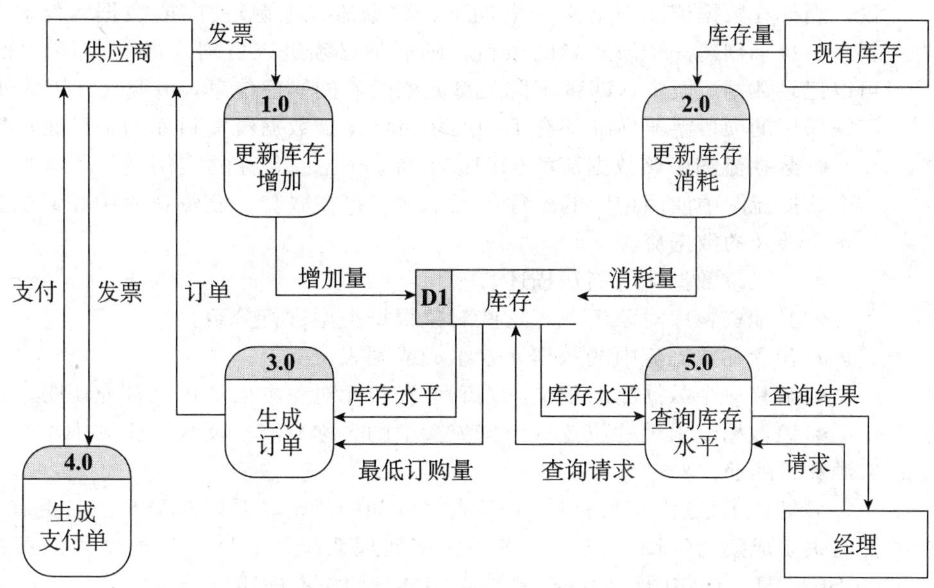

图 7—15　修改后的 Hoosier Burger 的库存控制系统第 0 层数据流图

在分析流程中使用数据流图

学习如何绘制数据流图十分重要，因为数据流图被证明是结构化分析加工的必要工具。除了如何正确绘制数据流图，还有一些流程建模的问题需要分析员关注。诸如数据流图是否保证完整性并在每一层级都保持一致性等问题，将在下一节介绍绘制数据流图的指导原则时探讨。另一个需要考虑的问题就是如何将数据流图作为分析的有效工具。在最后的小节中，我们还会介绍如何应用数据流图支持业务流程再造。

绘制数据流图的指导原则

本节我们将介绍一些绘制数据流图的附加指导原则，这些原则是对绘制数据流图的简单操作方法的扩展，并确保遵循表 7—2 和表 7—3 中列出的规则。这些指导原则包括：（1）完整性；（2）一致性；（3）时序的考虑；（4）绘制数据流图的迭代性质；（5）基本数据流图。

完整性　**数据流图完整性**（DFD completeness）是指数据流图中是否包含建立系统所必需的所有组件。如果数据流图中包含不去往任何地方的数据流，或有数据存储、加工和外部实体未与任何对象相连，数据流图就是不完整的。大多数的 CASE 工具都有可以运行的内置工具来帮助你判断你的数据流图是否完整。当你就一个系统绘制多张数据流图时，出错并不罕见。CASE 工具的分析功能或与其他分析员进行的走查都能帮助你发现这类问题。

不仅数据流图中的所有必要元素都要展现出来，并且每个组件都应在项目字典中有完整描述。在大多数的 CASE 工具中，项目字典是与图表相联系的。也就是说，当你在数据流图中定义一个加工、数据流、来源/去向或数据存储时，会在资料库中自动创建一个该元素的条目。随后你必须进入资料库并完善该元素的描述。可以记录数据流图中这四种不同类型元素的不同描述信息，并且每个 CASE 工具或组织采用的项目字典标准都有不同的条目信息。数据流资料库的条目通常包括：

- 数据流图中该数据流的标记或名称。（注：名称的实例及符号问题，如果在多个数据流图中使用相同的名称，无论是否存在嵌套，该资料库中相同的条目适用于每个涉及的数据流。）
- 定义该数据流的简短描述。
- 其他资料库对象清单，这些对象根据类型进行分组。
- 包含在数据流中的数据元素组成或列表。
- 解释一个数据流上下文联系和该资料库对象本质的扩展补充说明。
- 该数据流出现的位置（数据流图中的名称）清单及数据流图中每个数据流的来源和目的地。

另外，正是这种图表和 CASE 资料库间的紧密联系使 CASE 工具更有价值。虽然有很多成熟的绘图工具、表格和文字处理系统，但是这些独立的工具并不能像 CASE 工具一样将图形化的对象与它们自身的文本描述结合起来。

一致性 **数据流图一致性**（DFD consistency）是指系统各个层级的数据流图描述都要与该系统其他层级的描述兼容。如果严重违背一致性的话，会导致有第 1 层图而没有第 0 层图。另一个违反一致性的例子是，出现在高层级数据流图中的数据流可能没有出现在低层级图中（也违背了平衡规则）。不一致性还可能导致属于一个低层级图中对象的数据流，同时属于另一个高层级图中的另一对象；例如，名为“支付”的数据流，在第 0 层数据流图中作为加工 1 的输入，在第 1 层图中却作为加工 2 的子加工 2.1 的输入。

CASE 工具同样能够判断嵌套的数据流图中是否存在这种不一致性。例如，当利用 CASE 工具绘制数据流图时，如果你告知该工具需要对某个加工进行分解，大多数的工具会自动安排所创建的数据流图中加工的流入数据流和流出数据流。在处理较低层级的图时，意外删除或更改一个数据流会导致该图失去平衡，因此，CASE 工具检查一致性的功能是十分有用的。

时序 你可能已经注意到在我们给出的一些例子中，数据流图并不能很好地展示时间点。在给出的数据流图中，并没有说明一个数据流到底是实时出现、每周一次还是每年一次，也没有说明一个系统该在何时运行。例如，当对计算机系统的需求较小时，许多大型的基于系统的交易可能会在夜间批量运行一些大型密集计算程序。数据流图中并不会出现这种通宵批量处理的加工。因此当你绘制数据流图时，可能会将你所建立的系统中的该加工绘制为一旦开始就一直运行下去。

迭代开发 绘制的第一个数据流图很少能够完美地描述你所要建立的系统。你应该以迭代的方式一遍遍地绘制同一张图。在每次绘制中，你都会获得对该系统更好的模拟，并与你预期中的系统更加接近。迭代数据流图的开发说明需求确定和需求构建作为系统开发生命周期分析阶段的子阶段，是一个交互的而不是顺序的过程。

一个经验是所绘制的每张数据流图都需要经过大概三次修改。幸运的是，利用 CASE 工具进行修改比利用纸笔和图表模板进行修改简便得多。

基本数据流图 在绘制数据流图时需要做的最困难的决策之一就是何时停止分解加工。一个原则是当到达逻辑最底层时就停止绘制；然而，并不是任何时候都能够轻易知道逻辑最底层是什么。其他一些关于何时停止分解的规则如下：

● 当你把每个加工简化为单一的决策、计算或单一的数据库操作时，例如检索、更新、创建、删除和读取等。

● 当每个数据存储都只代表单一的实体数据时，例如，顾客、员工、产品和订单等。

● 当系统用户并不关心是否能看到更多的细节，或当你及其他的分析员已经记录了足够多的细节，能够完成后续的系统开发任务时。

● 当不需要对数据流进一步分解来表明不同的数据需要以不同的方式来处理时。

● 当确保已经将每个业务表格或交易、计算机在线显示以及报告作为单一的数据流来展示时（这通常意味着，例如，每个系统的显示和报告的名称都对应一个独立的数据流名称）。

● 当确保该系统最底层的菜单项中的每个选项对应于单独的加工时。

显然，之前所讨论的迭代的指导原则和系统开发生命周期中的回路反馈（见图7—1）表明了何时该停止，而随后发现的系统中的细微差别可能要求对一系列数据流图进行进一步分解。

当你停止分解一个数据流图时，该图可能已经非常详细。看似简单的如生成发票的行动，可能需要从几个实体中获取信息，也可能根据不同的情况而给出不同的结果。例如，一张发票的最终形式可能是由顾客类型（这将决定折扣率）、顾客所处的地点（这将决定税率），以及该货物的发货方式（这将决定运费和手续费）共同决定的。在被称为**基本数据流图**（primitive DFD）的最底层数据流图中，所有这些条件都需要满足。考虑到在基本数据流图中需要这些细节，你可能就会明白为什么许多专家认为分析员不应该将他们的时间用于绘制当前物理信息系统的完整数据流图，因为一旦当前的逻辑数据流图被创建，这些大部分的细节都将被舍弃。

本节介绍的指导原则将会帮助你创建绘制方法正确的数据流图，也将全面准确地展示你所建模的信息系统。可以利用其他需求构建技术中生成的文档来检查基本数据流图的一致性，并让你轻松地完成到系统设计步骤的过渡。掌握良好的数据流图绘制技巧，同样可以用于支持分析流程，我们将在下一节介绍这一主题。

□ 使用数据流图作为分析工具

我们已经看到数据流图是加工建模的多功能工具，它可以用于进行物理或逻辑的、当前或预期的系统建模。数据流图也可以用于称作**差距分析**（gap analysis）的加工中。分析员可以利用差距分析发现两个或两个以上数据流图集的不一致处，展示两个或多个信息系统的状态，或单一数据流图内部的不一致处。

一旦数据流图完成，你就可以检查独立的数据流图细节，例如，是否存在冗余的数据流，数据被获取但是没有被系统利用，或数据在多个存放位置同时被更新等问题。这些问题在分析团队成员或分析加工的其他参与者创建数据流图时可能不会被发现。例如，冗余的数据流可能在创建数据流图时以不同的名称命名。分析团队对他们所建模的系统有了更多的了解后，这种冗余就可以被检查出来，最容易从CASE工具资料库的报告中被检查出来。例如，许多CASE工具可以生成一个报告，列出以某个指定的数据元素作为输入的所有加工（切记，数据元素的列表是每个数据流描述的一部分）。从这些加工的名称可以判断是否该数据被冗余获取，或是否有多个加工具有相同的数据存储。在这种情况下，数据流图能够准确反映出组织内部发生的活动。由于组织花了多年时间进行业务流程建模，有时，关注于某部分组织适应流程的工作人员是与其他人员分开工作的，这种情况下，冗余和重复的问题就会产生。对分析中所创建的数据流图进行仔细的研究可以揭露这些流程上的冗余，并纠正它们以作为系统设计的一部分。

通过研究数据流图同样可以发现低效率的问题，并且可能发现存在不同的低效率问题。一些低效率的问题与违背数据流图的绘制规则相关。例如，如果获取了废弃的数据但是从未在系统内部使用，就会违背表7—3中的规则R。其他一些低效率的问题是由于重复的加工步骤。例如，考虑图7—6中正确数据流图中的第M项，虽然这个数据流图的绘制方法是正确的，但是这样的循环可能暗示着在数据处理中存在潜在的延迟或不必要的操作。

同样，可以将对当前逻辑系统建模的数据流图与对新系统建模的数据流图进行比较，来更好地确定系统开发人员在建立新系统时需要增加或修改哪些加工。那些输入、输出和内部步骤没有被更改的加工都可能在新系统建立时重用。可以通过比较相互替代的逻辑数据流图来发现那些在评估关于系统需求的相矛盾的意见时必须探讨的元素。正如我们在Hoosier Burger案例中所看到的那样，数据流图中的一个加工可以通过多种不同的物理方式得以实现。

□ 使用数据流图进行业务流程再造

数据流图对第6章所提到的业务流程再造中的流程建模同样非常有用。为了说明数据流图在业务流程再造中的有效性，我们探讨一个Hammer and Champy（1993）的案例。Hammer and Champy把IBM信用卡公司作为成功再造其主要业务流程的例子。IBM信用卡公司为大量采购IBM计算机设备的顾客提供金融服务。它的职能是分析由销售人员提供的交易并制定管理这些交易的最终合同。

根据Hammer and Champy的介绍，IBM信用卡公司通常处理一个金融交易要花六个工作日。工作流程如下：首先，销售员打进电话通告交易，这个电话由任何围坐在会议桌边的人员来接听。无论谁接到这个电话都要进行记录，将细节写在纸上。随后记录员将这张纸交给负责将该数据输入计算机系统并检查顾客信用的第二个员工。这个员工将这些细节记录在纸上，并将这张纸连同原始文档一同交给信贷员。然后，在第三个步骤中，该信贷员为顾客修改IBM的标准信贷协议。该步骤需要使用在步骤二中用到的独立计算机系统。

在第四个步骤中，修改后的信贷协议细节和其他一些文档将被送到该流程中的下一个地点，由不同的职员来确定该项贷款的适当利率。这个步骤同样要使用独立的信息系统。在第五个步骤中，生成的利率及由此产生的所有记录文档都将被送往下一个创建报价单的地点。一旦完成，该报价单将通过隔夜邮件回复给销售人员。

仅阅读该流程会使其看起来相当复杂。我们可以利用数据流图来说明整个流程（见图7—16）。特别是当你考虑到每一个步骤都需要如此多的人和计算机系统来支持工作时，可能会觉得该流程过于乏味和重复，但数据流图会使流程看起来不那么复杂。

根据Hammer and Champy的介绍，有一天两个IBM的管理者决定亲自去看看是否IBM信用卡公司的整个流程可以得到改善。他们代替一个销售人员接听电话，并完成整个系统的流程。管理者发现在合同上实际的工作时间只有90分钟。而处理该交易所需六天的大部分时间里，各种文件都被闲置在某个员工的待处理文件夹中。

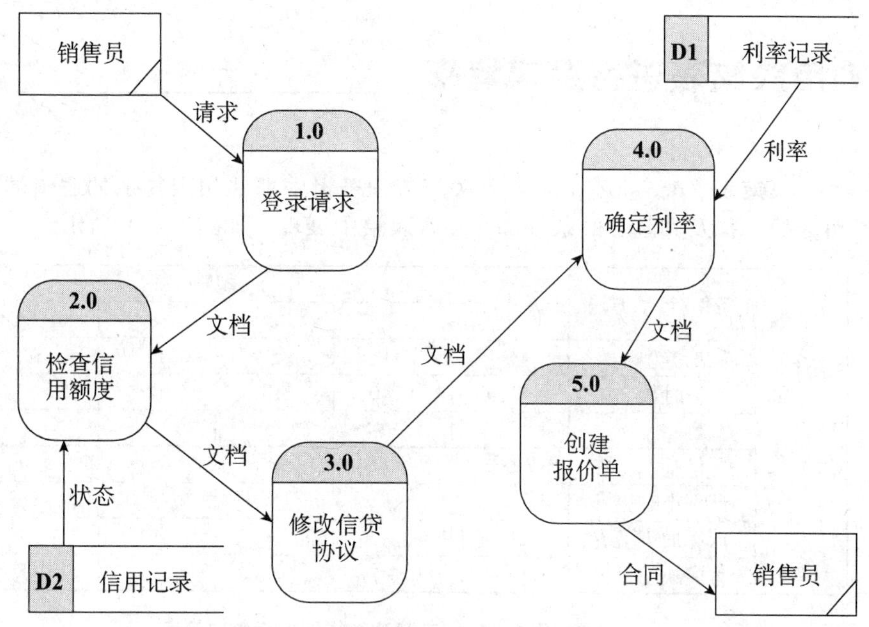

图 7—16　业务流程再造之前 IBM 信用卡公司的主要工作流程

资料来源：Based on Hammer and Champy，1993.

IBM 信用卡公司的管理者决定再造整个流程。这五个步骤中的专项人员都被替换成通晓多项任务的员工。现在，每个电话都只由一个职员接听，该职员将完成处理合同的所有工作。此外，由同一个人来检查顾客的信用额度、修改基本信贷协议以及确定适当的利率。IBM 信用卡公司仍然为有别于公司常规业务的特殊案例配备了专项人员。该流程现在由单一的计算机系统支持。新的流程如图 7—17 的数据流图所示。图 7—16 与图 7—17 的数据流图的最显著区别除了每个流程上标记的数字之外，就是图 7—17 中减少了很多文档数据流。由此产生的步骤简单得多，并大幅降低了文档在步骤间传递丢失的可能性。对该流程从头到尾的重新设计使 IBM 信用卡公司提高了 100 倍的合同处理量——并不是 100%，100%只意味着提高了一倍的工作量。业务流程再造使 IBM 信用卡公司在相同的时间内以更少的人力完成了之前工作量的 100 倍。

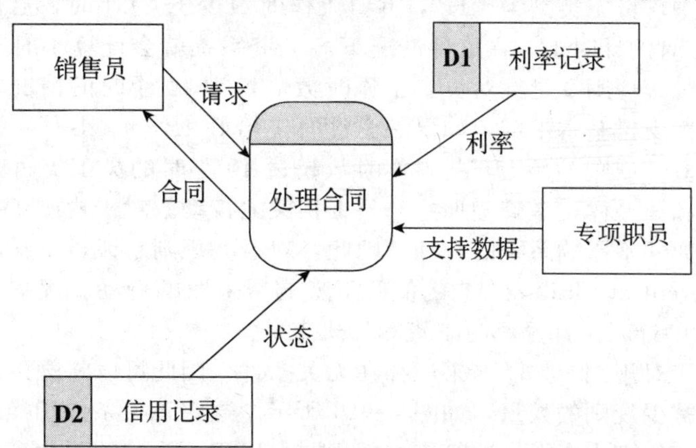

图 7—17　业务流程再造后 IBM 信用卡公司的主要工作流程

资料来源：Based on Hammer and Champy，1993.

利用决策表进行逻辑建模

决策表（decision table）是关于流程逻辑中那些相当复杂的逻辑的图表。所有可能的选择及其基于的条件都在一张表格中展现，如图7—18所示。

	条件/行动方法	规则					
		1	2	3	4	5	6
条件段	员工类型	S	H	S	H	S	H
	工作时数	＜40	＜40	40	40	＞40	＞40
行动段	支付基本工资	√		√		√	
	计算小时工资		√		√		√
	计算加班工资						√
	生成缺勤报告		√				

图7—18　工资系统样例的完整决策表

图7—18中的决策表对通用工资系统进行了逻辑建模。该表分为三个部分：**条件段**（condition stubs）、**行动段**（action stubs）和**规则**（rules）。条件段包含适用于所建模表中情况的各种条件。在图7—18中，有两个员工类型和工作时数的条件段。员工类型由两个值表示："S"代表拿工资的员工，"H"代表以小时计薪的计时工。工作时数有三个值：少于40小时、等于40小时、多于40小时。行动段包含由所有可能条件段的值得出的行动方法。在该表中有四种可能的行动方法：支付基本工资、计算小时工资、计算加班工资和生成缺勤报告。可以看到并不是所有的行动都是由所有条件的组合触发的。相反，特定的组合会触发特定的行动。表中连接行动和条件的部分是包含了规则的那一部分。

为明确规则，首先应该理解第一列中各条件的指定值：员工类型为"S"，并且工作时数少于40小时。若同时满足这两个条件，工资系统就会支付基本工资。在下一列中，员工类型为"H"，并且工作时数少于40小时，这代表一个工作时数少于40小时的计时工。在这种情况下，工资系统就会计算小时工资并在缺勤报告中做出记录。规则3是针对员工工作时数恰好为40小时的情况。此时，该系统与规则1一样支付基本工资。如果一个计时工恰好工作40小时，就根据规则4来计算小时工资。规则5是为那些工作时数超过40小时的员工支付基本工资。规则5与规则1和3一样，是管理那些与员工相关的行动。对于规则1，3，5来说，工作的具体时数并不影响系统的行动。因此，对这些规则来说，工作时数是一个**无关条件**（indifferent condition），它的值并不影响所采取的行动。规则6是为工作时数超过40小时的计时工计算小时工资和加班工资。

由于对规则1，3，5来说存在无关条件，因此可以将规则1，3，5整合成一个规则来减少规则的数量，如图7—19所示。这些无关条件用横线表示。虽然一开始用了六个规则来表示该决策表，但现在可以用更简洁的只包含四个规则的决策表来表示相同的信息。

在建立这些决策表时，有一系列需要遵循的步骤。

条件/行动方法	规则			
	1	2	3	4
员工类型	S	H	H	H
工作时数	—	<40	40	>40
支付基本工资	√			
计算小时工资		√	√	√
计算加班工资				√
生成缺勤报告		√		

图 7—19　简化后的工资系统样例的决策表

1. 为条件命名并确定每个条件的指定值。确定所有与你的问题相关的条件以及每个条件的值。对有些条件来说，值可能是简单的“是”或“否”（称为有限条目）。对其他一些如图 7—18 和图 7—19 中的条件来说，可能有多个值（称为扩展条目）。

2. 给所有可能采取的行动命名。创建决策表的目的就是确定在特定的条件下，所要采取的适当行动。

3. 列出所有可能的规则。第一次创建决策表时，应当制定一系列详尽的规则。每个条件的可能组合都要列示出来。这可能会导致一些生成的规则是冗余或是无用的，但是决策必须在你列出所有可能的规则且没有忽略任一条规则之后做出。要确定规则数，就要将每个条件值的数量乘以剩余条件值的数量。在图 7—18 中有两个条件，一个条件有两个值，另一个有三个值，所以需要 2×3 或 6 个规则。如果增加第三个条件，令其有三个值，那么就需要 2×3×3 或 18 个规则。

当创建表格时，轮换交替第一个条件的值，如图 7—18 中的员工类型所示。对第二个条件来说，首先为第一个条件的所有值重复第二个条件的第一个值，然后为第一个条件的所有值重复第二个条件的第二个值，依此类推。后续的所有条件基本上都是遵循这个步骤。注意在图 7—18 中是如何交替工作时数这一值的。我们为两种员工类型“S”和“H”重复了“<40”，“40”，“>40”。

4. 为每个规则定义行动。现在已经确定了所有可能的规则，接下来就要为每个规则提供行动。在我们的例子中，可以找出每个行动是什么，并确定是否所有的行动都有意义。如果一个行动没有意义，你可能希望在该表的行动段中创建一列名为“不可能”的行动。如果不能明确告诉系统在那种情况下应该做什么，就在该特定规则中的行动段部分以问号标记。

5. 简化决策表。删除任何带有不可能行动的规则，使决策表尽可能简化。询问用户系统行动有哪些不明确的地方，明确该行动或删除该规则。看看规则的类型，特别是无关条件。虽然我们能够在工资系统的案例中将规则数从六个减少到四个，但通常情况下都存在规则的大幅削减。

让我们看看 Hoosier Burger 餐厅的案例。鲍勃正在尝试确定如何再订购食物以及其他餐厅所使用的原料。如果他们希望 Hoosier Burger 餐厅采用自动化的库存控制功能，就需要清晰描述再订购流程。在对该问题的思考中，鲍勃意识到安排再订购依赖于该原料是否易腐坏。如果一种原料易腐坏，如肉类、蔬菜或面包等，鲍勃就向当地的供应商下一份订单，该订单表明每个工作日需要预先交付的食品数量以及每周末需要的食品数量。如果该原料不易腐坏，如吸管、茶杯、餐巾等，那么当当前库存达到预期的最低再订购数量时，再下订单。鲍勃同样意识到他们工作的季节性的重要性。Hoosier Burger 餐厅在夏季当学生离开学校后的业绩并不如学生在校时好。他们同样注意到业绩在圣诞节和春假期间有所下降。根据这些情况，他们在夏季和其他一些假期减少了与所有供应商的订单。考虑到这些条件和行动，鲍勃将其放在一个初始决策表中（见图 7—20）。

条件/行动方法	规则											
	1	2	3	4	5	6	7	8	9	10	11	12
原料类型	P	N	P	N	P	N	P	N	P	N	P	N
一周中的时间	D	D	W	W	D	D	W	W	D	D	W	W
一年中的季节	A	A	A	A	S	S	S	S	H	H	H	H
执行日常订单	√				√				√			
执行周末订单			√				√				√	
最低订购量		√		√		√		√		√		√
假日削减原料数量									√		√	
夏季削减原料数量					√		√					

原料类型：
P=易腐坏
N=不易腐坏

一周中的时间：
D=工作日
W=周末

一年中的季节：
A=学期中
S=夏季
H=假日

图 7—20　Hoosier Burger 库存再订购的完整决策表

请注意图 7—20 中的三个地方。第一，假设具有一个联系三个条件所有值的独特模式，请注意第三个条件的值是如何重复的。该表中清晰地给出了每个规则。第二，请注意总共有 12 个规则。这是由第一个条件（原料类型）的两个值乘以第二个条件（一周中的时间）的两个值乘以第三个条件（一年中的季节）的三个值得出的。第三，请注意无论一周或一年中的时间如何，对不易腐烂的食物都采用一样的行动。对于不易腐烂的原料，与时间有关的条件都是无关的。我们据此简化决策表如图 7—21 所示。该表中只有 7 个规则而不是 12 个。

条件/行动方法	规则						
	1	2	3	4	5	6	7
原料类型	P	P	P	P	P	P	N
一周中的时间	D	W	D	W	D	W	—
一年中的季节	A	A	S	S	H	H	—
执行日常订单	√		√		√		
执行周末订单		√		√		√	
最低订购量							√
假日削减原料数量					√	√	
夏季削减原料数量			√	√			

图 7—21　Hoosier Burger 库存再订购的简化决策表

现在你已经学会怎样绘制并简化决策表。你同样可以利用决策表来确定额外的决策相关信息。例如，如果某些行动需要在特定规则下执行，而这些行动非常复杂，无法用一两行文字表达，或者有些条件只在其他条件被满足时才进行检查（嵌套条件），则可能需使用独立的相关决策表。在你的原始决策表中，你可以在行动段中定义一个名为“执行表 B”的行动。表 B 可以包含一个返回原始决策表的行动，并且这个返回行动可能是表 B 中多个规则的行动。另一种在决策表中传达更多信息的方式就是使用编号来表明顺序，而不是在规则和行动段交叉的地方标记“√”。例如，图 7—21 的规则 3 和规则 4，对于鲍勃计算夏季削减原料数量并修改给供应商的现有订单非常重要。“夏季削减原料数量”可以在规则 3 和 4 中用“1”标记，而“执行日常订单”可以在规则 3 中用“2”标记，“执行周末订单”可以在规则 4 中用“2”标记。

你已经看到如何使用决策表对相对复杂的流程逻辑进行建模。因此，决策表是紧凑的；你可以将大量的信息打包放入一个小表格中。决策表同样允许你对逻辑的完整度、一致性和非冗余性进行检查。

电子商务应用：使用数据流图进行流程建模

基于网络的电子商务应用的流程建模与其他应用所遵循的流程没有什么不同。在第 6 章，你已经了解了松谷家具公司（PVF）是如何为其 WebStore 项目确定系统需求的，该项目涉及在互联网上销售家具。在本节中，我们将分析 WebStore 的高层次系统结构，并绘制这些需求的第 0 层图。

松谷家具公司 WebStore 项目的流程建模

在完成了联合应用设计会议后，高级系统分析员吉姆着手将 WebStore 系统架构转换为数据流图。第一步是确定第 0 层图——主要系统——加工。首先，他仔细检查了联合应用设计会议中定义 WebStore 系统结构的主要成果。从这个分析中，他确定了六个高层次加工作为第 0 层数据流图的基础流程。表 7—4 中给出的这些加工是 Web 站点的“操作”或“行动”部分。请注意，每个加工都与系统架构中列出的主要加工项相对应。

表 7—4　WebStore 的系统架构和对应第 0 层图中的加工

WebStore 系统	加工
□ 主页	信息显示（次要的/无加工）
• 产品线（目录）	1.0 浏览商品清单
√ 办公桌	2.0 选择购买商品
√ 椅子	
√ 桌子	
√ 文件柜	
• 购物车	3.0 显示购物车
• 付款	4.0 订单结算处理
• 个人账户资料	5.0 增加/修改账户信息
• 订单状态/历史	6.0 订单状态请求
• 客户评价	信息显示（次要的/无加工）
□ 公司简介	
□ 反馈	
□ 联系我们	

紧接着，吉姆认为如果能让 WebStore 系统同现有的 PVF 系统交换信息，将比获取和存储冗余信息更加有效。分析得出 WebStore 应当与采购执行系统——追踪订单的系统（见第 3 章）和客户追踪系统——管理客户信息的系统交换信息。这两个现有系统将是 WebStore 系统信息的“来源”（提供者）和“去向”（接收者）。当客户进入一个账户时，他的信息就从 WebStore 系统传递到客户追踪系统。当下订单（或客户在重要的订单中请求状态信息）时，信息会存储在采购执行系统，或从采购执行系统中进行检索。

最后，吉姆发现该系统需要访问两个额外的数据来源。首先，为了生成在线商品清单，该系统需要访问库存数据库。其次，为了存储客户放在 WebStore 的购物车中想要购买的商品，需要创建一个临时数据库。一旦交易完成，购物车中的数据就可以删除。基于这些信息，吉姆绘制出 WebStore 系统的第 0 层数据流图，如图 7—22 所示。然后，他感到自己对信息如何流经 WebStore 系统、客户如何与系统进行交互，以及 WebStore 系统如何与现有的 PVF 系统共享信息等方面有了更好的理解。在进行系统设计之前，这些高层级的加工最终都需要进一步分解。然而，在分解之前，吉姆希望清楚地了解这个系统需要什么样的数据。我们将在第 8 章中介绍这项分析活动的成果——概念数据模型。

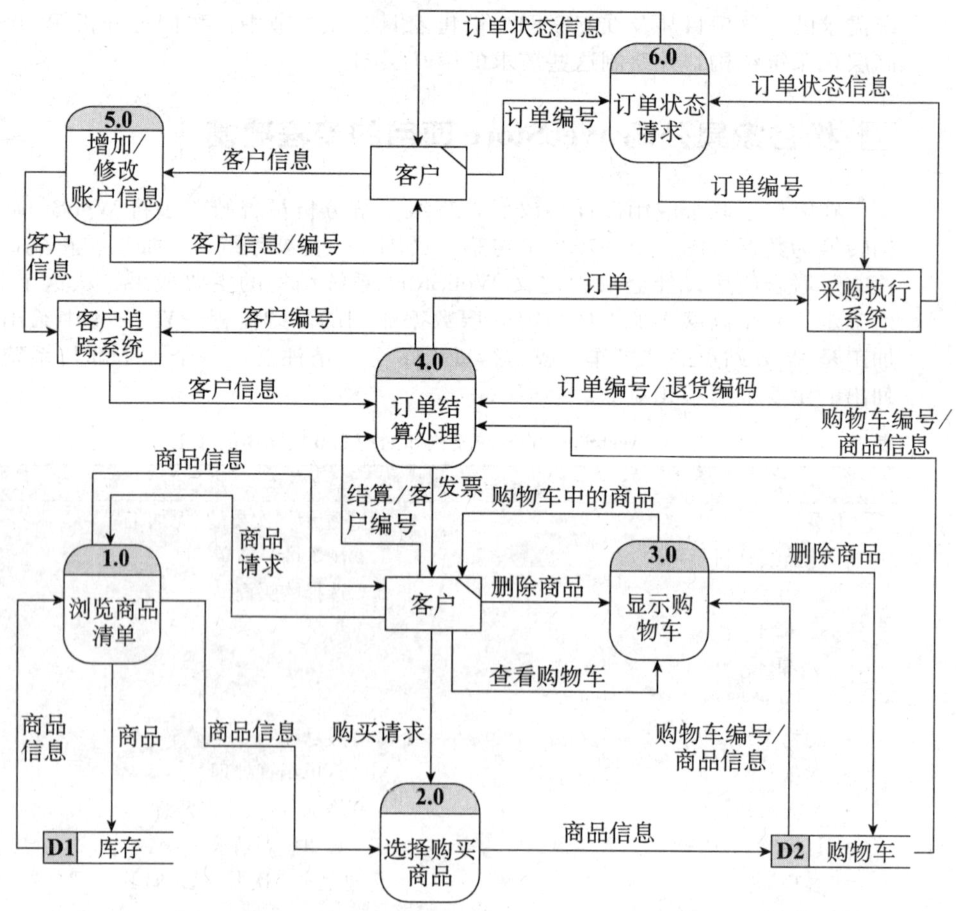

图 7—22 WebStore 的第 0 层数据流图

小结

可以使用多种方法进行流程建模，但是本章侧重于数据流图。数据流图在表示整个信息系统中数据流的流入、流经和流出方面非常有用。数据流图依靠四个符号来表示流程模型中的四种概念，分别是：数据流、数据存储、加工和来源/去向。数据流图在本质上是分层次的，每一层级的数据流图都可以在更低层级的数据流图中被分解为更小的简化单元。通过构造一个上下文图来开始流程建模的过程，上下文图将整个系统看作一个加工。下一步就是生成第0层图，该图展示了系统中最重要的高层级加工。然后，按照需要对第0层图中的每个加工进行分解，直到没有更进一步的逻辑意义为止。当把数据流图从一个层级分解到另一层级时，保持图表的平衡很重要；也就是说，一个层级上的输入和输出也必须出现在下一层级。

应该正确绘制数据流图，同时也应该准确反映所建模的系统。为此，需要检查数据流图的完整性和一致性，并假设所建模的系统要无休止地运行。可能需要对数据流图进行几次修改。完整的数据流图应该是基本层级的扩展，在基本数据流图中，每个组件反映出的都是不可或缺的属性；例如，每个加工表示单一的数据库操作，每个数据存储表示单一的实体数据。遵循这些指导原则，你可以绘制出能够用于分析现有和所需程序之间或是当前系统和新系统之间差别的数据流图。

决策表是表示流程逻辑的图形化方法。在决策表中，条件在条件段中列出，可能的行动在行动段中列出，规则将条件的组合和可能导致的行动联系起来。分析员通过消除那些无意义的规则和将不同条件的规则整合起来以降低决策表的复杂度。

虽然分析员对信息系统进行流程建模已经超过30年，至少可以追溯到结构化分析与设计思想的启蒙阶段，但是流程建模对电子商务应用与对较为传统的系统来说同样重要。后续几章将和该章一样，继续介绍如何利用那些用于结构化分析和设计的传统工具和技术，为电子商务的开发提供有力的支持。

关键术语

行动段（action stubs）
平衡（balancing）
条件段（condition stubs）
上下文图（context diagram）
数据流图（data flow diagram，DFD）
数据存储（data store）
决策表（decision table）
数据流图完整性（DFD completeness）
数据流图一致性（DFD consistency）
功能分解（functional decomposition）
差距分析（gap analysis）
无关条件（indifferent condition）
第0层图（level-0 diagram）
第 n 层图（level-n diagram）
基本数据流图（primitive DFD）
加工（process）
规则（rules）
来源/去向（source/sink）

复习题

1. 什么是数据流图？为什么要在系统分析中使用数据流图？
2. 说明正确绘制数据流图的规则。
3. 什么是分解？什么是平衡？你怎样判断一个数据流图是不平衡的？
4. 说明为不同层级的数据流图命名的规范。
5. 为什么分析员要绘制多套数据流图？
6. 如何将数据流图作为分析工具？
7. 说明停止分解数据流图的规则。
8. 你怎样判断一个系统组件是来源/去向还是加工？
9. 绘制上下文图的唯一规则是什么？

10. 创建决策表的步骤是什么？怎样简化决策表以降低其复杂度？

11. 决策表中的有限条目是什么？

12. 计算决策表中规则数的公式是什么？

问题与练习

1. 以一家商场中的服装零售店为例，列出相关的数据流、数据存储、加工和来源/去向。观察一些销售交易。绘制该店销售系统的上下文图和第0层图。说明为什么将某些元素作为加工或来源/去向。

2. 选择一个你可能会遇到的交易，可能是订购毕业的学士服和学士帽，绘制高层级的数据流图或上下文图，并将其分解为第0层图。

3. 用本章介绍的绘制数据流图的规则评价你在问题与练习2中绘制的数据流图。修改你的数据流图以使其遵守所有规则。

4. 选择类似问题与练习2的案例并绘制上下文图。分解该图直到无法继续分解。确保你所绘制的图表是平衡的。

5. 参照图7—23，该图中包含了一个大学班级注册系统的上下文图和第0层图的草图。寻找并说明这些图表中可能违背指导原则的地方。

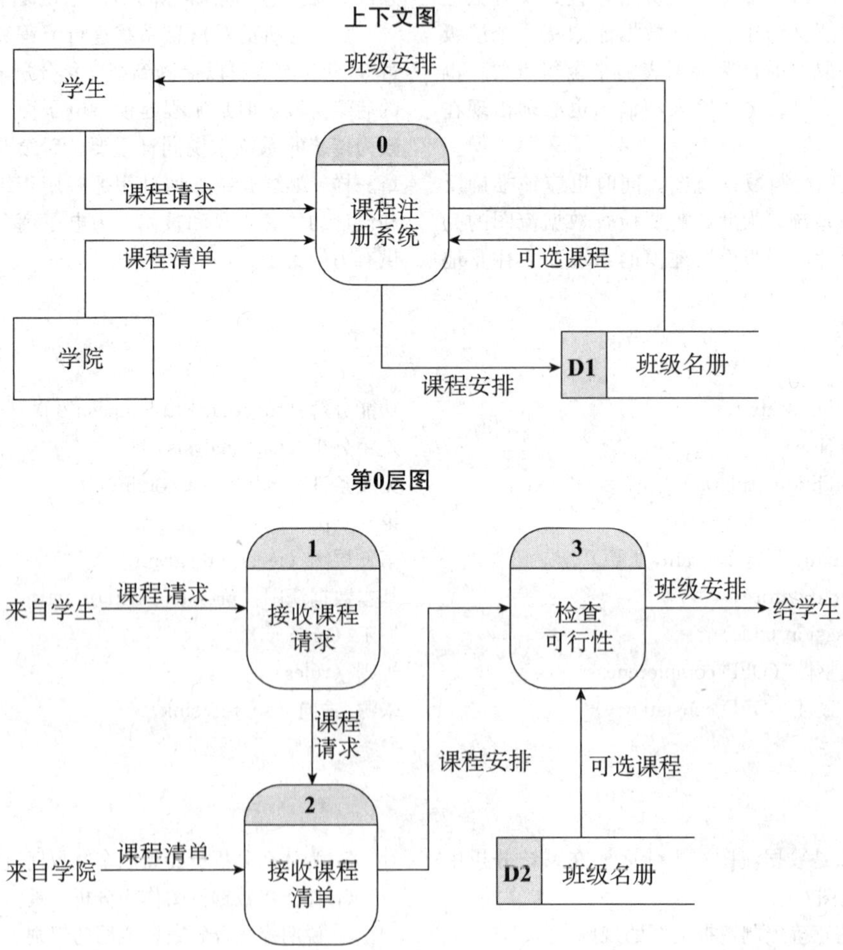

上下文图

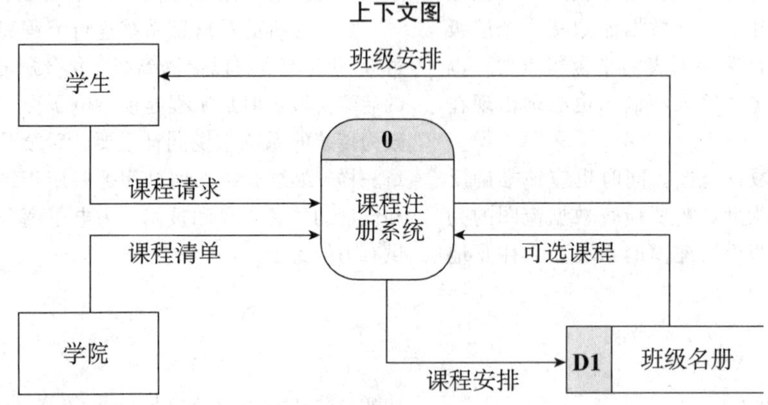

第0层图

图7—23 问题与练习5中的班级注册系统

6. 数据流图与项目字典或CASE资料库中的条目有什么联系？

7. 考虑图7—24中的数据流图，列出该图中的三个错误（违背规则）。

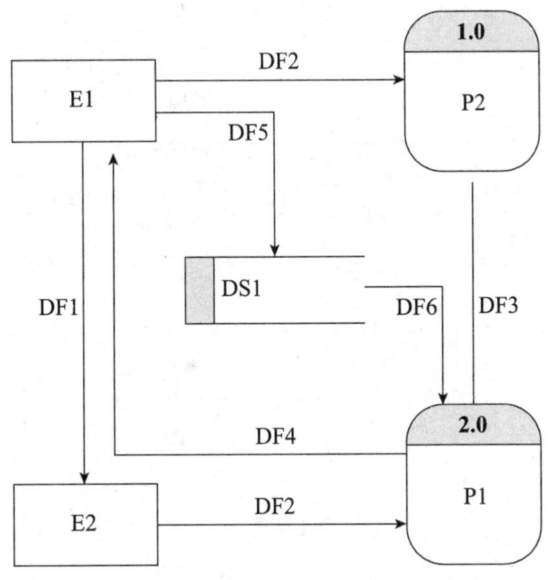

图 7—24　问题与练习 7 中的数据流图

8. 考虑图 7—25 中的三个数据流图，列出该图中的三个错误（违背规则）。

9. 以上下文图开始，尽可能多地绘制出你认为表示如下所述的员工聘用系统细节的必要的数据流图。至少绘制一个上下文图和一个第 0 层图。如果你在绘制这些图表时觉得描述不够详细，补充相关的合理说明来完善该描述。绘制图表时提供以下额外的解释说明。

Projects 是一家工程公司，拥有大约 500 名不同专长的工程师。该公司将所有的员工信息、员工技能、所分配的项目以及工作的部门记录下来。人事经理根据申请表中的信息以及面试官的评价来决定是否聘用这位员工。未来应聘者可以随时提出申请。当一个岗位需要招聘时，由工程经理通知人事经理，并列出该项工作所需的技能。人事经理从众多申请者的简历中寻找符合该岗位要求的人员，并挑选出三个最佳的申请者，安排负责所招聘岗位的部门经理对他们进行面试。在获得部门经理对每个面试者的评价后，人事经理将根据评价、申请者的简历和该岗位所需的技能做出雇佣决定，并将这一决定告诉面试者和该部门经理。被拒绝的申请者简历将保留一年，一年后该简历将被清除。一旦被录用，新的工程师将签署一份包括他自己其他信息的保密协议。

10. 以上下文图开始，尽可能多地绘制出你认为表示如下所述系统细节的必要的数据流图。如果你在绘制这些图表时觉得描述不够详细，补充相关的合理说明来完善该描述。绘制图表时提供以下额外的解释说明。

Maximum Software 是一个为个人和企业提供软件产品的软件开发商和供应商。作为其运作的一部分，Maximum 公司为想要购买软件的顾客提供了 800 服务咨询专线。当有电话打进时，操作员就询问该电话的性质。对于不属于帮助台的电话，操作员就将该电话转接到公司的其他部门（例如订单处理或支付部门）。由于许多顾客的问题需要深入的产品知识，因此帮助台的咨询顾问是以产品来分类的，操作员会将顾客的电话转接到顾客需要的软件顾问处。由于顾问并不能总是立即接听，因此一些电话将被放入一个队列中，由下一个空闲的顾问接听。一旦接听电话，该顾问就要明确顾客是不是第一次打电话来咨询问题。如果是第一次，顾问就要创建一个新的电话报告来追踪该问题的所有信息。如果不是第一次，顾问就询问顾客电话报告的编号并检索该电话报告以明确询问状态。如果顾客不知道电话报告的编号，顾问就询问其他一些确认信息，例如顾客姓名、相关软件或之前处理该问题的顾问名字来搜索相应的电话报告。如果找到该顾客问题的解决方案，顾问就告诉顾客，并在报告上说明已经将解决方案通知顾客，

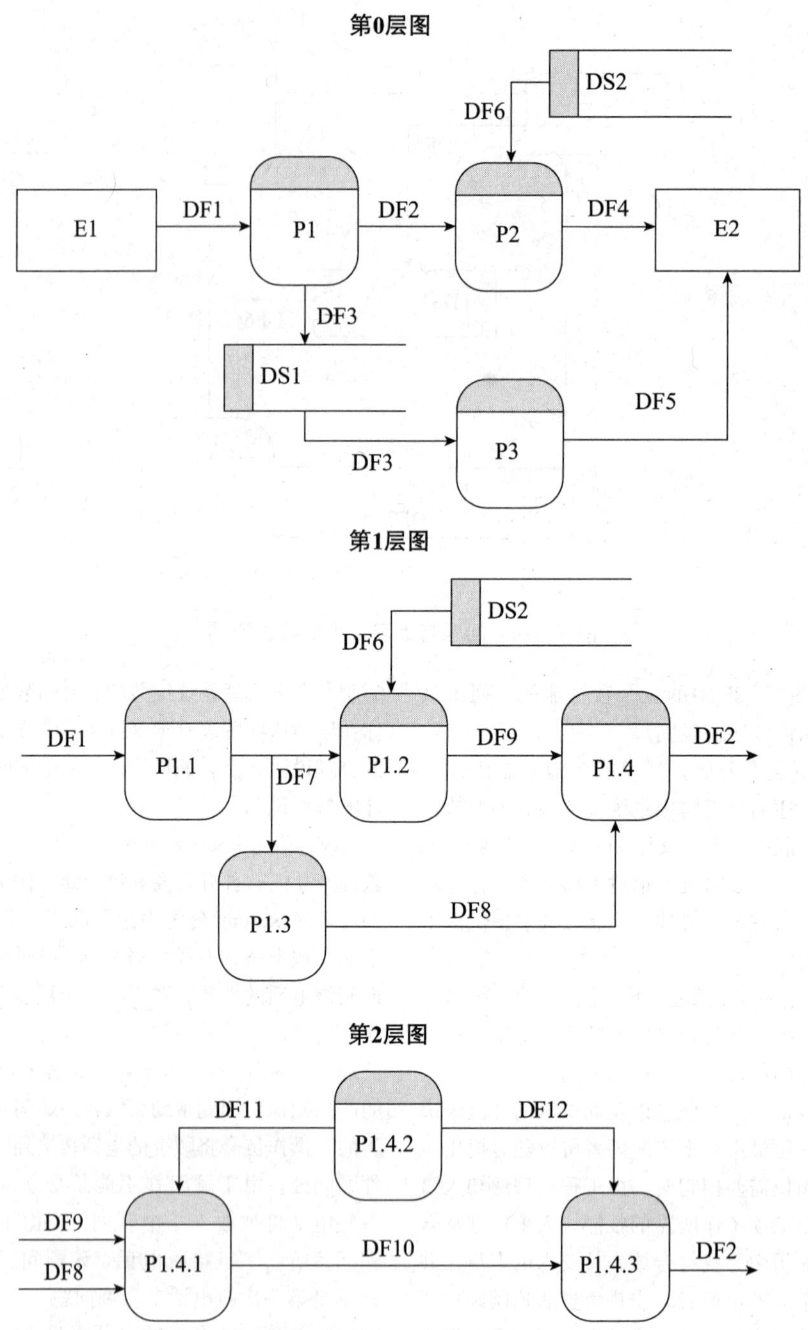

图 7—25　问题与练习 8 中的数据流图

然后关闭报告。如果没有找到解决方案，顾问就找出负责该问题的顾问，并将电话转接到该顾问处（或将顾客的电话放入该顾问处理的等待队列中）。一旦适当的顾问接听了该电话，该顾问就需要记录任何顾客提出问题的新的细节。为了继续解决该问题或创建新的电话报告，顾问将试图利用相关的软件找到解决该问题的方案，或在参考手册中寻找相关信息。如果顾问现在可以解决该问题，就将解决方案告诉顾客并关闭报告。否则，顾问就在报告中说明该问题需要继续研究，并告诉顾客公司会尽快回复。如果顾客发现了该问题的新信息，应立即与 Maximum 公司联系，通过电话报告的编号来确定该问题。

分析你在第一部分所创建的数据流图。在分析的基础上，你对 Maximum 公司的帮助台系统的改善有什么建议？绘制你为改善该帮助台系统所提出需求的新的逻辑数据流图。请记住，这些都是逻辑数据流图，因此在考虑改善方案时不需要考虑用于支持该系统的技术。

11. 绘制如下所述的医院药房系统的上下文图和第 0 层图。如果你在绘制这些图表时觉得描述不够详细，补充相关的合理说明来完善该描述。绘制图表时提供以下额外的解释说明。

Mercy 医院的药房有医院中所有病人的处方药，并将这些药分发给负责照顾病人的护士站。由医生开处方然后将其传送到药房。药房的技术人员检查每个处方，并将它们送到合适的药剂站。配制（现场）的药送往实验室，成品药送往存药处，麻醉剂送往安全处。在每个站点，药剂师都要检查药单，核查病人的档案以确定是否适合该处方。如果该药的剂量是在安全范围内，并且不会对病人产生副作用且不是病人档案中的过敏药品，就填写该药单。如果药剂师没有填写药单，就要联系开处方的医生讨论这一情况。在这种情况下，该药单可能最终仍会被填写，或者医生根据讨论的结果开出另一张处方。一旦填写药单，处方的标签上就要列出病人姓名、药物种类和剂量、到期日期和其他特殊指示。该标签被贴在药瓶上，药单被送往合适的护士站。最后，病人的就诊编号、药物的种类、配制的数量和处方的费用都会被送往交费处。

12. 绘制如下所述的合同管理系统的上下文图和第 0 层图。如果你在绘制这些图表时觉得描述不够详细，补充相关的合理说明来完善该描述。绘制图表时提供以下额外的解释说明。

Government Solutions Company（GSC）是向联邦政府机构销售计算机设备的公司。每当联邦机构需要从 GSC 购买设备时，都会列出一个基于之前与该公司谈判合同的订单。GSC 与不同的联邦机构有不同的合同。当 GSC 的合同管理人员接受订单时，该订单的合同编号就被录入合同数据库。当需要利用数据库的信息时，合同管理员会审查合同的条款和条件，并确定该订单是否有效。如果合同没有到期、设备的种类在原始合同中列明，并且设备的总费用不超过预算，该订单就是有效的。如果订单是无效的，合同管理员会将无效的订单返还给申请购买的机构，同时寄去一封信说明为何该订单不能执行，并将该信的副本归档。如果订单是有效的，合同管理员就将该订单编号输入合同数据库，并将该订单标记为未支付，然后将该订单送往订单执行部门。在该部门，需要检查每个订购产品的库存。如果有产品没有现货，订单执行部门就创建一个列有缺货产品的报告，并将其附到订单上。所有的订单都会被发往仓库，在仓库中将有库存的产品从货架上取出，并装运发送给顾客。然后，仓库将一份列有装运产品的装运单附到订单上，并将其送往合同管理员处。如果所有的产品都被装运，合同管理员就关闭数据库中的该订单。最后，订单、装运单和异常报告（如果有的话）都将在合同管理处归档。

13. 绘制上下文图和尽可能多的你认为表示如下所述的培训后勤系统细节的必要的数据流图。如果你在绘制这些图表时觉得描述不够详细，补充相关的合理说明来完善该描述。绘制图表时提供以下额外的解释说明。

Training 是在美国主要城市开展培训研讨会的公司。对每个研讨会，后勤部门都必须为会议设施、培训顾问的旅程和研讨会材料的装运进行安排。对每个安排好的研讨会，订票部门会通知后勤协调员该研讨会的类型、日期和城市，以及进行这次培训的顾问姓名。为了安排会议设施，后勤协调员先要收集可能安排会议的地点信息。会议地点将根据日期、费用、会议地点类型和地点的便利性来决定。一旦确定了会议地点，协调员将与会议设施的销售经理探讨会议室的提供、座位安排以及必要视听设备的提供等事宜。协调员将对会议室的数量和大小、座位安排类型、后勤数据库中存储的每种研讨会所需要以及能够提供的视听设备信息，以及预期参会人员数量进行估计。经过后勤协调员与会议设施的销售经理的谈判，销售经理将创建一个依据谈判结果而制定的合同，并给后勤协调员两份该合同的副本。协调员审查该合同，如果没有异议的话就批准该合同。将其中一个副本归档，另一个副本发还给销售经理。如果需要更改合同，就在合同副本上进行更改并将其发还给销售经理进行审批。直到双方都同意该合同，审批流程才停止。协调员还必须联系培训顾问来安排旅程。首先，协调员在后勤数据库中检查该顾问的旅程信息，并查询航班时刻表。然后，联系该顾问讨论可行的旅程安排；随后，协调员通过旅行社为该顾问订机票。一旦安排好了该顾问的旅程，就发给该顾问一份书面的确认书和行程。在研讨会的前两周，协调员确定是否有任何所需的会议材料（如透明胶片、培训指南、手册等）要被送往会议地点。每个类型的研讨会都有一组所需的特定材料。对一些材料来说，协调员必须知道有多少登记的与会者以便确定发送多少份会议材料。一份材料申请将被发往材料处理部门。在该部门，会议材料将被收集、装箱并发往申请的会议地址。一旦申请的材料被装运，就将给后勤协调员发一份通知。

14. 研究本章中 Hoosier Burger 订餐系统的一系列数据流图。以决策表的形式表示其中一个或多个流程的逻辑。

15. 为了收集逻辑建模中所需的信息，应在需求确定阶段询问什么类型的问题？举例说明。

16. 一家公司的购买个人电脑准则规定：如果花费超过 15 000 美元，就必须对外招标，并且由采购部门批准其投标申请书（RFP）。如果花费没有超过 15 000 美元，就可以从任何经批准的供应商处购买个人电脑；但是，订单同样需要由采购部门批准。如果对外招标，必须至少收到三份标书。如果没有满足这一条件，就需要再次发放投标申请书。如果还是没有足够的标书，也可以与投标的一两个供应商继续该流程。投标中胜出的公司必须在批准的供应商名单中，另外，不能有任何违反平权行动或环境事项的行动出现。此时，如果标书完成，采购部门就发出一份采购订单。绘制能够表示这个流程逻辑的决策表。注意这个问题的内容与你的答案形式之间的关联性。

17. 一个规模较小的从事电子键盘和开关销售的公司的销售商品准则规定，销售代表被指派到唯一的国家。销售工作来自电话、推介或是下了新订单的现有顾客。他们日常业务的很大一部分来自该行业较大的竞争者推介过来的多余或是“困难”的项目。该公司追踪这些推介的项目，并向为它们介绍项目的竞争者返还一定的利润。根据其所负责地区的业务，销售代表获得实际购买金额（而不是订单金额）10%的佣金。他们同样可以与其他地区的销售代表协作并分享佣金，“本地”销售代表获得 8%的佣金，“外地”销售代表获得 2%的佣金。对于任何超出销售代表之前保证的销售业绩和经批准的个人年终销售目标的部分，他将获得额外 5%的佣金、由管理层决定的额外年终奖和全家享受的特别假期。每年购买金额超过 100 000 美元的顾客也将享受 10%的折扣，这也是销售代表佣金的考虑因素。此外，该公司也关注产品和服务的顾客满意度，所以有顾客可以评价销售代表的年度调查。这些评价是确定奖金的依据，例如高评价将导致奖金增加，中等评价不做任何处理，低评价将导致奖金减少。公司还希望确保销售代表完成所有的销售工作。订单金额和实际购买金额的差距同样会影响销售代表的奖金。尽最大可能利用决策表来表示该流程的逻辑。写下任何必须做出的假设。

18. 以下是一个说明许多大学雇用终身教职人员流程的案例。利用决策表表示该业务的流程。写下任何必须做出的假设。

教师可以在他工作的第六年通过提交工作总结文件来申请终身教职。在极少数情况下，教师可以提前提交申请，但这必须获得学院院长和主任的批准。以前在其他大学工作的新教授，很少（即使有的话）可以直接获得终身教职以开始新工作。他们通常需要接受为期一年的实习期以接受评估，然后才可以获得终身教职。然而，高层管理人员来到一所新大学工作，在他们行政职务结束后，常常可以通过退休权谈判来获得终身教职。这些退休安排必须由教职工批准。终身教职审查流程以教师所在系内部的委员会对该候选人文件的评价开始。然后，委员会记录下所在系的建议，并将该建议送到院长处，由院长提出建议，并将该文件和建议送到院级职员委员会。该委员会与学院委员会的工作相同，然后将他们的建议、该系的建议和文件送到校级职员委员会。该委员会与前两个委员会的工作相同。然后将所有材料送到教务主任（有时是学术副校长）处。然后教务主任写下自己的建议，再将所有材料送到校长处，由校长做最终的决定。整个流程，从候选者提交资料到校长做出决定，可能要花一学年的时间。评价的重点是学术研究，可以是补助金、业绩或出版物。虽然实际研究被放在第一位，但学术期刊以及在该学科领域做出的贡献也要有所考虑。候选人同样要在教学和辅导方面（即大学、社团或学科方面）表现良好，但学术研究是考察的重点。

19. 一个组织正在为所有员工个人电脑升级硬

件和软件。硬件升级是分发给员工三个包。第一个硬件包包含了一台带有中等分辨率的彩色显示器和中等存储能力的标准个人电脑。第二个包包含了一台带有高分辨率的彩色显示器和大容量内存的高端个人电脑。第三个包是一个高端笔记本电脑。每台电脑都有网卡以便接入网络打印文件和发送邮件。笔记本电脑都有一个调制解调器以实现相同的目的。所有的新员工和现有员工都需要对他们的计算需求做出估计（如，他们所处理任务的类型、需要使用多少电脑以及怎样使用电脑）。任务较轻的用户得到第一个硬件包，任务较重的用户得到第二个硬件包，任务中等的用户依据其需求得到第一或第二个硬件包。任何被认为是主要移动群体的员工（如销量最多的员工）将得到第三个硬件包。每个员工也将考虑一些额外的硬件。例如，需要扫描仪和打印机的员工将得到扫描仪和打印机。同时需要决定分配给该员工彩色还是黑白扫描仪，快速、慢速、彩色还是黑白打印机。此外，每个员工还将得到一个软件套装，其中包括文字处理器、电子表格和演示文稿。所有的员工都要对额外的软件需求进行估计。根据不同的需求，有的人将得到桌面出版包，有的人将得到数据库管理系统（有的是数据库管理系统的开发工具），有的人将得到编程语言。每 18 个月，那些使用高端系统的员工将收到新硬件，而他们的旧系统将交给之前使用标准系统的员工使用。所有使用便携式电脑的员工将得到新的笔记本电脑。使用决策表表示该业务流程的逻辑。写下所有必须做出的任何假设。

20. 阅读下面的说明，并遵照每一种的指示。如果你发现该描述不够详细，补充相关的合理说明来完善该描述。绘制图表时提供以下额外的解释说明。

a. 萨曼莎必须决定这学期将选哪些课程。她有一份兼职工作，需要计算出本学期她每周将工作多少小时。如果她每周工作 10 小时（含以下），她将选三门课；如果每周工作超过 10 小时，她就只选两门课。如果要选两门课，她将选一门专业课和一门选修课。如果要选三门课，她将选两门专业课和一门选修课。利用决策表来表示此逻辑。

b. 杰里计划本学期选五门课，分别是：英语作文、物理、物理实验课、Java 和音乐欣赏。但是，他不知道这些课本学期是否开课以及时间上是否有冲突。物理和物理实验课在同一学期必须同时选。因此，如果他只能选其中一门课，那么这两门课他都不会上。如果出于某种原因，他没有选上其中一门课，那么他将选另一门课作为替代并使其符合自己的时间表。利用决策表来展示所有说明该逻辑的规则。

21. 玛丽正决定她要申请哪个研究生课程。她希望留在美国的东南部，但是如果有全美排名前十的项目，她也愿意前往美国的其他地区。玛丽对 MBA 和信息系统管理课程很感兴趣。在她考虑申请 MBA 课程之前，她要求该课程必须至少有一个知名的教授教课并且满足她对地区的需求。另外，除非获得了奖学金，否则她所申请的课程必须为她提供财务援助。利用决策表来展示该逻辑。

22. 在本地的一家银行，信贷员在批准或拒绝贷款申请前需要对这些申请进行评估。在评估期间，需要考虑相关的贷款请求和申请人的背景。如果贷款少于 2 000 美元，信贷员就检查申请人的信用报告。如果报告表明该申请人的信用极佳或良好，信贷员就批准该贷款。如果信用报告显示申请人的信用一般，信贷员就检查该申请人在银行是否有账户。如果有，就批准该申请；否则，拒绝该申请。如果信用报告显示申请人的信用极差，就拒绝该申请。金额在 2 000～20 000 美元间的贷款申请分为四类：汽车、抵押、教育和其他。对于汽车、抵押贷款和其他贷款请求，需要审查申请人的信用报告并进行就业核查以核实申请人的工资收入。如果信用报告显示为极差，则拒绝该申请。如果信用报告显示为一般、良好或极佳，并且核实了其工资收入，就批准该申请。如果无法核实工资收入，则联系该申请人以获得额外的信息。在这种情况下，贷款申请连同额外信息都将被送往银行经理处进行审查，并由其做出最终贷款决定。对于教育贷款来说，联系申请人将加入的教育机构以明确估计成本。然后，将该成本金额与申请人申请的金额比较。如果申请金额超出成本金额，就拒绝该申请。另外，对于金额在 2 000～34 999 美元间的教育贷款申请，如果申请人的信用一般、良好或极佳，则批准该申请。对于金额在 35 000～200 000 美元间的教育贷款申请，只有当申请人的信用评价为良好或极佳时才能批准。所有超过 200 000 美元的贷款申请都将送到银行经理处进行审查和批准。利用决策表来表示该逻辑。

参考文献

Celko, J. 1987. "I. Data Flow Diagrams." *Computer Language* 4 (January): 41–43.

DeMarco, T. 1979. *Structured Analysis and System Specification.* Upper Saddle River, NJ: Prentice Hall.

Gane, C., and T. Sarson. 1979. *Structured Systems Analysis.* Upper Saddle River, NJ: Prentice Hall.

Hammer, M., and J. Champy. 1993. *Reengineering the Corporation.* New York: Harper Business.

Vessey, I., and R. Weber. 1986. "Structured Tools and Conditional Logic." *Communications of the ACM* 29 (1): 48–57.

Wieringa, R. 1998. "A Survey of Structured and Object-Oriented Software Specification Methods and Techniques." *ACM Computing Surveys* 30 (4): 459–527.

Yourdon, E. 1989. *Managing the Structured Techniques,* 4th ed. Upper Saddle River, NJ: Prentice Hall.

Yourdon, E., and L. L. Constantine. 1979. *Structured Design.* Upper Saddle River, NJ: Prentice Hall.

附录 7A

面向对象分析与设计：用例

学习目标

- 解释用例和用例图的含义，以及如何运用它们进行系统功能建模
- 介绍编写用例描述的基本内容
- 讨论在电子商务应用中的用例流程建模

引言

这里我们将介绍用例和用例图。用例是对企业流程中功能进行建模的另一种方法，可以促进信息系统的开发并且让系统支持该业务流程。尽管用例建模在面向对象的系统分析与设计中十分常见，但是它也能和更多传统方法一起运用到业务流程建模中。学习了用例图和用例描述这些基本知识后，你将学习如何在电子商务应用的分析中使用用例来进行流程建模。

用例

正如第 7 章中所示，数据流图是展示系统功能以及系统完成其功能所需数据流的强大建模工具。当然，数据流图并不是展示功能的唯一方法。另一个方法就是用

例建模。用例建模帮助分析人员分析一个系统的功能需求，帮助开发者在并不考虑这些需求是否能完成的情况下理解系统的功能需求。分析人员和用户在建模开发过程中一起协作来完善用例模型，这个过程本来就是不断反复的。尽管用例建模经常与面向对象的系统分析与设计相关，但这个概念也能灵活运用到许多传统方法中。在本附录中，你将学习用例、用例图及其组成要素，以及用例描述。

什么是用例?

一个**用例**（use case）展示了系统的行为或者功能（见图 7—26）。它包含在特定环境下系统和用户交互的一系列可能的结果，这些可能的结果都是与某个特定目标相关的。一个用例描述了在不同条件下，系统对主要参与者请求的响应行为。一个主要参与者发起一个有目的的系统请求，系统对其进行响应。一个用例可以被描述为一个现在时的动词短语，包含动词（希望系统做什么）和动词的对象（系统的行为对象是什么）。例如，用例名称可以是输入销售数据、计算佣金、生成季度报告。就像数据流图一样，用例并不能反映所有的系统需求，它们也必须通过对系统需求有详细说明的文件进行扩展，比如业务规则、数据字段和格式以及复杂的规则。

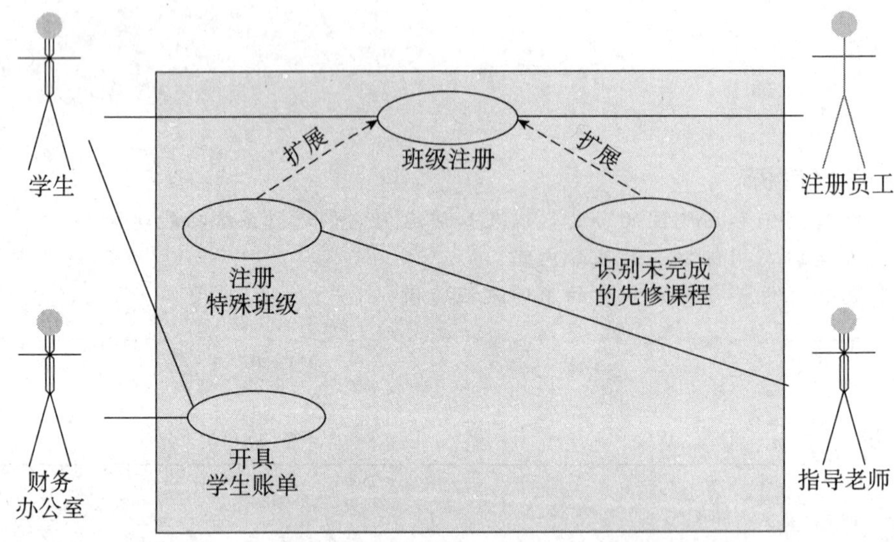

图 7—26 大学注册系统用例图

用例模型包含参与者和用例。**参与者**（actor）是与系统进行交互的外部实体。它是与系统交换信息的某个人或某种事物。在大多数情况下，用例代表了参与者为完成某个特定的目标而发起的一系列有关的行动，这是使用系统的一种特殊方法（Jacobson et al.，1992）。这里需要特别指出的是，参与者和用户之间存在区别。用户指的是任何一个使用系统的人，而参与者的名称应该象征着一种角色。参与者是用户中的一种或一类；用户是扮演参与者角色的一类人的具体实例。需要注意的是，相同的用户可以扮演多重角色。例如，如果威廉·阿尔瓦雷扮演了两个角色，一个是指导老师，一个是顾问，我们就把他作为“指导老师”参与者的实例，并且他也是“顾问”参与者的实例。由于参与者处于系统之外，你不必对他们进行具体描述。识别参与者的好处就是它能帮助你识别这些参与者发起的用例。

为了识别用例，Jacobson 等人（1992）建议你提出以下问题：

- 每个参与者完成的主要任务是什么？
- 这个参与者有没有查看或者更新系统中的任何信息？
- 这个参与者是不是必须将系统之外的变化通知系统？
- 这个参与者是不是必须了解一些意想不到的变化？

□ 用例图

用例帮助你捕获系统的功能需求。就像在第 6 章中所看到的一样，在需求分析阶段，分析人员坐下来和系统未来的使用者讨论，了解他们对系统的需求并进行分析。对这些需求进行结构化时，用例就代表了这些已经识别出的系统功能。例如，一个大学注册系统有班级注册和缴纳学费两个用例。这样，这些用例就代表了用户与系统间的特有交互。

如图 7—26 所示，**用例图**（use case diagram）是用图表描绘的。它是显示系统行为的一张图，包含了与系统交互的主要参与者。图 7—26 是大学注册系统用例图，用方框表示。方框之外是四个与系统交互的参与者——“学生”、“注册员工”、“指导老师”和“财务办公室”。参与者用棍型小人表示，名称写在下面。方框内部是四个用例——“班级注册”、“注册特殊班级”、“识别未完成的先修课程”以及“开具学生账单”，这些用例都是用椭圆表示并且将名称写在底部。这些用例都是由系统之外的参与者执行的。

通常，用例是由参与者发起的。例如，开具学生账单是由财务办公室发起的。一个用例能够与其他参与者进行交互，而不仅仅是发起它的那一个。开具学生账单这个用例尽管是由财务办公室发起的，但是它通过给学生邮寄学费发票而与学生进行交互。另一个班级注册用例是由两个参与者发起的——学生和注册员工。这个用例完成了学生班级注册的一系列相关行为。尽管用例通常是由参与者发起的，但在某些情况下，一个用例是由另一个用例发起的。这样的用例称为抽象用例。我们将在接下来的内容里详细介绍。

用例代表完成的功能。你不应该将作为总体功能的一部分的个人行为看作用例。例如，尽管在大学注册系统中，用户（学生）填写注册表格和缴纳学费是两个动作，但我们不把它们视为用例。因为它们并没有详细说明事件的完整过程，这些动作只是总体功能或者用例的一部分。你应该将填写注册表格看作班级注册中的一个动作，而缴纳学费则是开具学生账单用例中的一个动作。

□ 定义和符号

因为只涉及很少的符号，所以用例图是相对简单的。然而，就像数据流图和其他一些相对简单的图表工具一样，这些很少的符号能够表示很多复杂的情况。掌握用例图需要多多练习。用例图中用到的主要符号在图 7—26 中有所表示，以下是具体解释：

- 参与者。在前面解释过，参与者是一种角色而不是一名个体。个体是参与者的实例。一个特定的个体可能同时扮演许多角色。参与者在同一层次上与系统功能产生联系。参与者用棍型小人表示。
- 用例。每个用例都用椭圆表示。每个用例代表了单个系统功能。用例名称可以列在椭圆的里面或者下面。

● 系统边界。系统边界用方框表示，方框内包含所有相关用例。要注意的是，参与者在系统范围之外。

● 连接。在图7—26中，注意参与者和用例之间用直线连接，用例之间用箭头连接。参与者和用例之间的实线表示参与者与某个系统功能有关。实线并不意味着参与者向这个用例发送或者接收数据。注意，用例图中的所有参与者并没有连接到系统中的所有用例。连接用例的带箭头的虚线上有标记（在图7—26的带箭头的虚线上有“扩展”这一标记）。这些用例关系和标记将在接下来进行解释。注意，一个用例并不是必须与其他用例连接。用例之间的箭头并不表示数据或过程流。

● 扩展关系。**扩展关系**（extend relationship）通过添加新的行为或动作来扩展用例。它用带箭头的虚线表示，指向被扩展的用例，并且虚线上有“扩展”的标记。带箭头的虚线并不表示用例间的任何数据或过程流。例如，在图7—26中，“注册特殊班级”扩展了“班级注册”，它包含了学生为注册特殊班级所增加的行动。注册特殊班级在一个普通注册过程的基础上要求指导老师的同意。你可能认为不管是否扩展，班级注册都是一个基本的过程，并且总是得到执行，而注册特殊班级是一个可选的过程，只在特殊情况下执行。

注意，“指导老师”这个参与者在“注册特殊班级”中是必需的。在“班级注册”里，只涉及“学生”和“注册员工”，并不需要“指导老师”。由于“注册特殊班级”需要“指导老师”的一些额外的行动，所以“指导老师”在正常的“班级注册”中并不需要，但却包含在“注册特殊班级”中。创造一个特殊班级的实例需要“指导老师”的同意，也可能需要满足一些其他的特殊要求。但是在普通注册过程中不需要这些特殊安排，所以在正常情况下不需要“指导老师”。

“识别未完成的先修课程”和“班级注册”是扩展关系的另一个例子。在一位学生并未完成班级注册所要求的课程的情况下，前者扩展后者。

● 包含关系。用例之间的另一个关系是**包含关系**（include relationship），它在一个用例使用另一个用例的情况下产生。在图中，包含关系用指向被使用用例的带箭头的虚线表示。这条直线上有“>”的标记。用例之间的带箭头的虚线并不意味着数据或过程流。包含关系指的是箭头起源处的用例在执行过程中使用了箭头指向处的用例。被“包含”的用例通常对许多业务功能来说都是一个通用的功能。与其在每个需要用到它的用例中都重新生成那个功能，不如把它的元素提取出来成为一个单独的用例，可以由其他用例使用。图7—27中是包含关系的一个例子。

图7—27中显示了一个通用的用例图，描述任何企业（例如一个零售商或餐厅）需要定期重新订购供给品。因为这是一个通用的用例图，所以它的用例都是高层级的。在图中识别了三个不同的用例：“重新订购供给品”、“生成管理报告”以及“追踪销售和库存数据”。“供应商”和“经理”这两个参与者已经被识别出来。“重新订购供给品”涉及“经理”和“供应商”。一名经理发起用例，然后向供应商发出需要不同商品的请求。“生成管理报告”只涉及“经理”这个参与者。在图7—27中，“重新订购供给品”以及“追踪销售和库存数据”之间的包含关系意味着前者在执行时用到了后者。简单来说，当经理重新订购供给品时，销售和库存数据被追踪。当生成管理报告时这些数据同样被追踪，所以在“生成管理报告”和“追踪销售和库存数据”两个用例之间也存在包含关系。

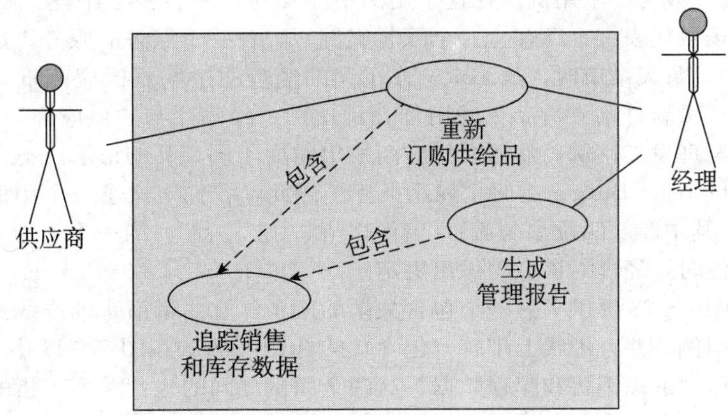

图 7—27 具有包含关系的用例图

“追踪销售和库存数据”是一个通用用例，代表着“重新订购供给品”和“生成管理报告”这两个特殊用例中的一般行为。当执行“重新订购供给品”或“生成管理报告”时，则要使用整个“追踪销售和库存数据”用例。但请注意，这是特殊用例执行时的情况。这种自身不能执行的用例称为抽象用例（Eriksson and Penker，1998；Jacobson et al.，1992）。一个抽象用例与参与者不直接进行交互。

图 7—28 显示了 Hoosier Burger 的用例图。几个参与者和用例被识别出来。首先想到的参与者就是“顾客”，这代表在 Hoosier Burger 点餐的所有顾客；因此

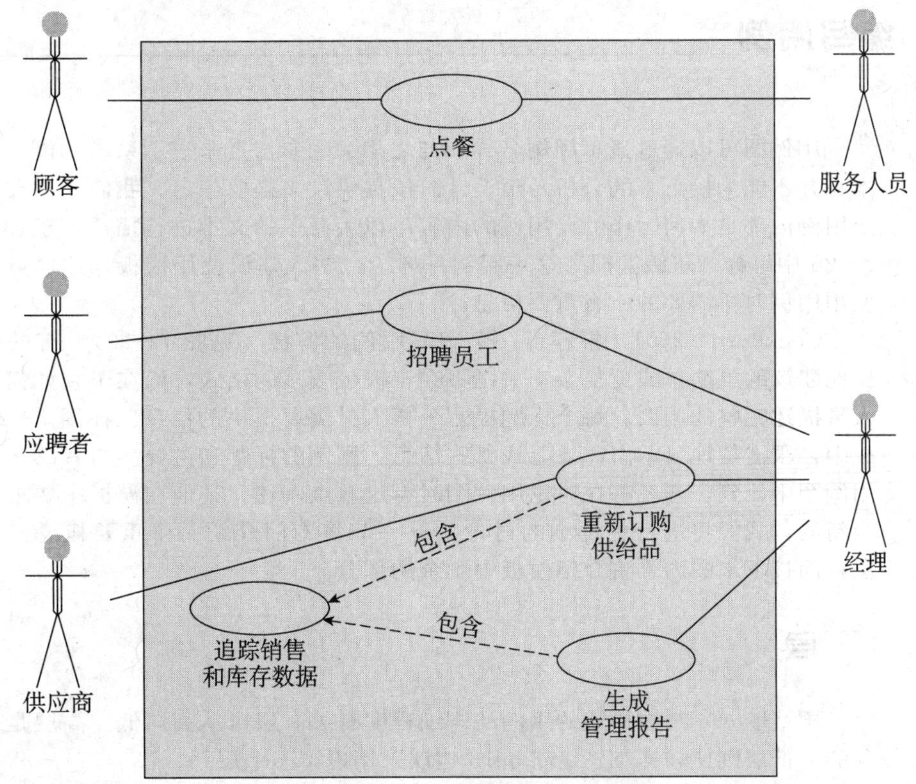

图 7—28 Hoosier Burger 的用例图

“点餐”成为一个用例。在这个用例中涉及的另一个参与者是“服务人员”。一个特定的场景代表一个顾客（一个顾客实例）配备一个点餐的服务人员（一个服务人员实例）。每天结束时，Hoosier Burger 的经理通过联系供应商重新订购供给品。我们用“重新订购供给品”的用例表示这种“经理”与“供应商”相互联系的情况。一名经理发起用例，然后向供应商发出需要不同商品的请求。

Hoosier Burger 有时也雇用员工。因此，我们定义了一个用例，叫做“招聘员工”，其中涉及两位参与者：“经理”和“应聘者”。当一个人应征 Hoosier Burger 的职位时，经理对该应聘做出决定。

图 7—28 提供了另一个包含关系的例子，它用带箭头的虚线表示，指向正被使用的用例，并且虚线上带有“包含”的标记。例如在图 7—28 中，“重新订购供给品”和“追踪销售和库存数据”这两个用例之间的包含关系，指的是前者在执行时用到了后者。当一名经理重新订购供给品时，要对销售和库存数据进行追踪。在生成管理报告时也需追踪同样的数据，所以在“生成管理报告”和“追踪销售和库存数据”这两个用例之间存在另一个包含关系。

“追踪销售和库存数据”是一个通用用例，代表着“重新订购供给品”和“生成管理报告”这两个用例中的一般行为。当执行“重新订购供给品”或“生成管理报告”时，则要使用整个“追踪销售和库存数据”用例。但请注意，这是特殊用例执行时的情况。你会回想起，这种自身不能执行的用例称为抽象用例（Eriksson and Penker，1998；Jacobson et al.，1992）。

编写用例

用例图可以通过显示用例名称和与之相关的参与者来表示系统功能。用例名称本身并不能为接下来的分析乃至设计阶段提供许多必要信息。我们还需要知道每一个用例内部是如何运作的。用例的内容可以用简单的文本进行描述，正如之前在图 7—26 中解释“班级注册”这一用例一样。一些人建议使用模板，这样可以考虑到使用用例时所需要的所有重要信息。

Cockburn（2001）推荐了一个编写用例的模板（见图 7—29）。有的模板或许比他建议的更简单或更复杂，关键不在于模板较多的格式，而在于它如何鼓励分析人员描述完整的用例。每个标题提醒分析人员需要提供的信息。在图 7—29 中的模板中，很清楚地显示出需要寻找哪些信息。用例的标题和主要参与者的名称都能在用例图中找到，两者都在讨论用例图时有过重点阐述。其他在模板中要求的信息是全新的，我们将进行更详细的讨论。下一节将专门介绍一个重要概念——用例的层，而接下来的内容将介绍模板中剩余的部分。

层

层（level）与被描述的用例的详细程度有关。层可从高向低，高层是一般和抽象的，低层则比较详细。Cockburn 建议采用以下五个层：

- 白：从云中观望，仿佛是在距离地面 35 000 英尺的飞机上。
- 风筝：同样是在空中，但比云中观看更详细。

用例名称：
主要参与者：
层：
利益相关者：
前提条件：
最低保证：
成功保证：
触发器：
主要成功场景：
扩展：

图 7—29　用例描述模板

资料来源：Writing Effective Use Cases by A. Cockburn，© 2001. Adapted by permission of Pearson Education，Inc.，Upper Saddle River，NJ 07458.

● 蓝：也称为大海层。

● 鱼：处于海平面以下，了解更多的细节。越往深处，就越详细，就像气压一样。

● 黑：处在大海的最底部，提供了最大量的细节。

白层和风筝层都为用例目标作了总结。这些目标处于高层。白层的目标是企业范围的，而风筝层的目标则是单一业务部门的。白层和风筝层有时称为综述用例。综述用例不包括功能要求。蓝层或大海层的用例关注于用户目标：用户在与系统进行交互时想要达到的目的是什么？处于鱼层和黑层（有时称为蚌层）的用例更为详细并关注于子功能目标。分析各层之间的相互关系，就如同乘着一架 757 大型飞机在加勒比海上空飞行时看到的风景。在此高度，你看不到海的底部，甚至无法看到水平面上更多的细节，这就是白层。再想想从 100 英尺的高度看同一片加勒比海水域，这就是风筝层。相比于坐在 757 喷气式飞机上，从风筝层你将能够看到更多的表面细节，但即使水再清澈你也无法看到海底的很多细节。现在，想象从一艘划艇上看同一个地方，这就是用户目标或者是海平面的风景。你可以更清晰地看到海的底部，但它仍然不是完全清晰的。现在，进行潜水并向下游 50 英尺。你更接近了底部——鱼层，现在你可以看到海底的许多细节。但你无法看到最小的细节，直到你游到底部——黑层或蚌层。

从业务功能角度让我们想象一下福特汽车公司在这五个层的用例。白层用例为一个企业范围内的目标服务（“买配件组装车”），而风筝层用例为一个业务单位服务（“买配件来组装护卫车”）。如果系统用户是护卫车的采购经理，用户在大海层的目标可能是“从供应商处订购护卫车的零部件”和“支付账单”。采购系统鱼层的目标可能包括“选择供应商”。相同系统的黑层或蚌层的目标可能是“建立一个安全的连接”。图 7—30 显示了各层之间的关系。

□ 模板的剩余部分

用例模板中接下来的则是**利益相关者**（stakeholder）的名单：这些人享有系统开发的关键利益，包括经理、公司其他管理人员、顾客、利益相关者、供应商等在

	买配件组装车
	买配件来组装护卫车
	从供应商处订购护卫车的零部件
	选择供应商
	加密数据以便安全传输

图 7—30 用例层及其细节

资料来源：George，Hoffer，Valacich，Batra，2006. *Object-Oriented Systems Analysis and Design*，2nd ed. Upper Saddle River，NJ：Prentice Hall.

内的系统用户。这些利益相关者必须识别出来，因为他们与系统运行和设计息息相关。显而易见，一些利益相关者拥有更多的股份，因此应该最先倾听他们的意见或建议。

Cockburn 模板（图 7—29）的下一条是**前提条件**（preconditions），即哪些事情在用例启动之前必须确保为真。例如图 7—26，针对“班级注册”用例而言，若学生对学校欠有债务，则不允许其注册。没有债务将被列为“班级注册”用例模板的前提条件。

接下来是**最低保证**（minimal guarantee）。Cockburn 界定，最低保证是用例对利益相关者的最小承诺。确定最低保证是什么的一种方法是提问：“什么会让利益相关者不高兴?”对于一些用例，最低保证就是简单的什么都不发生。利益相关者会因为系统没有按设想的那么做而不高兴，但是也不会有任何不利的影响；没有错误数据输入到系统中，没有数据丢失，系统也不会崩溃。对于许多用例，最低保证就是使事情回到原点；没有收获也没有损失。

一个**成功保证**（success guarantee）列出了如果用例完全成功，满足利益相关者应该付出什么代价。例如图 7—26，针对“开具学生账单”用例，成功保证涉及成功地从学生那里收集账单并开具能正确反映这些收费的发票。这并不意味着学生对结果感到高兴，他可能会认为收费过高或过低（虽然后者很少出现）。但重要的是用例功能正确并能达到目标。

然后是模板上的**触发器**（trigger），它是用来发起用例的。触发器可以是一个电话、一封信件，甚至是由另一个用例发出的信号。以“开具学生账单”为例，触发可以是一则消息，表明注册过程已经完成。

Cockburn 用例模板的最后一环是**扩展**（extension）。也许思考扩展最好的方式是考虑“如果语句”后的“否则语句”。扩展只在其关联条件下才发生。在用例描述中，调用扩展的条件通常是系统发生了一些故障。例如，如果需要通过互联网接入，而网络发生故障使网络连接断开，会发生什么？如果在登录系统时用户提供了错误的账号名称，会发生什么？如果用户提供了错误的密码，又会发生什么？在这些情况下，所有动作都会在扩展模板中列出。

图 7—31 显示了预订系统的用例图。图 7—32 显示了基于预订系统用例图的完整用例描述。这个用例被描述为是风筝层或者综述层的，这意味着它仅显示用户的目标，而不是功能要求。你会发现，五个用户目标被描述，其中四个是由顾客完成

的，这反映了图 7—31 的内容。而图 7—31 对任何处理预订的系统都是通用的，图 7—32 描述的用例只适用于酒店预订。对于网上酒店预订，已经做出了一些简单的假设，如酒店要求顾客缴纳一晚的押金以保留预订。你还会发现在用例描述结尾有扩展的表。上面的每个用户目标至少有一个扩展，而首要功能——在所需时间内在特定的酒店寻找一个房间，就有两个扩展。这里并没有设定为实现用户的目标而产生的扩展的数目。事实上，根本不要求用户的目标必须有一个扩展。

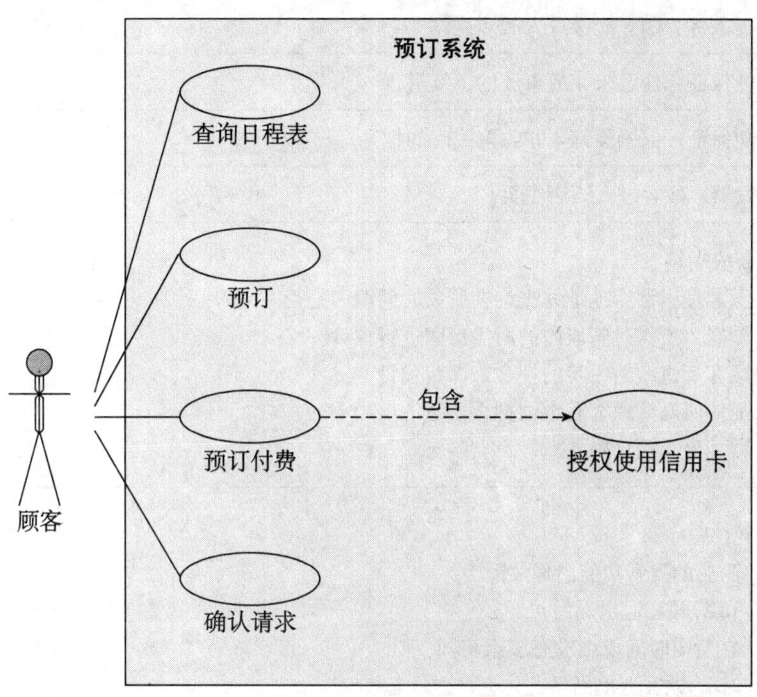

图 7—31　预订系统的用例图

资料来源：George，Hoffer，Valacich，Batra，2006. *Object-Oriented Systems Analysis and Design*，2nd ed. Upper Saddle River，NJ：Prentice Hall.

电子商务应用：使用用例进行流程建模

吉姆决定使用用例图对 PVF 的 WebStore 应用进行功能建模。他的用例图中识别了六个高层功能。吉姆在一栏中列出了 WebStore 网站的主要特性，并在另一栏中列出了相应的系统功能（见表 7—5）。请注意在系统架构中，这些功能是如何对网站特征做出响应的。这些功能代表 WebStore 网站的部分“工作”或“行动”。吉姆提出他的表格中所有的功能都涉及顾客，于是他意识到在他的用例图中顾客将是一个主要参与者。

通过观察表格，吉姆意识到 JAD 中识别的关键功能之一——“填写订单”，没有在这个表格中得到体现。他不得不将其纳入用例图之中。但他很清楚，这是一个后台管理功能并需要在用例图中增加另一个参与者，这个参与者就是“运输职员”。吉姆将“运输职员”添加在用例图的右侧。完成的用例图如图 7—33 所示。

用例名称：酒店预订
主要参与者：顾客
层：风筝（综述）
利益相关者：顾客、征信所
前提条件：顾客能够进入酒店网站
最低保证：任意未完成事务的继续进行
成功保证：保留预订，并收取一晚的押金
触发器：顾客进入酒店主页
主要成功场景： 1. 顾客搜索酒店地址并查询在所需时间段内是否有空房间。 2. 顾客为所需时间段内的所需房间进行预订。 3. 顾客通过缴纳一晚的押金来保留预订。 4. 征信所确认顾客有缴纳押金所需的信用卡。 5. 顾客要求预订确认。
扩展： 1a. 酒店的搜索功能出现故障。 1a1. 顾客退出网站。 1b. 在所需时间段内没有多余房间。 1b1. 顾客退出网站。 1b2. 顾客根据所需时间段搜索不同酒店的客房情况。 1b3. 顾客在同一个酒店内搜索不同时间段的客房情况。 2a. 预订过程被打断。 2a1. 事务回到之前的状态。顾客重新开始。 2a2. 事务回到之前的状态。顾客退出网站。 3a. 保留预订的过程被打断。 3a1. 事务回到之前的状态。顾客重新开始。 3a2. 事务回到之前的状态。顾客退出网站。 4a. 征信所无法确认顾客有所需信用卡。 4a1. 顾客了解到情况。事务回到之前的状态。顾客退出网站。 4a2. 顾客了解到情况。事务回到之前的状态。顾客用不同的信用卡重新开始预订过程。 5a. 确认过程被打断。 5a1. 顾客寻找其他方式予以确认。 5a2. 顾客退出网站。

图 7—32　酒店预订用例的风筝层描述

资料来源：George，Hoffer，Valacich，Batra，2006. *Object-Oriented Systems Analysis and Design*，2nd ed. Upper Saddle River，NJ：Prentice Hall.

表 7—5　　WebStore 的系统架构与相应的功能

WebStore 系统	功能
□ 主页	浏览目录
• 产品线（目录）	
√ 办公桌	
√ 椅子	
√ 桌子	
√ 文件柜	
• 购物车	下订单
• 付款	下订单
• 个人账户资料	维护账户
• 订单状态/历史	检查订单
• 客户评价	
□ 公司简介	
□ 反馈	
□ 联系我们	

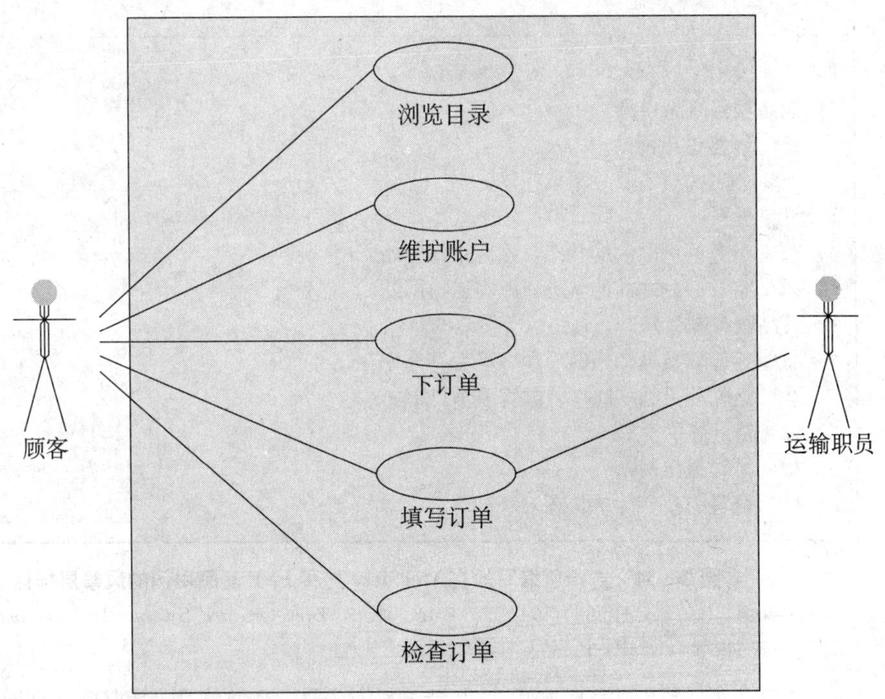

图 7—33　WebStore 的用例图

□ 为松谷家具公司的 WebStore 编写用例

吉姆对为 WebStore 创建的用例图（见图 7—33）比较满意。他已经识别出所需要的用例（他认为的），并准备好回头开始对用例进行描述。Pine Valley 信息系统部门的管理人员要求系统分析人员用标准的模板来编写用例。吉姆决定编写两种用例描述。正如用例图所示，第一种应该描述在 WebStore 购买一个 PVF 商品的整个过程。用例描述处在风筝层，它是综述用例，不包括功能需求，结果如图 7—34 所示。

用例名称：在 WebStore 购买 PVF 商品
主要参与者：顾客
层：风筝（综述）
利益相关者：顾客、运输职员
前提条件：顾客登录 WebStore 网站
最低保证：任意未完成事务的继续进行
成功保证：订单完成
触发器：顾客进入 WebStore 主页
主要成功场景： 1. 顾客浏览目录。 2. 顾客为所需商品下订单。 3. 运输职员完成订单。 4. 顾客查看订单状态。
扩展： 1a. 无法获得商品目录。 1a1. 顾客退出网站。 1a2. 顾客为查看目录采取行动。 2a. 订单过程被打断。 2a1. 事务回到之前的状态。顾客重新开始。 2a2. 事务回到之前的状态。顾客退出网站。 3a. 商品没有库存。 3a1. 运输职员通知顾客。顾客等待补充库存。 3a2. 运输职员通知顾客。顾客取消订单。 4a. 无法获得订单状态。 4a1. 顾客退出网站。 4a2. 顾客为获得订单状态采取行动。

图 7—34　吉姆所编写的在 WebStore 购买 PVF 商品用例的风筝层描述

资料来源：George，Hoffer，Valacich，Batra，2006. *Object-Oriented Systems Analysis and Design*，2nd ed. Upper Saddle River，NJ：Prentice Hall.

在风筝层的用例完成之后，吉姆继续为图中的个体用例创建一系列用例描述。吉姆在大海层或用户目标层对用例进行描述。他从用例图中的第一个用例——浏览目录——开始着手。图 7—35 展示了吉姆为第一个用例完成的模板。

吉姆惊奇于自己能够对此描述出这么多细节，即使是类似于顾客浏览网站目录这样简单的事情。然而他也知道自己遗漏了很多细节，那些细节能在其他层次被具体描述，例如鱼层及以下。尽管这样，吉姆对他在浏览目录这一用例上所取得的进展还是感到非常高兴。现在他把注意力转向他为 WebStore 识别出的其余四个用例（见图 7—33），并且为它们编写大海层的用例。完成这些工作后，他召集了几个在 PVF 工作的系统分析师，以便他们可以检查他的工作。

用例名称：浏览目录
主要参与者：顾客
层：大海（用户目标）
利益相关者：顾客
前提条件：顾客登录 WebStore 网站
最低保证：任意未完成事务的继续进行；系统日志记录到失败时
成功保证：成功加载顾客需要的文件
触发器：顾客进入 WebStore 主页
主要成功场景： 1. 顾客硬盘上创建了 cookie。 2. 顾客从列表中选择目录查看（例如，住宅、办公室、露台）。 3. 顾客从列表中选择子目录查看（例如，住宅被分成厨房、餐厅、卧室、客厅、小房间等）。 4. 顾客从子目录中选择特定的商品查看（例如，小房间里的电视柜）。 5. 顾客从商品列表中选择特定商品（例如，Smith & Wesson 电视柜）。 6. 顾客点击商品的缩略图，查看正常大小的图片。 7. 顾客选择“商品说明”以获得商品的详细信息。 8. 顾客使用浏览器的“后退”键返回查看其余的商品或其他种类的家具。 9. 顾客在菜单栏选择去其他网页，例如，“其余种类的家具”、“WebStore 主页”或者“PVF 主页”。
扩展： 1. a. 不能创建 cookie。 1. a. 1. 消息提示告知顾客因为他的浏览器不允许创建 cookie，所以无法进行浏览。 1. a. 2. 顾客或者调整浏览器的 cookie 设置然后重试，或者退出网站。 6. a. 没有成功加载正常大小的图片。 6. a. 1. 顾客得到一个链接中断的标志。 6. a. 2. 顾客点击刷新按钮，并成功加载图片。 6. a. 3. 顾客点击刷新按钮但没有成功加载图片；顾客退出网站。 2—7. a. 没有成功加载或者找到请求的网页。 2—7. a. 1 顾客在浏览器中得到“没有找到相应页面”的错误页面。 2—7. a. 2 顾客点击刷新按钮，并成功加载请求的页面。 2—7. a. 3 顾客点击刷新按钮但没有成功加载请求的页面；顾客退出网站。

图 7—35　吉姆为 PVF 公司浏览目录用例所完成的模板

资料来源：George，Hoffer，Valacich，Batra，2006. *Object-Oriented Systems Analysis and Design*，2nd ed. Upper Saddle River，NJ：Prentice Hall.

小结

以用例图和用例描述为特征的用例建模，是为业务流程建模的又一方法。用例把焦点放在系统功能和业务流程上，介绍（如果有的话）有关数据在系统中是如何流动的。用例建模在很多方面补充了 DFD 建模。用例方法为分析设计者在构建系统需求时提供了又一工具。

关键术语

参与者（actor）
扩展关系（extend relationship）
扩展（extension）
包含关系（include relationship）
层（level）
最低保证（minimal guarantee）
前提条件（preconditions）
利益相关者（stakeholder）
成功保证（success guarantee）
触发器（trigger）
用例（use case）
用例图（use case diagram）

复习题

1. 什么是用例?
2. 什么是用例建模?
3. 什么是用例图?
4. 什么是用例描述？它与用例图相比较如何?
5. 解释包含关系。
6. 解释扩展关系。
7. 比较数据流图与用例图。
8. 用例描述能够提供哪些用例图不能表现的内容?
9. 描述 Cockburn 为用例描述所建立的模型。
10. 列出并解释用例描述的五个层次。
11. 最低保证和成功保证之间有什么区别?
12. 什么是扩展?

问题与练习

1. 为第 7 章中问题与练习 9 所描述的情景绘制一张用例图。

2. 为第 7 章中问题与练习 10 所描述的情景绘制一张用例图。

3. 为第 7 章中问题与练习 11 所描述的情景绘制一张用例图。

4. 为第 7 章中问题与练习 12 所描述的情景绘制一张用例图。

5. 为第 7 章中问题与练习 13 所描述的情景绘制一张用例图。

6. 在图 7—23 第 0 层图的基础上绘制一张用例图。你为图 7—23 绘制的用例图与图 7—26 的用例图有什么区别？哪一个与班级注册有关？你是如何表现这些差异的?

7. 绘制在 ATM 机上取钱的用例图。

8. 编写在 ATM 机上取钱的用例描述。

9. 选择一个你可能遇到的事务，为这个事务绘制一张用例图，可能是为毕业订购一顶帽子和礼服。

10. 选择一个你可能遇到的事务，为这个事务编写用例描述。

11. 图 7—33 中包含五个用例。在本章，吉姆对其中一个用例浏览目录进行了描述。为图 7—33 中的其他用例编写用例描述。

12. 一家汽车租赁公司希望开发一个能够处理汽车预订、顾客账单和汽车拍卖的自动化系统。通常，一个顾客订购一辆汽车、开走这辆车并且在一段时间后归还。这个顾客会收到一份账单并且支付一定金额。每六个月，汽车租赁公司会把累计车程超过 20 000 公里的车拍卖。了解到这些系统要求之后，为这个系统绘制一张用例图。为任意两个用例之间的共有行为归纳出一个抽象用例。扩展这个用例图来获取公司账单，即公司顾客并不直接支付，而是由其工作的公司过一段时间后支付。

参考文献

Cockburn, A. 2001. *Writing Effective Use Cases*. Reading, MA: Addison-Wesley.

Eriksson, H., and M. Penker. 1998. *UML Toolkit*. New York: Wiley.

Jacobson, I., M. Christerson, P. Jonsson, and G. Overgaard. 1992. *Object-Oriented Software Engineering: A Use-Case-Driven Approach*. Reading, MA: Addison-Wesley.

附录 7B

面向对象分析与设计：活动图*

学习目标

- 理解如何用活动图表达系统逻辑

引言

活动图（activity diagram）表现了系统活动顺序的条件逻辑，这些活动是为了完成一个业务流程而执行的。一个单独的活动可能是人工的或者自动的。进一步来说，每项活动都是某个系统组织单元的责任。

图 7—36 显示了一个典型的按存货订购企业（例如目录销售企业或者互联网销售企业）的客户订购流程。与其他业务流程的交互，例如补充库存、预测销售，或者分析利润在此并未显示。

图 7—36 中的每一列称为“泳道”，代表这个组织单元负责某些活动。纵轴代表的是时间，但是没有时间刻度（例如，符号之间的距离并不暗含绝对时间量的流逝）。这个过程从一个实心圆开始。活动都用圆角矩形表示。分叉（例如，接收订单活动之后）代表几个平行、独立顺序的活动被发起，汇合（例如，寄出发票活动）表示这些独立的输入流在进入下一个步骤之前必须全部完成。

---

* 本附录的最初版本由 Atish P. Sinha 教授编写。

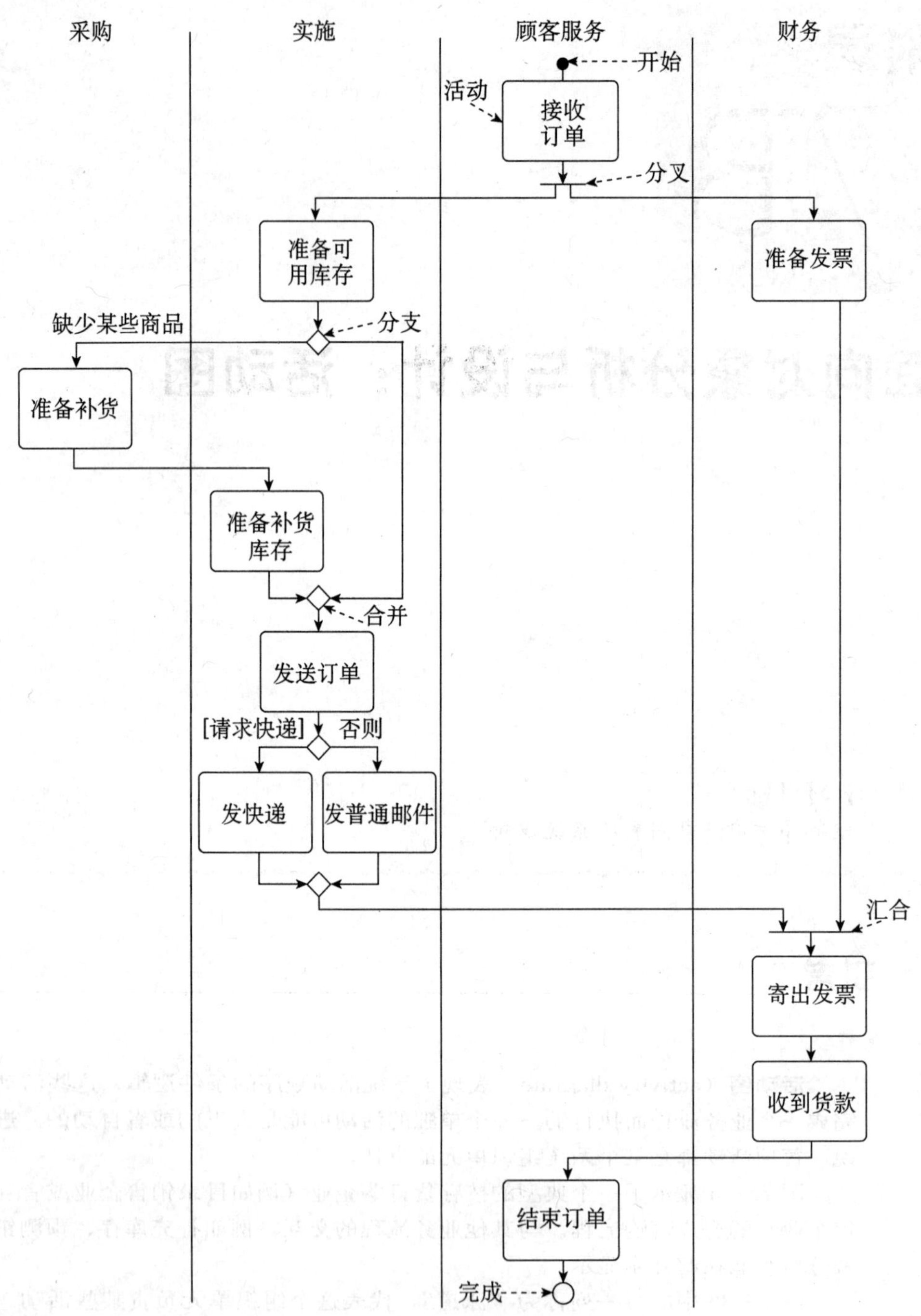

图 7—36 客户订购流程的活动图

分支代表条件逻辑。例如，在将可用货物从库房取出之前，必须判断是否所有订购的货物都已找到。如果没有，采购部门必须准备补货。在补充的货物到达并被取出，或者原始订单被完成后，这个业务流才能合并，以继续完成“发送订单”活动。

一个活动图清晰地表示了平行和可选活动（Fowler，2000），它提供了一个很好的方式来记录流经一个组织的工作或者流动。然而，对象是模糊的，并且对象之间的连接没有显示出来。活动图可以用来显示一个用例的逻辑。

什么时候使用活动图

活动图是一种很灵活的工具，可运用到很多情况中。它能在高水平的抽象过程中运用，也能在低水平的抽象过程中运用。只有当它对项目有价值时才使用。我们的建议是谨慎使用。可以提出以下问题：它是否增加价值，或者它是否多余？具体来说，活动图能在以下情况中使用：

1. 描述活动之间的控制流。
2. 在用例分析时帮助了解需要执行哪些活动。
3. 帮助识别用例中的扩展部分。
4. 建模工作流和业务流程。
5. 建模计算过程中的顺序和并行步骤。

活动一词的解释取决于绘图者的意图。在概念层次上，活动是需要完成的任务，不管是由人来完成还是由电脑来完成（Fowler and Scott，1999）。在执行层次上，活动是一种方法或是一个类。

关键术语

活动图（activity diagram）

问题与练习

1. 为下面招聘员工的流程绘制活动图。

Projects 是一家工程公司，拥有大约 500 名不同专长的工程师。人事经理根据申请表的信息和经理对应聘者的评价，决定是否聘用这位员工。未来应聘者可以随时提出申请。工程经理在工作开始之际，列出这个工作所需要的特长，并通知人事经理。人事经理将这些特长与应聘者的条件进行对比，然后安排负责这项工作的经理面试其中三个最佳候选人。在得到经理对每个面试者的评价之后，人事经理在面试评价和应聘者的申请表的基础上做出录用决定，然后通知面试者和经理。被拒绝的应聘者申请表会保留一年，然后清除。如果被录用，新的工程师会签署一项保密协议，里面会填写关于应聘者的其他信息。

2. 为下面的实例绘制活动图。

Maximum Software 是一个为个人和企业提供软件产品的软件开发商和供应商。作为其运作的一部分，Maximum 公司为想要购买软件的顾客提供了 800 服务咨询专线。当有电话打进时，操作员就询问该电话的性质。对于不属于帮助台的电话，操作员就将该电话转接到公司的其他部门（例如订单处理或支付部门）。由于许多顾客的问题需要深入的产品知识，因此帮助台的咨询顾问是以产品来分类的，操作员会将顾客的电话转接到顾客需要的软件顾问处。由于顾问并不能总是立即接听，因此一些电话将被放入一个队列中，由下一个空闲的顾问接听。一旦接听电话，该顾问就要明确顾客是不是第一次打电话来咨询问题。如果是第一次，顾问就要创建一个新的电话报告来追踪该问题的所有信息。如果不是第一次，顾问就询问顾客电话报告的编号并检索该电话报告以明确询问状态。如果顾客不知道电话报告的编号，顾问就询问其他一些确认信息，例如顾客姓名、相关软件或之前处理该问题的顾问名字来搜索相应的电话报告。如果找到该顾客问题的解决方案，顾问就告诉顾客，并在报告上说明已经将解决方案通知顾客，然后关闭报告。如果没有找到解决方案，顾问就找出负责该问题的顾问，并将电话转接到该顾问处（或将顾客的电话放入该顾问处理的等待队列中）。一旦适当的顾问接听了该电话，该顾问就需要记录任何顾客提出问题的新的细节。为了继续解决该问题或创建新的电话报告，顾问将试图利用相关的软件找到解决该问题的方案，或在参考手册中寻找相关信息。如果顾问现在可以解决该问题，就将解决方案告诉顾客并关闭报告。否则，顾问就在报告中说明该问题需要继续研究，并告诉顾客公司会尽快回复。如果顾客发现了该问题的新信息，应立即与 Maximum 公司联系，通过电话报告的编号来确定该问题。

参考文献

Fowler, M., and K. Scott. 1999. *UML Distilled*, 2nd ed. Reading, MA: Addison-Wesley.

附录 7C

面向对象分析与设计：顺序图

学习目标

- 理解如何用顺序图表达系统逻辑

引言

在面向对象分析与设计这一部分，我们会介绍顺序图。在前面的分析阶段（第7章），我们已经识别出一些用例，这里会首先介绍如何使用顺序图设计用例。用例设计描述了一系列交互的对象是如何执行每个用例的（Jacobson et al.，1992）。在 UML 中，交互图用来表现对象之间为了某一个用例交互的模式。交互图有两种类型：顺序图和协作图（Object Management Group，2008）。它们都传达了相同的信息，但使用了不同的方法。顺序图清晰地表现了信息的顺序，而协作图表现了对象之间的关系。在接下来的章节里，我们会向你展示如何用顺序图设计用例。

动态建模：顺序图

顺序图（sequence diagram）描述了在某一段时间内对象之间的交互。由于不同的用例之间有不同的模式，每个顺序图只表现某个特定用例的交互。它表现了在其生命线内参与交互的对象，以及这些对象之间的交互。这些交互是按照时间顺序通过互相交换消息来进行的。

顺序图可能会以一般形式或者实例形式呈现出来。一般形式显示交互所有可能的顺序，也就是说，在这一用例的所有场景中相应的顺序。例如，“班级注册”这个用例的一般形式顺序图（见图7—26）会刻画该用例在每个场景中交互的顺序。另一方面，实例形式只表现一种场景中的顺序。在UML中的场景指的是用例中多种可能路径中的一种（Fowler，2003）。一条路径代表用例之间条件的特定联系。在图7—37中，我们展示了一幅实例形式的顺序图，在这个场景里，学生注册一门课程必须完成一门或多门先修课程。

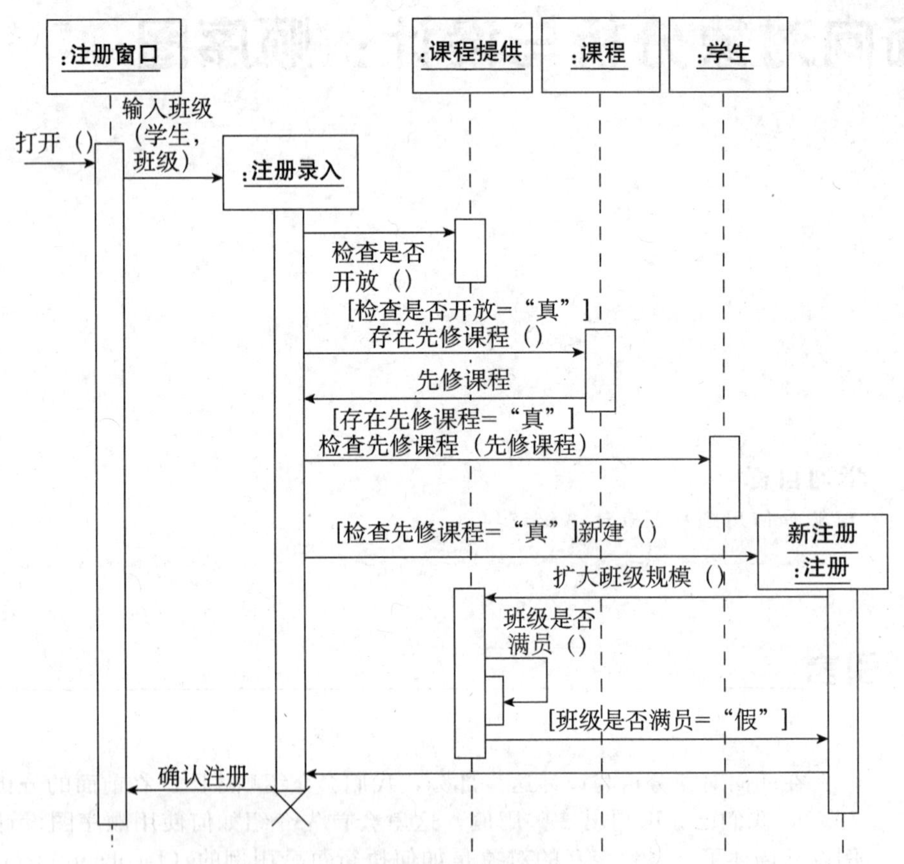

图7—37　存在先修课程的班级注册场景的顺序图

图7—37的纵轴代表时间，横轴代表不同的参与对象。纵轴往下表示时间增加。这幅图有六个对象，从左边“注册窗口”的实例到右边“新注册”的注册实例。对象的位置并不重要。尽管如此，你还是应该把对象安排得容易观看和理解。每个对象上垂直的虚线叫做生命线；生命线代表对象在某一段时间内存在。对象的符号用方框表示，其中含有带下划线的对象名称，符号会放在每条生命线的上方。

对象生命线上覆盖的细长矩形代表对象的激活。**激活期**（activation）代表对象执行一个操作的时间段，不管是直接执行还是通过调用从属操作。矩形的顶端是即将到来的消息的开端，代表激活的形成，而底端表示它的完成。

对象之间的交互通过发送消息来完成。一个消息表示为从发出方到接收方的带箭头的虚线。例如，“检查是否开放”的消息表示为从“注册录入”指向“课程提供”的一个箭头。当一个箭头直接指入一个对象的方框内时，该对象就产生了一个新的实例。通常来讲，箭头是水平方向的，但是在某些情况下（这会在以后讨论），你也许需要画倾斜的消息线。

消息有很多不同种类（Object Management Group，2008）。在图中，每一种类型的消息都用特定的箭头表示。**同步消息**（synchronous message）是指调用者必须等待接收方对象完成被调用操作之后才能恢复活动。此消息用一个完整的虚线箭头表示。同步消息的例子是“检查是否开放”。当“注册录入”向“课程提供”发送消息时，后者执行名为“检查是否开放”的操作。在该操作完成之后，返回值为“真”或“假”的控制消息将会被传输到“注册录入”的调用操作中去。

同步消息总是有一个相关的返回消息。这个消息可能提供给调用者一些返回值或者是告知调用者操作是否成功执行。我们没有显示“检查是否开放”的返回消息，它是隐含的。我们已经明确地显示从“注册录入”发送到“课程”实体的“存在先修课程”消息的返回值。返回消息的尾部是与“存在先修课程”操作的激活矩形的底部相连的。对于考虑的课程，如果有先修课程的话，消息返回先修课程的清单。如果显示返回消息使图变得杂乱无章，可以只显示那些利于理解交互顺序的消息。

简单消息（simple message）只是传输从发送方到接收方的控制消息，并没有描述通信的具体内容。在图中，简单消息的箭头被画成一个横向标记。正如我们看到的，同步消息的返回值是简单消息。在图 7—37 中消息“打开”也是一个简单消息；它只是将控制消息传输给“注册窗口”对象。

异步消息（asynchronous message）表明发送方不需要等待接收方处理消息，在顺序图中用半个箭头表示。发送方在发送消息之后可以立即继续执行操作。异步消息常见于并行实时系统中，该系统中几个对象并行工作。我们在这里不再深入讨论异步消息。

利用顺序图设计用例

现在让我们看看如何设计用例。我们将为班级注册用例绘制一幅顺序图，此用例中的课程具有先修课程。场景的描述如下：

1. 注册员工打开注册窗口，输入注册信息（学生和班级）。
2. 检查班级是否开放。
3. 如果班级开放，检查课程是否有先修课程。
4. 如果该课程有先修课程，检查该学生是否完成了所有的先修课程。
5. 如果该学生完成了先修课程，就为其注册该班级，并将班级的人数加一。
6. 检查班级是否满员；如果没有就略过。
7. 在注册窗口显示确认的注册。

图 7—37 展示了该场景的交互顺序。作为对来自“注册员工”（外部参与者）的“打开”消息的回应，注册窗口在屏幕上弹出并且要求输入注册信息。这将新建一个“注册录入”对象，接着，该对象就会向“课程提供”对象（代表学生希望注册的班级）发送“检查是否开放”的消息。会有两种可能的返回值：“真”或者“假”。在这个场景下，假设课程是开放的。于是，我们就有了检测条件，在发送

“存在先修课程”的消息时，“检查是否开放”的消息为“真”。这个检测条件保证了消息只会在课程开放时发送。它的返回值是先修课程的清单；在图中，返回值被清楚地显示出来。

在该场景下，课程是否有先修课程是由检测条件“存在先修课程”是否为“真”来判断的。如果这个条件满足，“注册录入”对象以“先修课程”为参数，向“学生”对象发送“检查先修课程”的消息以确定该学生是否完成了必需的先修课程。如果学生完成了所有的先修课程，“注册录入”对象就新建一个名为“新注册”的对象，表示有一个新的注册。

接下来，“新注册”向“课程提供”发送名为“扩大班级规模”的消息来将班级人数加一。“课程提供”里的“扩大班级规模”操作将会调用相同对象里的另一个操作“班级是否满员”；这就是自我调用（Fowler，2003）。假设班级没有满员，“班级是否满员”操作就会向调用操作返回“假”。接着，“扩大班级规模”操作完成并放弃对“新注册”调用操作的控制。

最后，“新注册”在收到返回消息后，“注册录入”对象就会销毁自身（销毁用一个大×表示），并且向注册窗口发送注册确认。注意，“注册录入”不是一个持续对象；它是在控制交互的顺序时产生的，并且在注册完成时立即被删除。在这一期间，它利用以下消息的序列来调用其他对象的操作：“检查是否开放”、“存在先修课程”、“检查先修课程”和“新建”。因此，“注册录入”可以看成控制对象（Jacobson et al.，1992）。

除了“注册录入”对象，图中“新注册”也是在这一时期新建的。新建这些对象的消息用指向对象标记的箭头表示。例如，代表“新建”消息的箭头就是与“新注册”的对象标记相连的。这种对象的生命线在收到新建消息时开始（垂直虚线隐藏在激活矩形后面）。

正如我们讨论过的，“注册录入”对象在“×”处被销毁。因此，该对象的生命线从创建时开始，到销毁时结束。对于那些在图中既没有新建也没有销毁的对象，例如“课程提供”、“课程”和“学生”，生命线在图的顶部开始，底部结束。

图7—38是一个稍微不同的场景的顺序图，即当学生注册的课程没有任何先修课程时的情况。注意，新建“新注册”的检测条件是“存在先修课程”为“假”，这与之前的场景不同。此外，因为不需要检查学生是否完成了先修课程，所以不需要向“学生”发送“检查先修课程”的消息。因此，此场景中“学生”对象并不参与其中。

这个场景与之前的场景还有另外一个不同。在这个场景中，当“课程提供”对象里的“扩大班级规模”操作调用“班级是否满员”时，返回值为“真”。在返回控制“新注册”之前，“扩大班级规模”再次自我调用，这一次调用“设置状态”使班级状态为“关闭”。

迄今，我们看到的顺序图都是实例形式。在图7—39中，我们展示了一般形式的顺序图。它涵盖了先修课程没有完成的所有情况的可能组合（见图7—26）。由于这个用例是“班级注册”用例的扩展，我们没有显示“注册窗口”对象。这里假设“注册录入”对象已经由原始用例新建完成。为了更好地理解，我们在左侧提供了文字描述。你也可以在左右侧提供类似的描述，但是文字应尽量与图中对应的元素对齐。

用例的内容描述如下：

1. 如果学生没有完成一门或者多门他想注册的课程的先修课程，检查该学生

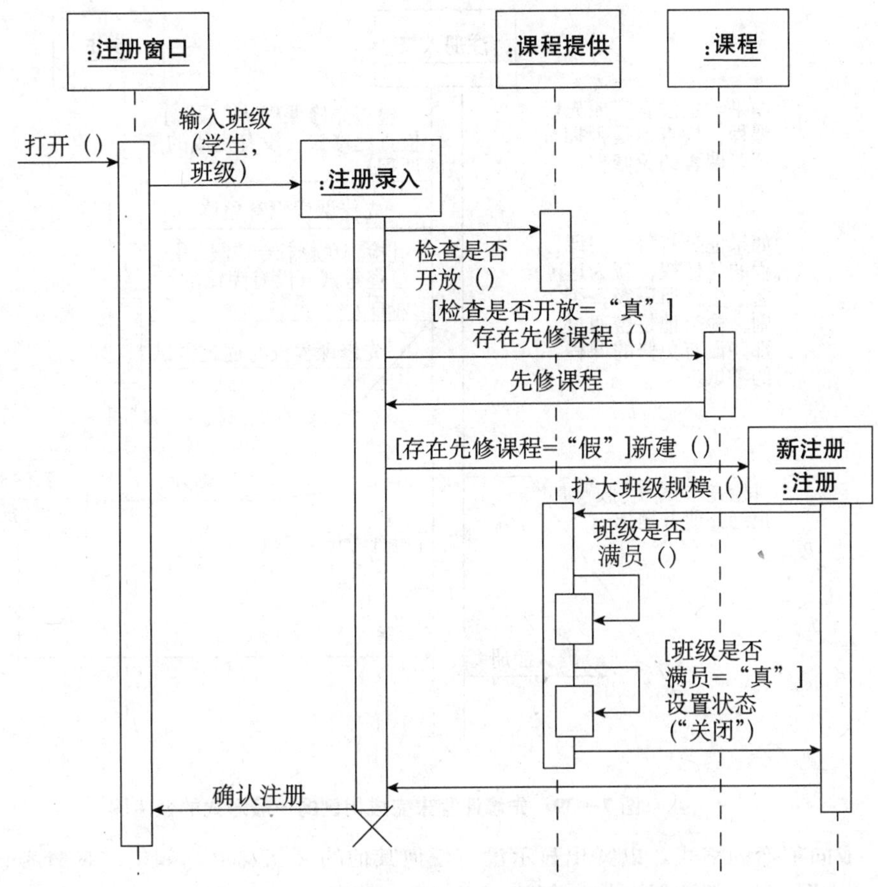

图 7—38　不存在先修课程的班级注册场景的顺序图

是否对那些先修课程具有免修权。

2. 如果该学生对其中一门或多门未完成的先修课程没有免修权，就需要检查该学生是否通过了这些先修课程的考试。

3. 假如学生没有通过这些先修课程的考试，则不能注册。否则，为学生注册并进行确认。

由于这个用例扩展仅仅适用于那些还没有进行先修课程学习的学生注册的情况，针对从“注册录入”到“学生”的“检查免修权”消息，我们设置了检测条件，即“检查先修课程”为“假”。这个消息涉及“学生”的“检查免修权”的操作，进而检查学生在他还没有完成先修课程时是否可以免修。注意这种检测方式适用于每一个没有完成先修课程的情况。在图的左侧描述了迭代。

该图也使用单起点多箭头的方式来展现分支。使用检测条件对每个分支进行标记。分支的第一个实例建立在“检查免修权”操作的返回值上。如果“检查免修权”的值为“真”，系统会略过其他操作，新建“新注册”对象。如果“检查免修权”的值为“假”，这意味着一些先修课程还没有免修，“注册录入”会向“学生”发出另一个消息——“检查考试”，以检测学生是否通过了每门没有免修的先修课程的考试。

在这里还有另一种分支的实例。如果“检查考试”的值为“假”，“注册录入”会向“注册窗口”发出一个消息，拒绝注册并且退出系统。我们特意将消息行设置

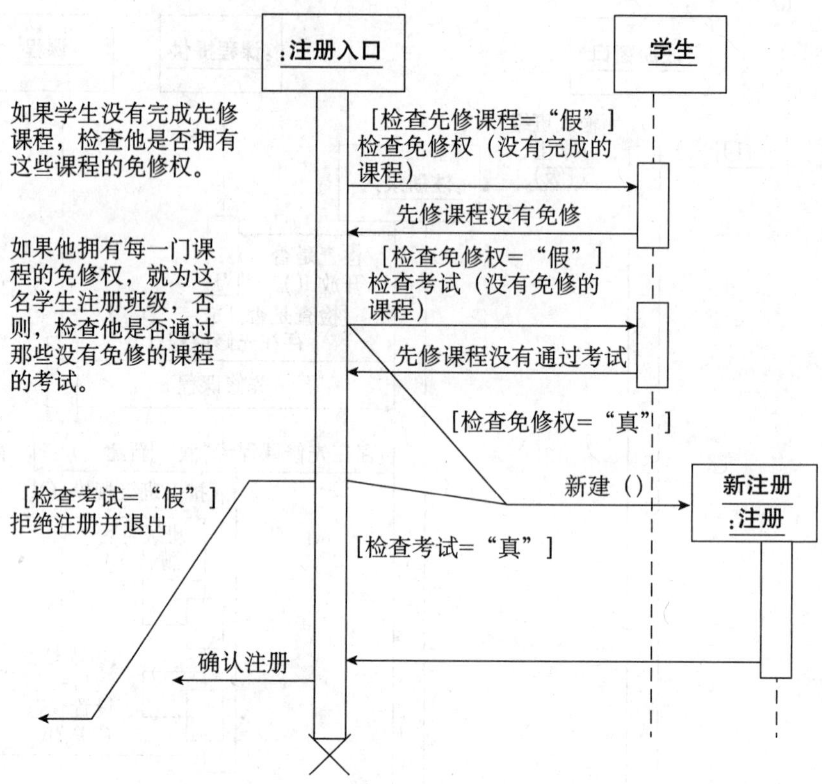

图7—39　先修课程未完成用例的一般形式的顺序图

成向下弯的格式，以突出显示没有任何其他的交互发生。如果“检查考试”的值为“真”，则“新注册”将被创建。

Hoosier Burger的顺序图

在图7—40中，我们列举了另一个关于Hoosier Burger员工招聘用例（见图7—28）的一般形式的顺序图。

用例描述如下：

1. 在收到应聘Hoosier Burger的工作申请后，申请者的相关数据会通过“申请录入窗口”输入系统。

2. 经理会开启“申请审核窗口”，查看申请。

3. 如果没通过初始审核，经理会直接放弃这份申请并且会把拒绝的决定转告申请者。不会再处理该申请。

4. 如果初始审核通过，经理就会确定对申请者进行面试的日期和时间。经理会要求申请中提到的推荐人提供推荐信。

5. 经理面试候选人，并把面试时收集到的附加信息输入系统。

6. 收到推荐信后，经理就要准备做出决定。首先，准备一份申请概要。基于概要，他要做出决定。如果这个决定是拒绝候选人，申请材料就会被舍弃，结果会转告申请者。这份申请的处理过程也就结束了。

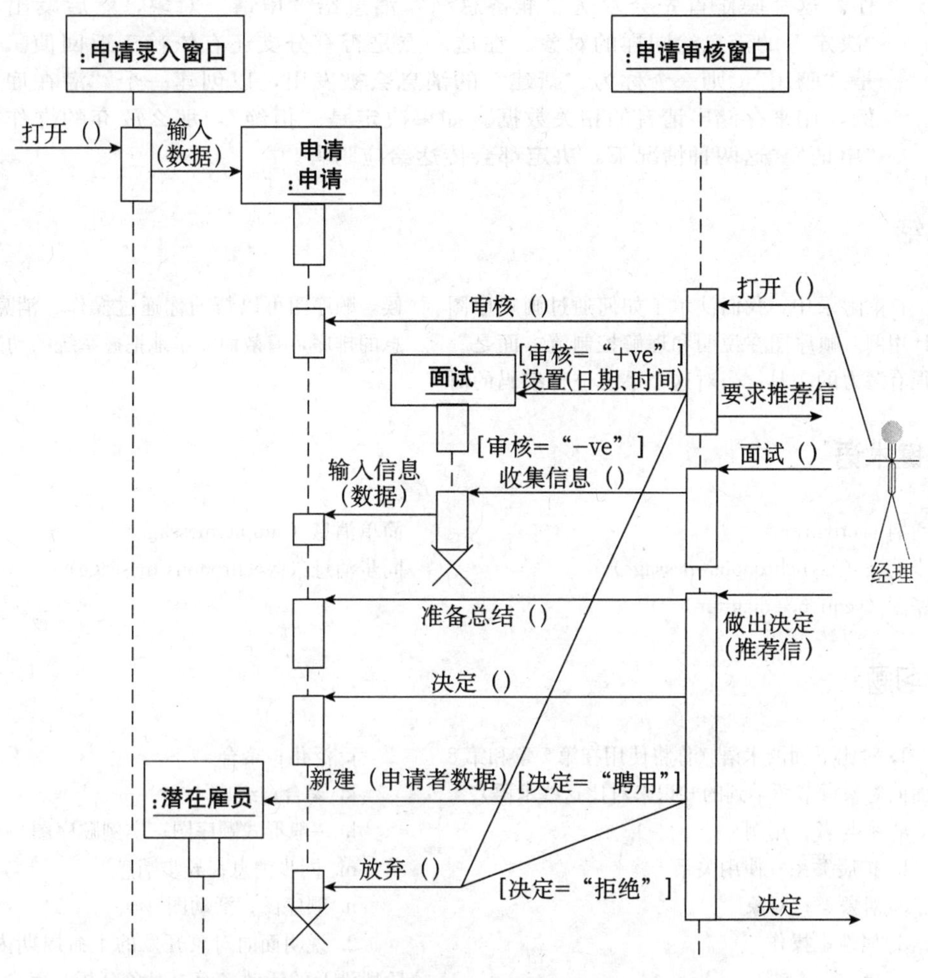

图 7—40 Hoosier Burger 雇用员工用例的顺序图

7. 如果决定雇用这个候选人，一个潜在的员工文件就会生成，所有相关的员工信息（如姓名、社会保险号、出生日期、地址、电话号码等）就会输入文件中。雇佣决定也会转告申请者。

在这个用例的顺序图中，我们可以明确地把“经理”看成一个外部参与者。在收到来自审核经理审核的返回值后，这个分支就会代表“经理”意见的两个选项。通过上面分支中显示的设置信息可知，如果审核值为“＋ve”，一个新的名为“面试”的对象就会被创建。我们已经显示了消息的参数——日期和时间——因为创建面试的时候需要这些数值。注意，如果审核值为“－ve”（下面的分支），就会发出放弃的消息以撤销“申请”。在此完全略过其间的其余操作，例如，“输入信息”、“准备总结”等。

注意，在由设置操作所建立的“面试”对象中，还存在另一个称为“收集信息”的操作，当对象接收到来自“申请审核窗口”的“收集信息”消息时，该操作被触发。这个操作收集所有面试阶段的相关信息，并将这些信息输入到“申请”中。在“面试”从“申请”收到成功的返回信息（没有显示）后，它就会由于不再需要而自我销毁。

然后，经理会发送“做出决定”信息，涉及在“申请审核窗口”中的相应操作。这个操作首先会发送“准备总结”消息给“申请”对象，然后发出一个称为“决定”的消息给同样的对象。在这一点是否有分支还有依赖于返回值。如果决定是“聘用”，则一个称为“新建”的消息会被发出，以创建一个“潜在雇员”的实例，用来存储申请者的相关数据。如果决定是“拒绝”，那么放弃的操作将会销毁“申请”。这两种情况下，决定都会传达给应聘者。

小结

在本附录中，我们演示了如何通过画顺序图设计用例。顺序图在说明和理解控制流方面是一种很有潜力的工具。当对这个系统进行编码的时候，顺序图可以帮助你通过操作、消息和这些消息的排序，有效而简单地把握系统的动态变化。

关键术语

激活期（activation）
异步消息（asynchronous message）
顺序图（sequence diagram）
简单消息（simple message）
同步消息（synchronous message）

复习题

1. 对比下面的术语（你将使用在第7章和第8章面向对象章节所学到的知识来对比这些术语）：

a. 参与者；用例
b. 扩展关系；使用关系
c. 对象类；对象
d. 属性；操作
e. 操作；方法
f. 询问操作；更新操作
g. 抽象类；实体类
h. 类图；对象图
i. 关联；聚合
j. 泛化；聚合
k. 聚合；组成
l. 一般形式顺序图；实例顺序图
m. 同步消息；异步消息
n. 顺序图；活动图

2. 说明面向对象开发的生命周期内下列每个阶段涉及的活动：面向对象分析、面向对象设计，以及面向对象实施。

3. 比较面向对象分析与设计建模和结构化分析与设计建模的区别。

问题与练习

你需要根据第7章和第8章的内容解答以下问题。

1. 为下列情况绘制用例图和类图（说明任何你为了设计完成这个图而作出的假设）。

Stillwater Antiques 公司购买和销售各种古董（如家具、珠宝、瓷器和服装）。每件物品都有独一无二的编码标记，同时物品的描述、要价、状况以及开放式评价都有记载。Stillwater 与许多顾客进行交易，他们从商店买进和卖出商品。有的顾客只卖商品给 Stillwater，有的只是买进，还有的是既买进又卖出。根据顾客编码可以对顾客进行区分，也可以依据顾客的姓名和地址进行描述。当 Stillwater 卖给顾客一件藏品时，其所有者希望记录下所支付的佣金、实际售卖价格、销售税（零税代表是免税的）和物品的销售日期。当 Stillwater 购买了一件顾客的物品时，其所有者也希望记录卖出的价格和购买时物品的情况。

2. 为下列情况绘制用例图和类图（说明任何

你为了设计完成这个图而作出的假设）。

H. I. Topi 商学院在欧洲十个地区举办国际商业项目。该学校在 1965 年拥有了第一批毕业生 9 000 名。学校跟踪记录每个毕业生的学号、姓名、国籍、现居住地、现用名、地址和学生所修专业名称（每个学生都有一两个主修专业）。为了与校友保持紧密联系，学校在世界范围内举办各种活动。每个活动都有特定的主题、日期、地点和类别（如招待会、宴会或研讨会）。学校需要记录毕业生参加的活动。当一个毕业生参加一项活动时，校方就记录那次活动中取得的该毕业生的信息。学校同时会使用信件、电子邮件、电话和传真等方式与该毕业生保持联系。至于举办的活动，校方会记录通过各种联系方式得到的毕业生的相应信息。当学校工作人员将与毕业生见面或交谈时，就会生成一份报告，介绍该生的近况以及从其参加的活动中所了解到的信息。

3. 查看附录 7A 中的问题与练习 12。在练习题中，这个自动租赁系统涉及的一个用例就是“汽车预订”。绘制顺序图，采用实例的方式描述这个案例在下面每个场景中的交互顺序：

a. 汽车在特定时期是可以使用的。

b. 在特定时期内，所需目录中的汽车都是无法获得的（如小型汽车、中型汽车等）。

参考文献

Booch, G., R. A. Maksimchuk, M. W. Engel, B. J. Young, J. Collallen, and K. A. Houston. 2007. *Object-Oriented Analysis and Design with Applications*, 3rd ed. Redwood City, CA: Addison Wesley Professional.

Coad, P., and E. Yourdon. 1991a. *Object-Oriented Analysis*, 2nd ed. Upper Saddle River, NJ: Prentice Hall.

Coad, P., and E. Yourdon. 1991b. *Object-Oriented Design*. Upper Saddle River, NJ: Prentice Hall.

Erikson, H., M. Penker, B. Lyons, and D. Fado. 2003. *UML 2 Toolkit*. New York: John Wiley.

Fowler, M. 2003. *UML Distilled: A Brief Guide to the Standard Object Modeling Language*, 3rd ed. Reading, MA: Addison-Wesley.

Jacobson, I., M. Christerson, P. Jonsson, and G. Overgaard. 1992. *Object-Oriented Software Engineering: A Use-Case Driven Approach*. Reading, MA: Addison-Wesley.

Object Management Group. 2008. Unified Modeling Language Notation Guide. Version 2.0. Available at *www.omg.org*. Accessed on February 17, 2009.

Object Management Group. 2009. Unified Modeling Language Document Set. Version 2.2. February. Available at *www.omg.org/spec/UML/2.2/*. Accessed on February 17, 2009.

Rumbaugh, J., M. Blaha, W. Premerlani, F. Eddy, and W. Lorensen. 1991. *Object-Oriented Modeling and Design*. Upper Saddle River, NJ: Prentice Hall.

百老汇娱乐公司

◆ 为基于 Web 的客户关系管理系统构建系统流程需求

◇ 案例介绍

BEC 学生小组由特蕾西·韦斯利、约翰·惠特曼、米西·戴维斯和阿伦·夏普组成。他们对在需求确定过程中所获取的需求感到有一些压力，该项目是要开发一个基于 Web 的客户关系管理系统。在确定需求之前，他们梳理了一下已经掌握的内容。基于系统服务请求以及与卡丽最初的会议，这个来自斯蒂尔沃特州立大学的小组为系统绘制了上下文图（见 BEC 图 7—1)。上下文图在中间位置显示了该系统，与系统交互的主要外部实体（顾客、员工、娱乐追踪系统、BEC 店内信息系统）在外面，同时也显示了系统和外部实体间的数据流。

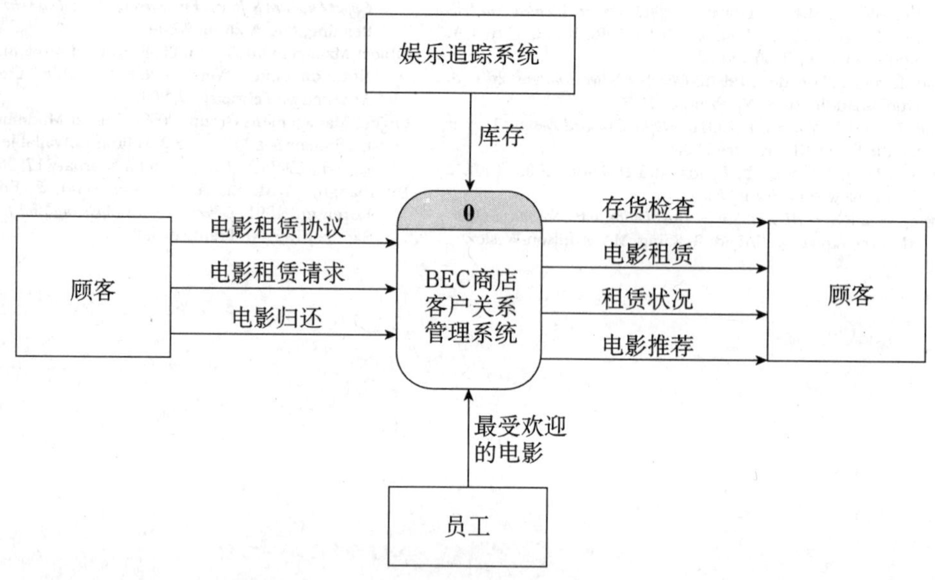

BEC 图 7—1　客户关系管理系统的上下文图

毋庸置疑，大部分的数据流存在于系统和顾客之间。由于这个原因，这个小组重复“顾客”外部实体，使用一个顾客副本作为源头，另一个作为数据流的接收端。

这个上下文图帮助小组组织需求确定。系统分析阶段的数据收集部分可以用来验证客户关系管理系统的概括模型，也可用来收集系统内部每个数据流、加工和数据存储的细节。

在进行分析与设计的细节工作之前，小组还需要另一个结果——为正在设计的系统起一个吸引人的名字。“BEC 客户关系管理系统”太长且太呆板。通过与卡丽合作，小组成员为班上其他小组举办了一个竞赛。他们将为给出最佳名字（由卡丽挑选）的小组的每个成员提供一次 BEC 商店的免费电影出租。一些小组试图通过用字母缩写、百老汇娱乐公司的 BEC 缩写和客户关系管理来命名，但大部分不是不太上口就是没有意义。有的小组创建了短语来表示用于构建系统的网络技术（例如，一个小组建议使用 VideosByBEC，这是模仿网络上汽车销售和信息的 AutoBy-Tel）。但是卡丽希望有一个能够表示系统所创造的与客户之间亲密关系的名字。因此，一个名字脱颖而出，这就是 MyBroadway。

◇ 通过需求确定构建高层流程

BEC 学生小组使用多种方法来理解 MyBroadway 的需求。以下内容解释了他们通过什么方法研究上下文图中的每一个数据流，以及通过分析发现了什么。

电影租赁协议

这个小组通过采访顾客、卡丽和商店经理助理，观察使用相似网络基础系统的主要竞争者来决定上下文图中的其他六个数据流的性质。根据电影租赁协议，顾客可同时租赁电影的数量将受到限制。具体电影的数量将由顾客在 BEC 进行租赁的历史记录来决定。具有在 BEC 租赁电影记录的顾客可以比新顾客租赁更多的电影。每一个顾客在任何时间租赁电影的数量将记录在 MyBroadway 中。当一个顾客需要租赁一部新电影时，MyBroadway 将核对数据库，了解在那个时刻顾客已租赁了多少部电影。如果顾客还没有租满指定数量的电影，MyBroadway 将发出一个“电影租赁请求”给娱乐追踪系统。尽管如此，如果顾客已经拥有了指定数量的电影，直到顾客归还其中一部，电影请求才会被发出。

电影租赁请求

这个小组研究商店员工和经理所使用的娱乐追踪系统的文档。根据这个文档，小组了解了商店记录中的商品、商品销售和租赁的相关数据。这是很必要的一步，可以确定哪些数据应该在“库存”数据流中体现。MyBroadway 不是一个运营商店记录的系统，这一点十分明确。娱乐追踪系统才是记录的正式系统。例如，当一个商品被租赁时，正式记录会留在娱乐追踪系统的数据库里。因此，MyBroadway 需要的商品库存、销售记录和租赁数据可以定期从娱乐追踪数据库中提取出来。为了更快捷地访问和尽可能降低两个系统间的耦合性，这些数据将存储在 MyBroadway 中。由于娱乐追踪系统的作用，任何由 MyBroadway 所引起的改变娱乐追踪系统中数据的活动，都需要向娱乐追踪系统提交一项可被其理解的事务。小组发现唯一发生这种数据变化的实例与“电影租赁请求”数据流有关。处理该输入数据流的加工将基于 MyBroadway 数据库中的信息，判断所请求的电影能否出租给顾客。然后它将与娱乐追踪系统进行交互，确定该电影是否可以租赁并且通知顾客该电影能否出租给他。然而，娱乐追踪系统将基于其自身的规则考虑是否进行租赁。幸运的是，租赁是一个由商店的销售终端进行处理的交易流程，因此，MyBroadway 只需要简单模拟它即可。

电影归还

在顾客看完租赁的电影后，将把 DVD 放在已付邮费的信封中，归还给最近的 BEC 商店。电影归还给 BEC 商店后，员工会扫描 DVD 上的条形码。MyBroadway 将根据这个信息更新数据库，同时与娱乐追踪系统交互以更新库存。接下来，My-Broadway 会查看顾客的账户来确定顾客租赁电影的数量是否达到最大。如果还能租赁，MyBroadway 将发送一个“电影租赁请求”给娱乐追踪系统，扫描下一部电影，并将它发送出去。

最受欢迎的电影

这个小组也从员工和顾客那里了解到，哪些信息可用于“最受欢迎的电影”数据流。员工和顾客一致认为有两组广泛的分类最受欢迎：最新发行的和经典的。每个星期，不同的商店员工会把一两部新发行的电影放到给定的商品目录中。例如，每个星期，一名员工会选择一两部新发行的儿童电影，另一名员工会选择一两部动作冒险电影，而另一名员工会选择一两部经典浪漫电影。每个星期不可能包含所有种类的 DVD，但是随着时间的推移，大部分种类都会被选择。选出的电影将保存两年。每个星期，五名商品员工将在不同的商品目录中选择电影。一名员工将收到列有 10 个人们最长时间没有挑选成为最喜爱商品种类的清单。每名员工将比较这些种类中哪个是他最熟悉的，给出该目录下新发行的和经典的商品清单。一个经典商品是指在其首发日后至少 10 年中能够持续租赁或销售的商品。一名员工从这个清单中选择一两个商品，并为它提供家长可能希望知道的质量等级（A，A-，B，F）、关于内容以及语言的描述，以及几句个人评论。登记的日期将和其他数据一起记录下来。

存货检查

存货检查数据流合并了多种数据流。顾客可以通过特定名称来查看商品，也可以通过演员、分类（如浪漫片、动作片）、出版商、发行时间，或任何这些因素的组合来查看所有商品的数据。每一种情况下，每个根据搜索条件识别出来的商品，其名称、演员、出版商、发行时间、媒体、描述、销售及租赁价格都会显示出来。

电影租赁

在接受电影租赁请求后，MyBroadway 查看它的数据库来决定被选择的电影能否租给顾客。在每个 BEC 商店，娱乐追踪系统保存可以用于出租的电影商品存货单。接下来，通过 MyBroadway 与娱乐追踪系统的交互决定该电影是否可以出租。在白天的不同时间，MyBroadway 会产生一个电影需求清单。BEC 商店的员工在商店里寻找需要的电影。在把电影送给顾客之前需要对条形码进行扫描。MyBroadway 保持追踪每一件运送出去的商品，并且更新数据库以确保电影不会多次运送给顾客。娱乐追踪系统的库存也同时更新。

租赁状况

对于这个数据流，顾客登录他的网上账户，然后 MyBroadway 将展示所有租赁项目的清单。顾客也可以查看他在任何时间一次能够租赁商品的数目。基于这个信息，顾客可以决定他能否租赁新电影。

电影推荐

小组发现名为“电影推荐”的部分在上下文图的数据流中是最复杂的。他们决定首先在一个相当高的层次上模拟这个数据流，然后分解这个加工，最后形成电影推荐。为了得出高层级的数据流，MyBroadway 需要访问销售和租赁历史数据，包括售出何种商品及由谁租赁。顾客认为一个简单的历史记录是不够的。他们想基于以前租赁和购买的信息，获得有关电影推荐的服务，了解哪些电影他们可以观看。

电影推荐数据流的一个实例是一份报告，该报告体现了对于一个给定客户，基于他在过去六个月中已经购买或租赁的每件商品的名称，对该客户可能感兴趣的特定电影所作的预测。

◇ 案例小结

准确而全面地记录商业流程可能是沉闷而耗时的，但却意义深刻。分析和设计MyBroadway的学生小组很快发现卡丽、商店员工和顾客需要的这个客户关系管理系统是多么广泛的一个系统。这个小组成员不确定能否对所需要的功能进行全面的分析和设计。然而，以上下文图和成功的分解加工为起点，小组可以显示系统的整个范围，正如系统发起者和使用者所希望的那样，并在某一时刻只关注系统的一部分。如果在课程项目中只能构建部分系统，该小组至少能表现出该部分是如何融入整个系统之中的。小组成员也认识到结构化流程和数据流仅仅是系统分析的一部分。他们还需要识别出所有存储在MyBroadway（数据存储）中的数据，然后结构化这些数据，使其满足数据库规范。每个低层级数据流图中的基本加工应具有足够的细节，以使得程序员能够将该功能构建到信息系统中。

BEC的学生小组已经决定使用自动化工具去绘制数据流图（和其他系统图），并记录关于系统对象的项目字典数据，如外部实体、数据流、数据存储和加工。（由于你将使用指导老师推荐的工具，我们在这个案例和子案例中都不会涉及任何具体工具。）这些自动工具对于改变图表的简易性、产生清晰的系统需求文件，以及使文件之间具有一致性是非常关键的。绘制基本图和记录所有字典条目是非常耗时的。但是，这个自动数据能由任何小组成员变更，小组成员能够在任何时间以最少的努力准备新的图表和字典报告。

问题

1. BEC图7—1是否精确而全面地描述了分析阶段收集到的情况？如果不是的话，有什么错误或者遗漏？如果有必要，根据本案例中的解释绘制一个新的上下文图。为什么在分析阶段中项目启动和计划的末尾，最初绘制的上下文图需要重新绘制？

2. 在BEC图7—1中，为什么“电影租赁请求”数据流被看作系统的输入流？为什么“租赁状况”数据流可以看作系统的输出流？你同意这两种数据流的设定吗？解释原因。

3. 商店经理这个角色并没有显示在BEC图7—1中，而只有输入“最受欢迎的电影”的“员工”。基于这个案例的描述，商店经理没有出现在上下文图中是否合理？如果不在上下文图中，这个角色应该出现在哪里？他能否作为一个外部实体处于低层级图中，或作为一个加工或数据存储处于低层级图中？基于对这个案例的描述，BEC图7—1是否遗漏了其他外部实体？

4. 基于这个案例中对上下文图中数据流的描述，为MyBroadway绘制第0层数据流图。确保这个上下文图能和问题1的答案相对应。

5. 为问题4的第0层图中所有的数据存储编写项目字典条目（按指导老师的标准编写）。在你的第0层图中是否有其他的数据存储隐藏在加工中？如果存在，你预计哪种类型的数据会存在于这些隐藏的数据存储中？为什么这些数据存储会隐藏在加工中而不是出现在第0层图中？

6. 为问题4的第0层图中所有的数据存储编写项目字典条目（按指导老师的标准编写）。此时这些实体有多详细？在初始数据流图中，这些实体应该多详细？

7. 解释你在回答问题4时，如何对接收“新电影请求”数据流的加工进行建模。数据流图上的这个加工是否难以建模？你是否考虑了几种不同的方法去展示这个加工？如果有，介绍这些替代方案，并讨论为什么在回答问题4时，你选择了在第0层图中所使用的那种表达方式。

8. 查看你对问题4的回答，关注其中用于“电影租赁”数据流的加工。基于案例中对该数据流的描述和下面的说明，为这个加工绘制第1层图。

一个顾客在网站上提供他的登录信息，MyBroadway找出这个顾客的有关租赁信息记录。之后这个顾客可能决定他是否想租一部电影。MyBroadway通过核对记录来确定这个电影能否租给这个顾客。如果这个顾客已经达到了最大出租数，则不会产生租赁请求。如果顾客没有达到“电影租赁协议”中的最大数额，MyBroadway将发送一个电影租赁请求交易给娱乐追踪系统，因为这是一个销售终端的交易事务。如果存货清单中没有这部电影，娱乐追踪系统就会拒绝这个请求。一旦娱乐追踪系统做出决定，它将反馈一个编码给MyBroadway以显示同意或不同意的原因。如果决定是不同意，顾客将了解到拒绝的原因。如果决定是同意，MyBroadway将会更新数据以反映租赁情况，用户也会收到一条确认消息。

9. 你在问题7中的解答是否引起问题4答案的改变？如果有，这些变化是什么？如果有必要，请重新为MyBroadway绘制一张第0层图。

第 8 章

构建系统数据需求

学习目标

- 简明定义以下数据建模的关键概念：实体类型、属性、多值属性、联系、度、基数、业务规则、关联实体、触发器、超类和子类
- 绘制实体—联系图（E-R）来表示一般业务情况
- 说明在信息系统的整个分析和设计过程中概念数据建模的作用
- 解释数据建模中打包数据库模型（模式）的作用
- 区分一元、二元和三元联系并给出相应的例子
- 在一个概念数据模型中定义四个基本类型的业务规则
- 将数据流程建模与逻辑建模联系起来，从不同角度描述一个信息系统

引言

在第 7 章，你已经学习了如何对信息系统的以下两个重要方面进行建模和分析：(1) 手动和自动操作步骤间的数据流；(2) 数据处理的逻辑决策。然而到目前为止，我们并没有介绍任何一种必须保存起来用于支持数据流和处理流程的数据。例如，你已经学习了如何用数据流图展示数据存储或静止的数据。但这并不能展示数据构建的本质。数据流图、用例图和各种逻辑流程技术都能展示在一个信息系统中数据何时、何地、以何种方式使用和改变，但是这些技术不能展示数据内部的定义、结构和联系。而数据建模就是对系统中这些关键部分描述的补充。

事实上，一些系统开发商认为数据建模是信息系统需求说明中最重要的部分。该观点基于以下原因：第一，在数据建模期间所获取的数据特征对数据库设计、编程、系统界面和打印报告来说非常关键。例如，某个数据元素是数字型的，一个商品在同一时间只能处于一条商品线上，一个客户订单上的商品不能移动到另一个客户订单上，客户区域名称是一系列指定值，以上这些信息都是确保信息系统中的数据完整性所必需的。

第二，许多现代信息系统中最复杂的方面是数据而非流程，因此在构建系统需求时，数据占据了核心地位。事务处理系统在验证数据、消除错误，以及协调数据向不同数据库移动方面都相当复杂。现代系统开发更加着重于管理信息系统（如销售追踪）、决策支持系统（如短期现金投资）和商业智能系统（如购物车分析），这些系统都是数据密集型的。这些处理的确切本质也比事务处理系统更加特别，所以该处理步骤的细节是无法预期的。因此，我们的目标就是为支持任一类型的信息查询、分析和总结提供丰富的数据来源。

第三，数据特征（如长度、格式、与其他数据的联系等）在一定程度上是固定的，并且在不同组织的相同业务上有着显著的相似性。与此相反，数据流的路径和设计是非常动态的。一个数据模型说明的是组织的内部本质，而不是其短暂的形式。因此，比起流程或逻辑导向，基于数据导向的信息系统设计有更长的使用寿命，并且在不同组织的相同应用或领域中有共同的特征。最后，数据的构建信息对自动程序的生成非常重要。例如，一张客户订单有许多条目而不是一个条目，这会影响录入客户订单系统界面的自动设计。虽然一个数据模型明确地记录了信息系统中文件和数据库的需求，但数据模型中数据的业务含义或语义对系统的设计和建立有着更加广泛的影响。

数据建模中最常见的形式是实体—联系图（E-R 图）。在面向对象分析与设计中与其类似的方法是类图，这将在本章最后介绍数据建模的面向对象开发方法的部分提到。利用 E-R 图和类图符号建立的数据模型说明了数据的特性和结构，并且与该数据在计算机中如何存储无关。无论是从头开发还是从购买的数据模型开发出用于支持业务领域的数据模型，数据模型的开发通常都是迭代的。信息系统的规划者利用这一初始的数据模型，开发出具有大量数据类别及较少细节的企业范围的数据模型。紧接着，在项目定义阶段，通过建立一个具体的数据模型来说明特定系统的边界和设计工作。在需求构建阶段，为特定系统建立一个表示概念数据需求的数据模型。随后，在逻辑设计阶段系统输入和输出都被完整描述后，细化数据模型，然后将其转换为逻辑形式（通常是一个关系数据模型），并依此完成数据模型的数据库定义和物理数据库设计。一个数据模型代表了管理数据属性的具体业务规则类型。业务规则是你所设计的最终使用的数据库和数据库管理系统理论上必须遵循的业务政策的重要说明。因此，你将在许多系统开发项目的步骤中使用 E-R 图和类图，并且信息系统项目的重要成员需要了解如何绘制和阅读数据模型图表。因此，掌握本章强调的需求构建方法和技术，对你在系统开发项目中取得成功至关重要。

概念数据建模

概念数据模型（conceptual data model）是组织数据的一种表示方法。使用概念数据模型的目的就是尽可能多地展示有关数据内部的含义和相互联系的规则。

正如在之前的章节中提到的，概念数据建模通常与系统分析阶段（见图 8—1）的其他需求分析和构建步骤同时进行。在较大的系统开发团队中，一部分项目团队成员着重于数据建模，另一部分团队成员则着重于流程和逻辑建模。分析员为当前系统开发出（或利用之前系统开发中使用到的）概念数据模型，随后建立或修改购买的数据模型使其满足所需或所要完善的系统范围和需求。

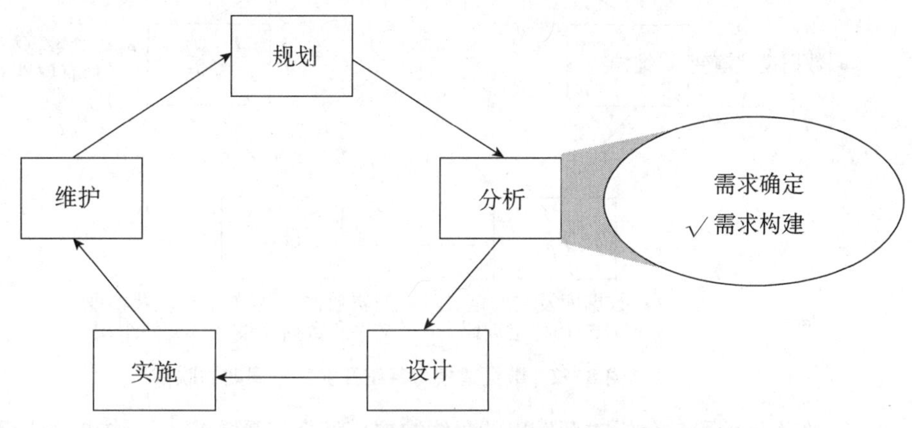

图 8—1　突出分析阶段的系统开发生命周期

所有团队成员都要完成的一项工作就是协作并共享项目字典或资料库。该资料库通常由共同的计算机辅助软件工程（CASE）或数据建模软件工具保存，但是也有一些组织习惯于使用手工文档。无论是利用自动还是手动文档，一个系统的流程、逻辑和数据模型描述保持一致性和完整性都十分重要，因为虽然每种模型描述的方面不同，但是它们在共同描述一个系统时相辅相成。例如，在基本数据流图中出现的数据存储名称通常与 E-R 图中的数据实体名称相对应，并且在数据流图中与数据流相关的数据元素必须在 E-R 图中以实体属性和联系的形式出现。

□ 概念数据建模流程

如果存在一个现有系统的话，概念数据建模流程将以建立替换系统的概念数据模型开始。这对将当前文档或数据库转换成新系统的数据库规划来说是必不可少的。此外，这对你理解新系统的数据需求而言，也是一个虽然不完善但很好的起点。随后，将建立（或购买标准的）包含所有新系统数据需求的概念数据模型。这些需求是你在需求确定阶段利用调研方法获得的。而今，随着诸如预定义模式的使用等快速开发方法的普及，这些需求通常以所购买的应用程序和数据库设计为基点，在多次迭代中逐步演变。即使是从零开发，数据建模也是一个具有多个里程碑的迭代流程。

概念数据建模是一种在整个系统开发流程中执行的数据建模和数据库设计类型。图 8—2 给出了在整个系统开发生命周期执行的不同数据建模和数据库设计类型。我们在本章所讨论的概念数据建模方法适用于规划和分析阶段；无论是从零开发数据模型还是基于购买的数据模型进行开发，这些方法都能使用。系统开发生命周期的规划阶段解决了关于系统范围、一般需求以及与技术实施无关的内容等问题。E-R 图和类图适用于该阶段，因为这些图表可以转换为有关数据的多种技术架构，例如联系、网络和层级架构等。一个数据模型在从规划早期阶段到分析阶段的逐步演变过程中，会变得更加具体，并可由系统需求的具体分析来验证。

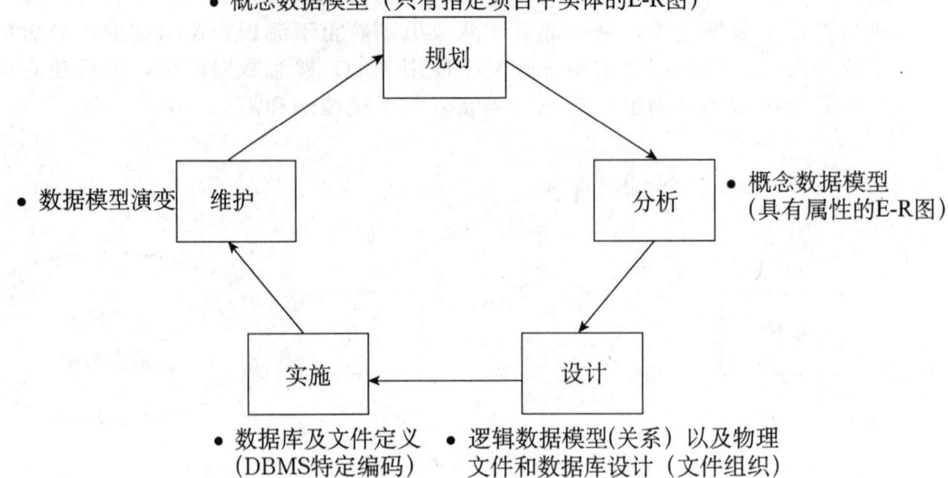

图 8—2　数据建模与系统开发生命周期的联系

在设计阶段，分析时开发出的最终数据模型将与系统输入、输出设计相匹配，并转换为能够进行物理数据存储决策的格式。紧接着，在选择具体的数据存储架构后，在实施阶段通过对该系统编程来定义文档和数据库。通过使用项目资料库，可以将一个物理数据记录的字段追溯到其在数据模型图表中所表示的概念数据属性。因此，每个系统开发生命周期阶段的数据建模和设计步骤都是通过项目资料库连接的。

可交付成果

现今大多数的组织都是利用 E-R 模型来进行概念数据建模的，E-R 模型是利用特殊的符号来尽可能多地表示数据含义的方法。由于面向对象方法的迅速推广，利用统一建模语言（UML）绘制工具，如 IBM 的 Rational 或微软的 Visio 绘制的类图也在迅速流行。我们将首先着重于 E-R 图，随后介绍如何将其转换为类图。

分析阶段概念数据建模步骤的主要可交付成果是 E-R 图，类似于图 8—3 所示。该图展示了数据的主要类别（图中矩形的部分）及其业务联系（图中矩形间的连线）。例如，图 8—3 表示了如下业务，一个“供应商”在特定时间为企业提供“商品”，一件“商品”总是由 1～4 个“供应商”“供应”。一个供应商只能在某时提供商品的事实意味着，企业希望在不指定供应商提供何种商品的情况下，对其信息进行追踪。该图中每条线都有两个名称以便可以从任一方向阅读。为了简单起见，本书中 E-R 图的连线不会有两个名称，但这在许多组织中是一项标准。

概念数据建模的另一个可交付成果是存储在项目字典、资料库或数据建模软件中的一系列有关数据对象的完整记录。资料库是连接一个信息系统内数据、流程和逻辑模型的途径。例如，数据模型和数据流图间就有明确的联系。在这里将对一些重要的联系做出简要说明。

● 包含在数据流中的数据元素也必须出现在数据模型中，反之亦然。获取的原始数据和保存在数据存储中的数据必须包含在数据模型中，并且数据模型中可以只包含获取的数据或对其他获取的数据进行处理而得到的数据。由于数据模型通常是

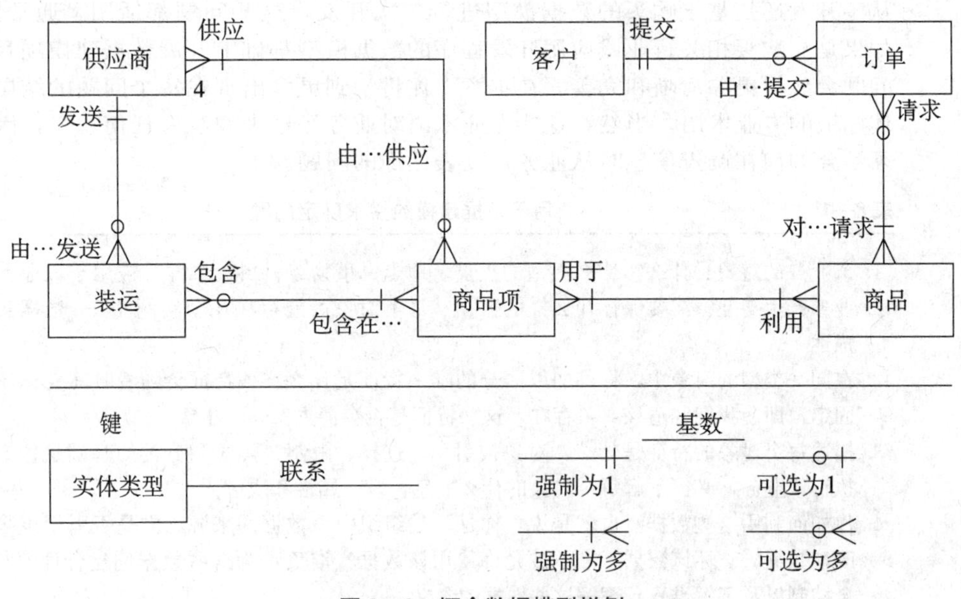

图 8—3　概念数据模型样例

有关数据的一般业务展现，因此自动和手动的数据存储都包含在内。

- 流程建模中的每个数据存储都必须与在数据建模中表示的业务对象（称为数据实体）相关联。例如图 7—5 中，“库存记录”这一数据存储必须与数据模型中的一个或多个对象相对应。

你可以利用自动资料库来识别这些关联。

为概念数据建模收集信息

需求确定方法不仅着重于流程和逻辑建模，而且着重于数据的有关问题和研究。例如，在与系统潜在用户进行面谈期间、在进行联合应用设计会议期间或在需求面谈期间，分析员必须提出一些特定的问题来获取开发或定制购买一个数据模型所需的数据相关信息。在本章的随后章节，我们将介绍用于数据建模的特定术语和架构。即使没有这种特定的数据建模语言，你也应该了解在需求确定期间询问这种问题的必要性。这些问题与理解新信息系统所支持业务的规则和政策相关。也就是说，一个数据模型说明了组织需要做什么，以及组织中管理这些工作所执行的规则。但是，在进行数据建模时，你不需要知道（通常是不能完全预料）数据是何时以何种方式处理和使用的。

通常进行数据建模时采用多种方法相结合的方式。第一种方法通常称为自顶向下法。该方法更倾向于从理解业务本质的角度，而不是从计算机显示、报告或业务报表的特定信息需求的角度来获取数据模型相关的业务规则。这种方法通常是购买数据模型的基础。有许多非常有效的能够获取数据建模中所需业务规则信息的经典问题（Aranow，1989；Gottesdiener，1999；Sandifer and von Halle，1991a，1991b）。表 8—1 中总结了一些针对具体情况开发准确和完整的数据模型时，需要询问系统用户和业务经理的关键问题。该表中的问题是从业务角度提出的。无论是从零开发还是基于购买的数据模型进行二次开发，这些问题都适用。通常情况下，如果是在购买相关行业或应用开发程序的数据模型基础上开展数据建模项目，这些问题会显得更加清晰和完善。在本章，你将学到更多出现在每个问题的结尾处以粗体标记的专业术语。当然，这些专业术语对业务经理来说没有任何意义，因此你必须学会如何在调查信息时从业务角度表达你的问题。

表 8—1　　用于数据建模的需求确定问题

1. 该业务的对象是什么？什么类型的人员、地点、事物、材料、事件等被用于该业务或与该业务产生交互？需要保存什么样的数据？每个对象可能存在几个实例？——**数据实体及其描述**
2. 在同一类型的对象中，将其加以区分的唯一特征是什么？该特征会随着时间变化还是永久固定？即使我们知道该对象存在，这一特征是否会消失？——**主键**
3. 描述每个对象的特征是什么？对象被引用、选择、限制、排序和分类的基础是什么？为了执行该业务，必须了解每个对象的什么信息？——**属性和次键**
4. 你如何利用这些数据？也就是说，你是不是组织中该数据的来源，你是否引用该数据、修改该数据、破坏该数据？谁不被允许使用该数据？谁负责为这些数据创建合理值？——**安全控制以及了解谁真正理解这些数据的含义**
5. 你在哪段时期关注这些数据？你需要的是该数据的历史记录、当前值还是对该数据的估计/预测？如果对象的一个特征随着时间而改变，你是否需要知道该数据的历史值？——**数据的基数和时间特点**
6. 每个对象的所有实例是否相同？也就是说，每个对象是否存在组织描述或处理方式不同的特殊类型？是否存在一些更详细描述该对象的对象摘要和组合？——**超类、子类和聚合**
7. 发生什么样的事件将导致各种对象间产生联系？有关该业务的哪些日常活动或工作需要处理一些相同/不同对象类型的数据？——**联系、基数和度**
8. 每个活动或事件是否总是以相同的方式处理？是否存在特殊情况？一个事件的发生能否只涉及一些相关的对象，还是需要涉及所有的对象？对象间的联系是否随时间变化（如，员工调动到其他部门）？数据的特性是否在任何情况下都受到限制？——**数据的完整性规则、最大最小基数和时间特点**

你同样可以通过审查具体的业务文档来获取数据建模所需的信息，该业务文档包括系统内部处理的计算机显示、报告和业务报表等。这种获得数据信息的流程通常称为自底向上法。这些内容将以数据流的形式出现在数据流图中，并且显示系统处理的数据，因此，该数据可能必须保存在系统数据库中。图 8—4 展示了 PVF 所使用的客户订单表格。从该表中，我们可以确定以下信息必须保存在数据库中：

订单编号　　客户编号
订单日期　　名称
预计交货日期　　地址
商品编号　　城市—州—邮编
描述
订购数量
单价

我们同样可以看到，每个订单都属于一个客户并且一张订单中每个商品都有多行描述信息。我们将利用这种对该组织运作的理解来开发数据模型。

<table>
<tr><td colspan="4">PVF 客户订单</td></tr>
<tr><td colspan="2">订单编号：61384
名称：
地址：
城市—州—邮编：
订单日期：11/04/2009</td><td colspan="2">客户编号：1273
Contemporary Designs
橡树街 123 号
得克萨斯州奥斯汀 28384
预计交货日期：11/21/2009</td></tr>
<tr><td>商品编号</td><td>描述</td><td>订购数量</td><td>单价</td></tr>
<tr><td>M128</td><td>书柜</td><td>4</td><td>200</td></tr>
<tr><td>B381</td><td>文件柜</td><td>2</td><td>150</td></tr>
<tr><td>R210</td><td>桌子</td><td>1</td><td>500</td></tr>
</table>

图 8—4　客户订单表格样例

E-R 建模简介

基本 E-R 建模的符号有三个：数据实体、联系及其相关属性。存在几种不同的 E-R 建模符号，许多 CASE 和 E-R 绘制软件都支持多种符号。为了简便起见，本书使用通用的符号；该符号使用的是所谓鸡爪符表示法，并且在表示实体的矩形内填写数据属性的名称。这种符号与许多 E-R 绘制工具所使用的符号非常类似，如微软的 Visio。如果你在课程或工作中使用了另一种符号，你应该能够轻易完成几种符号间的转换。

一个**实体—联系数据模型**（entity-relationship data model，E-R model）是针对组织或业务领域内数据的详细的逻辑表示方法。E-R 模型由有关业务环境下的实体、实体间的联系或关联以及实体的属性和联系来表示。一个 E-R 模型通常以**实体—联系图**（entity-relationship diagram，E-R diagram）的形式表示，这是一种表示 E-R 模型的图形化方法。绘制 E-R 图的符号如图 8—5 所示，随后的章节会对这些符号加以说明。

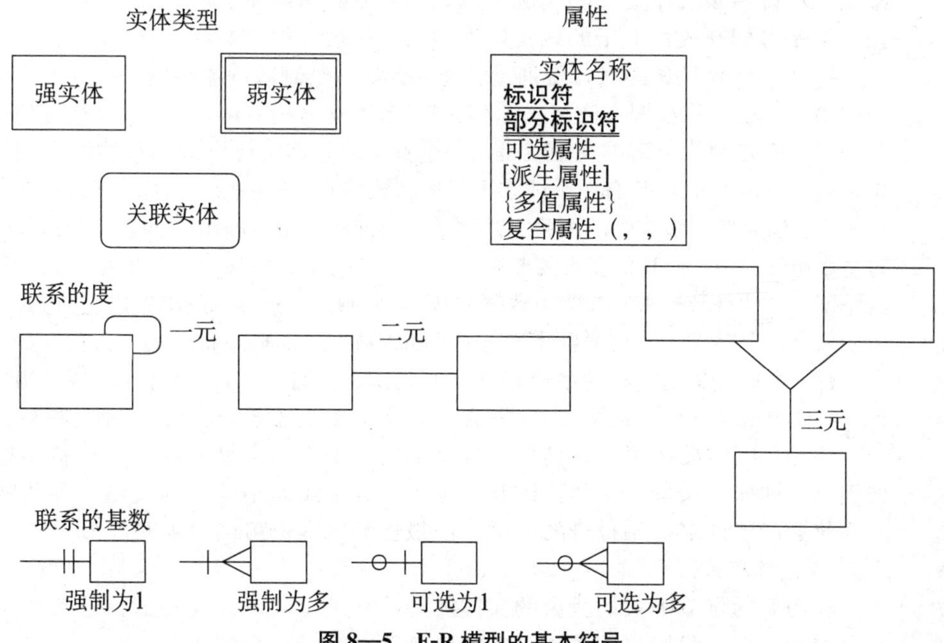

图 8—5　E-R 模型的基本符号

实体

一个实体（详见表8—1中的第一个问题）是组织中希望保存数据的人员、地点、对象、事件或用户环境中的概念。每个实体都有与其他实体加以区分的特征。以下给出一些实体的例子：

- 人员：雇员、学生、病人
- 地点：商店、仓库、国家
- 对象：机器、建筑、汽车、商品
- 事件：销售、注册、续约
- 概念：账户、课程、工作中心

实体类型与实体实例间有一个重要的区别。一个**实体类型**（entity type）（有时也称为实体类）是具有共同属性或特征的实体的集合。E-R模型中的每个实体类型都有一个名称。由于该名称代表一个类或集合，因此是单数。此外，由于一个实体是一个对象，我们用一个简单的名词来命名实体类型，同时用大写字母来表示。在E-R图中，该名称写在表示该实体的矩形内，如图8—6（a）所示。

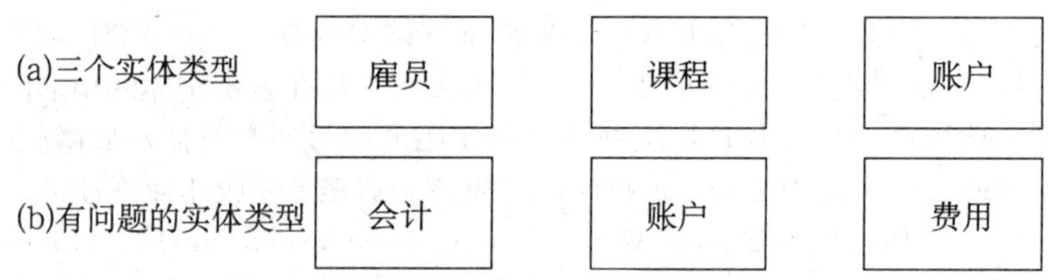

图8—6 实体类型表示

一个**实体实例**（entity instance）（有时也简称为实例）是一个实体类型的单一具体存在。在数据模型中一个实体类型只被描述一次，但是可以用数据库中存储的数据表示许多该实体类型的实例。例如，大多数组织中都存在“雇员”这一实体类型，但是可能有成百上千的该实体类型的实例被存储在数据库中。

刚学习绘制E-R图时，特别是已经掌握如何绘制数据流图后，有一个许多人都会犯的错误，就是将数据实体与来源/去向或系统输出相混淆，将联系与数据流相混淆。避免这种问题的一个简单规则就是，一个真正的数据实体有许多可能的实例，每个实例都有显著的特征，并有一个或多个描述该数据的其他条目。考虑如图8—6（b）所示的一个联谊会费用系统中的相关实体类型。在该例子中，联谊会的会计管理账户并记录每个账户的费用。但我们是否需要追踪该账户系统中有关该会计的数据和她对账户监督的数据？会计是录入账户和费用数据并按类别对账户余额和费用支出进行查询的人员。由于只有一个会计，因此“会计”这一类别的数据不需要追踪。另一方面，如果每个账户都有一个负责制定账户的账户经理（如联谊会主任），那么我们希望有“账户经理”这一实体类型及其相关属性，同时还需要有该实体类型与其他实体类型的联系。

还是在同样的例子中，费用报告是不是一个实体类型？由于一份费用报告是由费用支出和账户余额得出的，因此它是一个数据流而不是实体类型。即使随着时间的推移会产生许多费用报告的实例，该报告的内容仍可由“账户”和“费用”这两个实体类型表示。

在随后的章节中我们所说的实体类型通常是指实体。这在数据建模中是很常见的。澄清一点，我们将用术语“实体实例”来表示一个实体。

命名和定义一个实体类型　清晰地命名和定义数据，如实体类型，在需求确定和构建阶段是一项非常重要的任务。在命名和定义实体类型时，可能会用到以下指导原则：

- 实体类型以单数名词命名（如“客户”、“学生”或“汽车”）。
- 一个实体类型的名称在该组织中应该是描述性的并且是具体的。例如，由供应商执行的“购买订单”与由客户执行的“客户订单”不同。这两种实体类型不能简单地命名为“订单”。
- 一个实体类型的名称应该是简洁的。例如，在一个大学的数据库中，使用“注册”表示学生在一个班级中注册这一事件，比“学生班级注册”要好。
- 事件实体类型应该命名为事件的结果而不是该事件的活动或流程。例如，项目经理给雇员分派该项目的工作，这一事件的结果就是“分派”。

以下有一些定义实体类型的具体指导原则：

- 实体类型的定义中应包含该实体类型的每个实例的唯一标识特征。
- 实体类型的定义应明确在该实体类型中包含哪些实例，不包含哪些实例。例如，“客户是直接从我公司、我们联系的广告商或宣传我们商品的人员处订购我们商品的人员或组织。客户不包含通过我们的客户、经销商或代理商购买我们商品的人员或组织”。
- 实体类型的定义通常包含该实体类型的一个实例何时被创建和删除的描述。
- 对某些实体类型来说，定义中必须指定一个实例何时会转换为另一个实体类型的实例；例如，一旦被同意，一个建筑公司的投标书将变为一份合同。
- 对某些实体类型来说，定义中必须指定需要保存关于该实体实例的哪些历史信息。关于保存历史信息的说明，可能会导致在 E-R 图中如何表示该实体类型和最终如何存储该实体实例的数据等方面存在分支。

□ 属性

每个实体类型都有一组与它相关的属性（详见表 8—1 中的问题 3）。一个**属性**（attribute）是组织内相关实体的一个本质或特征（联系可能也具有属性，我们将在介绍联系的小节中详细说明）。以下是一些典型的实体类型及其相关属性：

“学生”：学号、姓名、家庭住址、电话、专业

“汽车”：汽车型号、颜色、重量、马力

“雇员”：工号、姓名、工资支付地址、技能

我们用首字母大写、其他字母小写的名词来命名一个属性；可以使用下划线来分隔单词。在 E-R 图中，我们把属性的名称写在其所属的实体矩形内（见图 8—5）。我们使用不同的属性符号来区分不同类型的属性，这将在后面做出说明。我们所用的符号与许多 CASE 工具和 E-R 绘制工具（如微软的 Visio 和 Oracle 的 Designer）相似。正是这样的工具展示了不同类别属性的区别。

命名和定义属性　通常情况下，一些属性会具有相似的名字和含义。因此，利用以下指导原则仔细地为属性命名非常重要：

- 属性的名字是一个名词（如客户编号、年龄或商品最低价）。
- 属性的名字是唯一的。同一实体类型的两个属性不能有相同的名字，并且为了清楚起见，所有实体类型的属性最好也不要有相同的名字。
- 为了使属性的名字是唯一且清晰的，每个属性的命名都应该遵循标准格式。例如，你的大学可能会建立“学生_GPA”而不是“学生的 GPA”这一属性，作

为命名属性的标准格式。

● 不同实体类型的相似属性应该使用相似但有区别的名字命名；例如，教师和学生的居住城市这一属性应该分别命名为：教师居住地名称和学生居住地名称。

以下是一些定义属性的具体指导原则：

● 一个属性的定义说明了该属性是什么以及该属性的重要性。

● 一个属性的定义应该明确该属性值中包含什么，不包含什么；例如，"雇员每月工资金额是每月支付给在该国家定居的员工的现金，其中不包括奖金、福利、补偿费或其他特殊费用"。

● 一个属性如果存在任何别名或替代的名称，可以在属性定义中给出。

● 在属性的定义中说明属性值的来源是一种很好的做法。说明来源会使该属性的含义更加明确。

● 一个属性的定义应该指出该属性值是必需的还是可选的。这一有关属性的业务规则对保持数据的完整性非常重要。

● 一个属性的定义应该指出在给定属性值之后，直到实体实例被删除，该属性值是否会改变。这一业务规则同样保证了数据的完整性。

● 一个属性的定义同样应该指出该属性与其他属性间存在的所有联系；例如，"员工假期天数是该员工可以享受的假期天数。如果该员工的类型是'豁免者'，那么员工假期天数的最大值取决于有关该员工在公司服务年限的计算公式"。

□ 候选键和标识符

每个实体类型都必须有一个或一组属性来对相同实体类的不同实例加以区分（见表8—1的问题2）。**候选键**（candidate key）是能够唯一标识实体类型中每个实例的属性（或一组属性）。例如，一个"学生"实体类型的候选键可能是"学号"。

有时需要用一组属性来识别唯一的实体。例如，考虑一个篮球联赛中的"比赛"这一实体类型。显然"参赛队名称"这一属性不能作为候选键，因为每个球队都需要参加几场比赛。如果每支球队都只有一场主场比赛，那么属性组"主队"和"客队"就能作为"比赛"的复合候选键。

一些实体可能有多个可行的候选键。例如，"员工"的一个候选键可以是"工号"；也可以是"员工姓名"和"地址"的属性组（假设没有两个同名的员工住在同样的地址）。如果有多个可行的候选键，设计员必须选择其中一个候选键作为标识符。**标识符**（identifier）是所选出的用于唯一标识一个实体类型的候选键。我们在标识符下画一条线来表示一个标识符属性（见图8—5），Bruce（1992）提出了如下选择标识符的规范：

● 选择一个候选键要求该值在实体实例的存在周期内不会改变。例如，用属性组"员工姓名"和"地址"作为标识符来标识"员工"这一实体类型可能并不是一个好的选择，因为"员工姓名"和"地址"在该员工任职期间很容易改变。

● 选择一个候选键要求对每个实体实例来说，该属性值都能保证有效并且非空。为了保证值的有效性，你可以在数据输入和维护工作中加入特殊的条款来避免可能的错误。如果一个候选键是两个或两个以上的属性组，则必须保证该属性组中的所有值都有效。

● 避免使用所谓的智能标识符，该标识符可能只表明了分类、位置等，例如，"零件"这一实体类型的前两个键可能表明的是仓库的位置。这一属性会随着条件的改变而频繁更改，这将使得主键的值无效。

● 考虑将较大的复合键替换为单一的替代键。例如，“比赛编号”这一属性可以代替“主队”和“客队”的属性组来标识“比赛”这一实体。

图 8—7 展示了用我们的 E-R 符号所表示的“学生”实体类型。“学生”有一个简单的标识符——“学号”和三个其他的简单属性。

学生
学号
学生姓名
学生住址
学生电话

图 8—7　具有属性的“学生”实体类型

□ 其他属性类型

一个**多值属性**（multivalued attribute）可能会导致每个实体实例有多个值。假设“技能”是“员工”实体中的一个属性。如果每个员工可以有多项技能，那么“技能”就是一个多值属性。有两种常见的表示多值属性的方法。第一种就是将多值属性与其他属性列在一起，但是用特殊的符号予以标记。这是图 8—8（a）中使用的方法，在该图中将技能这一多值属性写在花括号中。

有时一组数据会一起重复。例如，图 8—8（b）员工这一实体中员工家属就是多值属性的数据。在这种情况下，家属姓名、家属年龄、与该员工的联系（配偶、子女、父母等）等数据是有关该员工的多值属性，并且这些属性一起重复（通过使用一个大括号来表示这些重复的数据）。我们把这些重复的属性称为**重复组**（repeating group）。

从概念上讲，家属也算作一个实体。因此，很多数据分析员更倾向于用第二种方法来表示一个重复组。在这种方法中，把重复的数据单独作为一个新实体，称为弱（或属性）实体（用双线边框的矩形表示），然后用联系（将在下一节探讨）来连接弱实体及其关联实体（这种特殊联系同样用双线表示）。我们在图 8—8（c）中用弱实体来表示“家属”，以及“家属”和“员工”间的联系。连接“家属”的鸡爪符表示一个“员工”可能有多个“家属”。“家属”的标识符是家属姓名和与该家属相关的员工工号属性组。在弱实体中，用“家属姓名”标识就足够了，并且用双下划线将它作为部分标识符。

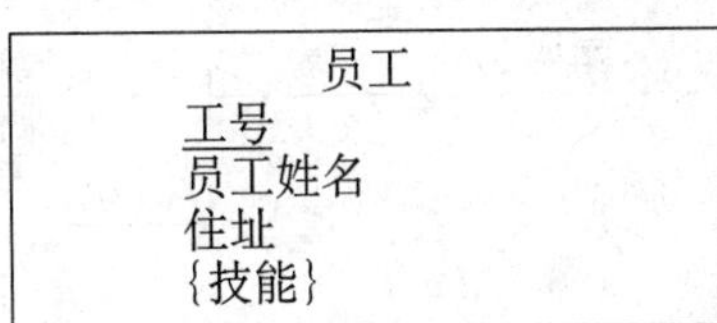

(a)多值属性　技能

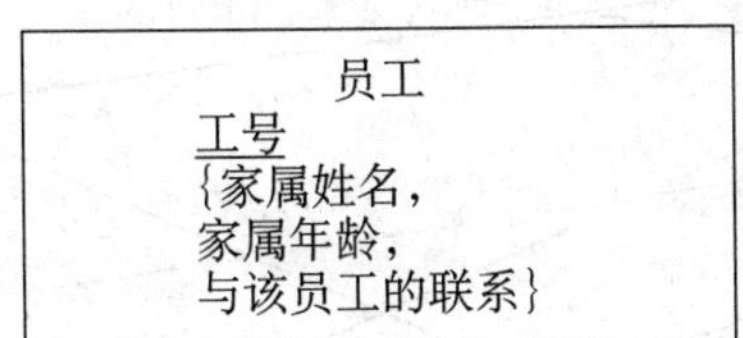

(b)重复组　家属数据

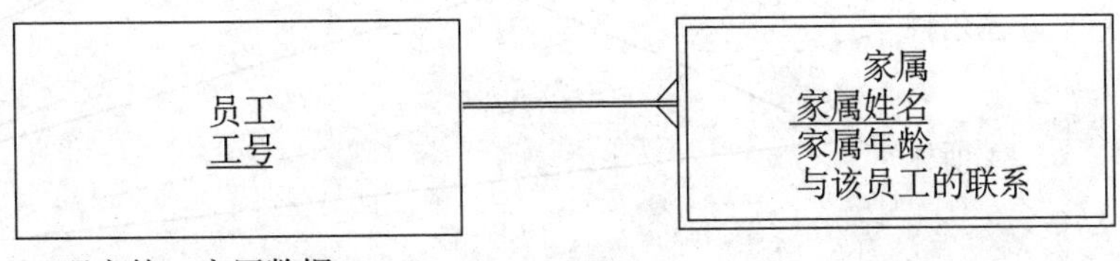

(c)弱实体　家属数据

图 8—8　多值属性和重复组

明确每个实体实例中的每个属性是必须非空（**必要属性**（required attribute））还是可以为空（**可选属性**（optional attribute））十分重要。同样还有一种常见的属性，例如姓名或地址，这种属性的每个组成部分都有意义，我们称为**复合属性**（composite attribute）。对某些应用来说，人们希望简单地用一个复合的名称来表示这一组属性，而在其他一些应用中，可能需要单独显示或处理一些组成部分。例外在概念建模中，用户可能希望参考由数据库中其他数据计算得出的数据，称为**派生属性**（derived attribute）。为了表示这些属性的唯一特征，许多E-R绘制工具为每种属性类型都提供了特殊的符号。在本书中，我们使用如图8—5所示的符号。图8—9展示了用我们指定的符号表示具有不同类型属性的"员工"这一实体。任何标识符都是必要的，并且我们指定"员工姓名"（带有组成部分"姓"和"名"）这一复合属性同样是必要的，通过加粗这一属性名称来表示。"出生日期"是一个可选属性。"员工年龄"同样是可选的，由于该属性可以由当天日期和出生日期计算得出，因此是一个派生属性。

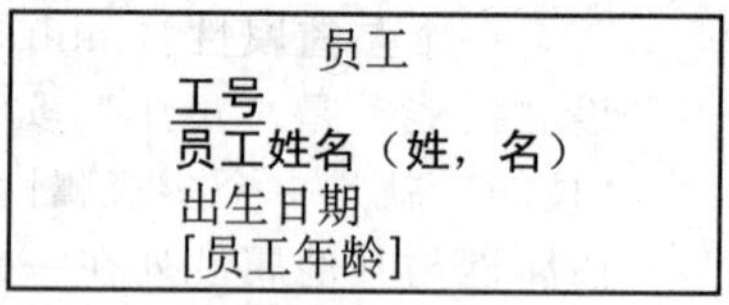

员工
<u>工号</u>
员工姓名（姓，名）
出生日期
[员工年龄]

图8—9　必要、可选、复合和派生属性

□ 联系

联系是将E-R模型中不同组成部分连接在一起的工具（见表8—1中的问题5，7和8）。**联系**（relationship）是与组织相关的一个或多个实体类型的实例间的关联。一个关联通常意味着在实体实例间发生了一个事件，或在实体实例间存在一些本质的联系。由于这个原因，联系通常是以动词标记的。图8—10（a）中显示了一个公司的培训部门，该部门的工作是追踪记录每个员工都完成了哪些培训课程。这就导致在"员工"和"课程"实体类型间存在一个叫做"完成"的联系。

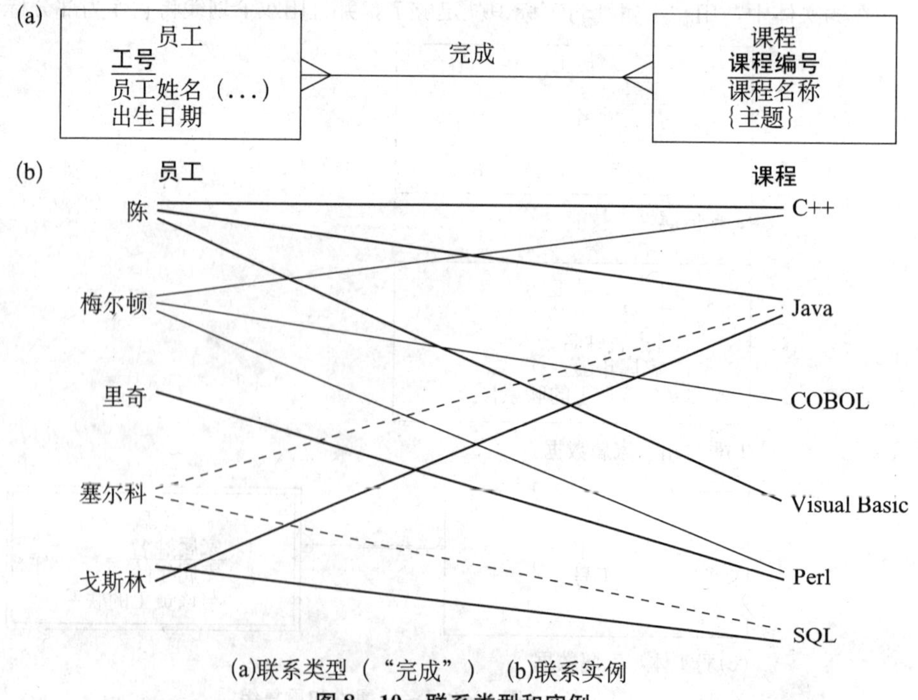

(a)联系类型（"完成"）　(b)联系实例

图8—10　联系类型和实例

如箭头所示，这是一个多对多联系：每个员工可能完成了多项课程，每项课程可能由多个员工完成。更重要的是，我们可以利用“完成”这一联系来确定一个指定员工已完成的具体课程。反过来，我们也可以确定一个完成了指定课程的员工身份。例如，考虑如图 8—10（b）所示的员工和课程。在该例子中，梅尔顿完成了三项课程（C++，COBOL 和 Perl），塞尔科和戈斯林完成了 SQL 课程。

有时我们会用两个动词来标记一个双向联系，以便该联系的每个方向都有一个明确的名称。关于这项标准的规定将由你的组织制定。

概念数据建模和 E-R 模型

上一节介绍了 E-R 数据建模的基本符号——实体、属性和联系。概念数据建模的目的是尽可能多地获取数据的含义。构建有关数据的细节（业务规则）越多，就能够设计和建立越好的系统。此外，如果可以将所有这些细节包含在 CASE 资料库中，并且 CASE 工具可以生成数据定义和程序的代码，那么我们越了解该数据，就可以自动生成越多的代码。这将使系统建立更加准确和快速。更重要的是，如果能够保存数据描述的完整资料库，就可以生成随业务规则变化需要而变化的系统。由于在所有信息系统中，维护都是最大的费用支出项目，因此通过遵循业务规则的层次而不是代码层次来维护系统，能更大幅地降低成本。

在本节，我们将探讨建立更完善的数据模型所需的更高级的概念，以及 E-R 符号怎样表示这些概念。

联系的度

一个联系的**度**（degree）（见表 8—1 中的问题 7）是与该联系相关的实体类型数量。因此，图 8—10（a）中的“完成”这一联系的度为 2，因为它连接了两个实体类型：“员工”和“课程”。在 E-R 模型中有三种最常见的联系，分别是：一元联系、二元联系和三元联系。可能存在更高度数的联系，但是在实践中很少会遇到，所以我们将讨论的重点放在这三种情况上。图 8—11 给出了一元、二元和三元联系的例子。

一元联系　也称为递归联系，**一元联系**（unary relationship）是一个实体类型与自身的联系。图 8—11 中给出了三个例子。在第一个例子中，“人”这一实体类型的实例中将“与…结婚”表示为一对一联系。也就是说，每个人目前只能与一个人结婚。在第二个例子中，“员工”实体类型的实例中将“管理”表示为一对多联系。利用这种联系我们可以确定，员工向指定的经理汇报工作；如果从反方向来看“管理”这一联系，我们可以确定该员工的直接经理是谁。在第三个例子中，“球队”实体类型的实例中将“排在…之后”表示为一对一联系。该联系表示了联赛中球队的排名顺序；可以根据获胜率等任何条件排列顺序。

图 8—12 中给出了另一种常见的一元联系的例子，称为物料清单结构。许多产品由配件构成，这些配件同样可以由其他配件和零件构成，依此类推。如图 8—12（a）所示，我们可以用多对多的一元联系来表示这种结构。在该图中，我们使用“由…组成”作为联系的名称。“数量”这一联系的属性表明了包含在给定的配件中每种零件的数量。

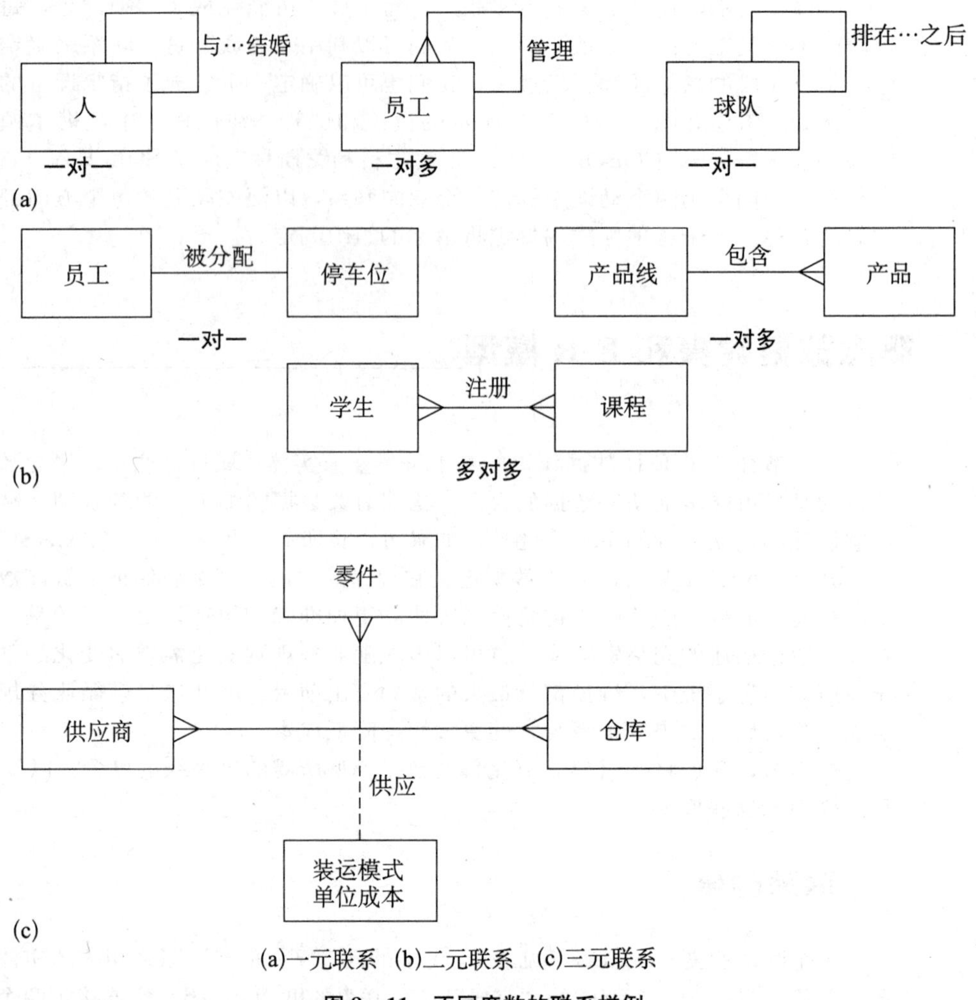

(a)一元联系 (b)二元联系 (c)三元联系

图 8—11 不同度数的联系样例

图 8—12（b）给出了这种结构的两个具体例子。每个图都展示了每个产品的直接组件以及该组件的数量。例如，产品 TX100 由两个 BR450 和一个 DX500 组成。你可以很容易地验证这些实际存在的多对多联系。一些产品有多种组件类型（如产品 MX300 有三个直接组件类型，分别是：HX100，TX100 和 WX240）。此外，部分组件用于一些更高级的配件中。例如，产品 WX240 同样用于产品 MX300 和产品 WX340 中，甚至用于物料清单的不同级别中。这种多对多联系确保了 WX240 的相同的零部件结构（图中没有给出）可以用于其他的产品中。

二元联系 **二元联系**（binary relationship）是两个实体类型的实例间的联系，也是数据建模中最常见的联系类型。图 8—11（b）中给出了三个例子。第一个（一对一）例子表示给每个员工分配一个停车位，一个停车位只能分配给一个员工。第二个（一对多）例子表示一条产品线可能包含多种产品，每种产品只能属于一条产品线。第三个（多对多）例子表示一个学生可以注册多门课程，并且一门课程可以由多个学生注册。

三元联系 **三元联系**（ternary relationship）是三个实体类型的实例间的同步联系。图 8—11（c）的例子中，“供应”这一联系追踪了由特定供应商向选定仓库装运指定零件的数量。在一个三元联系中，每个实体都可能有一个或多个参与者

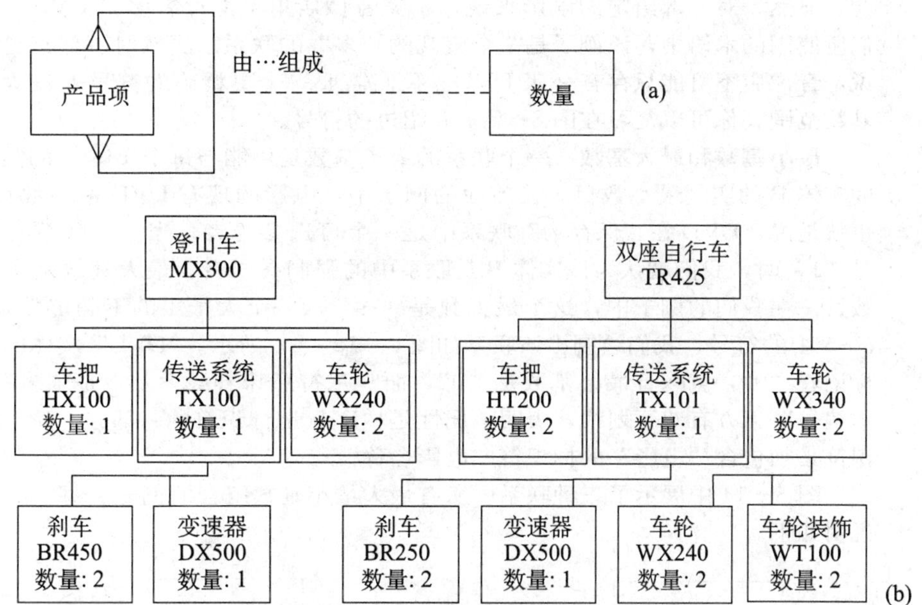

(a)多对多联系　(b)两个物料清单结构的产品实例

图 8—12　物料清单结构展示

（在图 8—11 中，三个实体都有多个参与者）。

请注意，三元联系与三个二元联系不同。例如，图 8—11（c）中，“装运模式”是“供应”这一联系的一个属性。“装运模式”不能用任意三个适当的二元联系来表示这三个实体类型间的联系（如“零件”和“供应商”间的联系），因为“装运模式”是承运人从特定“供应商”处将特定“零件”发送到特定“仓库”的装船类型。我们强烈建议将所有的三元（或更高）联系表示为关联实体（将在稍后介绍），并将在稍后探讨联系的基数。

□ 联系的基数

假设有两个实体类型 A 和 B，由一个联系连接。联系的**基数**（cardinality）（见表 8—1 中的问题 5，7 和 8）就是实体 B 的实例可以（或必须）与每个实体 A 的实例关联的个数。例如，考虑如图 8—13（a）所示的一家音像店中与 DVD 相关的联系。

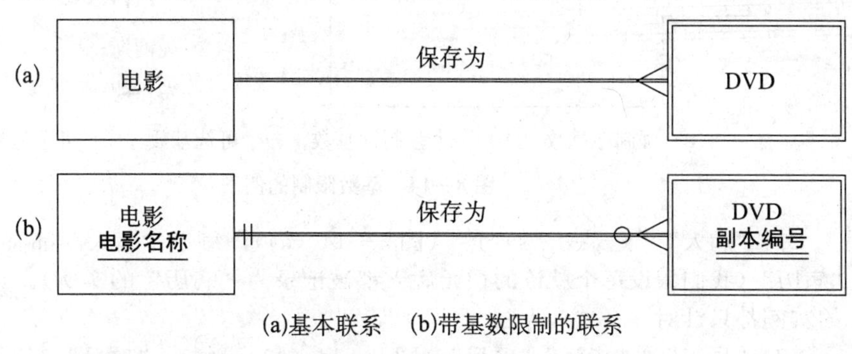

(a)基本联系　(b)带基数限制的联系

图 8—13　基数限制介绍

显然，对一部给定的电影来说，一家音像店里可能存有多张 DVD。在目前我们所使用的术语中，该例子是一个直观的“多”的联系。当然对一部指定的电影来说，音像店不可能只存有一张 DVD。我们需要一个更精确的符号来表示该联系的基数范围。你可以复习在图 8—5 中介绍过的符号。

最小基数和最大基数 一个联系的最小基数是可能与每个实体 A 的实例相关联的实体 B 的实例最小数目。在前面的例子中，电影的现有 DVD 最小数目是“0”，也就是说，DVD 在“保存为”联系中是一个可选参与者。当一个联系的最小基数是“1”时，我们就认为该实体 B 是联系中的强制参与者。最大基数是实例的最大数目。在我们的例子中，这个最大数是“多”（一个大于 1 的不确定数）。利用图 8—5 中的符号，我们绘制出该联系如图 8—13（b）所示。“DVD”实体的连线附近标记着“0”，意味着最小基数是“0”，而鸡爪符意味着最大基数是“多”。在“副本编号”下方有双下划线，表明该属性是“DVD”标识符的一部分，完整的复合标识符必须包含“电影”的标识符“电影名称”。

图 8—14 中展示了三种联系中所有最大最小基数组合的例子。每个联系的简要说明如下。

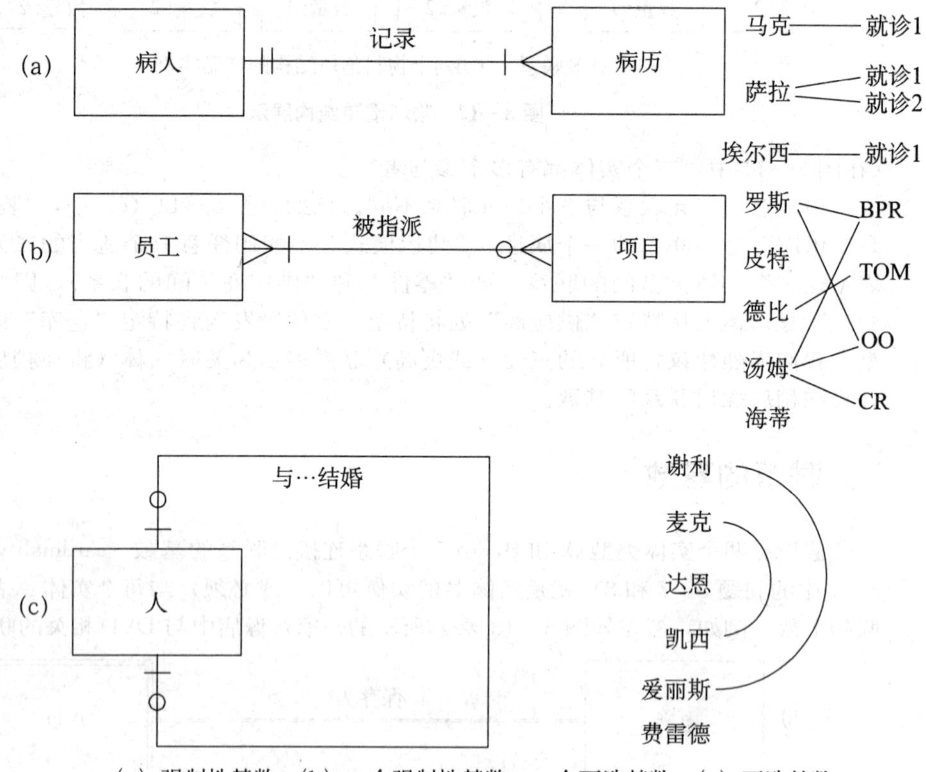

(a) 强制性基数 (b) 一个强制性基数，一个可选基数 (c) 可选基数

图 8—14 基数限制的例子

1. “病人”“记录”“病历”（图 8—14（a））。每个“病人”都有一个或多个“病历”（我们假设每个就诊的初始病人都被记录为“病历”的实例）。每个“病历”的实例都只针对一个“病人”。

2. “员工”“被指派”“项目”（图 8—14（b））。每个“项目”有至少一个“员工”（有些项目有多个）。每个员工可以（或可选）被指派给任何现有的项目，或者被指派给多个项目。

3. “人”与“人”“结婚”（图 8—14（c））。该联系每个方向的基数都可以为 0 或 1，因为一个人可能已婚也可能未婚。

有的情况下，最大基数是一个固定数而不是任意宽泛地定义为“多”。例如，假设企业政策表明一个员工在同一时间最多参与 5 个项目的工作。我们可以在图 8—14（b）中“项目”实体的鸡爪符上方或下方标记一个“5”来表示该业务规则。

□ 命名和定义联系

联系可能是 E-R 图中最难理解的部分。因此，在命名联系时，应该遵循以下特殊的指导原则：

● 一个联系以动词短语来命名（例如，“指派”、“提供”或“教导”等）。联系代表动作，通常是现在时。联系的名称表示执行的动作而不是动作的结果（例如，使用“指派”而不是“指派的任务”）。

● 避免使用不明确的名字，如“有”或“有联系”。在定义联系时，使用描述性动词短语来表示所执行的动作。

以下是一些定义联系的具体指导原则：

● 一个联系的定义说明了要执行什么动作，并且可能说明了这个联系的重要性。说明由谁或由什么事物来执行该动作很重要，而说明该动作是如何执行的并不重要。

● 举例说明一个动作有时很重要。例如，学生和课程间的“注册”联系，清楚表明该动作既包含现场注册，也包含网上注册，并且在这期间注册量可能增加或减少是非常有用的。

● 一个定义应该说明任何可选的参与。你应该说明什么条件会导致没有关联实例，这种情况是否只在实体实例初次创建时发生，还是在任何时候都可能发生。

● 一个联系的定义同样应该说明使用任何明确的最大基数而不是宽泛的“多”的原因。

● 一个联系的定义应该说明任何参与该联系的限制。例如，“被监管是连接一个员工及其所监管的其他员工的联系，也是连接一个员工和监管他的员工的联系。一个员工不能监管自己，并且如果一个员工的职位级别低于 4，那么他不能监管任何其他员工”。

● 一个联系的定义应该说明该联系保存的历史记录的范围。

● 一个联系的定义应该说明该联系实例所涉及的一个实体实例是否能够转而参与到其他的联系实例中。例如，“下订单这一联系连接了客户下的订单和我们公司，一个订单不能转让给另一个客户”。

□ 关联实体

正如图 8—11 中的“供应”联系和图 8—12 中的“由…组成”联系，属性可能与一个多对多的联系或实体相关联。例如，假设组织希望记录每个员工完成每门课程的日期（月和年）。一些示例数据如下所示：

工号	课程名	完成日期
549-23-1948	基础代数	2006 年 3 月
629-16-8407	软件质量	2009 年 6 月
816-30-0458	软件质量	2009 年 2 月
549-23-1948	C 语言	2009 年 5 月

你可以从这些有限的数据中发现，“完成日期”这一属性既不是实体“员工”的特质属性，因为工号为 549-23-1948 的员工其不同的课程有不同的完成日期，也不是实体“课程”的特质属性，因为一门指定的课程（如软件质量）可能有多个完成时间。相反，“完成日期”是“员工”和“课程”间联系的属性。该属性与联系相关联，如图 8—15 所示。

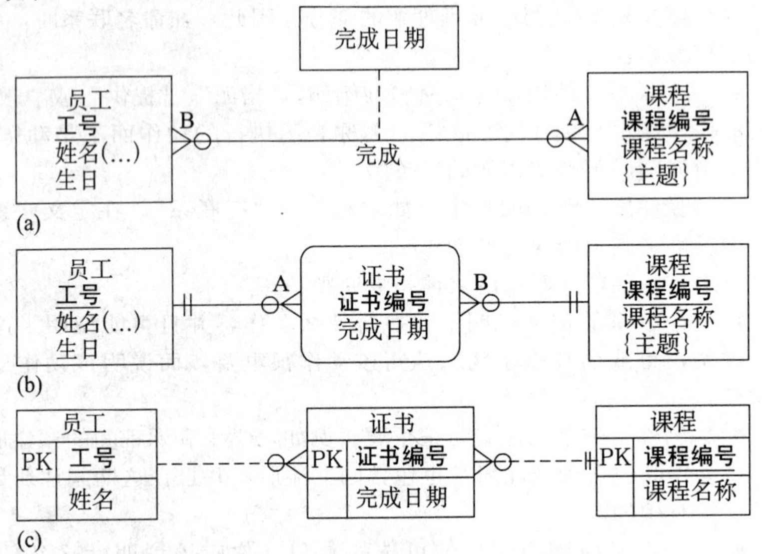

(a)一个联系中的属性 (b)一个关联实体（证书） (c)利用微软Visio绘制的关联实体

图 8—15 一个关联实体

由于多对多和一对一联系可能存在关联属性，E-R 数据模型提出了一个有趣的困境选择：一个多对多联系实际上是不是一个变相的实体？通常实体和联系间的区别只在于你是如何看待这些数据的。**关联实体**（associative entity）是数据建模人员作为实体去进行建模的一种联系。图 8—15（b）将“完成”这一联系（作为关联实体）用 E-R 符号来表示，图 8—15（c）展示了如何用微软的 Visio 进行该项数据建模。由于从“证书”实体到其他两个实体的连线并不是两个单独的二元联系，因此没有标记。请注意“员工”和“课程”间有一个强制性基数，因为一个“完成”的实例必须有一个相关联的“员工”和“课程”。标记 A 和 B 表示“完成”联系中应该放置基数的位置。我们为“证书”创建了一个标识符“证书编号”，并没有使用“员工”和“课程”中的标识符“工号”和“课程编号”来进行组合标识。

一个在三元联系中使用关联实体的例子如图 8　16 所示。该图展示了图 8—11 中“供应”这一三元联系的替代，并且比图 8—11 更加明确。在图 8—16 中，用实体类型（关联实体）“装运安排”代替了图 8—11 中的“供应”联系。“装运安排”的每个实例都表示一个实际的装运，该装运是将从指定供应商处获取的特定零件发往指定仓库。“装运模式”和“单位成本”是“装运安排”的属性。我们没有指定“装运安排”的标识符，这暗示着用与“装运安排”相关的三个实体的标识符来作为复合标识符。“供应”联系中有关“供应商”、“零件”和“仓库”参与的业务规则是通过“装运安排”附近的基数来表示的。请记住，这不是三个独立的联系，而是关联实体。

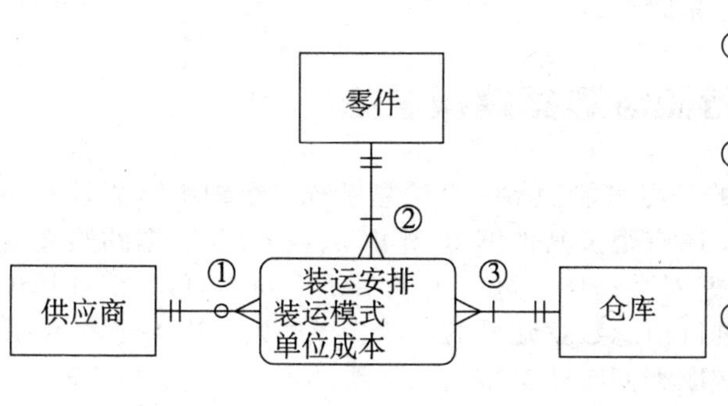

业务规则

①每个供应商可以为仓库提供任意数量的零件，也可以不提供任何零件。

②每个零件都可以由任意数量的供应商提供，并发往多个仓库，但是每个零件都必须至少由一个供应商提供，并发往一个仓库。

③每个仓库可以提供从多个供应商处获得的任意数量的零件，但是每个仓库必须至少提供一个零件。

图 8—16　一个三元联系中的基数限制

有这样一种情况，在生成它的联系之外，某关联实体与实体还存在其他的联系，这时必须将该联系转换为关联实体。例如，考虑图 8—17（a）中的 E-R 图，该图表示 PVF 公司从不同供应商处购买零件的报价。假设现在我们需要知道对每个零件装运单来说哪些报价是有效的。这种额外的数据需求就必须将“报价”联系转换为一个关联实体，如图 8—17（b）所示。

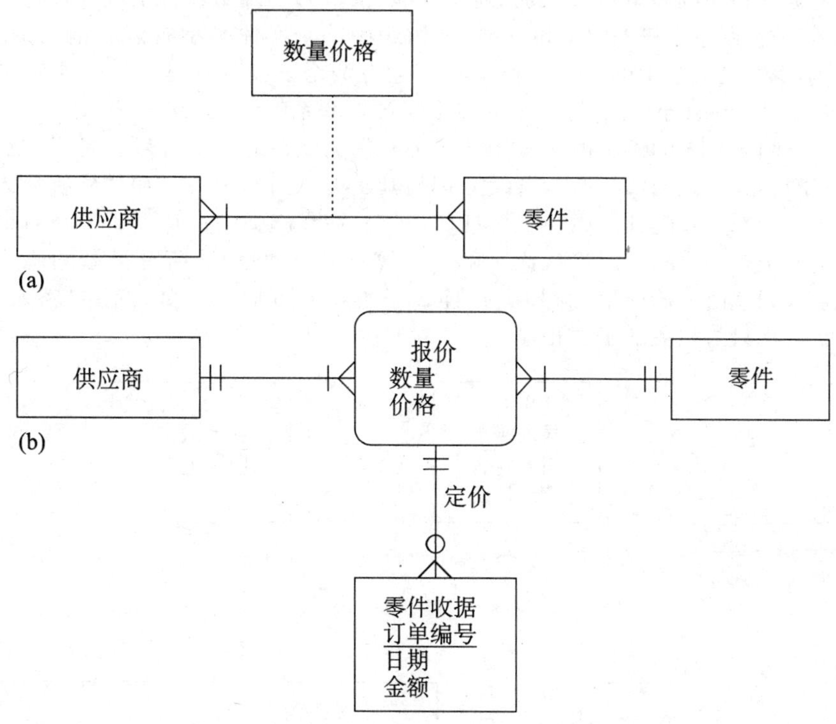

(a)带有属性的多对多联系　(b)有独立联系的关联实体

图 8—17　需要关联实体的情况

在这种情况下，“报价”不是一个三元联系。相反，它是一个“供应商”和“零件”间的二元多对多联系（关联实体）。此外，每个基于“金额”的“零件收据”都有一个合适的谈判“价格”。每个“零件收据”都表示从特定供应商处获得给定的零件，并且该收据的“金额”指定了一个与“数量”属性相匹配的有效购买单价。由于“报价”涉及一个特定的零件和一个特定的供应商，因此“零件收据”不需要与这些实体有直接联系。

□ 用E-R图进行概念数据建模总结

绘制E-R图的目的是尽可能理解一个信息系统或组织中所需数据的含义。除了在本章介绍过的内容，还有很多其他E-R图可以表示有关数据的语义。其中一些更先进的功能由Hoffer等人（2010）进行了说明。你同样可以在Moody（1996）的研究中找到一些有效进行概念数据建模的一般指导原则。下一节将介绍概念数据建模的最后一个环节：获取类似实体类型间的联系。

子类和超类的表示

很多情况下，两个或多个实体类型看起来非常相似（可能有几乎一样的名称），但是它们之间存在一些细微的差别。也就是说，这些实体类型存在共同的属性，但是也有一个或多个相互区别的属性或联系。为了说明这种情况，E-R模型扩展出超类/子类联系。**子类**（subtype）是组织中一个实体类型有意义的子集类型。例如，“学生”是大学中的一个实体类型。它有两个子类分别是“研究生”和“本科生”。**超类**（supertype）是与一个或多个子类有联系的泛化的实体类型。

图8—18的例子说明了用于子类和超类联系的基本符号。超类“病人”与一个圆圈相连，该圆圈下有两条线分别与其子类“门诊病人”和“住院病人”相连，所有病人都具有的共同属性（包括标识符）写在超类中；每个子类特有的属性写在特定的子类中（如“门诊病人”的“结算日期”属性）。所有类型的病人都参与的联系（如“由…治疗”）与超类相连；子类特有的联系（如“住院病人”的“分配”联系）只与相关的子类相连。

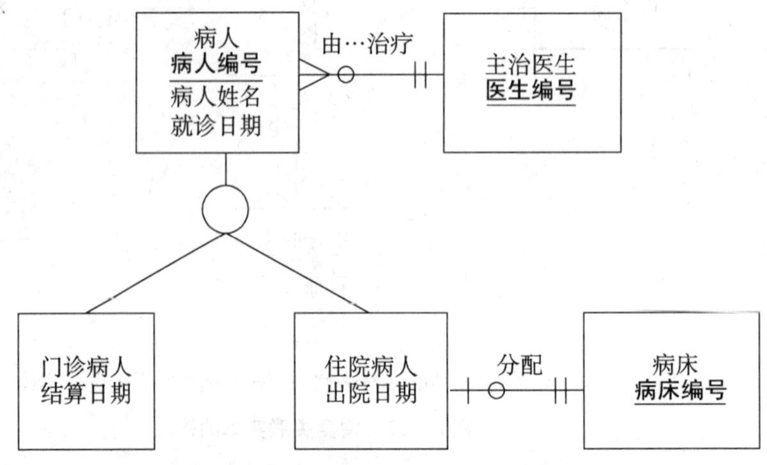

图8—18 医院中的超类和子类联系

有一些管理子类和超类的重要业务规则。**总体特化规则**（total specialization rule）就规定在联系中，每个超类的实体实例必须是某个子类的成员。**部分特化规则**（partial specialization rule）则规定每个超类的实体实例可以不属于任何子类。在E-R图中总体特化中的超类与圆圈间的连线用双线表示，而在部分特化规则中用单线表示。**不相交规则**（disjoint rule）规定如果一个超类的实体实例是某个子类的成员，那么它不能同时是另一个子类的成员。**重叠规则**（overlap rule）则规定一个实体实例可以同时是两个或多个子类的成员。不相交和重叠在圆圈中以“d”或“o”表示。

图 8—19 以一个大学的数据库中子类和超类层级为例，说明了这些规则的组合。在该例子中：

● 一个“人”必须是（总体特化）一个“员工”、一个“校友”，或一个“学生”，或任何这些子类的组合（重叠）。

● 一个“员工”必须是一个“教师”或一个“雇员”（不相交），或可能只是一个“员工”（部分特化）。

● 一个“学生”只能是一个“研究生”或一个“本科生”，而不能是其他身份（总体特化和不相交）。

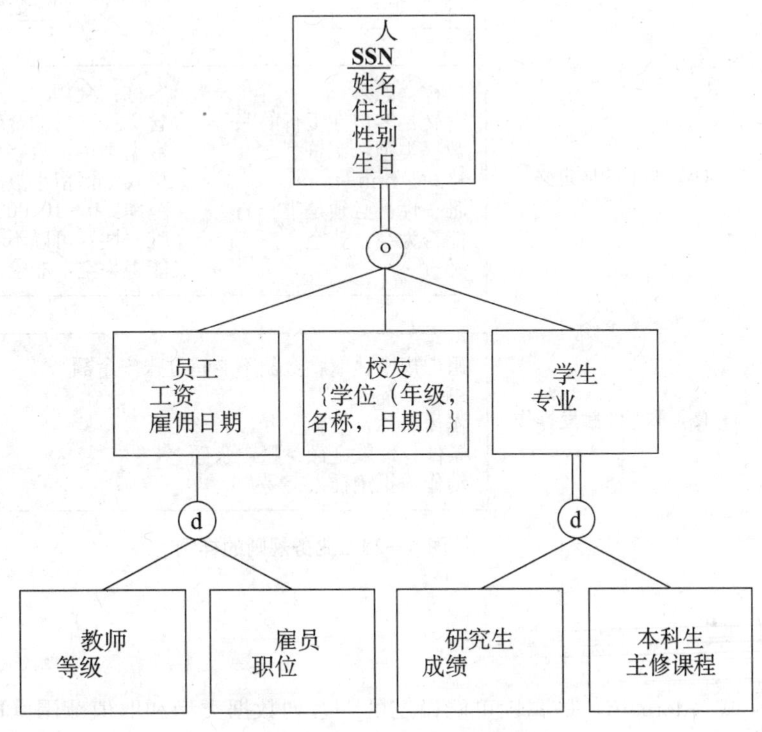

图 8—19　子类和超类层级的例子

业务规则

概念数据建模是一个记录信息需求的分步流程，它同时与数据构建和数据完整性（见表8—1中的问题8）规则相关。**业务规则**（business rules）是保持逻辑数据模型完整性的规范。业务规则有以下四个基本类型：

1. 实体完整性。每个实体类型的实例都必须有一个非空的唯一标识符。
2. 参照完整性约束。有关实体类型间联系的规则。
3. 域。属性有效值的限制。
4. 触发器。保护属性有效值的其他一些业务规则。

本章所介绍的E-R模型更着重于数据构建而不是业务规则的表示（虽然有些基本的规则是暗含在E-R模型中的）。一般情况下，业务规则是在需求确定期间获取的，并且存储在CASE资料库中作为记录。实体完整性在本章的前面已经介绍过，由于参照完整性用于数据库设计，因此将在第9章介绍。本节我们将简要介绍两种规则类型：域和触发器。我们将利用图8—20（a）中银行业务环境的简单例子来说明这些规则。在该例子中，“账户”实体与“取款”实体间存在“用于”这一联系。

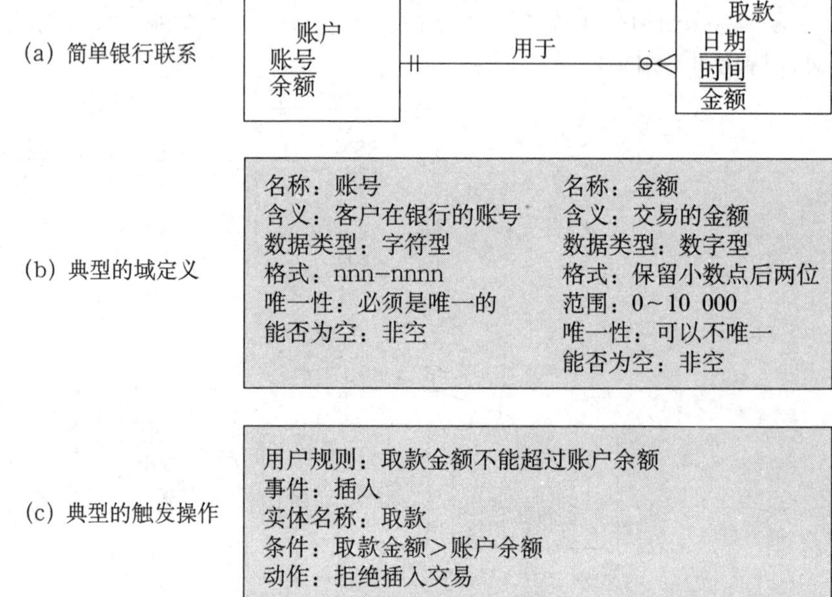

图8—20 业务规则的样例

域

域（domain）是属性可能设定的一系列数据类型和取值范围（Fleming and von Halle，1990）。域的定义通常规定了属性的如下一些特性：数据类型、长度、格式、范围、允许值、含义、唯一性和能否为空等。

图8—20（b）给出了该银行案例的两个域定义。第一个定义是针对账号的。由于账号是一个标识符属性，因此该定义规定账号必须是唯一且非空的（这些规定对所有的标识符都适用）。该定义同时规定了该属性的数据类型是字符型，并且数据格式是nnn-nnnn。因此，任何不符合该字符类型和数据格式的属性赋值尝试都会被拒绝，并且会显示错误消息。

账户属性（请求取款的金额）的域定义规定该属性同样不能为空，但是可以不唯一。格式要求保留小数点后两位以适应货币金额字段。取值范围从 0（防止出现负值）到 10 000。10 000 是一次取款交易的金额上限。使用域可以获得以下优点：

- 域验证一个属性的取值（插入或修改操作导致的存储）是否有效。
- 域确保各种数据操作（如关系数据库系统中的集合和合并）是合乎逻辑的。
- 域有助于保存描述属性特征的工作。

域有助于保存已完成的工作，因为我们可以先定义域，然后将数据模型中的每个属性与适当的域相关联。为了说明这种情况，我们假设一个银行有三种类型的账户，分别有如下标识符：

账户类型	标识符
支票	支票账号
储蓄	储蓄账号
贷款	贷款账号

如果不使用域，那么这三个实体的标识符属性特征都要单独介绍。假设这三个属性的特征是相同的。一旦定义了域账号（如图 8—13（b）所示），就只需要简单地将这三个属性与账号关联起来即可。其他的公共域如日期、社会保障号和电话等，同样只需要在模型中定义一次。

□ 触发器

触发器（triggering operation，trigger）是一个管理数据如插入、修改和删除等处理操作有效性的判断或规则。触发器的范围可能限制在一个实体的内部属性中，也可能扩展到两个或多个实体的属性中。一些复杂的业务规则通常以触发器的形式表示。

一个触发器通常包含以下组件：

1. 用户规则。由触发器引发的业务规则的简要说明。
2. 事件。引发操作的数据处理行为（插入、删除、修改等）。
3. 实体名称。被访问或修改的实体名称。
4. 条件。使操作被触发的条件。
5. 动作。当被触发时，所执行的动作。

图 8—20（c）给出了一个银行业务环境中触发器的例子。业务规则非常简单（熟悉），如下所述：取款金额不能超过账户余额。在这里我们所关注的事件是试图向“取款”实体类型（可能是从 ATM 机）插入一个实例的操作。该事件的条件是：

取款金额＞账户余额

如果该条件被触发，就拒绝执行该交易。有关触发器有两点需要注意：首先，它涉及两个实体类型；其次，通过使用域，该业务规则无法被强制执行。

触发器的使用是数据库策略中日益重要的部分。通过使用触发器，保证数据完整性的职责就被纳入数据库管理系统的范围内，而不是由应用程序或操作人员来承担。在银行的案例中，ATM 机可以在执行每次取款操作前检查账户余额。操作人员可能会存在人为的操作失误，在任何事件中，人工操作都不能与 ATM 机共同处理。此外，逻辑完整性的检查可以建立在合适的应用程序中，但是完整性检查需要在每个程序中都复制该逻辑。并不能保证逻辑的一致性（因为应用程序可能是由不同人员经过多次开发完成的），也不能保证该应用程序在条件改变的情况下保持不变。

如前所述，业务规则应该记录在CASE资料库中。理想情况下，这些规则会由数据库软件自动检查。从应用程序中删除业务规则，并将它们融合在资料库（以域、参照完整性约束和触发器的形式）中有很多显著的优点，特别是将业务规则与资料库相结合。

1. 能够以更少的错误更迅速地完成应用程序的开发，因为这些规则可以生成到程序中或由数据库管理系统执行。
2. 减少维护的工作量和支出。
3. 能够更快地响应业务的变化。
4. 有利于最终用户参与到新系统的开发和数据处理中。
5. 能够提供满足完整性约束的一致应用程序。
6. 减少培训应用程序员的时间和工作量。
7. 促进数据库的简便操作。

有关业务规则更详细的论述，详见Hoffer等人（2010）的研究。

打包概念数据模型的作用——数据库模式

幸运的是，数据建模的科学艺术已经发展到这样一个地步，就是已经很少需要为组织单独开发一个包含组织内全部数据的模型。取而代之的是，对于不同的业务环境来说都有通用的数据库模式，以比较低的成本购买打包好的数据模型（或模型组件），经过适当的定制修改后，组装成完整的数据模型。这些通用的数据模型由行业专家、指导者和数据库技术的供应商依据他们自身在行业组织中的经验和专长开发。这些模型通常作为数据建模软件包的内容，如Computer Associates开发的ERWin。该软件可以用于生成包含所有元数据的E-R图，并能够生成一系列有助于为特定环境定制数据模型的报告，如能够在特定业务环境中自定义数据名称、修改联系特征或添加数据唯一性等。随后，一旦依据特定业务环境定制的系统完成，该软件就可以为数据库管理系统生成定义数据库的计算机代码。一些简单和有限的通用数据模型可以在网上和书上找到。

打包数据模型有两种类型：一种是通用数据模型，该模型几乎适用于所有企业或组织；另一种是行业定制数据模型。我们将简要介绍这两种类型，并为每种类型提供参考资料。

通用数据模型

许多（几乎全部）行业领域的不同组织其核心有很多共同之处，例如客户、商品、账户、文件和项目等。虽然在细节上有所差别，但它们在这些行业中的基本数据构建通常是非常相似的。此外，还有一些核心业务功能（例如购买、会计、接收和项目管理等）也遵循这些通用模型。通用数据模型是一个或多个不同行业领域或功能的模板。这些数据模型中包含的所有组件通常包括：实体、联系、属性、主键和外键，甚至包括示例数据。Hay（1996）和Silverston（2001a）给出了两个通用数据模型集的例子。

□ 行业定制数据模型

行业定制数据模型是用于特定行业内的组织的数据模型。该数据模型几乎适用于所有主要行业类别，包括医疗保健、电信、独立制造、工艺制造、银行、保险和高等教育等行业。这些模型构建的前提是特定行业内的组织数据模型具有相似性（“一个银行就是一个银行”）。然而，为一个行业（如银行）定制的数据模型与另一个行业（如医院）的数据模型存在很大的差别。行业定制数据模型的典型例子是由 Silverston（2001b），Kimball and Ross（2002），以及 Inmon（2000）提供的，详见 www. billinmon. com。

□ 数据库模式和打包数据模型的优点

数据建模领域的大多数人把购买的通用或行业定制的数据库模式称为逻辑数据模型（LDM）。从技术上讲，逻辑数据模型这一术语表示这是一个与最常见的数据库技术（关系数据库）相关的具有额外属性的概念数据模型。事实上，我们在这一章所讨论的数据规划和分析类型建模能够用概念数据模型或逻辑数据模型中的任一种完成。这个流程是相同的，只是出发点不同。

逻辑数据模型是从数据库的角度看待模式、组件和在之前的章节中介绍过的打包，它是一种更迅速可靠地建立新应用系统的方式。逻辑数据模型的一个优点是，现有的打包数据模型几乎涵盖了所有的行业和应用领域，以及企业系统的具体业务系统，如企业资源计划（ERP）和数据仓库。它们可以从数据库软件供应商、应用软件供应商和咨询公司处获得。打包数据模型的使用并不能代替我们在本章讨论的方法和技术；它们仅改变了使用这些方法和技术的环境。

当前重要的是考虑购买一个打包数据模型，还是从头开发一个应用系统。考虑购买数据模型并对该模型进行定制修改的如下优点：

● 有效。购买的模型是经过大量实践和经验证明的。

● 减少成本。用购买的模型进行的项目将花费更少的时间和成本，因为不需要初始获取步骤，只需要根据特定情况对模型进行迭代的定制修改。

● 着重于未来而不是最初的需求。购买的模型不仅着重于应用系统在最初使用时获取的需求，同样关注未来的需求。因此，它带来的益处是循环的而不是一次性的，因为数据库设计不需要结构性的改变，而结构性的改变将在使用数据库之前对应用系统进行重新编程，这产生的费用非常高。

● 便于系统分析。购买的模型能够提供初始数据模型，从而便于数据库规划和设计，你可以利用初始数据模型生成具体的分析问题和能够用于适当的数据库的具体示例。

● 一致性和完整性。购买的数据模型是非常通用的，几乎涵盖了所有相关功能领域或行业的使用方案。因此，模型提供了一个结构，经过定制修改后，将满足一致性和完整性要求。

若想了解更多数据建模和数据库开发中打包数据模型的使用，详见 Hoffer, Topi and Venkatraman（2010）。当然，打包数据模型不能替代完整的数据库分析和设计。专业的分析员和设计员还需要确定数据库需求并选择、修改、安装、集成任何所要使用的打包系统。

电子商务应用：概念数据建模

为一个基于互联网的电子商务应用系统进行概念数据建模，与为其他类型的应用系统进行数据需求分析所遵循的流程相同。在前面的章节中，你已经了解了吉姆是如何分析 WebStore 系统内的信息流并绘制出数据流图的。在本节中，我们将考察他在开发 WebStore 的概念数据模型时所遵循的流程。

为松谷家具公司的 WebStore 系统进行概念数据建模

为了更好地理解 WebStore 所需的数据，吉姆仔细回顾了联合应用设计会议中的信息和他之前所绘制的数据流图。表 8—2 给出了联合应用设计会议中获取的客户和库存信息的总结。吉姆不确定这些信息是否完整，但他认为这是一个很好的起点，以发现 WebStore 系统需要获取、存储和处理什么样的数据。为了获取更多的信息，他仔细研究了图 8—21 中的数据流图。在此图中，有两个明确的数据存储：库存和购物车。在概念数据模型中，这两个数据存储都很有可能成为实体。最后，吉姆检查了数据流图中的数据流，作为实体的可能来源。这样的分析得出了他需要考虑的以下五种类别的信息：

- 客户
- 库存
- 订单
- 购物车
- 临时用户/系统消息

表 8—2　WebStore 系统的客户和库存信息

企业用户	家用办公用户	学生用户	库存信息
公司名称	姓名	姓名	SKU
公司地址	从事业务(公司名称)	学校	名称
公司电话	地址	地址	描述
公司传真	电话	电话	成品尺寸
装运方式	传真	E-mail	成品重量
买方姓名	E-mail		可选材料
买方电话			可选颜色
买方 E-mail			价格
			提前期

确定了这些数据类别后，吉姆的下一步工作就是准确定义它们。为了完成这项工作，他再次审查了数据流图内的所有数据流并把所有数据流的来源和目的地都记录下来。通过仔细列出这些数据流，他能够更简便地转换数据流图，更彻底地理解从一个地点到另一地点移动所需的信息。从这项活动中得出了记录他对 WebStore 需求的理解的两个表格。第一个表如表 8—3 所示，列出了每个数据类别的数据流

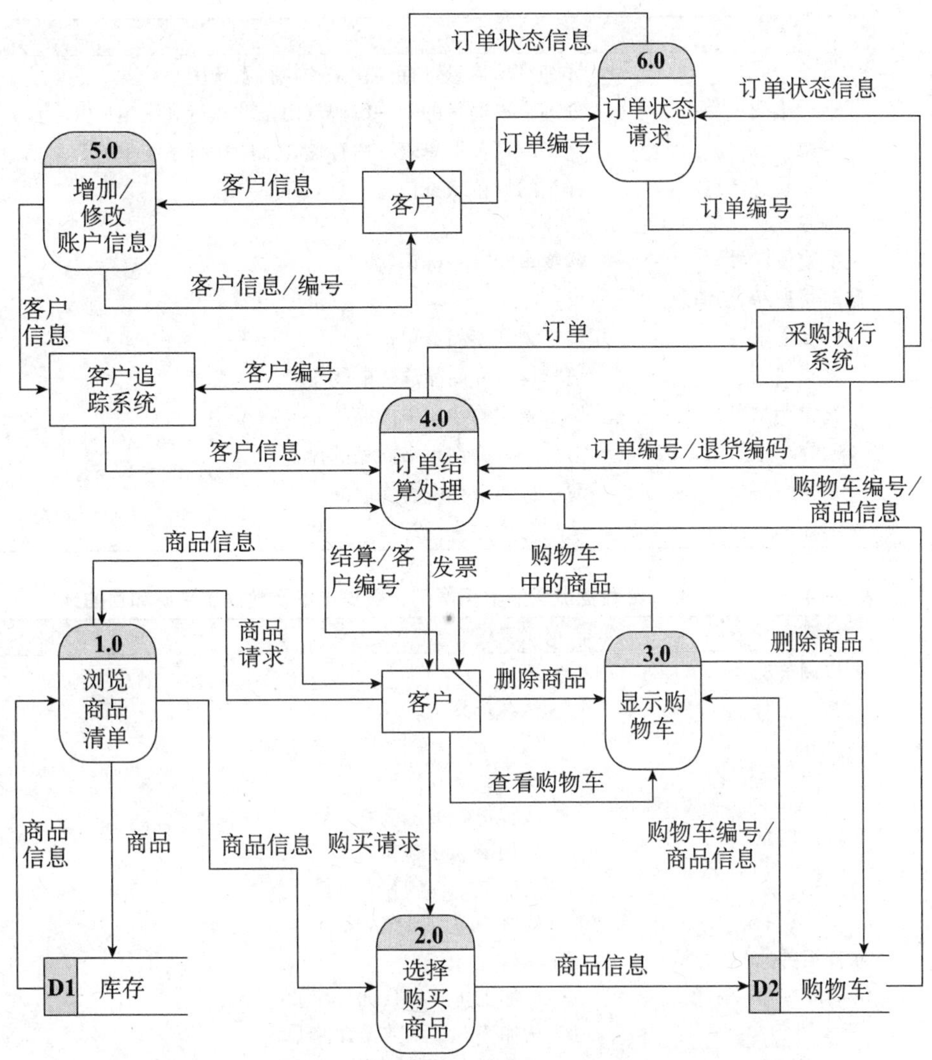

图 8—21　WebStore 的第 0 层数据流图

及相应的描述。第二个表格如表 8—4 所示，列出了每个数据类别的唯一数据流。现在他已经准备好绘制 WebStore 系统的 E-R 图了。

表 8—3　　WebStore 系统的数据类别、数据流和数据流描述

数据类别/数据流	描述
客户相关的	
客户编号	每个客户的唯一标识符（由客户追踪系统生成）
客户信息	详细客户信息（存储在客户追踪系统中）
库存相关的	
商品	每个商品的唯一标识符（存储在库存数据库中）
商品信息	详细商品信息（存储在库存数据库中）
订单相关的	
订单编号	每张订单的唯一标识符（由采购执行系统生成）

续前表

数据类别/数据流	描述
订单	详细订单信息（存储在采购执行系统中）
退货编码	处理客户退货的唯一编码（由采购执行系统生成并存储）
发票	详细的订单汇总表（由存储在采购执行系统中的订单信息生成）
订单状态信息	详细的订单状态信息汇总（存储/生成）
购物车	
购物车编号	购物车的唯一标识符
临时用户/系统消息	
商品请求	请求浏览商品清单信息
购买请求	请求将一件商品放入购物车
查看购物车	请求查看购物车中的商品
购物车中的商品	汇总所有购物车中商品的报告
删除商品	请求从购物车中删除商品
结算	请求结算并执行订单

表8—4　　WebStore 数据流图的数据类别、数据流以及数据流来源和目的地

数据流	从……到……
客户相关的	
客户编号	从客户到加工4.0
	从加工4.0到客户追踪系统
	从加工5.0到客户
客户信息	从客户到加工5.0
	从加工5.0到客户
	从加工5.0到客户追踪系统
	从客户追踪系统到加工4.0
库存相关的	
商品	从加工1.0到数据存储D1
	从加工3.0到数据存储D2
商品信息	从数据存储D1到加工1.0
	从加工1.0到客户
	从加工1.0到加工2.0
	从加工2.0到数据存储D2
	从数据存储D2到加工3.0
	从数据存储D2到加工4.0
订单相关的	
订单编号	从采购执行系统到加工4.0
	从客户到加工6.0
	从加工6.0到采购执行系统
订单	从加工4.0到采购执行系统
退货编码	从采购执行系统到加工4.0
发票	从加工4.0到客户
订单状态信息	从加工6.0到客户
	从采购执行系统到加工6.0

续前表

数据流	从……到……
购物车	
购物车编号	从数据存储 D2 到加工 3.0
	从数据存储 D2 到加工 4.0
临时用户/系统消息	
商品请求	从客户到加工 1.0
购买请求	从客户到加工 2.0
查看购物车	从客户到加工 3.0
购物车中的商品	从加工 3.0 到客户
删除商品	从客户到加工 3.0
	从加工 3.0 到数据存储 D2
结算	从客户到加工 4.0

吉姆认为客户、库存和订单都是独立的实体，应该成为 E-R 图的一部分。回想一下，一个实体是一个人、地点或对象，这三项都符合这个标准。由于临时用户/系统消息既不是永久存储的数据，也不是人、地点或对象，因此吉姆认为它不是概念数据模型中的实体。虽然购物车也是一个临时存储的项目，但是至少在客户访问 WebStore 期间，购物车中的内容需要存储并且应视为一个对象。如图 8—21 所示，加工 4.0 订单结算处理，将购物车中的内容移动到采购执行系统中，该系统存储着订单的详细信息。因此，吉姆认为购物车，以及客户、库存和订单将是 E-R 图中的实体。

最后一个步骤是明确这四个实体间的相互联系。仔细研究了相关信息后，吉姆得出以下结论：

1. 每个客户拥有 0 或 1 个购物车实例；每个购物车实例只由一个客户拥有。
2. 每个购物车实例仅包含一个库存项目；每个库存项目由 0 或多个购物车实例包含。
3. 每个客户可执行 0 或多张订单；每张订单只能由一个客户执行。
4. 每个订单包含一个或多个购物车实例；每个购物车实例只由一张订单包含。

有了这些所定义的联系，吉姆绘制出如图 8—22 所示的 E-R 图。现在他对系统需求、WebStore 内的信息流、WebStore 和现有 PVF 系统间的信息流以及当前概念数据模型有了更好的理解。在接下来的几个小时，吉姆打算通过列出每个实体的特定属性，并将所列属性与数据库中现有的库存、客户和订单表相比较，进一步完善自己的理解。确保在开始选择最终的设计策略前，所有定义的属性都是最终概念数据建模的一部分。

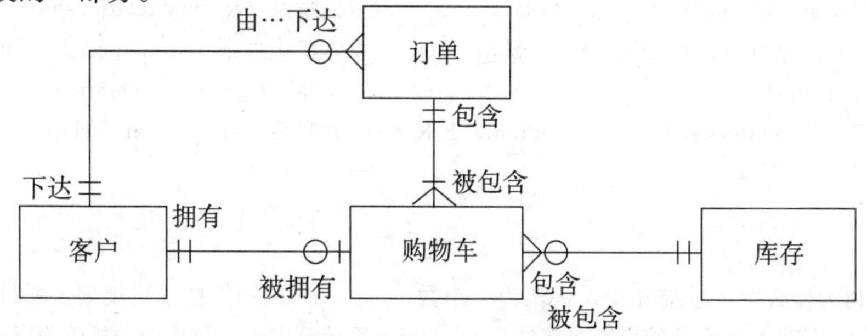

图 8—22 WebStore 系统的 E-R 图

小结

我们给出了用于构建信息系统内数据需求模型的流程和基本符号，概括了如何利用E-R符号构建概念数据模型，并探讨了概念数据模型中的组件与数据流和数据存储间的联系。

概念数据模型基于某种数据的构建而不是数据的使用。这些构建包括实体、联系、度和基数。一个数据模型展示了定义组织本质的相对固定的业务规则。规则定义了数据的特征，例如数据属性的合理域取值、实体的唯一特征（标识符）、不同实体间的联系以及在数据维护过程中保护属性有效性的触发器。

数据模型展示了主要的数据类别（在E-R图中称为实体）、实体间的关联或联系，以及实体和联系的属性。有一种特殊的称为关联实体的实体，通常用于表示实体间的多对多联系。实体类型和实体实例不同。同一实体类型的每个实体实例通过标识符属性加以区别。

联系是将数据模型的组件联系在一起的黏合剂。有三种常见的联系类型，分别是一元、二元和三元联系。实体实例参与到一个联系中的最大最小基数代表了组织本质的重要规则，该规则是在需求确定阶段获取的。超类和子类联系用于表示有共同属性和联系的相关实体类型间从一般到具体的层级结构。超类和子类间的总体特化规则和部分特化规则，以及子类中的不相交和重叠规则说明了相关实体的含义。

现代系统分析基于复用，复用的一个形式就是打包的概念数据模型。这些数据模型可以从不同的供应商处购买，并且对学习同一行业的其他组织或同一业务功能的实践经验非常有帮助。如果是从头开始构建复杂的数据模型，利用这些模型则可以节省相当多的时间。

关键术语

关联实体（associative entity）
属性（attribute）
二元联系（binary relationship）
业务规则（business rules）
候选键（candidate key）
基数（cardinality）
复合属性（composite attribute）
概念数据模型（conceptual data model）
度（degree）
派生属性（derived attribute）
不相交规则（disjoint rule）
域（domain）
实体实例（entity instance）
实体—联系数据模型（entity-relationship data model，E-R model）
实体—联系图（entity-relationship diagram，E-R diagram）
实体类型（entity type）
标识符（identifier）
多值属性（multivalued attribute）
可选属性（optional attribute）
重叠规则（overlap rule）
部分特化规则（partial specialization rule）
联系（relationship）
重复组（repeating group）
必要属性（required attribute）
子类（subtype）
超类（supertype）
三元联系（ternary relationship）
总体特化规则（total specialization rule）
触发器（triggering operation，trigger）
一元联系（unary relationship）

复习题

1. 探讨为什么一些系统开发人员认为一个数据模型是说明信息系统需求的最重要部分。

2. 区别信息系统规划、项目启动和规划以及系统开发生命周期中分析阶段所做的数据建模。

3. 数据流图中的哪些内容应作为数据建模的一部分？

4. 说明为什么一个三元联系与三个一元联系不同。

5. 在什么情况下，一个多对多联系必须构建为关联实体？

6. 触发器和业务规则对信息系统的分析和设计有什么必要性？

7. 一对一、一对多和多对多三种联系类型，哪种可以有与之相关联的属性？

8. 数据流图、决策表和 E-R 图间有什么联系？

9. 联系的度是什么？为本章介绍的每种联系的度给出一个例子。

10. 给出一个三元联系的例子（与本章所给出的例子不同）。

11. 列出系统开发流程分析阶段概念数据建模部分的可交付成果。

12. 说明最小基数、可选及强制性参与的联系。

13. 列出一个实体标识符属性的理想特性。

14. 说明以打包的数据模型进行概念数据建模和从头进行概念数据建模的区别。

15. 比较下列术语：

a. 子类、超类

b. 总体特化规则、部分特化规则

c. 不相交规则、重叠规则

d. 属性、操作

问题与练习

1. 假设在 PVF 系统中，每个产品（由产品编号、描述信息和成本描述）由至少三个部件（由部件编号、描述信息和单位尺寸描述）组成，部件可用来制造一个或多个产品（必须用于至少一个产品）。另外，假设用于制造其他部件的部件和原材料都被视为部件。部件可用于制造产品，也可用于制造其他部件，在这两种情况下，我们都需要追踪制造过程使用了多少部件。绘制此案例的 E-R 图，并在图中标记最大最小基数。

2. 类似于 PVF 公司销售产品，股票经纪公司出售股票，并且其价格在不断变化。考虑股票价格变化的情况，绘制 E-R 图。

3. 如果你需要开发出一个能够帮助分析员对用户进行面谈，并能够简便地创建和编辑 E-R 图的基于计算机的工具，你将构建什么类型的工具？它具有什么功能？怎样操作？

4. 一个软件培训软件分为多个培训模块，每个模块都由模块名称和大概练习时间所描述。有的模块存在先决模块。用 E-R 图构建该培训软件和模块。

5. 每学期都要给每个学生分配一个指导者，该指导者为学生的学位需求提供咨询并帮助学生注册课程。学生必须在指导者的帮助下注册课程，如果分配的指导者没空，就在其他指导者的帮助下进行注册。我们需要追踪学生、学生分配的指导者，以及帮助学生进行当前学期注册的人。用 E-R 图表示学生和指导者的情况。

6. 假设实体“组件”具有属性“组件编号”、“绘图编号”、“重量”、“描述”、“存储位置”和“成本”。哪些属性是候选键？为什么？你将选择哪个属性作为“组件”的标识符？为什么？或者你是否想要创建一个新的属性作为标识符？为什么？

7. 考虑图 8—15（b）中的 E-R 图。

a. 如果不包括“证书编号”属性，关联实体“证书”的标识符是什么？

b. 现在假设同一个员工在不同的日期多次上同样的课程，这会改变问题与练习 7a 的答案吗？为什么？

8. 研究图 8—23 中的 E-R 图，根据该图回答下列问题：

a. 一个员工可以参与多少个“项目”？

b. “包括”联系的度是多少？

c. 该图中是否存在关联实体？如果有，给它们命名。

d. 如何用另一种方式定义“技能”这一属性？

e. 是否能够将任何属性与“包括”联系相关联？

f. “任务”是否能够构建为一个关联实体？

g. 员工工资是根据不同项目的不同小时工资计算出的。你将把新属性“小时工资”放在 E-R 图的什么地方？

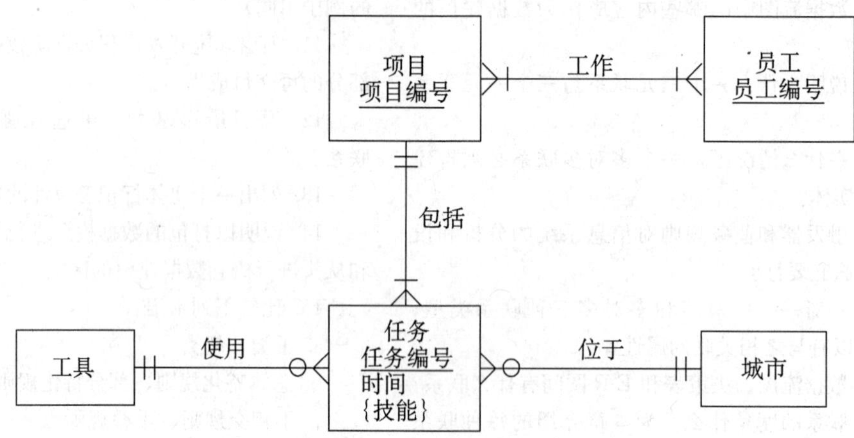

图8—23　问题与练习8的E-R图

9. 根据图8—24给出的E-R图，标记联系的基数并给予说明。说明你为相关业务规则做出的任何假设。为了使该图更加完善，你是否需要修改或增加部分内容？为什么？

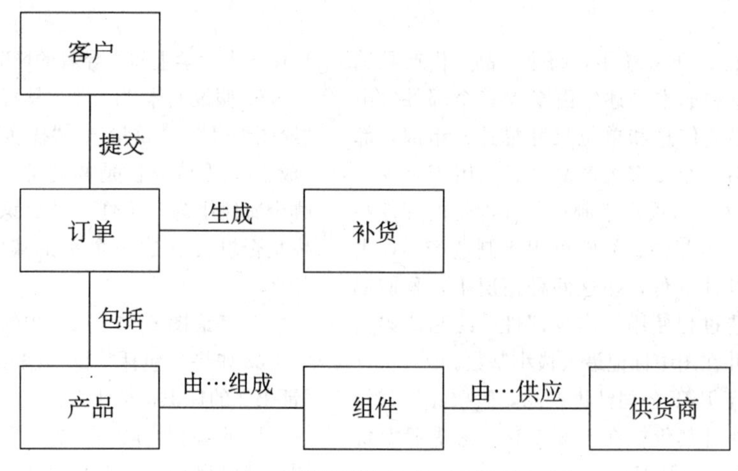

图8—24　问题与练习9和10的E-R图

10. 根据图8—24给出的E-R图，假设该公司决定指派给每个销售人员一组数量较少的唯一的客户组；一些客户现在可以成为“会员”并获得独特的优惠；将形成小规模的制造团队，指派给每个团队一组数量较少的唯一的产品组；指派给每个采购代理商一组数量较少的唯一的供应商。对该E-R图做出必要的修改，绘制并说明新的联系基数。

11. 在你最近的业务交易中获取一张发票、订单或账单。创建E-R图来说明该单据。

12. 利用表8—1作为指导，编写出PVF系统的订单录入功能中分析员和用户的完整面谈底稿（问题以及可能的答案）。

13. 一次演出门票订购与一个赞助商、一场演出和一个座位相关。为每个实体类型选择一些相关的属性，并用E-R图表示订购。

14. 根据自己在企业中的经验绘制出一个具有三元联系的E-R图。

15. 考虑图8—25中的E-R图。是否“拥有”、“航行”和“运输”这三个联系是必要的（其中一个联系能否由其他两个联系推断得出）？是否有使得这三个联系都很必要的合理假设？如果有，假设是什么？

16. 为图8—4中的客户订单样例绘制E-R图。

17. 在一个实际的房地产数据库中，有一个称为“房产”的实体，它表示代理商销售的房产。每当一个潜在的资产购买者做出资产购买要约时，代理商就记录要约日期、所报价格以及要约者姓名。

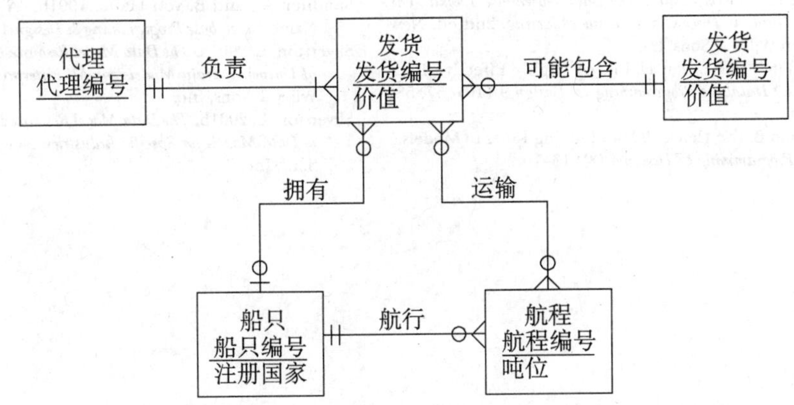

图 8—25 问题与练习 15 的 E-R 图

a. 使用多值属性的符号表示“房产”实体以及它的购买要约属性。

b. 使用两个实体类型表示“房产”实体以及它的购买要约属性。

c. 假设代理商决定保存购买者及潜在购买者的数据，其中包括他们的姓名、电话以及地址。购买者通常有多个电话号码和地址，它们之间不存在必要的相关性。调整你在问题与练习 17b 中的答案，使其适用于这一新的实体类型。

d. 最后假设我们需要知道与每个购买要约相关的购买者电话和地址。调整你在问题与练习 17c 中的答案，使其适用于这一新需求。

18. 考虑图 8—14c 中的“与…结婚”这个一元联系。

a. 假设我们想要知道结婚的日期。调整该 E-R 图使其包含“结婚日期”属性。

b. 由于有些人在原配偶死亡或与原配偶离婚后，可能再次结婚，重新绘制 E-R 图使其能够展示他们的婚姻史（不只针对当前婚姻而言）。在该图中显示“结婚日期”属性。

c. 在上题的答案中，能否表示相同的两个人多次结婚这一情况？简要说明。

19. 考虑图 8—20。

a. 为“余额”编写一个域完整性规则。

b. 为“余额”属性编写一个插入新“账户”的触发器。

20. E-R 图与决策树有什么相似之处，有什么不同之处？数据和逻辑建模技术在哪些方面互补？如果在系统开发流程中，数据和逻辑建模技术都没有完全执行或根本没有执行，将会引发什么问题？

21. 在公司的采购部门，一个采购请求将分配给采购部门的原料采购员。该采购员在整个采购流程中都遵循采购请求，并且是与提供商品或服务的公司或个人联络的唯一联系人。采购部门的员工作为客户去购买商品和服务。该采购流程如下：某些特定的客户提出的采购请求必须对外进行招标，并且相关的投标书必须经过采购部门的批准。如果采购请求不是由特定的客户提出的，那么可以简单地从经批准的供应商处购买产品或服务，但是采购请求同样需要经过采购部门的批准，并且该部门必须发出一个采购订单。对于“特定客户”的采购请求，当投标成功后，由采购部门发出一个采购订单。列出相关实体和属性，并绘制该业务流程的 E-R 图。列出所有你在定义标识符、基数和其他特性时所需做出的假设。

参考文献

Aranow, E. B. 1989. “Developing Good Data Definitions.” *Database Programming & Design* 2 (8): 36–39.

Bruce, T. A. 1992. *Designing Quality Databases with IDEF1X Information Models.* New York: Dorset House Publications.

Fleming, C. C., and B. von Halle. 1990. “An Overview of Logical Data Modeling.” *Data Resource Management* 1 (1): 5–15.

Gottesdiener, E. 1999. “Turning Rules into Requirements.” *Application Development Trends* 6 (7): 37–50.

Hay, D. 1996. *Data Model Patterns: Conventions of Thought.* New York: Dorset House Publishing.

Hoffer, J. A., H. Topi, and R. Venkatraman. 2010. *Modern Database Management*, 10th ed. Upper Saddle River, NJ: Prentice Hall.

Inmon, W. H. 2000. Using the Generic Data Model. Available at *www.billinmon.com*; *www.dmreview.com/master.cfm?NavID=55&EdID=4820.* Accessed January 12, 2004.

Kimball, R., and M. Ross. 2002. *The Data Warehouse Toolkit: The Complete Guide to Dimensional Data Modeling*, 2nd ed. New York: John Wiley & Sons, Inc.

Moody, D. 1996. "The Seven Habits of Highly Effective Data Modelers." *Database Programming & Design* 9 (10): 57, 58, 60–62, 64.

Sandifer, A., and B. von Halle. 1991a. "Linking Rules to Models." *Database Programming & Design* 4 (3): 13–16.

Sandifer, A., and B. von Halle. 1991b. "A Rule by Any Other Name." *Database Programming & Design* 4 (2): 11–13.

Silverston, L. 2001a. *The Data Model Resource Book, Vol. 1: A Library of Universal Data Models for All Enterprises*. New York: John Wiley & Sons, Inc.

Silverston, L. 2001b. *The Data Model Resource Book, Vol. 2: A Library of Data Models for Specific Industries*. New York: John Wiley & Sons, Inc.

附录

面向对象分析与设计：对象建模——类图

学习目标

- 简要定义以下数据建模的关键术语：对象、状态、行为、对象类、类图、操作、封装、关联角色、抽象类、多态性、聚合以及复合
- 绘制类图来表示常见的业务情况
- 说明与 E-R 图相比，类图在数据建模方面的独特功能

引言

在本节中，我们将介绍如何用面向对象的数据建模符号来绘制类图。我们所介绍的主要概念和技术是对象建模的内容，其中包括对象和类、属性和操作的封装、聚合联系、多态性以及继承。我们将介绍如何利用统一建模语言符号绘制类图，为正在建立的系统提供一个概念视图。如需更详细的有关对象建模的介绍，详见 George 等人（2007）的研究。

对象和类的表示

随着面向对象方法的发展，我们开始从对象的角度来建模周围的世界。在将这种方法用于实际问题之前，我们需要了解对象究竟是什么。与实体实例类似，**对象**（object）在其应用中的角色定义非常清晰，它具有状态（数据）、行为和标识特征。一个对象是一个类的单一存在，我们将在下面对此进行定义。

对象具有自身的状态并且通过操作表现出一定的行为，这种行为可以检查或影响其状态。对象的**状态**（state）包含其特征（属性和联系）及特征的取值。对象的**行为**（behavior）表示其如何作出行动和反应（Booch，1994）。对象的状态是由其自身的属性以及与其他对象的关联决定的。对象的行为则是由其自身状态以及正在执行的操作决定的。操作是一个对象对另一个对象为获得响应而执行的简单动作。你可以把一个操作看作一个对象（提供者）向它的客户提供的服务。客户向提供者发送消息，该消息中包含通过执行相应操作所需的服务。

考虑将玛丽·琼斯这个学生表示为一个对象。该对象的状态是由其属性（比如姓名、出生日期、年级、地址、电话）以及属性具有的当前值描绘的；例如姓名为“玛丽·琼斯”，年级是“大三”等。该对象的行为是通过操作表示的，如计算 GPA，即计算一个学生当前的平均成绩点数。因此，把玛丽·琼斯看作一个对象，就要将其状态和行为打包在一起。

每个对象都有一个标识；也就是说，没有两个相同的对象。例如，如果两个学生实例具有相同的姓名和出生日期（或所有的属性都相同），他们在实质上也是两个不同的对象。对象在其整个生命周期中需要维护自己的标识。例如，如果玛丽·琼斯结婚并且更改了她的姓名、地址和电话，她仍然是之前的那个对象。固有标识的概念与我们之前在 E-R 建模中所介绍的标识符的概念不同。

我们使用术语**对象类**（object class）（或简称类）来定义一个具有相同（或类似）属性、联系和行为（方法）的逻辑对象分组（同我们之前介绍的实体类型和实体实例类似）。因此在这个例子中，玛丽·琼斯是一个对象实例，而学生是一个对象类（正如学生是 E-R 图中的一个实体类型）。

类可以在类图中以图形化的方式描述，如图 8—26 所示。**类图**（class diagram）表示一个面向对象模型的静态结构，包括对象类、其内部结构和它们所参与的联系。在统一建模语言中，类由带有两条水平分隔线的矩形表示。类的名称写在矩形的上方，其属性写在矩形的中间，其操作写在矩形的底部。图 8—26 所示的类图包含“学生”和“课程”两个类，以及这两个类所具有的属性和操作。

“学生”类是一个具有共同结构和行为的学生对象组。每个对象都知道自己属于哪个类；例如，玛丽·琼斯这一对象知道自己属于“学生”这个类。属于同一个类的对象可能参与与其他对象的类似联系。例如，所有的学生都需要注册课程，因此，“学生”这个类需要参与“注册”这个联系，并与“课程”类相连（详见关联的相关章节）。

操作（operation），例如“学生”类中的计算 GPA（如图 8—26 所示），是一个类的所有实例通过传递消息来调用对象行为的功能或服务。正是通过这样的操作使得其他的对象可以访问或处理存储在该对象中的信息。因此，操作为类提供了一

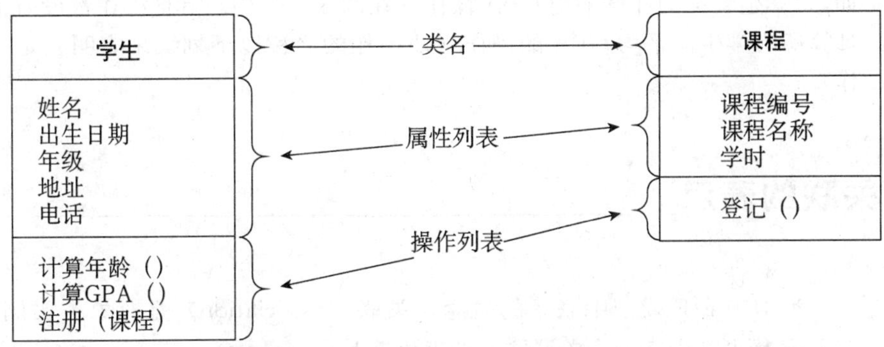

图 8—26　表示两个类的统一建模语言类图

个外部接口；该接口呈现了一个类的外部视图，视图中并不包含类的内部结构或操作执行的方法。这种隐藏一个对象内部实现细节，展示外部视图的方式称为**封装**（encapsulation）或信息隐藏（Booch，1994；Rumbaugh et al.，1991）。因此，尽管我们在一个类的接口中提供了所有实例共同行为的抽象，我们仍然将类的内部结构和所需行为的内部细节封装起来。

操作的类型

操作可以根据客户请求的服务类型分为三类：（1）构造符；（2）查询；（3）更新（UML Notation Guide，1997）。**构造符操作**（constructor operation）创建一个类的新的实例。例如，你可以在“学生”类内部设计一个称为创建学生的操作，利用该操作创建一个新的学生并初始化其状态。类似的构造符操作对所有的类都适用，因此在类图中并没有明确地表示出来。

查询操作（query operation）是一个没有任何本质影响的操作；它访问一个对象的状态但是并不更改该状态（Fowler，2000；Rumbaugh et al.，1991）。例如，“学生”类可以有一个称为获得年级（并没有显示出来）的操作，来简单地检索指定学生对象的年级（大一、大二、大三或大四）。请注意，在类图中没有必要明确显示一个类似获得年级的查询结果，因为它检索了一个独立于属性的值。然而考虑“学生”类内部的计算 GPA 操作，它同样是一个查询操作，因为该操作没有什么本质影响。请注意这个查询的唯一参数是目标学生对象。这样的查询可以表示为派生属性（Rumbaugh et al.，1991）；例如，我们可以将学生的“年龄”表示为派生属性。由于目标对象总是操作的隐含参数，因此没有必要在操作声明中将其明确表示出来。

更新操作（update operation）可能有本质影响，因为它能改变一个对象的状态。例如，考虑“学生”类中称为升级学生（图中未显示）的操作。该操作是使学生升到新的年级，比如从大三升到大四，因此它更改了学生对象的状态（年级的属性值）。另一个更新操作的例子是注册（课程），一旦调用该操作，就会为“学生”对象和指定的“课程”对象间建立一个联系。请注意，除了具有目标“学生”对象这一隐含参数，该操作还有一个称为“课程”的显性参数，来明确学生想要注册的特定课程。显性参数显示在括号中。

类范围操作（class-scope operation）是一个应用于类而不是实例的操作。例如，“学生”类的计算平均 GPA 操作（在图 8—26 中与其他操作都没有显示）就是计算所有学生的平均 GPA 的操作（该操作的名称以下划线来表明它是一个范围操作）。

关联的表示

类似于 E-R 模型中联系的概念，**关联**（association）是对象类实例间的联系。与 E-R 模型类似，一个关联联系的度可能是一（一元）、二（二元）、三（三元）或更高（*n* 元）。图 8—27 展示了怎样用面向对象的模型表示具有不同度的关联联系。一个关联用所参与的类之间的实线表示。在连接类的关联末端，为该关联命名，称为**关联角色**（association role）（UML Notation Guide，1997）。每个关联都有两个或多个角色。角色可能在关联的末尾附近以明确的名称标记（详见图 8—27 中的“经理”角色）。角色的名称表明角色在相连的类中起到的作用。角色名称的使用是可选的。你可以指定角色名称来替代或完善一个关联名称，并通过在关联名称附近标记一个实心三角形来明确表示关联的方向。

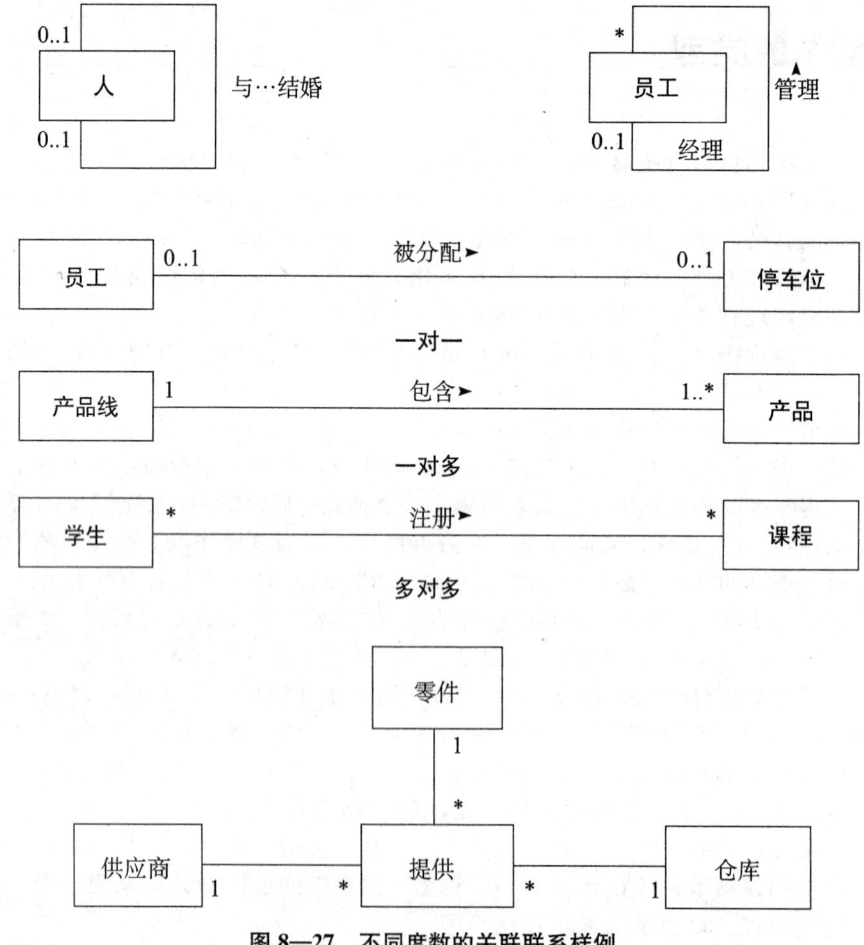

图 8—27　不同度数的关联联系样例

图 8—27 展示了两个一元联系，分别是“与…结婚”和“管理”。在“管理”联系的末端，我们标记了一个命名的角色称为“经理”，暗示着一个员工可以扮演经理的角色。我们并没有为其他的角色命名，但是为这些关联命名了。当没有给出角色的名称时，可以认为该角色的名称就是与之相连的末端的类（Fowler，2000）。例如，你可以将图 8—27 中“被分配”联系的右端角色称为“停车位”。

每个角色都具有**多重性**（multiplicity），该特性表示在一个给定的关联联系中，有多少个对象参与其中。例如，2..5 的多重性表示在一个给定的联系中，最少有 2 个、最多有 5 个对象能够参与其中。因此，多重性就是基数的限制，如 E-R 图所示。除了整数值，多重性的上限可以用 *（星号）表示，* 意味着无上限。如果指定了一个单独的整数值，就意味着在取值时只能取这个值。

在图 8—27 的“与…结婚”联系中，两个角色的多重性都是 0..1，这表示一个人可能单身，也可能已婚。在“管理”联系中经理角色的多重性是 0..1，而另一个角色的多重性是 0..*，这表明一个员工只能由一个经理管理，而一个经理可以管理 0 到多个员工。

在图 8—27 中，我们给出了一个称为“提供”的三元联系，该联系连接了“供应商”、“零件”和“仓库”。正如 E-R 图所示，我们利用类来表示这个三元联系，并在该图中标记了联系的名称。

图 8—28 中的类图展示了一些二元联系。该图表示一个学生需要一个顾问，一个教师可能最多作为 10 个学生的顾问。一门课程可能包含多个课程提供，但一个给定的课程提供只能安排给一门课程。统一建模语言允许你为多重性赋值。例如，图中表示的一个课程提供可以由一到两个教师（1，2）教授。你可以指定一个单独的数值（如一个小组的成员数量为 2）、一个数值范围（如参与特定比赛的足球队队员人数为 11～14），或一些离散的数值和取值范围（如委员会成员的数量为 3，5，7，一个公司的员工每周的工作时数为 20～32，35～40 等）。

图 8—28 还显示一个教师可以扮演顾问的角色，也可以扮演指导者的角色。顾问角色表明“教师”对象与一个“学生”对象相关联，被指导者角色表明“学生”对象与一个“教师”对象相关联。我们可以对该关联命名，比如，将其称为“建议”，但是在这种情况下，角色的名称需要具有足够的含义来表达联系中蕴涵的语义。

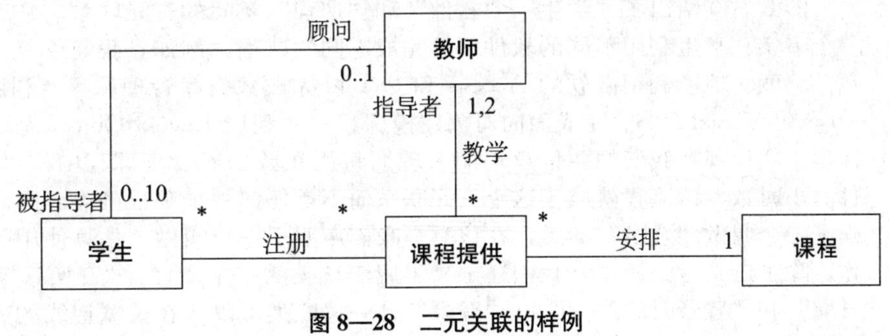

图 8—28　二元关联的样例

关联类的表示

当一个关联具有自身的属性或操作，或是该关联参与到与其他类的联系中时，将该关联定义为一个**关联类**（associative class）是非常有效的（正如我们在E-R图中所使用的关联实体）。例如图8—29中，学期和年级属性都属于“学生”和“课程”间的多对多关联。一个学生某门课程的成绩只有当该学生和该课程都给定时才能够确定。类似地，为了解学生是在哪个学期完成了某门课程，同样需要知道该学生和该课程。该图中的审查资格操作，决定了一个学生是否有资格注册一门给定的课程，同样属于关联而不属于与它相关的两个类。我们还发现了如下事实，对于某些课程的注册，需要分配给每个学生一个计算机账户。由于这些原因，我们将注册表示为一个关联类，它有其自身的一系列特征并且与其他的类（计算机账户）存在关联。类似地，对于一元辅导教师关联，开始日期和辅导时数都属于该关联，因此需要视为一个单独的关联类。

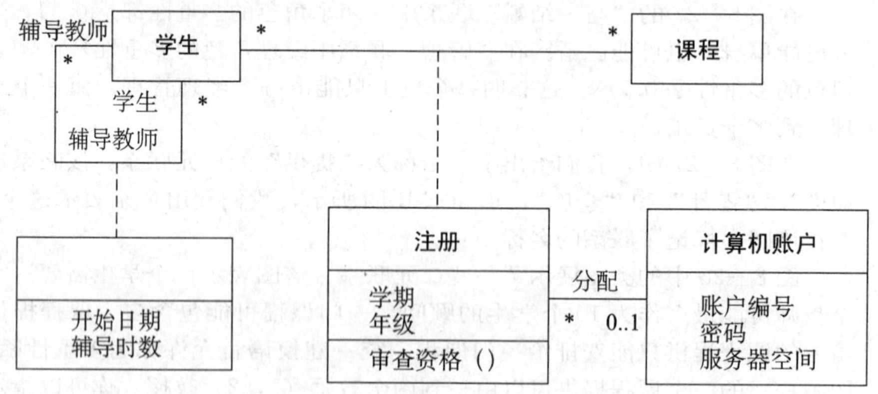

图8—29 表示关联类的类图

你可以选择在一个关联的连线或类的符号处，或同时在这两个地方标记一个关联类的名称。当关联只有属性，而没有任何操作或参与到其他关联中时，推荐的方式是在关联的连线上标记该关联的名称，省略它在关联类符号中的名字是为了强调它的“关联本质”（UML Notation Guide，1997），正如我们表示“辅导教师”关联一样。另一方面，“注册”这一关联自身有两个属性和一个操作，我们在表示该关联和另一个称为“分配计算机账户”的关联时，把关联的名称标记在类矩形内来强调它的“类本质”。

图8—30给出了“学生”、“软件”和“课程”类间的三元联系。它表达了这样一个事实：学生利用不同的软件工具完成不同的课程。例如，我们可以存储这一信息，玛丽·琼斯利用微软的Access和Oracle完成数据库管理课程，利用Rational Rose和Visual C++完成面向对象建模课程，并利用Level5 Object完成专业系统课程。假设现在我们想要估算玛丽·琼斯每周在数据库管理课程中使用Oracle软件的小时数。该流程就属于这个三元联系而不是任何一个独立的类。因此，我们创建了一个叫做“登录”的类，在该类中我们声明了一个叫做“估算使用明细”的操作。除了定义这个操作，我们还定义了属于该类的三个属性：“开始日期”、“终止日期”和“登录时间”。此外，“登录”这一关联类可以放在关联连线的交叉处，如图8—30所示；在这种情况下，多重性需要标记在登录这个类的连线附近。

属性构造型的表示

在E-R图中，我们指定一个或多个属性作为主键，并且把属性分为多值属性、

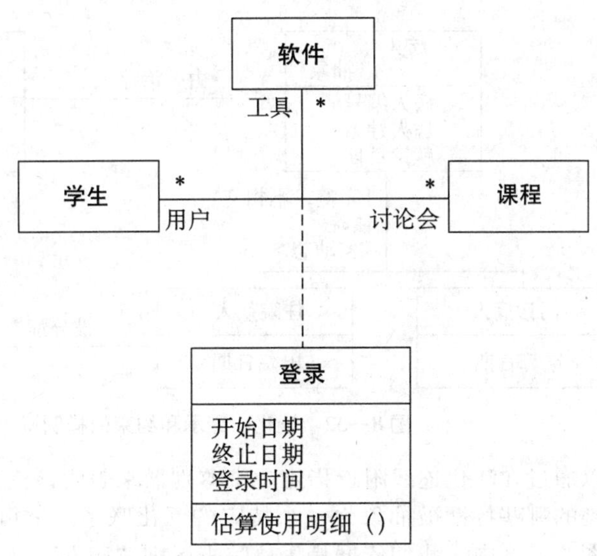

图 8—30　具有关联类的三元联系

派生属性或其他类型。在类图中同样可以通过在属性的附近放置一个构造型标记来表示。属性的构造型只是常见的统一建模语言词汇的扩展。例如，在图 8—31 中，年龄是"学生"的一个派生属性，因为它可以通过出生日期和当前日期计算出来。由于计算是一个对对象类的约束，因此计算标记在"学生"对象类附近的括号中。此外，"课程编号"是"课程"类的一个主键。属性的其他特征可以用类似的方法表示。

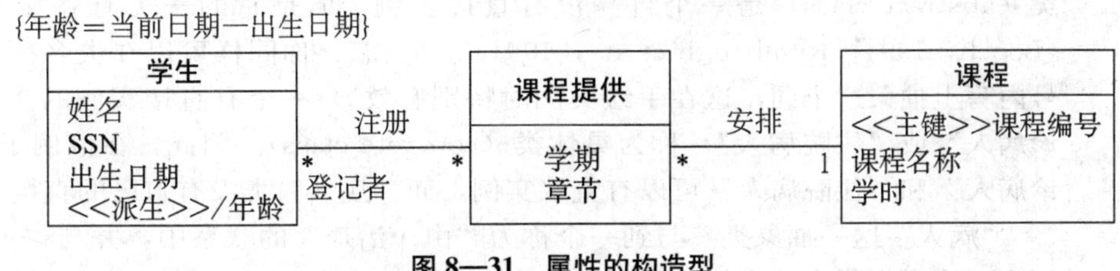

图 8—31　属性的构造型

泛化的表示

在面向对象方法中，你可以把多个具有共同特征（属性和操作）或都参与到某一联系中的类抽象为一个通用类，正如 E-R 图中的子类和超类一样。被抽象的类称为子类，而抽象出的类称为超类。

考虑图 8—32 给出的例子，该类图相当于图 8—18 中的 E-R 图。该图中病人有两种类型：门诊病人和住院病人。所有的病人都具有以下属性：病人编号、病人姓名以及就诊日期，这些属性存储在"病人"这个超类中。而特定的病人类型具有的特定属性存储在相应的子类中（如门诊病人的结算日期属性）。一条泛化的连线以子类和超类间的实线表示，该实线的末端有一个指向超类的箭头。我们同样指定该泛化是动态的，这意味着一个对象可以更改所属的子类。此外，该泛化还是完整（不存在其他子类）和不相交的（子类不能重叠）。虽然没有使用完全一致的术语，但是泛化的业务规则可以用 E-R 图中的规则表示。

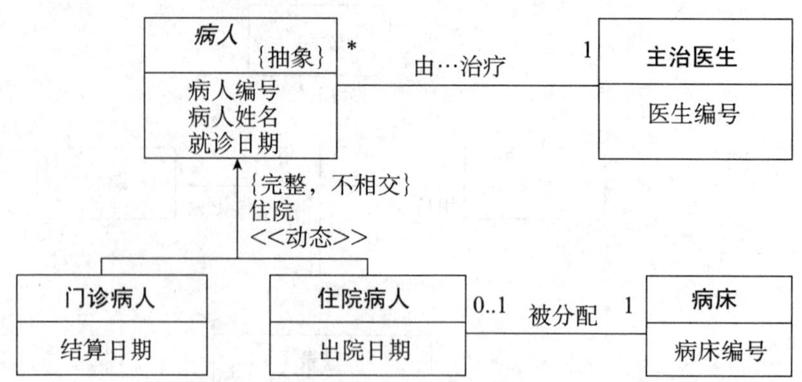

图 8—32　泛化、继承和约束的样例

你可以通过在泛化连线附近指定一个鉴别器来表明该泛化的依据。鉴别器表示一个对象类的哪些特性被抽象为一个特定的泛化联系。你可以一次辨别一个特性。例如，在图 8—32 中，我们依据是否住院来区别“病人”这个类。

子类的实例同时也是超类的实例。例如，在图 8—32 中，一个门诊病人的实例同样是一个病人的实例。正因为如此，一个泛化联系同样可以表示为“是一个”联系。此外，子类继承超类的所有特性。例如，在图 8—32 中，门诊病人除了有它自身特殊的结算日期属性外，还继承了“病人”类的病人编号、病人姓名、就诊日期和其他的所有操作（图中没有给出）。

注意到图 8—32 中，“病人”类是以斜体标记的，表明它是一个抽象类。**抽象类**（abstract class）是一个自身没有直接实例，但是它的子类有直接实例的类（Booch，1994；Rumbaugh et al.，1991）。（注意：你同样可以在类名称下方的括号内写上抽象这个词，这在手绘类图时特别有效。）一个有直接实例的类（如“门诊病人”或“住院病人”）称为**具体类**（concrete class）。因此，在该例子中，“门诊病人”和“住院病人”可以有直接实例，而“病人”类没有自己的直接实例。

“病人”这一抽象类参与到一个称为“由…治疗”的联系中，并与“主治医生”相连，这表明所有的病人，包括门诊病人和住院病人，都由医生出诊。除了这种继承联系，“住院病人”有其特殊的联系称为“被分配”，与“病床”相连，这表明只能给住院病人分配病床。因此，除了完善一个类的属性和操作，一个子类可以存在自身特殊的联系。

在图 8—32 中，在泛化联系附近的括号中标记了完整和不相交这两个词。它们表明子类间的语义约束（完整对应着扩展实体联系（EER）中的总体特化规则（详见 Hoffer 等人（2010）），而不完整对应着部分特化规则）。可能会使用到如下统一建模语言的关键词：

● 重叠。一个后代可能从多个子类中衍生出来（与扩展实体—联系图中的重叠规则相同）。

● 不相交。一个后代不能从多个子类中衍生出来（与扩展实体—联系图中的不相交规则相同）。

● 完整。所有的子类都需要定义（无论是否显示出来）。不存在额外的子类（与扩展实体—联系图中的总体特化规则相同）。

● 不完整。只定义某些子类，存在没有建模的额外子类（与扩展实体—联系图中的部分特化规则相同）。

在图 8—33 中，我们在学生缴费模型中显示了研究生和本科生。其中计算学费的操作是计算一个学生需要支付的学费；该费用是根据一门课程每学时学费，以及该课程的学时计算出的。而每学时学费又取决于该学生是研究生还是本科生。在该例子中，研究生的每学时金额是 300 美元，而本科生的每学时金额是 250 美元。为了表示这种情况，我们在学生的两个子类中以下划线标记“每学时学费”属性，并给出其属性值。类似这样的属性称为**类范围属性**（class-scope attribute），它为整个类定义一个属性值，而不是为某个实例定义一个属性值（Rumbaugh et al.，1991）。

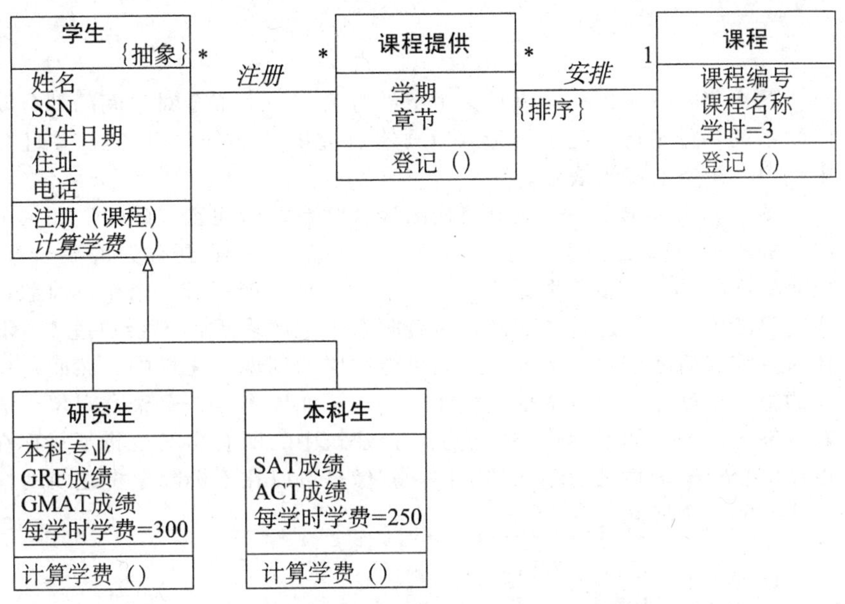

图 8—33　多态性、抽象操作、类范围属性和排序

你可以在属性名称后标记一个（=）来定义一个属性的初始默认值（详见图 8—33 中“课程”类的“学时”属性）。初始值定义和类范围属性的区别在于，前者要求一个类中的不同实例有不同的属性值，后者要求一个类中的所有实例具有相同的属性值。

除了指定关联角色的多重性，你还可以定义其他一些特性。例如，一个对象所扮演的角色是否需要排序。在该图中，我们在“课程提供”类的末端附近标记了关键词约束“{排序}”，表明一个给定课程的内容需要进行排序，比如根据学期和章节进行排序。一个角色的默认约束是“{不排序}”。

“研究生”通过增加“本科专业”、“GRE 成绩”、“GMAT 成绩”和“每学时学费”这四个属性来细化“学生”这一抽象类，并完善继承的计算操作。请注意“学生”类中的操作是以斜体表示的，表明它是一个抽象操作。**抽象操作**（abstract operation）定义了一个操作的形式或规则，但并没有定义该操作的实施方法。在该例子中，“学生”类定义了计算操作的规则，但没有给出相应的**方法**（method）（实际的操作实施方法）。该规则包含参数的数量和类型、结果的类型以及该操作的目的语义。“研究生”和“本科生”这两个实体类提供了它们自身的计算学费操作的实施方法。请注意由于这些类是实体类，因此它们不能存储抽象操作。

请注意虽然“研究生”和“本科生”类共享同样的计算学费操作，但是它们可能以不同的方法来实现该操作。例如，对一个研究生来说，实现该操作的方法可能需要额外考虑该学生所上的每门课程的特殊研究费用。相同的操作以不同的方式应用于两个或多个类中称为**多态性**（polymorphism），它是一个面向对象系统中的重要概念（Booch，1994；Rumbaugh et al.，1991）。图8—33中的登记操作是多态性的另一个例子。在“课程提供”中的登记操作是处理一个特定课程或内容的登记，而在“课程”中具有同样名称的操作是处理一个给定课程所有内容的登记。

聚合的表示

聚合（aggregation）表示一个组件对象和一个聚合对象间的部分联系。它是关联联系的一种更有力的表示形式（含有补充的“部分”语义），并且在聚合联系的末端以一个空心菱形表示。

图8—34给出了一个大学机构的聚合联系。请注意“建筑”和“房间”间联系末端的菱形是实心而不是空心的。用实心菱形表示更有力的聚合联系称为**复合**（composition）。在复合联系中，一个组件对象只能属于一个整体对象；例如，一个房间只能属于一栋建筑。因此，聚合联系末端的多重性不会超过1。组件可能在整体对象完成后才创建；例如，房间可能被增加到现有建筑中。然而，一旦复合联系中的组件被创建，它将依附于整体而存在；如果删除一个聚合对象，那么也将删除其组件。例如，如果拆除一栋建筑，该建筑中的所有房间也将不复存在。但是，可以在聚合对象消亡之前删除其组件，就像是可以在不拆除整栋建筑的情况下，拆除该建筑的一个房间。

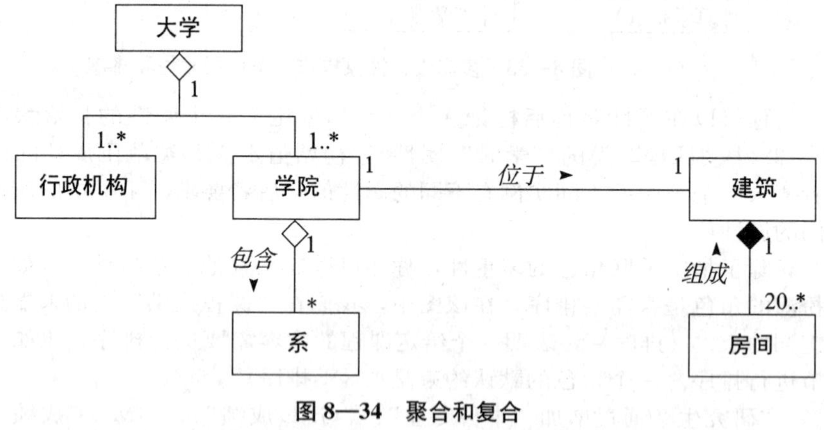

图8—34　聚合和复合

Hoosier Burger 的概念数据建模案例

在第7章中已经为Hoosier Burger的新库存控制系统构建了流程和逻辑需求。其数据流图和决策表（图8—35和图8—36与之前相同）描述了该系统的需求。实施该系统的目的是监测并报告原材料库存水平的变化，并制定原料订单以及向供应商付款。因此，该系统的核心数据实体应该是库存项目，与图8—21中的数据存储D1相对应。

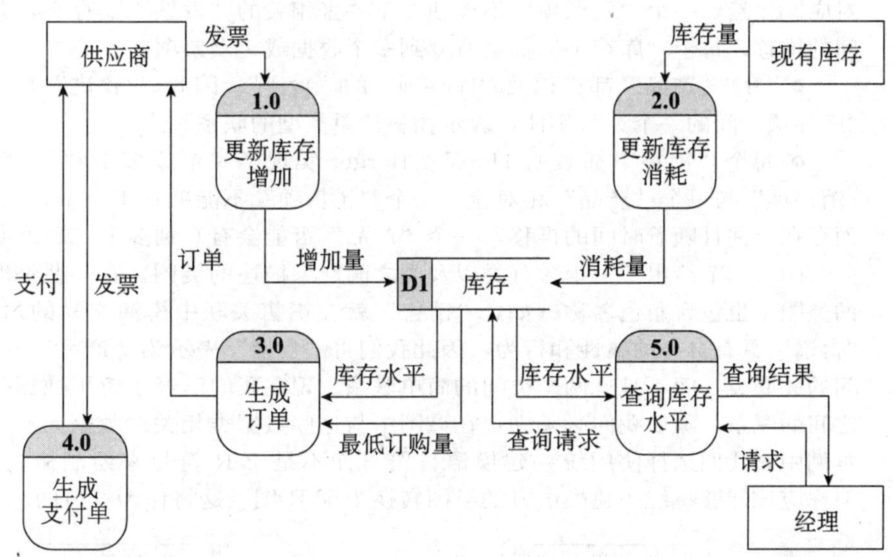

图 8—35　Hoosier Burger 的新的逻辑库存控制系统的第 0 层数据流图

条件/行动方法	规则						
	1	2	3	4	5	6	7
原料类型	P	P	P	P	P	P	N
一周中的时间	D	W	D	W	D	W	—
一年中的季节	A	A	S	S	H	H	—
执行日常订单	√		√		√		
执行周末订单		√		√		√	
最低订购量							√
假日削减原料数量					√	√	
夏季削减原料数量			√	√			

图 8—36　Hoosier Burger 库存再订购的简化决策表

有两种类型的交易会引起库存水平的变化：一种是从供应商处接收新的原料，另一种是通过销售商品而消耗原料。在 Hoosier Burger 收到供应商“发票”（详见图 8—35 的加工 1.0）以及新的原料后，库存就会增加。每张“发票”都表明供应商发送了一定数量的“发票项”，其与 Hoosier Burger 的“库存项”相对应。当客户下订单并对“产品”进行支付后，库存就会减少。也就是说，Hoosier Burger 实现了包含一个或多个“销售项”的“销售”，每个销售项都与食物“产品”相对应。由于实时客户订单处理系统是与该库存控制系统相分离的，因此图 8—35 中“现有库存”这一来源表示从订单处理系统到库存控制系统的数据流动。最后，由于食物“产品”是由多个“库存项”（反之亦然）所组成的，因此 Hoosier 保存了一个“食谱”来表明完成一个“产品”需要多少“库存项”。从上述讨论中，我们已经找出了 Hoosier Burger 库存控制系统的数据模型中所需的数据实体，分别是：“库存项”、“发票”、“发票项”、“产品”、“销售”、“销售项”以及“食谱”。为了完善该数据模型，我们必须进一步明确这些实体间的必要联系以及每个实体的属性。

从前面的描述中我们能够获取确定这些联系所需了解的信息：

- 每张“发票”包含一个或多个“发票项”，这些“发票项”与“库存项”相对应。显然，一个“发票项”不能独立于一张相关的“发票”而存在，并且随着时间的推移，每个“库存项”都会有0到多个收据或“发票项”。

● 每个“产品”都有相关“库存项”的“食谱”。因此，“食谱”是“产品”和“库存项”间的一个关联实体，表示物料清单类型的联系。

● 每个“销售”都表明 Hoosier Burger 实现了一个或多个“销售项”，每个“销售项”与一个“产品”相对应。一个“销售项”不能独立于一个相关的“销售”而存在，并且随着时间的推移，一个“产品”可能会有0到多个“销售项”。

图8—37给出了一个含有类以及类之间联系描述的类图。在某些情况下，我们的类图中也包含角色名称（如，“销售”就在销售关联中扮演交易的角色）。由于“食谱”具有自身的属性和行为，因此我们将“食谱”表示为“产品”和“库存项”间的关联类，而不是这两个类间的简单联系。现在我们已经了解了数据类以及它们之间的联系，随后我们必须确定在该图中与这些数据类相关的数据元素和行为。在本例中，我们选择使用统一建模语言符号而不是E-R符号来绘制概念数据模型，但你应该能够将统一建模语言的类图转换为E-R图（这将作为本节的练习）。

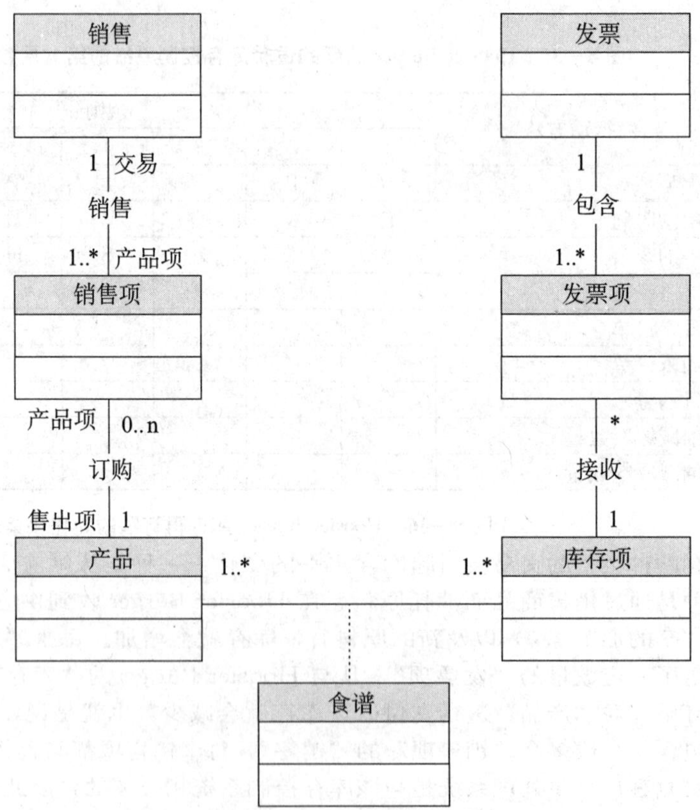

图8—37 Hoosier Burger的库存控制系统的初始类图

你可能会疑惑在类图中有7个数据类，为什么只有“库存”这个数据存储显示在图8—35中。“库存”这个数据存储是与图8—37中的“库存项”数据类相对应的。而其他的数据类则隐藏在其他加工中，因此并没有出现在低层级的图中。在实际的需求构建步骤中，你需要将所有的数据类与其数据存储相匹配：每个数据存储都表示类或E-R图中的一部分，并且每个数据类或实体都包含在一个或多个数据存储中。从理论上来说，基本数据流图中的每个数据存储都是一个独立的类或实体。

要确定一个数据类的数据元素，就需要研究与该数据类相对应的数据存储中数据流的流入和流出情况，并且将使用或改变有关数据类的数据的决策逻辑和时序逻辑研究作为补充。在图 8—35 中，有 6 个数据流与“库存”数据存储相关。在项目字典或 CASE 资料库中每个数据流的描述都将包含数据流的复合，这会使我们了解什么样的数据流出或流入该数据存储。例如，“消耗量”这一数据流从加工 2.0 流出，显示为完成客户的订单而消耗了“库存项”，导致“库存数量”这一属性减少。因此，“消耗量”数据流表明加工 2.0 将首先读取“库存项”记录，然后更新它的“库存数量”属性，最后保存更新后的值。加工 2.0 的结构化英语描述了这个逻辑。每个数据流都将以类似的方法进行分析（由于篇幅限制，未能一一展示）。

为了明确数据元素而对数据流进行的分析可由决策逻辑的研究进行补充。例如，考虑图 8—36 的决策表。用于确定一个“库存项”再订购处理的条件与其“原料类型”相关。因此，图 8—35 中的加工 3.0（与该决策表相关）需要获取每个“库存项”的“原料类型”特性，所以，这决定了该数据类的另一个属性。

对数据流图和决策表的分析还能得出每个类的可行操作。例如，“库存项”这个类需要操作来更新现有库存、生成补货订单以及进行库存盘点。

在考虑了与数据类相对应的数据存储的所有数据流的流入流出情况，以及所有与库存控制相关的决策和时序逻辑后，我们得到了具有属性和操作的完整类图，如图 8—38 所示。

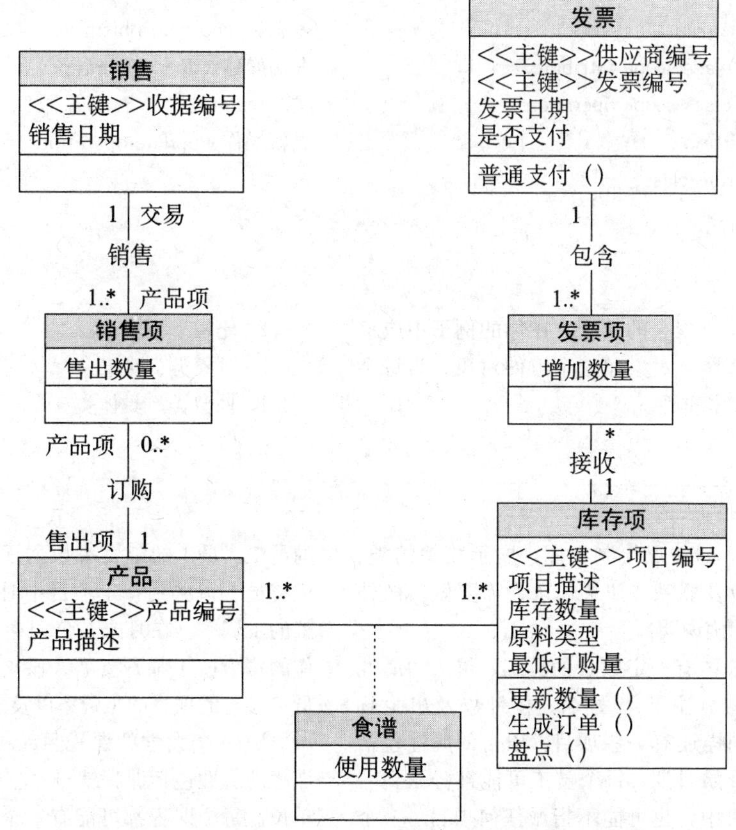

图 8—38　Hoosier Burger 的库存控制系统的完整类图

小结

在本节，我们介绍了利用类图来建模一个信息系统的数据需求的流程和基本符号。数据模型显示了定义一个组织本质的相对固定的业务规则。该规则决定了数据特性，如数据类的唯一性以及不同数据类间的联系。数据模型还显示了主要的数据类别（这在统一建模语言符号中称为类）、类之间的关联和联系，以及类的属性（在类图中只有类具有属性）。有一种特殊的类称为关联类，它通常用于表示类之间的多对多联系。类与对象不同。每个对象都以一个标识属性（或属性）与同类型的其他实例加以区别，对象参与联系的最大最小数量显示了关于一个组织的本质的重要规则，这是在需求确定阶段获取的。

关键术语

抽象类（abstract class）
抽象操作（abstract operation）
聚合（aggregation）
关联（association）
关联角色（association role）
关联类（associative class）
行为（behavior）
类图（class diagram）
类范围属性（class-scope attribute）
类范围操作（class-scope operation）
复合（composition）
具体类（concrete class）
构造符操作（constructor operation）
封装（encapsulation）
方法（method）
多重性（multiplicity）
对象（object）
对象类（object class）
操作（operation）
多态性（polymorphism）
查询操作（query operation）
状态（state）
更新操作（update operation）

复习题

1. 给出一个聚合的例子。在你的例子中应该至少包含一个聚合对象和三个组件对象。为每个聚合联系定义多重性。

2. 比较下列术语：

a. 对象类、对象

b. 抽象类、具体类

问题与练习

1. 根据下列情况绘制类图，展示相关的类、属性、操作以及联系（如果你认为需要做出额外的假设，请明确说明）。

a. 一家公司有一定数量的员工。员工的属性包括员工编号（主键）、姓名、住址以及出生日期。该公司同样还有一些项目。项目的属性包括项目名称和开始日期。每个员工可能被分派到一个或多个项目中，也可能不指派任何项目。一个项目至少有一个指派的员工，且可以有任意数量的员工。员工的工资率依据项目而不同，公司希望将员工指派到特定项目中时，记录下适合该员工的工资率。在月末，公司会给该月参与项目工作的每个员工邮寄支票。该支票的金额是依据该员工参与的项目的工资率以及工作时数计算出的。

b. 一个大学的课程目录中包含大量的课程。课程的属性包括课程编号（主键）、课程名称以及单位。每个课程都可能有一个或多个不同的先修课程，也可能没有先修课程。类似地，一个特定的课程可能是任意数量课程的先修课程，也可能不是任何课程的先修课程。只有当系主任做出关于课程的正式申请时，学校才会增加或删除一个先修课程。

c. 一个实验室有多个化学家，他们参与到一个或多个项目中。化学家同样可能为完成项目而使用某种设备。化学家的属性包括姓名和电话。项目的属性包括项目名称和开始日期。设备的属性包括序列号和成本。该组织希望记录分派日期，也就是一个特定的化学家为完成特定的项目而分配给定设备的日期，以及总使用时数，也就是化学家为完成项目而使用该设备的总时数。该组织同样希望追踪化学家对每种类型设备的使用率。这是通过计算化学家在所有指派的项目中使用该设备的平均时数得出的。一个化学家必须被指派到至少一个项目中，并被分配一个设备。一个给定的设备不需要分配，并且一个给定的项目也不需要指派给化学家，或为其分配设备。

d. 一门大学课程可能有一个或多个章节，也可能不分章节。课程的属性包括课程编号、课程名称以及单位。章节的属性包括章节编号和学期。章节编号的值是整数（例如 1 或 2），以此区分同一课程中的不同章节，但该值并没有唯一标识一个章节。可以通过一个叫做获取章节编号的操作来获取指定的学期中某个给定课程的章节编号。

e. 一个医院有大量的注册医生。医生的属性包括医生编号（主键）和科室。病人由医生安排住院。病人的属性包括病人编号（主键）和姓名。每个住院的病人都必须有一个入院医生。医生可以允许任何数量的病人住院。一旦允许病人住院，该病人就必须由至少一个医生对其进行治疗。医生可以治疗任意数量的病人，也可以不治疗病人。无论病人在何时接受治疗，医院都希望记录下该治疗的详细信息，包括日期、治疗时间以及治疗结果。

2. 一个具有姓名、住址、电话和年龄属性的学生，可能参与到多个校园社团中。学校记录一个学生参与特定社团的年限，每学年末，学校会邮寄一份活动报告给学生，其中显示了该学生所参与的多种活动。为该情况绘制类图。

3. 一个银行有三种类型的账户：支票账户、储蓄账户和贷款账户。每种账户的属性如下：

支票账户：账号、开户日期、余额、服务费。

储蓄账户：账号、开户日期、余额、利率。

贷款账户：账号、开户日期、余额、利率、付款。

假设每个银行账户都必须是这些子类的实例。每月末，银行会计算每个账户的余额并邮寄给客户一份关于账户的说明。余额是依据账户类型计算得出的。例如，一个支票账户的余额可能需要考虑服务费，而一个储蓄账户的余额需要考虑利率。为该情况绘制一个类图。你的类图中需要包含一个抽象类，以及计算余额的抽象操作。

4. 将图 8—37 的类图转化为 E-R 图。比较这两种图，说明在每种图上显示了哪些不同的系统规范。

参考文献

Booch, G. 1994. *Object-Oriented Analysis and Design with Applications,* 2nd ed. Redwood City, CA: Benjamin Cummings.

Fowler, M. 2000. *UML Distilled: A Brief Guide to the Object Modeling Language,* 2nd ed. Reading, MA: Addison-Wesley.

George, J., D. Batra, J. Valacich, and J. Hoffer. 2007. *Object-Oriented Systems Analysis and Design,* 2nd ed. Upper Saddle River, NJ: Prentice Hall.

Rumbaugh, J., M. Blaha, W. Premerlani, F. Eddy, and W. Lorensen. 1991. *Object-Oriented Modeling and Design.* Upper Saddle River, NJ: Prentice Hall.

UML Notation Guide. 1997. Document accessed from *www.rational.com/uml.* Accessed February 19. 2009. Copyright held by Rational Software Corporation, Microsoft Corporation, Hewlett-Packard Company, Oracle Corporation, Sterling Software, MCI Systemhouse Corporation, Unisys Corporation, ICON Computing, IntelliCorp, i-Logix, IBM Corporation, ObjecTime Limited, Platinum Technology Incorporated, Ptech Incorporated, Taskon A/S, Reich Technologies, Softeam.

百老汇娱乐公司

◆ 系统需求构建：基于互联网的客户关系管理系统概念数据建模

◇ 案例介绍

学生团队在MyBroadway项目的需求确定工作中获取了大量的数据。斯蒂尔沃特州立大学的学生团队进行了各种数据收集工作，如与员工和客户进行了12次面谈，持续6个小时观察员工使用在线购物服务，与客户举行了1小时专题会议，以及从百老汇娱乐公司文档的调查研究中整理出数百页的笔记。为分析MyBroadway信息系统而构建这些需求的工作，比团队成员在平常课程中遇到的练习工作量要大得多。

另一个增加该项目分析阶段需求构建工作复杂度的原因，是该工作不易被分割开来。对团队成员来说，似乎当他们记录数据移动和流程需求的同时，还需要找到方法去理解系统需要处理的数据的含义。概念数据建模技术，特别是E-R图，虽然对该项工作有所帮助，但是会频繁变化。这些步骤是大量重复的。随着团队对业务流程进行逐步分解，成员需要重新绘制MyBroadway系统的E-R图。当改变E-R模型时，他们会获得有关数据的新见解，并提出验证数据处理流程的建议、特殊情况的处理方案以及这些流程中的联系。

◇ 依据需求确定获取的信息构建高层级数据模型

BEC学生团队的成员分别负责不同的需求收集工作，并根据各自负责的部分和收集到的信息绘制第0层数据流图。因此，没有团队成员能够获得所有完整的数据需求。这在实际的开发项目中很常见。该团队并没有任命任何人作为该项目的数据管理员。为了获得对MyBroadway数据库需求的完整理解，小组成员在进行小组会议前仔细阅读了所有的笔记。

在小组会议中，每个成员提出他们认为在他们所负责的系统模块中所需的数据实体。在简要讨论后，团队一致认为有6个实体类型在数据流和所有业务流程的数据存储中被反复提到。详见团队绘制的初始E-R图，如图BEC 8—1所示。

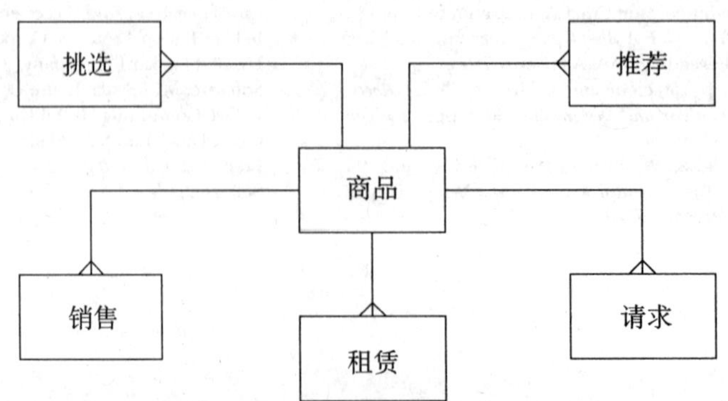

BEC图8—1　MyBroadway的初始E-R图

图中所示的实体如下所述：

● 商品。一个可由 BEC 向客户出售或租赁的产品。商品可以是 CD、DVD 或录像带。例如，一件商品是电影《星球大战前传Ⅲ：西斯的复仇》。虽然该公司的业务追踪系统必须记录每张在店里可租赁的电影碟片，但是 MyBroadway 系统只需简单记录该电影的名称，而不需要记录每张碟片。对用于出售的商品来说，由该商品的通用名称而不是每张单独的碟片来表示。

● 请求。客户可以提出租赁或购买电影的请求。BEC 追踪新发行的电影并确保能够提供给客户最新的电影。对于其他的电影来说，如果对同一件商品提出足够多的请求，那么 BEC 公司会将该商品纳入库存。

● 销售。一件特定的商品（由商品名称表示）在何时出售给特定客户的记录。该公司的业务追踪系统保存了每笔销售交易的官方记录，其中包括在同一次交易中出售了哪些商品。而 MyBroadway 系统不需要存储这些信息，它只需要记录每件商品在何时出售给谁。

● 租赁。一件特定的商品（由商品名称表示）在何时租赁给特定客户的记录。与销售实体相同，MyBroadway 系统不需要记录详细的租赁信息。

● 推荐。MyBroadway 系统依据客户之前的租赁和购买记录而向客户推荐的电影（由商品名称表示）记录。

● 挑选。员工对每件特定商品（由商品名称表示）的非正式评论和打分。

MyBroadway 团队发现一个有趣的事实，虽然客户和员工都是该系统的重要参与者，并且他们的相关数据都在数据流中出现并保存在数据存储中，但是他们本身并没有成为实体。团队认为这是由于这些业务对象的数据与他们自身无关（在 MyBroadway 系统中），只有当它们与其他数据相关联时才有用。例如，MyBroadway 系统只需要记录哪个客户在何时购买了哪件商品，而客户数据如客户姓名、住址、信用卡账号等（业务追踪系统中的重要数据）并没有出现在任一个数据流中。

该团队还认为商品、销售和租赁的属性不需要记录在 MyBroadway 系统中；这些实体的数据应该来源于业务追踪系统的数据库。该团队的最初想法是 MyBroadway 可能只需要从业务追踪系统中获取一部分有关这些数据实体的数据子集。例如，该团队并没有发现任何需要商品价格、成本、存储位置或其他一些在业务追踪系统中对事务处理和管理报告非常有用的商品属性的数据流。在 MyBroadway 系统中，事务的着重点在于商品推荐、最受欢迎的电影以及电影请求。每个被推荐、挑选或请求的商品都将被看作一个独立的数据项，但是商品销售和商品租赁在同一个交易中可以同时出现（例如，某个客户租赁了三部电影并购买了一张 CD，这在一个交易中被处理）。这些观察使得团队认为 MyBroadway 数据库的结构比大多数操作数据库简单。

◇ 案例小结

当然，这 6 个实体是不是业务所需的最终实体仍有待商讨。该团队必须仔细地将这些数据实体与他们所绘制的数据流图中的数据流和数据存储相对照。例如，每个流入数据存储的数据流的属性必须是某个实体类型的属性。同样，任何一个属性或者存在于一个数据存储中，或者直接流经系统，由该系统生成每一个离开 MyBroadway 去往外部实体处的数据流的全部属性。在团队为 MyBroadway 系统绘制 E-R 图之前，还有很多问题需要解决。

问题

1. 回顾你在第7章的末尾为BEC案例绘制的数据流图（或你的老师提供的图）。研究该图中的数据流和数据存储，并明确你是否同意在该案例中只有6个实体类型，如BEC图8—1所示。如果你不同意，定义额外的实体类型，说明为什么需要这些，并修改BEC图8—1。

2. 再次回顾你为MyBroadway系统绘制的数据流图（或你的老师提供的图）。利用这些数据流图得到该案例中6个实体的属性，以及你在问题1中增加的额外实体的属性。为每个属性下一个明确的定义，并重新绘制BEC图8—1，在图中标记每个实体的属性。

3. 利用你在问题2中的答案，为每个实体指定一个属性或属性组合作为标识符，并解释选择其作为标识符的原因。

4. 利用你在问题3中的答案，绘制系统中的实体类型间所需的联系。请记住，只有当系统需要有关实体实例的数据时才需要联系。为每个联系命名。为每个联系定义基数，并说明你所定义的每个联系最大最小基数的原因。如果在BEC案例的介绍和你对相关问题所给的答案中没有足够的理由表明你选择该基数的原因，请给出你做出的额外假设。

5. 现在你已经能够根据问题4的答案绘制出MyBroadway系统数据库的完整E-R图，在该图中缺少客户或员工实体类型会有什么影响？假设现在只有你绘制的E-R图中的属性，如果在该图中存在客户或员工实体类型，是否能将一些属性从它当前相关的实体中移动到员工或客户实体类型中？为什么？

6. 为你在问题4中绘制的E-R图中所有实体类型、属性和联系编写项目字典条目（根据老师给你的标准）。这个项目应该详细到什么程度？有什么其他的细节需要补充？在你所绘制的E-R图中是否存在弱实体？为什么？具体说来，请求是不是一个弱实体？为什么？

7. 在问题4的答案中，每个实体都有哪些与日期相关的属性？为什么需要这些属性？根据你对该数据库的分析，说明为什么日期属性必须保存在该数据库中。

第4篇

系统设计

- 数据库设计
- 表单和报表设计
- 界面和对话设计
- 分布式和互联网系统设计

第 4 篇的重点是系统设计，系统设计是系统开发生命周期中的首要环节，在该环节中，你和用户将对系统究竟是如何运行的产生具体认识。系统设计阶段的各项活动并不需要严格按照顺序来执行。举例来说，数据库设计、输入输出设计、交互界面设计等环节能够使你及时发现系统的缺陷和漏洞，这就意味着项目字典或者 CASE 资料库在设计过程中会频繁更新和不断完善，直到系统设计的各个元素之间不相矛盾并且都能够满足客户的需求。

数据是信息系统的核心元素，数据设计和数据结构是所有系统开发方法中必须讨论的内容。在前面的章节中你已经学习了如何使用数据流图和实体—联系图，以及在前述章节末尾处面向对象资料中的用例图和类图，来描述系统的数据需求。这些图表在如何展示数据方面给你留下了相当大的余地，例如，你可以在数据流图的某个加工中使用一个或多个数据存储，而 E-R 图则提供了更多的结构，单个实体可以非常具体，也可以很抽象。在设计数据库时，你需要设计出数据的最基本形式，即把数据规范化。规范化是一种识别数据属性之间关系并将其表示为逻辑上不可再分形式的方法。规范化的目标是排除那些使数据库容易发生错误或低效的隐患。以上内容都是第 9 章将要探讨的主题。

在第 10 章中，你将学习如何设计出具有较高可用性的系统输入输出规范和技巧。其中，可用性（即帮助各种系统用户高效、准确而满意地使用系统）是你格式化和展示数据的基本目标。如果你在设计业务表单、屏幕显示、打印文件等其他媒体数据时遵循了特定的规则，系统的易用性将会得到大幅提高。目前已有很多关于如何展示数据的研究可以为我们提供参考，第 10 章会对这些研究中提出的各种规范加以介绍和说明。第 11 章在内容上和第 10 章密切相关，其中会介绍如何将系统输入和输出整合为用户和系统的交互模式。系统界面和对话构成了可供用户切换和访问的各种系统功能。第 11 章的重点在于系统界面和对话的设计，其中会介绍一种可以帮助我们设计出高效人机交互界面的被称为对话图的技术。

对于传统的系统开发来说，在系统实施之前需要对多用户、跨平台、程序和数据的分布等问题给予充分的考虑，而信息技术的发展和局域互联网系统的产生引发了很多新的问题，第 12 章将重点介绍分布式及互联网系统设计。

系统设计阶段的可交付成果包括系统输入、输出、界面、对话以及数据库等详细的设计规范，通常来说，这些元素可以通过系统原型或工作版本两种方式来展示。项目字典或 CASE 资料库将不断更新以包括各种表单、报告、界面、对话和数据关系的设计细节。此外，由于在评估原型、系统和各种设计规范时需要较多的用户参与，以及系统设计环节各项活动在时间上可能有较大的重叠，因此，在每项活动结束之后并不会有比较正式的评估和走查。然而，如果在系统设计完成之后并没有建立系统原型，则需要进行正式的走查和审查。

第 4 篇的所有章节都以 BEC 案例结尾，这些案例都展示了公司信息系统持续开发过程中系统设计环节各项活动所涉及的技术规范和要点。

第9章

数据库设计

学习目标

- 准确定义如下数据库设计关键词：关系、主键、规范化、函数依赖、外键、参照完整性、字段、数据类型、空值、去规范化、文件组织、索引、次键
- 解释数据库设计在系统分析与设计中扮演的角色
- 将E-R图转化成对应的结构良好的（规范化的）关系集合
- 将不同用户视图中的规范化关系合并成综合的关系集合
- 为数据库表中各字段选择合适的存储格式
- 将规范化关系转换为高效的数据库表格
- 解释如何选择不同的文件组织方式来存储数据文件
- 描述索引的重要性以及对恰当的属性建立索引的重要性

引言

在第8章中你学习了如何使用E-R图或类图来表示组织中的数据，本章中，你将学习结构良好且高效的数据库结构设计以及数据库逻辑设计和物理设计的要点。如图9—1所示，在系统开发生命周期中，界面设计和数据库设计很可能是并行进行的。

以下是数据库设计的五个目标：

1. 以规范化表格这一稳定的结构来安排数据，这种结构不随时间的推移而改

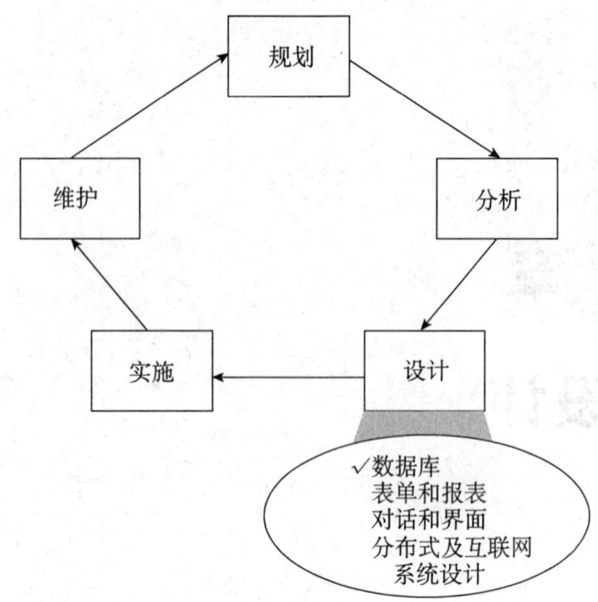

图 9—1　突出设计阶段的系统开发生命周期

变并且冗余度小。

2. 开发能够反映实际数据需求的逻辑数据库设计，这些需求体现在信息系统的表单（纸质版本或计算机显示的方式）和报表中，这也是数据库设计和交互界面设计需要同时进行的原因。

3. 进行逻辑数据库设计，它是物理数据库设计的基础。由于大多数信息系统使用关系数据库管理系统，因此逻辑数据库设计通常使用关系数据库模型，它通过行来表示数据，而通过列与其他的数据表相连。

4. 将关系数据库模型转换成设计文档，以及能够平衡多个性能要素的数据库设计。

5. 选择数据存储技术（如只读 DVD、可写 DVD 及其他存储介质），以便高效、准确、安全地处理数据库活动。

数据库实施（如创建数据库文件并导入数据）将在系统开发生命周期的下一个阶段进行，由于数据库实施涉及的各个细节因具体采用的文件和数据库管理系统而异，因此第 13 章将从通用的角度介绍数据库实施过程中的相关问题。

数据库设计

文件和数据库设计分两步进行。首先需要建立逻辑数据库模型，逻辑数据库模型利用数据库管理系统中特定数据组织方式中的符号来描述数据。数据库管理系统是用于存储、检索、保护数据的系统软件（例如微软的 Access，Oracle，SQL Server 等）。关系数据库是最常用的逻辑数据库模型。在建立逻辑数据库模型之后，你就可以确定用于存储数据的计算机文件和数据库的技术规范，而物理数据库设计则能提供这些规范。

通常来说，逻辑数据库设计、物理数据库设计和系统设计的其他步骤是同时进行的，因此，在你设计系统输入和输出的同时，可以收集有关逻辑数据库设计的一些细节规范。逻辑数据库设计以 E-R 模型和交互界面（如表单和报表）为基础进行。通过研究系统输入和输出中的各种元素，你能够识别数据之间的内在联系。与概念数据建模过程类似，数据库设计过程中系统开发团队成员的工作通过项目字典或资料库来进行协调和交流。逻辑数据库设计、输入和输出的结果将用于后续的物理数据库设计，并作为程序员、数据库管理员、网络管理员等其他人员实施系统时的指导和规范。在本书中，假设程序设计、分布式信息处理、数据网络等都是其他课程的主题，我们将集中于通常由系统分析员完成的物理数据库设计的两个方面：物理表设计和数据库设计。

数据库设计流程

图 9—2 展示了在系统开发过程中各个阶段的数据建模和设计活动，在本章中，我们只探讨协助你完成系统设计阶段的逻辑和物理数据库设计的方法。在逻辑数据库设计过程中，你将会用到规范化方法，规范化是一种建立具有简单、冗余度低、可维护性高等特点的数据模型的方法。

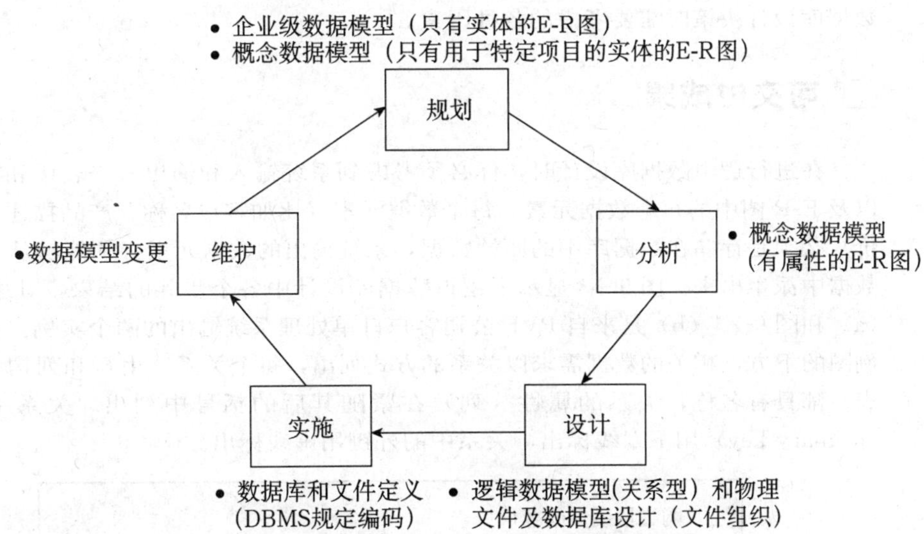

图 9—2　数据建模与系统开发生命周期的联系

在大多数情况下，需要为信息系统选择合适的数据库管理软件，这时有关物理数据库设计的许多决策就变得不那么明显甚至无须进行。我们将集中于那些你需要频繁做出的决策并以 Oracle 为例来说明物理数据库设计的范畴和要点。有兴趣的读者可以参考 Hoffer 等人（2010）的文章以更加深入地了解逻辑和物理数据库设计。

逻辑数据库建模和设计有如下四个关键步骤：

1. 使用规范化方法为所有现有的用户界面（表单和报表）建立逻辑数据模型。

2. 将规范化的数据需求整合为一个综合数据库逻辑模型，这个步骤叫做视图整合。

3. 将应用或企业的概念 E-R 数据模型转化为规范化的数据需求，该数据模型并未明确考虑特定的用户界面。

4. 将综合逻辑数据库设计与转换过来的 E-R 模型进行对比，通过视图整合为应用建立最终的逻辑数据模型。

在物理数据库设计阶段，你可以使用上述四个步骤的结果。此外，你还需要考虑每个属性的定义；对数据录入、查询、删除、更新的地点和时间的描述；对响应时间和数据完整性的要求以及将要使用的文件和数据库技术的描述。这些投入能够辅助你做出物理数据库设计阶段的关键决策：

- 为逻辑数据库模型中的每个属性选择存储格式，也称为数据类型，以减少存储空间并最大限度地提高数据质量。数据类型的选择包括长度、编码方式、小数位数、最小值、最大值及可能的其他参数。
- 将逻辑数据库模型中的属性分组为物理记录（一般情况下，这称为选择存储记录、数据或结构）。
- 用辅助存储器（如硬盘和磁带）来组织相关的记录，使单个记录或者记录组能够快速存储、检索和更新，这称为文件组织。此外，你还要考虑数据保护以及灾难恢复等问题。
- 选择合适的媒介和结构来存储数据，从而使访问更加高效。媒介的选择会对不同文件组织方式的效用产生影响。人们提高访问速度的主要手段是为数据库建立索引。

在本章中，我们将介绍如何按照前述的步骤进行逻辑数据库设计，并讨论物理数据库设计决策时需要考虑的各种因素。

□ 可交付成果

在进行逻辑数据库设计时，你必须考虑到系统输入和输出——表单和报表——以及E-R图中的每个数据元素。每个数据元素（比如客户名称、产品描述、产品单价）必须是存储在数据库中的原始数据，系统输出的数据元素必须能够从数据库的数据中派生出来。图9—3显示了逻辑数据库设计中各个步骤的结果，其中图9—3（a）和图9—3（b）是来自PVF公司客户订单处理系统输出的两个实例。在每个实例图的下方，相关的数据需求以关系的方式列出，每个关系（由行和列构成的二维表）都具有名称，关系的属性（列）在紧随其后的括号中列出。关系中的**主键**（primary key）用下划线标出，关系中的外键用虚线标出。

购买量最多的客户

输入产品编号：	M128
开始日期：	11/01/2009
结束日期：	12/31/2009
客户编号：	1256
名称：	Commonwealth Builder
数量：	30

（a）购买量最多的客户的查询界面

该查询返回在某时间段内购买特定产品最多的客户。

关系：

客户（客户编号，名称）

订单（订单编号，客户编号，订单日期）

产品（产品编号）

订购物品（订单编号，产品编号，订货数量）

积压汇总报告　　第 1 页

11/30/2009

产品编号	积压数量
B381	0
B975	0
B985	6
E125	30
⋮	
M128	2
⋮	

（b）产品积压汇总报告

该查询返回在某时间段内积压的所有产品的数量。

关系：

产品（产品编号）

订购物品（产品编号，订单编号，订货数量）

订单（订单编号，订单日期）

运送（产品编号，发票编号，运送数量）

发票（发票编号，发票日期，订单编号）

（c）整合后的关系

客户（客户编号，名称）

产品（产品编号）

发票（发票编号，发票日期，订单编号）

订单（订单编号，客户编号，订单日期）

订购物品（订单编号，产品编号，订货数量）

运送（产品编号，发票编号，运送数量）

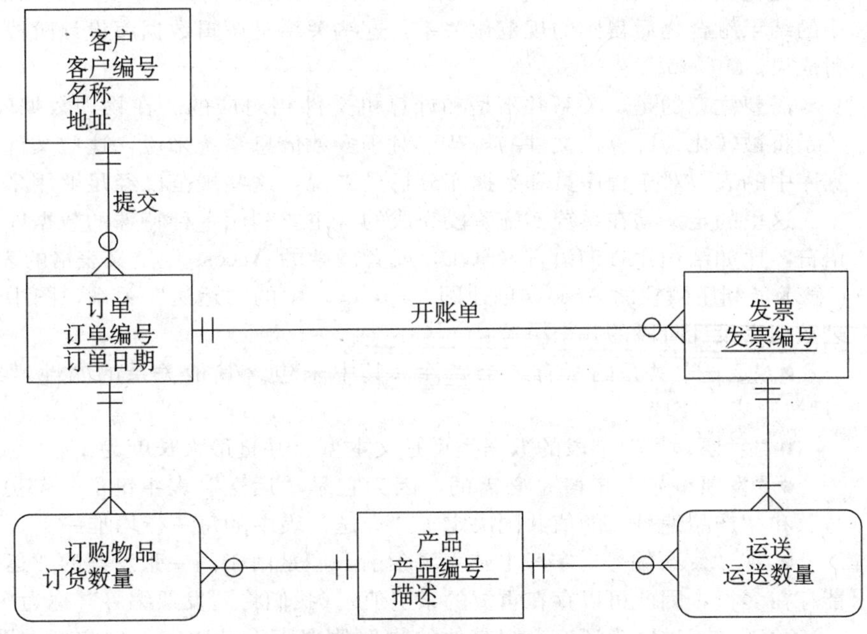

（d）概念数据模型与转换之后的关系

关系：

客户（客户编号，名称，地址）

产品（产品编号，描述）
订单（订单编号，客户编号，订单日期）
订购物品（订单编号，产品编号，订货数量）
发票（发票编号，订单编号）
运送（发票编号，产品编号，运送数量）

(e) 关系规范化的最终结果

客户（客户编号，名称，地址）
产品（产品编号，描述）
订单（订单编号，客户编号，订单日期）
订购物品（订单编号，产品编号，订货数量）
发票（发票编号，订单编号，发票日期）
运送（发票编号，产品编号，运送数量）

图9—3 逻辑数据库建模的简单例子

在图9—3（a）中显示了客户、产品、订单以及相关联的订购物品数据。关系的每个属性或者直接显示在界面上，或者起到连接相关关系的作用。例如，因为订单必定属于某个客户，所以“订单”关系需要由属性“客户编号”将其和“客户”关联起来。图9—3（b）所需要的数据更加复杂，这里涉及产品积压的概念。如果订购的数量（“产品数量”属性）少于运送的数量（“运送数量”属性），则会产生产品积压。其中，产品是否积压以及积压的数量是通过“订单”和“运送”及它们之间的关联“发票”来计算的。此外，查询只限于某个时间段，因此需要“订单日期”属性。“发票”关系中的“订单编号”属性用于把发票和相关的订单关联起来。

图9—3（c）（第2步）显示了将前述两组关系整合之后的结果。图9—3（d）（第3步）显示了在客户订单处理系统概念数据建模阶段建立的E-R图以及相对应的规范化关系。而图9—3（e）（第4步）显示的是将图9—3（c）和图9—3（d）中的结果融合之后得到的规范化关系，这些关系是逻辑数据库设计阶段的主要可交付成果。

需要注意的是，关系并不是和计算机文件相对应的。在物理数据库设计阶段，关系将被转化为计算机文件的规范。对于多数信息系统来说，这些文件就是关系数据库中的表，对于程序员和数据库分析员来说，这些规范已经足够用来定义数据库了。这里的定义是在系统实施阶段完成的，主要利用一种特殊的数据库定义和操作语言，比如结构化查询语言（SQL）或者微软的Access中定义表格的表单。图9—4显示了利用微软的Access创建图9—3（e）中的“运送”关系，图中还说明了物理数据库设计阶段的几个决策：

- “运送”关系的所有三个属性（其中未包含其他关系的属性）共同构成了“运送”表的字段。
- “发票编号”字段的数据类型是文本型，并且最大长度为10。
- “发票编号”字段是必需的，因为它是“运送”表主键的一部分。“发票编号”和“产品编号”的值共同决定了“运送”表中的每一行均唯一。
- 在“发票编号”字段上建立了索引，但是由于同一张发票的“运送”表中可能存在多行，因此可以存在重复的索引值。（我们将“发票编号”称为次键。）

关于“运送”表还有许多其他的物理数据库设计决策，但它们在图9—4中并不是那么明显。此外，“运送”表只是PVF公司订单输入数据库中的一个表，数据库中的其他表和结构在图中并没有显示。

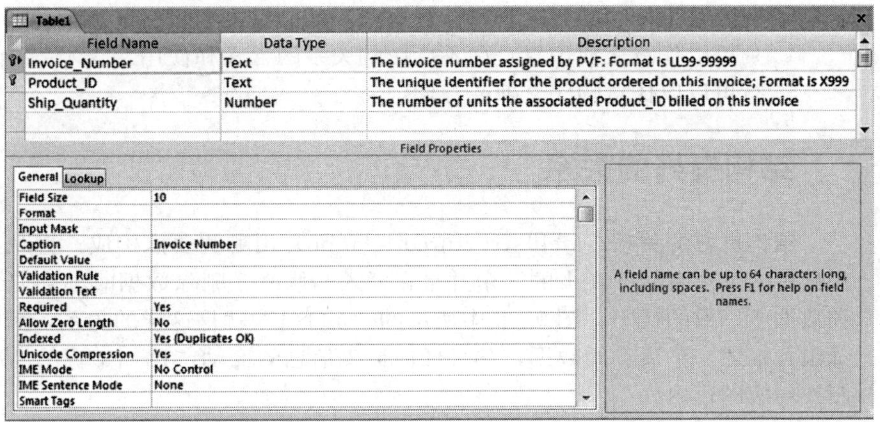

图 9—4　用微软的 Access 创建“运送”表

关系数据库模型

现在有许多不同的数据库模型，而这些数据库模型正是数据库技术的基础。虽然层次数据模型和网络数据模型曾经广泛使用，但在现今的信息系统中很少采用这两种技术。如今面向对象的数据库模型正在兴起，但应用不够广泛。**关系数据库模型**（relational database model）（Codd，1970）用二维表及其之间的关系来表示数据。**关系**（relation）是具有名称的二维表，每个关系都包含一定数量的列和任意数量的行，其中列的名称需要说明，而行则不需要。关系中的每一列都对应于关系中的一个属性，而每一行则对应于包含实体数据值的记录。

如图 9—5 所示，名为“员工 1”的关系包含如下属性：员工编号、姓名、部门、工资，图中的五行数据对应五名员工。

员工 1

员工编号	姓名	部门	工资
100	玛格丽特·辛普森	市场	42 000
140	艾伦·比顿	会计	39 000
110	克里斯·卢赛罗	信息系统	41 500
190	洛伦佐·戴维斯	财务	38 000
150	苏珊·马丁	市场	38 500

图 9—5　包含样本数据的“员工 1”关系

你可以把关系简记为这样一种形式：关系名后紧跟属性列表，其中属性列表用括号括起来，关系的标识符属性（即主键）用下划线标出。例如，关系“员工”可表示为：

员工 1（<u>员工编号</u>，姓名，部门，工资）

并非所有的表都是关系，因为关系具有几个能够将其和非关系表格区分的属性：

1. 所有单元格不可再分，即行和列的交叉点只能有一个值。
2. 相同列的所有单元格数据取自相同的集合。

3. 行是互不相同的，这种唯一性由关系的非空主键来保证。
4. 列可以任意交换位置，而不会影响关系的含义和使用。
5. 行可以以任意顺序交换或存储。

□ 结构良好的关系

结构良好的关系（well-structured relation）由哪些要素构成？直观上来说，结构良好的关系有尽可能少的冗余并且在插入、修改、删除数据时不会遇到数据错误和数据不一致的情况。图9—5中所示的“员工1”就是这样的关系，表中的每一行都包含描述一个员工的数据，并且任何员工信息的变动，比如工资的增减，都被限制在对应的行内。

与此相反，图9—6中的关系“员工2”包含员工和他们所完成的课程的资料，表中的行由“员工编号”和“课程”唯一确定，这两个字段的组合就是该表的主键。然而，“员工2”并不是一个结构良好的关系。如果仔细地分析表中的数据，你就会发现存在一定的冗余。例如，编号为100，110，150的员工姓名、部门等信息同时出现在两行中。如果编号为100的员工工资发生了变化，那么我们需要修改两条记录。对于其他的员工，修改可能会更多。

员工2

员工编号	姓名	部门	工资	课程	完成日期
100	玛格丽特·辛普森	市场	42 000	SPSS	6/19/2009
100	玛格丽特·辛普森	市场	42 000	调查	10/7/2009
140	艾伦·比顿	会计	39 000	税务会计	12/8/2009
110	克里斯·卢塞罗	信息系统	41 500	SPSS	1/22/2009
110	克里斯·卢塞罗	信息系统	41 500	C++	4/22/2009
190	洛伦佐·戴维斯	财务	38 000	投资	5/7/2009
150	苏珊·马丁	市场	38 500	SPSS	6/19/2009
150	苏珊·马丁	市场	38 500	全面质量管理	8/12/2009

图9—6　存在数据冗余的关系

与此相关的问题是，它包含两个实体的数据：“员工”和“课程”。你将学习如何使用规范化方法将“员工2”关系变成两个关系。由此产生的两个关系，即图9—5中的“员工1”关系和图9—7中的“员工课程”关系。其中“员工课程”关系的主键由属性“员工编号”和“课程”组合而成，图中对这两个属性加下划线以示区分。

员工课程

员工编号	课程	完成日期
100	SPSS	6/19/2009
100	调查	10/7/2009
140	税务会计	12/8/2009
110	SPSS	1/22/2009
110	C++	4/22/2009
190	投资	5/7/2009
150	SPSS	6/19/2009
150	全面质量管理	8/12/2009

图9—7　“员工课程”关系

规范化

我们已经从直观上讨论了结构良好的关系，但是，我们更需要了解用于设计结构良好关系的规则和过程。**规范化**（normalization）就是将复杂的数据结构转化为简单、稳定的数据结构的过程。例如，我们利用规范化的规则将具有冗余的关系“员工2”（见图9—6）转化为关系“员工1”（见图9—5）和“员工课程”（见图9—7）。

规范化规则

关系的规范化基于该领域被广泛接受的规则。现在有很多可用的规范化规则，限于篇幅，本书只介绍其中使用最广泛的部分，有兴趣的读者可参考Hoffer等人（2010）以了解更多。除了前面提到的五个属性，还有以下两个常用的规则：

1. 第二范式（2NF）。每个非主属性由主属性完全确定（就是我们所说的完全函数依赖）。例如，“员工编号”和“课程”共同确定“完成日期”，因为同样的“员工编号”可能与多个完成日期相关，“课程”也是如此（见图9—7）。

2. 第三范式（3NF）。非主属性之间不相互依赖（就是我们所说的不存在函数依赖）。例如，图9—5中的属性“姓名”、“部门”和“工资”之间并不相互依赖，其中任何一个字段的取值都不会影响到其他字段的取值。

关系规范化的结果是每个非主属性依赖且仅依赖于主属性。接下来我们将详细讨论第二范式（2NF）和第三范式（3NF）。

函数依赖和主键

规范化基于对函数依赖性的分析，**函数依赖**（functional dependency）是指两个属性之间的特殊关系。在给定的关系中，如果对于属性A的每个有效值，属性B的值都被唯一确定，那么我们称属性B函数依赖于属性A（Dutka and Hanson，1989）。属性之间的函数依赖可以用箭头来表示：A→B，例如员工编号→姓名。函数依赖并不意味着数学计算上的依赖，即有函数依赖的两个属性的值并不存在相互计算的关系。函数依赖的真正含义是，如果属性B函数依赖于属性A，那么对于属性A的每个值，有且仅有一个属性B的值与之对应。举例来说，对于每个确定的“员工编号”，只有唯一的“姓名”与之对应，这里的“姓名”并不是由“员工编号”计算而来。从图9—3（b）中可以找到更多的函数依赖的例子，如在“订单”中有“订单编号”→“订单日期”，在“发票”中有“发票编号”→“发票日期”和“订单编号”。

前面介绍了两个属性之间的函数依赖，一个属性可能函数依赖于两个或以上的属性，以图9—7中的关系“员工课程”（员工编号，课程，完成日期）为例，其中的函数依赖可以表示如下：

员工编号，课程→完成日期（也可表示为员工编号 + 课程 →完成日期），在这个例子中，“完成日期”不能仅由“员工编号”或“课程”中的一个属性确定，因为“完成日期”是员工上课这项活动的属性。

需要注意的是，仅仅根据关系中的某些实例或样本数据并不能确定关系的属性之间存在函数依赖，对问题进行深入分析才是识别关系中函数依赖最可靠的方法。另外，你也可以利用样本数据来证明属性之间不存在函数依赖，以图9—8中的关系——样本（A，B，C，D）为例，从样本数据中可以看出属性B并不函数依赖于属性A，因为属性A并不能唯一确定属性B的值（有两行的A值相同，B值却不同）。

样本

A	B	C	D
X	U	X	Y
Ⓨ	X	Z	X
Z	Y	Y	Y
Ⓨ	Z	W	Z

图9—8 样本实例

□ 第二范式

如果关系的非主属性都函数依赖于主属性，那么该关系满足**第二范式**（second normal form，2NF）。也就是说，没有非主属性的属性值仅仅是部分，而不是全部依赖于主属性。如果关系满足如下条件之一，则属于第二范式：

1. 关系的主键仅包含一个属性（比如图9—5中关系“员工1”的“员工编号”属性）。

2. 关系不存在非主属性。

3. 关系的非主属性都依赖于全部的主属性。

“员工2”（见图9—6）是不满足第二范式条件的典型例子，该关系可简记为：

员工2（<u>员工编号</u>，姓名，部门，工资，<u>课程</u>，完成日期）

其中的函数依赖为：

员工编号 → 姓名，部门，工资

员工编号，课程 → 完成日期

这个关系的主键是由“员工编号”和“课程”所构成的复合主键。因此，“姓名”、“部门”、“工资”等非主键属性仅函数依赖于“员工编号”，而不依赖于“课程”。“员工2”有冗余，这在更新表时将产生问题。

为了将关系转化为第二范式，需要用关系中的决定因素（能够决定其他属性的因素）将关系分解成子关系，而这些决定因素又成为各个子关系的主键，按照这个方法，关系“员工2”被分解为如下两个子关系：

1. 员工（<u>员工编号</u>，姓名，部门，工资）：该关系满足第二范式的第1个条件（样本数据如图9—5所示）。

2. 员工课程（<u>员工编号</u>，课程，完成日期）：该关系满足第二范式的第3个条件（样本数据如图9—7所示）。

□ 第三范式

如果一个关系满足第二范式，并且所有非主属性之间不存在函数依赖（两个或更多非主属性之间的依赖也称为传递依赖），那么该关系满足**第三范式**（third normal form，3NF）。例如，考虑关系：销售（客户编号，客户名称，销售员，地区）（样本数据如图9—9（a）所示）。

销售

<u>客户编号</u>	客户名称	销售员	地区
8023	安德森	史密斯	南部
9167	班克罗夫特	希克斯	西部
7924	霍布斯	史密斯	南部
6837	塔克	埃尔南德斯	东部
8596	埃克斯利	希克斯	西部
7018	阿诺德	福尔布	北部

（a）具有函数依赖的关系

销售1

<u>客户编号</u>	客户名称	销售员
8023	安德森	史密斯
9167	班克罗夫特	希克斯
7924	霍布斯	史密斯
6837	塔克	埃尔南德斯
8596	埃克斯利	希克斯
7018	阿诺德	福尔布

销售员

<u>销售员</u>	地区
史密斯	南部
希克斯	西部
埃尔南德斯	东部
福尔布	北部

（b）满足第三范式的关系

图9—9 消除函数依赖

在“销售”关系中存在下列函数依赖：

1. 客户编号→客户名称，销售员，地区（客户编号为主键）

2. 销售员 → 地区（每个销售员被安排到一个地区）

因为“销售”关系的主键只包含一个属性，所以其满足第二范式。但是，“地区”函数依赖于“销售员”，而“销售员”又函数依赖于“客户编号”。其结果是，在“销售”表中存在数据维护问题：

1. 被安排到北部地区的销售员罗宾逊在拥有客户之前，其数据不能插入到数据库中，因为插入数据时主键“客户编号”不能为空。

2. 如果编号为6837的客户被删除，那么将会失去被安排到东部地区的销售员埃尔南德斯的相关信息。

3. 如果销售员史密斯被重新安排到东部地区，那么表中的多行数据需要更新（从图9—9（a）中可知至少需要更新两处）。

基于图9—9（b）中所示的两个决定因素，将“销售”关系分解，可以避免上述三个问题。分解得到如下的关系：

销售1（<u>客户编号</u>，客户名称，销售员）

销售员（<u>销售员</u>，地区）

注意，属性“销售员”是关系“销售员”的主键，同时它还是关系“销售1”的**外键**（foreign key）。外键是指同时作为主属性和非主属性出现在两个不同的关系中从而将它们关联起来的属性，通常用虚线下划线标出。

一个外键必须满足**参照完整性**（referential integrity）的要求。参照完整性是指一个关系中的某个属性值依赖于另一个关系中相同属性的值，举例来说，在图9—9（b）中，“销售1”表中每行“销售员”的值只能取自“销售员”表中“销售员”值的集合。如果某单生意没有销售员参与，那么那条记录的“销售员”值可设置为空。参照完整性是关系数据模型中最重要的规则之一。

将 E-R 图转化为关系

规范化产生了一系列结构良好的关系，而这些关系则包含了在人机界面设计时系统输入和输出中所涉及的全部数据。然而，由于这些信息可能无法表达所有的未来数据需求，在概念数据建模阶段得到的E-R图可以作为另一个来源，以发现一个新的应用系统潜在的数据需求。为了比较概念数据模型和规范化关系，E-R图必须首先转化为关系，然后规范化，最后还要与现有的规范化关系进行合并。

从将E-R图转化为规范化的关系，再到合并的整个过程可以通过四个步骤来完成，下面简要介绍这四个步骤，其中第1、第2和第4步将在后面做详细介绍。

1. 表示实体。E-R图中的每个实体都可以表示为一个关系。实体类型的标识符可作为相应关系的主键，而实体类型的其他属性则成为关系的非主属性。

2. 表示联系。E-R图中的联系必须用关系数据库中的关联来表示，而在数据库中关联的表示方式取决于联系的本质。例如，在某些情况下，可以通过将某个关系的主键设为另一个关系的外键来表示联系。在其他情况下，则需要另外建立一个关系来表示联系。

3. 关系的规范化。由上述两个步骤得到的关系可能包含不必要的冗余，因此我们需要将这些关系规范化，从而得到结构良好的关系。

4. 合并关系。目前我们得到的关系主要来自两个方面：自底向上的用户视图规范化和E-R图的转化。在这些关系中可能存在描述相同的实体类型的两个或者多个关系，要消除这些冗余，则需要对这些关系进行合并和重新规范化。

表示实体

E-R图中的每个类型实体都可以转化为一个关系。转化完成后，类型实体的标识符成为对应关系的主键，而其他属性则成为关系的非主属性。你还需要检查，以确保关系的主键满足如下两个条件：

1. 关系的主键必须能够唯一标识关系中的行。

2. 关系的主键不能有冗余。也就是说，在不破坏主键对行的唯一标识能力的情况下，主键中的任何属性都不能删除。

E-R图中的某些实体可能包含其他实体的主键。例如，“员工家属”实体中每一个家属都有“名称”属性，但是为了构造该实体的主键，必须包含被关联的“员工”实体的属性“员工编号”，像这种主键依赖于另一个实体主键的实体称为弱实体。

将实体表示为关系的方法相当直接，图9—10显示了PVF公司的“客户”实体，将之转化后得到的关系为：

客户（<u>客户编号</u>，名称，地址，城市—州—邮编，折扣）

在这种记法下，实体类型的名称就是关系的名称。实体类型的标识符在所有属性中最先列出，并加上下划线以表示其为主键。其他属性依次列在主键之后。该关系的结构及样本数据如图 9—10（b）所示。

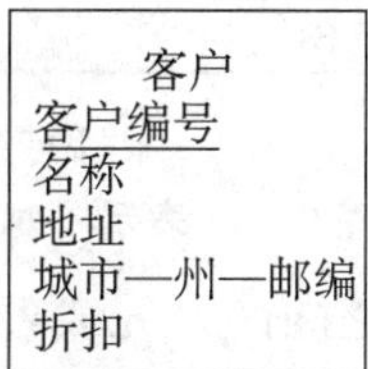

(a) E-R 图

客户

客户编号	名称	地址	城市—州—邮编	折扣
1273	Contemporary Designs	橡树街 123 号	得克萨斯州奥斯汀 28384	5%
6390	Casual Corner	胡西尔路 18 号	印第安纳州布鲁明顿 45821	3%

(b) 关系

图 9—10　将实体类型转化为关系

□ 表示联系

表示实体之间联系的过程取决于联系的元数（一元、二元、三元）和联系的基数。

二元一对多和一对一联系　E-R 图中的二元一对多（1：N）联系可以通过将联系中“一”方对应的实体主键（可能包含多个属性）作为“多”方对应的实体外键来表示。

按照上述规则，图 9—11 显示了 PVF 公司连接关系“客户”和“订单”的“提交”联系（见图 9—11（a））。“客户”和“订单”这两个关系由相对应的实体类型生成（见图 9—11（b））。“客户编号”属性是“客户”关系（在联系的“一”端）的主键，作为外键被添加到“订单”关系（在联系的“多”端）中。前面已经提到过这个规则的一个具体实例。如果“多”端对应的实体需要“一”端对应实体的主键作为其主键的组成部分（这也称为弱实体），这个属性就作为主键而不是非主键的一部分被添加。

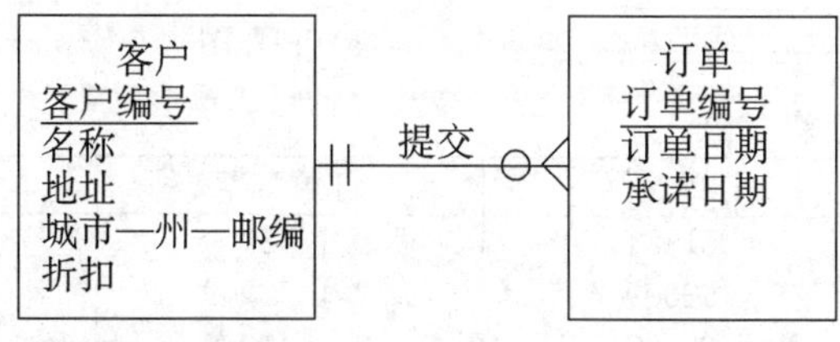

(a) E-R 图

客户

客户编号	名称	地址	城市—州—邮编	折扣
1273	Contemporary Designs	橡树街 123 号	得克萨斯州奥斯汀 28384	5%
6390	Casual Corner	胡西尔路 18 号	印第安纳州布鲁明顿 45821	3%

订单

订单编号	订单日期	承诺日期	客户编号
57194	3/15/0×	3/28/0×	6390
63725	3/17/0×	4/01/0×	1273
80149	3/14/0×	3/24/0×	6390

(b) 关系

图 9—11 表示一对多（1∶N）联系

对于两个实体 A 和 B 之间的二元或者一元的一对一（1∶1）联系（在一元联系中 A 和 B 为相同的实体类型），可以用如下任何一种方式表示：

1. 添加实体 A 的主键作为实体 B 的外键。
2. 添加实体 B 的主键作为实体 A 的外键。
3. 同时进行上述两个操作。

二元或多元的多对多联系 假设实体 A 和实体 B 之间具有多对多（M∶N）的联系（或关联实体）。对于这样的情况，我们增加了一个单独的关系 C。关系 C 的主键由关系 A 和关系 B 的主键组合而成，而实体 A 和实体 B 之间的这种多对多联系的其他属性则可作为关系 C 的非主属性。

图 9—12（a）即为上述规则的实例，表示 PVF 公司中“订单”实体类型和“产品”实体类型之间的“请求”联系。图 9—12（b）表示由实体类型和“请求”联系所得的三个关系（“订单”、“订单明细”和“产品”）。为“请求”联系创建了一个关系，即图 9—12（b）中的“订单明细”。其主键由“订单”关系的主键“订单编号”和“产品”关系的主键“产品编号”组合而成，而“订货数量”则作为非主属性出现在“订单明细”中。

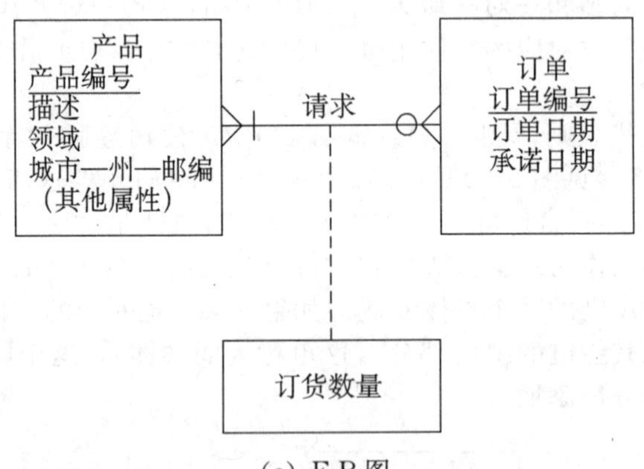

(a) E-R 图

订单

订单编号	订单日期	承诺日期
61384	2/17/2009	3/01/2009
62009	2/13/2009	2/27/2009
62807	2/15/2009	3/01/2009

订单明细

订单编号	产品编号	订货数量
61384	M128	2
61384	A261	1

产品

产品编号	描述	领域	（其他属性）
M128	书柜	学习	—
A261	吊柜	家庭	—
R149	橱柜	学习	—

(b) 关系

图 9—12 表示多对多（$M:N$）联系

有时，从多对多（$M:N$）联系中创建的关系仅有两个相关关系的主键是不够的。例如，考虑如下情形：

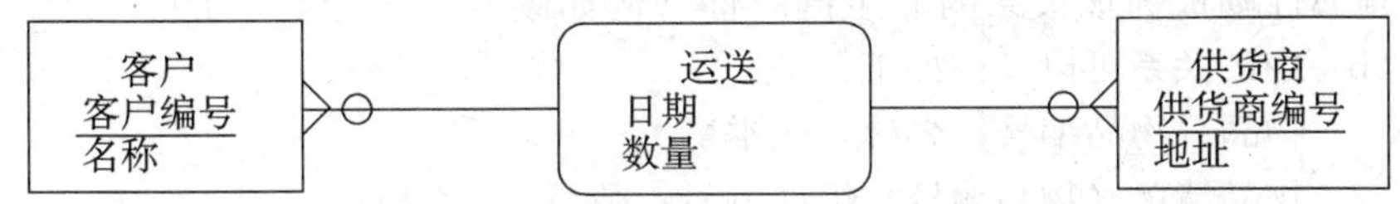

在这种情况下，“日期”属性必须作为关系“运送”主键的一部分来唯一标识“运送”表中的数据行，简记如下：

运送（客户编号，供货商编号，日期，数量）

如果每个运送具有没有特殊含义的标识符，比如“运送编号”属性，那么“日期”属性就变成非主键，而“客户编号”和“供货商编号”属性则成为外键，记法如下：

运送（运送编号，客户编号，供货商编号，日期，数量）

在有些情况下，三个或者更多的实体之间存在联系。这时只需单独建立一个关系，以所有参与实体的主键组合作为该关系的主键即可（再加上其他必要的附加主键元素）。这条规则也是对二元多对多联系规则的简单推广。

一元联系 回顾一下，一元联系是指单独实体的实例之间存在的联系，又称递归联系。图 9—13 为两个一元联系的典型例子：图 9—13（a）为员工与其经理（也是一名员工）之间一对多的“管理”联系。图 9—13（b）为企业物料清单中物品与构成它的组件之间多对多的“包含”联系，这个联系也称作物料清单结构。

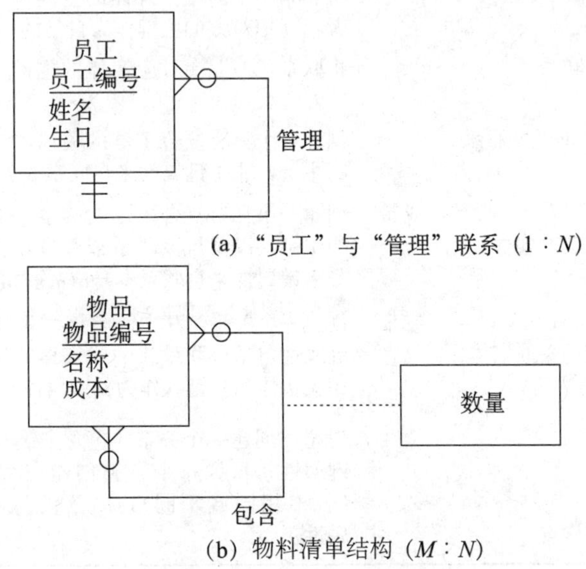

(a) “员工”与“管理”联系（$1:N$）

(b) 物料清单结构（$M:N$）

图 9—13 两个一元联系

对于一元的一对多联系，实体（如“员工”）可以转化为一个关系。该关系的主键就是实体的标识符。然后还需要添加一个外键，该外键引用关系本身的主键。**递归外键**（recursive foreign key）是指关系中引用关系本身主键的外键。图 9—13（a）中的联系可表示如下：

员工（员工编号，姓名，生日，经理编号）

在这个关系中，“经理编号”是递归外键，取值于员工标识符“员工编号”。

对于一元的多对多联系，则需要先将联系中的实体转化为关系，然后建立另一个关系来表示这种多对多的联系。这个新关系的主键是复合主键，由两个属性构成（它们不需要有相同的名称），这两个属性都取值于相同的主键。多对多联系中的其他属性则成为该关系的非主键属性（例如图 9—13（b）中的“数量”），图 9—13（b）中的关系可以简记如下：

物品（物品编号，名称，成本）

物品清单（物品编号，组件编号，数量）

□ E-R 图转化为关系的总结

到目前为止，我们已经讨论了如何将 E-R 图转化为关系，表 9—1 列出了相应的转化规则。在转化为关系之后，你需要对结果进行检查以确定它们都符合第三范式，对于那些不符合第三范式的关系，则需要按照前文介绍的方法进行规范化。

表 9—1　　　　E-R 图到关系的转化

E-R 结构	转化规则
常规实体	创建一个具有主键和非主键属性的关系。
弱实体	创建一个具有复合主键和非主键属性的关系，复合主键包括弱实体所依赖的实体的主键。
二元或一元 1∶1 联系	将联系中任何一个实体的主键作为另一个实体的主键，或者相互把对方的主键作为自己的主键。
二元 1∶N 联系	将联系“一”端对应实体的主键，作为“多”端对应实体的外键。
二元或一元 M∶N 联系	创建一个具有复合主键的关系，复合主键使用各关联实体的主键，非主键属性来自联系或关联实体。
二元或一元 M∶N 联系，或带有附加键的关联实体	创建一个具有复合主键的关系，复合主键使用各关联实体的主键，以及与该联系或关联实体相关的其他主键属性；非主键属性来自联系本身或关联实体。
二元或一元 M∶N 联系，或带有自身主键的关联实体	创建一个关系，其主键与该联系或关联实体相关；其非主键属性包括该联系或关联实体的所有非主键属性，以及各相关实体的主键（作为外键属性）。
超类/子类	为超类创建一个关系，包含主键和与子类相同的所有非主键属性；再为每个子类创建一个关系，包含相同的主键（名称相同或不同），以及仅与当前子类相关的非主键属性。

合并关系

作为逻辑数据库设计的重要部分，我们通过 E-R 图的转化和对各种用户界面的整合，得到了很多规范化的关系。有一些关系可能是冗余的，因为它们可能描述的是相同的实体。如果存在这样的情况，你就需要对这些关系进行合并以消除冗余。本节将重点介绍关系合并（或视图整合），即开始物理数据库设计之前逻辑数据库设计的最后步骤。

关系合并的例子

假设通过对用户界面进行建模或者将 E-R 图进行转化，得到如下满足第三范式的关系：

员工 1（员工编号，姓名，地址，电话）

针对第二个用户界面进行建模，将会生成下列关系：

员工 2（员工编号，姓名，地址，工作代码，入职年份）

由于这两个关系具有相同的主键“员工编号”，并且描述的是相同的实体，所以应该合并成一个关系，合并后的关系如下：

员工（员工编号，姓名，地址，电话，工作代码，入职年份）

需要注意的是，合并前在两个关系中都出现的属性，在合并后的关系中只能出现一次。

视图整合中的问题

在关系整合的过程中，你必须清楚每个数据的准确含义并且懂得如何解决遇到的各种问题。本节将对以下问题进行描述和说明：同义异名属性、同名异义属性、非主键间的相互依赖、类和子类的关系等。

同义异名属性 在有些情况下，两个或多个属性可能具有不同的名称但是含义相同，比如它们都描述实体的某个属性，这些属性叫做**同义异名属性**（synonym）。例如，“员工编号”和“员工代码”很可能是同义异名属性。

当合并那些包含同义异名属性的关系时，你应该征得用户的同意并选取其中一个作为属性名，同时删除其他的同义异名属性。还有一个办法就是用新的名称替换所有的同义异名属性。考虑如下的例子：

学生 1（学生编号，姓名）

学生 2（入学号码，姓名，地址）

在这个例子中，系统分析员应该意识到属性“学生编号”和“入学号码”都是居民社会保障号的同义异名词，并且是主属性。解决这个问题的一个方法是只选取其中一个作为标准，如“学生编号”作为属性名称。另一种方法是用新的名称来替代同义的两个属性名。使用后一种方法合并得到的关系如下：

学生（社会保障号，姓名，地址）

同名异义属性 在有些情况下，同一个名称很可能表示多个属性或特征，称为

同名异义属性（homonym）。例如，余额可能指的是银行账户余额、存款余额、借款余额或其他类型的余额，也就是说，在不同的用法下，余额代表的是不同的数据。

在合并关系时，对于同名异义属性你应该格外小心，考虑下面的例子：

学生 1（学生编号，姓名，地址）

学生 2（学生编号，姓名，电话号码，地址）

在和用户讨论的过程中，系统分析员很可能发现，关系“学生 1”中的“地址”属性表示学生的学校地址，而关系“学生 2”中的“地址”属性表示学生的家庭地址。为了解决这个冲突，我们需要对属性重新命名，合并后的关系如下：

学生（学生编号，姓名，电话号码，学校地址，永久地址）

非主键间的相互依赖　当两个满足第三范式的关系合并为一个关系时，新关系的非主键之间很可能出现相互依赖。考虑如下的例子：

学生 1（学生编号，专业）

学生 2（学生编号，辅导员）

由于关系“学生 1”和“学生 2”具有相同的主键“学生编号”，因此，这两个关系可以直观地合并为如下关系：

学生（学生编号，专业，辅导员）

然而，如果我们假设每个专业有且仅有一个辅导员，那么属性“辅导员”将函数依赖于属性“专业”：

专业 → 辅导员

如果存在这种依赖关系，那么“学生”关系只满足第二范式却不满足第三范式，因为其非主键之间存在函数依赖。系统分析员可以通过创建两个关系使之满足第三范式，并且属性“专业”作为关系“学生”的外键：

学生（学生编号，专业）

专业辅导员（专业，辅导员）

类和子类　类和子类的联系很可能隐藏在用户视图或者关系中。假设我们有如下两个和医院相关的关系：

病人 1（病人编号，姓名，地址，就诊日期）

病人 2（病人编号，病房号）

直观上看，似乎这两个关系可以合并成名为“病人”的关系。然而，假如病人分为两种：住院的和没有住院的。“病人 1”关系包含了所有病人都有的属性，而“病人 2”关系却包括只有住院病人才有的属性“病房号”。在这种情况下，应该为这些实体创建类和子类的联系：

病人（病人编号，姓名，地址）

住院病人（病人编号，病房号）

门诊病人（病人编号，就诊日期）

Hoosier Burger 的逻辑数据库设计

图 9—14 为 Hoosier Burger 公司库存控制系统的类图。在第 7 章，我们为该系统创建了数据流图和决策表。本节主要讨论如何将 E-R 图转化为关系，以及如何将

这些关系规范化。而后，我们将讨论如何将从一个报告中整理得到的关系与转化得到的关系进行合并。

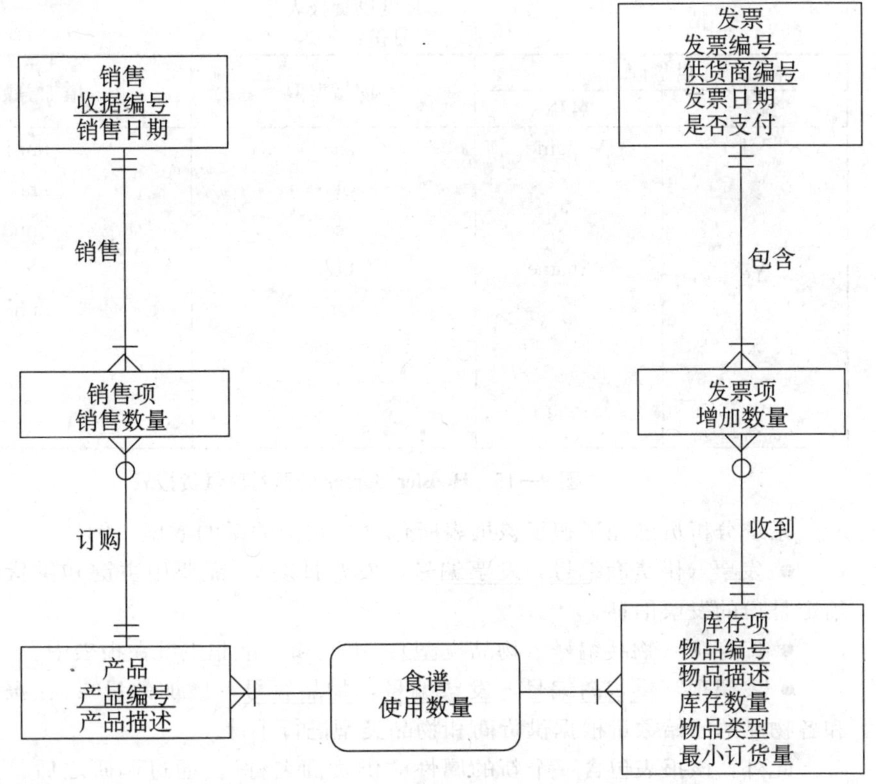

图 9—14 Hoosier Burger 的库存控制系统的最终类图

在图 9—14 所示的 E-R 模型中，有四个独立于其他实体而存在的实体："销售"、"产品"、"发票"和"库存项"。利用图中给出的实体属性，我们可以将这些实体表示为如下四个关系：

销售（收据编号，销售日期）

产品（产品编号，产品描述）

发票（供货商编号，发票编号，发票日期，是否支付）

库存项（物品编号，物品描述，库存数量，最小订货量，物品类型）

"销售项"、"发票项"以及关联实体"食谱"这三个实体都有复合主键，这些主键来自它们所关联的实体。因此，我们用以下三个关系表示这些实体：

销售项（收据编号，产品编号，销售数量）

发票项（供货商编号，发票编号，物品编号，增加数量）

食谱（产品编号，物品编号，使用数量）

因为没有多对多、一对一或者一元联系，所以我们表示了 E-R 图中所有的实体和联系。另外，所得到的关系也都满足第三范式，因为所有属性都是简单的，所有非主键都完全依赖于全部主键，并且"发票"和"库存项"关系中的非主键之间不存在相互依赖。

现在，我们假设鲍勃想要查看一份额外的报表，为 Hoosier Burger 公司设计库存控制系统的系统分析员之前并不了解这份报表。报表的大概内容如图 9—15 所示，能够显示指定月份各供货商所供应的产品类别和数量。在这个报表中，多个供货商都能供应的货物将会出现多次。

月度供货报表　　　　第×页 共 n 页
月份：××

供货商		物品类型	增加总数量
编号	名称		
V1	V1name	aaa	nnn1
		bbb	nnn2
		ccc	nnn3
V2	V2name	bbb	nnn4
		mmm	nnn5
×			
×			
×			

图 9—15　Hoosier Burger 公司月度供货报表

系统分析员已经了解了该报表所包含的几个关系的数据，例如：

● 发票（供货商编号，发票编号，发票日期）：需要用主键和供货时间来查询给定月份的发票信息。

● 库存项（物品编号，物品类型）：主键和一个非主键在报表中。

● 发票项（供货商编号，发票编号，物品编号，增加数量）：在报表中，主键和各物品的原始数量根据供货商和物品类型进行小计。

此外，该报表包含一个新的属性“供货商名称”。通过调研之后，系统分析员发现存在这样的依赖关系：供货商编号 → 供货商名称。“发票”关系的整个主键由“供货商编号”和“发票编号”组合而成，因此，如果把属性“供货商名称”作为关系“发票”的一部分，该关系将违反第三范式的规定。所以，一个新的“供货商”关系必须创建如下：

供货商（供货商编号，供货商名称）

现在，属性“供货商编号”不仅仅是关系“发票”的部分主键，也是关系“供货商”的外键。因此，关系“供货商”和“发票”之间就产生了一对多的关系。系统分析员断定，发票一定来自某个供货商，如果供货商和公司没有业务来往（即不存在票据关系），就没有必要保存这个供货商的信息。能够反映月度供货报表所需新数据内容的更新的 E-R 图如图 9—16 所示。

这个数据库的规范化关系如下：

销售（收据编号，销售日期）

产品（产品编号，产品描述）

发票（供货商编号，发票编号，发票日期，是否支付）

库存项（物品编号，物品描述，库存数量，最小订货量，物品类型）

销售项（收据编号，产品编号，销售数量）

发票项（供货商编号，发票编号，物品编号，增加数量）

食谱（产品编号，物品编号，使用数量）

供货商（供货商编号，供货商名称）

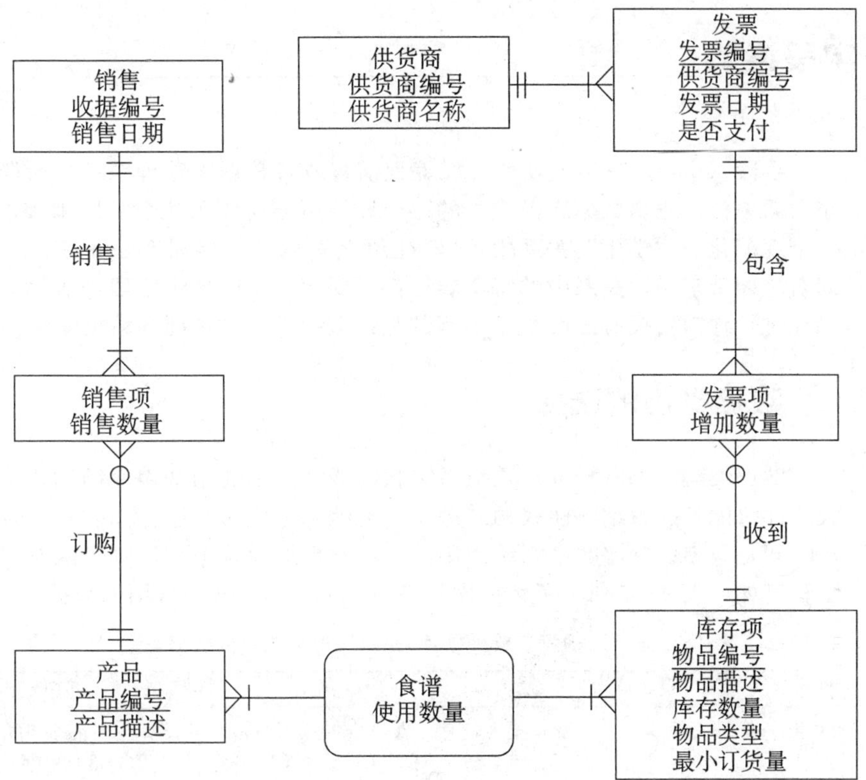

图 9—16　对应于 Hoosier Burger 的库存控制系统规范化关系的类图

物理文件和数据库设计

物理文件和数据库设计需要用到在系统开发生命周期先前阶段收集或得到的特定信息，这些信息包括：

- 规范化的关系，包括对存储空间的估计
- 每个属性的详细定义
- 数据何时、何处、以多高频率使用（输入、查询、删除、更新）的描述
- 对系统响应时间和数据完整性的期望或要求
- 用于完成文件和数据库所使用的技术的说明，以便让他人了解所需要的决策和选择的范围

规范化的关系是逻辑数据库设计阶段的成果，而诸如每张表大概有多少行数据或以上列出的信息则是在系统分析阶段确定的。如果这些信息尚未收集到位，则需要在开始数据库设计之前完成。

我们按照自底向上的思路来介绍物理文件和数据库设计的相关内容，由此，我们将对逻辑数据模型中属性的字段设计作为物理数据库设计阶段的开端。

字段设计

字段（field）是系统软件（如编程语言或者数据库管理系统）所能够识别的最小数据单位。逻辑数据库模型中的一个属性可能需要用几个字段来表示。例如，在一个规范化的“学生”关系中，“学生姓名”属性可能需要三个字段：姓、名和中间名。通常来说，关系中的每个属性都需要用一个或多个字段来表示。在进行字段设计时，你需要关心的两个基本问题是：数据类型的选择和数据完整性的控制。

数据类型的选择

数据类型（data type）是指系统软件能够识别的用来表述结构化数据的编码模式。你可能不熟悉编码模式的二进制，但编码模式对数据存储空间以及存取速度的影响却是很容易理解的。系统使用的文件和数据库管理软件则会限制可用的数据类型。例如，表 9—2 列出了数据库管理软件 Oracle 10i 中常用的数据类型。

表 9—2　　数据库管理软件 Oracle 10i 中常用的数据类型

数据类型	描述
变长字符型	可变长度字符串，最大长度为 4 000，定义字段时需要指定最大的字段长度。例如，VARCHAR2（30）可定义长度为 30 的字符串，长度小于 30 的字段值只占用必需的空间。
字符型	固定长度字符串，最大长度为 255，默认长度为 1。类似地，CHAR（5）定义长度固定为 5 的字符串，可以存储长度从 0 到 5 的任何值。
长型	长文本，能够存储大小达 2GB 的可变长度字符串，比如存储药品说明或者客户的评论。
数值型	数值型数据，范围为 10^{-130}～10^{126}，可以指定精度（小数位数）和长度（数值串从左到右的长度）。例如，NUMBER（5）能够定义最长为 5 位的整数型数据，而 NUMBER（5，2）能够定义最长为 5 位，并且有 2 位小数的浮点型数据。
日期型	日期格式，存储从公元前 4712 年 1 月 1 日到公元 4712 年 12 月 31 日的任何日期，可以存储世纪、年份、月份、天、小时、分钟、秒等。
BLOB	二进制对象，能够存储大至 4GB 的二进制数据，比如图片或者音频片段等。

数据类型的选择需要在下列四个目标之间寻求平衡，这些目标的重要性也会因信息系统的具体特征而变化：

1. 尽可能地节省存储空间
2. 能够表示字段的所有可能取值
3. 能够提高字段的数据完整性
4. 支持在字段上进行的各种数据操作

你需要选择既能使存储空间最小，又能表示相关属性的所有合法取值，还要满足各种数据处理需要的数据类型。例如，假设销售数量可以使用数值型数据，设定的最大长度除了能够处理当前业务的最大值，还要为未来的业务增长预留空间。此外，数值型数据将限制用户输入非法值（如文本），但可以输入负值（如果实际不允许，则可以通过应用代码或表单的设计来保证数据必须为正值）。

需要注意的是，选择的数据类型必须能够满足系统的发展需求，即对未来的需求变化进行适当的预测，否则就需要较多的后期维护。另外，日期型数据能够被分解以便进行各种数学运算，比如将某个日期加上或者减去某个时间段。

有些数据库技术在数据类型方面还有其他的可用性，下面我们将讨论其中最常见的两种特性：计算字段、编码和压缩技术。

计算字段　数据库中属性之间的计算关系是很常见的，例如，发票可能包含应付款汇总，而应付款汇总是通过把发票上每个物品的应付款数目求和而得到的。一个能由数据库中其他字段计算或派生而来的字段称为**计算字段**（calculated field）或派生字段。需要注意的是，属性之间的函数依赖并不意味着存在计算字段。某些数据库技术允许明确定义计算字段和原字段。如果某个字段被定义为计算字段，数据库系统则会提示你输入相应的计算公式，计算公式可以引用同一条数据记录中的其他字段，也可以引用相关文件记录的字段。随后，数据库可以将计算字段的值存储在数据库中或者在需要的时候重新计算。

编码和压缩技术　有些属性可能取值范围很大，但实际上只取其中的几个值。例如，假设 PVF 公司的每个产品都有一个属性“饰面”，其可能的取值为“桦木”、“胡桃木”或“橡木”等。如果以文本的方式存储该属性的值，则需要 12，15 甚至 20 位来保证能够存储最长的属性值。假设该属性的取值最多是 25，那么使用单个字母代码（因为英文字母表的长度为 26）来替代这些值就显得绰绰有余，这样不仅节省了存储空间，更提高了数据的完整性（可以通过将输入限制为特定的值来实现），实现了物理文件和数据库设计两大目标。当然，使用代码来代替属性值也有缺陷。如果在系统输出和输入的时候使用，这些代码不仅很难被用户记住，对于程序员来说，在显示字段值时还需要进行相应的解码。

□ 数据完整性的控制

准确的数据是遵守国内和国际法规（如《萨班斯—奥克斯利法案》和《新巴塞尔协议》）的基本条件，其中《信息系统控制目标和技术》与《信息技术基础设施库》为我们对数据进行风险管理和控制提供了标准、指南和规则。如果将这些预防性的控制手段应用到数据库中，它们将会被数据库管理系统很好地执行。数据完整性的控制手段对于数据合规性审查有很大的帮助，它们和基本的字段控制手段效果同样好。

数据类型是通过限定某个字段的取值范围来保证数据完整性的。在文件和数据库设计时，还有很多其他手段可以用来保证更高质量的数据。虽然这些手段可以通过程序来实现，但若能将其纳入文件和数据库的定义中，则能保证任何时候整个系统都使用相同的控制规则。下面介绍几种常见的完整性控制方法：设置缺省值、限定取值范围、参照完整性、设定空值。

- 设置缺省值。**缺省值**（default value）是指在没有指定字段的取值时该字段的取值。例如，对于某个特定的零售商店来说，其绝大多数客户所在的城市和州很可能与商店所在的城市和州相同。如果为该字段设定缺省值，则可以在很大程度上减少输入时间（在数据输入时跳过即可）和输入错误（如发生类似于将 IN 写成 IM 的拼写错误）。

● 限定取值范围。数值型和字符型数据都只能在有限的范围内取值，例如，表示产品销售数量的字段不能取负值，而表示产品销售月份的字段只能取诸如JAN，FEB之类的值。

● 参照完整性。正如前面章节所介绍的，参照完整性的典型例子是关系之间的交叉引用。例如，考虑图9—17（a）中的两个关系，其中“客户订单”关系的外键“客户编号”只能取值于“客户”关系的“客户编号”属性值的集合。我们不可能接受一个并不存在的客户下的订单。参照完整性在其他情形下也很有用，如图9—17（b）中“员工”关系的例子。在这个例子中，“员工”关系有一个“上级编号”字段。该字段是指该员工上级领导的员工编号，因此应与同一关系内部的“员工编号”满足参照完整性要求。值得注意的，由于有些员工并没有上级，因此他们的“上级编号”就为空值。相对而言，这是一个弱的参照完整性约束。

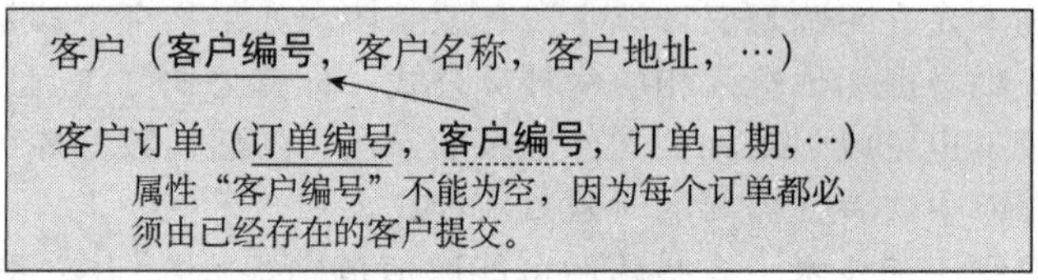

客户（客户编号，客户名称，客户地址，…）

客户订单（订单编号，客户编号，订单日期，…）

属性“客户编号”不能为空，因为每个订单都必须由已经存在的客户提交。

(a) 关系之间的参照完整性

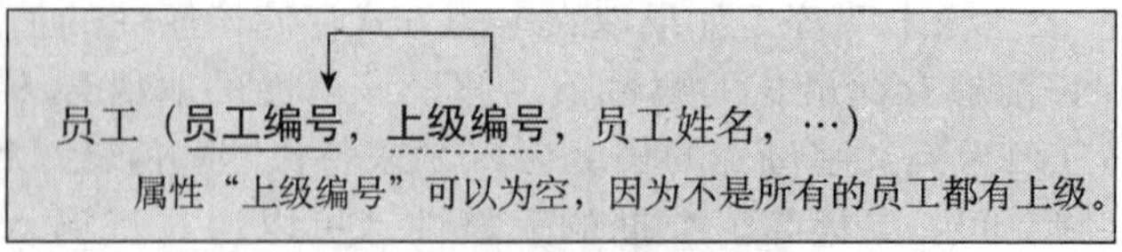

员工（员工编号，上级编号，员工姓名，…）

属性“上级编号”可以为空，因为不是所有的员工都有上级。

(b) 关系内部的参照完整性

图9—17　字段控制参照完整性的例子

● 设定空值。**空值**（null value）有别于零和其他值，空值是指缺失或者未知的值。在输入数据时部分信息未知是很常见的事。举例来说，要输入客户信息，你恰恰不知道客户的电话号码。这里的关键问题是电话号码有无是否会影响客户记录的有效性。最开始的时候，没有电话号码可能没有什么影响，因为多数数据处理过程在没有电话号码时都能正常进行。但是等到需要向客户邮寄订购的物品时，电话号码则是必需的。另一方面，不论何时你都需要知道客户编号。因为受到参照完整性的约束，你不可能在输入订单时不输入客户的编号，同时客户名称则是从视觉上判断数据是否正确的基础。除了在字段没有值时使用空值，你还可以估计这个值，或者通过对表中存在缺失值的行进行统计，以确定它们是否会影响其他数据的计算。

物理表设计

关系数据库是由许多通过外键对主键引用而相关联的表格组成的集合。在逻辑数据库设计阶段，你所建立的每个关系及其属性都能表示对应的业务概念，比如客户、产品、雇员等。相对而言，**物理表**（physical table）是由具有名称的行和每个字段都有值的列组成的集合，物理表和关系并不是一一对应的。虽然规范化关系具有结构良好的关系的很多特性，但物理表的设计还有两个不同于关系规范化的目标：较高的存储空间利用率和数据处理速度。

存储空间的有效利用和数据在磁盘上的存储方式密切相关。在物理上，磁盘被分割为称为页的可读写单元，只有当表格行的物理长度均匀接近这些存储单元的长度时，存储空间才会被有效利用。但是这种理想情况对于很多信息系统来说很难达到，因为这取决于数据库控制范围之外的很多因素，比如操作系统的配置等。因此，诸如此类的因素在本书中不再讨论。

物理表设计的另一个也是更重要的考量是数据处理的效率。数据被存储在彼此接近的物理位置才能保证最高的数据处理速度，因为这样可以减少数据的读取操作次数。通常来说，一个物理表中的数据行都存储在磁盘上彼此接近的位置。**去规范化**（denormalization）是根据实际需求将规范化的关系进行合并或分割从而生成多个物理表的过程。图 9—18（a）中，规范化的关系“产品”被分割成三个独立的物理表，分别包括设计、财务、市场产品的数据，每个表中都有主键。注意，其中“设计”和“市场”表都具有属性“描述”和“颜色”，因为这两个属性都与这两种数据类型有关。图 9—18（b）中，关系“客户”的去规范化是通过按不同地区对客户分组完成的。上述两个例子的目标是创建只包含会同时使用的数据的物理表，程序读取所需全部数据所产生的读写操作次数通过这种方式就能最小化。

规范化的“产品”关系

产品（<u>产品编号</u>，描述，图纸编号，重量，颜色，单位成本，承重率，价格，产品经理）

去规范化的“产品”关系：

设计：E产品（<u>产品编号</u>，描述，图纸编号，重量，颜色）

财务：A产品（<u>产品编号</u>，单位成本，承重率）

市场：M产品（<u>产品编号</u>，描述，颜色，价格，产品经理）

（a）按列的去规范化

规范化的客户表

客户

<u>客户编号</u>	名称	地区	年销售
1256	罗杰斯	大西洋	10 000
1323	坦普尔	太平洋	20 000
1455	盖茨	南部	15 000
1626	霍普	太平洋	22 000
2433	贝茨	南部	14 000
2566	贝利	大西洋	12 000

（b）按行的去规范化

去规范化的区域客户表

A客户

<u>客户编号</u>	名称	地区	年销售
1256	罗杰斯	大西洋	10 000
2566	贝利	大西洋	12 000

P客户

<u>客户编号</u>	名称	地区	年销售
1323	坦普尔	太平洋	20 000
1626	霍普	太平洋	22 000

S客户

客户编号	名称	地区	年销售
1455	盖茨	南部	15 000
2433	贝茨	南部	14 000

图 9—18 去规范化举例

多数关系数据库产品都有将表分割为独立区域的功能，这种功能通常称为分区。在 Oracle 数据库中，有如下三种分区方式：

1. 范围分区。通过某个特定属性的取值范围来定义分区（因此，特定属性取值落入某个区间的行构成了单独的表）。

2. 哈希分区。表中行的字段值通过某个算法进行计算得到哈希值，然后特定属性哈希值相同的记录被匹配到一个分区中。

3. 组合分区。是范围分区和哈希分区的组合，首先根据某特定属性的取值对数据进行分区，然后再对得到的分区应用哈希分区进行二次分区。

通过上述分区方法得到的每个分区都被存储在磁盘上独立且连续的空间中，在 Oracle 中称为表空间。

和规范化相比，去规范化会增加数据不一致等错误的可能性。而且，通过去规范化来提高特定数据处理活动的速度也是有代价的，因为如果不同的数据处理活动的频率发生变动，去规范化所带来的优势可能就会消失（Finkelstein，1988）。

去规范化的方法有很多，除分割以外，还可以将多个规范化的表格合并。然而目前还没有比较严格且通用的去规范化规则可供遵循。下面是三个通过去规范化提高数据访问速度的情形（Rodgers，1989），具体见图 9—19：

1. 具有一对一联系的两个实体。图 9—19（a）显示了可能包含奖学金申请信息的学生信息，在这种情形下，每条记录可以通过将“学生”关系和“奖学金申请书”关系中的四个字段合并得到（注意：这里的可选实体的属性在合并后的记录中允许取空值）。

2. 具有非主键属性的多对多联系（关联实体）。图 9—19（b）显示了不同供货商对不同产品的报价。在这种情况下，可以将“物品”关系和“报价”关系中的字段合并到一个物理表中，以避免查询时需要连接三个表（注意：合并不仅会导致数据重复，也会导致重复数据变动时的过多操作，例如，“物品”中的“描述”每产生一个报价就会重复一遍）。

3. 参照数据。图 9—19（c）表示有几个“物品”具有相同的“储存说明”，而“储存说明”只和“物品”有关。在这种情况下，产品的储存说明数据可以存储到“物品”表中，这样就减少了表的数量，但同时也增加了数据的冗余以及潜在的维护负担。

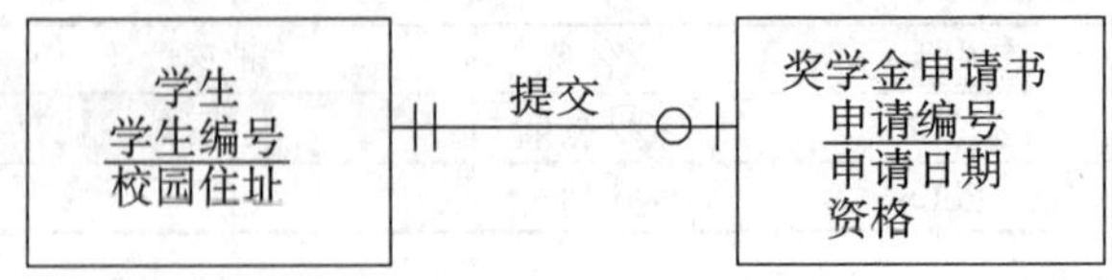

(a) 具有一对一关系的两个实体

规范化的关系：

学生（学生编号，校园住址，申请编号）

申请书（申请编号，申请日期，资格，学生编号）

去规范化的关系：

学生（学生编号，校园住址，申请日期，资格）

在该关系中属性“申请日期”和“资格”可以取空值。

（注意：这里我们假设当所有的字段都存储在一条记录中时，属性“申请编号”不是必需的，但在需要时该字段能够被包含。）

（b）具有非主键属性的多对多联系

规范化的关系：

供货商（供货商编号，地址，联系人姓名）

物品（物品编号，描述）

报价（供货商编号，物品编号，价格）

去规范化的关系：

供货商（供货商编号，地址，联系人姓名）

物品报价（供货商编号，物品编号，描述，价格）

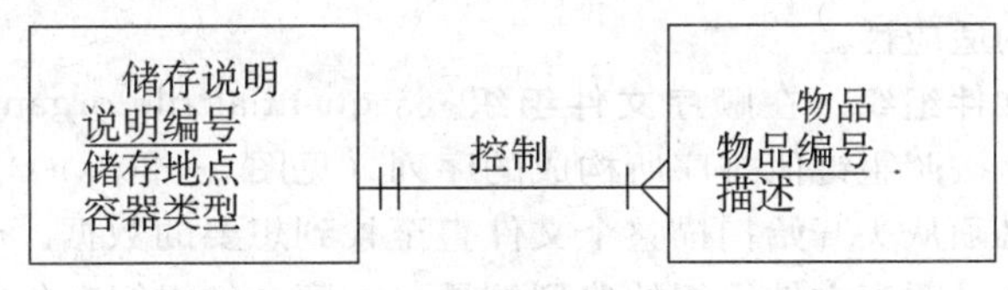

（c）参照数据

规范化的关系：

储存说明（说明编号，储存地点，容器类型）

物品（物品编号，描述，说明编号）

去规范化的关系：

物品（物品编号，描述，储存地点，容器类型）

图 9—19 可能的去规范化情形

□ 表格行的排列

去规范化的结果是一个或多个物理文件。计算机将数据存储到物理文件中，而**物理文件**（physical file）是指存储在磁盘的连续空间上的表格行的集合，每个文件都包含来自一个或多个去规范化产生的表格的行和列。对于操作系统（如 Windows，Linux，UNIX）来说，每个表可能对应一个文件，也可能整个数据库都存储在一个文件中，这取决于数据库技术以及数据库设计人员如何组织数据。操作系统在物理文件中排列表格行的方式称为**文件组织**（file organization）。使用一些数据库技术，系统设计员可以从多个文件组织方式中按照需要选取。

如果数据库设计人员能够有所选择，那么他应该选择能够满足如下目标的文件组织方式：

1. 快速的数据检索

2. 高数据处理量
3. 有效利用存储空间
4. 防止故障或者数据丢失
5. 维护成本最低
6. 兼容增长需求
7. 访问安全

这些目标有些是相互冲突的，你应该选择在有限资源下能很好维持各目标平衡的最佳文件组织方式。

为了达到前述目标，很多文件组织方式都使用了指针。**指针**（pointer）是能够用来定位相关字段或者表格行的字段。大多数情况下，指针包含了与之相关的数据的地址，而这个地址没有任何业务上的含义。当不可能在彼此相邻的位置存储相关数据时，可以在文件组织中使用指针。由于这种情形普遍存在，指针的使用就很常见。幸运的是，大多数情况下，指针对于程序员来说也是隐藏的。然而，是否使用以及如何使用指针取决于数据库设计人员，因此我们会在这里介绍相关的概念。

目前有数以百计的文件组织方式及其变种，在这里我们只介绍多数文件管理环境下的三类文件组织方式：顺序文件组织、索引文件组织、哈希文件组织，具体见图9—20。而在选取文件组织方式时，你需要考虑到设计环境的变化以及各种文件组织方式的适应性。

顺序文件组织 在**顺序文件组织**（sequential file organization）方式中，文件中存储的是按照主键值排序所构成的序列（见图9—20（a））。为了找到某个特定的行，程序必须从头开始扫描整个文件直至找到想要的数据。电话簿中按照字母顺序排列人名就是顺序文件组织的典型例子。顺序文件组织在你需要按照某种顺序处理行时速度会很快，但当你需要随机读取数据时就会慢得不切实际。删除其中的行会导致磁盘空间的浪费或者重新压缩文件。添加新行则需要重写文件，至少是从插入点开始。而更新行也可能导致文件重写，除非文件组织方式支持从更新点之后重写。此外，以这种方式存储的每个文件在没有创建副本的情况下只能维持一个序列。

索引文件组织 在**索引文件组织**（indexed file organization）方式中，行既可以按照某种顺序存储，也可以随意存储，创建索引的目的是应用软件能够定位到每条记录（见图9—20（b））。索引的作用就像图书馆里的目录，用来确定文件中满足查找条件的行。每一次输入都会匹配具有相同键值的一条或多条记录。一个**索引**（index）可能指向特定的记录（主键索引，例如产品表中“产品编号”字段的索引），也有可能指向多条记录。允许每次输入可能指向多条记录的索引称为**次键**（second key）索引。次键索引对于经常性生成报告或者快速检索数据等需求来说是很有用的。例如，为方便生成报告可以为产品表的“饰面”字段建立索引。

索引文件组织最强大的功能在于允许建立多重索引，就像图书馆中可以同时为作者、题名、主题等建立索引一样。通过将来自多个索引的搜索结果合并，可以准确快速地找到满足所有条件的数据记录。图9—20（b）为典型的多重索引示意图，说明索引可以建立在索引之上，数据可以按照顺序存储在多个连续的分区中。举例来说，为了找到键为“Hoosiers”的记录，数据库软件可以从顶层索引开始，找到索引P的指针，图中索引P指向的是另一个按照字母顺序从H到P的索引，然后，数据库软件从中找到索引H的指针，而该索引中收录了所有以G～H字母开头的

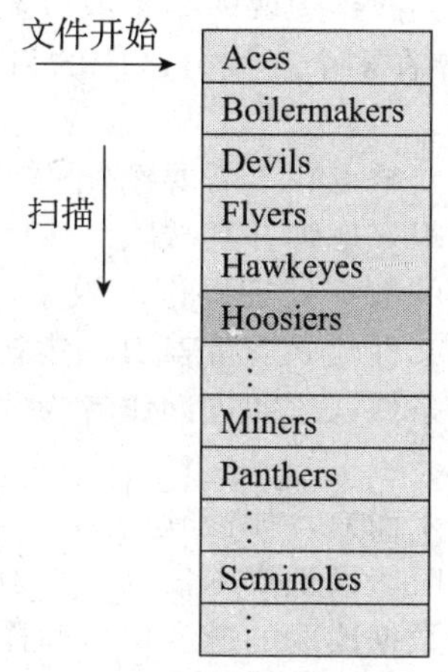

(a) 顺序文件组织方式

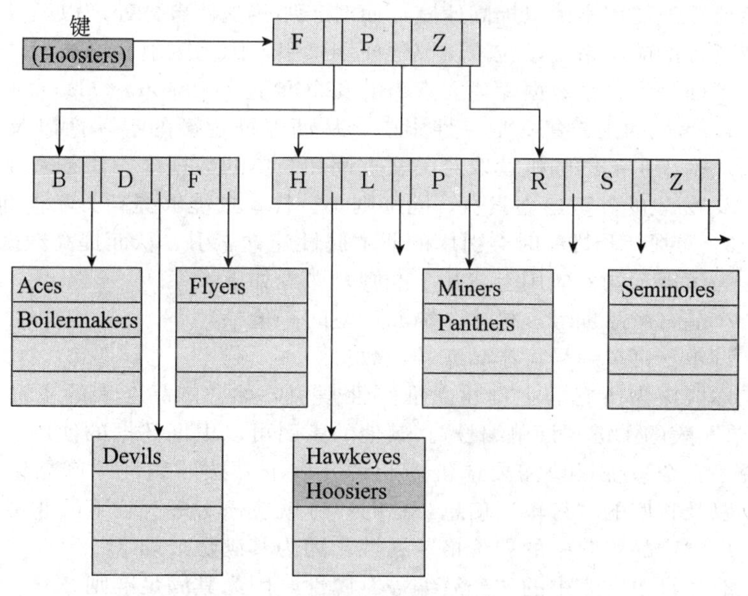

(b) 索引文件组织方式

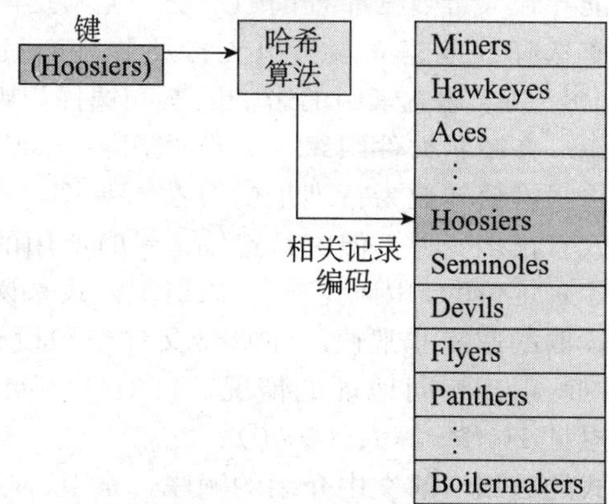

(c) 哈希文件组织方式

图 9—20　文件组织方式的对比

数据记录，最后，搜索会找到想要的结果或者显示不存在结果（在本例中是有结果的）。像这样将数据存储在多个连续分区中的目的是，为在不重新组织文件的情况下插入新数据留下空间。

索引文件组织的主要缺点在于需要额外的空间和时间来存储和维护索引。通常来说，索引的优势能够很好地弥补其缺陷。按照固定的顺序存储的索引能够保证任何随机的或者大量顺序的数据处理操作的效率。此外，由于索引和数据是分开的，你可以根据需要为每个文件建立多重索引。建立多重索引之后，数据库软件就能很容易找到满足某些复合条件（比如查询作者为"汤姆·克兰西"关于"间谍"的图书）的记录。

对于关系数据库技术而言，如微软的 Access，Oracle，DB2 等，建立哪些索引可能是物理数据库设计阶段最重要的任务。索引可以建立在主键或次键上。使用索引的正面作用在于提高数据读取的速度，负面作用在于降低了插入、删除、更新数据等操作的性能。鉴于此，对于以支持数据读取为主的数据库（如决策支持系统），应该慷慨地使用索引以提高速度，而对于那些支持事务处理以及其他具有繁重数据更新任务的应用来说，应该谨慎地使用索引，因为索引会增加额外的开销。

下面是为关系数据库建立索引的几个准则（Gibson et al.，1989）：

1. 为表的主键建立唯一性索引，从而保证主键的唯一性以及基于主键的数据查询。基于主键的随机读取对关联查询和简单的数据维护任务来说是很常见的。

2. 为表的外键建立索引。同准则 1 一样，这能够提高关联查询的速度。

3. 为判断和排序时会引用的非主属性建立索引，从而提高数据读取的速度。

为了展示如何应用上述几个准则，考虑如下关系：

产品（<u>产品编号</u>，描述，饰面，空间，价格）

订单（<u>订单编号</u>，产品编号，数量）

你应该为所有的主键建立唯一性索引，如"产品"表的主键"产品编号"和"订单"表的主键"订单编号"。其他的索引可以根据数据的使用需求来添加。举例来说，有个系统模块需要单价 500 美元以下并按照属性"产品编号"排序的"产品"以及相应的"订单"信息，这时，你就应该考虑为如下的非主属性建立索引：

1. "产品"表中的"价格"属性，因为其满足准则 3。

2. "订单"表中的"产品编号"属性，因为其满足准则 2。

对于用户可能导致大量数据库查询的系统，尤其是需要大量快速数据查询的系统来说，你必须有选择性地建立索引以支持那些频率最高的查询。具体可以参见 Hoffer 等人（2010）关于建立索引的影响因素和选择规则的深入讨论。

哈希文件组织　在**哈希文件组织**（hashed file organization）方式中，数据行的定位是利用一种将主键值转化为行地址的算法（见图 9—20（c））来实现的。虽然哈希文件组织方式有很多变种，但由其定位记录时所用的算法可知，多数情况下数据行并不是按顺序来定位的。因此，对于该组织方式来说，顺序的文件处理几乎不可能，但是随机读取的速度非常快。在哈希文件组织设计中还有很多问题，比如，如何处理两个主键映射到相同地址的情况。针对这些问题的讨论超出了本书的范围，更多内容请参见 Hoffer 等人（2010）。

文件组织方式的总结　前文中介绍的顺序、索引、哈希等三种文件组织方式涵盖了你在物理数据库设计阶段可能使用的大多数文件组织方式。表 9—3 对这些文件组织方式的特点进行了对比，你可以根据该表格列出的文件组织方式的优缺点，以及文件的特征和数据处理的实际需要来选取相应的文件组织方式。

表 9—3　三种文件组织方式的对比

因子	文件组织方式		
	顺序文件组织	索引文件组织	哈希文件组织
存储空间	不存在存储空间的浪费	需要额外的空间存储索引	需要额外的空间来支持数据的插入和删除
按主键顺序读取	非常快	速度中等	不可行
按主键随机读取	不可行	速度中等	非常快
联合查询	可行，但需要扫描整个文件	非常快	不可行
删除行	可能产生空间浪费或者需要文件重组	当空间可以动态分配时很容易，但是需要对索引进行维护	非常容易
插入行	需要重写整个文件	当空间可以动态分配时很容易，但是需要对索引进行维护	非常容易，除非遇到多个主键映射到相同地址的情况
更新行	需要重写整个文件	非常容易，但是需要对索引进行维护	非常容易

□ 文件控制设计

前面提到过的物理数据库设计目标之中包括如下两个涉及文件控制设计的目标：防止故障或数据丢失；访问安全。要实现这两个目标，需对每个文件实施控制。数据完整性控制是最基本的控制方式，另外两种重要的控制方式是文件备份和访问控制。

由于人为或者系统等原因，文件的损坏或者丢失几乎是不可避免的。当文件损坏时，它必须被精确地恢复到最近某个时间点的状态。通常来说，有如下几种数据恢复技术：

- 定期备份数据库文件
- 记录每次更改的事务日志
- 更新数据行之前备份该行

举例来说，可以使用数据库文件的备份和数据更新日志来重构文件到最新的状态。这种重构的过程在当前的文件严重损坏以致无法使用时是相当有效的。如果当前的文件可以使用但是不精确，那么可以先利用数据库镜像按照倒序的方式将当前文件恢复到之前的精确状态，然后利用数据更新日志将其恢复到最新的状态。对系统设计人员来说，制定科学的数据备份、审查以及镜像制度是相当有必要的，因为它们可以在数据损坏或发生错误时用来重建数据库文件。

系统设计人员可以通过如下几种方法增强数据库文件的安全性：

- 对数据文件进行编码或者加密，从而使其中的内容无法直接读取，除非数据使用者知道如何解密。
- 通过输入用户名和密码的方式来辨识数据库文件的使用者，然后可以限定特定用户在特定文件上所能进行的数据库操作，如读取、添加、删除、更新等。
- 通过强制程序和用户使用数据文件的副本而非实际文件，以禁止用户直接处理数据库文件中的数据。这个副本只包含该用户和程序有权限处理的数据，只有当针对副本的所有更新都已完成并且通过验证时，才最终更新实际的数据文件。

以上介绍的这些安全措施的实施都会导致信息系统的额外开销，因此，在实际应用中你最好只采用必要的控制策略。

Hoosier Burger 的物理数据库设计

在本章前面的部分，我们针对 Hoosier Burger 公司进行了逻辑数据库设计，得到了一组规范化的关系以及相应的 E-R 图（见图 9—16)。若要介绍 Hoosier Burger 公司物理数据库设计的全部内容，则需要很大的篇幅，这里我们只介绍整个物理数据库设计阶段的几个关键决策。

正如前文所列出的，为将逻辑数据库设计转化为物理数据库设计，你需要做出如下几个决策：

● 用字段来表示属性（每个属性可能需要用一个或多个字段来表示），并确定字段的数据类型。

● 对每个字段考察如下几个问题：是不是计算字段，是否需要重新编码或压缩，是否需要设定缺省值，是否要设定取值范围、参照完整性及空值控制策略等。

● 对每个规范化的关系，考察是否需要去规范化从而达到想要的效率。

● 为每个物理文件选择文件组织方式。

● 为每个文件和数据库选择适当的控制策略。

需要记住的是，上述决策的规范是在物理数据库设计阶段完成的，在系统实施阶段，这些规范将根据实际选用的数据库技术能力来进行编码。所选用的数据库技术能力可以最终决定到底该如何决策。例如，假设我们在实施阶段选用的是 Oracle 数据库，文件组织的唯一选择是索引文件组织方式，由此，文件组织方式的决策变成如何决定为哪些主键属性和次键属性建立索引。

下面我们以“发票”关系为例来说明如何做出决策。首要的决策就是是否需要将关系去规范化。根据本章中列出的可能需要去规范化的情形，对“发票”关系去规范化的唯一方式就是将其和“供货商”关系合并。因为每个发票都肯定对应一个供货商，唯一没有出现在“发票”关系中的供货商属性是“供货商名称”，这是一个很好的去规范化选择。由于“供货商名称”是不经常变动的属性，在每个发票中重复该属性并不会导致沉重的数据更新维护负担。此外，如果“供货商名称”经常和发票的其他属性一起使用，也可以按照上面的方式将其去规范化。本例中将“发票”关系去规范化后得到的物理表如下：

发票（供货商编号，发票编号，发票日期，是否支付，供货商名称）

下一个决策就是该为哪些字段建立索引。本章前面提出的准则要求为主键、所有外键以及用于排序和判断的次键建立索引。由此，我们在组合字段“供货商编号”和“发票编号”上建立主键索引。“发票”没有外键。为了确定哪些字段用于排序和判断，我们需要知道具体的查询内容。此外，对查询频率的了解对我们也很有用，因为索引给少量查询带来的性能提升并不是很明显。为了简化问题，这里假设对“发票”表只有两项经常性的查询，其内容如下：

1. 显示所有本周尚未付款的发票信息。

2. 显示按供货商排序的发票信息，未付款的发票在前，已付款的发票在后，并且按照发票的日期倒序排列。

在第一个查询中，字段“是否支付”和“发票日期”都是用来判断的，然而“是否支付”并不适合建立索引，因为它只可能取两个值。系统分析员可能需要了解未付款的发票在数据库中到底占多大的比例。如果这个比例能达到 10%，那么“是否支付”字段上的索引基本不会有什么用处。相对而言，“发票日期”属于辨别性的字段，在该字段上建立索引则大有裨益。

在第二个查询中，“供货商编号”、“是否支付”和“发票日期”这三个字段是用于排序的。其中“供货商编号”和“发票日期”都是辨别性的字段（该字段的多数取值在所有行中所占的比例小于 10%），因此这两个字段上的索引是有益处的。假设数据库中有少于 10%的发票未付款，那么创建如下的索引对于提高数据库查询的速度是有意义的：

1. 主键索引：供货商编号和发票编号
2. 次键索引：供货商编号、发票日期、是否支付

这里我们没有详细讨论安全和其他类型的控制，因为这些决策主要取决于所选用的具体技术的特有能力，以及针对哪些用户对哪些数据有权读取、修改、增加、删除的复杂分析。

电子商务应用：数据库设计

就像许多其他的分析和设计活动一样，基于互联网的电子商务应用的数据库设计与其他类型的应用进行数据库设计时所需要遵循的步骤没有区别。在第 8 章中，你学习了吉姆和 PVF 开发小组是如何设计 WebStore 用户界面的。这里我们将考察吉姆如何把 WebStore 的概念数据模型转化为规范化的关系。

松谷家具公司 WebStore 的数据库设计

WebStore 数据库设计的首要环节是回顾概念数据模型 E-R 图，该模型是在系统生命周期的分析阶段所建立的（如图 8—22 所示）。假设 E-R 图中没有关联实体（即多对多关系）存在，我们可以得到如下几个相互独立的实体类型，分别命名为：

客户
订单
库存
购物车

熟悉了概念数据模型之后，吉姆列出了每个实体的属性并发现在概念数据建模阶段得到了三种客户类型，即企业客户、家庭客户、学生客户，但这三种客户类型都是简单用“客户”来表示的。然而，由于每种客户类型都具有其他类型所不具有的一些属性，所以吉姆又额外地创建了三个客户子类型：

企业
家庭办公
学生

表 9—4 列出了每种客户子类型所独有的属性。由表可知，需要用四个关系来追踪客户信息以避免产生歧义。其中“客户”关系用于存储共有属性，而另外三个

关系用于获取每个客户子类型的独有信息。为了识别“客户”关系中每个客户的类型，需要为“客户”关系添加“客户类型”属性，最终的“客户”关系表示如下：

客户（客户编号，地址，电话，电子邮箱，客户类型）

表 9—4　　不同客户类型的共有和独有属性

企业客户	家庭办公客户	学生客户
不同客户类型的共有属性		
客户编号	客户编号	客户编号
地址	地址	地址
电话	电话	电话
电子邮箱	电子邮箱	电子邮箱
不同客户类型的独有属性		
公司名称	客户名称	客户名称
运送方式	公司名称	学校
购买者姓名	传真	
传真		

此外，为了将“客户”关系和三个客户子类型“企业”、“家庭办公”及“学生”关联起来，它们将共享主键“客户编号”，再加上各子类型的独有属性，可以得到如下关系：

企业（客户编号，公司名称，运送方式，购买者姓名，传真）

家庭办公（客户编号，客户名称，公司名称，传真）

学生（客户编号，客户名称，学校）

在列出客户的所有属性之后，吉姆还需要列出其他实体类型的属性，如表 9—5 所示。从第 8 章中我们了解到，大多数与订单相关的信息是由 PVF 公司的采购执行系统捕获和存储的。这就意味着“订单”关系无须记录和客户订单相关的所有细节，因为采购执行系统将提供包括订单细节在内的详细发票信息，例如，订购的商品清单、原材料、颜色、数量及其他诸如此类的信息。为了从“订单”关系中获取订单信息，必须为其添加外键“发票编号”，之后才能很清晰地确定哪个客户下了哪些订单。“订单”关系还包括另外两个属性“退货编码”和“订单状态”。其中“退货编码”用来记录订单的退货状态，而“订单状态”用于记录整个采购执行过程中订单的状态变化。由此我们得到如下关系：

订单（订单编号，发票编号，客户编号，退货编码，订单状态）

表 9—5　　订单、库存以及购物车等实体的属性

订单	库存	购物车
订单编号（主键）	库存编号（主键）	购物车编号（主键）
发票编号（外键）	名称	客户编号（外键）
客户编号（外键）	描述	库存编号（外键）
退货编码	尺寸	材料
订单状态	重量	颜色
	材料	数量
	颜色	
	价格	
	提前期	

接下来讨论“库存”实体，该实体的“材料”和“颜色”这两个属性可以有多个值，但是这些值均在一个字段中表示。例如，“材料”表示某个库存物品由哪些原材料构成，而“颜色”属性表示该产品所有可能的颜色。PVF 公司为“材料”和“颜色”属性设定了特定的编码方式，例如，对于“颜色”字段，用“A”表示胡桃木、深橡木、浅橡木和自然松木，而用“B”表示樱桃木和胡桃木。在这种编码模式下，PVF 公司可以用单个字符来表示任意的颜色组合。“库存”关系如下所示：

库存（库存编号，名称，描述，尺寸，重量，材料，颜色，价格，提前期）

最后是“购物车”实体。该实体除了使用“购物车编号”作为主键之外，还需要“客户编号”和“库存编号”两个属性来确定购物车中有哪些物品以及属于哪位客户。换句话说，“客户编号”和“库存编号”两个属性都是“购物车”实体的外键。要记住，“购物车”只需在客户购买过程中临时保存。当客户下订单时，“订单”关系被创建，订单上的产品（即购物车里的物品）将被转移到采购执行系统，并作为发票的一部分存储起来。另外，由于我们还需要知道购物车中每项物品的所选材料、颜色和数量，因此这些属性也包含在“购物车”关系中。结果如下所示：

购物车（购物车编号，客户编号，库存编号，材料，颜色，数量）

到目前为止，吉姆已经完成了 WebStore 的数据库设计，并且将数据库设计结果与团队的其他成员分享，以便在系统实施时将其转换为能够工作的数据库。我们在下一章会介绍 WebStore 系统实施的更多细节。

小结

数据库设计是在系统开发生命周期的设计阶段完成的，并且通常和系统界面设计同步进行。为了设计结构良好的数据库，系统分析员不仅要理解系统的概念数据模型（由 E-R 图确定），还要把握系统界面的数据需求（如报告、表单等）。因此，数据库设计是自顶向下设计（由 E-R 图驱动）和自底向上设计（由系统界面的数据需求驱动）的组合过程。除了数据需求之外，系统分析员还必须了解数据的物理特征（长度、形式）、系统界面的使用频率以及所采用的数据库技术的功能等问题。

按照表 9—1 中列出的规则，可以很容易将 E-R 图转化为规范化的关系。典型的规则有：每个实体对应一个关系，每个多对多联系或者关联实体也应该转化为一个关系。这些规则还对如何为一对多联系添加外键做了规定。

从 E-R 图、系统界面（如报告、表单等）及其他已知的数据查询得到的规范化关系需要合并以得到综合的逻辑数据库设计，该过程称作视图整合。关系合并并不是简单机械的过程，系统分析员必须解决合并过程中常见的同名异义属性、同义异名属性、非主键间的函数依赖等问题。

物理数据库设计中的字段表示逻辑数据库设计关系中的属性（列）。每个字段必须指定数据类型以及其他可能的属性，如为节省空间而采用的特殊编码模式，以及缺省值、取值范围、参照完整性、空值控制策略等。数据存储格式的选择则需要平衡如下四个目标：（1）存储空间最小化；（2）能表示每个字段所有可能的取值；（3）能提高字段的数据完整性；（4）能够支持在字段上进行的所有数据操作。

虽然规范化关系拥有结构良好的关系的优点，但是物理表的设计更注重实现与规范化有所不同的两个目标：存储空间利用率以及数据处理的速度。存储空间利用率要求数据本身之外额外信息的存储空间最小化。顺序文件组织方式是理想的选择，因为这种文件组织方式除了存储业务数据本身之外，需要很少的空间存储额外信息。数据处理速度的提高需要将一起使用的数据存储在物理上比较接近的空间中并且为之建立索引，因为索引能够大幅提高从硬盘读取数据的速度。

表9—3对不同的文件组织方式的性能特征进行了总结和对比，系统分析员必须对信息系统及其数据库各性能指标的重要程度进行评估。这些指标包括：存储空间、顺序读取速度、随机读取速度、联合查询速度、数据维护操作的性能（如插入、删除、更新行）。

索引是关于物理文件主键和次键的信息。每条索引由键值以及指向包含该键值数据行的指针组成，所以能够提高数据读取以及包含与、或、非等条件查询的速度。例如，查询所有已经完成并且单位成本低于500美元，或者当前还在办公家具生产线上的产品。使用索引会带来数据读取速度的提升，但同时也会导致数据维护操作（插入、删除、更新行）性能的下降，因此需要在实际中权衡使用。对于主要支持数据读取的数据库如决策支持系统，可以慷慨使用索引，而对于有繁重的数据更新操作的事务处理型数据库，则需谨慎使用索引。通常来说，你应该为主键、外键及其他用于在查询、表单、报告及其他系统界面中进行判断和排序的属性建立索引。

关键术语

计算字段（calculated field）
数据类型（data type）
缺省值（default value）
去规范化（denormalization）
字段（field）
文件组织（file organization）
外键（foreign key）
函数依赖（functional dependency）
哈希文件组织（hashed file organization）
同名异义属性（homonym）
索引（index）
索引文件组织（indexed file organization）
规范化（normalization）
空值（null value）
物理文件（physical file）
物理表（physical table）
指针（pointer）
主键（primary key）
递归外键（recursive foreign key）
参照完整性（referential integrity）
关系（relation）
关系数据库模型（relational database model）
次键（secondary key）
第二范式（second normal form，2NF）
顺序文件组织（sequential file organization）
同义异名属性（synonym）
第三范式（third normal form，3NF）
结构良好的关系（well-structured relation）

复习题

1. 关系规范化的目标是什么？
2. 列出关系的五个属性。
3. 关系合并（视图整合）过程中会遇到哪些问题？
4. 关系数据模型中实体间的联系如何表示？
5. 关系的主键与关系所有属性之间函数依赖的联系是什么？
6. 在标准的关系记法中如何表示外键？
7. 样本数据中的函数依赖能够最终确定关系中的函数依赖吗？为什么？
8. 如何通过数据类型的选择来控制数据的完整性？
9. 由文件管理系统所进行的取值范围控制和参照完整性控制有什么不同？
10. 去规范化的目的是什么？为什么需要为每个关系创建物理表？
11. 在某个字段上建立索引应该考虑哪些因素？
12. 数据库压缩技术的目的是什么？
13. 物理表设计的目标有哪些？
14. 选取文件组织方式时需要考虑的七个因素是什么？

问题与练习

1. 在 PVF 公司的例子中，假设产品由组件组成，每个产品都有指定的销售员，组件由供货商生产。另外，在产品（产品名称，销售员，组件名称，供货商）关系中，“供货商”属性函数依赖于“组件名称”属性，而“组件名称”函数依赖于“产品名称”。针对上述问题，消除函数依赖性并建立满足第三范式的关系。

2. 将图 8—3 中的 E-R 图转化为满足第三范式的关系，并为每个实体指定主键和非主属性。

3. 考虑图 9—21 中的 E-R 图，回答下列问题：

a. 将 E-R 图转化为满足第三范式的关系。

b. 为问题与练习 3a 中的关系指定并应用参照完整性规则。

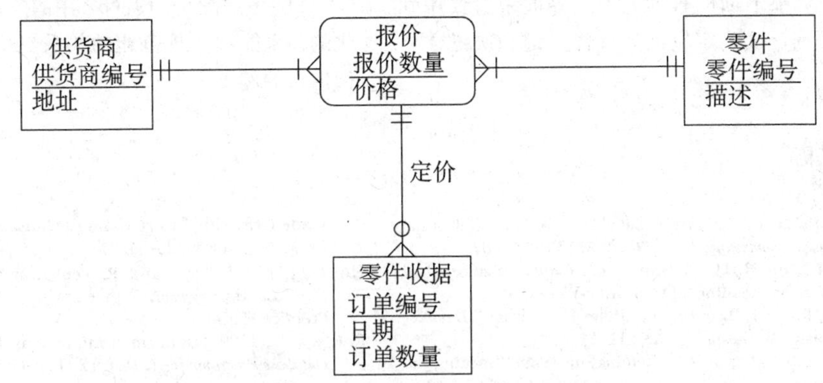

图 9—21　问题与练习 3 的 E-R 图

4. 考虑满足第三范式的如下关系，这些关系来自多个不同的规范化活动：

病人（病人编号，病房编号，入院日期，地址）

病房（病房编号，电话，日房价）

病人（病人编号，治疗描述，地址）

治疗（治疗编号，描述，费用）

医生（医生编号，姓名，部门）

医生（医生编号，姓名，上级编号）

a. 将上述关系合并为综合的满足第三范式的关系，并且说明你合并关系时为解决可能遇到的问题所做的假设。

b. 为问题与练习 4a 中的关系绘制 E-R 图。

5. 考虑如下关于妇女联合会的满足第三范式的几个关系：

会员（会员编号，姓名，地址，欠款）

办公室（办公室名称，工作人员编号，条款开始日期，预算）

费用（账户编号，办公室名称，费用日期，欠费金额）

支付（支票号，费用账号，已付金额）

收据（会员编号，收据日期，已收应付款）

委员会（委员会编号，负责人）

工人（委员会编号，会员编号）

a. 由于这些关系没有外键，请为这些关系确定外键，并给予解释。

b. 根据问题与练习 5a 的结果，为这些关系绘制 E-R 图。

c. 解释你在问题与练习 5b 中所作出的假设，并说明为什么 E-R 数据模型比关系数据模型更具表现力和更富语义。

6. 考虑如下函数依赖：

申请者编号→申请者姓名

申请者编号→申请者地址

职位编号→职位名称

职位编号→职位空缺日期

职位编号→部门

申请者编号＋职位编号→申请日期

申请者编号＋职位编号→面试日期

a. 用满足第三范式的关系表示这些属性，并为关系指定适当的名称。

b. 用 E-R 图表示这些属性，并指定有意义的实体和关系名称。

7. 假设你在为学校就业指导办公室设计学生信息的文件。该文件中有一个存储学生专业的字段。设计能够满足本章所列出的字段编码目标的编码方式来表示学生的专业。

8. 在问题与练习 3 中，你建立了整合的规范化的关系。试为这些关系确立主键。在确定主键的过程中，你是只用了现有的属性还是添加了新的字段？为什么？

9. 假设你为问题与练习 3 中得到的关系建立物理表。如果下面的查询为系统界面中所要用到的全部查询，试确定应该为哪些主键和次键建立索引。

a. 对每个“零件编号”，列出对应的“供货商”和相关的“报价”信息。

b. 对指定日期，列出所有的“零件收据”以及对应的“零件”关系各个字段的值。

c. 对指定“供货商”，列出其所能提供的“零件”以及对应的“报价”信息。

10. 假设你要为你所在学校学生的年龄字段设计缺省值。你可能会考虑哪些取值？解释原因。学生的其他特征又会对年龄的缺省值产生什么影响，例如，学校中不同的学院和不同的学位？

11. 考虑图 9—19（b）中的关系，举出去规范化的关系能够比规范化的关系更快地处理数据查询请求的例子。

参考文献

Codd, E. F. 1970. “A Relational Model of Data for Large Relational Databases.” *Communications of the ACM* 13 (6): 77–87.

Dutka, A. F., and H. H. Hanson. 1989. *Fundamentals of Data Normalization*. Reading, MA: Addison-Wesley.

Finkelstein, R. 1988. “Breaking the Rules Has a Price.” *Database Programming & Design* 1 (June): 11–14.

Gibson, M., C. Hughes, and W. Remington. 1989. “Tracking the Trade-Offs with Inverted Lists.” *Database Programming & Design* 2 (January): 28–34.

Hoffer, J. A., H. Topi, and R. Venkatraman. 2010. *Modern Database Management*, 10th ed. Upper Saddle River, NJ: Prentice Hall.

Rodgers, U. 1989. “Denormalization: Why, What, and How?” *Database Programming & Design* 2 (12): 46–53.

百老汇娱乐公司

◆ BEC案例：为百老汇客户关系管理系统设计关系数据库

◇ 案例介绍

斯蒂尔沃特州立大学的学生在百老汇娱乐公司的MyBroadway项目上取得了不错的进展，该项目是一个基于Web的客户关系管理系统。该小组最近刚刚完成了所有的人机界面设计，并且得到他们的客户卡丽·道格拉斯的初步批准。这不仅意味着在人机界面设计方面的推进，也暗示着他们对于系统输入和输出的设计通过了客户的验证。小组在项目早期阶段建立的E-R图（见第8章的BEC案例）并不是基于实际的系统输入和输出，而是来自他们对系统需求的一般了解。被批准的输入和输出设计方案使得学生小组可以对E-R图中每个实体进行检查，以便确定其能够存储系统输入中必须存储的信息，并且能够提供系统输出所需的各种信息。

◇ 识别关系

如第8章BEC图8—1所示，学生们为百老汇客户关系管理系统确定了六个实体。经过讨论，小组认为从实体到关系的转化是相当简单和直截了当的，因为所有的联系都属于一对多的类型。他们根据系统设计方面课程的介绍，认为每个实体都对应一个表。实体的标识符相应地成为关系的主键，而其他属性则成为关系的非主属性。实体之间的联系可以通过外键来表示，即一对多联系中“一”端所对应实体的主键成为“多”端所对应实体的外键。基于上述规则，BEC图9—1为小组最初确定的关系数据库模型。

产品(标题，表演者，类型，出版商，分类，媒介，描述，发行日期，销售价格，租赁价格)

评论(会员编号，评论时间，标题，表演者，类型，是否父母/儿童，会员评论)

请求(会员编号，请求时间，标题，表演者，类型)

销售(会员编号，销售时间，标题，表演者，类型)

租赁（会员编号，租赁时间，标题，表演者，类型，到期日，是否续借）

挑选（员工姓名，挑选时间，标题，表演者，类型，评级，员工评论）

BEC图9—1　百老汇客户关系管理系统的初始关系

学生们对BEC图9—1中关系的正确性非常有信心，认为关系是完备的并且满足第三范式，但同时他们也意识到了实施过程中会出现的几个问题。首先，“产品”关系的主键是所有其他关系的外键，但因为它由三个成分构成，所以这不合适。学生们认为连接基于三个属性的表，无论从存储空间还是从生成页面的速度来看都是低效的。其次，“产品”关系的“描述”属性和“挑选”关系的“员工评论”属性相关。这些属性的长度变化很大，可能会非常长。这两个特点也意味着数据检索和存储特别耗时。学生们决定在定义数据库之前，必须解决这两个问题。

◇ 设计物理数据库

为了解决组合主键带来的低效问题，学生们决定为“产品”关系创建一个称为非智能键的主键。这里的非智能键是系统赋予的并没有特殊业务含义的值。它仅仅是为了唯一地表示“产品”表中的数据行而人工构造的属性。“标题”、“表演者”和“类型”三个属性成为非主键属性，“产品编号”（非智能键）作为“产品”关系的主键，同时也是其他关系的外键。BEC 图 9—2 为修改后的关系。

产品（产品编号，标题，表演者，类型，出版商，分类，媒介，描述，发行日期，销售价格，租赁价格）
评论（会员编号，评论时间，产品编号，是否父母/儿童，会员评论）
请求（会员编号，请求时间，产品编号）
销售（会员编号，销售时间，产品编号）
租赁（会员编号，租赁时间，产品编号，到期日，是否续借）
挑选（员工姓名，挑选时间，产品编号，评级，员工评论）

BEC 图 9—2　包含非智能主键的关系

学生们通过将“描述”和“员工评论”两个属性定义为备注类型（类似于 Oracle 数据库中的长文本数据类型），以解决可变长度字符串带来的问题。由于微软的 Access 将备注类型的字段存储在和其他关系的属性相独立的空间中，这样就能克服可变长文本数据所导致的低效。

由于小组成员选择使用微软的 Access 来建立系统原型，因此在物理数据库设计方面无须过多的设置。他们所要做的就是为每个属性选择数据类型。对于数值型数据，比如“产品”关系的“销售价格”属性，需要确定数字的小数位数；而对于文本型数据，比如“产品”关系的“分类”属性，需要确定其最大长度。虽然 Access 不允许设计人员自己选择文件组织方式，小组还是需要确定在哪些属性上建立索引。关于物理数据库设计的其他决策还包括：(1) 是否需要为了节省空间而对某些字段重新编码，比如“产品”中的“媒介”；(2) 是否需要为每个字段设定数据完整性控制策略，比如缺省值、输入掩码、验证规则等；(3) 当插入新的数据行时，某个字段是不是必需的？例如，在插入“产品”数据时是否必须确定“发行日期”？

◇ 案例小结

为了最终确定百老汇娱乐公司 MyBroadway 的数据库设计方案，学生小组还有许多特殊的决策要做。对于系统原型，学生们知道一些开发者不会花太多时间进行科学的数据库设计。但是，由于他们计划让百老汇公司的真实客户来测试系统的原型，因此希望系统能够比较高效。由此，他们计划多花时间以充分发挥微软的 Access 的能力，来创建高效可靠的数据库。同时，学生们还决定深入分析数据输入和信息输出页面，以更好地理解数据库是怎样使用的。他们为每个组员分配几个页面，并约定两天后（系统原型开始实施之前）再次讨论该系统的物理数据库设计。

问题

1. 在第 8 章的 BEC 案例的习题中，你已经对斯蒂尔沃特州立大学学生所建立的 E-R 图进行了修改，并在其中添加了你认为应该存在的实体类型。请回顾你的答案，并修改 BEC 图 9—2 中的 E-R 图，以反映你的变化。

2. 研究问题 1 的答案，确认你所说的关系是否能够满足第三范式。如果不满足，请予以修改。

3. 你在第 8 章末的 BEC 案例中建立的 E-R 图应该确定了联系两端的最小基数。这种联系的最小基数是否也反映在问题 2 的答案中？如果没有，如何使数据库保证联系的最小基数？

4. 或许你已经看出斯蒂尔沃特州立大学学生在除“产品”之外的所有关系中都是用时间作为主键的组成部分。试解释他们为什么这么做。是否有其他能够替代时间作为主键的方法？

5. 该 BEC 案例中只说明了少量字段的数据类型该如何选取。利用问题 2 的答案为每个关系的属性选择数据类型和长度，使用微软的 Access 所支持的数据类型和格式。对于非智能主键该采用何种数据类型？你是否同意对“描述”这样的属性使用备注类型？

6. 该 BEC 案例中还提到同学们计划将某些字段重新编码。是否存在需要重新编码的字段？如果存在，试举出为其重新编码的方案。在微软的 Access 中又该如何实现字段的重新编码？

7. 使用微软的 Access 完成百老汇娱乐公司客户关系管理系统的所有表的定义。除了其他问题中你所做出的决定，在定义表时请认真填写每个字段的定义参数。

8. 对关系型数据库效率影响最大的莫过于索引的定义。除了为主键建立索引之外，你觉得还需要为数据库的哪些字段建立索引？解释原因。

第10章 表单和报表设计

学习目标

- 解释表单和报表的设计流程以及可交付成果
- 运用表单和报表设计的基本规范
- 知道何时以及如何使用颜色来提高信息的可用性
- 对文本、表格和列表进行高效的格式化
- 解释如何评价可用性，并描述用户、任务、技术等环境特征对表单和报表可用性的影响
- 讨论基于互联网的电子商务系统的表单和报表该如何设计

引言

你将在本章学习设计表单和报表时应遵循的技术规范。通常来说，表单用于展示或收集关于某个项目的信息，比如客户、产品或事件。表单既可用于输入，也可用于输出。而报表用于展示某些条目的信息。良好的表单和报表设计是信息系统成功的关键要素。因为用户在潜意识里常将信息系统的实际质量和系统输入输出的质量画上等号，你会看到表单和报表的设计过程是其中尤为重要的环节。由于信息可以通过多种方式收集和展现，理解设计过程中的要点和禁忌以及不同格式化选项之间的权衡，对于系统分析员来说非常有用。

本章首先将简要描述设计表单和报表的过程，同时提出设计过程中各个可交付

成果的规范。然后提出可称之为表单和报表设计基础的信息格式化规则。紧接着会介绍评价表单和报表可用性的方法。最后以基于 Web 的电子商务系统为例，介绍实际的表单和报表设计。

设计表单和报表

作为系统设计环节的第二个章节，本章主要介绍系统输入和输出，即表单和报表的设计问题（见图 10—1）。第 12 章将重点介绍用户和信息系统交互，即界面和对话的设计问题。内容上的高度相关性使得这两章所介绍的规范和准则变成一个从多方面来指导系统输入和输出设计的整体。在这两章中，你的主要目标是深入理解如何将系统分析与设计阶段收集到的信息转化为系统界面。虽然系统设计各方面的问题都是相关的，但本章的重点为表单和报表的设计，界面对话设计则是下一章的重点。

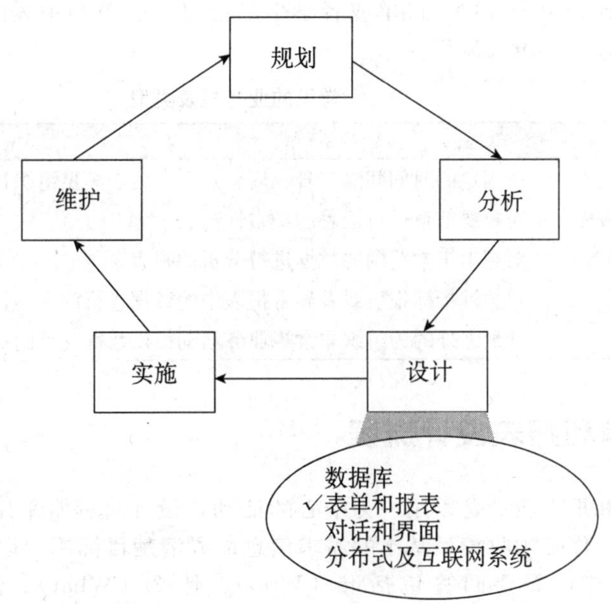

图 10—1　突出设计阶段的系统开发生命周期

系统的输入和输出，即表单和报表是在需求建模阶段生成的，系统所要处理的表单和报表的种类则是在系统分析阶段确定的。进行系统分析时，可能你很少关注表单和报表的精确外观，因为你专注于将会有哪些表单和报表以及它们展示哪些内容等问题。当然，这期间你也可能将表单和报表设计的原型提供给客户以确定需求。表单和报表设计与需求分析过程中的很多图表都有密切的关系。例如，数据流图中每个加工的开始环节可能对应一个输入表单，而结束环节可能对应一个输出表单或报表。这就意味着表单和报表所展示的内容和相关数据流中的各元素是相互对应的。更具体点说，表单和报表的数据必须来自数据存储和 E-R 数据模型中的数据元素或者是从其中可以计算得来的数据，数据输入之后不被存储而直接输出的场合极为少见。通常来讲，在设计表单和报表时，你会发现数据流图和实体—联系图中的缺陷，而你需要对这些缺陷进行修正。

如果你对基于计算机的信息系统并不熟悉，准确地澄清我们所说的报表和表单到底是什么会很有帮助。**表单**（form）是指包含预定义数据，以及需要填写的数据区域的业务文件。绝大多数的表单都具有标准化的格式，并且通常不是以单行单列的形式展示。业务表单的典型例子有：产品订购表单、职位申请表单、课程注册表单等。传统的表单是以纸张为媒介的，但随着视频显示技术的发展，我们现在可以将几乎任何形式的表单，甚至是公司的标识或图像显示在视频终端上。视频终端上的表单通常用于显示或收集数据。表单的其他例子包括电子表格、系统登录界面以及 ATM 机的交易界面。随着互联网的诞生，表单是客户在下订单、查询产品或账户信息时收集和展示信息的主要手段。

报表（report）是指只包含预定义数据的业务文件，报表只用于阅读或查看。报表的典型例子有销售发票、地区和销售员周销售情况汇总表、人口年龄分布的饼图等。表 10—1 列出了常见的业务报表。我们常常认为报表是打印在纸上的，但是报表的形式远不止这些，它可以显示在电脑文件、电子屏幕、视频短片等其他媒介上。报表是只读的并且通常包含多个文件中的数据，而典型的表单只包含单条记录的数据，比如单个客户、订单或者学生的信息。表单和报表的设计规则非常相似，下面首先介绍其设计流程。

表 10—1　　常见的业务报表类型

报表名称	描述及用途
周期性报表	按固定的时间间隔（日、周、月）产生以满足组织日常数据需求的报表
关键指标报表	对重要信息进行汇总的经常性报表
异常报表	对超出正常范围的数据进行分析的报表
细分报表	对关键指标报表或者异常报表中的数据进行深入剖析的报表
即席报表	计划之外的为组织非常规业务活动提供数据支持的报表

□ 表单和报表设计流程

表单和报表设计是以用户为中心的活动，设计过程常采用原型方法（见图 6—7）。首先，你必须收集最基本的需求信息以弄清楚目标用户以及要完成的功能，在这个过程中，需要回答包括谁（Who）、什么（What）、何时（When）、何地（Where）和如何（How）等方面的问题（见表 10—2）。弄清楚这些问题是进行任何表单或报表设计的前提条件。

表 10—2　　表单和报表设计时需要回答的基本问题

1. 谁会使用该表单或报表？（Who）
2. 设计该表单或报表的目的是什么？（What）
3. 该表单或报表会在什么时候使用？（When）
4. 该表单或报表将发布到哪里？（Where）
5. 将有多少人查看或者使用该表单或报表？（How）

例如，弄清楚表单用户的技术和业务能力会大大提高你设计表单或报表的效率（Lazar，2004；McCracken et al.，2004；Te'eni，Carey，and Zhang，2006）。具体来说，你的用户到底是有使用经验的操作者还是新手？他们的教育背景、业务背

景、业务相关的知识如何？回答这些问题会为你设计表单的格式和内容提供参考。还有一些比较有用的问题：设计表单或报表的目的是什么？用户要利用该表单或报表做什么事情？用户完成这些事情需要哪些信息？用户什么时候使用表单或报表？在哪里使用？他们是否能够上网或者是到现场？此外，会有多少用户使用该表单或报表？例如，如果表单或报表只是为单个用户设计的，那么需求和可用性评估将会非常简单。然而，如果为较大的用户群体设计表单或报表，则需要更广泛的信息收集和可用性评估。

收集到原始需求之后，你就可以对其进行修改和结构化以建立表单或报表的原型。该原型的建立过程无须用户参与，虽然你偶尔可能需要和用户沟通，以确定那些之前忽略的问题。原型建立之后，你就可以邀请用户试用并评估，用户可能会感觉很满意或者提出某些改动。如果用户提出改动，你就要重复设计—评估—修改的过程直到你的设计被用户接受。通常来说，每个表单或报表的设计都需要重复多次。采用原型法时，你需要尽快地迭代以发挥原型法的优势。

表单或报表的原型可能在不同的环境下建立，比如 Windows，Linux，Macintosh 或者 HTML，你最好采用公司所使用的开发工具。表单和报表的原型通常是并不具有实际功能的模拟屏幕，而模拟屏幕可以用多种工具创建，比如文字处理软件、图像设计软件、电子表格甚至是纸张（Snyder，2003）。需要注意的是，上述活动的重点在于表单和报表的设计，即内容和布局，当然，你也需要考虑如何将这些特定的表单和报表加以实施。随着技术的进步，表单和报表的设计越来越简单。最开始的时候，各种类型的输入和输出设计是通过手工在编码表上完成的。图 10—2 为在编码表上设计的数据输入表单。

虽然编码表现在仍在采用，但是随着操作系统的改进和自动化设计工具的出现，其重要性越来越低。在创建图形操作环境之前，系统分析员要在 80 列 25 行的编码表上设计所有的输入和输出，因为这是绝大多数视频终端的分辨率。在不同的操作环境下，字体、分辨率等变化的可能性非常大，这就推动了新的开发工具和环境的出现，以帮助系统分析员和程序员更好地进行设计和编码。图 10—3 为使用微软的 Visual Basic .NET 设计的数据输入表单，注意其中的字体、字号以及文本高亮。鉴于表单和报表设计对于快速迭代的需求，在很多专业开发公司中，那些通过持续不断的改进将原型设计转变为功能系统的工具已经成为标准配置。

□ 可交付成果

信息系统的建设是由系统开发生命周期的各个环节组成的。环节之间的过渡需要顺利进行，每个环节都会产生在后续环节中需要用到的可交付成果。例如，在系统计划阶段完成的基线项目计划是很多后续活动的基础。而在表单和报表设计环节产生的表单和报表的设计规范等可交付成果则是系统实施阶段的输入。表单和报表的设计规范分为三个部分：

1. 设计概述
2. 设计样例
3. 测试和可用性评估

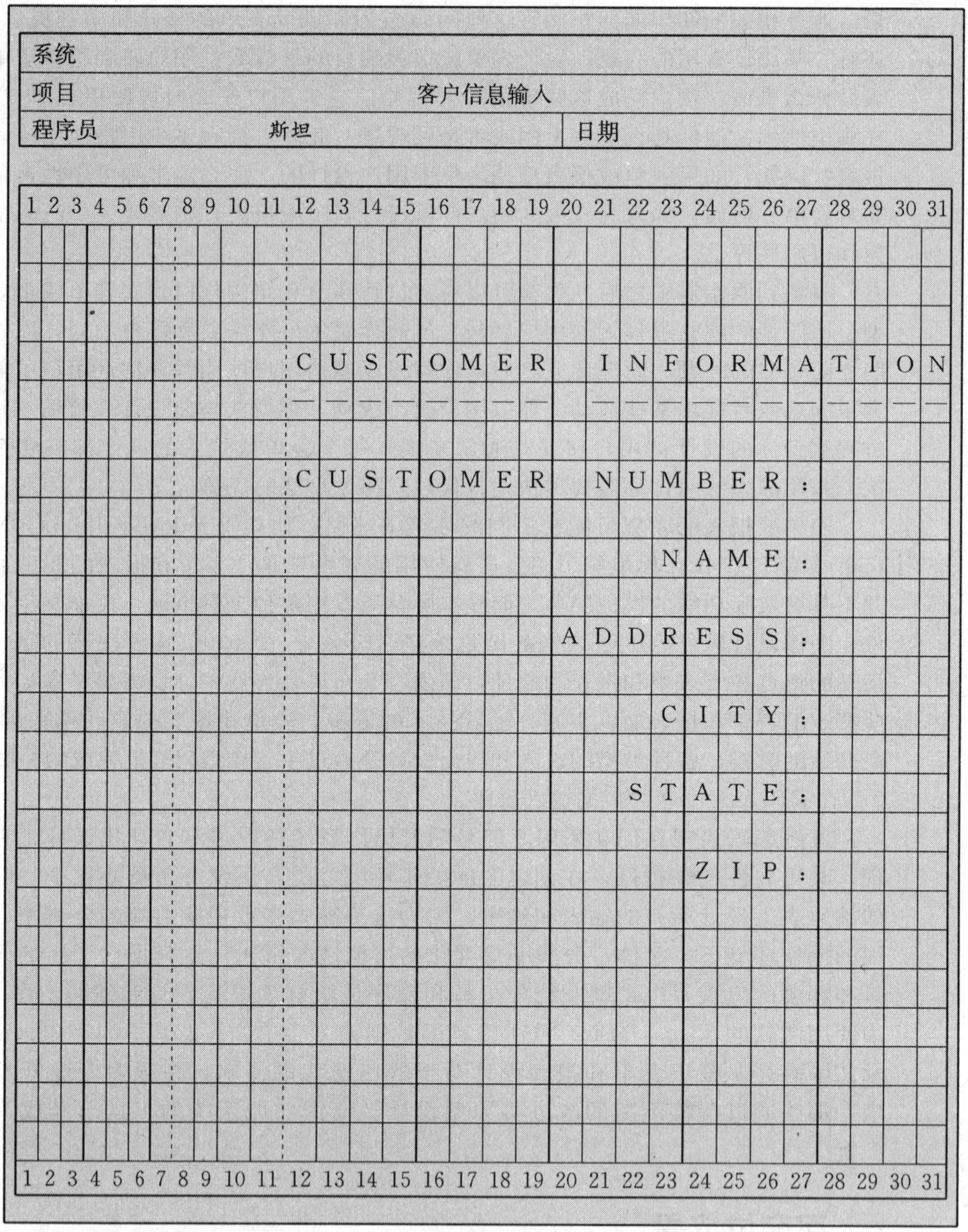
系统
项目 客户信息输入
程序员 斯坦
日期
1 2 3 4 5 6 7 8 9 10 11 12 13 14 15 16 17 18 19 20 21 22 23 24 25 26 27 28 29 30 31
CUSTOMER INFORMATION
CUSTOMER NUMBER:
NAME:
ADDRESS:
CITY:
STATE:
ZIP:

图 10—2 编码表上用于数据输入的表单布局

表单和报表设计规范的第1部分是关于目标用户特征、表单用途、操作系统及其他环境因子的概述，目的在于向那些最终开发这些表单和报表的人员解释为什么会出现这个表单，以及该表单怎样使用，以便它们能够设计得更科学。在设计概述部分，你需要列出能帮助你定性表单或报表设计的所有信息和假设。例如，图10—4为PVF公司客户账户状态表单的设计规范。其中设计概述部分（见图10—4(a)）列出了与表单使用以及开发相关的信息，如表单支持的业务、何时何地使用、表单用户的特征、展示方式等。如果表单要被显示在视频终端上，该部分还要介绍对视频终端的要求，例如是否需要触摸屏、是否需要鼠标等。

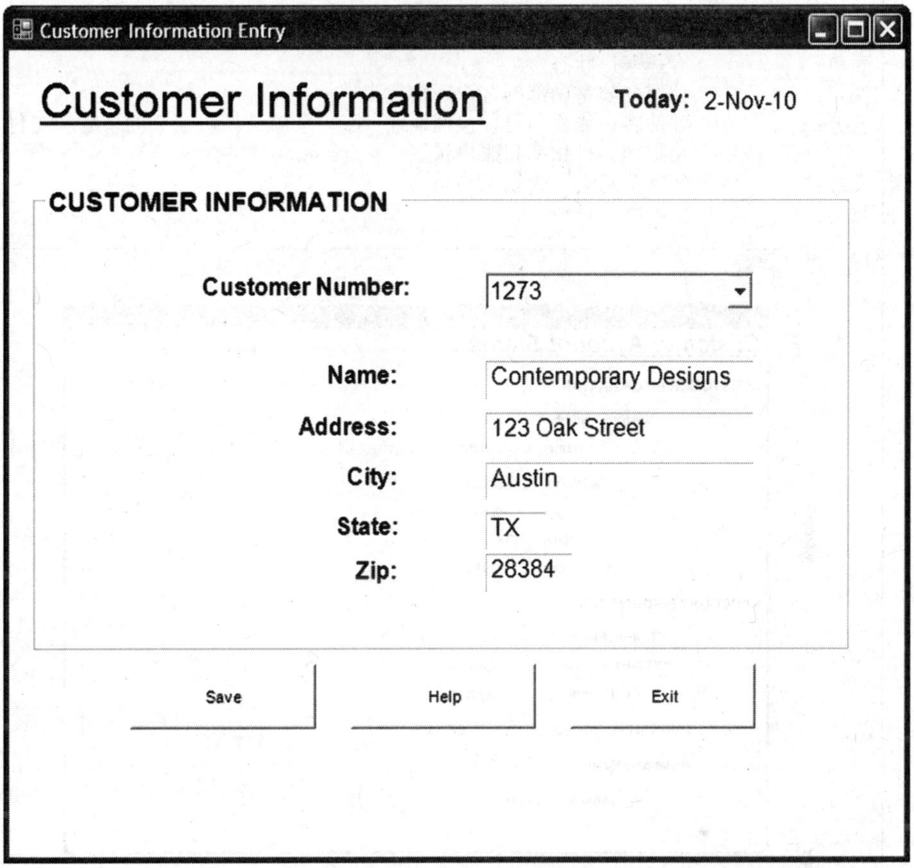

Customer Information Entry

Customer Information　　Today: 2-Nov-10

CUSTOMER INFORMATION

Customer Number:	1273
Name:	Contemporary Designs
Address:	123 Oak Street
City:	Austin
State:	TX
Zip:	28384

Save　Help　Exit

图 10—3　用微软的 Visual Basic .NET 设计的数据输入表单

设计规范的第 2 部分（见图 10—4（b））为表单的设计样例。虽然在多数情况下样例是用标准化工具设计的，但也有可能是用手工在编码表上设计的。使用标准化设计功能能够简化表单的评估和测试。设计规范的最后部分（见图 10—4（c））提供了所有的测试以及可用性评估信息，有关可用性评估的方法我们稍后会介绍。在表单和报表设计过程中，有些信息可能是不相关的。例如，设计只包含单选题的表单是很直接的，并不需要任何评估。同样，除非系统实施阶段中一些特殊的内容需要重点显示，否则不需要详细描述。

格式化表单和报表

信息系统可以为用户提供各种各样的信息，如文本、音频和视频等。随着科技的进步，将会提供越来越多的媒体类型。然而，为如何向用户提供信息制定准则和规范仍然很有必要，虽然这些规范会随着科技进步而不断完善。关于人机交互的很多研究为格式化信息提供了准则，其中的很多准则毫无疑问可适用于那些尚未出现的设备。需要谨记的是，具有高可用性表单和报表的设计需要不断和用户交流。如果能做好这种交流，你就很容易设计出易用的表单和报表。

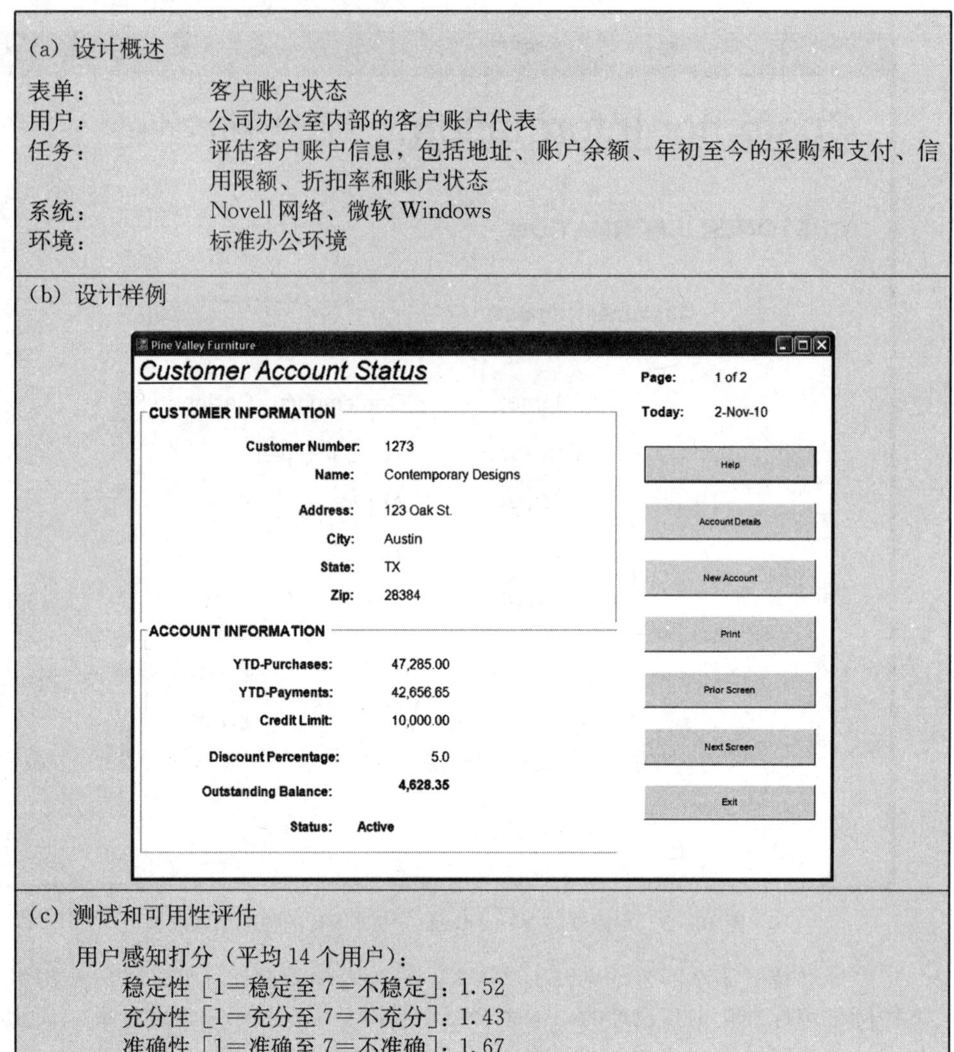

（a）设计概述

表单：	客户账户状态
用户：	公司办公室内部的客户账户代表
任务：	评估客户账户信息，包括地址、账户余额、年初至今的采购和支付、信用限额、折扣率和账户状态
系统：	Novell 网络、微软 Windows
环境：	标准办公环境

（b）设计样例

（c）测试和可用性评估

用户感知打分（平均 14 个用户）：

稳定性［1=稳定至 7=不稳定］：1.52

充分性［1=充分至 7=不充分］：1.43

准确性［1=准确至 7=不准确］：1.67

图 10—4　表单和报表的设计规范

例如，为诸如 iPhone 之类的移动终端设备设计应用时，最大的挑战之一就是人机交互界面的设计。特别是，较小的屏幕尺寸对所有的设计者来说都是难题。然而，随着智能手机以及其他电脑设备的进步和普及，已经出现了使针对这些设备的设计更容易的标准和规则。

□ 基本格式化指南

在过去数十年中，研究人员就信息的格式如何影响系统可用性以及用户工作绩效的问题进行了大量的研究。通过这些研究，形成了表 10—3 列出的信息格式化准则。这些准则反映了那些能够用于大多数信息格式化场合的最基本的规范。有兴趣的读者可参考相关图书和论文（Flanders，Peters，2002；Johnson，2007；Krug，2006；Nielson，1999；Nielson and Loranger，2006；Shneiderman，Plaisant，Cohen，and Jacobs，2009）。精心设计和随意设计的表单或报表的差别是显而易见的。

例如，图 10—5（a）为设计不佳的客户账户余额信息表单，而图 10—5（b）为根据表 10—3 中的部分规则而设计的更好的表单。

表 10—3　　　　表单和报表设计的基本规则

有意义的标题：
清晰明确的标题，以描述表单和报表的内容及使用方法。
增加能够将表单或报表与旧版本相区分的版本日期或版本编号。
标明表单或报表生成的时间戳。
标明有效期，以明确表单或报表的数据在哪段时间内是准确的。
有意义的信息：
仅提供用户实际需要的信息。
应该以用户无须修改即可使用的方式提供信息。
保持布局的平衡：
屏幕或页面上的信息要有平衡感。
要为用户预留足够的空间和边距。
所有的数据列都应该有标签。
设计简单的导航系统
让用户能够清楚地知道如何前进、如何后退。
清楚地展示用户的当前位置，如“共 3 页，第 1 页”。
到多页数据的最后一页时对用户进行提示。

模糊的标题　　信息太紧凑造成阅读障碍

Pine Valley Furniture

CUSTOMER INFORMATION

CUSTOMER NO:	1273	
NAME:	CONTEMPORARY DESIGNS	
ADDRESS:	123 OAK ST.	
CITY-STATE-ZIP:	AUSTIN, TX 28384	
YTD-PURCHASE:	47,285.00	
CREDIT LIMIT:	10,000.00	
YTD-PAYMENTS:	42,656.65	
DISCOUNT %:	5.0	
PURCHASE:	21-JAN-10	22,000.00
PAYMENT:	21-JAN-10	13,000.00
PURCHASE:	02-MAR-10	16,000.00
PAYMENT:	02-MAR-10	15,500.00
PAYMENT:	23-MAY-10	5,000.00
PURCHASE:	12-JUL-10	9,285.00
PAYMENT:	12-JUL-10	3,785.00
PAYMENT:	1-SEP-10	5,371.65
STATUS:	ACTIVE	

没有导航信息　　没有账户汇总信息

（a）设计不佳的表单

（b）改进的表单设计

图10—5　客户账户余额信息表单的对比（PVF）

两个表单的首要区别在于标题。图10—5（a）中的标题是比较含糊的，而图10—5（b）的标题准确地描述了表单的内容。图10—5（b）的表单也包含了表单生成的时间，如果是打印出来的，就很容易让客户知道是哪天的账户余额状态。图10—5（a）提供的某些信息对查看账户余额来说并没有多大意义，此外，其信息格式对用户来说也不是很友好。例如，表单提供了客户的历史交易数据以及当年采购与支付的总额数据，却没有显示当前的账户余额到底有多少，需要这些信息的客户则需要自己计算。两个表单在信息的布局（如布局平衡、信息密度）方面也存在很大差异。对于系统最终用户的技能及使用系统动机的了解对设计良好的表单和报表是非常有用的。如果遵循了前文中列出的设计规则，你就更容易设计出高效的表单和报表。接下来我们会讨论如何高亮信息、使用颜色、排版文字、设计表格和列表等内容。

□ 高亮信息

信息高亮的手段随着显示技术的进步越来越多，表10—4列出了最常用的几种方法。面对这么多的选择，考虑如何使用高亮来增强系统的输入和输出而不是转移用户的注意力显得尤为重要。一般来说，当需要吸引或转移用户对某些数据的注意力，或者需要将相关的信息组合到一起时，需要谨慎使用高亮。用高亮来传递特殊信息主要适用于以下几种场合：

- 针对数据或业务中的错误向用户汇报。
- 针对数据异常或设备不可用等问题向用户提出警告。
- 使用户注意关键字、指令、重要的消息，以及数据更改或者超出正常的业务范围。

表 10—4　　常用的高亮技术

常用的高亮技术
闪烁的字体或提示音
颜色的差异
信息密度的差异
字号的差异
字体的差异
翻转的图像
边框
下划线
字母全部大写
位置的偏移

此外，不同的高亮技术可以单独或者组合使用，这主要取决于设计者对强调程度的期望。图 10—6 为使用了多种高亮技术的表单。其中，加边框的部分清晰地区分了不同的数据类型，大写的单词和不同的字体将标签和数据区分开来，黑体字则用来使用户注意重要信息。

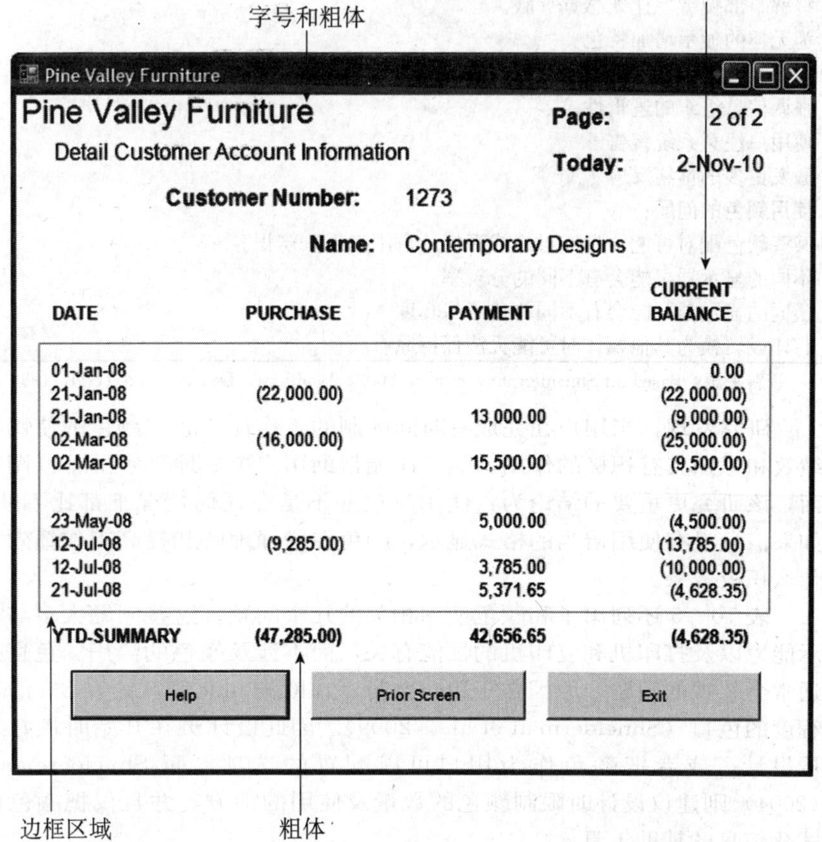

图 10—6　使用了多种高亮技术的客户账户状态表单

对不同的高亮技术如何影响工作绩效以及用户感知的大量研究表明，实践中我们要谨慎使用高亮技术。例如，闪烁以及提示音只有在强调那些需要用户立即做出回应的信息时才应该使用，在用户知晓之后则应该停止。此外，当想要强调信息的不同重要程度时，应该有区别地选取和使用高亮技术。检查某个高亮技术在系统所有可能输出设备上的显示效果也非常重要。例如，某些颜色在一些类型的设备上能够正常显示，但很可能在其他设备上却无法正常显示。

图形界面操作系统（如 Windows，Macintosh 和 Web）的不断进步给设计者提供了标准的设计规范。然而，这些规范往往相当模糊并且不断变化，这就给系统开发者留下很大的余地。为了使企业能够认识到使用标准的图形界面操作系统的好处（如更少的培训投入和系统之间的互操作性等），使用高亮技术时要仔细斟酌。

□ 是否使用颜色

颜色对于设计来说是增强信息系统可用性的强大工具。适当使用的颜色能为表单和报表带来很多潜在的好处（见表 10—5）。从 20 世纪 80 年代彩色显示屏诞生开始，人们进行了很多关于使用颜色还是不使用颜色的研究，目的在于深入理解颜色对于员工工作绩效的影响（详见 Benbasat et al.，1986）。

表 10—5　　使用颜色带来的好处以及问题

使用颜色的好处：
缓解眼部疲劳，让人感觉舒服。
为无趣的显示增加特色。
帮助区分复杂显示的细微差别。
强调信息组织的逻辑性。
使用户注意系统警告。
激发更多的情绪反应。
使用颜色的问题：
某些颜色配对可能会造成对冲或者使色盲用户无法辨识。
不同的显示器可能会有不同的分辨率。
不同的显示器可能会有不同的色彩保真度。
打印或转换为其他媒体时可能无法保持原有颜色。

资料来源：Based on Shneiderman，et al.，2009；Benbasat，Dexter，and Todd，1986.

研究发现，当用户在完成有时间限制的工作任务时，颜色的使用对用户的工作绩效和感知具有积极的作用。颜色还能帮助用户更好地理解屏幕或图表的内容。然而，该研究更重要的结论为：使用颜色并不是在任何情况下都比不使用颜色有效。如果信息没有使用恰当的格式显示，颜色在增强理解和提高工作绩效方面几乎没有什么积极效果。

表 10—5 还列出了和颜色使用相关的几个问题。这些问题大多与视频终端的显示能力以及打印机和复印机的性能有关，而不涉及颜色的滥用。色盲是系统设计员通常会忽视的问题，原因在于用户自身。在欧洲和北美，约有 8%的男性患有不同程度的色盲（Shneiderman et al.，2009）。因此设计员在开始时最好只为黑白显示屏设计，或者把颜色作为用户可以配置的选项。而 Shneiderman and Plaisant（2004）则建议设计时限制颜色的数量及使用的地方，并且仅把颜色作为高亮和格式化信息的辅助工具。

□ 文字排版

在商务系统中，随着基于文本的应用，如电子邮件、电子公告牌、信息服务（如道琼斯）等的广泛使用，文本输出变得越来越重要。比如，可能包含很长的文字说明以及大量示例的系统帮助界面。文字排版可以借鉴表 10—6 所列出的从大量研究中总结出来的规则。第一条规则很简单：你应该使用通用的写作规范来排版文字，如混合使用大写和小写字母及恰当的标点符号。对于大量文本，如果空间允许的话，应该使用双倍间距。而对于少量文本，则可以使用单倍间距并在段落之间增加空行。另外，文本应该左对齐，并保留右边锯齿形。因为有研究表明，在阅读时，相比较左右对齐的文本而言，锯齿形的右边距使人更容易找到下一行。

表 10—6　　文字排版的规范

大小写	混合使用大写和小写字母以及恰当的标点符号。
间距	空间允许时使用双倍间距，否则在段落之间增加空行。
对齐	左对齐所有文本，保留右边锯齿形。
跨行	不要使用跨行的单词。
缩略词	在能够被用户广泛理解，并且缩略词长度远小于其全名时使用。

在显示文本信息时，尽量避免使用跨行单词或者晦涩难懂的缩略语。用户不知道用于连接跨行单词的小横线是否具有其他的含义。使用目标用户群不太熟悉的缩略语会大幅降低系统的可用性。因此你只能在被用户广泛理解，并且其长度远小于全名长度时使用缩略语。图 10—7 为 PVF 信息系统帮助界面的两个版本。图 10—7（a）展示了文本信息排版时的诸多禁忌，而图 10—7（b）则在遵循文字排版基本规则的前提下更清晰地展示了相同的信息。文本或数字条目的格式化也是个非常重要的话题，我们会在以人机交互为重点的第 11 章讨论这些内容。

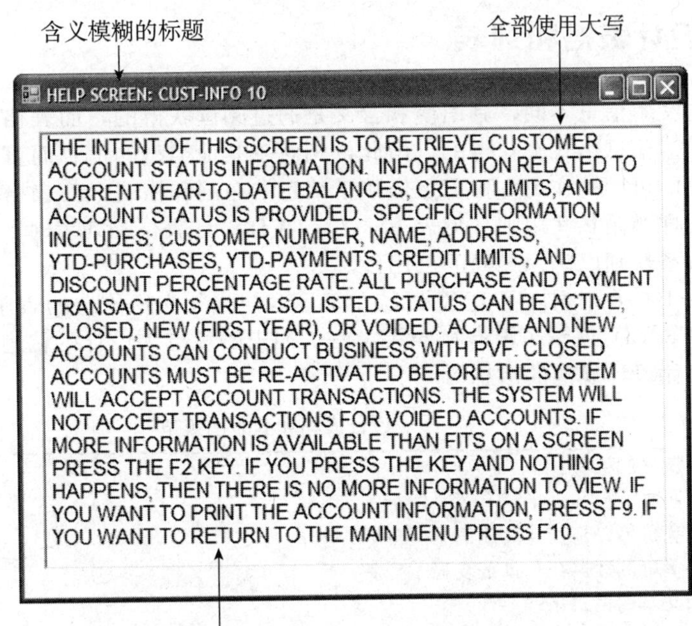

（a）犯了文字排版诸多禁忌的设计

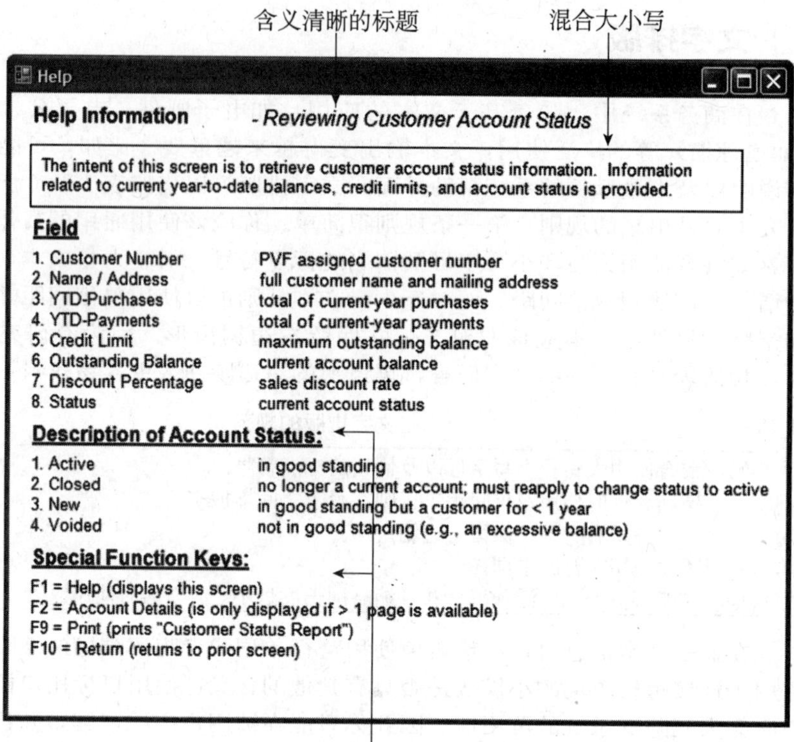

（b）遵循设计规范的改良设计

图 10—7　文本帮助信息排版方式的对比

□ 设计表格和列表

与文本信息不同，其语境和含义是通过阅读获得的，而表格和列表的语境和含义是通过信息格式来获得的。由此，相对于其他类型的信息而言，表格和列表所呈现信息的可用性在更大程度上依赖于信息的布局和格式。而表格和列表信息的格式化也同样遵循某些规则（见表 10—7）。在你设计表格和列表时，请仔细检查其中列出的每条规则以确保界面的可用性。

图 10—8 则列出了 PVF 系统中显示客户当年交易信息的表单的两个不同版本。图 10—8（a）展示了没有按照表 10—7 列出的规范来设计的信息，而图 10—8（b）则是遵循设计规范的信息。

表 10—7　　**设计表格和列表的规范**

使用有意义的标签：
应该为所有的行和列指定有意义的标签。
应该高亮标签以将其与其他信息区分。
多页或多屏的数据在每页重复显示标签。
行列和文本的格式化：
对行按照升序或者降序排列。
对于较长的列每隔五行插入一个空白行。

不同列中的相似信息应该纵向排序，因为是以从上往下而非从左到右的方式阅读。
列之间至少保证两个空格。
在打印时预留空白方便用户做笔记。
除强调目的之外使用相同的字体。
整个系统尽量使用同类字体。
避免使用过度花哨的字体。
数值型、文本型、长序列数据的格式化：
数值型数据要右对齐，并且按照小数点或其他的分隔符对齐。
文本型数据要左对齐，并且使用短行，通常每行 30～40 个字符，这也是报纸采用的加快阅读速度的方式。
对长序列数据进行分段，按照 3～4 个字符分组。

这两个表单的主要区别在于标签。相比于图 10—8（a）而言，图 10—8（b）中的信息具有意义明确的列标签。交易数据按照日期进行了排序，而数值型数据全部右对齐并且按照小数点对齐，这些设置都很方便用户阅读。此外，图 10—8（b）中列之间的足够空间和每隔五列的空白行使数据的查找和阅读更加轻松，这样的排版也方便用户对感兴趣的数据进行标注。遵循表 10—7 中列出的规范，设计员很容易设计出对用户来说可读性很强的布局。

未指定列标签　不同类型的数据聚集在单列中

Pine Valley Furniture

CUSTOMER INFORMATION

CUSTOMER NO:	1273	
NAME:	CONTEMPORARY DESIGNS	
ADDRESS:	123 OAK ST.	
CITY-STATE-ZIP:	AUSTIN, TX 28384	
YTD-PURCHASE:	47,285.00	
CREDIT LIMIT:	10,000.00	
YTD-PAYMENTS:	42,656.65	
DISCOUNT %:	5.0	
PURCHASE:	21-JAN-10	22,000.00
PAYMENT:	21-JAN-10	13,000.00
PURCHASE:	02-MAR-10	16,000.00
PAYMENT:	02-MAR-10	15,500.00
PAYMENT:	23-MAY-10	5,000.00
PURCHASE:	12-JUL-10	9,285.00
PAYMENT:	12-JUL-10	3,785.00
PAYMENT:	1-SEP-10	5,371.65
STATUS:	ACTIVE	

数值型数据左对齐

（a）设计不佳的表单

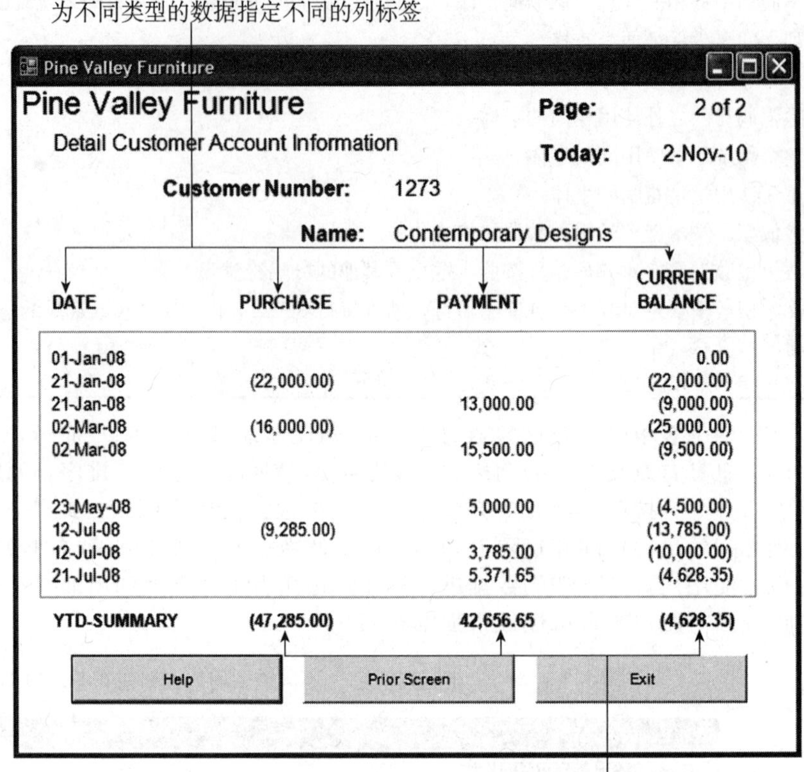

（b）改进的表单设计

图 10—8　表格和列表格式化的对比

表 10—7 中列出的规范都是相当明确的，可以作为你验证表单和报表设计是否可用的快速参考。在这里我们没有篇幅详细介绍每条规范，但是你应该仔细阅读这些规范并思考为什么是这样。例如，为什么需要在多页数据的非首页页面上重复显示数据标签？可能的原因是：如果不这么做，当多页数据分散存放或者被拷贝到其他地方时，首页的标签对这些页面而言不再可见，这会造成数据阅读困难。为什么长序列数据需要分组？（如果你有信用卡或银行账号，你可以去看看你的账号是怎么显示的。）可能的原因是分组后的数据更方便阅读和记忆。另一个原因是，当你需要在电话上告诉他人这些长序列数据时，分组能让别人跟上你阅读的速度。

当需要展示数值型数据时，你就需要考虑是否使用图表。研究人员对于图表的使用进行了相当多的研究（Jarvenpaa and Dickson，1988）。总体来讲，研究发现当用户需要从大数据集中查找某个值时，表格相当有用，而折线图和条形图更加适用于展示数据随时间变化的趋势（见表 10—8）。例如，如果 PVF 的市场部经理想要了解某销售员在特定季度的销售业绩，如图 10—9 所示的报表会非常有用。这份报表是报表最佳设计的典型。标题由日期和报表内容两部分构成，其中还为用户对数据进行标注留下了足够的空间。通常来说，为了预留足够的空间，报表需要横向打印。如果市场部经理想要比较不同销售地区的销售状况，折线图或者条形图可能更合适（见图 10—10）。如同其他的格式化规范一样，选用图表的决定性因素在于用户需要完成什么任务。

表 10—8　　如何选用图表

适合使用表的场合：
需要从大数据集中查找特定的数据值。
适合使用图的场合：
对数据进行简单的汇总。
描述数据随时间变化的趋势。
对比不同变量的数值和模式。
需要预测数据的变化趋势。
只需要表单大量数据中的少量信息时。

资料来源：Based on Jarvenpaa and Dickson，1988.

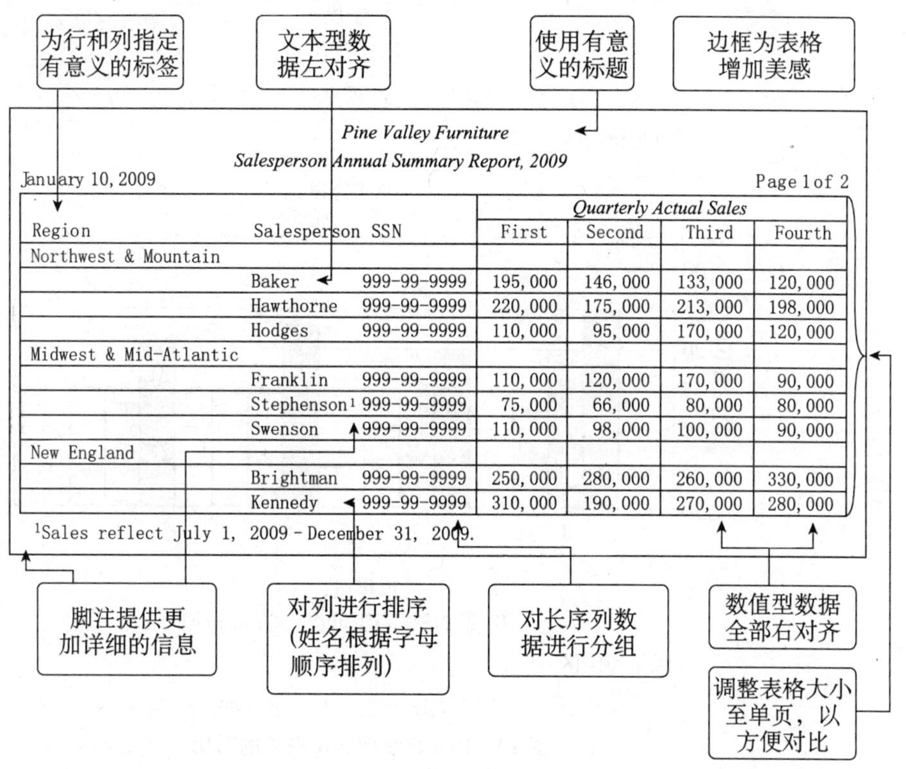

Region	Salesperson	SSN	Quarterly Actual Sales First	Second	Third	Fourth
Northwest & Mountain						
	Baker	999-99-9999	195,000	146,000	133,000	120,000
	Hawthorne	999-99-9999	220,000	175,000	213,000	198,000
	Hodges	999-99-9999	110,000	95,000	170,000	120,000
Midwest & Mid-Atlantic						
	Franklin	999-99-9999	110,000	120,000	170,000	90,000
	Stephenson[1]	999-99-9999	75,000	66,000	80,000	80,000
	Swenson	999-99-9999	110,000	98,000	100,000	90,000
New England						
	Brightman	999-99-9999	250,000	280,000	260,000	330,000
	Kennedy	999-99-9999	310,000	190,000	270,000	280,000

[1]Sales reflect July 1, 2009 - December 31, 2009.

图 10—9　展示数值型数据的报表设计

□ 纸质报表还是电子报表

对于打印到纸上的报表，你还需要注意其他几个事项。例如，激光打印机和喷墨打印机能够打印出和显示屏上相同的效果。因此，当使用这些类型的打印机时，你可以按照前面介绍的规范来设计可用性高的报表。然而，其他类型的打印机无法以相同的显示效果将报表打印到纸上。例如，很多企业的报表都是使用只能打印出特定字符的高速打印机打印出来的。主要是因为这些打印机高速、可靠、廉价。它们的缺点是打印图像的能力有限。换句话说，它们只擅长高速打印只包含数字和字母信息的报表，而无法完美地将显示屏上的内容复制到纸上。由于这些原因，高速打印机通常用于打印批量的报表，比如电信服务商的话费清单。你可以使用如图

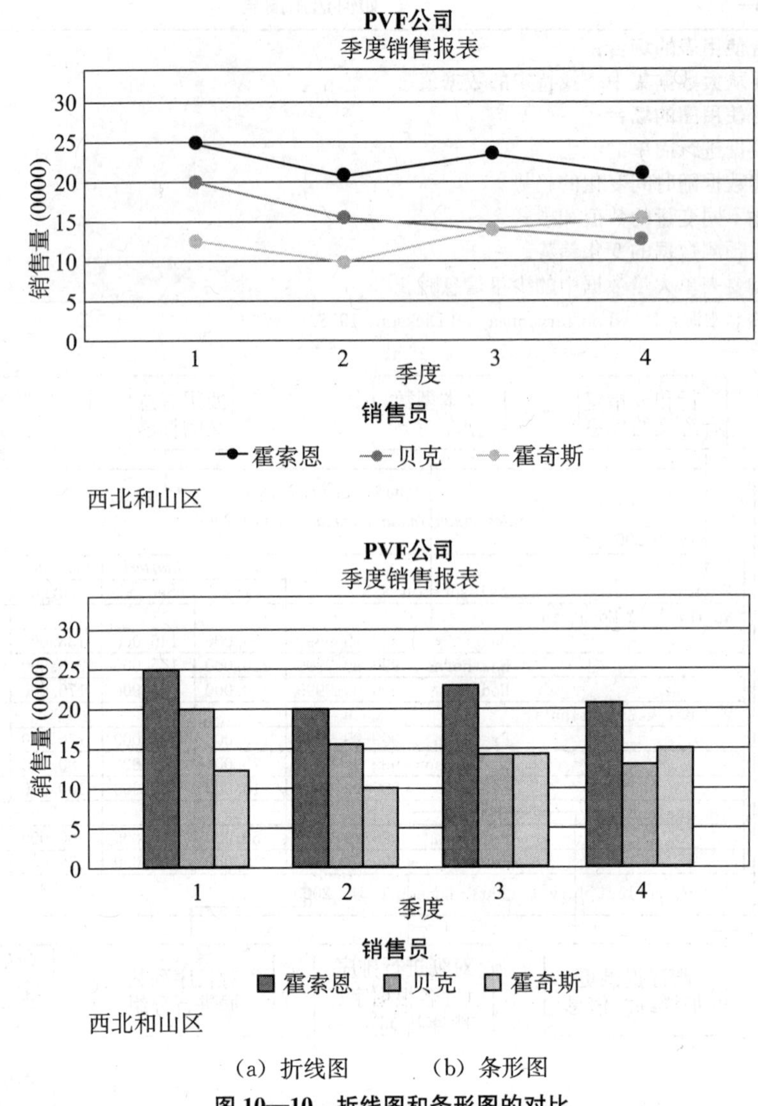

(a) 折线图　　　(b) 条形图

图10—10　折线图和条形图的对比

10—2所示的编码表来为高速打印机设计表单或报表。整个设计过程也按照原型法进行，在这个过程中你需要严格控制间距以保证良好的显示效果。与其他类型的表单和报表设计不同的是，在信息的格式化方面你的选择非常有限。即使如此，只要发挥你的创造力，根据可用的格式化选项你也可以创建良好的报表。

可用性评估

表单和报表的设计需要考虑很多因素。表单、报表以及所有人机交互设计的目标都是可用性。可用性高的系统通常具有以下几个特征：

1. 速度。你是否能高效地完成工作？
2. 准确度。输出的内容是否与你的期望一致？

3．满意度。你是否喜欢使用系统的输出？

换句话说，可用性意味着你的设计需要帮助用户提高工作效率。因此**可用性**（usability）是指对系统支持用户完成某些任务的总体评估，我们在接下来的篇幅中将会介绍系统可用性的影响因素以及可用性的评估技巧。

可用性的影响因素

大量的研究和实践表明：一致性是高可用性系统的关键要素（Cooper，Reimann，and Cronin，2007；Krug，2006；Nielsen，2000；Nielsen and Loranger，2006；Shneiderman et al.，2009）。一致性对于交互时提高用户的效率至关重要。例如，一致性意味着标题、错误消息、菜单等其他设计元素在系统的所有界面中都应该出现在相同的位置。一致性也意味着相同的高亮格式在系统中都表示相同的含义，系统对相同操作的响应时间每次应该基本相同。影响系统可用性的其他因素（如效率、易用性、格式、灵活性等）及对应的规范见表 10—9。

表 10—9　可用表单和报表的设计规范

影响因素	高可用性的设计规范
一致性	在整个系统层次使用一致的术语、缩略词、格式、标题以及导航信息。单个功能每次运行的响应时间也要具有一致性。
效率	表单和报表的设计要基于目标用户的特点及其所要完成的任务。文本以及数字要按特定方式对齐和排序以便用户查看，尽可能避免让用户输入数据。
易用性	系统输出应该具有自我解释的能力，用户无须记住上个页面中的内容就可完成当前页面的任务。应该慷慨地使用标签，并为数值型数据指定度量单位。
格式	输入和输出信息的格式应该保持一致。不同的数据格式应该对重要数据加以区别。美元符号、小数点、加减号等特殊字符应酌情使用。
灵活性	以方便用户使用为目标排列和显示数据。例如，让用户能够选择按照什么顺序输入和查看数据以及使用哪些快捷键，系统也应该记住用户上次使用系统时是从哪里退出的。

设计系统输出时，你还必须考虑报表和表单的使用场景。如前文所述，很多因素都会影响到系统的可用性。这些因素不仅与用户的技能、教育背景以及用户要完成的任务有关，与技术、社会、物理环境等也有很大的关系。表 10—10 列出了影响设计可用性的几个因素。你所要做的就是深入理解这些影响因素，然后创造高可用性的设计。

表 10—10　设计表单和报表时需要考虑的因素

因素	设计表单和报表时的考虑
用户	应该考虑用户的经验、技能、动机、教育背景以及个性。
任务	任务因所需提供和记录数据的不同而不同。任务的时间限制、出错成本以及持续时间都会影响系统的可用性。
系统	信息系统运行在什么平台之上也会影响交互方式和可用的设备。
环境	用户的社会属性如地位和角色，以及使用系统的环境如灯光、声音、干扰、温度和湿度等都需要考虑。所创建的表单和报表应该能够随着环境的变化而变化。

资料来源：Based on Norman，1991.

可用性的度量

用户友好性是描述系统可用性时经常使用或者说滥用的一个术语。虽然这个术语使用得很广泛，但要从设计的角度来对其进行精确的描述是不现实的，因为不同的人有不同的理解。面临这样的状况，多数设计人员使用如下几个方法来评估可用性（Shneiderman and Plaisant，2004；Te'eni et al.，2006）：

- 学习时间
- 性能速度
- 出错概率
- 稳定性
- 主观满意度

你可以通过观察、访谈、问卷调查等方式获取评估系统可用性所需的信息。用户的学习时间指的是系统用户达到熟练水平平均需要的时间。同样重要的是，随时间的推移用户能够在多大程度上记住如何使用系统。业务流程中各个环节安排的顺序也会对学习时间、工作绩效和出错的概率造成影响，通常来说，最常用的功能应该可以通过最少的步骤来使用，比如一键保存你的工作进度。此外，不管是输出到显示屏还是打印机上，整个系统在信息的排版和布局上应该保持一致。

电子商务应用：表单和报表设计

为基于互联网的电子商务应用设计表单和报表是关键且核心的活动。因为客户就是通过这些报表和表单与系统进行交互的，所以设计时应该格外仔细。与其他类型的信息系统类似，设计报表和表单时使用原型法是最适合的。虽然网站设计技术在不断进步，但还是存在一些一般规则。下面我们将介绍适用于PVF公司Web-Store设计的几个规则。

一般规则

互联网的迅猛发展给很多根本无法胜任网站设计工作的人带来了设计网站的工作机会。为了更好地理解这句话，考虑网站设计专家Jakob Nielsen（1999）在今天看来似乎也不失其意义的如下观点：

> 如果互联网保持当前的速度增长，到2003年世界上将会有2亿个站点和20 000位网站设计师。如果所有的网站都要聘请专业的设计师来设计的话，那么所有的设计师则需要从现在开始马不停蹄地设计。很显然，这是不可能发生的。（65～66页）

要解决这个问题，可以采取如下方案：

1. 在没有用户界面设计专长的情况下，使设计可用的网站成为可能。
2. 训练更多的人从事网站设计工作。
3. 忍受设计不佳且难以使用的网站。

为网站设计表单和报表时，有几个人们通常会犯的错误。严格检查现代网站中所有可能存在的设计问题，已经超出了本书的范围。在这里我们仅对那些最常犯的并且和用户经验有关的错误加以介绍（见表 10—11）。网站设计方面有很多优秀的学习资源（Cooper et al.，2007；Flanders and Peters，2007；Johnson，2007；Krug，2006；Nielson，1999，2000；Nielsen and Loranger，2006；Shneiderman et al.，2009；www. useit. com；www. webpagesthatsuck. com）。

表 10—11　　设计网站页面时常见的错误

错误	建议
非标准的界面组件	确保使用标准的界面元素，因为它们能够和主流的标准兼容。例如，单选按钮的作用是从多个可能的选项中选择一个。这种元素只有在用户提交表单时才会被确认，而在很多网站，人们使用单选按钮实施选择和行动。
看似广告的内容	研究发现用户对于广告没有太多的兴趣，所以你要避免使用任何类似于广告的方式展示信息，如横幅、动画和弹出窗口。
尖端技术	确保用户无须最新版本的浏览器或插件就可以访问你的网站。
重复动画和滚动文本	避免使用滚动文本和重复动画，因为它们的可读性非常差，并且用户经常将其与广告画上等号。
非标准的链接颜色	避免使用非标准的颜色来显示链接或者已访问过的链接，因为非标准的颜色会给用户带来困惑。
过期或陈旧的信息	保持网站内容的更新频率，让用户感觉网站有很好的维护。过期或陈旧的信息会让用户失去兴趣。
缓慢的下载速度	避免使用大尺寸图片、大量图片、不必要的动画等会使页面下载速度变慢的内容。
固定格式的文本	避免使用固定格式的文本，因为那样就需要用户上下滚动才能查看全部内容。
页面过长	避免用户需要来回滚动才能找到导航按钮的设计。对于大量的信息要分页处理，或者在窗口中使用带滚动条的设计。

□ 为松谷家具公司设计表单和报表

当吉姆和 PVF 的 WebStore 开发组开始着手设计表单和报表（即网站的页面）时，他们首先参考了很多流行的电子商务网站。通过这些学习，他们制定了如下设计指南：

- 使用轻量级的图片
- 建立表单和数据完整性规则
- 使用基于模板的 HTML

为了让所有的项目组成员都理解这些设计指南的含义，吉姆对其含义以及如何应用到 PVF 的 WebStore 项目中做了如下简要介绍。

□ 轻量级图片

除了简单的菜单和页面导航之外，PVF 项目组还希望加快 WebStore 的页面加载速度。一种能够提高页面加载速度的技术叫做轻量级图片。**轻量级图片**（lightweight graphics）指一种简单的小图片，使用它可以加快页面的加载速度。关于轻量级图片，吉姆解释说："轻量级图片的使用不仅可以加快页面的下载速度，也可以帮助用户更快到达目标页面——希望这是购买区域的页面。关于产品详细信息的大图片只在客户要求时才下载。”有经验的网站设计师会发现用户在页面加载或者跳转时不愿意等待，因为这很可能意味着更多的等待。使用轻量级图片的网站可以迅速对用户的点击做出反馈，从而让用户在 WebStore 停留更长的时间。

□ 表单和数据完整性规则

由于开设 WebStore 的目标是促使顾客订购商品，所有需要输入信息的表单都应有清晰的标签和足够的输入空间。如果某个字段需要特殊的格式，比如日期或者电话号码，则应该提供正确格式的实例以减少数据错误。此外，网站还应该标明哪些是必填项目，哪些是选填项目，以及哪些字段有限定的取值范围。

吉姆强调说：“这些可能看起来有些矫枉过正，但是它们能使数据的处理变得更简单。我们的网站在所有的数据被提交之前都会对其进行验证，这样就能更早地对用户的输入错误给出反馈，并避免将错误的数据写到数据库中。此外，我们还要向客户声明他们输入的数据会保密且仅用于订单处理，绝不会出售给第三方。”

□ 基于模板的 HTML

当吉姆在系统分析阶段和咨询师交流的时候，发现他们强调了使用**基于模板的 HTML**（template-based HTML）的优越性。他从那些人口中得知，如果有一套可应用于整个产品线的 HTML 模板，将会大大简化展示产品信息的工作。换句话说，并不是每个产品都需要独特的页面，如果真是这样，那将是个浩大的工程。吉姆解释说：

> 我们需要找到只编写某个模块一次但能使用多次的方式。通过这种方式，微小的变化只需改动单个页面而不是 700 个页面。使用基于模板的 HTML 将会帮助我们创建易于维护的界面。例如，桌子和文件柜是两种完全不同的产品，但是都可以定制饰面。从逻辑上来讲，每个产品都需要相同的功能模块，比如“显示所有饰面”。如果设计得好的话，这个功能模块就能应用于 WebStore 的所有产品。另一方面，如果我们为每个产品编写单独的模块，那么每次产品配置发生变更（如添加新的饰面）时，我们就需要修改所有的模块。然而，如果我们有了“显示所有饰面”这个模块并将其与所有的产品关联起来的话，我们只需要修改一个通用的或者“抽象”的功能就可以了，而不是修改几百个功能。

小结

本章重点介绍了信息系统的主要产出——表单和报表的设计。随着企业步入更复杂、竞争更加激烈、劳动力更加丰富的商业环境，业务流程的设计质量是企业取得成功的决定因素。而设计出高质量的业务流程的关键在于：在正确的时间和地点将正确的信息展示给正确的人。而表单和报表的设计正是以此为目标。最大的难度在于设计者在信息的格式化方面有太多的选择。

设计表单和报表时需要遵循特定的规范，因为这些经过多年人机交互积累下来的规范能够帮助你设计出专业可用的系统。本章介绍了涵盖标题使用、字段的布局、页面导航、数据高亮、颜色使用、文本格式、数字格式、表格布局等各方面的设计规范。

表单和报表是用原型法创建的。完成的设计可能是单独的文件，也可能被整合到运行的系统中去。然而，表单和报表设计的目标在于向用户展示系统完成之后是什么样子。这项活动的可交付成果就是包括用户、任务、系统、环境等特征以及设计样例的技术文档，也可能包含性能测试和可用性测试的内容。

表单和报表设计的目标是可用性，可用性是指用户可以在较满意的情况下利用表单或报表快速、精确地完成某项任务。为了表单和报表的可用性，你的设计必须具有一致性、高效性、自解释性、灵活性等特征。这些目标可以通过应用导航、高亮、颜色、文字排版、表格和列表等方面的设计规范来实现。

关键术语

表单（form）
轻量级图片（lightweight graphics）
报表（report）
基于模板的 HTML（template-based HTML）
可用性（usability）

复习题

1. 描述用原型法设计表单和报表的过程，该过程会有哪些可交付成果？所有类型的系统产生的可交付成果是否相同？为什么？

2. 系统分析员在建立系统输出原型之前需要回答哪些问题？

3. 应该何时使用高亮技术以向用户传递特殊信息？

4. 讨论使用颜色的好处、会带来的问题，以及设计流程。

5. 在系统帮助界面中该如何对文本格式化？

6. 在表格和列表中可以使用哪些类型的标签以提高其可用性？

7. 在设计表格和列表时对行、列、文本的格式化需要注意哪些问题？

8. 描述该如何对数值型、文本型、长序列数据格式化。

9. 可用性指的是什么？评估系统可用性时应考虑哪些方面的因素？

10. 为多数设计人员所使用的评估系统可用性的方法有哪些？

11. 列出并详细描述网站设计中经常出现的错误。

12. 举出用户、任务、系统以及环境会影响表单和报表设计的例子。

问题与练习

1. 假设你要使用电子表格软件帮助同事设计预算报表。按照本章介绍的原型法（也可参见图 6—7），描述你将按照怎样的步骤来完成设计。

2. 考虑为你工作所在部门创建预算报表的一个系统，或者考虑为你所在的学院创建注册报表的一个系统。根据你选择的系统回答如下设计方面的问题：谁会使用系统的输出？系统输出的目的是什么？什么时候需要输出？产生输出所需要的数据什么时候才可用？将会输出到哪里？有多少人需要查看系统输出？（这里的输出可以理解为报表。）

3. 想象某系统中设计最糟糕的报表并回答下列问题：它们存在什么问题？尽可能地列出你能想到的问题。这种设计糟糕的报表会带来什么后果？如何使用原型法来避免这些问题的出现？

4. 假设你需要为某宾馆设计房间预订系统。首先按照本章给出的设计建议，使用类似微软 Visio 的画图软件设计出纯黑白的表单，然后重新按照颜色使用规范设计彩色表单。基于以上的练习讨论两个表单各有什么优缺点。

5. 考虑你在工作单位或学校可能收到的报表，如预算、存货报表或成绩单。就速度、准确性和满意度三个方面对这些报表进行评价。可以有哪些改进措施？

6. 列出你喜欢使用的计算机软件。从学习时间、速度性能、出错概率、主管满意度等方面来评价软件的可用性。其中的哪些特性让你更偏好使用这些软件？

7. 按照本章讨论的表单和报表设计规范，讨论以下客户报表的不足之处。如果要接受这样的设计，你需要作出什么假设？该如何改进表单的设计？

2010 年 10 月 26 日的客户报表

客户编号	组织
AC-4	A. C. Nielson Co.
ADTRA-20799	Adran
ALEXA-15812	Alexander & Alexander，Inc.
AMERI-1277	American Family Insurance
AMERI-28157	American Residential Mortgage
ANTAL-28215	Antalys
ATT-234	AT&T Residential Services
ATT-534	AT&T Consumer Services
⋮	
DOLE-89453	Dole United，Inc.
DOME-5621	Dome Caps，Inc.
DO-67	Doodle Dandies
⋮	
ZNDS-22267	Zenith Data System

8. 复习表 10—9 中列出的提高表单和报表可用性的规则。考虑一个你可能用来预订宾馆的在线表单。对于每个可用性元素，列出两个可以提高该表单可用性的方案。请使用表 10—9 中没有列出的方案。

9. 用户、任务、系统和环境等方面的区别如何影响表单或报表的设计？举例说明。

10. 浏览互联网并查找存在表 10—11 中列出的常犯错误的电子商务网站。

参考文献

Benbasat, I., A. S. Dexter, and P. Todd. 1986. "The Influence of Color and Graphical Information Presentation in a Managerial Decision Simulation." *Human—Computer Interaction* 2: 65–92.

Cooper, A., R. Reimann, and D. Cronin. 2007. *About Face 3: The Essentials of Interaction Design.* New York: Wiley and Sons.

Flanders, V. and D. Peters. 2002. *Son of Web Pages That Suck: Learn Good Design by Looking at Bad Design.* Alameda, CA: Sybex Publishing.

Hoffer, J. A., H. Topi, and R. Venkatraman. 2010. *Modern Database Management,* 10th ed. Upper Saddle River, NJ: Prentice Hall.

Jarvenpaa, S. L., and G. W. Dickson. 1988. "Graphics and Managerial Decision Making: Research Based Guidelines." *Communications of the ACM* 31 (6): 764–74.

Johnson, J. 2007. *GUI Bloopers 2.0: Common User Interface Design Don'ts and Dos.* 2nd ed. New York: Morgan Kaufmann.

Krug, S. 2006. *Don't Make Me Think: A Common Sense Approach to Web Usability,* 2nd ed. Upper Saddle River, NJ: Prentice Hall.

Lazar, J. 2004. *User-Centered Web Development: Theory into Practice.* Sudbury, MA: Jones & Bartlett.

Lindholm, C., and T. Keinonen. 2003. *Mobile Usability: How Nokia Changed the Face of the Mobile Phone.* Chicago: McGraw-Hill Professional.

McCracken, D. D., R. J. Wolfe, and J. M. Spoll. 2004. *User-Centered Web Site Development: A Human–Computer Interaction Approach.* Upper Saddle River, NJ: Prentice Hall.

Nielsen, J. 1999. "User Interface Directions for the Web." *Communications of the ACM* 42 (1): 65–71.

Nielsen, J. 2000. *Designing Web Usability: The Practice of Simplicity.* Indianapolis, IN: New Riders Publishing.

Nielsen, J., and H. Loranger. 2006. *Prioritizing Web Usability.* Upper Saddle River, NJ: Prentice Hall.

Norman, K. L. 1991. *The Psychology of Menu Selection.* Norwood, NJ: Ablex.

Seffah, A., and H. Javahery. 2003. *Multiple User Interfaces: Cross Platform Applications and Context-Aware Interfaces.* New York: John Wiley & Sons.

Shneiderman, B., C. Plaisant, M. Cohen, and S. Jacobs. 2009. *Designing the User Interface: Strategies for Effective Human-Computer Interaction.* 5th ed. Reading, MA. Addison-Wiley.

Snyder, C. 2003. *Paper Prototyping: The Fast and Easy Way to Design and Refine User Interfaces.* San Francisco: Morgan Kaufmann Publishers.

Sun Microsystems. 2001. *Java Look and Feel Guidelines.* Palo Alto, CA: Sun Microsystems.

Te'eni, D., J. Carey, and P. Zhang. 2006. *Human–Computer Interaction: Developing Effective Organizational Information Systems.* New York: John Wiley & Sons.

百老汇娱乐公司

◆ BEC 案例：为百老汇客户关系管理系统设计报表和表单

◇ 案例介绍

斯蒂尔沃特州立大学的学生迫不及待地想开始建立 MyBroadway 的原型。MyBroadway 是一个为 BEC 公司经理卡丽·道格拉斯服务的基于 Web 的客户关系管理系统。原型法对于该系统来说是非常适合的，因为原型系统并不会用于最终的产品。项目组现在只需要建立一个系统的初始版本，由 BEC 验证整个系统的开发工作。在使用微软的 Access 建立系统原型之前，项目小组需要设计系统的人机交互界面。对于基于 Web 的信息系统来说，交互界面就是系统本身。虽然原型系统在功能上不够完善，但只要系统界面（如报表和表单）能够让 BEC 的客户满意就是符合要求的。小组的同学计划在用 Access 开发之前，用手绘制一幅草图，以用于组内讨论以及和班里其他小组交流。他们的导师坦恩教授则鼓励不同小组之间的协作学习，并相互打分以公正评价设计的可用性。

◇ 识别表单和报表

MyBroadway 的多数表单和报表从 BEC 图 7—1 中就很容易看出来。主要的表单和报表都是流入或流出到外部实体（客户、员工）的数据流。项目组决定在手绘设计阶段，只关注与客户有关的表单和报表。BEC 表 10—1 列出了从系统输入输出的角度分类的七个与客户相关和一个与员工相关的数据流。

BEC 表 10—1　　百老汇客户关系管理系统的表单和报表

用户输入		系统输出	
I1	电影租赁协议	O1	存货检查
I2	电影租赁请求	O2	电影租赁
I3	电影归还	O3	租赁状况
I4	最受欢迎的电影	O4	电影推荐

项目组很快又意识到，实际的用户界面可能不止这些。用户使用系统时在不同页面间导航所需要的页面也是表单或报表。例如，为了产生存货检查页面（O1），客户必须选择对哪些存货进行评价。这些作为主界面之间跳转或导航内容的设计将作为对话和界面的内容，在第 11 章末尾的 BEC 案例中介绍。

◇ 为 MyBroadway 设计表单和报表

BEC 表 10—1 中列出的每个页面都需要从客户的角度来考量其可用性。项目组认为，可用性的意思就是对用户来说页面易于理解，能帮助用户完成工作任务，并且使用起来很高效。他们从系统分析与设计的课上熟悉了提高交互界面可用性的设计规范，同时也学到了和用户频繁沟通能够提高可用性这条经验。这也是原型法对 MyBroadway 来说是个有效开发方法的重要原因。页面的最初设计将会交由斯蒂尔沃特的同学进行评价，而可以使用的原型则需要交由系统的真实客户来评价。

BEC 图 10—1 和 BEC 图 10—2 为项目组手绘的两个页面。其中 BEC 图 10—1 是一个中间页面，帮助用户设定检索条件，以规定从存货中检索哪些产品放到存货检查页面中（BEC 表 10—1 中的 O1）。该页面有个简短的标题，用于解释它的目的。由于该页面并没有多少数据需要展示，项目组决定加入其目的和内容的说明。或者不添加这些说明，而只在用户单击帮助按钮时才显示。用户可能输入商品的标题、类型和发行日期，或者只填写其中的几项。待评论商品的选择将基于用户输入的查询条件，这也意味着所有的条件都可以置空。由于 BEC 商店中有成千上万的商品，项目组决定对于商品名称不使用下拉菜单，而是让用户输入关键词或者大概的标题。通常来说，用户输入的标题可能无法精确地匹配数据库中的商品名称，解决办法是找到最好的匹配就行了。其他的查询条件，如类型和发行日期相对而言只有比较少的选择余地，因此使用了下拉列表。项目组还讨论出用户退出该中间页面的四种途径：（1）提交查询条件，接着用户会到达如 BEC 图 10—2 所示的存货检查页面；（2）返回系统欢迎界面；（3）返回到之前的页面，该页面尚未设计；（4）用户重置该页面的所有查询条件，这种情况通常会在用户改变主意或者从存货检查页面返回时发生，因为用户想要输入新的查询条件。

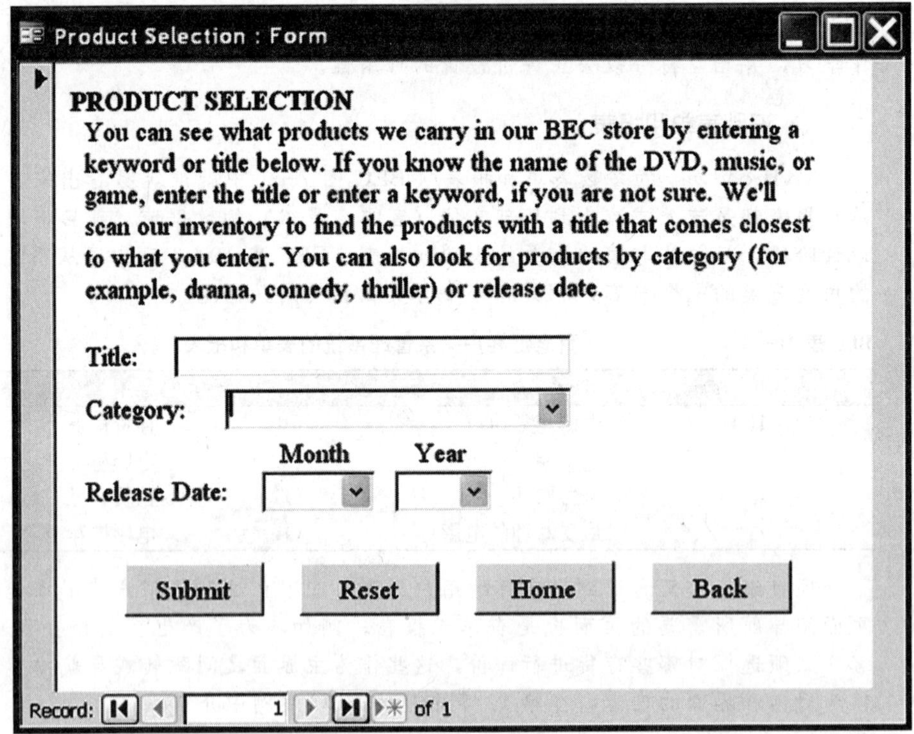

BEC 图 10—1 产品选择页面的设计

BEC 图 10—2 为存货检查的输出页面。项目组的同学决定将查询条件放在页面的上方，从而让用户知道他们的选择。因为可能有多个商品满足用户指定的查询条件，所以下方的产品信息是可以滚动的。用户同样有四种方式退出该页面：（1）返回查询条件输入页面；（2）返回产品信息页面；（2）返回系统欢迎界面；（4）打印查询的结果。

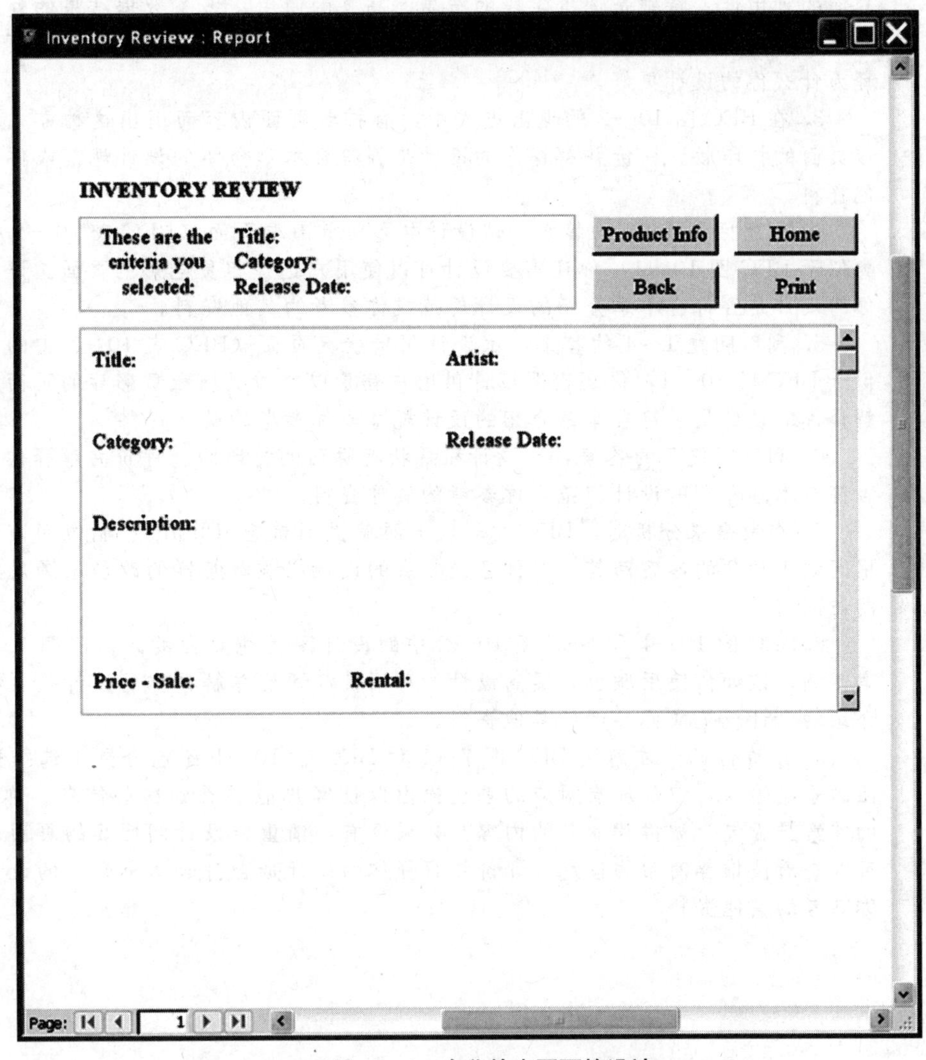

BEC 图 10—2 存货检查页面的设计

◇ 案例小结

现在项目组认为，可以将产品选择页面和存货检查页面的设计作为可交付成果，交由项目组之外的人评价。恰好，坦恩教授把项目进度报表安排到下周的系统分析与设计课上。届时项目组的成员会向其他同学展示他们的设计成果，听取大家的意见。由于项目组在系统的最初设计上并未投入太多的时间，他们会乐意接受建设性的意见。另外，由于到时会有其他的小组做报表，他们也能从中汲取改进的灵感。

问题

1. 根据本章介绍的设计规范或其他参考资料，评价 BEC 图 10—1 中系统输入界面的可用性。特别是评价下拉列表的使用、页面中包含帮助文档以及退出页面的方式等问题。如果你有改进的意见，请按照你的想法重新设计该页面，并解释为什么你的设计更好。

2. 根据本章介绍的设计规范或其他参考资料，评价 BEC 图 10—2 中系统输出界面的可用性。特别是评价字段的布局、高亮的使用、多条数据结果的处理方式以及退出方式等问题。如果你有改进的意见，请按照你的想法重新设计该页面，并解释为什么你的设计更好。

3. 在 BEC 图 10—2 的退出方式中，有打印页面内容而退出这种方式。请设计该页面的打印版。评价并解释你的设计是否符合本章介绍的设计规范或你参考的其他资料。

4. 利用问题 1～3 的答案，试设计电影租赁请求页面（BEC 表 10—1 中的 I2）。类似于 BEC 图 10—1，你还需要设计可以使用户选择租赁电影的页面。评价并解释你的设计是否符合本章介绍的设计规范或你参考的其他资料。

5. 利用问题 1～4 的答案，试设计租赁状况页面（BEC 表 10—1 中的 O3）。类似于 BEC 图 10—1，你还需要设计供用户登录以查看其所租赁影片的页面。评价并解释你的设计是否符合本章介绍的设计规范或你参考的其他资料。

6. 利用问题 5 的答案，试设计租赁状况页面的打印版。评价并解释你的设计是否符合本章介绍的设计规范或你参考的其他资料。

7. 在做需求分析时，BEC 的老板卡丽曾提到希望 iPhone 也能访问该系统。利用问题 1 和 2 的答案回答：对你已经完成的设计应该做怎样的改动来满足移动终端的访问需求？

8. BEC 图 10—1 和 BEC 图 10—2 中的设计图是纯黑白的。以问题 1 和 2 的答案为例，该如何使用颜色以提高设计的可用性？评价并解释你的设计是否符合本章介绍的设计规范或你参考的其他资料。

9. 或许你已经注意到 BEC 图 7—1 和 BEC 表 10—1 还包含员工选择被推荐商品的系统输入，但却没有对应的系统输出以让客户能够看到这些信息。你对问题 5 的答案是否包含被推荐商品的内容？如果没有，请重新设计问题 5 的页面以让用户可以查看被推荐商品的信息。评价并解释你的设计是否符合本章介绍的设计规范或你参考的其他资料。

第11章

界面和对话设计

学习目标

- 阐述界面和对话的设计过程以及设计结果
- 对比并应用几种系统交互方式
- 列出并描述几种输入设备，讨论每种设备在执行不同任务时的可用性
- 描述并运用界面设计的一般规则，以及布局设计、结构化数据输入字段、反馈提供、系统帮助的具体规则
- 设计人机对话，并了解对话图在对话设计中的应用
- 设计图形用户界面
- 讨论基于互联网的电子商务系统界面和对话的设计规则

引言

本章你将学习系统界面和对话的设计。界面设计的重点在于如何提供以及获取用户信息；而对话设计的重点则在于界面的显示顺序。对话类似于两个人之间的交谈，在交谈中，每个人都需要遵循的语法规则就可比作界面。因此，界面与对话的设计就是一个人机信息交互方式的定义过程。一个良好的人机界面应该提供统一的结构，通过这个结构查找、查看并调用系统中的不同元素。第 10 章介绍了表单和报表内容的设计规则，本章是对第 10 章内容的扩充。此外，你还将在本章中学习到表单之间的导航、用户创建表单和报表的可选方式，以及如何将用户帮助和错误

信息添加到表单和报表内容中。

我们首先描述界面和对话的设计过程，以及在此过程中产生的可交付成果。接着介绍交互方式和设备。然后介绍界面设计，主要包括布局设计、数据输入、反馈提供以及帮助设计。在此之后介绍人机对话的设计技巧。最后，我们将介绍界面和对话设计在电子商务中的应用。

界面和对话设计

本章是介绍系统开发生命周期（见图 11—1）中系统设计阶段的第三个章节。在第 10 章中，你已经学习了表单和报表的设计。你会发现，表单和报表的设计规则也同样适用于人机界面的设计。

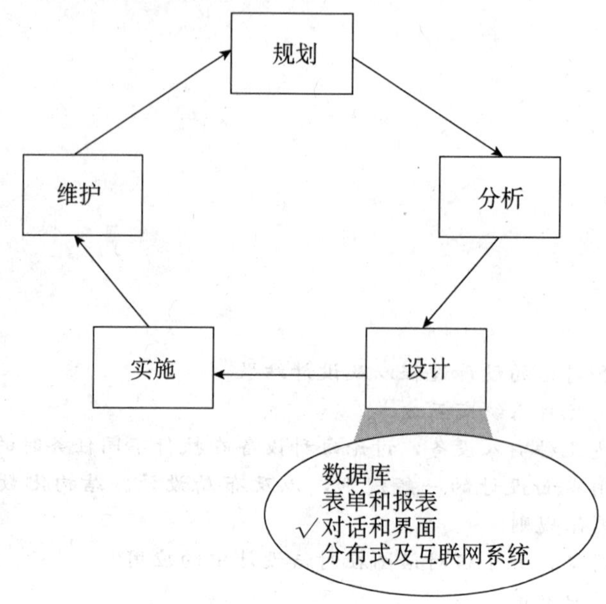

图 11—1　系统开发生命周期

界面和对话的设计过程

与表单和报表的设计类似，界面和对话的设计过程也是一个以用户为中心的活动。这意味着你可以按照原型法进行迭代，收集数据、构建原型、评估可用性并精化原型。与表单和报表的设计一样，在设计一个可用的界面和对话时，你也需要知道“谁”、“什么”、“何时”、“何地”以及“如何”等问题（见表 10—2）。因此，这个过程与表单和报表的设计过程类似（见 Lazar，2004；McCracken et al.，2004）。

可交付成果

系统界面和对话设计的最终成果就是设计说明书。系统界面和对话的设计说明书与表单和报表的设计说明书十分相似，但有一点是不同的。回想一下第 10 章中设计说明书文档的三个部分（见图 10—4）：

1. 设计概述
2. 设计样例
3. 测试和可用性评估

除此以外，在界面和对话的设计中还包括介绍对话顺序的部分，也就是介绍用户从一个页面切换到另一个页面的方式。在下面的章节中，你将学习到如何用对话图设计对话顺序。图 11—2 是对界面和对话设计说明书的概述。

设计说明书

1. 概述
   a. 界面/对话名称
   b. 用户特征
   c. 任务特征
   d. 系统特征
   e. 环境特征
2. 界面/对话设计
   a. 表单/报表设计
   b. 对话顺序图以及叙述性描述
3. 测试及可用性评估
   a. 测试目标
   b. 测试步骤
   c. 测试结果
      i）学习时间
      ii）性能速度
      iii）出错概率
      iv）稳定性
      v）用户满意度以及其他用户感受

图 11—2　界面和对话设计说明书的大纲

交互方式和设备

人机**界面**（interface）是用户与信息系统交互的方式。每个人机界面都有一种交互方式，并且由一些硬件设备来支持这种交互。本节将介绍几种交互方式以及可用界面的设计规则。

交互方式

在设计用户界面的时候，最基本的选择是与系统的交互方式。由于交互设计的方法很多，这里我们只介绍其中一些最常用的方法。（读者如果想了解更多交互方式，可以参考如下作者的书籍：Johnson［2007］，Seffah and Javahery［2003］，Shneiderman，Plaisant，Cohen，and Jacobs［2009］，以及 Te'eni，Carey，and Zhang［2006］。）我们将主要介绍以下五种广泛使用的方式：命令语言、菜单、表单、对象以及自然语言。我们还会介绍几种交互设备，主要关注它们在不同交互行为中的可用性。

命令语言交互 在命令语言交互（command language interaction）中，用户输入明确的语句调用系统内的操作。这种交互方式要求用户记住命令的语义和语法。例如，要用微软的磁盘操作系统（DOS）从一个存储位置（C:）拷贝一个名为“PAPER. DOC”的文件到另一个存储位置（A:），用户就要输入：

COPY C:PAPER. DOC A:PAPER. DOC

命令语言要求用户牢记名称、语法和操作，这对用户来说是一个沉重的负担。因此，大多数新型或大规模的系统不再完全依赖于命令语言界面。命令语言适合有经验的用户、有限命令集的系统，以及需要快速交互的系统。

像文字处理这样相对简单的应用程序也需要上百种命令，例如存储文件、删除文字、取消当前操作、查找指定信息或者在窗口间切换。随着用户界面标准的发展，例如Macintosh、微软的Windows，或者Java（Apple Computer，1993；McKay，1999；Sun Microsystems，2001），用户不再面临为操作设置快捷键的压力。例如，图11—3（a）是一个微软Word中描写快捷键的帮助屏幕；图11—3（b）是一个微软PowerPoint中相同的屏幕。可以看出有许多相同的快捷键可以指向相同的操作。同样也可以看出，开发者在解释和执行这些标准时有很大的灵活性。这意味着，还需要考虑可用性因素，并对设计进行规范的评估。

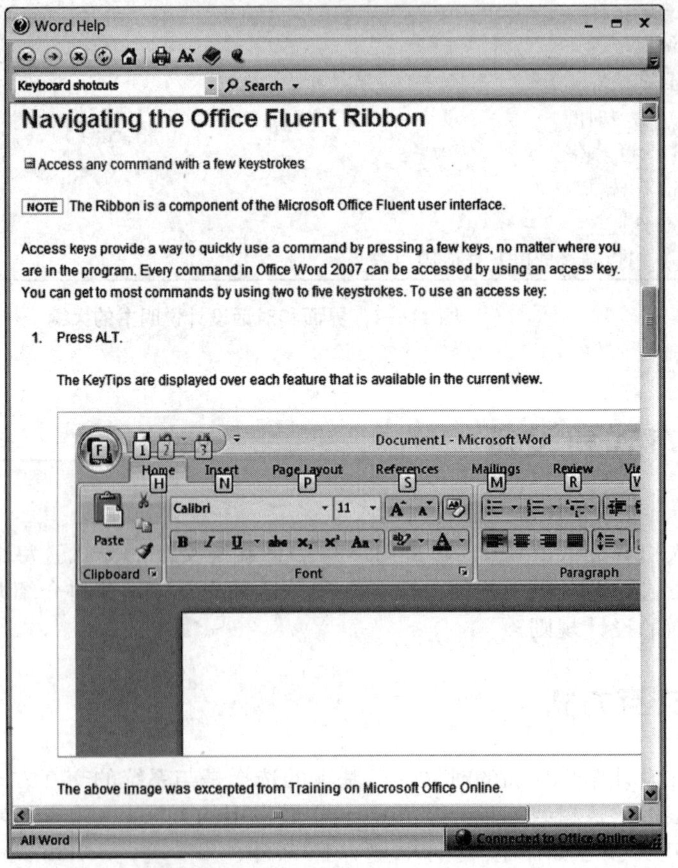

（a）微软Word帮助屏幕中描述的快捷键命令

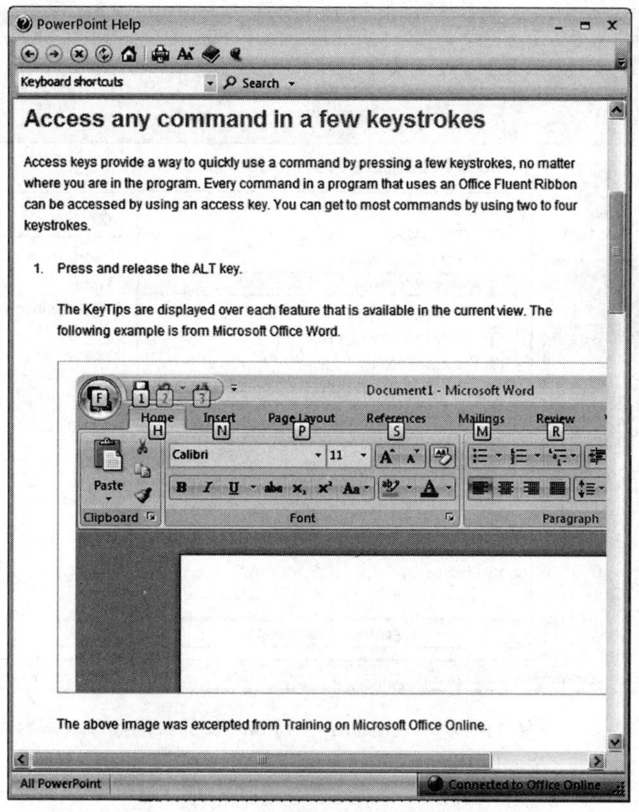

(b) 微软 PowerPoint 帮助屏幕中描述的快捷键命令

图 11—3　微软 Office 2007 中的功能键

菜单交互　很多关于界面设计的研究都很重视系统的易用性以及可理解性，很多开发者通过**菜单交互**（menu interaction）的方式来达到这个目的。菜单就是一个简单的可选列表，用户选择了一个选项，就调用了一个指定命令或启用了另一个菜单。菜单是最为广泛使用的界面方式，因为用户只需要了解简单的指示和路径选项，就可以有效地操作系统。

不同的菜单在设计和复杂程度上可以有很大的不同。这些设计的多样性大多与开发环境的能力、开发者的技术，以及系统的规模和复杂程度有关。复杂程度较小的、具有少量功能选项的小型系统，可能只有单一的菜单或者是具有线性次序的菜单。单一的菜单相比于命令语言有很明显的优势，但是在调用命令时给予的导航作用却远远不够。由 TechSmith 公司开发的截屏软件 SnagIt 就是一个单层菜单（屏幕左侧）的例子，如图 11—4 所示。

对于较复杂的大型系统，可以使用菜单的层级来提供菜单之间的导航。这种层级关系也可以是简单的树型结构或它的变种，即子菜单从属于多个父菜单。其中一些层级关系允许多层跨越。菜单的多种布置对系统的可用性有很大的影响。例如，微软最近在它的 Office 产品中增加了“ribbon 菜单”系统。图 11—5 是菜单构建以及跨越的几种方式，图中的曲线代表一个菜单转向另一个菜单的能力。虽然菜单结构越复杂，用户操作的灵活性越高，但是也会导致用户不清楚自己在系统中的确切位置。很多父级菜单的结构也需要程序来记住菜单路径，以便用户可以准确地回溯。

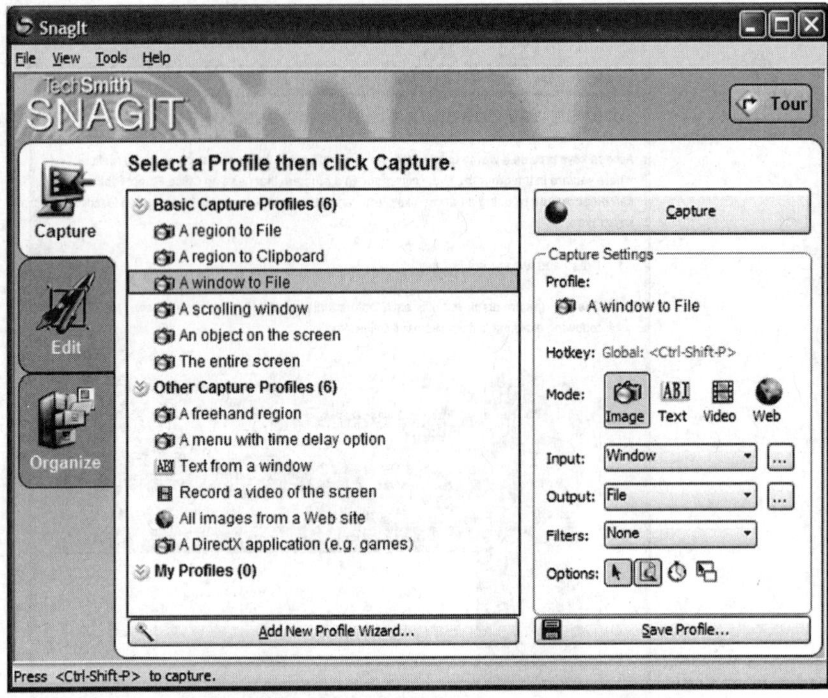

图 11—4　TechSmith 公司 SnagIt 的单层菜单（屏幕左侧）

资料来源：TechSmith Corporation.

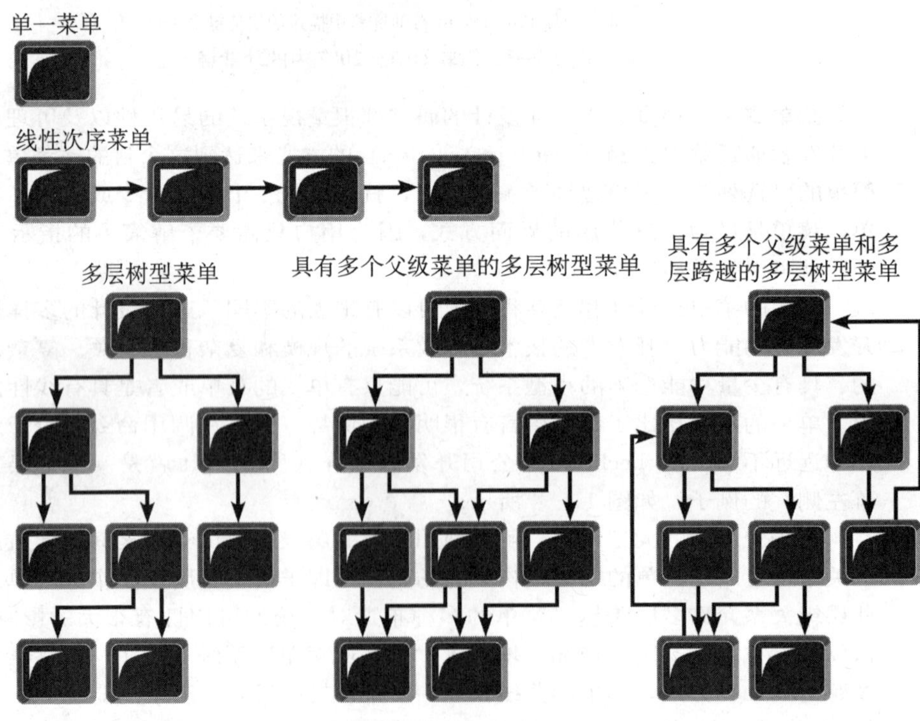

图 11—5　多种菜单配置类型

资料来源：Based on Shneiderman et al.，2009.

有两种常见的菜单定位方法。**弹出式菜单**（pop-up menu）（也叫对话框）是显示在当前光标位置，用户不用移动位置，也不用改变视线就可以查看系统选项的菜单（如图 11—6（a）所示）。弹出式菜单有很多潜在的用途。其一是可以显示一系列与当前光标位置相关的命令（例如删除、清空、复制或使当前字段有效）。另一个是可以为当前字段提供可能值的列表（从一个查找表中）。例如，在客户订购表单中，在客户编号字段的旁边弹出一个当前的客户列表，这样，用户不用知道客户的标识号就可以选择正确的客户。**下拉式菜单**（drop-down menu）是从页面的顶行下拉出子菜单项的菜单（如图 11—6（b）所示）。近几年来，下拉式菜单很流行，因为在应用程序中它不仅可以保证菜单位置和操作的一致性，还可以有效地利用显示空间。大多数高级的操作环境，例如微软 Windows 和苹果 Macintosh，都有效地将弹出式菜单和下拉式菜单结合起来。

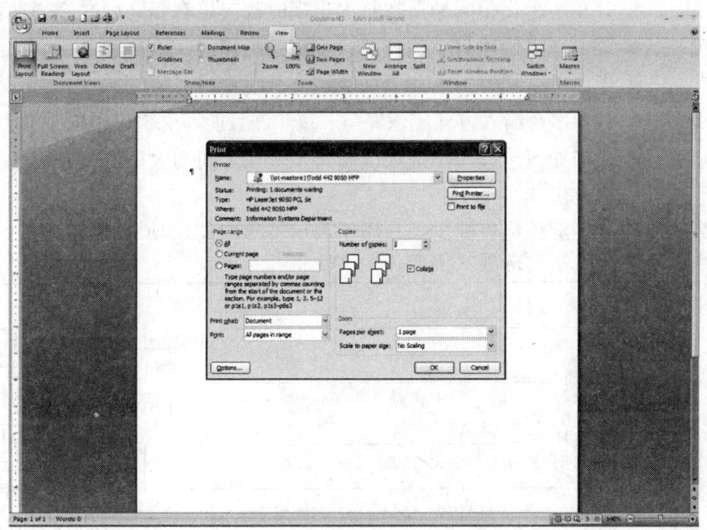

（a）弹出式菜单

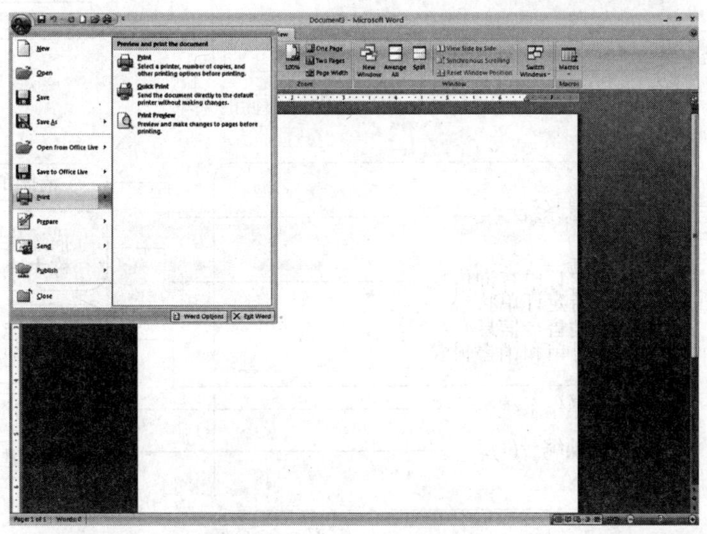

（b）下拉式菜单

图 11—6　微软 Word 2003 的菜单

在设计菜单时，应该遵循一些基本原则，这些原则总结在表11—1中。例如，每个菜单项应该有一个鲜明的标题，并且以一种明确的方式呈现给用户。例如，一个“退出”的菜单项就比较模棱两可，意思是退回到上一页面还是退出整个程序？为了能够更方便地看到这些原则的应用，图11—7比较了一个设计不佳的菜单和一个按照菜单设计原则设计的菜单，这张图的两部分注释突出了设计不佳的菜单以及改进的菜单的界面设计特征。

表11—1　菜单设计指南

文字	● 每个菜单应该有一个鲜明的标题。 ● 命令的动词应该能够清晰明确地描述操作。 ● 菜单项应该大小写共用，并且表述清晰、没有歧义。
组织	● 应当根据目标用户进行的操作使用具有一致性的组织原则，例如，相关的项应该分在一起，相同的项在每次出现时都应该有相同的文字描述和代码。
长度	● 菜单选项的数目不应该超过屏幕的长度。 ● 当菜单过长时，子菜单项应该分开设置。
选项	● 选项以及输入方式应该保持一致，并且能够反映应用程序的大小以及用户的经验。 ● 用户如何选择每个选项以及每个选项之间的次序应该很清晰（例如，另一个菜单是否出现）。
高亮	● 高亮应该尽可能少，只用于表示被选中的选项（例如，一个打钩的标记），以及不可用的选项（例如，文字变暗）。

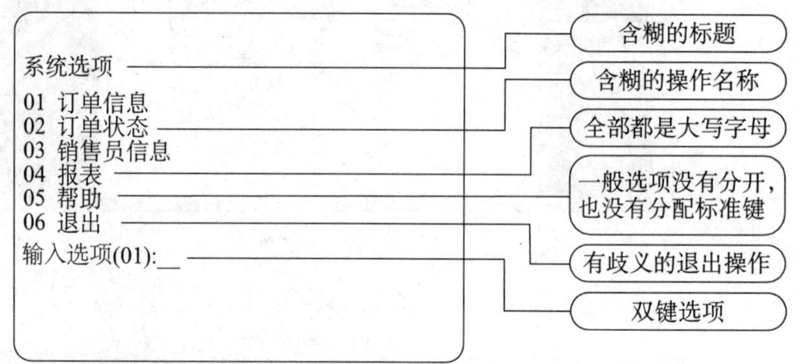

（a）设计不佳的菜单

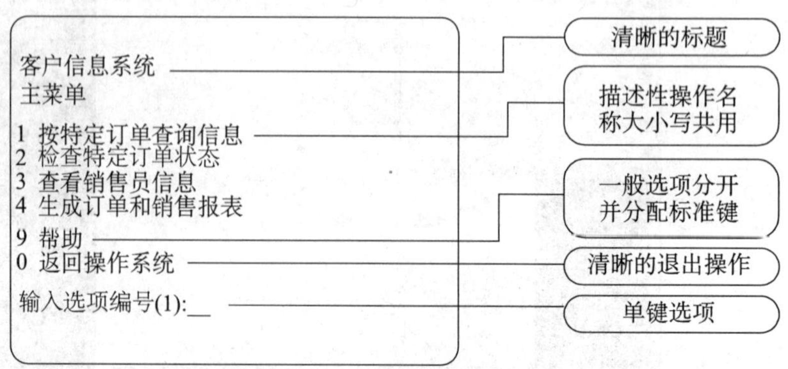

（b）改进的菜单设计

图11—7　菜单设计对比

很多高级编程环境为菜单设计提供了强大的工具。例如，微软的 Visual Basic. NET 可以让你快速地为系统设计一个菜单架构。图 11—8 是一个菜单结构已经定义好的设计表单，选择“在此输入”（Type Here）标签，并输入表示菜单项的文本，就可以添加菜单项。通过使用几个简单的调用选项，你可以为一些菜单项设定快捷键，也可以将独立的菜单项与帮助页面连接起来，添加一些子菜单，并设定可用性（见图 11—8 中的参数窗口）。例如，可用性包括在系统运行时，将菜单项的颜色调暗，表示当前这个功能不可用。菜单创建工具可以使开发者轻松快速地得到一个原型设计，并且看起来与最终系统中的菜单基本相同。

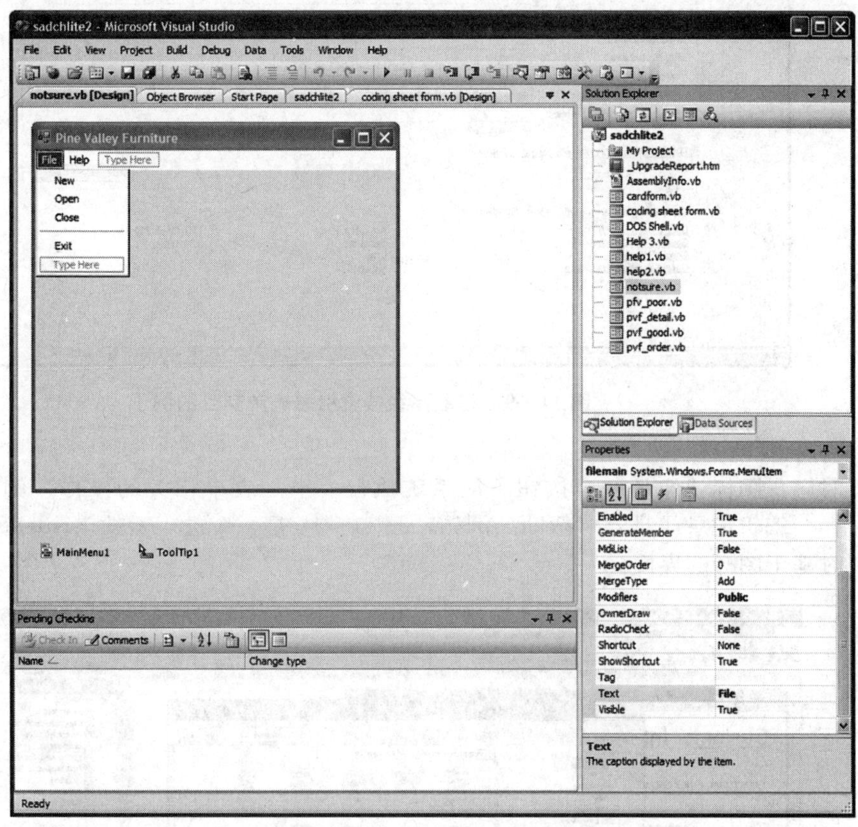

图 11—8　微软 Visual Basic. NET 中的菜单创建工具

表单交互　**表单交互**（form interaction）的前提是在系统运行时让用户填写空白字段。表单交互是一种有效的信息输入与信息表示方法。一个有效设计的表单应具有鲜明的标题和字段名，将字段分成几个逻辑组并添加区分边界，在操作时为字段设置缺省值，以适当的字段长度显示数据，并尽量减少滚动窗口的需求（Shneiderman and Plaisant，2004）。在第 10 章你可以找到更多关于表单设计的规则。在商务系统中，表单交互是输入及获取数据的最常用方法。图 11—9 是谷歌高级搜索引擎的一个表单。使用交互表单，组织就可以很轻松地为互联网用户提供各种类型的信息。

基于对象的交互　执行**基于对象的交互**（object-based interaction）的最常用方法是使用图标。**图标**（icon）是一种图形标志，形似它们所表示的处理选项。用户通过用不同类型的指点设备指向合适的图标来选择相应的操作。图标的主要优势就在于它只占用很少的屏幕空间，并且很容易被大多数用户理解。在选择或者点击的

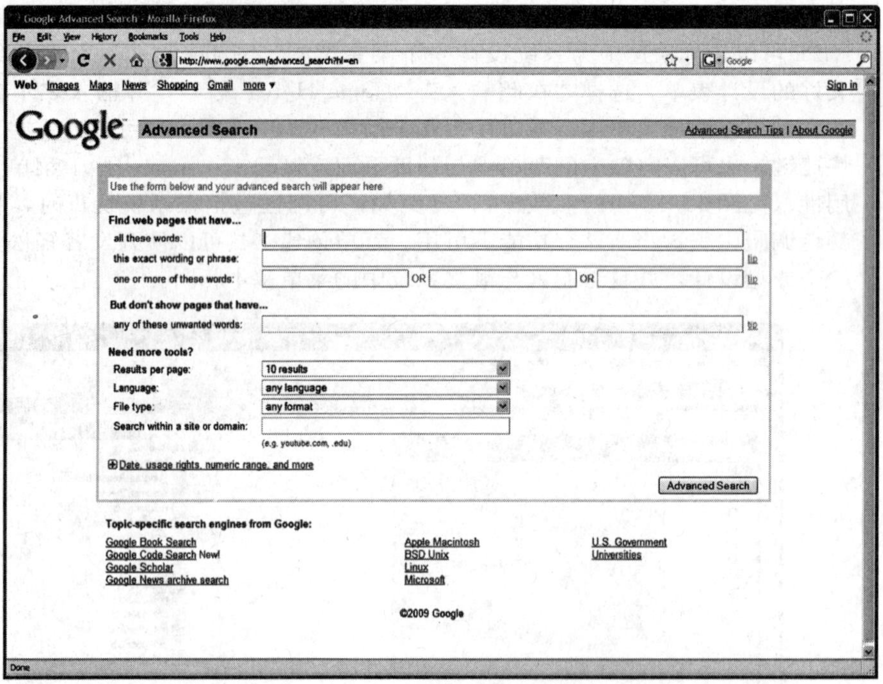

图 11—9 谷歌高级搜索引擎表单交互的例子

资料来源：Google.

时候，图标就像是一个按钮，使系统执行一个与表单相关的操作，例如取消、保存、编辑记录或是寻求帮助。例如，图 11—10 是一个进入微软 Visual Studio. NET 时基于图标的界面。

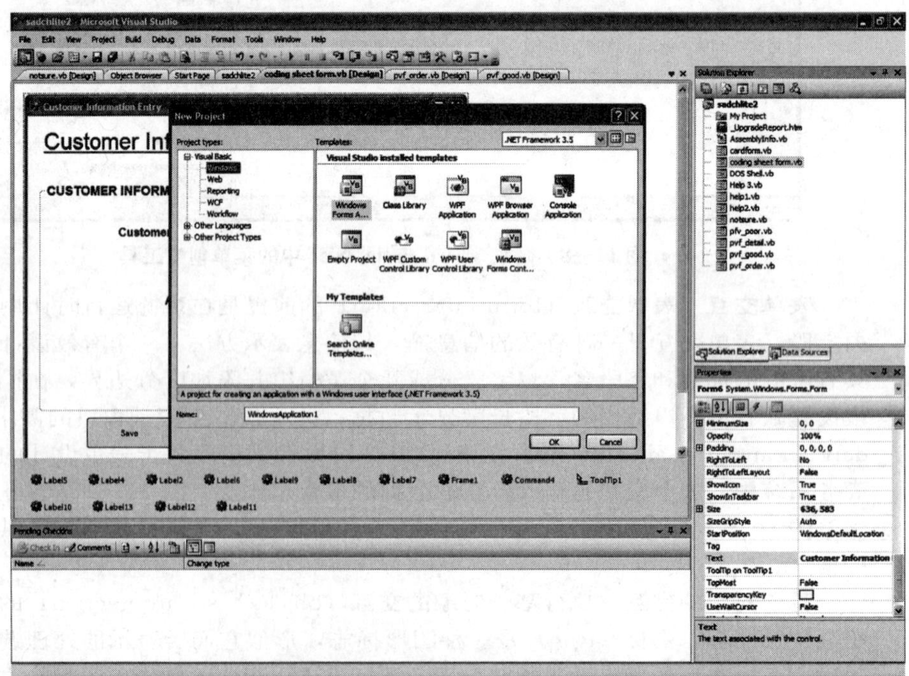

图 11—10 微软 Visual Basic. NET 中基于对象（图标）的界面

自然语言交互　在人工智能领域有一个分支，研究使系统能够用一种常用语言，例如英语，来接收输入信息并产生输出信息，这种交互方式称为**自然语言交互**(natural language interaction)。如今，自然语言交互还没有之前提及的其他方式那样可行。用户感觉现在的实施过程乏味、困难，还很耗费时间，并且通常只允许在一个很窄的限制域内接收输入信息（例如，数据库的查询）。自然语言交互应用在键盘系统以及语音输入系统中。

□ 系统交互的硬件选择

除了多种交互方式外，还有越来越多的硬件设备可用来支持系统的交互（参见表 11—2，它是一个介绍交互设备的列表，并简单描述了各种设备的用途）。键盘是最基本，也是最广泛使用的交互设备，是大多数计算机应用程序中字符信息输入的主要设备。键盘有很多种，从用于个人电脑的打字机式键盘，到用于销售点或车间的具有特殊功能的键盘。随着图形用户环境的发展，指点设备也有了广泛的使用，例如鼠标、手柄、轨迹球和绘图板。带有轨迹球、手柄的笔记本电脑以及手写电脑的诞生，使得人们对这些多样化设备的使用有了新的兴趣。

表 11—2　　**信息系统中常见的交互设备**

设备	描述、用途和主要特点
键盘	用户通过敲打一系列代表相应字符的按键，将这些字符转变成文字或命令。键盘是最为广泛使用的工具，并为交互提供了很大的灵活性。
鼠标	用户在平面上移动的一个小塑料盒，它的移动体现为计算机屏幕上一个光标的移动。用户通过鼠标上的按键告知系统被选中项。鼠标适合在平整的书桌上工作，而不适合在脏乱忙碌的环境中工作，例如车间或零售商店的收款台就不适合。新型笔式鼠标更使用户有了书写工具的感觉。
手柄	一个小的垂直操作杆，装在底盘上，用以操纵计算机屏幕上的光标。与鼠标具有类似的功能。
轨迹球	一个装在固定底盘上的球，用以操纵计算机屏幕上的光标。在工作环境中没有鼠标时，轨迹球可以作为鼠标的最佳替代品。
触摸屏	通过触摸计算机屏幕来进行选择，适合在比较脏乱的环境中工作，并适合不够灵活、不够专业的用户使用。
光笔	通过用笔式设备在屏幕上点击进行选择。当用户需要与屏幕中的内容有更直接的交互时，适合使用光笔。
绘图板	通过在输入平板上移动笔式设备来操纵计算机屏幕上的光标。通过按一个按键或者用笔在输入板上点击进行选择，适合绘图和图形化的应用程序。
语音	获取言语并通过计算机将其转化为文字或者命令。最适合残疾人，或者在与系统交互时，需要腾出手来做其他事情时使用。

研究表明，每种设备都有它们自身的优势和劣势，这些优势和劣势可以帮助用户选择适合的设备，以辅助他们与应用程序之间的交互。在逻辑设计环节必须对交互设备进行选择，因为不同的界面需要使用不同的设备。表 11—3 中总结了每种设备在各种人机交互问题中的可用性评估。例如，在大多数应用程序中，键盘不能使光标精确地移动，不能为每个操作提供直接的反馈信息，在输入信息的时候也比较慢（取决于用户的打字水平）。了解交互设备可用性的另一种方式，是标注出在完成指定任务时最有用的设备。表 11—4 总结了这个研究结果，表中的行对应的是常见的人机交互任务列表，表中的列对应的是评价设备可用性的三个准则。通过这三

个表格，可以看出没有一个设备是最完美的，只是在执行某些特定任务时，一些设备相对于其他设备来说更加适用。要给一个指定的应用程序设计一个有效的界面，就应该了解各种交互方式和设备的可用性。

表 11—3　　交互设备可用性的总结

设备	问题						
	视觉障碍	用户疲劳	移动比例	耐用性	适当反馈	速度	指向精确
键盘	□	□	■	□	■	■	□
鼠标	□	□	■	□	■	□	□
手柄	□	□	■	□	■	□	■
轨迹球	□	□	■	■	■	□	□
触摸屏	■	■	□	■	□	□	■
光笔	■	■	□	□	□	□	■
绘图板	□	□	■	□	■	□	□
语音	□	□	■	□	■	□	■

注：
□＝不存在可用性问题；
■＝对于一些应用程序可能存在较大的可用性问题；
视觉障碍＝在使用时，设备妨碍页面显示的程度；
用户疲劳＝长时间使用后，用户感到疲劳的可能性；
移动比例＝设备移动转换成屏幕中光标移动的等价程度；
耐用性＝缺乏耐用性，或者在长时间使用后对设备的维护需要（例如清洁）；
适当反馈＝设备为每个操作提供适当反馈的程度；
速度＝光标移动的速度；
指向精确＝精确地指向光标的能力。
资料来源：Based on Blattner & Schultz，1988.

表 11—4　　完成几种特定任务活动的输入设备对比

任务	最精确	最短定位	最优选择
目标选择	轨迹球、绘图板、鼠标、手柄	触摸屏、光笔、鼠标、绘图板、轨迹球	触摸屏、光笔
文本选择	鼠标	鼠标	—
数据输入	光笔	光笔	—
光标定位	—	光笔	—
文本修正	光笔、光标键	光笔	光笔
菜单选择	触摸屏	—	键盘、触摸屏

注：
目标选择＝移动光标选择一个图片或一项内容；
文本选择＝移动光标选择一组文本；
数据输入＝在系统中输入任何类型的信息；
光标定位＝移动光标到一个特定的位置；
文本修正＝移动光标到一个位置进行文本的修正；
菜单选择＝激活一个菜单项；
—＝研究中没有明确的总结。
资料来源：Based on Blattner & Schultz，1988.

界面设计

本章在第 10 章表单和报表内容设计的基础上，讨论界面布局设计的相关问题，包括结构化数据输入字段、控制数据输入字段、给予反馈信息以及设计在线帮助的规则。一个有效的界面设计要求你能全面理解以上每一个概念。

□ 布局设计

为了使用户培训以及数据记录更简便，你应该为计算机的表单和报表使用标准格式，就像在纸质表单和报表中一样。图 11—11 是一个客户销售活动记录的传统纸质表单。它与大多数表单一样，包括几个常见的区域：

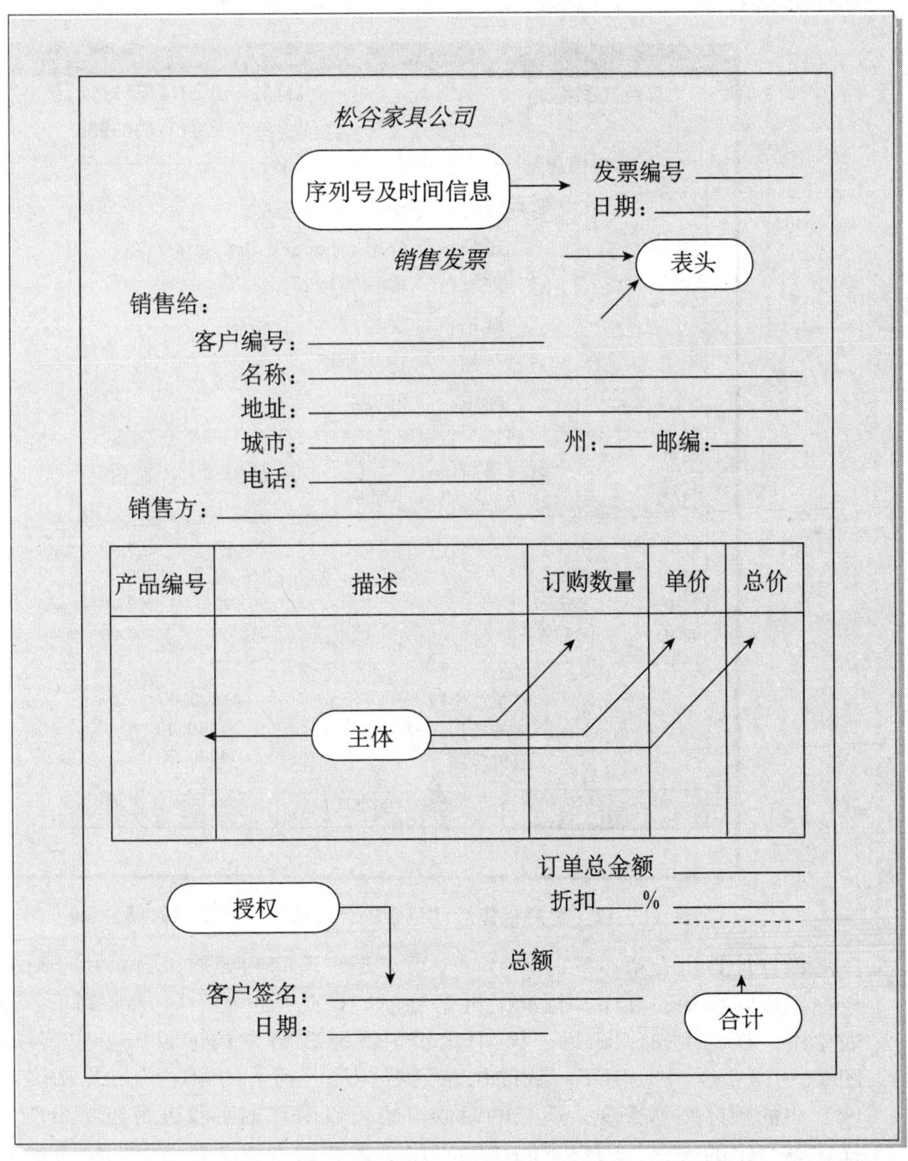

图 11—11　客户销售活动记录的纸质表单（松谷家具公司）

- 标题信息
- 序列号及时间信息
- 说明或格式信息

- 主体或明细数据
- 总额或数据汇总
- 授权或签名
- 备注

在很多组织中，通常是先将数据记录在纸质表单上，然后再将其录入应用系统。因此，在设计记录以及显示信息的表单布局时，就应该尽可能使纸质表单与计算机表单保持一致。另外，数据输入页面的格式在不同系统间也应该保持一致，以便加速数据的输入并减少错误。图 11—12 显示了与图 11—11 中纸质表单相对应的计算机表单。

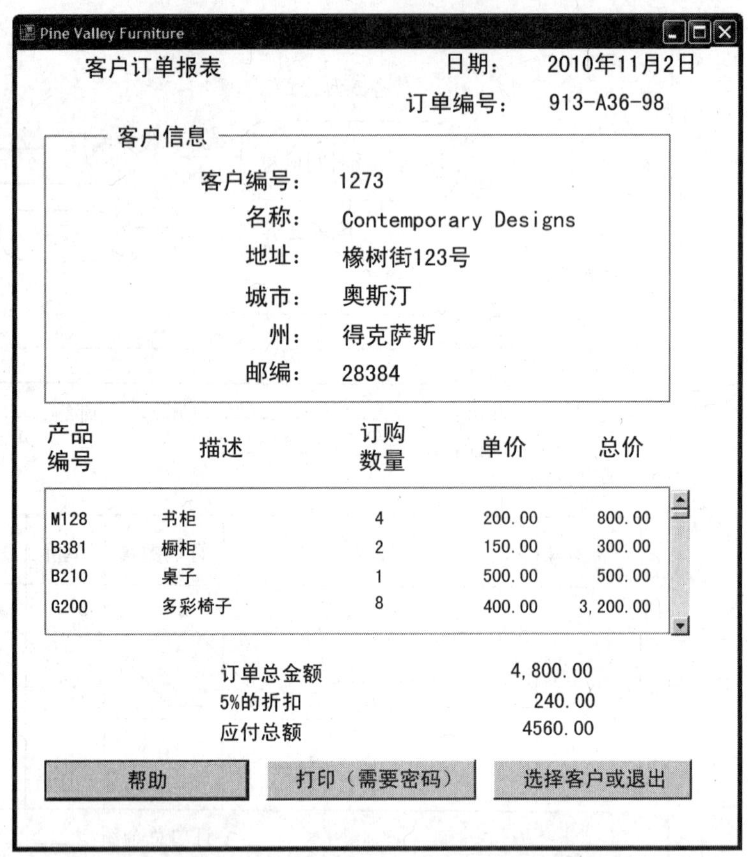

图 11—12 客户销售活动记录的计算机表单（松谷家具公司）

设计计算机表单布局时，另一个重点是字段间的导航设计。由于你可以控制用户在字段间移动的顺序，标准的屏幕导航应该是从左到右、从上到下，就像在纸质表单中一样。例如，图 11—13 中比较了商务联络方式记录表单中字段间的流程。图 11—13（a）中使用了一致的从左到右、从上到下的顺序。与此相比，图 11—13（b）中的顺序则不直观。适当的时候，也可以对数据字段进行逻辑分组，并用标签描述整个组的内容。用户不能访问不用于数据输入或没有命令的屏幕区域。

在系统的导航程序设计中，首要问题是其灵活性和一致性。用户应该可以自由地向前移动、向后移动，或者跳转到任意指定的输入字段，并且每张表单的导航方式应该相同或者尽可能相似。另外，在用户提出明确的请求之前，系统不能经常永久性地保存数据。这样，用户就可以放弃数据输入屏幕、后退，或者在不影响永久

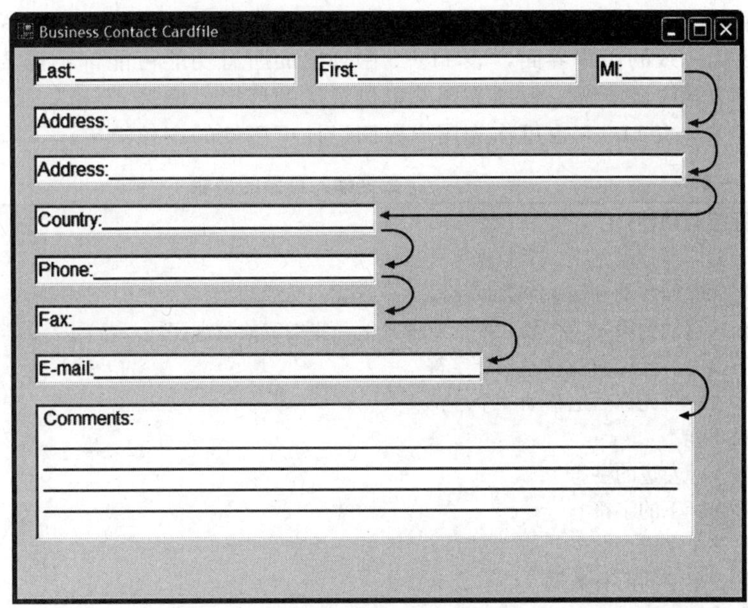

（a）合适的数据输入字段间的流程

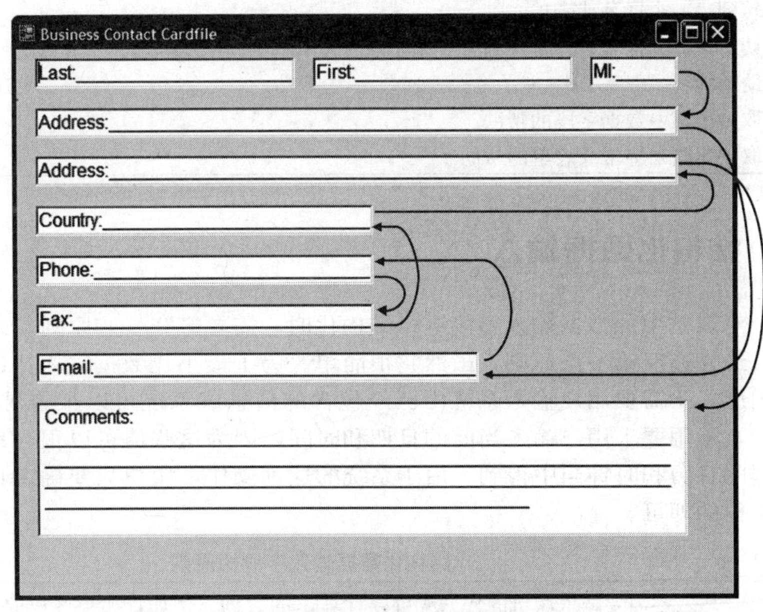

（b）不合适的数据输入字段间的流程

图 11—13 在数据输入表单中导航流的对比

数据内容的前提下前进。

按键和命令的选择都要符合一致性。如果可能的话，每个按键或命令应该只对应一个功能，并且这个功能在整个系统中及系统间都要保持一致。在不同的应用中，需要各种不同的功能来提供流畅的导航以及数据输入。表 11—5 中列出了表单的功能需求，以便为表单提供流畅且简便的导航。例如，实用且一致的界面可以为用户提供常用的方式，例如在表单的不同位置上移动光标、编辑文字和字段、在表单布局中移动，以及获取帮助。可以通过敲击键盘、点击鼠标或其他指点设备、选择菜单或点击按键的方式激活这些功能。对于一个独立的应用来说，为了创建一个灵活且一致的用户界面，表 11—5 中列出的所有功能可能都不需要。但是，其中包含的功能应该能够一致地为用户提供最优的环境。像第 10 章、第 11 章中的其他表格一样，表 11—5 也可作为用户界面设计可用性的审核清单。

表 11—5　　数据输入页面的功能

光标控制功能：
将光标向前移动到下一个数据字段
将光标退回移动到前一个数据字段
将光标移动到第一个、最后一个或者其他一些指定的数据字段
在字段中将光标向前移动一个字符
在字段中将光标后退移动一个字符
编辑功能：
删除光标左边的字符
删除光标下的字符
删除整个字段
删除表单中的所有数据（清空表单）
退出功能：
将屏幕提交给应用程序
跳转到另一个屏幕或表单
确认对修改的保存，并跳转到另一个屏幕或表单
帮助功能：
获取关于某一数据字段的帮助
获取关于整个屏幕或表单的帮助

□ 结构化数据输入

对表单中的数据输入字段进行结构化时，需要遵守一些原则（见表 11—6）。设计员经常违反第一条原则，虽然它很简单。为了最小化数据输入错误，并使用户消除困惑，不需要用户输入系统中已经包含的信息或系统可以很容易计算出的信息。例如，不用要求用户输入当前的日期和时间，因为这些值可以很容易从计算机系统内部的日历和时钟当中得到。由于系统的这种操作，用户只要确定日历和时钟是正常工作的即可。

表 11—6　　结构化数据输入字段的原则

输入	不需要输入联机的数据或可以计算出的数据。例如，如果客户的数据可以从数据库中获得，就不要让用户再在订购表单上输入；如果可以通过数量和单价计算出总价，也不要让用户输入。
默认值	在适当的时候设置默认值。例如，设置新的销售发票的日期为当前日期，或者除非产品价格无效，否则使用标准的产品价格。
单位	说明要求输入数据的单位。例如，说明数量的单位是吨、打，还是磅等。
替换	在适当的时候使用字符替换。例如，用户可以在表中查找某一值，或者如果用户输入了足够的有效字符，就自动填入信息。
说明	在字段旁边添加说明文字。参见表 11—7 中的说明文字选项。

格式	在适当的时候给予格式的示例。例如，自动显示标准的嵌入式符号、小数点、贷方符号和美元符号。
检查	自动检查数据输入。数字应该右对齐，并以小数点对齐；文字应该左对齐。
帮助	在适当的时候提供上下文相关的帮助。例如，提供一个热键，如 F1，在与光标所在位置最相近的地方打开帮助系统。

还有其他一些原则同样重要。例如，银行的客户每个月按照固定的安排偿还相同数额的贷款。因此，当客户每个月将贷款还至银行时，工作人员就需要在还贷进程系统中记录该还款已收到。在这样的系统中，适当时就应该为相应的字段设置默认值。这意味着，只有在客户偿还了多于或少于既定数额的情况下，工作人员才需要在系统中输入数值。而在其他所有情况下，工作人员只需要简单确认账单与系统默认的数值相符，然后按一个键来确认收到还款。

在输入数据的时候，也不能要求用户来指定某数值的单位。例如，不能让用户来指定金额是以美元为单位，或者指定重量是以吨为计数单位。字段的格式以及数据输入的提示信息应该说明要求输入数据的类型。这意味着，在每个数据字段的旁边应该有对要输入信息的描述文字。在这些描述文字中，用户应该可以清楚地看到要求的数据类型。就像显示信息一样，在表单中输入的所有数据都应该自动调整成标准格式（例如，日期、时间、金额等）。表 11—7 说明了一些适合打印表单的选项。对于视频显示终端上的数据输入，应该标出文本输入的区域，这样就可以清晰地看到每一行确切的字数以及行数。也可以让用户用复选框或者单选按钮来选择标准文本信息。可以用数据输入控制来确保用户输入了适当类型的数据（按照要求，字母或是数字），我们将在下一节中讨论数据输入控制。

表 11—7　　**文本输入选项**

选项	示例
横排说明	电话号码( ) —______
下部说明	( ) —______ 电话号码
方框说明	[电话号码　　　　　]
分割字符	|(| | |)| | | |-| | | | | 电话号码
复选框	付款方式（选择一个） ☐支票 ☐现金 ☐信用卡：类型

☐ 控制数据输入

界面设计的其中一个目标是减少数据输入错误。在信息系统中输入数据时，应该采取一系列行动以确保输入数据的有效性。作为一个系统的设计员，必须估计用户可能出现的错误类型，并在系统的界面中设计一些功能，以避免、检查和纠正数据输入错误。表 11—8 中总结了一些数据错误类型。实际上，数据的错误可能出现在以下几种情况下：在字段中添加了额外的数据，漏掉了一些字符，抄了错误的字符，或者颠倒了一个或多个字符的次序。系统设计员发明了多种测试和技术，以便在保存或提交之前捕捉到无效数据，从而提高数据的有效性（见表11—9中对这些技术的总结）。这些测试和技术经常被整合到数据输入屏幕，以及计算机内部的数据转换程序中使用。

表11—8 错误数据的原因

数据错误	描述
添加	在字段中添加了额外的字符
删减	在字段中漏掉了字符
抄录	在字段中输入了无效的数据
错位	将字段中一个或多个字符次序颠倒

表11—9 提高数据输入有效性的测试与技术

有效性测试	描述
类或组成	测试以确保数据是合适的类型（例如数字、字母、数字字母）
组合	测试以查看两个或多个数据字段的组合是否合适、合理（例如，销售的数量相对于产品的类型是否合理）
预期值	测试以查看数据是否符合预期值（例如，与已经存在的客户姓名、支付金额等相符）
缺失数据	测试以查看记录中所有字段的数据项是否存在（例如，在客户订单中，每行是否都有购买数量字段）
图片/模板	测试以确保数据符合标准格式（例如，在学号的合适位置上是否有连字符）
范围	测试以确保数据在适当的范围内（例如，学生的绩点平均值是否在0～4.0之间）
合理性	测试以查看数据在当前位置上是否合理（例如，某种类型员工的工资标准）
自校验位	通过在一个数字字段中加入额外的数字位进行测试，然后用一个标准的格式来得到它的值（见图11—14）
大小	测试以查看字符是否过少或过多（例如，社会保障号是不是9位）
数值	测试以确保数值是否在标准值集合中（例如，州的代码是不是两个字母）

从实践经验中我们可以看出，在将数据永久地保存在系统中之前，纠正错误更容易些。在输入数据的时候，在线系统可以提示用户相关的输入问题。对数据进行在线处理，可以降低发生数据有效性错误且没有及时发现的可能。在一个在线系统中，如果使用表11—9中列出的各种技术，那么在将数据保存到存储设备中之前，就可以将大多数问题检测出来并加以解决。然而，对于那些数据的存储和输入（或转换）都是批处理的系统来说，错误的检测和识别就比较困难。但是，批处理系统可以拒绝无效数据的输入，并且将它们保存在日志文件中，以便日后解决。

表11—9中列出的大多数测试和技术都有着广泛的应用，并且使用起来很简便。其中一些测试可以由数据管理技术（例如，数据库管理系统（DBMS））来处理，从而确保它们在数据维护操作中的应用。如果DBMS不能执行这些测试，那就要将测试设计到程序模块中。有一项相对复杂的内容是自校验位（见图11—14）。图中概述了如何应用该技术并且有一个简单的示例。该示例说明了在数据输入或转换之前，如何将校验位添加到字段中。数据一旦输入或转换完成，校验位算法将再次应用到该字段中，以检测接收到的校验位是否符合计算结果。如果符合，则数据转换或数据输入中可能没有错误（但是不能肯定，因为两个不同的值可能产生相同的校验位）。如果转换值不等于计算值，则有错误发生。

<table>
<tr><td>描述</td><td>在字段中添加额外的数位以帮助验证其准确性的工具。</td></tr>
<tr><td>方法</td><td>1. 将数字字段中的每个数位乘以一个权重因子（例如，1，2，1，2，_）。
2. 将加权数位的结果相加求和。
3. 用总和除以系数（例如，10）。
4. 用系数减去余数，以确定校验位。
5. 在字段中增加校验位。</td></tr>
<tr><td>举例</td><td>假设一个数字的零件号码：12473
1-2. 从右至左将零件号码的每个数位乘以一个权重因子，将加权数位的结果相加求和：
1　　2　　4　　7　　3
×1　×2　×1　×2　×1
1 ＋ 4 ＋ 4 ＋ 14 ＋ 3 ＝ 26
3. 用总和除以系数。
26/10＝2 余 6
4. 用系数减去余数，以确定校验位。
校验位＝10－6＝4
5. 在字段中增加校验位。
增加校验位的字段值＝124734</td></tr>
</table>

图 11—14　校验位的使用以及数据准确性的检验

除了要确保系统中的输入数据有效，还要建立控制，以确保所有输入记录都是正确的，并且只处理过一次。在输入大量数据时，提高数据有效性的最常用方法，是建立对数据输入、处理以及存储全过程的审计追踪。在这样的审计追踪中，当发生数据输入或处理错误时，实际的过程、计数、时间、来源位置以及人为操作等会被记录在一个独立的交易日志里。如果有错误发生，可以通过查看日志内容对错误进行纠正。数据输入的详细记录不仅在处理大量数据输入错误以及系统检测时有用，当系统出现灾难性错误时，它也同样可以作为系统恢复操作的有力工具。Hoffer 等人（2010）深入讨论了这些文件的类型以及数据库控制。

提供反馈

与朋友交谈时，你会比较关注他给予的反馈信息，点头或是回答你的问题，或是作出一些评论。如果没有任何反馈信息，你就会怀疑他是否在听，这可能会使你不太满意。同样，在设计系统界面时，使用户交互更加愉快的方法也是为其提供适宜的反馈信息。没有反馈信息当然也会使用户感到困惑。有以下三种类型的系统反馈：

1. 状态信息
2. 提示信息
3. 错误提示信息

状态信息　状态信息是一种简单的工具，时刻告知用户系统中发生了什么。相关的状态信息为用户提供了需要的反馈，例如，显示当前客户的姓名或时间，将合适的标题放在菜单或屏幕上，识别当前页面之后的页面个数等（例如，共 3 页中的第 1 页）。如果一个操作需要 1 秒或 2 秒以上的响应时间，在处理操作时状态信息就显得尤为重要。例如，打开一个文件时，就需要显示“打开文件中，请稍候”；当计算量较大时，向用户显示“工作中…”的信息。除了告诉用户系统正在工作中，也需要告诉用户，系统已经接受了用户的输入信息，并且该信息格式正确。有时候，让用户获得更多的反馈信息是很重要的。例如，一个功能键可以将状态由“工作中…”切换到另一个形式，即能够体现每个中间步骤完成的更加确切的信息。提供状态信息可以向用户再次确认一切运行正常，并使他们感觉到是自己在操作系统，而不是系统在操纵他们。

提示信息 第二种反馈方式是显示提示信息。在向用户提示信息和操作时，明确操作要求也是很有帮助的。例如，假设系统向用户提出下述要求：

准备好输入：______________

如果使用这样的提示信息，那么设计员假定用户确切地知道应该输入什么。好的设计应该在请求中给予明确的提示，可以举例子、设置默认值、格式化信息等。改进的提示信息如下所示：

输入客户账号（123-456-7）：______-______-______

错误提示信息 提供信息反馈的最后一种可行方法是使用错误提示信息。根据实践经验可以发现，一些简单的原则可以大大地改进提示信息的有效性。首先，信息应该明确，不能是错误代码或术语。另外，信息不能批评用户，而应该试图指导用户解决问题。例如，信息应该这样写，“在客户记录中没有找到该客户编号，请确认每个数字没有错位”。信息应该针对的是用户，而不是计算机和术语。因此类似于文件结束符、硬盘输入输出错误、写保护这样的术语可能过于专业，对于很多用户而言没有帮助。很多信息都可以是有用的，只要用户想要或需要，就应该能够从中得到更多详细的解释。此外，错误信息都应该以大致相同的格式和位置出现，这样，用户就可以看出它是错误信息，而不会误把它当作其他信息。表11—10中列出了一些改进的和不好的提示信息。应用这些原则就可以在设计中给予用户有用的反馈信息。一种特殊的反馈信息是答复用户的帮助请求，接下来将讨论这个重要的话题。

表11—10 **不好的和改进的错误提示信息示例**

不好的错误提示信息	改进的错误提示信息
打开文件错误：56	您输入的文件名没有找到，按F2列出有效的文件名。
错误选择	请从菜单中选择一个选项。
数据输入错误	您之前的输入值不在允许的范围内，按F9列出允许输入的值。
新建文件错误	您输入的文件名已经存在。如果您想覆盖，请按F10；如果您想以一个新的文件名保存，请按F2。

□ 提供帮助

如何提供帮助是你将要面临的界面设计中最重要的问题之一。在设计帮助时，需要将你自己放在用户的位置上。在访问帮助时，用户可能不知道接下来该做什么，不理解当前的请求是什么，或不知道当前的请求信息需要如何格式化等。用户请求帮助，就像是船遇难时发出的SOS信号。表11—11中列出了在系统帮助设计中的SOS规则：简单、组织和显示。第一条规则，简单，即要求帮助信息应该简短并且切中要点，使用易于理解的文字。由此，引出了第二条规则，组织，意思是帮助信息应该可以很容易被用户吸收。从实践经验中可以发现，对于大篇幅的文字，人们会很难理解，因此，好的设计通过使用无序列表和有序列表来组织冗长的信息，这样可以使用户更容易消化。最后，明确地显示如何执行操作以及程序化步骤的结果，对用户很有用。图11—15（a）和图11—15（b）中对比了两个帮助页面的设计，一个遵循了我们的设计规则，另一个则没有。

表 11—11　　实用帮助信息的设计规则

规则	解释
简单	使用简短的文字、常用的拼写以及完整的句子。只提供给用户他们需要知道的信息，并使用户能够查找到额外的信息。
组织	用列表将信息分成易处理的段落。
显示	提供正确使用的示例，以及该例子的结果。

HELP SCREEN: CUST-INFO 10

THE INTENT OF THIS SCREEN IS TO RETRIEVE CUSTOMER ACCOUNT STATUS INFORMATION. INFORMATION RELATED TO CURRENT YEAR-TO-DATE BALANCES, CREDIT LIMITS, AND ACCOUNT STATUS IS PROVIDED. SPECIFIC INFORMATION INCLUDES: CUSTOMER NUMBER, NAME, ADDRESS, YTD-PURCHASES, YTD-PAYMENTS, CREDIT LIMITS, AND DISCOUNT PERCENTAGE RATE. ALL PURCHASE AND PAYMENT TRANSACTIONS ARE ALSO LISTED. STATUS CAN BE ACTIVE, CLOSED, NEW (FIRST YEAR), OR VOIDED. ACTIVE AND NEW ACCOUNTS CAN CONDUCT BUSINESS WITH PVF. CLOSED ACCOUNTS MUST BE RE-ACTIVATED BEFORE THE SYSTEM WILL ACCEPT ACCOUNT TRANSACTIONS. THE SYSTEM WILL NOT ACCEPT TRANSACTIONS FOR VOIDED ACCOUNTS. IF MORE INFORMATION IS AVAILABLE THAN FITS ON A SCREEN PRESS THE F2 KEY. IF YOU PRESS THE KEY AND NOTHING HAPPENS, THEN THERE IS NO MORE INFORMATION TO VIEW. IF YOU WANT TO PRINT THE ACCOUNT INFORMATION, PRESS F9. IF YOU WANT TO RETURN TO THE MAIN MENU PRESS F10.

（a）不好的帮助页面设计

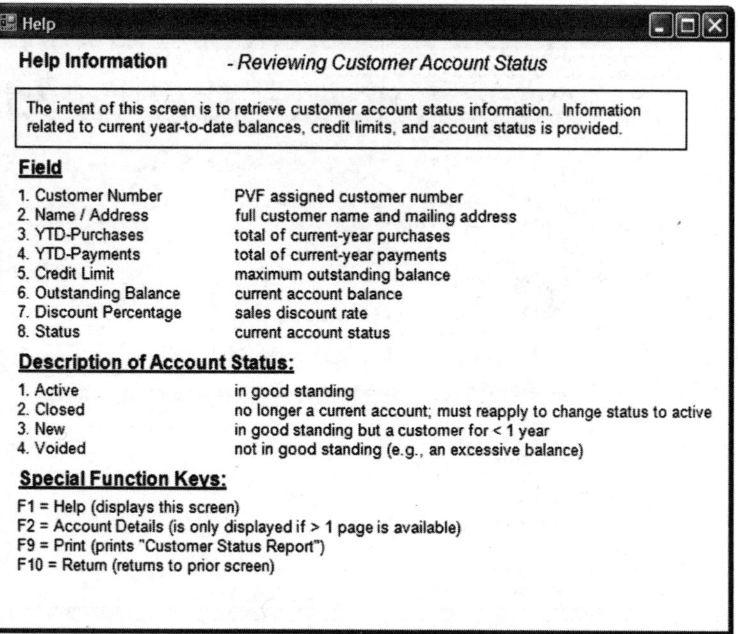

Help

Help Information - *Reviewing Customer Account Status*

The intent of this screen is to retrieve customer account status information. Information related to current year-to-date balances, credit limits, and account status is provided.

Field

1. Customer Number	PVF assigned customer number
2. Name / Address	full customer name and mailing address
3. YTD-Purchases	total of current-year purchases
4. YTD-Payments	total of current-year payments
5. Credit Limit	maximum outstanding balance
6. Outstanding Balance	current account balance
7. Discount Percentage	sales discount rate
8. Status	current account status

Description of Account Status:

1. Active	in good standing
2. Closed	no longer a current account; must reapply to change status to active
3. New	in good standing but a customer for < 1 year
4. Voided	not in good standing (e.g., an excessive balance)

Special Function Keys:

F1 = Help (displays this screen)
F2 = Account Details (is only displayed if > 1 page is available)
F9 = Print (prints "Customer Status Report")
F10 = Return (returns to prior screen)

（b）改进后的帮助页面设计

图 11—15　帮助页面对比

许多商业系统都为用户提供大量的系统帮助。例如，表 11—12 中列出了一个流行的电子表格软件中可提供的帮助范围。在很多系统设计中，用户可以改变提供信息的级别，可以在系统级别、页面或表单级别，以及个别字段级别提供帮助信息。提供字段级别帮助信息的能力被称为“上下文相关”帮助。对一些应用而言，为所有的系统选项提供上下文相关帮助是一项巨大的任务，它本身就可以成为一个项目。如果你确实决定要设计一个拥有大量多层详细帮助信息的系统，就一定要知道用户究竟需要什么帮助，否则，你的设计将会困扰用户，而不是给予帮助。在离开帮助页面后，用户应该返回到请求帮助之前的页面。如果你能遵循这些简单的原则，就可能设计出一个很有用的帮助系统。

表 11—12　帮助类型

帮助类型	问题示例
关于帮助的帮助	我如何获得帮助？
关于概念的帮助	什么是客户记录？
关于程序的帮助	我如何更新记录？
关于信息的帮助	“无效的文件名”的含义是什么？
关于菜单的帮助	“绘图”的含义是什么？
关于功能键的帮助	每个功能键能做什么？
关于命令的帮助	我如何使用“剪切”和“粘贴”命令？
关于词语的帮助	“合并”和“排序”的含义是什么？

与菜单的结构一样，很多开发环境为系统帮助设计提供了有力的工具。例如，微软 HTML 帮助环境可以使你快速地创建基于超文本的帮助系统。在这种环境中，用文本编辑器就可以创建帮助页面，并可以轻松地将它与其他相关页面，以及包含更详细信息的页面连接起来。链接是通过把特殊字符嵌入到文本文档中形成的，它将文本变成超文本按钮，即直接链接，可以连接到其他信息上。HTML 帮助将文本文档转换为超文本文档。例如，图 11—16 是一个 Firefox 浏览器的基于超文本的

图 11—16　Firefox 基于超文本的帮助系统

资料来源：Mozilla Firefox.

帮助屏幕。基于超文本的帮助系统已经成为大多数商业应用的标准系统。这有两个原因：第一，不同的应用程序使用统一标准的帮助系统，可以方便用户培训；第二，超文本可以使用户选择性地链接到他们所需要的帮助级别，也可以更方便地在同一个系统中，为初学者以及有经验的用户提供有效的帮助。

对话设计

对用户与信息系统整个交互顺序的设计过程称为对话设计。**对话**（dialogue）是向用户显示信息以及从用户处获取信息的顺序。作为设计员，你的职责是选择最适合的交互方式和工具（之前讨论过），并定义向用户显示的信息，以及从用户处获取信息的条件。对话设计过程包括以下三个主要步骤：

1. 设计对话顺序
2. 创建原型
3. 评估可用性

表 11—13 中总结了一些在设计对话时应该遵循的一般原则。为了使对话具有较高的可用性，就要使其在结构、功能和样式上保持一致。相对于一致性原则，对话设计中的其他原则的作用就减弱了。例如，设计中的一致性原则较大影响了如何处理错误、如何给予反馈信息的问题。如果系统在处理错误时没有保持一致性，用户就不知道为什么会发生这些事情。

表 11—13　　人机对话设计指南

原则	解释
一致性	对话应该在操作顺序、键盘敲击和专业术语上保持一致（例如，在所有的页面中，相同的操作应该使用相同的标签，相同的信息应该显示在相同的位置上）。
快捷方式以及顺序	高级用户可以使用特殊的按键作为快捷键（例如，按 CTRL＋C 复制选中的文本）。应该遵循自然的顺序（例如，适当的时候，在输入名之前要先输入姓）。
反馈	对每个用户的操作都应该给予反馈（例如，确认记录已经添加成功，比简单地在屏幕上显示另一个空白表单要好）。
结束	应该对对话进行逻辑分组，有开始、中间和结尾（例如，在页面显示顺序的最后，应该说明不再有其他页面）。
错误处理	所有的错误都应该诊断出来并做记录，然后给出处理建议（例如，分析为什么会出现这些错误，用户怎样可以纠正错误）。应该能够接受某种答复的同义词（例如，对“t”、“T”或“TRUE”都可以认可）。
撤销	如果可能的话，对话应该允许用户撤销操作（例如，撤销删除）；在确认之前，不应该删除数据（例如，当一个记录被用户指定删除时，显示出所有数据）。
控制	对话应该使用户（尤其是有经验的用户）感觉是在控制系统（例如，在可接受范围内，给用户提供一段持续的反馈时间）。
简便	用户输入信息以及在页面间导航应该是个简单的过程（例如，用户可以向前、退后、跳转到指定的页面，例如第一个或最后一个）。

资料来源：Based on Shneiderman et al.，2009.

说明这些原则的一个示例，是从数据库或文件中删除数据（见表11—13中的“撤销”条目）。在对文件做永久更改之前，显示要被删除的信息是个好习惯。例如，客户服务代表想要从数据库中删除一个客户，系统应该针对该客户编号询问，以便检索正确的客户账号。一旦找到，在确认删除之前，系统应该显示该账号信息。对于那些对系统数据文件做出永久性更改的操作，或需要执行的异常操作，很多系统设计员都会使用双重确认的技术。这样，用户就必须在执行操作之前，重复确认他们的想法。

对话顺序设计

对话设计的第一步是定义它的顺序。换句话说，要先了解用户怎样与系统交互，即首先清楚地理解对话设计中的用户、任务、技术以及环境特征。假设松谷家具公司（PVF）的市场部经理希望销售部和市场部的员工能够查看本年度截至目前所有PVF客户的交易活动。在与经理交谈之后，你们双方都意识到，用户和获取此信息的客户信息系统之间的对话应按照如下步骤进行：

1. 请求查看个人客户信息
2. 明确客户兴趣
3. 选择显示本年度截至目前的交易活动
4. 查看客户信息
5. 离开系统

作为一名设计员，只有了解了用户想要如何使用系统，才可以将这些行为转换为正式的对话设计说明书。

对话图（dialogue diagramming）是设计和展示对话的一个最正式方式。对话图只有一种符号，即包含三个部分的方框；每个方框代表一个对话中的页面（可能是整个屏幕、指定的表单或窗口）（见图11—17）。方框中的三个部分的使用方式如下：

1. 顶部：页面的唯一关联码，在被其他页面调用时使用。
2. 中间：页面的名称和描述。
3. 底部：从当前页面可以获得的页面关联码。

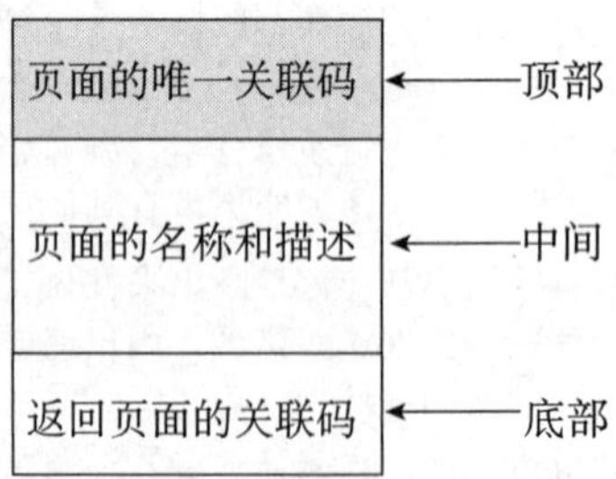

图11—17 对话图的各个部分

在对话图中，所有连接方框的直线都是双向的，因此不需要标注箭头来指示方向。这表示，用户可以在邻近的页面之间向前或向后切换。如果在对话中只需要单向流，则应该只在线的某一端有箭头。在对话图中，可以很轻松地表示出页面的顺序，选择一个接一个地显示，或是重复地显示一个页面（例如，数据输入页面）。图11—18中说明了这三个概念：顺序、选择、迭代。

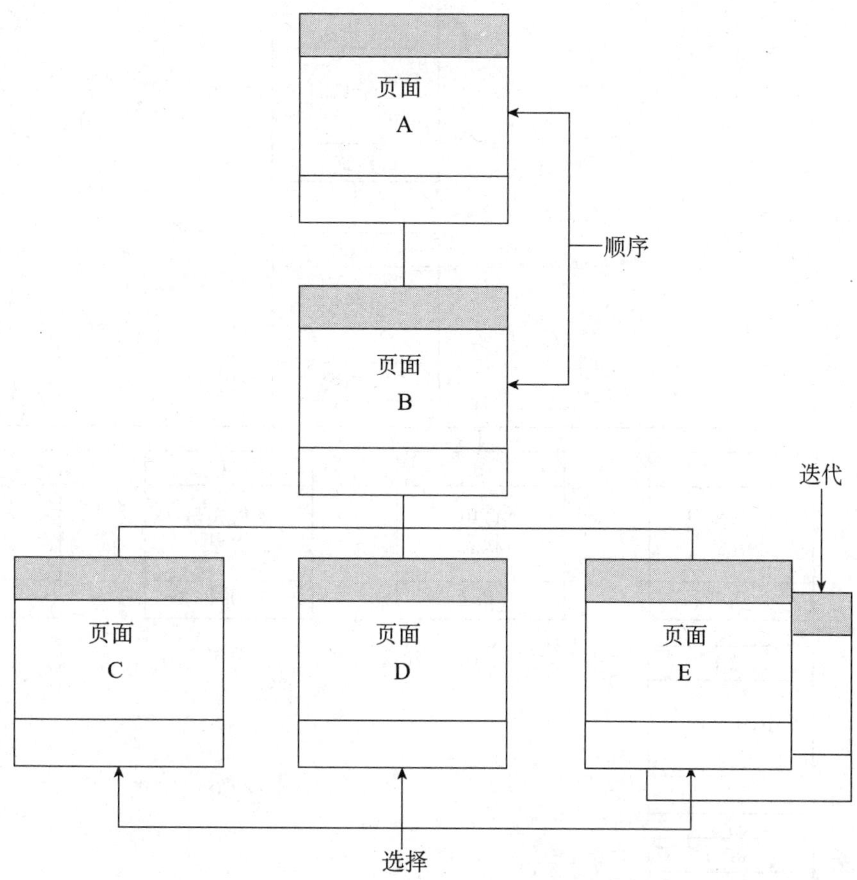

图 11—18 说明顺序、选择和迭代的对话图

继续我们 PVF 的例子，图 11—19 是处理市场部经理请求的部分对话图。在图中，分析员请求在整个客户信息系统环境中查看本年度截至目前的客户信息。用户首先要通过一个登录程序进入系统（第 0 项）。如果登录成功，则显示主菜单，其中包含 4 个菜单项（第 1 项）。如果用户选择个人客户信息（第 2 项），则转到选择客户页面（第 2.1 项）。在选择一个客户后，显示给用户一个选项，让用户选择查看客户信息的四种方式（第 2.1.1 项）。在用户查看完本年度截至目前的客户交易活动（第 2.1.1.2 项）后，系统会让用户退回去再选择一个客户（第 2.1 项），或退回到主菜单（第 1 项），或者离开系统（见第 2.1.1.2 项的底部）。

□ 创建原型以及评估可用性

创建对话原型以及评估可用性通常是可选行为。一些系统很简单，另一些稍微复杂些，但也仅是对现有系统的扩展，在原有系统中已经建立了对话和页面标准。无论是哪种情况，都不需要创建原型，也不需要做正式的评估。然而，对于许多其他系统，创建原型页面并评估对话是很关键的，因为之后可以在系统的开发周期中带来很多益处（例如，使得系统更加容易实施，更方便地培训用户使用他们见过或用过的系统）。

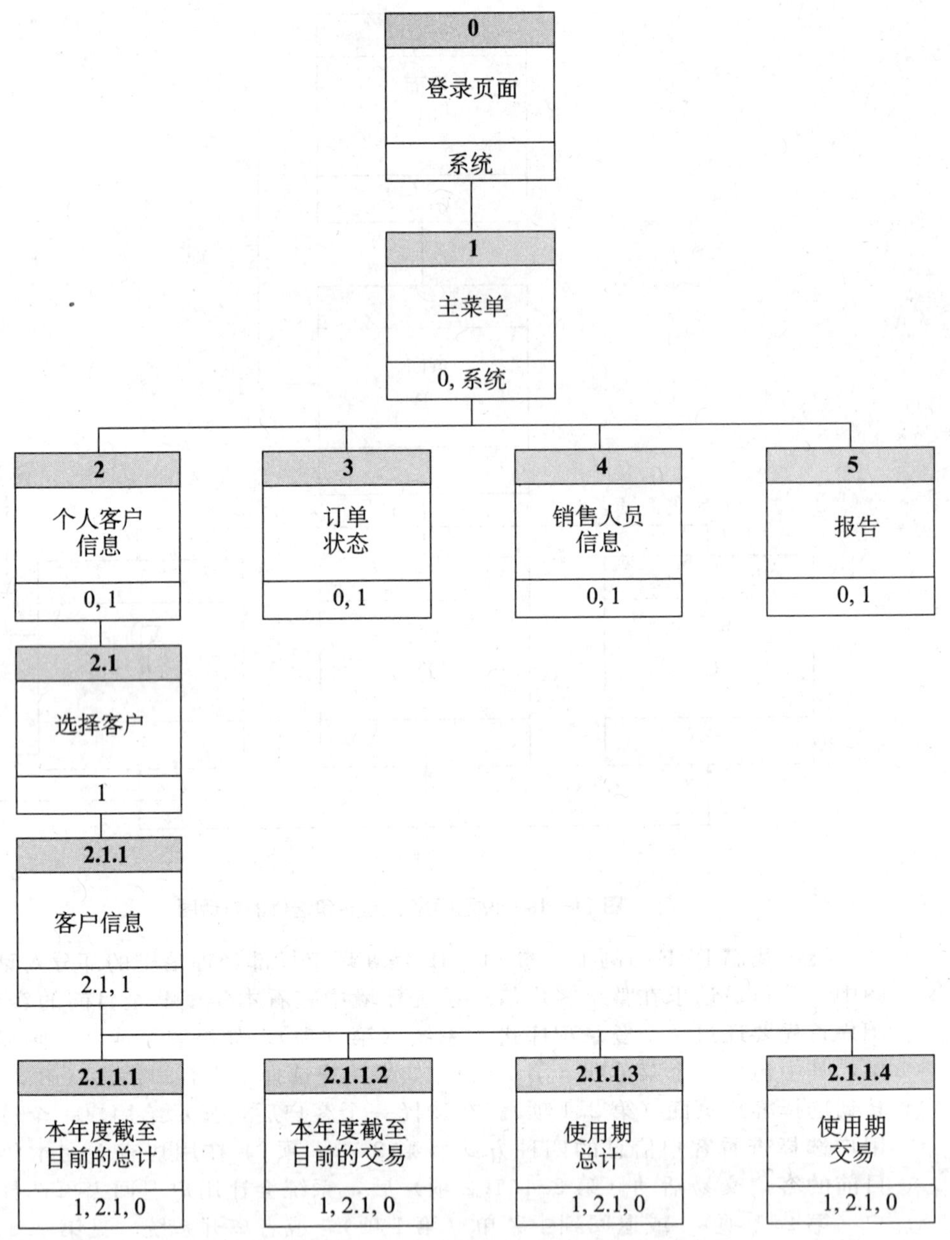

图 11—19　客户信息系统的对话图（松谷家具公司）

如果使用像微软 Visual Studio. NET 这样的图形开发环境，创建原型页面就相对简单。一些系统开发环境包括输入和输出（表单、报表、窗口）的设计工具，这些工具使用起来很简单。也有一些工具叫做“原型器”或“演示版生成器”，可以帮助你快速设计页面，并显示一个界面是如何在整个系统中工作的。用户可以在这些演示系统中输入数据，并在页面之间跳转，就像真实的系统一样。这样不仅可以显示出界面的外观如何，还能帮助你评估可用性，并在真实系统完成之前进行用户培训。在下一节，我们将继续讨论针对图形用户界面环境的界面和对话设计。

在图形化环境下的界面和对话设计

图形用户界面（GUI）环境已经成为人机界面的实施标准。虽然之前讲到的所有界面和对话设计原则都应用在 GUI 的设计中，但是也需要考虑针对每个环境的特殊问题。这里我们简单讨论其中一些问题。

图形化界面设计问题

在为操作环境（例如微软的 Windows 和苹果的 Macintosh）设计 GUI 时，需要考虑很多因素。一些因素对所有 GUI 环境都适用，另一些则只适用于其中的某个环境。

我们不会讨论任何单一环境中的细节，而是将讨论的重点集中在一些普遍真理上。有经验的设计员会将这些视为可用 GUI 设计的关键（Cooper，Reimann，and Cronin，2007；Krug，2006；Nielsen and Loranger，2006；Shneiderman et al.，2009）。在大多数关于 GUI 程序的讨论中，有两个原则多次出现，构成了作为一名成功的 GUI 设计员的首要步骤：

1. 成为 GUI 环境的专家级使用者
2. 了解可用资源以及如何利用资源

第一步很明显，在一个标准操作环境中设计的最大优势就是，大多数系统操作行为的标准都已经预先定义好。例如，如何剪切和粘贴、创建默认的打印机、设计菜单，以及为功能指定命令等，这些内容在应用内以及不同的应用之间都已经标准化。这使得对 GUI 应用有经验的用户可以很轻松地学习新的应用。因此，要想在这样的环境中设计有效的界面，首先要了解其他的应用是如何设计的，以便选择建立的标准，使其在外观上很相似。如果在给定的环境中不能采取标准的惯例，那么用户使用起来就会感到困惑。

第二个原则是项更大的任务，即需要了解可用资源以及如何利用资源。例如，在 Windows 中，你可以以很多方式使用菜单、表单以及对话框。事实上，这些资源可以被利用的灵活性，以及大多数设计员实际上利用这些资源时所建立的标准，使得设计工作变得尤其具有挑战性。例如，你可以在设计菜单时全部使用大写字母，在菜单的第一行设置很多词语，以及采用其他非标准化的惯例。但是菜单设计标准要求，菜单项的第一级只能包含一个词，并有一个明确的排序。设计菜单时，也有许多其他的标准（图 11—20 说明了其中一些标准）。如果不能遵守这些标准的设计惯例，就很可能会干扰用户的使用。

在 GUI 中，通过将窗口（或表单）放在显示屏上来提出信息请求。与菜单设计相同，表单也有很多混合且相匹配的属性（见表 11—14）。例如，表单的属性决定了在表单打开后，大小是否可以改变，以及是否可以移动。因为属性定义了用户实际上如何对表单进行操作，所以，对属性的有效应用是获取可用性的基础。这意味着，除了设计表单的布局以外，还要用特征属性来定义表单的“个性化设置”。幸运的是，许多 GUI 设计工具已经开发得可以让我们“可视化地”设计表单，并交互式地定义属性。交互式的 GUI 设计工具大大方便了设计和创建过程。

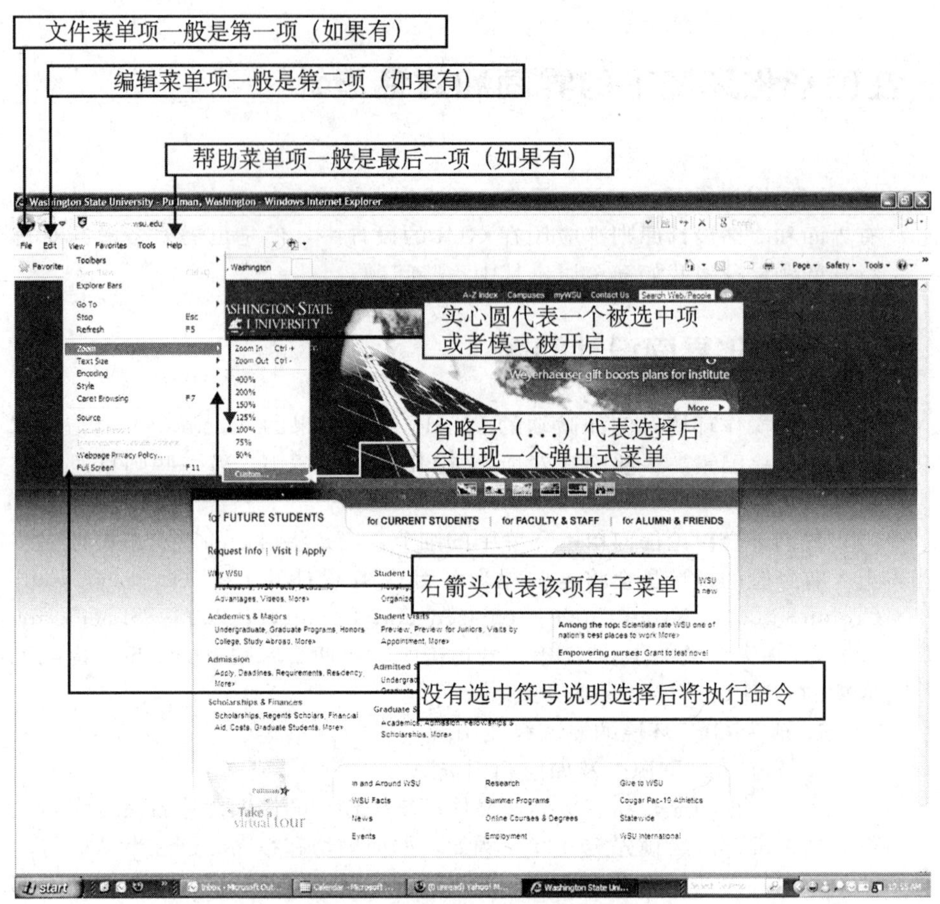

图11—20　突出GUI设计标准

资料来源：Washington State University.

表11—14　在GUI环境中活动的或不活动的窗口以及表单的一般属性

属性	解释
模式	要求用户在前进之前处理信息的请求（例如，在关闭窗口之前需要取消或保存）。
可改变大小	允许用户改变窗口或表单的大小（例如，可以为页面中的其他窗口腾出空间）。
可移动	允许用户移动窗口或表单（例如，使得另一个窗口也可以看到）。
最大化	允许用户将窗口或表单全屏显示（例如，为防止其他活动的窗口或表单使用户分心）。
最小化	允许用户将窗口或表单缩小成一个图标（例如，在操作其他活动的窗口时，使当前窗口离开）。
系统菜单	在窗口或表单中也有一个系统菜单，可以直接链接到系统级别的功能（例如，保存或复制数据）。

资料来源：Based on Wagner，1994.

除了与界面设计相关的问题外，页面的显示顺序在图形化环境中是一项更有挑战性的工作。接下来，我们将讨论这个话题。

图形化环境下的对话设计问题

在设计一个对话时，你的目标是建立用户使用系统的页面显示顺序（全屏或窗口）。在很多 GUI 环境下，由于 GUI 可以延迟行为（不处理信息请求或全部退出应用），并切换到其他应用或任务中，因此，这个过程有些困难。例如，在微软 Word 中，拼写检查就独立于一般的文字处理器而执行。这意味着，你可以轻松地在拼写检查和文字处理器之间切换，而不离开其中任何一个。与此相反，如果选择打印操作，你或者开始打印，或者在回到文字处理器之前取消打印请求。这就是表 11—14 中描述的“模式”概念的一个例子。因此，窗口类型的环境使你可以在以下任意一种情况下创建表单，要求用户在执行之前处理请求（打印的例子），或者在执行之前选择性地处理请求（拼写检查）。创建对话可以使用户从一个应用切换到另一个应用，或者在给定的程序中从一个模块切换到另一个模块，这就要求你在设计对话时仔细想清楚。

降低高级 GUI 设计复杂程度的一个简便方法是，要求用户在执行之前，总是处理信息的所有请求。在这样的设计中，对话图就是最适合的设计工具。然而，这会使得系统的操作方式与传统的非 GUI 环境下类似，在其中，页面显示的顺序被严格控制。这种方式的缺点是，不能利用这些环境中的任务切换能力。因此，在这些环境下设计对话，如果不能预先确定页面的显示顺序，将给设计员带来很大的困难。使用对话图之类的工具可以帮助分析者更好地管理图形化界面设计的复杂程度。

电子商务应用：松谷家具公司 WebStore 的界面和对话设计

为一个基于互联网的电子商务应用设计人机界面，是一项重要且关键的任务。由于这是客户与公司交互的地方，因此需要在设计上投入大量的精力。就像在设计其他类型的系统界面时需要遵循的过程一样，在为基于互联网的电子商务系统设计人机界面时，原型设计过程是最适合的。虽然为网站创建人机界面的技术在飞速发展，但还是有许多一般设计规则。在这一节中，我们将它们应用于 PVF 的 WebStore 的设计中，并对其进行验证。

一般规则

这些年来，交互标准已经应用于所有广泛使用的桌面计算环境。例如 Windows 或 Macintosh。然而，一些界面设计专家认为，网络的发展会导致界面设计大踏步退后。正如第 10 章中讨论的，无数的非专业开发者在设计商务网络应用。除此以外，还有四个重要的影响因素（Johnson，2007）：

1. 网页上单一的“点击—操作”方式，以载入静态的超文本文档（例如，网页上的大多数按钮都不提供点击反馈）。

2. 大多数的网页浏览器几乎都不能支持细节的用户交互活动。

3. 对于网页内容的编码和控制机制很少有公认的标准。

4. 网页脚本和程序语言不成熟，并且广泛使用的网络 GUI 组件库也具有局限性。

除了这些影响因素以外，从事网页界面和对话设计的人员也经常会犯一些设计错误。虽然表 11—15 无法包括所有可能发生的错误，但它总结了其中一些特别麻烦的错误。幸运的是，有许多很好的资源，告诉你如何避免这些以及其他界面和设计错误（Cooper，Reimann，and Cronin，2007；Flanders and Peters，2002；Johnson，2007；Nielson，1999，2000；Seffah and Javahery，2003；www. useit. com；www. webpagesthatsuck. com）。

表 11—15　网站界面和对话设计中的常见错误

错误	描述
打开新的浏览窗口	在用户点击链接时，除非明确要求打开一个新窗口，否则应避免打开新的浏览窗口；用户可能看不见新的窗口已经打开了，这会使导航复杂化，尤其是在后退操作时。
退回按钮不起作用或反应迟钝	确保用户可以使用退回按钮退回到前一个页面。避免打开新的浏览器窗口；避免当用户点击退回按钮时，在当前页面上立即重定位，因为这样他们就会被定位到一个不想去的位置；或者避免在每次点击退回按钮时都要访问一次服务器。
复杂的 URL	避免使用过长且复杂的 URL，因为这会使用户很难了解他们的位置，并且在用户发送页面位置给同事时会产生问题。
孤立的页面	避免使用退回按钮到达那些没有“父页面”的页面；要求用户将 URL 的末尾“删掉”以回到其他一些之前的页面。
滚动导航页面	避免在打开页面的下方放置导航链接，因为很多用户可能会忘掉这个位于打开窗口下面的重要选项。
缺少导航支持	通过为用户提供常用的图标链接，以确保页面符合用户的预期，例如在顶部放一个网站的标识或其他重要元素。要用一致的方式在页面上放置这些元素。
隐藏链接	确保在有链接的图片周围设置边框，不要改变平常的默认链接颜色，避免在大段文字中嵌入链接。
不能提供足够信息的链接	避免没有关掉链接标记框，这样就能清楚地显示出哪些链接被用户点击过，哪些链接没有被用户点击过。确保用户知道哪个链接是内部定位点，哪个是外部链接，并说明如何区分链接是否能够产生一个独立的浏览窗口。最后，要确保链接图片和文本可以为用户提供足够的信息，以便他们可以了解链接的含义。
没有点击反馈的按钮	避免使用在点击时没有明确改变的图片按钮；使用网络 GUI 工具包按钮、HTML 表单提交按钮和简单的文本链接。

□ 松谷家具公司的界面和对话设计

为了建立人机界面的设计规则，吉姆以及 PVF 的开发团队重新审视了许多流行的电子商务网站。他们想把一个带有 Cookie 片的菜单驱动式导航界面加入到设计中。为了确保团队中的每个成员都了解该规则的含义，吉姆组织了一个设计简介，以解释如何将这个特征加入到 WebStore 的界面中。

□ 带有 Cookie 片的菜单驱动式导航

在考察了很多网站后，团队成员得出结论：在整个网站中，菜单应放在相同的位置上，这样可以帮助用户更快地熟悉网站，同时通过它更快地导航。有经验的网页开发者知道，用户在网站中到达指定目标的速度越快，他们就越能快速地购买他们想要的产品，或获得他们想要的信息。吉姆强调这一点时说：“这些细节可能看起来很蠢，但是当用户感到自己在网站中迷失的时候，他们就会离开。只要点击一下鼠标，他们就再也不会在松谷购物，而是转向竞争对手的网站。”

第二个设计特征也是许多电子商务网站正在使用的特征，就是 Cookie 片，即路径导航。**Cookie 片**（Cookie crumbs）是网页上的标签，它告诉用户其在网站中的位置，以及经过的网址。这些标签是超文本链接，可以使用户在网站中快速地后退。例如，假设一个网站有四级，第一级叫“登录”，第二级叫“产品”，第三级叫“选项”，第四级叫“订单”。用户在网站中走更深一级，在页面的顶部就显示一个标签，告诉用户他的位置，使用户可以快速地后退一级或多级。换句话说，第一次进入商店的时候，在屏幕的顶部（或其他标准位置）显示一个标签“登录”。继续前进一个级别后，就显示两个标签“登录”和“产品”。在第二级选择了一个产品后，显示第三级，在此用户可以选择产品选项。当显示这一级时，就产生了第三个标签“选项”。最后，如果用户决定预订商品，并选择这个选项，则显示第四级，并显示第四个标签“订单”。现总结如下：

第一级：登录

第二级：登录→产品

第三级：登录→产品→选项

第四级：登录→产品→选项→订单

用了 Cookie 片，用户能够确切地知道他们离开主页有多远。每个标签都是一个链接，如果用户没有找到他们想要的商品，他们可以快速地回到店中内容更多的地方。Cookie 片有两个重要的目标：第一，可以让用户回到之前访问的一个点，并且保证他们没有迷失；第二，可以清楚地告诉用户他们都经过哪些位置，以及他们究竟离开主页有多远。

小结

本章主要是让你熟悉人机界面和对话的设计过程。重要的是，你要了解各种交互方式（命令语言、菜单、表单、对象、自然语言）和设备（键盘、鼠标、手柄、轨迹球、触摸屏、光笔、绘图板、语音）的特征。没有哪种交互方式和设备在所有情况下都是最适合的，每种都有优缺点。在做设计决策时，要考虑预期用户、被执行任务的特点以及各种技术和环境因素。

本章介绍了计算机表单的设计规则。可以知道，大多数表单都有一个标题、序列号或时间信息、说明、主体、汇总数据、授权以及备注。用户要能够移动光标的位置，编辑数据，以不同的顺序离开并且获取帮助。本章还介绍了结构化和控制数据输入的技术以及提供反馈、提示和错误信息的指南。应该提供一个简单并且结构明晰的帮助功能，它需要显示系统使用方法的例子。最后总结了几种帮助类型。

接下来介绍了人机对话的设计规则。这些规则是一致性、允许快捷方式、提供反馈以及结束任务、错误处理、允许撤销操作、给用户以控制的感觉，以及便于导航。我们还讨论了作为设计工具的对话图，以及对话和程序的可用性评估。在 GUI 的设计环境中，描述了一些界面和对话的设计问题，包括需要按照标准来提供模式化、改变大小、移动、最大最小化窗口以及系统菜单选择的能力。这部分关注如何将本章之前所讨论的概念应用或添加到已有的环境中。最后，讨论了基于互联网的应用的界面和对话设计问题，并强调了几个常见的设计错误。

我们的目标是为你奠定创建高可用性人机界

面的基础。越来越多的开发环境提供界面和对话设计的快速原型工具，它们中的大部分都遵从了通用的界面标准，可用界面的设计难度将被降低。然而，要想获得成功，你需要对本章中所提及的概念有一个完全的理解。学习使用一个计算机系统，就像学习使用降落伞一样，也就是说，如果一个人在第一次试跳的时候失败，他就不会再次尝试（Blattner and Schultz，1988）。如果这个比喻是真的，那么用户与系统的第一次交互经历就是非常重要的。通过遵守本章中总结出的设计规则，你为用户提供一次满意的首次经历的机会将大大提高。

关键术语

命令语言交互（command language interaction）
Cookie片（Cookie crumbs）
对话（dialogue）
对话图（dialogue diagramming）
下拉式菜单（drop-down menu）
表单交互（form interaction）
图标（icon）
界面（interface）
菜单交互（menu interaction）
自然语言交互（natural language interaction）
基于对象的交互（object-based interaction）
弹出式菜单（pop-up menu）

复习题

1. 比较下列术语：

a. 对话、界面

b. 命令语言交互、表单交互、菜单交互、自然语言交互、基于对象的交互

c. 下拉式菜单、弹出式菜单

2. 描述界面和对话的设计过程。这个过程将产生什么结果？这些结果对所有类型的系统项目而言是否相同？为什么？

3. 描述系统交互的五种方式。是否有一个方式比其他方式更好？为什么？

4. 描述一些系统交互的输入设备。是否有一个设备比其他设备更好？为什么？

5. 描述菜单设计的一般规则。你能否想出一些违背这些规则的例子？

6. 列出并描述一个典型商务表单的通用部分。计算机表单和纸质表单是否有相同的组成部分？为什么？

7. 列出并描述具有有效输入和导航的界面所需要的功能。哪些功能是最重要的？为什么？是否对于所有的系统都相同？为什么？

8. 描述结构化数据输入字段的一般规则。你能否想出一些违背这些规则的例子？

9. 描述四种错误类型。

10. 描述用来提高数据输入有效性的方法。

11. 描述系统反馈的类型。是否有一种反馈比其他反馈更重要？为什么？

12. 描述实用帮助系统设计的一般规则。你能否想出一些违背这些规则的例子？

13. 设计对话时需要遵守哪些步骤？对话设计规则中，哪个是最重要的？为什么？

14. 描述在GUI环境中窗口和表单的属性。你认为哪个属性最重要？为什么？

15. 列出并描述在网站中发现的比较常见的界面和对话设计错误。

问题与练习

1. 考虑一个你经常使用的有菜单界面的软件应用、个人计算机应用或主机应用。按照表11—1中列出的菜单设计指南来评价这些应用。

2. 考虑设计一个酒店登记系统。按照图11—2中设计说明书的项目，简单地描述系统中涉及的相关用户、任务以及页面。

3. 想象一个在大学里用于学生注册的系统设计。讨论应该在这种系统界面设计时考虑到的用户、任务、系统以及环境特征（见表10—10）。

4. 对于三种常用的系统交互方式——命令语

言、菜单、对象——回想你最近使用的一个软件包，列出你对其界面有哪些喜欢和不喜欢的地方。针对这个特定的程序，每种交互方式的优点和缺点是什么？在不同的情况下，你更偏好使用哪种类型的交互方式？你认为哪种方式是最流行的？为什么？

5. 简单描述几种不同的业务事件，它们比较适合在信息系统中使用基于表单的交互。

6. 列出你见过或使用过的本章所描述的物理输入设备。对于每种设备，简单描述你的使用经历，并且给出你的个人评价。你的评价是否与表 11—3 和表 11—4 中的评价类似？

7. 假想几个自然语言交互比较适用的特殊场景，并解释原因。

8. 考察你使用的一些软件应用的帮助系统。用表 11—11 中提供的一般规则评价每个帮助系统。

9. 用本章中提供的数据输入原则（见表 11—6）为酒店登记系统设计一个数据输入页面。对每个你所做的设计决策进行讨论，以支持你的设计。

10. 描述用户与酒店登记系统之间的几个典型对话场景。提示：重新阅读本章中关于 PVF 用户与客户信息系统之间对话的部分。

11. 用对话图显示上个问题的对话。

12. 列出四个影响互联网应用中界面和对话设计质量的关键因素。

13. 到网上找一些商务网站，说明表 11—15 中列出的每个常见错误。

参考文献

Apple Computer. 1993. *Macintosh Human Interface Guidelines.* Reading, MA: Addison-Wesley.

Blattner, M., and E. Schultz. 1988. "User Interface Tutorial." Presented at the 1988 Hawaii International Conference on System Sciences, Kona, Hawaii, January.

Cooper, A., R. Reimann, and D. Cronin, D. 2007. *About Face 3: The Essentials of Interaction Design.* New York: Wiley and Sons.

Flanders, V., and D. Peters. 2002. *Son of Web Pages That Suck: Learn Good Design by Looking at Bad Design.* Alameda, CA: Sybex Publishing.

Hoffer, J. A., H. Topi, and R. Venkatraman. 2010. *Modern Database Management,* 10th ed. Upper Saddle River, NJ: Prentice Hall.

Johnson, J. 2007. *GUI Bloopers 2.0: Common User Interface Design Don'ts and Dos,* 2nd ed. New York: Morgan Kaufmann.

Krug, S. 2006. *Don't Make Me Think: A Common Sense Approach to Web Usability,* 2nd ed. Upper Saddle River, NJ: Prentice Hall.

Lazar, J. 2004. *User-Centered Web Development: Theory into Practice.* Sudbury, MA: Jones & Bartlett.

McCracken, D. D., R. J. Wolfe, and J. M. Spoll. 2004. *User-Centered Web Site Development: A Human–Computer Interaction Approach.* Upper Saddle River, NJ: Prentice Hall.

McKay, E. N. 1999. *Developing User Interfaces for Microsoft Windows.* Redmond, WA: Microsoft Press.

Nielsen, J., and H. Loranger. 2006. *Prioritizing Web Usability.* Upper Saddle River, NJ: Prentice Hall.

Seffah, A., and H. Javahery. 2003. *Multiple User Interfaces: Cross-Platform Applications and Context-Aware Interfaces.* New York: John Wiley & Sons.

Shneiderman, B., C. Plaisant, M. Cohen, and S. Jacobs. 2009. *Designing the User Interface: Strategies for Effective Human-Computer Interaction,* 5th ed. Reading, MA. Addison-Wiley.

Sun Microsystems. 2001. *Java Look and Feel Design Guidelines.* Reading, MA: Addison-Wesley.

Te'eni, D., J. Carey, and P. Zhang. 2006. *Human–Computer Interaction: Developing Effective Organizational Information Systems.* New York: John Wiley & Sons.

Wagner, R. 1994. "A GUI Design Manifesto." *Paradox Informant* 5 (6): 36–42.

百老汇娱乐公司

◆ 为客户关系管理系统设计人机界面

◇ 案例介绍

MyBroadway 是俄亥俄州森特维尔百老汇娱乐公司（BEC）的一个基于互联网的客户关系管理系统，卡丽·道格拉斯为该公司经理。斯蒂尔沃特州立大学的学生几乎准备好为 MyBroadway 建立原型。团队成员已经决定了网站的风格，并为网站的每个页面做了独特的设计。在用微软 Access 创建原型之前，团队成员准备先设计系统页面之间的导航结构。在一个基于互联网的系统中，对于客户而言，人机界面就是系统。与页面设计一样，学生们在用 Access 开发之前，先用纸和笔画出一个原型。在小组成员之间讨论的时候会用到这个初始的原型，该原型也可用来与斯蒂尔沃特信息系统项目中的其他小组共享。

◇ 用户与 MyBroadway 之间的对话设计

MyBroadway 的人机界面可以在系统的上下文图（见第 7 章末尾的 BEC 图 7—1）中很清楚地看到。主要的人机界面就是往来于每个外部实体的数据流，此处的外部实体是指顾客与员工。团队成员已经为这些数据流设计了一个或多个页面，然而他们很快意识到，这些数据流并不是唯一的人机界面，在导航路径中指向这些数据流的网页也是人机界面。例如，为了产生存货检查的输出页面，顾客必须输入条件来选择要显示的库存项，并且一定要通过欢迎页面才能到达这些页面。

这个学生团队认为，主页或者欢迎页面应该包含能让人印象深刻的图片，以及连接到系统不同部分的菜单选项。一种对系统功能分类的方法是将所有的输入或数据输入页面分成一组，并将所有的输出或表单、报告显示页面分成另一组。然而，团队成员认为，这是一个以系统为中心而不是以用户为中心的视图。经过一些研讨之后，团队成员决定，页面依照用户是否需要先登录才能实现访问来进行分组更加合理。这样就自然分成了两组：无须登录就可以查看的数据，以及只有登录才可以查看的数据。

BEC 图 11—1 是一个对话图，显示了系统网页之间的关系，这些网页是由团队成员根据登录导向的思路设计的。页面 0 是欢迎页面。除了向顾客介绍 MyBroadway 的信息之外，它还提供菜单选项以查看产品目录（页面 1），也可以以用户账号登录（页面 2）。如果用户想要查看可用的产品，那么页面 1.1 让用户在不同的字段中输入信息以浏览产品。页面 1.1.1 提供了根据指定标题、指定类型或指定发行日期所查询出的可用产品列表。

一般而言，每个系统的输入或输出都是一个对话图的端点（或是页节点）。页节点的每个前节点指导用户对系统进行输入或输出。有时候，对于用户而言，系统的输出是系统输入的基础。例如，考虑页面 2.3.1、页面 2.3.1.1 和页面 2.3.1.1.1，页面 2.3.1 是“电影期望清单”报告。团队成员认为，用户想要在提出某个特定租赁请求之前查看这个报告，页面 2.3.1.1 可以提出特定租赁请求，代表输入 1。因此，页面 2.3.1 不仅显示“电影期望清单”报告，还为用户提供了一个请求指定商品

(在页面 2.3.1.1) 的方式。页面 2.3.1.1.1 是一个信息页 (可能不是一个完全独立的页面，而是一个占据页面 2.3.1.1 顶部的信息窗口)，显示电影租赁请求是否被接受。

◇ 案例小结

学生团队感觉到，用户对话的设计代表了一个恰当的项目成果，应该由团队之外的人员查看。因此，他们对对话设计和页面设计安排了结构化的走查，这个他们之前也做过 (见第 10 章末尾的 BEC 案例)。

因为团队成员在初始设计时并没有投入大量的时间，所以，他们很乐于接受建设性的建议，而不是做出防守性的回应。由于其他团队成员也有可能走查他们自己的对话设计，因此 BEC 的团队成员有机会看到其他一些创造性的设计，这也会为他们提供一些有助于改进的思路。

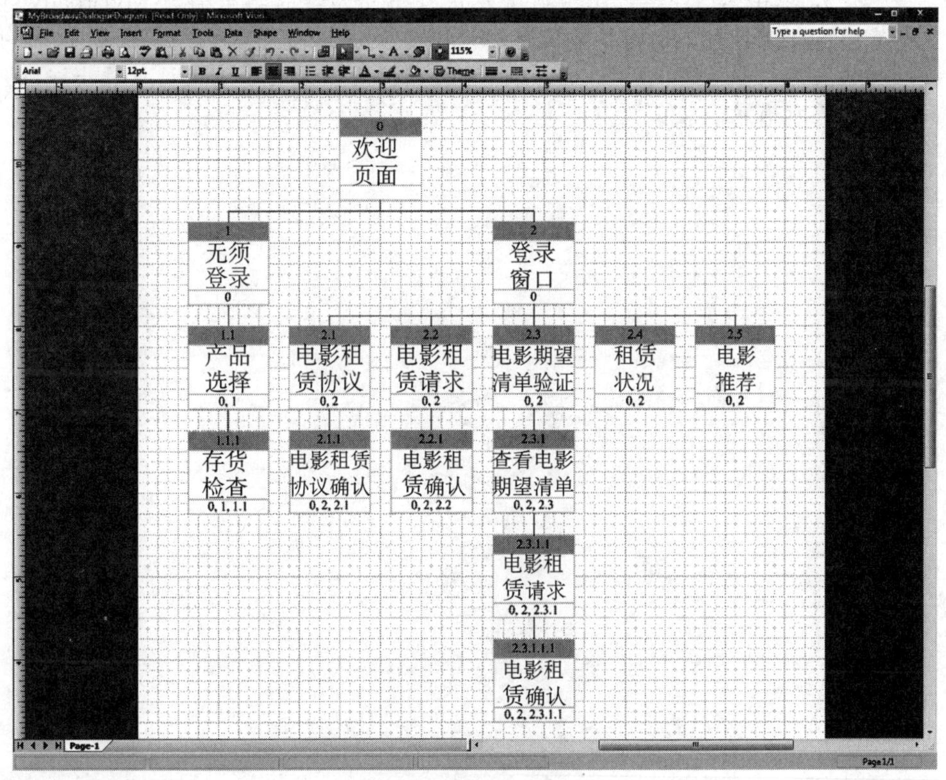

BEC 图 11—1　MyBroadway 的对话图

问题

1. 使用本章或其他资料中的规则，评价 BEC 图 11—1 中对话设计的可用性。具体来说，考虑整个组织、页面分组、页面之间的导航路径、对话图的深度以及这个深度如何影响用户的有效性。

2. BEC 图 11—1 中是否缺少了一些页面？你能否为 MyBroadway 的客户界面预测其他的页面需求？可以的话，如果这些页面不是来自 BEC 图 7—1 中所列出的系统输入和输出，那么它们来自何处？

3. 第 11 章鼓励在人机界面设计的初期设计帮助系统。你将如何在斯蒂尔沃特学生们设计的界面中加入帮助系统？

4. 页面1.1和页面1.1.1的设计包含了一个后退按钮。这个按钮是必要的还是所希望的？

5. 是否还有其他的（在BEC图11—1中没有显示出来）可能导航路径可以离开页面1.1？页面1.1.1是不是对选择条件进行搜索的唯一可能结果？如果不是，设计其他结果的页面，以及这些页面的导航路径。

6. BEC图11—1中说明了MyBroadway的多层树型菜单设计。说明你是否见过其他菜单结构。说明你是否见过菜单以外的交互方式。

7. 在第11章界面设计原则的基础上，回到第10章中BEC案例的页面设计，重新评价一下那些页面的布局。基于本章的材料，你是否发现了其他一些问题，或者对那些页面有没有一些特殊的建议？

8. MyBroadway的用户可能会犯哪种类型的错误？设计错误提示信息，以及显示这些信息的方法。用第11章中的规则来调整你的设计。

9. 现在你已经学习了由斯蒂尔沃特州立大学的学生们为MyBroadway开发的表单和报表设计，以及导航设计，评价整个设计的可用性。考虑第10章中对可用性的定义，以及第10章、第11章中提出的规则。对系统的设计提出一些建议，以使它更加有效。

第 12 章

分布式和互联网系统设计

学习目标

- 定义关键术语，如客户端/服务器架构、局域网、分布式数据库以及中间件
- 区分文件服务器和客户端/服务器环境，并比较每种环境在局域网中的应用
- 描述分布式系统设计的可选方案，并对它们进行比较
- 描述各类标准如何形成互联网系统的设计
- 描述确保互联网设计一致性的选择
- 描述网站管理问题如何影响客户的忠诚度、可信度，以及系统安全性
- 讨论在线数据管理的相关问题，包括上下文开发、在线事务处理、在线分析处理以及数据仓库

引言

计算机技术的发展以及图形用户界面、网络、互联网的快速革新，改变着当今计算机系统的使用方式，以满足更多的业务需求。在很多组织中，将已有的独立计算机连在一起构成网络，来支持工作组计算（这个过程有时称为大型化）。同时，其他组织（甚至是同一个组织）将主机应用转移到个人电脑、工作站以及网络中（这个过程有时称为小型化），以利用这些环境更高的成本效益。组织也利用网络以及移动服务为内部和外部的客户传递应用。

很多新的机会和竞争压力推动着向这些技术发展的趋势。企业重组，即兼并、

收购、合并，需要连接或替换现有的独立应用。类似地，企业小型化使管理者有了更广泛的控制范围，并且需要连接到更广泛的数据、应用和人。应用从昂贵的主机缩减到网络微计算机和工作站（可能是一个主机作为服务器），这样更具有成本效益，且可以升级，同时用户界面也更加友好。电子商务和移动商务的发展是当今新型系统开发的最大动力。分布式及互联网系统如何设计将对系统的性能、可用性及维护产生较大的影响。

本章将描述用于大型化、小型化以及发布信息系统和数据的几种技术。这些技术包括基于局域网（LAN）的数据库管理系统（DBMS）、客户端/服务器的 DBMS，以及互联网。与这些技术相关的功能和问题，是我们理解如何将单处理的应用和设计转移到多处理、分布式计算环境中的基础。

分布式和互联网系统设计

本节将简要讨论设计分布式及互联网系统的过程和结果。我们已经知道了组织变化以及技术革新的方向，未来大多数系统的发展可能也需要考虑分布式系统设计的相关问题。

分布式和互联网系统的设计过程

这是本书中讲述系统开发生命周期系统设计部分的最后一章（见图 12—1）。在系统设计的前几章中，我们介绍了显示和提炼数据的相关技术，以及屏幕、界面和设计说明书。然而，在本章中，我们不会讲述如何表示分布式及互联网系统设计的技术，因为根本不存在普遍接受的技术。也就是说，我们将重点关注部署这些系统的通用环境，以及在设计和实施时可能遇到的问题。为了区分分布式和互联网系统

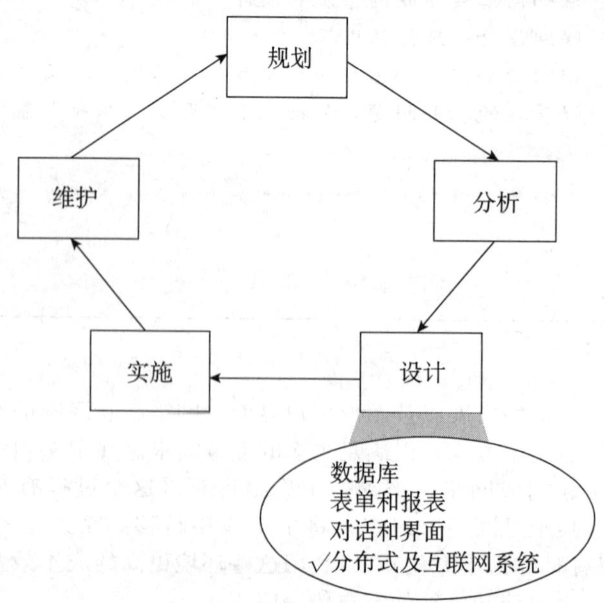

图 12—1　突出设计阶段的系统开发生命周期

设计，我们将使用“分布式”来表示基于 LAN 的文件服务器和客户端/服务器架构。

设计分布式及互联网系统与设计单点系统很类似。主要的区别就在于，由于这种系统要部署在两个或两个以上的位置，因此需要考虑很多影响可靠性、可利用性以及实施后系统耐用性的设计问题。由于分布式及互联网系统比单点系统有更多的组成部分，例如，更多的处理器、网络、位置、数据等，因此会有更多潜在出现失误的可能。所以，在设计及实施这些系统时，可以使用相应的策略以最小化出错点。

在设计分布式及互联网系统时，你需要考虑很多均衡。为了保证设计的有效性，你需要了解常用于支持这些系统的架构特征。

□ 可交付成果

在设计分布式及互联网系统时，可交付成果是综合在系统实施时必须考虑的一些信息的文档。图 12—2 列出了在系统实施时必须考虑到的各类信息。总的来说，一定要考虑的信息包括：站点、需求处理、在分布式环境中每个位置（或处理器）的数据信息。具体来说，必须描述与位置间物理距离相关的信息、用户的数量及使用模式、创建并定位基础设备的问题、工作人员的能力、数据用途（使用、创建、更新或删除）以及局部组织处理。此外，还应该考察每个位置各种实施方案的优缺点。这些信息的收集，以及已经开发的物理设计信息，将作为分布式环境中信息系统实施的基础。然而，需要指出，我们讨论的前提条件是，假定任何需要的网络基础设备都已经准备就绪。换句话说，我们只关心你的选择问题。

1. 站点描述（每个站点）
   a. 地理信息
   b. 物理位置
   c. 基础设备信息
   d. 人员特征（学历、技能等）
   e. …
2. 数据用途描述（每个站点）
   a. 使用的数据元素
   b. 创建的数据元素
   c. 更新的数据元素
   d. 删除的数据元素
3. 业务处理描述（每个站点）
   a. 处理列表
   b. 处理描述
4. 根据站点、数据以及处理需要，可选的信息系统架构对比（每个站点）
   a. 没有技术支持的利弊
   b. 没有网络，使用本地系统的利弊
   c. 各种分布式配置的利弊
   d. …

图 12—2　分布式系统设计的可交付成果

分布式系统的设计

在本节中，我们的重点是使用基于 LAN 的文件服务器或者客户端/服务器架构的分布式系统设计的相关问题。首先，对两种架构进行高层级的描述。然后，简要描述客户端/服务器系统设计的各种配置。

LAN 的系统设计

个人计算机和工作站可以用作支持本地应用的独立系统。然而，组织已经发现，如果数据对一个员工有价值，则它很可能对同一个工作组的其他员工或其他工作组的员工也有价值。将他们的计算机连接之后，工作人员可以用电子方式来交换信息，也可以共享激光打印机这样的设备，这类设备如果只是由一个用户使用，价格会非常昂贵。

局域网（local area network，LAN）是支持计算机之间连接的网络，每台电脑都有它自己的存储器，并且可以共享通用设备以及连接在 LAN 上的软件。传统上，在 LAN 上的每台计算机和工作站与其他计算机之间的距离在 100 英尺以内，这样，总的网络电缆长度不会超过 1 英里。至少指定一台计算机（微型计算机或大型计算机）作为文件服务器，用来存储共享的数据库以及应用。例如，一个 DBMS 的 LAN 模式，可以添加并行存取控制、可能的额外安全特性，以及查询或事务队列管理，以支持多用户对共享数据库的并行存取。

文件服务器 在基础的 LAN 环境中（见图 12—3），所有的数据操作都在请求数据的工作站中进行。一个或多个文件服务器被连接到 LAN 上。**文件服务器**（file server）是管理文件操作的设备，由每台连接在 LAN 上的客户端计算机共享。在文件服务器配置中，每个文件服务器就像是每个客户端计算机的额外硬盘。例如，你的计算机可能识别到一个 F：逻辑驱动器，这实际上是一个存储在 LAN 上的文件服务器的磁盘空间。个人计算机中的程序利用这个驱动器和其他目录，以及对应的文件名，通过传统的路径描述访问这个驱动器上的文件。

在使用文件服务器环境中的 DBMS 时，每台客户端计算机都被授权使用那台计算机上的 DBMS 应用程序。因此，文件服务器上有一个数据库，在每台激活的客户端计算机上并行运行着很多 DBMS 副本。基于客户端的 LAN 的最主要特点是，所有的数据操作都在客户端计算机上而不是在文件服务器上进行。文件服务器简单得就像是个共享的数据存储设备，并且是传统计算机的扩展。除了共享数据外，它还提供额外的资源（例如，磁盘驱动器、共享打印机等）以及协作应用（如 E-mail）。文件服务器上的软件只对访问请求进行排队；而与那台计算机上的 DBMS 副本一起操作所有的数据管理功能，将由每台客户端计算机中的应用程序来完成。这意味着，如果一个应用想要查看存储在服务器数据库中的单个客户账号记录，那么包含所有客户账号记录的文件将通过网络传到个人计算机上。在个人计算机上就可以通过搜索文件查找需要的记录。另外，在这种环境中，数据安全性检查、文件和记录的锁定都在客户端计算机上进行，这使多用户应用开发成为一个相对复杂的过程。

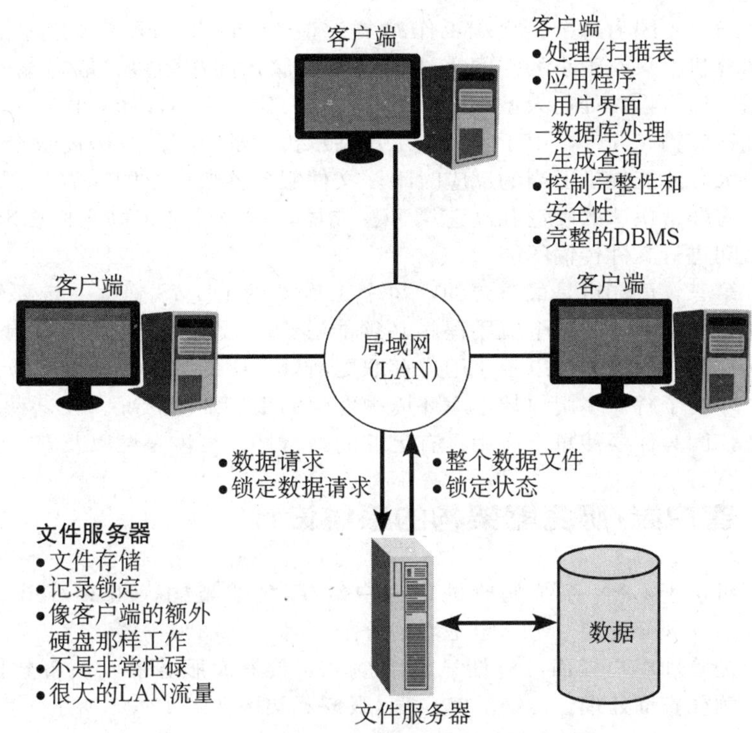

图 12—3　文件服务器模型

文件服务器的局限性　在 LAN 上使用文件服务器有以下三个局限性：

1. 过度的数据移动
2. 需要强大的客户端工作站
3. 分散的数据控制

第一，在使用文件服务器架构时，网络间会产生大量的数据移动。例如，当一个运行在松谷家具公司（PVF）客户端计算机上的应用程序想要访问桦木产品时，整个产品表会被传送到客户端计算机上；然后客户端对该表进行扫描以查找少量需要的记录。因此，服务器基本不用工作，客户端则忙于进行过度的数据操作，同时网络传输大量的数据（见图 12—4）。所以，在基于客户端的 LAN 中，客户端计算机有很大的压力，因为要运行所有必须在客户端执行的功能，同时，也带来了很大的网络流量负担。

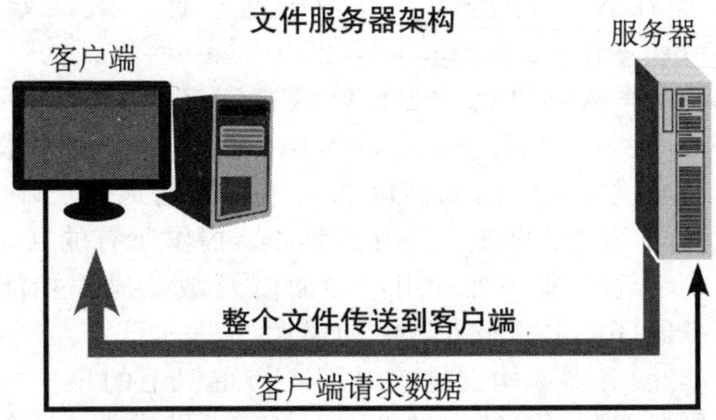

图 12—4　客户端请求数据后文件服务器传输文件

第二，因为每个客户端工作站要为整个 DBMS 分配记忆存储，所以，在客户端计算机上只有很小的空间来快速操作存储在高速随机存取存储器（RAM）上的数据。通常，在处理大型数据库时，数据一定要在 RAM 与相对运行较慢的硬盘之间进行传输。此外，由于客户端工作站承担大部分工作，因此每个客户端一定要足够强大，才能提供适当的反应时间。文件服务器架构也同样需要在客户端和服务器上都有非常快速的硬盘和高速缓冲存储器，这样才能提高它们在网络、RAM 以及硬盘间进行文件传输的能力。

第三，可能也是最重要的，每个工作站的 DBMS 副本一定要管理共享数据库的完整性。此外，每个应用程序必须能够识别数据锁定，并且能够开启对应的锁。锁定在必要的时候可以阻止用户存取更新处理中的数据。因此，应用程序要足够精密，才能了解在多用户数据库环境中发生的很多细微状况。在这种环境中，编程很复杂，因为你要使每个应用具有足够的并行性、可恢复性以及安全性控制。

客户端/服务器架构的系统设计

对基于 LAN 系统的改进是**客户端/服务器架构**（client/server architecture），将应用处理分配到（不一定是均匀分配）客户端和服务器。客户端工作站的大部分职责是管理用户界面，包括显示数据，而数据库服务器则负责数据库存储以及访问，例如查询处理。传统的客户端/服务器架构如图 12—5 所示。

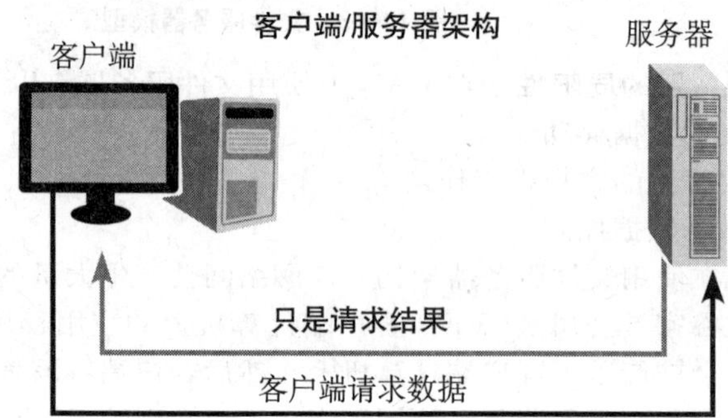

图 12—5　客户端请求后所需要的数据

在典型的客户端/服务器架构中，所有数据库的恢复、安全以及并行存取管理都集中在服务器上，而在简单的 LAN 中，这是每个用户工作站的职责。这些主要的 DBMS 功能在客户端/服务器环境中通常称为**数据库引擎**（database engine）（Hoffer，Topi，and Venkatraman，2010）。一些人认为，主要的 DBMS 功能是后端功能，而使用个人计算机和工作站的基于客户端的应用传输则是前端应用。此外，在客户端/服务器架构中，服务器执行所有的数据请求，这样只有符合请求条件的数据才会通过网络传输到客户端工作站。这是客户端/服务器相对于简单的文件服务器设计的最主要的优点。由于服务器提供所有的共享数据库服务，这可以让**客户端**（client）软件集中处理用户界面以及数据操作功能，这个均衡就要求服务器比文件服务器环境中的服务器更加强大。

用客户端/服务器架构创建的应用，与主机上的集中式数据库系统也是有区别的。主要区别在于，每个客户端是应用处理系统中的一个智能部分。换句话说，用户执行的应用程序是在客户端上而不是在服务器上运行。应用程序处理用户与本地设备（打印机、键盘、屏幕等）的所有交互。因此，在客户端和服务器（数据库引擎）之间有一个职责的分工：数据库引擎处理所有的数据库存取和控制功能，客户端处理所有的用户交互和数据操作功能。客户端计算机向数据库引擎发送数据库命令以进行处理。或者说，在主机环境中，信息系统的各个组成部分均由中心计算机管理和执行。

客户端/服务器架构的另一个优点是，可以使客户端环境从服务器环境中脱离出来。客户端可以由很多类型组成（例如，不同的计算机、操作系统以及应用程序），这意味着客户端可以运行能够产生适当命令（通常是 SQL）的任何应用系统，以从服务器请求数据。例如，应用程序可以用任何语言来编写，例如 Visual Basic、报表记录器、精密的屏幕涂色程序，或者数据库引擎有**应用程序界面**（application program interface，API）的第四代语言等。数据库引擎可能是 IBM 主机或者中程计算机上的 DB2，也可能是在很多平台上运行的 MySQL，Sybase 或者 Oracle。API 调用库存程序，透明地从前端客户端应用向数据库服务器传递 SQL 命令。API 可以与已有的前端软件（例如第三代语言或客户报告生成器）共同工作，并且它可以拥有能够创建应用的工具。如果一些程序开发工具有 API，那么你在大多数便捷的前端程序环境中开发客户应用时就有很大的独立性，并且还可以从一个共用的服务器数据库中提取数据。有了 API，在一个数据库操作中既可以从客户端也可以从服务器中存取数据，就好像数据是由同一个 DBMS 在同一个位置进行管理一样（Hoffer et al.，2010；Kroenke，2006）。

客户端/服务器的优点和注意事项　采用客户端/服务器架构有一些重要的益处：

1. 可以让公司利用微计算机技术的优势。如今的工作站拥有强大的计算能力，而其成本仅是主机成本的一小部分。

2. 可以让大多数处理过程发生在处理数据源附近，从而可以缩短反应时间，并且减少网络流量。

3. 促进在工作站中使用图形用户界面技术和可视化显示技术。

4. 允许并鼓励接受开放式系统。

关系 DBMS 和其他基于 LAN 的技术的很多供应商，已经或正在试图将它们的产品转移到客户端/服务器环境中。然而，最初不是在客户端/服务器架构中设计的产品，在适应这种环境的过程中可能存在一些问题（见 Levinson（2003）对这个问题的探讨）。这是因为在这种新的环境中会产生新的问题或是围绕旧问题的新问题。这些问题和范围包括：数据类型的兼容性、查询优化、分布式数据库、分布式数据的数据管理、CASE 工具代码产生器，以及交叉操作系统的整合性，等等。总的来说，客户端/服务器环境中只有很少几个工具可以对系统设计和性能进行监控。在 API 出现之前，当各种前端和后端工具版本改变时，就会产生兼容性的问题，并且开发工具无法解决这些问题，只能由程序员直接处理。

现在，你已经了解了文件服务器和客户端/服务器架构的基本区别。接下来，我们将讨论在分布式环境中如何对数据进行管理。在讨论完数据管理选项后，我们将介绍几个分布式系统的设计选择。所有基于 LAN 的分布式系统设计，都是通过一般文件服务器或客户端/服务器架构的配置以及数据管理选项来实现的。

□ 分布式系统的其他设计方案

系统设计的一个明显趋势就是，从核心主机系统以及独立的个人计算机应用，向在多个计算机之间分布数据并进行处理的系统模式转变。在本节中，我们将简要介绍文件服务器与数据库服务器的主要区别。在下一节中，我们将讨论几种在客户端与服务器之间独立处理任务的方式。

在文件服务器和客户端/服务器架构中选择 文件服务器和客户端/服务器架构都可以使用个人计算机和工作站，并且可以通过 LAN 连接。但是文件服务器架构与客户端/服务器架构有很大的不同。文件服务器架构只支持数据分布，而客户端/服务器架构不仅支持数据的分布，也支持处理的分布，这是系统设计结果的一个重要区分。

表 12—1 中总结了文件服务器和客户端/服务器架构的一些关键不同点。特别来讲，文件服务器架构可以认为是连接计算机和工作站的最简单方式。在这种架构中，文件服务器简单得就像是网络中所有客户端的共享存储设备。在存取时，整个程序和数据库一定要转移到每个客户端上。这意味着，文件服务器架构最适用于相对较小、需要很少或根本不需要多用户并行数据存取的应用。

表 12—1 文件服务器与客户端/服务器架构的几个不同之处

特征	文件服务器	客户端/服务器
处理	只有客户端	客户端和服务器同时进行
数据并行存取	低级——由每个客户端管理	高级——由服务器管理
网络使用	大量文件及数据传输	有效的数据传输
数据库安全以及完整性	低级——由每个客户端管理	高级——由服务器管理
软件维护	低级——只在服务器上更改软件	混合——一些新的部分一定要转移到每个客户端上
硬件以及系统软件的灵活性	降低客户端和服务器的耦合度，并可以将其混合	客户端和服务器之间需要更好的协调

相反，客户端/服务器架构克服了文件服务器架构的诸多局限性，因为客户端和服务器可以共同分担任务处理工作量，并且只传输需要的信息。正因为此，很多组织已经将存有大量数据共享需求的大型应用转移到客户端/服务器环境中。事实上，客户端/服务器计算已经成为很多组织的主力架构，在这些组织中，多个客户端可以对同一个数据进行并行处理。另外，如果系统和数据库相对较大，则比较适用于客户端/服务器架构，这是因为客户端和服务器能够分布工作，并且只传输需要的信息（例如，仅传输所需要的记录，而不是像在文件服务器环境中那样传输整个数据库）。

客户端/服务器架构的高级形式 不同的客户端/服务器架构代表不同的应用系统功能分布在客户端与服务器计算机上的方式。这种变化基于如下概念，任何信息系统一般都有三个组成部分：

1. 数据管理。这些功能管理软件、文件以及数据库之间的所有交互，包括资料检索/查询、更新、安全性、并行控制以及恢复。

2. 数据显示。这些功能只管理系统用户和软件之间的界面，包括表单和报表的显示和输出以及系统输入的有效性。

3. 数据分析。这些功能将输入转换成输出，包括对复杂数学模型（例如回归分析等）的简单总结。

不同的客户端/服务器架构将这些功能分布或分开在一个或多个客户端、服务器计算机上，进而分布到第三台计算机，即**应用服务器**（application server）上。事实上，在很多高级客户端/服务器架构中，使用三台或更多独立的计算机是很常见的（Bass et al.，2003；Rosenfeld and Morville，2002）。客户端/服务器计算模式的发展产生了两个新的术语，即**三层客户端/服务器架构**（three-tiered client/server）以及**中间件**（middleware）。三层客户端/服务器架构在一个独立的信息系统应用中组合了三个不同的逻辑应用，即数据管理、数据显示以及数据分析。中间件将不同的硬件、软件以及通信技术整合在一起，以创建三层客户端/服务器环境。

图 12—6 描述了中间件的典型使用方式。这张图显示出客户端应用如何访问数据库服务器上的数据库。开放式数据库连接（ODBC）是微软数据库中间件的标准。例如，装在客户端和服务器计算机上的 ODBC 驱动，可以让 Access 用查询方式在 Oracle 数据库中检索数据，就像这些数据是存储在 Access 数据库中一样。通过另一个不同的 ODBC 驱动，Access 数据库也可以用相同的查询方式在 Informix 数据库中检索数据。

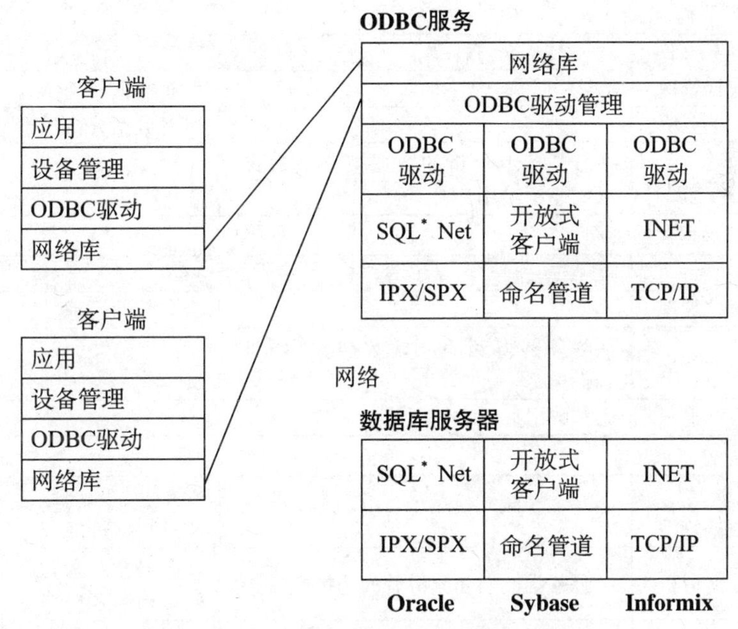

图 12—6　ODBC 中间件环境

创建三层客户端/服务器架构有三个主要原因（Bass et al.，2003；Hoffer et al.，2010；Kroenke，2006)。首先，应用可以按照最满足组织计算需求的方式予以分开。例如，在传统的两层客户端/服务器系统中，应用（数据分析）在客户端上运行，它可以从数据库服务器中存取信息，例如客户数据。在三层架构中，数据分析在强大的应用服务器上运行，这样可以给用户更快速的反应时间。此外，三层架构可以针对不同的用户以不同的方式对应用进行拆分，为用户提供更大的灵活性，从而优化性能。

三层架构的第二个优点是，由于大多数甚至所有的数据分析都包含在应用服务器上，这使全局变更或者对个别用户的个性化处理变得相对简单。这样，开发者可以很容易地创建出大型系统的定制版本，而不需要创建一个完全独立的系统。由于数据分析与用户界面相分离，改变其中一个或两个同时更改会更容易，并且不需要大量的维护工作。数据分析与数据显示（用户界面）的分离，不仅可以在不影响另一个的前提下单独更改，同时，也大大简化了系统的维护。这三个优点的组合，即应用分离、简化定制、简化维护，使得很多组织采用这个强大的架构对客户端/服务器计算模式进行标准化。

假若可以在两个或多个独立的机器上进行数据管理、显示以及分析，那么可能有无数的架构可供选择。然而，实际上只有六种可能的配置（见图12—7）。已经存在使用这六种架构中的任何一种进行开发应用的技术，然而，自动开发工具针对每种架构的代码产生能力不同。表12—2对每个架构进行了简单的描述。

(a) 分布式显示

功能	客户端	服务器
数据管理		所有数据管理
数据分析		所有数据分析
数据显示	在服务器上显示的数据被调整格式，以便显示给用户	用服务器显示技术将数据传输给客户端

(b) 远程显示

功能	客户端	服务器
数据管理		所有数据管理
数据分析		所有数据分析
数据显示	在服务器上分析的数据被调整格式，以便显示给用户	

(c) 远程数据管理

功能	客户端	服务器
数据管理		所有数据管理
数据分析	从服务器得到的原始数据被检索和分析	
数据显示	所有数据显示	

(d) 分布式功能

功能	客户端	服务器
数据管理		所有数据管理
数据分析	经服务器检索和分析后的选择性数据	经服务器检索和分析后的选择性数据被传输给客户端
数据显示	所有在服务器和客户端上分析的数据均被显示	

(e) 分布式数据库

功能	客户端	服务器
数据管理	本地数据管理	服务器上数据的共享管理
数据分析	从客户端和服务器上检索的数据用于分析	
数据显示	所有数据显示	

(f) 分布式处理

功能	客户端	服务器
数据管理	本地数据管理	服务器上数据的共享管理
数据分析	从客户端和服务器上检索的数据用于分析	从服务器上检索的数据用于分析，然后传输到客户端上，进行进一步的分析和显示
数据显示	所有数据显示	

图12—7　客户端/服务器架构的类型

如今，作为信息系统的设计者，你比之前拥有更多的选择。因此，你必须衡量之前所讨论的以及表 12—2 中列出的种种因素，来决定对组织最有利的分布式系统设计。与其他物理设计决策相同，组织标准可能会限制你的选择，从而，你需要与其他系统专家一起协商来进行应用设计决策。但你是了解用户需求、评估用户反应时间和影响分布式系统设计决策的其他因素的最佳人选。

表 12—2　客户端/服务器架构的设计方法

方法	架构描述
分布式显示	这个架构用来将现有的基于服务器的应用转移到客户端上。服务器通常是一个主机，并且没有改变已有的主机代码。在客户端上工作的被称为“屏幕抓取”的技术，可以在更加吸引人且更易使用的界面上，轻松地对主机屏幕数据重新进行格式化。
远程显示	这个架构将所有的数据显示功能放在客户端上，从而使格式化数据的任务全部由客户端来完成。相对于分布式显示方式，这个架构使你有更大的灵活性，因为客户端上的显示没有必须与服务器应用兼容的限制。
远程数据管理	这个架构将除数据管理功能之外的所有软件都放在客户端上。该形式与我们之前所讨论的客户端/服务器最为相似。相比之前的架构，支持一个混合型的客户端环境可能更困难，因为你必须了解多种分析编程环境，而不仅仅是那些显示工具。
分布式功能	这个架构将分析功能在客户端与服务器之间分开，并将所有的显示放在客户端上、所有的数据管理放在服务器上。对于开发、测试以及维护软件来说，这是一个非常复杂的环境，因为要求客户端与服务器上的分析功能具有巨大的协调潜力。
分布式数据库	这个架构将所有的功能都放在客户端上，除了将数据存储和管理在客户端与服务器之间分开。虽然目前是可行的，但这是一个非常不稳定的架构，因为要求客户端与服务器上的软件有很好的兼容性和交互性，这点很难达到。
分布式处理	这个架构将分布式功能与分布式数据最好的特点结合起来，也就是把这些内容分布在客户端和服务器上，而客户端中仅包含显示功能。这样会有更大的灵活性，因为它将分析功能和数据放在它们最有意义的地方。

互联网系统的设计

组织中的大多数新型系统开发都集中于互联网的应用。互联网可以用来传输内部组织系统、企业对企业系统，或企业对客户系统的数据。向互联网系统的快速转变并不令人吃惊，因为利用互联网全球计算基础框架的愿望，以及已经开发的综合性工具和标准，共同推动着互联网的发展。然而，就像其他类型的系统一样，在设计互联网应用时你也有很多选择。你做的设计决策会对开发的易用性以及系统将来的维护产生很大的影响。在本节中，我们将重点介绍互联网系统设计时必须考虑的一些基本问题。

互联网设计基础

在设计互联网系统时，标准起到了很重要的作用（Zeldman，2006）。本节中，我们将考察互联网的多个基本组成部件，以及每个部件是如何影响系统设计的。

标准推动互联网 由于标准的使用，互联网系统的设计相对于传统客户端/服务器系统的设计更加容易。例如，通过使用标准**域名系统**（domain naming system (BIND)），信息被放在互联网上。BIND中的B代表加利福尼亚州的伯克利，这是因为美国的加利福尼亚大学首次开发了这个标准；BIND代表伯克利的互联网域名；关于更多资料，请参见 www. isc. org/Products/BIND/bind-history. html。BIND通过将通用的域名转换为相关的互联网协议（IP）地址来放置信息。例如，域名 www. wsu. edu 被转换为 134. 121. 1. 61。

普通用户可以通过标准的通信协议**超文本传输协议**（Hypertext Transfer Protocol，HTTP）连接到较广范围的客户端。HTTP是互联网上公认的信息交互格式（关于更多资料，请参见 www. w3. org/Protocols/）。HTTP协议定义了信息如何进行格式化并传输，以及网络服务器和浏览器如何对命令作出响应。例如，当你在浏览器中输入一个URL时，一个HTTP命令就被传送到合适的网络服务器上，以请求期望的网页。

除了命名标准BIND和传输机制HTTP，互联网系统相对于其他类型的系统还有一个优点，即**超文本标记语言**（Hypertext Markup Language，HTML）。HTML是通过上百条命令标签来显示互联网内容的标准语言。命令标签的示例有，文本加粗（<b>...</b>），创建表格（<table>...</table>），或者在网页中插入链接（<A href＝http：//www. wsu. edu/>Washington State University Home Page</A>）。

有了标准化命名（BIND）、传输（HTTP），以及格式化（HTML）方法，设计者就可以快速地构建系统，因为设计和实施中的大部分复杂性已经消除了。有了这些标准，设计者也不用担心如何在多种计算设备和平台之间传输这些应用。在开发互联网应用时，BIND，HTTP，HTML一起为设计者提供标准。事实上，据我们所知，如果没有这些标准，开发互联网几乎是不可能的。

将内容和显示分开 作为创建第一代电子商务应用的方法，HTML获得了巨大的成功。它是一个非常容易学习的语言，并且有无数的工具可以帮助你编写网页。除了易用性，它在使用的时候还有非常大的变通性，例如，大小写字母可以代表相同的命令，也允许一些命令不需要结束标签。然而，HTML的简单程序也大大地限制了它的能力（Castro，2001）。例如，大多数HTML标签都是格式化导向的，这样区分数据与格式化信息就比较困难。此外，由于格式化信息被固化地嵌入到HTML文档中，因此电子商务应用就难以转移到新型计算设备中，例如无线手持电脑。由于屏幕空间的局限性以及其他限制，一些新的设备无法显示HTML，例如无线互联网电话等。为了解决这个问题，新的能使内容（数据）与显示分离的语言被开发出来。例如，微软Visual Studio. NET开发环境可以流畅地创建应用，从而实现设备显示和网络特征最优化（Esposito，2002；Wigley and Roxburgh，2002）。

为使内容和显示分离而设计的语言是**可扩展标记语言**（eXtensible Markup Language，XML）（参见Castro，2001；www. w3. org/XML/）。XML和HTML类似，有标签、属性和值，但它也可以让设计者创建个性化的标签，实现应用间数据的定义、传输、有效性验证以及解释。XML正快速流行于电子商务应用中，由于HTML有固定的标签，因此在XML中，设计者可以为任意类型的应用创建自定义语言，称为词汇表。这种创建自定义语言的能力是XML的根基。然而，这种能力是要付出代价的。HTML对标签的格式要求不是很高，而XML却非常严格。

此外，正如前面提到的，XML 文档不包含任何格式信息。XML 标签只是简单地定义数据的含义。正因为此，很多人认为，HTML 将继续作为开发个人网页的流行工具，而 XML 才是互联网商务应用的选择。

未来发展　目前支持基于 HTML 的数据交换的基础设施，与支持广泛使用的 XML 及其他新标准的基础设施相同。就像我们脱离台式电脑和标准网页浏览器一样，变革的最大动力以及互联网标准的最大革新就是支持无线移动计算设备的愿望。无线移动计算设备通常被认为是瘦客户端技术。在互联网环境中，诸如网络个人电脑、手持电脑、无线电话等瘦客户端，被设计成如同客户端一样工作（见图 12—8)。**瘦客户端**（thin client）最适合做少量的客户端处理，尤其是显示从服务器发送到客户端的信息。或者说，提供大量客户端存储和处理的工作站称为胖客户端。现在，连接到互联网上的个人电脑工作站也可认为是胖客户端。对于桌面个人电脑工作站而言，互联网浏览器显示标记在 HTML 文档中的内容。然而，随着瘦客户端的流行，无论屏幕的大小或分辨率如何，在 XML 中设计的应用将使在任何客户端设备上显示的内容更加有效（见图 12—9）。

图 12—8　用于连接互联网的瘦客户端

图 12—9　瘦客户端的屏幕大小通常都比较有限

无论设备是一部互联网无线电话，还是一台手持电脑或台式电脑，标准的使用将引导互联网系统的设计。设计得好的系统将显示内容与商务逻辑和数据分开，它允许任何互联网设备都可以成为整个分布式系统的一部分。我们将在后面讨论确保网站在任何类型设备上的显示均一致的技术。

□ 网站的一致性

“视觉”的一致性是专业设计网站传递图片的基础。具有高度一致性的网站使用户的导航更加简便，也可以让用户更容易预期链接的内容。从实践的角度来说，没有为整个网站设计一个标准的外观，将是错误的设计决策。在对网站中上千个网页的颜色、字体或其他元素做更改时，开发和维护将是一场噩梦。在本节中，我们将讨论帮助你在整个系统中保持设计一致性的方法，以简化页面维护工作。

层叠样式表　开发大型网站的最大问题是，在网站中保持颜色、背景、字体以及其他页面元素的一致性。有经验的网站设计者发现，使用**层叠样式表**（Cascading Style Sheets，CSS）可以大大简化网站的维护工作，也可以保持网页的一致性。CSS 是一个样式规则的集合，它告诉网站浏览器如何呈现一篇文档。虽然将这些样式规则链接到 HTML 文档中有很多方法（见 www. w3. org/Style/CSS/），但最简单的方法是使用 HTML 的 STYLE 元素，也就是说，将样式元素嵌入到每个网页中。为此，样式元素可以放在文档的 HEAD 部分中，HEAD 部分一般不会显示，而是包含诸如网页标题、对搜索引擎很有用的关键字，以及网页样式规则等信息。然而，这并不是实现 CSS 的最佳方法，因为在对网站的样式做更改时，需要更改其中的每个网页。实现 CSS 的最佳方法是使用链接样式表。在对整个网站中的样式元素做更改时，通过 HTML 的 LINK 元素，只需要更新其中的一个文件即可。LINK 元素显示了 HTML 文档与其他一些对象或文件的某种关联（见图 12—10）。CSS 是在网站中实现标准样式设计的最基本方法。

命令示例：	
LINK HREF=“style5. css” REL=StyleSheet TYPE=“text/css” TITLE=“Common Background Style” MEDIA=“screen, print”>	
命令参数：	
HREF=“filename or URL”	指示链接对象或文档的位置
REL=“relationship”	说明文档和链接对象或文档的关系类型
TITLE=“object or document title”	声明链接对象或文档的标题
TYPE=“object or document type”	声明链接对象或文档的类型
MEDIA=“type of media”	声明样式表应用的媒介或媒体类型

图 12—10　在层叠样式表中使用 HTML 链接命令

可扩展样式语言　在网站中实现标准页面样式的第二种，也是更精密的方法是通过**可扩展样式语言**（eXtensible Style Language，XSL）。XSL 是在产生 HTML 文档时，将样式与内容分离的规范（更多信息见 www. w3. org/TR/xsl/），设计者可以通过 XSL 将单一的样式模板应用于多个网页中，它的方法与 CSS 类似。XSL 允许设计者指示网页的显示方式，而无论客户端设备是网页浏览器、手持设备、语言输出还是其他一些媒体。换句话说，XSL 为设计者提供了在多种客户端设备上流畅地显示 XML 内容的规范。这种将样式与内容分离的方法，是对普通 HTML 内容显示方式的重大超越。

在实践阶段，设计者通过 XSL 将显示逻辑与网站内容分开。这种分离使网站的外观达到标准化，而不必根据个人设备的能力定制。随着设备（例如，台式电脑、移动计算设备以及电视）的快速革新，XSL 是确保信息显示一致性的最有力方法，它也利用了客户端设备的能力。XSL 格式包括以下两个部分：

1. 改变方法。将 XML 文档转变成通用的综合表单。

2. 格式化方法。将通用的综合表单转变成专有设备的表单。

换句话说，XML 的内容，即来自远程数据源的查询，按照所关联的 XSL 样式表的规则进行格式化（见图 12—11）。这个内容然后被转化成专有设备的格式，并显示给用户。例如，如果用户从网页浏览器发送请求，显示层就会产生一个 HTML 文档。如果是从无线移动手机发送请求，内容就会以无线标记语言（WML）文档的形式发送。

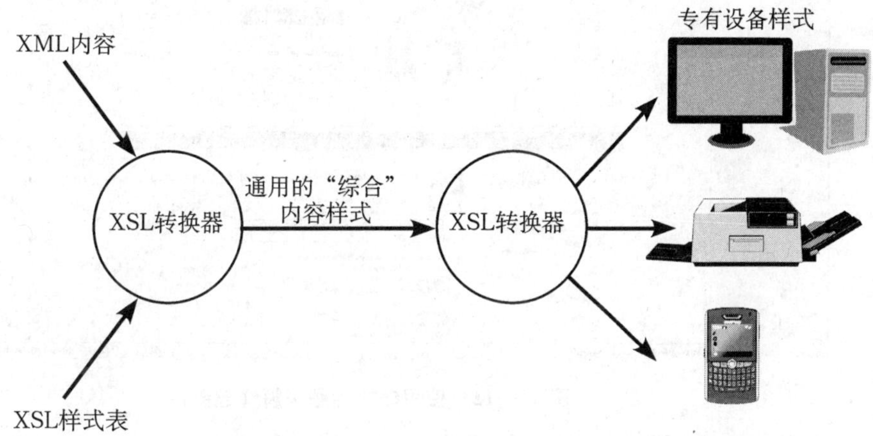

图 12—11　对 XSL 数据和 XSL 样式表进行组合以格式化内容

其他的网站一致性问题　在网站设计中，除了用样式表来保持一致性以外，设计者采用标准来定义页面和链接的标题也很重要。每个网页都应该有一个标题，它可以帮助用户更好地在网站中导航（见 Nielsen，1996；Nielsen and Loranger，2006）。在书签列表、历史列表以及从搜索引擎获取的列表中，页面的标题用来作为默认的描述。知道了这种用途，页面的标题就要清晰明确并且有意义。但是要注意，不能使用过长，即超过 10 个词的标题。对于标题实际文字的选择也是极其重要的。在选择一个标题时，要考虑以下两个关键问题：

1. 使用唯一的标题。给每个页面唯一的身份，代表它的目标，并且帮助用户进行导航。如果所有的页面都有相同的标题，用户将很难从历史列表中回到之前的页面，或在搜索引擎的结果中区分页面。

2. 仔细斟酌文字。我们知道，标题是用来总结页面内容的，因此应选择合适的文字来帮助用户。书签列表、历史档案以及搜索引擎的结果可能以字母顺序排列；省略掉标题前面使用的冠词，例如一、一个等。同样，也不要使用诸如"欢迎到本公司"之类的标题，而应该使用"我的公司—主页"。后者不仅仅对用户更加有意义，它也为网站中后面的标题定义提供了一个标准的模板（例如，"我的公司—反馈"或者"我的公司—产品"）。

互联网上的一个主要问题是，很多用户在跟踪一个超链接时，不知道它们究竟指向哪里。因此除了在选择链接名称时要特别注意外，大多数浏览器支持在用户选择链接前弹出简短描述的功能（见图 12—12）。使用链接标题，用户跟踪错误链接的可能性就会降低，而当你的网站导航时成功率也会更高。表 12—3 中总结了一些定义链接标题的规则。

图 12—12　使用链接标题来解释超链接

表 12—3　链接标题指南

规则	描述
包含适当的信息	● 若不同于当前网站，则显示所指向网站（或子网站）的名称 ● 在目标页面上找到的信息类型的细节 ● 关于链接选择的提示（例如，“需要密码”）
长度	通常少于 80 个字符，越短越好
有限使用	只在不是很明显的链接上添加标题

资料来源：Based on Nielsen，1998a.

本节重点强调了网站设计一致性的问题。有经验的设计者已经发现，一致性不仅可以帮助用户更轻松地使用网站，同时，也大大简化了网站的实施与维护。很明显，高度重视设计的一致性将会带来巨大的好处。

□ 网站管理的相关设计问题

维护是系统管理的一部分。许多设计问题会在很大程度上影响系统长期的运营。因此，在本节中，我们将讨论设计基于互联网的系统时尤其重要的一些问题。

客户忠诚度以及可信度　为了使网站成为客户联系你的最优选择，他们一定要感觉网站以及他们的数据是安全的。网站的设计可以通过很多方式向用户传递可信度。客户在与网站交互时，通过积极的经验积累信任（McKnight et al.，2002）。网站设计专家 Jakob Nielsen（1999）认为，设计者在网站中可以通过如下方式传递可信度：

1. 设计质量。专业的外观以及清晰的导航向客户传达了敬意，并且暗示了对优质服务的保证。

2. 即时公开。即时地告知用户客户关系的各方面（例如，运费、数据隐私政策），这传达了一个公开诚实的关系。

3. 综合、准确、即时的内容。最新的内容传递了为用户提供最新信息的承诺。

4. 与其他网络相连。与外面的网站相连是自信以及可靠性的标志；一个独立的网站感觉像是在隐藏一些东西。

除了这些方法，保护客户的数据也是一个传递可信度的重要因素。例如，很多用户不愿意公开他们的 E-mail 地址，害怕频繁地收到未经允许的信息（垃圾邮件）。因此，在没有建立信任时，很多用户选择提供次要的 E-mail 地址，例如使用 Hotmail 或雅虎！邮件的服务。因此，如果你需要收集客户的 E-mail 地址或其他信息，就应该公开这样做的原因，以及这些信息将来如何使用（例如，该信息只用来确认订单）。如果没有很好地向客户传递信任，就会是一个失败的系统设计。

增加客户忠诚度，向客户传递可信度的另一个方法是提供有用的、个性化的内容（见 Nielsen，1998b；Nielsen and Loranger，2006）。**个性化**（personalization）是指根据客户的知识，向用户提供相应的内容。例如，一旦你在亚马逊上注册并下订单，你每次访问时，网站都会根据你之前的购买行为为你显示一个个性化的页面（见图 12—13）。

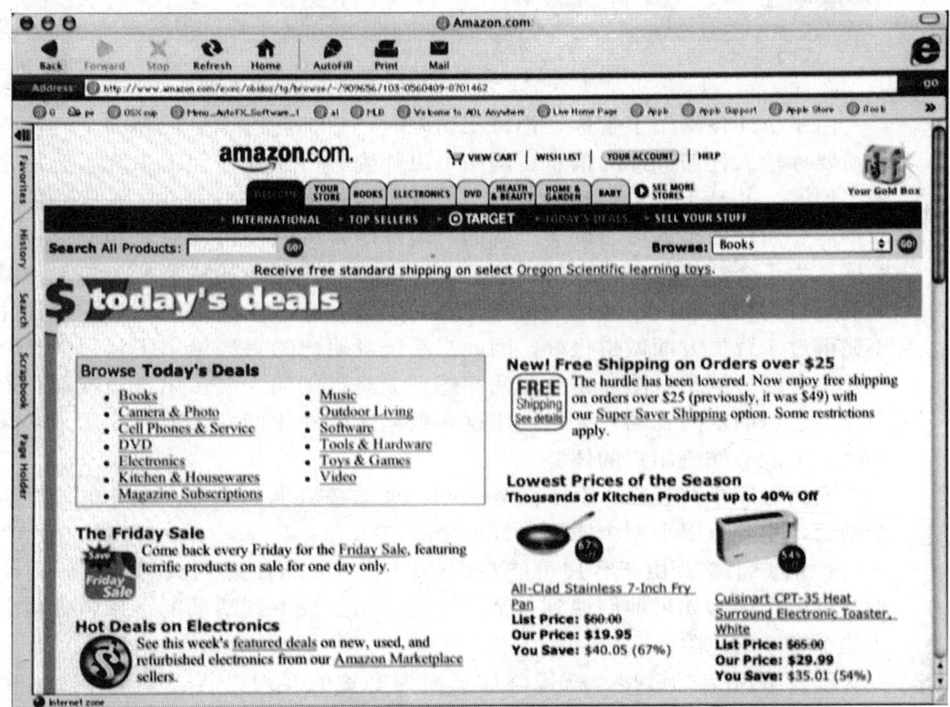

图 12—13　亚马逊是很著名的为购物者提供个性化内容的网站

不要将个性化与定制混淆。**定制**（customization）是指网站允许用户根据他的个人偏好定制网站的内容和外观。例如，提供大量资源和服务的流行的门户网站，例如雅虎、MSN 以及许多流行的搜索引擎，让用户可以基于他们的兴趣偏好定制网站。包括大学在内的很多组织，也利用门户的概念来传递组织的专有信息和应用

（见图 12—14）（Nielsen，2003；Nielsen and Loranger，2006）。

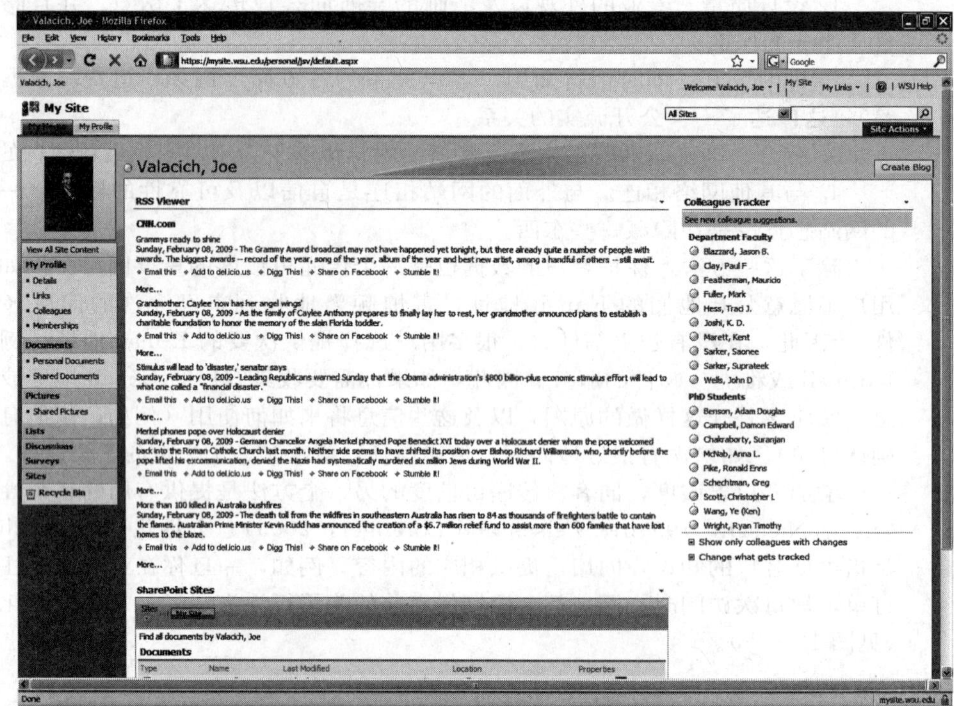

图 12—14　组织为用户提供个性化的门户

由于个性化网站了解你，你每次访问时，它都会给你呈现新的个性化内容，而不需要你输入任何额外的信息。网站可以使内容个性化，因为系统了解每个用户的购买偏好，并基于历史创建了档案。这种个性化网站内容的方法是成功的，因为用户不需要做任何事就可以创建。例如，用户通常可以愉快地在亚马逊上查看个性化数据。为了个性化每个客户的内容，亚马逊将用户之前的购买行为与无数其他客户的购买行为作对比，以便给出可靠的客户购买推荐。亚马逊在使它的个性化推荐并不显得过于冒失方面做得很好，因此当系统对用户的兴趣给出了错误的猜测时，用户并不会因为网站试图显得更聪明而感到愤怒。例如，许多用户访问亚马逊购买图书作为送给朋友的礼物，如果使用这些数据来个性化网站，那么在用户购买个人商品时，可能会妨碍用户的体验。

网页必须永久存在　对于商务网站，页面必须永久存在。专业的开发者得出这个结论，主要有以下四个原因（Nielsen，1998c）：

1. 客户书签。由于客户可能在你的网站中添加任意网页为书签，因此你不能删除页面，因为如果他们遇到一个死链接，而又找不到活动的链接，你就会面临失去这个客户的风险。

2. 其他站点的链接。就像添加页面为书签的客户一样，其他站点也可能直接链接到网站中的页面，删除页面可能会导致失去客户的推荐。

3. 搜索引擎推荐。由于搜索引擎更新数据库通常比较慢，这是一些旧页面或死页面的另一个来源。

4. 给旧内容增加价值。除了这些实际问题外，事实上，很多用户还会从老内容中发现价值。由于历史兴趣、旧产品支持或者最新事件的背景信息，旧内容对用户来说可能还有用处。另外，保留旧内容的成本也相对较小。因此，保留旧内容十分重要，这样链接不会失效，同时，要及时纠正或删除过时或误导的信息。最后，确保明确地给旧内容标出日期，指出不再应用的免责声明，并提供指向当前页面的链接。

以上的讨论并不是说互联网上的内容不能变动或革新。但是，现在你应该了解，链接不能失效。换句话说，当用户将网页添加为书签并再次回到网站时，这个链接应该提供一些对用户有用的内容，否则，就会有失去客户的风险。对网站中的旧内容进行少量的维护，就可以为客户提供有价值的资源。很明显，不常访问网站的客户，应该能够轻松地找到他们想要的内容，否则，他们就会感到困扰而离开，并且不会再回来。

系统安全　事实上有个悖论，即在分布式系统中，安全性和易用性是相互矛盾的。一个安全的系统通常会少一些用户友好性，相反，易用的系统通常也会少一些安全性。在设计互联网系统时，成功的网站会在安全性与易用性之间取得一个适当的平衡。例如，很多需要密码才能进入的网站提供了“记住我的密码”功能，这个特征会使用户在网站中浏览更加方便流畅，但也会导致网站环境不是那么安全。系统记住密码会使得任何使用该用户计算机的人都可以连接到用户的账号，并获取个人信息。

另外，有经验的设计者发现，如果一定要用户注册才能使用网站，并且通过密码才能连接，那么最好是推迟用户的注册，并且用户不注册也可以访问网站顶层的内容。如果要求过早注册，那么在你向新客户传递价值之前，就会有客户流失的风险（Nielsen，1997；Nielsen and Loranger，2006）。如果客户选择注册网站，要确保注册过程尽可能简单。同样，在可能的情况下，可以在客户端或服务器端的缓存中存储用户信息，而不是要求用户在每次访问网站时都重新输入信息。当然，如果你的网站需要保证高度安全性（例如，股票交易网站），就需要用户在每次访问时输入明确的密码。安全性很明显是一把双刃剑，安全性太高，可能赶走客户；安全性太低，则会产生因为对网站安全性的不信任而流失客户的风险。需要细致的系统设计，以实现安全性和易用性之间的平衡。

□ 管理在线数据

据说，现代组织陷入数据中，却缺乏信息。这句话似乎很准确地描绘了很多组织中的情况。基于互联网的电子商务的出现，导致了大量客户和事务数据的收集。这些数据如何收集、存储以及处理，是影响商务网站成功的重要因素。在本节中，我们将讨论管理在线数据的系统设计问题。

上下文开发　了解一个新系统如何适应组织中已有应用的上下文，是有效设计和管理系统数据的基础部分。这对确保有效地收集、存储和管理数据是很必要的。**上下文开发**（context development）是帮助分析者了解系统如何适应已有商业活动和数据的方法。有两种定义系统上下文的方法：集成深度以及组织宽度。**集成深度**（integration depth）指系统渗透已有技术基础设施的程度。“深的”集成不仅可以从已有系统中获取数据，还可以直接将数据发送到系统中。“浅的”集成是指系统与已有数据资源的实时共存达到最小化。**组织宽度**（organizational breadth）跟踪受系统影响的核心业务功能。“宽的”范围指很多不同的组织领域都与系统有某种类型的交互。“窄的”范围指仅有很少的部门使用或连接系统。

简单地说，基于互联网的系统的上下文是对系统集成深度及组织宽度的评估，可以用一个坐标图来说明。X 轴度量受系统影响的业务功能，而 Y 轴度量的是系统渗透已有技术基础设施的程度。例如，图 12—15 是一个组织（像 PVF）的上下文图，有广泛的组织功能以及各种信息系统。表 12—4 对图 12—15 中的系统作了对比，每个都有不同的深度和宽度。基于这个了解，分析者就可以更好地判断新系统如何适应组织中已有的应用。

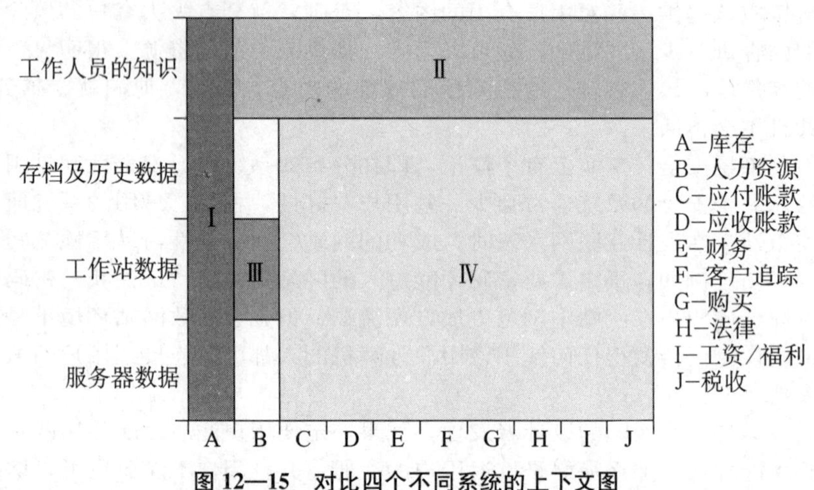

图 12—15 对比四个不同系统的上下文图

表 12—4 相关系统上下文的比较

系统	深度	宽度	上下文
Ⅰ	深	窄	库存控制
Ⅱ	浅	宽	贯穿整个业务功能领域的知识管理
Ⅲ	浅	窄	收集保留在人力资源部门员工工作站上信息的系统
Ⅳ	深	宽	企业资源计划（ERP）系统

在线事务处理 图 12—16 显示了 PVF 公司 WebStore 应用数据流图（DFD）的第 0 层。在 DFD 中定义的每个加工都可以看作自动事务。例如，加工 5.0“增加/修改账户信息”显示了一个输入和两个输出，即一个来自客户的输入（客户信息），一个去向客户的输出（客户信息/编号），以及一个去向客户追踪系统的输出（客户信息）。所有这些操作都是事务。**在线事务处理**（online transaction processing，OLTP）指对用户请求的即刻自动回复（Hoffer et al.，2010）。OLTP 系统用来处理多个并行事务。通常，这些事务有固定数量的输入以及特定的输出，就像图 12—16 中的 DFD 所展现的。一般事务包括接收用户信息、处理请求以及产生销售收据等。

因此，OLTP 是互联网上交互式电子商务应用的主要部分。由于顾客可以分布在世界上的任何位置，因此有效地处理事务是很关键的（见图 12—17）。在创建互联网系统时，DBMS 处理事务的速度是一个重要的设计决策。在决定系统性能上，除了处理事务时的技术选择外，如何组织数据也是一个很重要的因素。虽然在大多数事务之后的数据库操作相对简单，但设计者通常还是会花大量的时间对数据库设计作调整，以便获得最优的系统性能。一旦拥有全部数据，组织就要设计从收集的信息中获取最大价值的方式，在线分析处理就是一个用来分析大量数据的方法。

在线分析处理 **在线分析处理**（online analytical processing，OLAP）是指对存储在数据库中的数据进行复杂分析的图形化软件工具（Hoffer et al.，2010）。

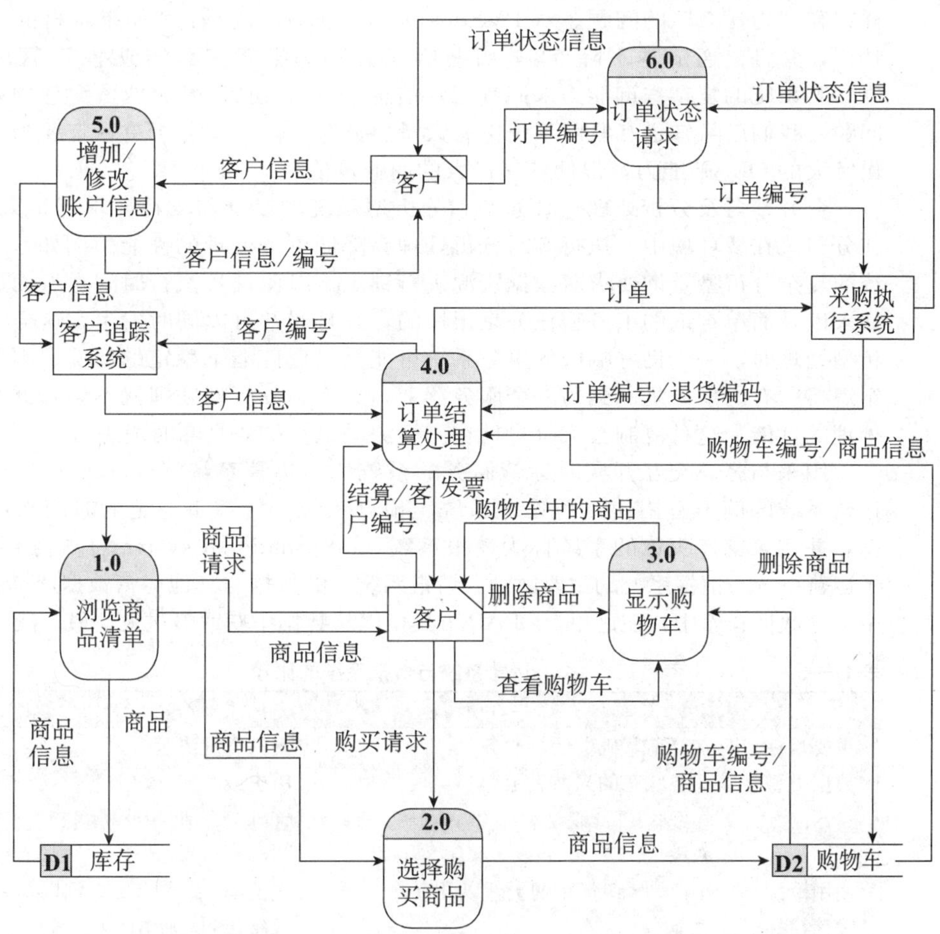

图 12—16 PVF 公司 WebStore 的数据流图

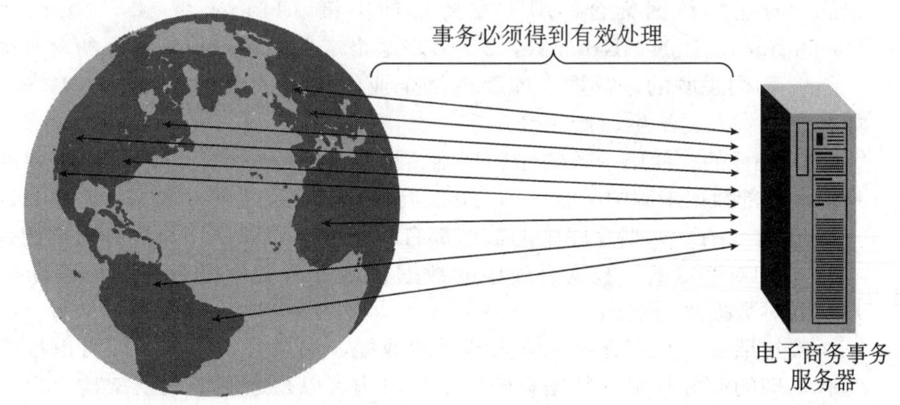

图 12—17 全球客户要求在线事务得到有效处理

OLAP 系统中最主要的组件是“OLAP 服务器”，它了解在数据库中如何组织数据，并且具有分析数据的特殊功能。除了数据总结以及一般数据库查询的集成外，OLAP 工具可以让用户分析不同维度的数据。例如，OLAP 可以提供时间序列分析、数据趋势分析、数据更深层次的向下钻取分析等，并有能力回答“如果……怎样”和“为什么”的问题。对 PVF 的 OLAP 查询可能是：“如果木材的价格上升10%，并且交通成本下降5%，哪些因素会影响批发家具的成本?”管理者使用OLAP系统的复杂查询能力来回答运营信息、决策支持以及企业资源计划系统中的问题。我们已经知道互联网系统中有大量事务存在，因此分析员一定要为管理者提供巨大的OLAP能力，以便获得最大的商业价值。

合并事务及分析处理 事务型和分析型系统的设计与支持要求有很大的不同。在分布式在线环境中，执行实时分析处理会降低事务处理的性能。例如，OLAP系统的复杂分析型查询要求对数据资源进行锁定，以便延长执行时间，然而那些数据插入以及简单查询的事务型任务是很快的，并且通常可以同时发生。这样在进行分析型处理时，一个良好响应的事务系统可能会出现性能不稳定的情况。因此，很多组织将所有的事务复制到另一个服务器上，这样，分析型处理就不会降低客户事务处理的性能。这种复制会大批量地在网站流量最小的非高峰时段进行。

用来与客户交互并实时运营商务的系统称为**运营系统**（operational systems）。运营系统的例子有销售订单处理系统、预订系统等。基于稳定的时间点或历史数据，并用来支持决策的系统称为**情报系统**（informational systems）。表12—5列出了运营系统与情报系统的主要区别。情报系统中的数据与其他运营数据逐渐合并到一个综合数据仓库中，在这里，OLAP工具可以从数据中获取最重大、最广泛的理解。

表12—5　运营系统与情报系统的比较

特征	运营系统	情报系统
主要目标	在当前基础上运行业务	支持管理决策
数据类型	业务状态的当前表示	历史或时点（快照）
主要用户	在线客户、职员、销售人员、管理人员	管理者、业务分析员、客户（检查状态和历史）
使用范围	小范围 vs. 简单的更新以及查询	大范围 vs. 复杂的查询以及分析
设计目标	性能	容易访问和使用

数据仓库 **数据仓库**（data warehouse）是一个面向主题的、集成的、相对稳定的、时变的数据集合，用于支持管理决策（Hoffer et al.，2010；Inmon and Hackathorn，1994；Kroenke，2006）。这个定义中每个关键术语的含义如下：

1. 面向主题的。数据仓库要围绕企业的关键主题（或高层级实体）组织，例如客户、病人、学生、产品等。

2. 集成的。使用一致的命名规则、格式、编码结构，以及从组织内部多个运营系统和外部数据来源中所收集到的相关特性，来定义存储在数据仓库中的数据。

3. 时变的。数据仓库中的数据都有时间维度，以便用作业务历史记录。

4. 相对稳定的。数据仓库中的数据在运营系统中进行装载和更新，但终端用户不能对数据进行更新。

换句话说，数据仓库包含大范围的数据，如果分析得当，就可以按需提供广泛且有条理的业务状况。数据仓库的基础架构可以是通用的两层架构，也可以是稍复杂的三层架构。当然，在这两个基础模型外，还有一些更复杂的架构，但这个话题不在我们的讨论范围内。

图12—18是通用的两层架构，使用这个架构创建数据仓库需要以下四个基本步骤：

1. 从各种资源系统的文件和数据库中获取数据。一个大型组织可能有数十甚至上百个这样的文件和数据库。

2. 将各种资源系统中的数据转移并整合，然后装载到数据仓库中。

3. 数据仓库是一个给予决策支持的只读数据库，它包含细节数据以及汇总数据。
4. 用户用各种查询语言和分析工具访问数据仓库。

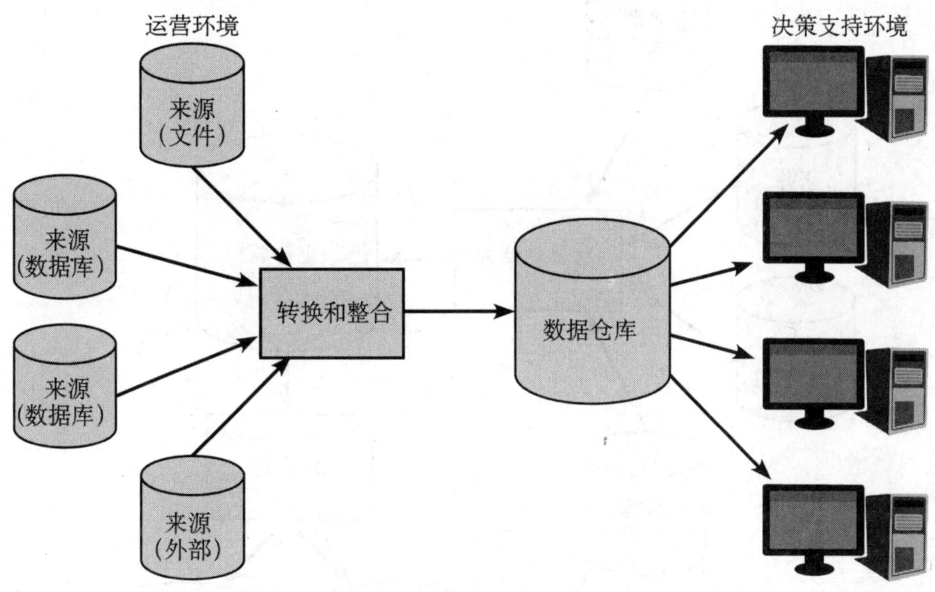

图 12—18　通用的两层数据仓库架构

两层架构是最早的模型，但直到今天仍然广泛使用。两层架构适用于中小型企业，只有少量的硬件和软件平台，并且计算环境相对单一（Galemmo et al.，2003）。然而大型企业拥有大量的数据资源以及多样的计算环境，使用这种方法就会导致在保持数据质量和管理数据获取处理的过程中出现问题（Devlin，1997；Hoffer et al.，2010；Kroenke，2006）。这些问题和分布式计算的趋势一起，引出了扩展的三层架构，如图 12—19 所示。三层架构有如下组成部分：

1. 运营系统与数据
2. 企业数据仓库
3. 数据集市

两层架构与三层架构的第一个主要区别就是企业数据仓库。**企业数据仓库**（enterprise data warehouse，EDW）是一个集中的、集成的数据仓库，作为所有数据的控制点，使得终端用户可以获取数据。这个单独的数据源在整个组织中驱动着决策支持应用。EDW 有以下两个目标：

1. 在终端用户获取数据前，一个集中的控制点可以确保数据的质量及完整性。
2. 单一的数据源，为对时间敏感的数据提供确切的、稳定的业务历史记录。

虽然 EDW 是所有决策支持数据的单一来源，但它不能直接被终端用户获取。对于大多数大型组织来说，EDW 太大、太复杂，用户不能对大多数决策支持应用进行导航。这就造成了两层架构和三层架构的第二个主要区别。在两层架构中，用户可以通过决策支持工具直接访问数据仓库中的数据。而在三层架构中，数据需要从 EDW 中抽取出并存放在数据集市里，然后用户访问数据集市中的数据。

数据集市（data mart）是一个小范围的数据仓库。它可以是从 EDW 中抽取数据的物理分离子集，也可以是 EDW 中数据针对某一类用户的定制逻辑视图。数据集市包含从 EDW 中所选择的信息，这样每个数据集市就是为某特定终端用户群的决策支持应用而定制的。例如，组织中可能有许多为特定类型的用户所定制的数据

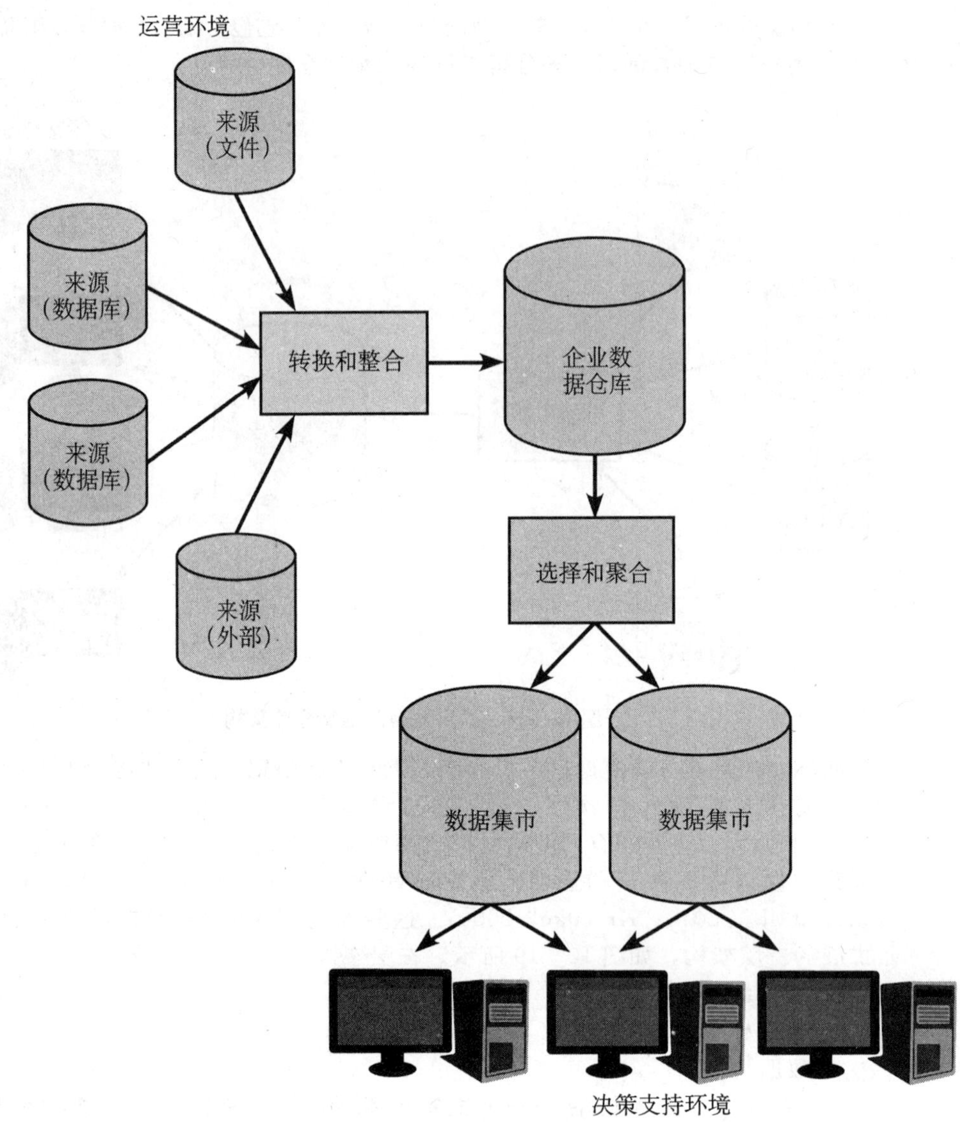

图 12—19　三层数据仓库架构

集市，如市场数据集市和财务数据集市。

一个基于互联网的商务数据仓库可能很大。互联网活动的数据通常包括用户行为的点击流记录，例如所点击的链接以及点击顺序等。数据仓库点击流数据的分析，可被用来定制化及个性化当客户访问网站时向客户所发送的营销消息。例如，在旅游网站中，一个客户可能先查看飞机航班信息，然后浏览与旅游目的地相关的图书，可以建议将一些特定的广告放在该客户的网页上。而其他经常浏览租赁汽车的客户，当他查询航班信息时，就会收到其他一些广告。

通过使用点击流数据及其他存储在 EDW 中的基于事件的数据（例如购买事务、帮助台查询、销售人员接触等），组织可以创建一个活动的数据仓库。例如，在银行环境中，假设一个客户账户从国库券利息支付系统中收到了一大笔电子直接存款。在这个事务产生的同时，该用户可能登录网上银行支付水电费。通常，银行会用独立的运营应用来管理电子直接资金转账以及网上银行业务。没有 EDW，银行就不能实时连接这些事务，并可能失去产生新业务及增加客户忠诚度和可信度的机会。有了活跃的数据企业仓库，多个独立运营应用中的事务数据就会快速存储到 EDW 上（EDW 作为一个向各独立运营应用发送信息的中心）。在这种环境中，银行可以制定规则，使网上银行系统能够认识到某些机会，以便在客户使用网站时，自动向客户交叉销售存款单或其他投资账户。

一些互联网电子商务应用每天可以接收并处理上百万个事务。为了最好地了解客户行为，并向客户确保合适的系统性能，一定要有效地管理在线数据。例如，亚马逊是世界上最大的网上书店，有 500 多万本不同的图书。亚马逊一年 365 天、一天 24 小时全天开放，全球的客户都可以预订图书及其他各类产品。亚马逊的服务器每天记录上百万个事务。亚马逊与传统实体书店区别巨大。事实上，最大的实体书店也“只”能放 170 000 册图书。创建一个像亚马逊这种规模的实体书店在经济上也是不可能的。一个实体书店如果存放亚马逊的 500 多万本图书，需要有近 50 个足球场那么大的面积。很明显，有效设计在线电子商务业务的关键是对在线数据的有效管理。在本节中，我们对这个重要的主题做了简单的介绍（关于更多在线数据管理的学习资料，请参见 Hoffer et al.（2010）和 Kroenke（2006））。

网站内容管理 在互联网的早期，通常由一小组开发人员超时工作来维护网站。网站通常是充满过时的信息，并具有不一致的布局。要在网站的外观上获得一致性，组织就要使用之前描述过的模板和样式表。要确保网站包含最精确、最新，并且经常是来源于多处的信息，许多组织转而使用**内容管理系统**（content management system，CMS）。CMS 是一种特殊类型的软件应用，它从很多的组织信息来源（例如数据仓库、人事数据库、库存等）中收集、组织并输出网站内容。这些内容与格式化网站中任意类型网页的模板一起存储在独立的仓库中。由于内容和格式被 CMS 分离，因此同样的基础内容可以以不同的方式展示给不同的人，如客户、雇员、供货商等，甚至可以提供给不同的设备（见图 12—20）。

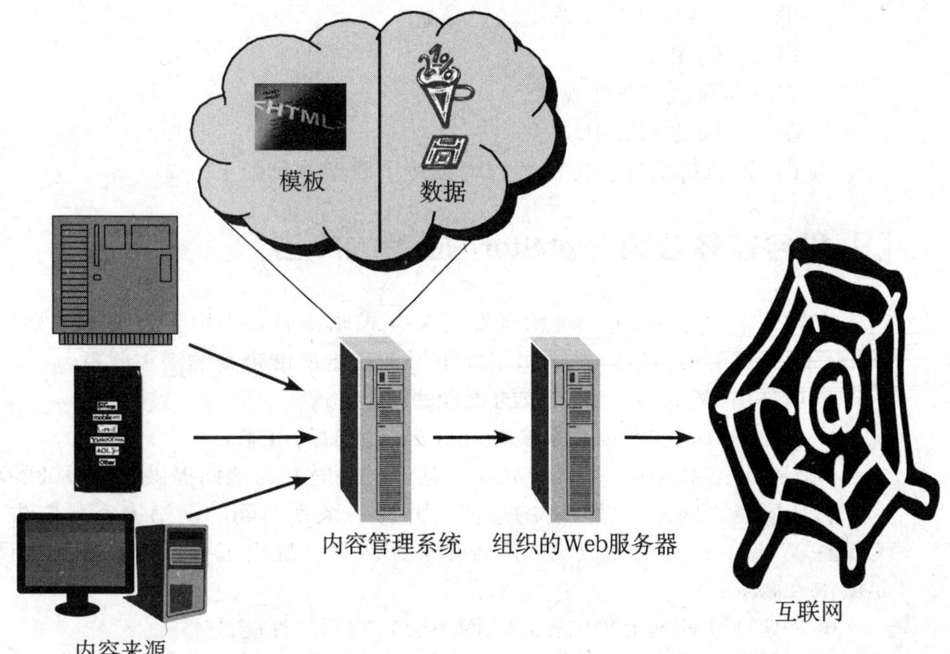

图 12—20 一个内容管理系统将多来源的内容与它的格式分开存储，以方便网站管理

此外，CMS 可以让大量的内容开发者和来源向网站提供更新的信息，而不需要对 HTML 有任何了解。例如，人事经理可以撰写一篇新的职位描述，并用标准文字处理程序（例如微软的 Word）将它传到 CMS 服务器上。存储到 CMS 服务器之后，职位招聘文本就可以和一个标准的模板组合在一起，后者自动将其格式化为标准的网页。格式化后，网站管理员就可以查看并批准职位招聘信息，并将其发布到公共（内部网、互联网，或外部网）网站上。通过这种方式，组织就可以对网站进行即时更新，而不必等待网页开发人员来编写网页。内容、外观和发布的分离，极大地改进了组织的工作流和站点管理。只有通过 CMS，组织才可以发布完善的、拥有上千网页，并且内容可以快速更新的网站（例如，访问一个内容不断变化的流行网站，如 cnn. com，想象如果没有 CMS，如何保持这个网站的更新）。

电子商务应用：为松谷家具公司的 WebStore 设计分布式广告服务器

本章中，我们介绍了在设计基于互联网的系统时，需要考虑的几个问题。正如我们在前两章中所看到的，原型对网站外观的概念化很有用处。网站外观是在基于互联网的应用中，数据显示层的功能。原型也提供了一个系统中事务和处理的视图。在三层架构中，事务和处理由中间层，即数据分析层来管理。本节中，我们将学习如何将一个分布式系统，即广告轮换系统，整合到 PVF 公司的 WebStore 中。

在前两章中，你看到了吉姆如何为 PVF 公司的 WebStore 设计表单和报表，以及界面和对话的说明书。在这项设计工作中，他和他的开发团队得出结论，即他们希望该网站的人机界面应该具有如下四个关键特征：

1. 带有 Cookie 片的菜单驱动式导航
2. 轻量级的图片
3. 表单和数据完整性规则
4. 基于模板的 HTML

为了向团队说明这些特性，吉姆创建了原型（见图 12—21）。

松谷家具公司 WebStore 应用的广告

查看了吉姆为 WebStore 所开发的舍弃式原型后，杰姬·贾德森想要评估在网站上添加广告的可行性。她列出了如下增加广告所能带来的潜在收益：

- 增加由 WebStore 所带来的收入的可能。
- 创建与其他在线商务系统相互促进与联盟的可能。
- 当客户寻找附属 PVF 产品线的其他产品时，为他们提供改进服务的可能。

吉姆同意在网站上做广告的想法，并在一系列不同的网站上查找广告的示例。为了在 WebStore 中采用成功的广告轮换系统，他提出了如下需要在系统设计中满足的潜在要求：

- 一定要快速地上传广告，从而不会影响网站性能。
- 广告要在大小以及分辨率上保持一致，从而使它们不会破坏网站的布局。
- 广告链接不能将用户的浏览器重新定位而偏离 WebStore。

图 12—21　WebStore 的初始原型

□ 设计广告组件

开始设计时，吉姆修改了初始原型的样式表，使其包含一个可以显示广告的空间。由于所有的广告在被添加到轮换系统之前，都需要经过市场部门的核准，因此吉姆相信这些广告会在大小和分辨率上保持一致。点击一个广告后，一个新的小窗口就会打开，并且定位到广告商的网站。然而这个链接不是直接操作的。它首先指向 WebStore 系统中的广告服务器，也就是广告的来源服务器。这个“点击—通过”事务被记录下来，然后用户被送到适当的目的地。

吉姆识别出由广告轮换系统产生的两个不同的数据集合，即上传的广告数量以及点击量。产生的数据必须快速存储，并且在整个系统操作中起作用。广告系统的事务性要求如下：

1. 基于用户在 WebStore 中的位置，决定应用哪个广告。
2. 如果创建了用户的身份，并且知道他的偏好，就可以定制广告。
3. 查找任何季节性或促销性广告。
4. 记录事务。

这些要求是管理轮换系统业务规则的一部分。吉姆和杰姬希望这些规则是灵活的，并且可以调整，以便未来的系统也可以体现它们。为了说明广告如何放在 WebStore 中，吉姆修改了原型，使其包含一个小的横幅广告（见图 12—22）。

图 12—22　为 WebStore 的原型添加广告

□ 设计管理报表组件

创建了系统的事务性要求之后，杰姬将注意力转移到她和其他高层管理者所希望看到的报表上。吉姆立即记下存储在客户追踪系统中的所有人口统计信息，并且将它们与点击广告时所存储的信息进行交叉关联。这使得吉姆和杰姬能够识别出大量潜在的分析型查询，即将客户追踪系统中的信息与广告轮换系统中的事务性数据捆绑在一起。他们进行了一些查询，例如：

- 有多少女士在购买书桌时点击了灯的广告？
- 有多少广告服务于搜索档案橱柜的购物者？
- 有多少人点击了他们看到的第一个广告？
- 有多少人点击了广告，然后从 WebStore 购买了商品？

这些分析和其他结果将为目标市场活动、季节性促销以及商品搭卖提供关键的反馈。在 WebStore 中使用一个分布式的基于事务的广告系统，可以保持较低的维护成本，并能增加网站收入。从广告事务数据的分析型查询中所获得的信息，甚至可以进一步提升网站的价值。

杰姬和吉姆与所有的市场人员查看了广告模型。很多客户代表表示，对寻找老客户合作在网站上做广告很感兴趣。高级销售人员急于销售广告空间，该空间可以为购买者提供关于点击率以及全部广告查看的反馈。一个图形设计师甚至在现场就设计了一个新产品发布的广告。每个人似乎都认可，广告轮换系统将会提高 WebStore 为 PVF 公司所带来的价值。

小结

本章介绍了分布式及互联网系统中的各种问题和技术，这类系统和数据被多人跨时间和空间共享。你学习了客户端/服务器架构，它被用于将个人电脑和工作站连成网络（大型化），或替换旧的主机应用（小型化）。你还了解了客户端/服务器架构的组成，包括 LAN、数据库服务器、应用程序界面，以及应用开发工具。

本章比较了 LAN 架构的两个基本类型，即文件服务器和客户端/服务器。可以看出，新型的客户端/服务器技术相比于旧版的文件服务器有明显的优势。本章中，我们也介绍了分布式系统以及三层客户端/服务器技术的变革，其中，三层客户端/服务器技术为分析人员设计分布式系统提供了更多的选择。

在设计基于互联网的系统时，标准化的位置命名、内容翻译以及文档格式消除了许多设计和实施过程中的复杂性，使设计者可以快速地开发系统。这些标准也消除了设计者对在各种计算设备及平台上传输应用的担忧。很多互联网商务应用是庞大的，可能包含上千个不同的页面，因此外观上的一致性是在专业设计的网站中传输图片的基础。在高度一致的网站中，用户可以更轻松地导航，同时这种网站也更加直观，由此用户可以预测链接的含义。在设计大规模网络应用时，保持一致性的两项技术是 CSS 和 XSL 的使用。由于希望将互联网传送到更多类型的客户端设备中去，因此就有了将网络内容与传送分开的趋势。电子商务应用正是这种趋势的一个实例，它采用诸如 XML 的标准编写网络数据，并用 XSL 来管理内容格式。除了使用样式表在跨客户端设备的网站设计中保持一致性外，设计者采用标准来定义页面和链接的标题也是很重要的。最终，成功的设计会使用户感到网站以及他们的数据是安全的。客户可以通过与网站的良好交互体验来创建信任。逐步传递信任有助于网站吸引并保留客户。

了解一个新系统如何适应组织已有应用的上下文，是系统数据设计和管理的基础部分。基于互联网的应用中数据的主要来源是通过客户事务的积累。OLTP 是指用户与互联网应用交互时请求的收集和即时响应。为了改进决策，组织使用 OLAP 来分析大量的事务数据。OLAP 是指对存储在数据库或数据仓库中的数据进行复杂分析的图形化软件工具。数据仓库的目标是存储并集成各种来源的数据，并在一个上下文中调整数据的格式，以便做出准确的商务决策。

本章中，我们没有介绍分布式及互联网系统的其他一些问题。很多问题由其他系统专家来解决，例如数据库管理人员、电信专家和计算机安全专家等。系统分析人员一定要与其他专家一起才能创建完美的分布式系统。

关键术语

应用程序界面（application program interface，API）
应用服务器（application server）
层叠样式表（Cascading Style Sheets，CSS）
客户端（client）
客户端/服务器架构（client/server architecture）
内容管理系统（content management system，CMS）
上下文开发（context development）
定制（customization）
数据集市（data mart）
数据仓库（data warehouse）
数据库引擎（database engine）
域名系统（domain naming system（BIND））
企业数据仓库（enterprise data warehouse，EDW）
文件服务器（file server）
超文本标记语言（Hypertext Markup Language，HTML）
超文本传输协议（Hypertext Transfer Protocol，HTTP）
情报系统（informational systems）
集成深度（integration depth）
局域网（local area network，LAN）
中间件（middleware）
在线分析处理（online analytical processing，OLAP）
在线事务处理（online transaction processing，OLTP）

运营系统（operational systems）
组织宽度（organizational breadth）
个性化（personalization）
瘦客户端（thin client）
三层客户端/服务器架构（three-tiered client/server）
可扩展标记语言（eXtensible Markup Language，XML）
可扩展样式语言（eXtensible Style Language，XSL）

复习题

1. 比较下列术语：

a. 文件服务器、客户端/服务器架构、局域网（LAN）

b. 超文本标记语言（HTML）、超文本传输协议（HTTP）、域名系统（BIND）

c. 层叠样式表（CSS）、可扩展样式语言（XSL）

d. 个性化、定制

e. 运营系统、情报系统

f. 集成深度、组织宽度

g. 在线事务处理（OLTP）、在线分析处理（OLAP）

h. 数据仓库、企业数据仓库、数据集市

2. 描述文件服务器架构的有限性。

3. 描述客户端/服务器架构的优点。

4. 总结客户端/服务器系统的六个可能架构。

5. 总结使用三层客户端/服务器架构的原因。

6. 解释中间件在客户端/服务器计算中所扮演的角色。

7. 诸如BIND，HTTP和HTML等互联网标准，以何种方式帮助设计者创建基于互联网的系统？

8. 在设计基于互联网的电子商务系统时，为什么将内容与显示分开很重要？

9. 在设计基于互联网的电子商务系统时，CSS和XSL如何帮助确保设计的一致性？

10. 在设计基于互联网的电子商务系统时，如何灌输客户忠诚度以及可信度？

11. 在设计基于互联网的电子商务系统时，“网页永久存在”为什么很重要？

12. 为什么很多商务网站同时有运营系统和情报系统？

13. 简单描述并对比两层和三层数据仓库的组成。

14. 什么是数据集市？为什么一些组织用它来支持组织的决策？

问题与练习

1. 在什么样的环境下，你会建议将文件服务器架构而不是客户端/服务器架构用于分布式信息系统？对于使用这个文件服务器架构的未来用户，你将给予怎样的提醒？如果改为客户端/服务器架构，你建议更改哪些因素？

2. 绘制一个表格来对比六种客户端/服务器架构的能力。你可以参照表12—1绘制。

3. 假设你负责为一个汽车配件商店的全国连锁店设计一个新的订单输入系统和销售分析系统。每个商店都有计算机来支持办公。公司的区域经理在各商店之间巡视，与当地的经理一起促进销售。在全国有四个为区域经理准备的办公室。他们每周有一天待在办公室，其余四天在路上。商店每天要根据销售历史和库存级别进行订货，以补充现货。公司使用高速拨号线路和调制解调器将商店的计算机连接到公司的主机上。每个区域经理都有一台配有调制解调器的笔记本电脑，当经理在办公室时，可以联网。你是否推荐这个公司使用客户端/服务器的分布式系统？如果是这样，你推荐哪种架构？为什么？

4. 互联网是网络的网络。使用本章的专业术语描述，在互联网中应该使用什么类型的分布式网络架构。

5. 假设你要为标准的文件服务器环境设计应用。对于这种分布式处理环境，本章讨论的一个问题是，每个客户端计算机上的应用软件必须分担数据管理的责任。因此就出现了一个数据管理问题，即同时运行在两个客户端上的应用想要同时更新相同的数据。你如何管理这个潜在的冲突？这个冲突是否有可能导致两台计算机都无法工作（换句话说，进入死循环）？你如何避免这个问题？

6. 三层客户端/服务器架构的一个扩展，是拥有很多专用应用服务器的 n 层架构。给出从三层架构改为 n 层架构的理由。

7. 在本章中你学习了客户端/服务器架构的优点。客户端/服务器架构会导致哪些操作和管理问题？考虑客户端/服务器模型的优点和缺点，提出一个可以在客户端/服务器架构中实现的应用的特性。

8. 访问一个传统的个人电脑 DBMS，例如微软 Access。如果要把 Access 数据库连接到一个服务器的数据库上，需要哪些步骤？如果服务器上 DBMS 的种类不同，那么这些步骤是否会不一样？

9. 现在有一种向使用瘦客户端技术的无线移动计算转变的趋势。到网络上访问一些生产瘦客户端产品（例如手持电脑、智能手机以及 PDA 等）的主要计算机销售商。调查每个设备类型的特性，并对每种类型的设备做对比，至少要包括以下几个方面：屏幕大小及色彩、网络选择及速度、永久记忆和嵌入式应用。

10. 以问题与练习 9 为基础，探讨在传输电子商务应用时，每种设备给设计者带来了哪些挑战？是否有某些设备在支持一些应用上比其他设备更适合？

11. 网站的设计一致性是创建用户忠诚度和可信度的一个重要方式。访问你最喜欢的一个网站，并分析这个网站的设计一致性。你的分析应该包含一般布局、颜色和字体、标签、链接和其他一些内容。

12. 到网上找一个提供个性化内容的网站，以及一个可以让你针对自己的偏好定制网站内容的网站。准备一份报告来对比个性化和定制的概念。是否某种方法优于另一种方法，为什么？

13. 数据仓库是大多数大型商业电子商务网站的重要组成部分。假设你是一个行业领跑者（例如亚马逊）的总裁。创建一个问题清单，通过分析你公司数据仓库中的信息，这些问题可以得到解答。

参考文献

Bass, L., P. Clements, and R. Kazman. 2003. *Software Architecture in Practice,* 2nd ed. Boston: Addison-Wesley.

Castro, E. 2001. *XML for the World Wide Web.* Berkeley, CA: Peachpit Press.

Devlin, B. 1997. *Data Warehouse: From Architecture to Implementation.* Reading, MA: Addison-Wesley Longman.

Esposito, D. 2002. *Applied XML Programming for Microsoft .NET.* Redmond, WA: Microsoft Press.

Galemmo, N., C. Imhoff, and J. Geiger. 2003. *Mastering Data Warehouse Design: Relational and Dimensional Techniques.* New York: John Wiley & Sons.

Hoffer, J. A., H. Topi, and R. Venkatraman. 2010. *Modern Database Management,* 10th ed. Upper Saddle River, NJ: Prentice Hall.

Inmon, W. H., and R. D. Hackathorn. 1994. *Using the Data Warehouse.* New York: John Wiley & Sons.

Kroenke, D. M. 2006. *Database Processing.* Upper Saddle River, NJ: Prentice Hall.

Levinson, J. 2003. *Building Client/Sever Applications Under VB .NET: An Example-Driven Approach.* Berkeley, CA: APress.

McKnight, D. H., V. Choudhury, and C. Kacmar. 2002. "Developing and Validating Trust Measures for E-Commerce: An Integrative Typology." *Information Systems Research* 13(3): 334–359.

Nielsen, J. 1996. "Marginalia of Web Design." November. Available at *www.useit.com/alertbox/9611.html.* Accessed February 14, 2009.

Nielsen, J. 1997. "Loyalty on the Web." August 1. Available at *www.useit.com/alertbox/9708a.html.* Accessed February 14, 2009.

Nielsen, J. 1998a. "Using Link Titles to Help Users Predict Where They Are Going." January 11. *www.useit.com/alertbox/980111.html.* Accessed February 14, 2009.

Nielsen, J. 1998b. "Personalization Is Over-Rated." October 4. Available at *www.useit.com/alertbox/981004.html.* Accessed February 14, 2009.

Nielsen, J. 1998c. "Web Pages Must Live Forever." November 29. Available at *www.useit.com/alertbox/981129.html.* Accessed February 14, 2009.

Nielsen, J. 1999. "Trust or Bust: Communicating Trustworthiness in Web Design." March 7. Available at *www.useit.com/alertbox/990307.html.* Accessed February 14, 2009.

Nielsen, J. 2003. "Intranet Portals: A Tool Metaphor for Corporate Information." March 31. Available at *www.useit.com/alertbox/20030331.html.* Accessed February 14, 2009.

Nielsen, J., and H. Loranger. 2006. *Prioritizing Web Usability.* Upper Saddle River, NJ: Prentice Hall.

Rosenfeld, L., and P. Morville. 2002. *Information Architecture for the World Wide Web: Designing Large-Scale Web Sites.* Sebastopol, CA: O'Reilly & Associates.

Wigley, A., and P. Roxburgh. 2002. *Building .NET Applications for Mobile Devices.* Redmond, WA: Microsoft Press.

Zeldman, J. 2006. *Designing with Web Standards.* Indianapolis, IN: Peach Pit Press.

百老汇娱乐公司

◆ 为客户关系管理系统设计人机界面

◇ 案例介绍

MyBroadway 是俄亥俄州森特维尔百老汇娱乐公司（BEC）一个基于 Web 的客户关系管理系统，卡丽·道格拉斯为该公司经理。斯蒂尔沃特州立大学的学生用微软 Access 为卡丽建立了 MyBroadway 的原型。虽然 Access 可用来创建被动的、静态的网页，以用于系统输出，但它并不是一个真正的互联网应用开发工具。尽管如此，学生团队成员想要遵循好的网站设计规则，以便他们最终原型中的表单和报表可以描述一个设计思路，而 BEC 公司信息系统部门的员工能够尽可能直接将这个思路应用到一个完全的网络环境中。

◇ 为 MyBroadway 制定网站设计规则

斯蒂尔沃特的学生们考虑了很多人机界面设计规则（见第 10 章和第 11 章的 BEC 案例）。然而，在开发所有页面、完成导航元素之前，学生们决定对网站设计进行更多的研究。他们通过 MIS 课程了解到，有一个公认的关于网站设计规则的资源，即由雅各布·尼尔森（Jakob Nielsen）维护的网站（www. useit. com）。这个网站很全面，有许多关于如何使网站更好用的短文。

BEC 团队决定开始编写一系列指导规则，他们认为这些规则对 MyBroadway 客户关系管理网站的可用性很有帮助。在查看了尼尔森网站上的一些文章后，学生们开发了准则的初稿（见 BEC 图 12—1）。他们从课堂上了解到，规则仅仅是规则，而不是要求。如果有合理的理由，可以出现例外。由于微软 Access 不支持样式表，因此在开发网站网页时，对于几个团队成员间如何获取一致性，规则能起到关键作用。

特性	规则
交互式菜单—避免	当用户在同一页面选择其他菜单的内容时，交互式菜单会发生变化。选项来回变化，会使用户感到非常困惑；同时，如果依赖于不同组件中的选择，则很难使一个期望的选项出现。
过长菜单—避免	很长的菜单需要滚动，用户不能一眼就看见所有的选项。通常显示这种长列表的选项时，最好的方法是使用传统的超文本链接的 HTML 列表。
缩写菜单—避免	对用户来说，输入缩写（例如，两个字符的代码）比从下拉菜单中选择选项更快一些。无格式的输入则要求网页或服务器上程序代码的验证。
已知数据的菜单—避免	选择已知的数据，例如月份、城市、国家，通常打破了用户输入顺序，或造成其他数据输入问题。
框架—保守使用	当用户试图打印页面或链接到另一个网站时，框架会造成困扰。框架会阻止用户发送 URL 给其他用户，并且对于没有经验的用户而言，也会很复杂。
移动页面元素—保守使用	移动图片会对人的周围视觉产生巨大的影响，并且会扰乱用户对其他页面内容的创造性使用。移动文本会造成阅读困难。

续前表

特性	规则
滚动—最小化	一些用户不会滚动出屏幕上已显示信息的范围。因此，关键的内容和导航元素应该很明显（在页面的顶部，也可能在页面顶部的框架中，以便这些元素不会脱离页面）。
上下文—强调	不要设想用户对网站的了解与你一样。用户找到信息很困难，因此，他们要求结构和布局具有明确的意义，以向他们提供支持。开始设计时，要从用户的角度彻底了解信息的结构，并且把这个结构明确地告知用户。
系统状态—可视化	系统应该时刻通过合理时间内的适当反馈，告知用户系统运行的情况。
语言—使用用户语言	系统应该一直使用用户的语言，使用用户熟知的文字、短语、概念，而不是系统导向的术语。根据真实世界的惯例，按照自然逻辑的顺序显示信息。
修正错误—容易	通常用户在错误选择系统功能时，需要一个明确的"紧急离开"标志，以离开错误状态，而不必进行下一个对话。支持撤销操作、重复操作以及默认值。在第一时间就避免错误产生的完美设计，会优于一个好的错误信息显示。
行为—明显	使对象、行为和选项都可见，从而确保用户不需要在从对话的一部分转移到另一部分时必须记住信息。无论何时需要，系统的使用说明应该可见，或者易于检索。
个性化—灵活并有效	系统设计要同时适用于初学者以及有经验的用户。允许用户调整系统，使其与他们经常的活动相匹配。
内容—相关	对话中的每个无关信息会与相关信息相竞争，并削弱它们的清晰性。
取消按钮—保守使用	网络是一个导航环境，用户在它的信息页面之间移动。由于超文本导航是主要的用户行为，因此用户已经学会依赖于"后退"按钮来退出使人不愉快的状况。当用户害怕他们提交了一些他们不想提交的信息时，应提供"取消"按钮。以一种明确的方式"取消"会给用户一种安全感，而这是简单的离开所无法提供的。

资料来源：Adapted from the following sources：Jakob Nielsen Web site www. useit. com，specifically pages： www. useit. com/alertbox/20001112. html， www. useit. com/alertbox/9605. html， www. useit. com/papers/heuristic/heuristic _ list. html，www. useit. com/alertbox/20000416. html，and www. useit. com/alertbox/990502. html.

BEC 图 12—1 MyBroadway 网站设计的规则

◇ 案例小结

有时，斯蒂尔沃特的学生们认为他们的工作永无止境。看起来总是还需要再设计一个页面，再包含一个需求，系统需求又多了一个新的方面，或是又多了一个影响 MyBroadway 可用性的因素。变更的诱惑成为完成项目的一个真正障碍。因此，团队成员认为，他们必须迅速完成设计规则，冻结那些试图扩张系统功能的需求，并转向 MyBroadway 的最终原型。团队成员渴望实施 MyBroadway 原型。为了确保之后的原型迭代能真正转换为最终的原型，他们必须严格遵守已制定的设计规则。

问题

1. 斯蒂尔沃特的学生们查看了尼尔森网站上在 2009 年底发表的文章，然后绘制了 BEC 图 12—1。请再次访问这个网站，根据网站上从 2004 年初一直到现在所发表的准则和文章来更新这个图，并添加你认为对 MyBroadway 的设计必要且相关的元素。

2. 回顾第 10 章和第 11 章，将这些章节中所提到的规则融合进你对问题 1 的回答中。你认为一个网站的人机界面设计规则与一般应用的设计规则相比较有多独特？验证你的答案。

3. 根据问题 2 中你的回答，回顾 BEC 图 10—1 和 BEC 图 10—2 中 MyBroadway 页面的设计。你是否对这些页面有一些修改的建议？

4. 回顾你对第 10 章 BEC 案例中问题 4 和 5 所做的回答。根据你在问题 2 中所建立的规则，对你的设计进行评价。

5. 回顾你对第 11 章 BEC 案例中问题 1 所做的回答。根据你在问题 2 中所建立的规则，对你的设计进行评价。

6. 在尼尔森网站之外，搜索其他关于网站设计的网络资源。（提示：参考本章及前一章末尾处的参考资料。）你是否发现你找到的设计规则与你在问题 2 中的回答相矛盾？请介绍不同之处。

7. 本章介绍了忠诚度以及可信度的概念对与网站交互的客户很必要。在 MyBroadway 网站设计中，是否遗忘了哪些可以提升 BEC 客户忠诚度和可信度水平的元素？

第5篇

系统实施与维护

- 系统实施
- 系统维护

实施与维护是系统开发生命周期中的最后两个阶段。实施的主要内容包括构造一个有效的系统、安装、替代旧系统和原有的工作方法、最终确认系统和用户文档、培训并提供支持系统来协助用户。实施也涉及关闭项目，包括人员评估、重新分配任务、评价项目的成败，以及将所有资料转交给支持和维护系统的人员。维护的目标是针对出现的问题和商业环境的变化，对系统进行改进和升级。维护包括所有系统开发阶段的活动，也包括响应系统变更请求、将请求转换成变更、设计变更，并加以实施。

我们来看看第 13 章系统实施中所完成的各项工作。对于那些基于敏捷方法开发的项目，编程和测试与系统分析和设计并行，因此通过这类工作所产生的系统在开始实施时，编程和测试工作已经完成了。使用传统方法开发的项目，开始实施时需要将详细的设计说明书移交给程序小组进行代码的编写，以及质量保证小组进行测试。在第 13 章，你将学习系统测试和系统组件，以及保证和测量软件质量的方法。作为一名系统分析员，你需要制定一个系统测试计划，包含开发用于检查系统各部分的所有测试数据。你需要在项目早期就开始制定测试计划，通常是在系统分析阶段，这是因为测试要求与系统的功能要求密切相关。你也将学习如何记录每个测试用例和测试结果。一个测试计划通常遵循自底向上的方法，从小模块开始，接着是程序小组进行扩展的 α 测试，用户进行 β 测试，最终是验收测试。测试利用一系列的措施和方法（例如结构化走查）以保证软件的质量。

转换一个新系统涉及的不只是计算机系统的技术革新。管理转换既包括管理组织变革，也包括管理技术变革。我们将回顾几种转换方法，以及几个你可以用来预测和控制来自人员和组织对变革的阻力的框架。

文档对任何一个系统而言影响深远。通过完整的项目工作簿或 CASE 资料库，你已经完成了系统维护所需要的大多数文档。现在你需要做的是最终确认用户文档。在第 13 章中，我们提供了一个通用大纲作为用户指南，也可以作为一项广泛的指导方针，你可以用它来编制高质量的用户文档。记住，必须测试所编制文档的完整性、准确性和可读性。

当文档被最终确认后，用户支持活动也需要得以设计和实现。支持活动包括培训，它可以是传统的导师指导型课程，也可以是基于计算机的教程或网上学习，或者是由供应商所提供的培训。电子性能支持系统可按需提供培训。许多类型的培训可以从互联网或企业内部网上提供的各种资源中获得。培训后，用户仍有可能遇到困难。因此，你作为一名系统分析员，必须考虑提供持续的支持，可以利用帮助台、简报、用户组、在线公告板或其他方法，这些支持的来源也需要进行测试和实施。我们以对项目关闭活动的简要回顾结束第 13 章，因为实施的结束也就意味着项目的结束。我们还提供了一个有关松谷家具公司 WebStore 实施的案例。

然而，实施完成后，系统的工作才刚刚开始。如今，一个系统高达 80%的生命周期成本发生在实施以后。系统维护负责升级更新以弥补缺陷、适应新技术和满足新的商业环境。在第 14 章中，你将学习系统分析员在系统维护中的作用。

维护有四种类型：纠错性维护、适应性维护、完善性维护和预防性维护。你可以通过提高系统的可维护性，来帮助控制系统潜在的巨大成本。减少缺陷的数量、提高用户的技巧、编制高质量的文档和构造稳固的系统结构，都可以提高系统的可维护性。

你可能还会参与为系统建立一个维护小组。维护小组的人员有各种组织结构，你将了解它们及每一种结构实施的理由，还将学习如何评估维护的成效。配置管理和决定如何处理变更请求是很重要的。你将了解系统管理员是如何跟踪基线软件模块，核查并交给维护人员，然后重建系统的。你还将了解网站维护的特殊内容，并阅读松谷家具公司 WebStore 系统的维护案例。

第 13 章和第 14 章还介绍了百老汇娱乐公司（BEC）项目案例的最终转换。最后这两章将帮助你在组织的上下文中理解实施和维护问题。

第13章

系统实施

学习目标

- 描述编程、测试和转换新旧系统的过程，列出这一过程的可交付成果
- 为一个信息系统制定测试计划
- 四种新旧系统转换策略：直接转换、并行转换、单点转换和分阶段转换
- 列出文档编制、用户培训及支持工作的可交付成果
- 比较各种可供组织培训的方式，包括自学和电子性能支持系统
- 讨论如何为最终用户提供支持
- 解释为什么系统实施有时会失败
- 描述系统所面临的安全威胁和可用的补救措施
- 展示如何将传统实施活动应用到电子商务领域

引言

系统实施是在系统开发生命周期中仅次于系统维护阶段的最昂贵、最耗时的活动。由于涉及众多人员参与，因此系统实施工作成本很高，耗时是因为必须完成所有的工作。在一个传统计划驱动的开发项目中，物理设计说明书必须转换成可执行的计算机代码，然后代码必须予以测试，直到绝大多数的错误被发现和纠正。在一个用敏捷方法开发的项目中，设计、编程和测试工作并行完成，正如你在前面章节中所学习到的。无论采用何种方法，一旦编程和测试完成，系统就准

备好“上线”，它必须被安装（或投产），用户站点必须为新系统做好准备，同时用户必须开始依靠新系统而不是现有的旧系统来完成工作。

在组织环境中实施新系统不是一个机械的过程。组织的环境是由为组织工作的人所塑造和改造的。组织中每个成员的工作习惯、信仰、人际关系和个人目标，都会影响实施的进程。尽管成功实施的重要因素已经被识别出来，但仍没有一个你可以遵循的确切方法。在实施过程中，必须切合组织环境的关键部分，例如历史、政治和环境要求，如果忽视这些，就可能会导致实施的失败。

在这一章中，你将了解到组成实施的各项活动。我们将讨论编程、测试、转换、编制文档、用户培训，以及转换和成功实施后的支持工作。我们的目的不是教你如何编程和测试系统，你们中的大多数人已经在学习这门课程之前掌握了编程和测试系统的方法。相反，这一章会告诉你在总体实施方案中，在哪个环节进行编程和测试最合适，尤其是在传统的计划驱动项目中。本章强调，从组织变革的过程来看，实施并不总是成功的。

此外，你将了解为那些将要维护系统的人员和用户编写新系统的文档。这些用户必须接受培训，使用你已经开发并安装在他们工作岗位上的系统。一旦培训结束，系统就开始成为一种惯例，用户可能对系统实施和如何有效使用系统产生疑问。你必须为用户提供一种回答问题的方法，并确定进一步的培训需求。

作为新系统开发和实施团队中的一员，随着安装和转换新旧系统的完成，你的工作接近尾声。实施的结束意味着你要开始结束项目。你已经在第 3 章中学习了如何结束项目，我们将回到系统开发项目正式结束的话题上来。

在对编程、测试和转换过程，以及这些过程中的可交付成果做简要概述之后，我们将讨论软件应用测试。接着我们将展示四种转换策略：直接转换、并行转换、单点转换和分阶段转换。之后你将会了解编制系统文档、用户培训和支持的过程，以及这些过程中的可交付成果。接着我们会讨论提供培训和支持服务的各种文档和方法。你将了解到，作为组织变革的一个过程，实施会涉及许多组织和人员的问题。你还将了解到组织面临的安全威胁以及使系统更加安全的方法。最后，你会看到一个电子商务应用的实施与传统系统的实施是多么相似。

系统实施

系统实施由许多活动组成。本章将介绍六个主要活动：编程、测试、转换、编制文档、用户培训和用户支持（见图 13—1）。这些步骤的目的在于将物理设计说明书转换成能够可靠运行的软件和硬件，将已完成的工作整理成文档，并为当前和未来的系统管理员提供帮助。如果使用敏捷方法开发，那么此时编程和测试已经完成了。如果使用计划驱动方法开发，尽管系统分析员可能也会做一些编程类的工作，但编程和测试通常由系统分析员之外的其他项目小组成员完成。在任何情况下，分析员都要确保各项活动得到正确的计划和执行。下一步，我们将这些活动分成两组进行简要讨论：（1）编程、测试、转换；（2）编制文档、用户培训和用户支持。

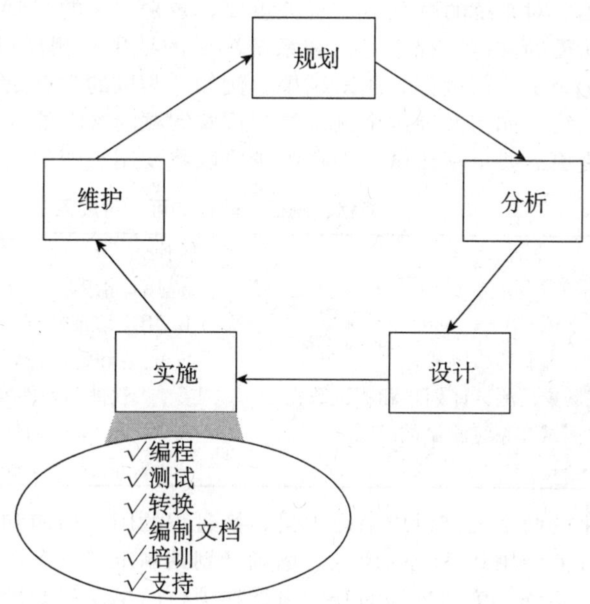

图 13—1　突出实施阶段的系统开发生命周期

□ 编程、测试和转换的过程

正如我们前面提到的，编程是一个过程，在这个过程中，系统分析小组创建的物理设计说明书被编程小组转换成可运行的计算机代码。由于系统的规模和复杂程度不同，编程可能是一项众多人员参与的工作，或者说是一项密集型活动。不管使用何种方法开发，一旦编程开始，测试过程就可以开始且平行进行。随着各个程序模块的完成，每个模块可以单独测试，接着作为较大的程序的一部分进行测试，然后作为更大的系统的一部分进行测试。在本章后面部分，你将学习不同的测试策略。我们要强调的是，尽管测试属于实施部分，但你必须在项目较早的时候开始制定测试计划。测试计划包括确定哪些内容需要测试和收集测试数据。这通常是在分析阶段进行的，因为测试要求与系统功能要求密切相关。

转换是一个新系统代替原有系统的过程，包括对现有数据、软件、文档和工作程序的转换，使其与新系统一致。用户必须放弃旧的手动或自动的工作方式，而调整为用新系统完成同样的任务。有时用户会抵制这些变化，你必须帮助他们调整。但是，你无法控制所有在转换过程中发生的用户与系统之间的动态交互活动。

□ 编程、测试和转换的可交付成果

表 13—1 展示了编程、测试和转换过程中的可交付成果。有些面向对象的语言，如 Eiffel，可以从所开发的软件中自动抽取文档。另一些语言例如 Java，则使用一些专门的设计工具（如 JavaDocs）从原代码中生成文档。其他语言则要求在这一部分付出更多努力，以建立良好的文档。但即使是结构良好的程序代码，对于一个多年后要对系统进行维护的人员来说，也可能是很神秘的，因为原始的系统已完成多年，并且当初的设计人员也不知去向。因此，保证每个模块和程序段有清楚、

完整的文档，对系统的顺利运行至关重要。越来越多的CSAE工具被用来生成系统专业人员所需的文档。程序运行和系统测试的结果是测试过程的主要可交付成果，因为它们记录了测试过程和测试结果。例如，测试的类型是什么？使用的测试数据是什么？系统是如何处理这个测试的？这些问题的答案能够为系统维护提供重要信息，因为变更需要重新测试，而在维护阶段将使用类似的测试过程。

表13—1　　编程、测试、转换的可交付成果

1. 编程	3. 转换
a. 代码	a. 用户指南
b. 程序文档	b. 用户培训计划
2. 测试	c. 安装和转换计划
a. 测试场景（测试计划）和测试数据	i. 软件和硬件安装计划
b. 程序测试和系统测试的结果	ii. 数据转换计划
	iii. 网站和设施重建计划

接下来的两个可交付成果是来自转换过程的用户指南和用户培训计划。用户指南提供了如何使用新系统的信息，培训计划则制定了一套培训策略，以使用户能够迅速学习新系统。培训计划的开发可能在项目的早期就开始，一些基于新系统概念的培训计划的开发可能更早。在实施的早期阶段，培训计划被最后定稿，同时开始培训用户如何使用系统。类似地，转换计划提出了从旧系统转换到新系统的全过程的策略。系统（软件和硬件）转换既在中心枢纽进行，也在用户站点上进行。转换计划解决的是下列问题：何时安装新系统，使用哪种转换策略，涉及哪些人员，需要何种资源，哪些数据需要转换和清洗，转换过程将持续多久等。系统仅仅被安装和转换是不够的，用户还必须使用它。

作为一名系统分析员，你的任务是确保所有可交付成果被高质量地完成。你可能会完成某些可交付成果，例如测试数据、用户指南、转换计划，或程序代码等其他内容，你也可能仅仅是监督它们被完成。根据你为之服务的组织的规模大小和标准的不同，你在实施阶段的职责也会不同。但你的最终职责是，确保通过全部实施过程得到一个系统，该系统满足项目早期阶段所编制的说明书的要求。

编制文档、用户培训和用户支持的流程　尽管编制文档贯穿生命周期的各个阶段，但在系统实施阶段会受到正式的关注，这是因为实施的结束很大程度上标志着系统分析人员参与系统开发的结束。随着小组准备好转移到别的项目中，你和其他分析员需要准备好文档，以记录在开发和实施过程中所积累下来的关于该系统的所有重要信息。会有两类人员阅读这个最终文档：（1）信息系统人员，他将在系统的有效寿命内维护该系统；（2）那些使用该系统作为日常生活的一部分的人员。在准备文档的过程中，大型组织中的分析团队可以从信息系统部门的专门工作人员处获得帮助。

较大型的组织往往也会为整个组织内的计算机用户提供培训和支持。有些培训和支持是面向特殊或特定的应用系统，其他则是针对一般或特定的操作系统或商用软件包。例如，微软Windows的课程常常能够在全组织范围的培训中见到。分析员通常不参与一般的培训和支持，但是他们会与企业的培训人员共同工作，为他们所参与开发的特定的计算机应用系统提供培训和支持。集中式的信息系统培训机构倾向于拥有专业的培训人员，以帮助实施培训和支持工作。在较小的组织中，它们可能无法支付专业的集中培训和支持的相关费用，用户培训和支持的最佳来源是其他用户，无论软件是定制的还是商用的。

□ 编制文档、用户培训和用户支持的可交付成果

表 13—2 显示了编制文档、用户培训和用户支持的可交付成果。最起码，开发小组必须准备用户文档。对于大多数的现代信息系统来说，任何文档都被设计成系统界面的一部分，包括在线帮助。开发小组应该全面思考用户的培训过程，包括：谁应该接受培训？每个人接受多少培训是合适的？不同类型的用户在培训期间要学些什么？培训计划还需要包含实际的培训模块，或至少列出这些模块，以回答上述提出的三个问题。最后，开发小组还应该提供一个用户支持计划，以解决诸如一旦信息系统被集成到组织中，用户将如何获得帮助这样的问题。开发小组还应该考虑多种支持机制和交付形式。稍后本章将详细讨论每个可交付成果。

表 13—2　　编制文档、用户培训和用户支持的可交付成果

1. 文档	3. 用户培训模块
a. 系统文档	a. 培训材料
b. 用户文档	b. 基于计算机的培训帮助
2. 用户培训计划	4. 用户支持计划
a. 课程	a. 帮助台
b. 个别指导	b. 在线帮助
	c. 电子公告牌或其他支持机制

软件应用测试

正如我们前面提到的，在传统的计划驱动的系统开发项目中，分析员应该将系统设计说明书交给程序小组进行编码。尽管编码需要相当的努力和技能，但这里不讲述实际编写代码的过程。然而，由于软件的应用测试还需要分析员进行计划（开始于分析阶段）或者监督，这取决于所在组织的标准，因此你需要了解测试过程的要领。尽管本节重点是从传统开发方法的角度来讨论测试，但分析—设计—编程—测试这一循环中的许多测试环节也常见于敏捷方法中。在本节结尾处，还将对极限编程方法的编码和测试进行简要的讨论。

虽然许多实际的测试活动发生于实施阶段，但软件测试在系统生命周期中早已开始。在分析过程中，你已经有了一个主测试计划。在设计过程中，你完成了单元测试计划、集成测试计划和系统测试计划。在实施过程中，这些不同的计划付诸实践，并进行实际的测试工作。

这些书面测试计划的目的是增进测试人员之间的交流和沟通。计划规定了每个人在测试中的角色。测试计划也可以作为你的检查清单，以确定主测试计划的所有工作是否已经完成。主测试计划不是简单的文档的集合，而是对文档的提炼。每个组件文档代表了一个完整的测试计划，可以用于测试系统中的一部分，也可以用于测试特定类型。呈现一个完整的主测试计划已经远远超出了本书的范围。有关完整的测试计划，请参见 Mosley（1993）的《管理信息系统软件应用测试手册》中共 101 页的附录。为了使你对主测试计划有一个概念，我们在表 13—3 中列出了一个内容简表。

表 13—3　　主测试计划的内容

1. 导论	4. 控制程序
a. 测试的系统的描述	a. 测试初始化
b. 测试计划的目的	b. 执行测试
c. 测试方法	c. 测试失败
d. 支持文档	d. 访问/变更控制
2. 总体计划	e. 文档控制
a. 里程碑、时间表和地点	5. 测试专用或组件专用的测试计划
b. 测试材料	a. 目的
i. 测试计划	b. 软件描述
ii. 测试用例	c. 方法
iii. 测试场景	d. 里程碑、时间表、进程和地点
iv. 测试日志	e. 要求
c. 测试通过标准	f. 测试通过标准
3. 测试要求	g. 测试材料的结果
a. 硬件	h. 实施控制
b. 软件	i. 附件
c. 人员	

资料来源：Adapted from Mosley，1993.

主测试计划是整个开发项目中的一个子项目。到目前为止，至少有一些系统测试由系统开发人员以外的人完成，因此，导论部分提供了有关信息系统和测试需要的大致信息。总体计划和测试要求部分有点像一个测试的基线项目计划，列出了时间表、资源需求和操作标准。控制程序部分说明测试要如何进行，包括如何修改错误都将被记录在案。第5部分也是最后一部分，描述了每个专用的测试，以验证系统的性能是否与预期相同。

有些组织培训了专门的人员来监督和支持测试。测试经理负责在整个生命周期中制定测试计划、建立测试标准、整合测试和执行各项活动，并且保证测试计划顺利完成。测试专家帮助制定测试计划、创建测试用例，以及分析和报告测试结果。

□ 七种不同类型的测试

软件应用测试是一个总称，它涵盖了多种类型的测试。Mosley（1993）根据采用的技术是动态的还是静态的、测试是手动的还是自动的，对测试进行了分类。静态测试表示被测试的代码段不会运行。代码的运行结果不属于该测试所讨论的范围。动态测试则与之相反，涉及代码的运行。自动测试意味着由计算机完成，而人工测试由人来完成。运用该框架，我们可以将测试分成几大类，如表13—4所示。

表 13—4　　测试的分类

	人工的	自动的
静态	代码审查	语法检查
动态	走查	单元测试
	桌面检查	集成测试
		系统测试

资料来源：Adapted from Mosley，1993.

让我们依次看一下每种测试。**代码审查**（inspections）是一种正式的评审活动，通过人工审查找出那些最常见的错误。句法、语法和其他常规错误都可以通过自动检查软件进行检查，因此人工代码审查用于查找更细微的错误。每种编程语言都有一些特定的错误，是编程人员在编程时最容易犯的，这些错误很常见，因此被记录在案。代码审查员会将待审查的代码与该语言的常见错误清单相比较。显然，代码做什么与代码审查无关。据估计，代码审查能够发现60％～90％的软件错误，审查结果将反馈给程序员，以使他们在将来的工作中避免同类错误的发生（Fagan，1986）。代码审查过程也可以用于其他任务，如设计说明书。

与代码审查不同，代码做什么是走查关注的重要内容。结构化走查是找出代码错误的有效方法。正如你在第 5 章所了解到的，结构化走查用于检查许多系统开发的可交付成果，包括逻辑设计和物理设计说明书，以及程序代码。特殊用例走查一般用于正式评审，而代码走查一般是非正式的。非正式检查往往能减少程序员的忧虑，提高工作效率。根据 Yourdon（1989）所述，如果审查模块相对较小，那么在其正式审查前，更应该频繁地使用代码走查。如果直到整个系统测试时才使用走查，那么程序小组可能已经花费太多时间去寻找他们本可以很快发现的错误。程序员的时间被浪费掉了，项目其他成员也可能情绪受挫，因为如果早一点开始走查，能够找出的错误数量要多得多。更进一步讲，一个程序没被走查的时间越长，代码审查时程序员的抵制情绪越严重。尽管组织使用走查的方式各异，但你可以遵循一个行之有效的基本结构（见图 13—2）。

走查遵循的步骤

1. 召开评审会议，由项目经理或首席程序员主持，他也负责安排会议时间、预订房间、设定议程、邀请参加者等。
2. 程序员向评审员展示自己的工作。讨论一般在演示过程中进行。
3. 讨论之后，程序员仔细地走查代码，主要关注代码的逻辑而不是具体的测试用例。
4. 评审员可以要求走查一些特殊的测试用例。
5. 如果评审小组成员不能达成一致意见，则由主持者解决分歧和分配任务，通常分配给程序员的任务是做出某些具体的变化。
6. 根据需要安排第二次走查。

图 13—2　典型走查的步骤

资料来源：Based on Yourdon，1989.

应当强调的是，走查的目的是检测错误，而不是予以纠正，纠正错误是程序员的工作。有时对审查员来说，当在代码中发现错误时，他们自然想对如何解决加以评论，但随着经验增加，就能慢慢改掉这个习惯。

代码做些什么在**桌面检查**（desk checking）过程中是很重要的，它是一个非正式的过程，由程序员或了解程序逻辑的人用纸笔完成。程序员执行每个指令，使用的测试用例不一定被记录下来。从某种程度上讲，审查员就像一台人工计算机，在脑海中执行每个步骤并返回结果。

在表 13—4 所列出的自动测试技术中，只有一项技术是静态的，即语法检查。语法检查通常由编译器完成。编译器能够发现错误，但代码不会被执行。在其他三种自动测试技术中，代码会被执行。

单元测试（unit testing），有时也叫做模块测试，是一种自动测试技术。每个模块单独进行测试，以发现任何可能存在于模块内的错误。但是，由于各个模块在系统中相互依存、合作，因此还需要把它们聚合成更大的模块一起测试。聚合模块并对其进行测试就称为**集成测试**（integration testing）。集成测试是循序渐进的。首先，你要测试模块中的一个子模块，接着你可以再添加一两个同级别的子模块，直到将整个模块测试完。程序中所有模块测试完之后，你就可以进入更高一级的模块测试。依此类推，直到将所有程序作为一个整体进行测试。**系统测试**（system testing）是一个类似的过程，它不同于从模块到程序的集成，而是从程序到系统的集成。系统测试的方法逻辑与集成测试一致。经过集成测试和系统测试，不仅单个模块和程序被测试了多次，模块间和程序间的接口也被测试了多次。

目前的做法是用自顶向下的方法来编写和测试模块。首先编写一个整体的模块，接着将这个模块细分成下一级的模块，下一级的模块再细分，依此类推，直到整个系统完成。每个模块在编写的同时就进行测试。由于较高级别的模块包含下级模块的调用，你可能会问：下级模块还没有完成，如何测试上级模块呢？答案是**桩测试**（stub testing），一个桩可能就是两三行代码，是程序员用来代表那些未完成的模块的。测试过程中，集成模块调用桩而不是下级模块。桩接受调用并返回结果到集成模块中。

系统测试并不是集成测试的简单扩展，它测试系统各个程序间的接口，而不是程序各个模块间的接口。系统测试的目的还在于证明系统是否符合目标。这与测试一个系统是否满足需求不同，那是验收测试的内容，我们将在后面谈到。验证系统是否符合目标，涉及在非活动测试环境中使用非活动测试数据。非活动是指数据和情境是为测试而专门人为设定的，但这些数据和情境与用户在日常系统使用中所遇到的相似。系统测试通常由信息系统人员完成，并由项目组长领导。有时也可能是由用户在信息系统指导下完成的。构成系统测试基础的测试场景是主测试计划的一部分。

□ 测试过程

到目前为止，我们已经谈到了主测试计划和七种不同类型的软件应用测试。我们还未详细讨论测试过程本身。关于信息系统测试，重点要记住两件事情：

1. 测试的目的是保证系统能够满足需求。
2. 测试必须先进行计划。

无论哪种类型的测试，这两点在系统测试过程中都有以下几方面的含义。首先，测试并不是随意的。你需要关注系统的多个方面，如响应时间、对边界数据的响应、对零输入的响应、对大量输入数据的响应，等等。在资源允许的情况下，你必须测试一切可能出错的地方。至少你应该测试使用最频繁的部分，在时间允许的情况下，尽可能用不同方法测试整个系统。测试计划帮助分析员和程序员思考所有潜在的问题区，列出这些区域的名单，并制定测试方法来找到错误。如前所述，建立一个测试用例集是主测试计划的一部分，每个测试用例必须详细记录下来（测试用例描述见图13—3）。

测试用例是一个交易、查询或导航的具体场景，代表对系统典型的、危险的或者非正常的使用。测试用例应该是可复用的，以便能在软件更高版本的测试中用到。

松谷家具公司
测试用例描述

测试用例编号：
日期：
测试用例描述：

程序名称：
测试日期：
测试用例准备者：

测试管理者：

测试数据描述：

期望结果：

实际结果：

图 13—3　测试用例描述表

资料来源：Adapted from Mosley，1993.

这一点对于所有的软件都是非常重要的，无论是自己开发、承包商开发还是购买的软件。测试用例需要确定新软件可以与其他共享数据的现有软件协同工作。尽管分析员往往不负责测试，但由于他们对应用有深入了解，往往由他们制作或寻找测试数据。创建测试用例的人不应是系统编程人员或测试人员。除了要对每个测试进行描述，还应该对测试结果进行描述，其重点是实际结果与预期有什么差异（见图 13—4）。如果有差异，这个描述会显示为什么有差异，以及应该如何调整软件。接着这个描述会建议是否需要复验，也可能引入新的测试，以发现差异来源。

松谷家具公司
测试用例结果

测试用例编号：
日期：

程序名称：
测试模块：

实际结果与预期结果不同的解释：

下一步的建议：

图 13—4　测试用例结果表

资料来源：Adapted from Mosley，1993.

之所以要求详细地记录测试用例和结果，一个重要原因是可以在软件每个升级版本中进行复用。尽管升级版本可能需要新的测试数据以验证新功能，但旧版本的测试用例依然可以使用。旧版本测试数据的结果将与新版本的结果相比较，以验证新版本的改动没有产生新的错误，并验证系统的表现（例如响应时间等）没有变得更差。测试过程的第二点是测试用例必须既包括合法数据，也包括非法数据。系统必须能应对各种情况，无论有多么不可能，唯一的解决途径就是测试。

如果一个测试用例的结果与预期相比并不是很理想，那么必须找出问题的原因并加以修正。程序员运用各种排错工具来定位和修正错误。有一种高级的排错工具叫做符号排错，它允许程序在线运行，如果程序员愿意，甚至可以按指令运行，一次只执行一个指令。这时程序员可以观察指令执行后数据是如何变化的。发现问题，修正问题，继续用例测试，一直循环到不再有问题产生。用来生成测试用例和指导测试过程的具体方法已经被开发出来（Mosley，1993）。“自动测试”专栏对工具进行了综述，可以帮助你测试软件。

自动测试

自动化软件测试工具可以提高软件测试的质量，并减少近80%的测试时间。它可以提供以下功能：

- 记录数据录入、菜单选择和鼠标点击、数据输入的“脚本”，这意味着可以随着软件的进展，对每个测试都按这个顺序重复进行。
- 一个测试的结果可以与之前的测试用例结果相比较，以找出错误或突出新特性的结果。
- 无人管理或可重复的脚本可以模拟高数据量或压力下的情况。

□ 编码与测试的整合

尽管编码和测试在很大程度上是同一过程，但在一些大型的复杂系统开发中，这两个过程通常是分开进行的。在大型的公司和项目中，有专门的测试人员制定测试计划，在程序完成后用这些计划来测试软件。你已经了解了许多不同类型的测试，能推断出测试是多么详尽和广泛。正如你所知道的，在极限编程（XP）（Beck，2000）和其他敏捷方法中，编码和测试是密切相关的过程，程序员既编写代码，也进行测试。通用的概念是一段代码写完之后立刻进行测试。

测试完成后，所有有效的代码将在每个工作日结束时整理集中，有效的系统版本将频繁公布，有时甚至一周一次。相对于传统的开发方法，XP开发人员能在极短的时间内设计和构建系统。

在XP中有一项特别的技术——**重构**（refactoring），它能够不断提高系统的质量。重构不过是简化系统，通常发生在增加一项或多项新功能之后。随着更多的功能加入，系统变得越来越复杂，这种复杂性会反映到代码中。经过一段时间复杂性的增加后，XP开发者停止增加新功能，开始重新设计系统。系统简化后，仍需通过测试，所以之前的重构工作继续进行，直到测试完成。有多种重构形式，包括简化复杂的报表、从可复用的代码中抽取解决方案，以及删除重复的代码等。重构及其带来的持续性的简化，反映了XP和其他敏捷方法的本质特点——迭代。随着开发逐步进展，系统也越来越临近投入使用，系统的迭代和演变使得Beck（2000）称之为“产品化”的过程放缓。系统已经准备好交付给用户，无论这个用户是购买软件的客户还是内部用户。

□ 用户验收测试

一旦系统测试圆满完成，就可以进行**验收测试**（acceptance testing），在最终将被使用的环境中测试系统。验收是指用户感到满意并最终签收该系统。正如我们以前提到过的，验收测试的目的是让用户决定系统是否满足他们的需求。具体的验收测试可能因为组织或系统的不同而不同。最完整的验收测试包括**α 测试**（alpha testing），在该类型的测试中，将使用模拟的但典型的数据；**β 测试**（beta testing），在该类型的测试中，将使用用户工作环境中的真实数据，以及由组织内部审计人员或质量保证小组成员完成系统审计。

在 α 测试中，整个系统被置于测试环境中，以观察是否对自身或其他系统造成了破坏性的后果。测试期间包含如下内容：

- 恢复性测试——造成系统或软件崩溃，以检验软件是否能顺利恢复。
- 安全性测试——确认安全机制能保护系统免受非法入侵。
- 压力测试——试图破坏系统（例如，向数据库写入一条不完整信息的记录会产生什么后果？网上交易负载过大或有大量并行用户时会怎样?)。
- 性能测试——确定系统在各种运行环境中的性能表现（例如，不同的硬件配置、网络、操作系统等)；通常，目标是系统在各种情况下，响应时间和其他性能指标都比较稳定。

在 β 测试中，小部分目标用户在用户环境中运行系统，使用的是用户自己的数据。β 测试的目的是验证软件、文档、技术支持和培训是否如预期那样奏效。从本质上来讲，β 测试可以看作转换阶段的预演。在 α 测试和 β 测试过程中发现的所有问题，必须在用户验收之前得到纠正。这里有太多由于系统故障而导致最终验收期严重延迟的故事（“行李车中的故障”就是一个很有名的事故)。

行李车中的故障

测试一个复杂的软件系统可能是一件漫长的、令人沮丧的事情。一个典型的例子是控制丹佛国际机场的 4 000 辆行李车的软件系统。软件中的错误延误了机场的启用长达数月之久，每天消耗纳税人 500 000 美元的开支，还把机场债券变成了垃圾级。机场本该在 1994 年 3 月开业，但由于行李处理系统的问题，直到 1995 年 2 月才开放。该系统经常损坏行李袋，并且将行李发送到错误的航班上。引起延误的各种原因被找了出来，包括最后一分钟来自机场官员的设计变更请求，以及机械问题。得到的教训是，当把一个成熟的技术运用到比较复杂的环境中时，系统设计必须建立在大量的测试和调试的基础上。

美国联合航空公司是丹佛国际机场的主要承运人，于 1994 年 10 月接受了该系统的整合任务。同时，丹佛市还花了额外的 5 000 万美元为机场引进传统的传送带行李处理系统。当机场在 1995 年开放时，只有联合航空公司使用自动行李系统，将行李运送到航班上，但该系统无法将航班上的行李再运回机场。所有其他运营商则使用传统的输送系统。丹佛市想让系统供应商，BAE 自动化系统公司，弥补 1.93 亿美元系统成本中的 8 000 万美元。1996 年，BAE 起诉了联合航空公司和丹佛市，分别要求偿还 1 750 万美元和 410 万美元的扣押费用。联合航空提起了反诉。1997 年 9 月，各方协商解决，但没有公布细节。

资料来源：Bozman，1994；Griffin and Leib，2003；Scheier，1993.

转换

转换（installation）也叫做新旧系统的转换。所有使用系统的员工，无论在系统开发阶段有没有被咨询过，都必须放弃旧系统，转而依赖新系统。多年来形成了四种不同的转换方法：直接转换、并行转换、单点转换和分阶段转换（见图 13—5）。一个组织采取的转换方法取决于新系统引起变化的大小和复杂程度，以及组织对风险的偏好。

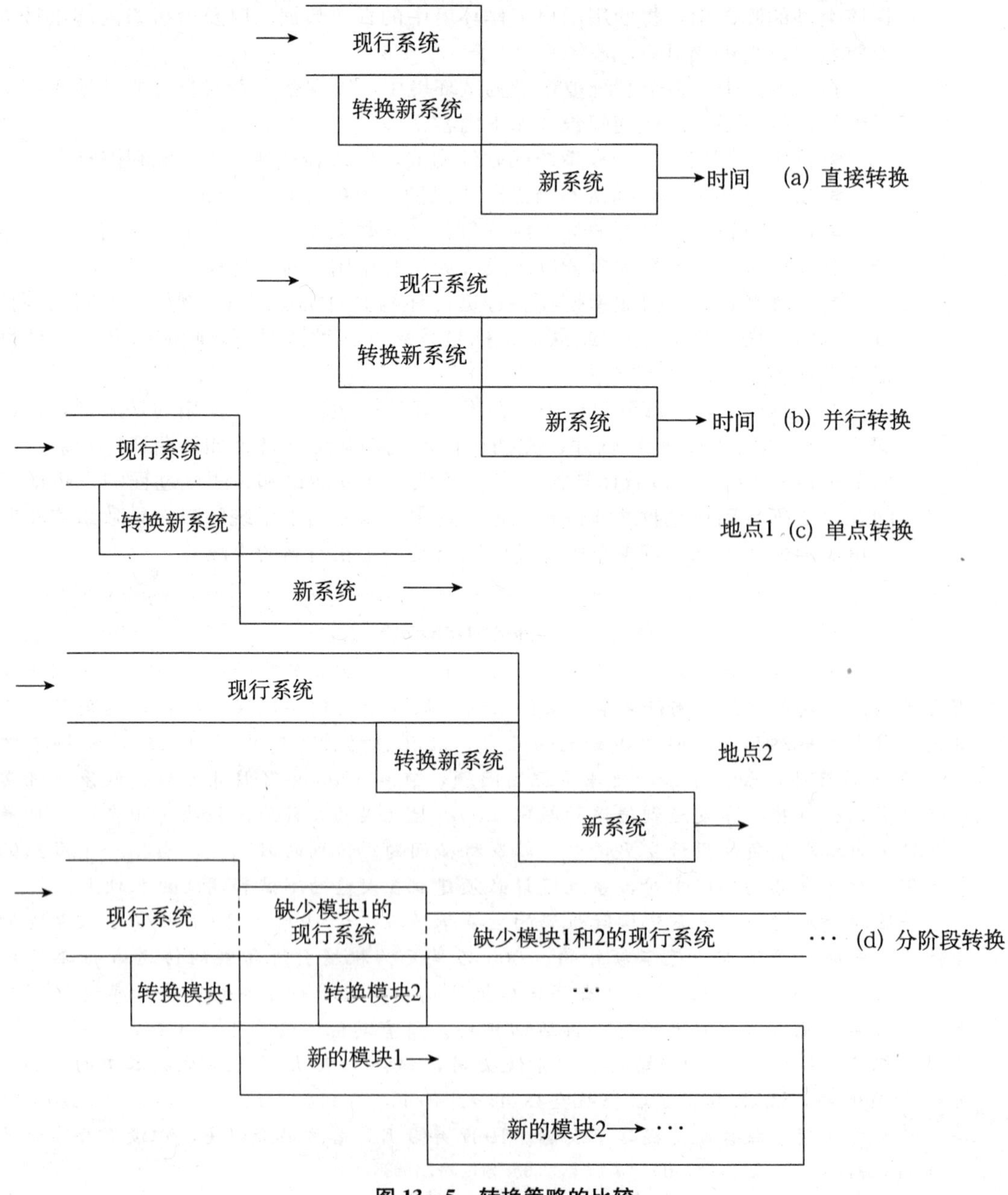

图 13—5 转换策略的比较

直接转换

直接转换法（也称为“冷火鸡法”），顾名思义，是指旧系统在某一时刻突然停止，新系统立即开始运行（见图 13—5（a））。在**直接转换**（direct installation）下，用户受新系统支配。新系统的任何错误都将给用户和他们的日常工作带来直接影响，在某些情况下，也会对组织如何执行业务产生影响，这取决于该系统在组织中的地位。如果新系统失败，使旧系统重新运行，并且将数据库中的操作和交易数据更新到最新状态则需要相当长的一段延迟。出于这些原因，直接转换风险很大。此外，直接转换是对整个系统的完全转换。对一个大型信息系统而言，这可能意味着需要花很长一段时间才能完成，因此不能马上产生效益，甚至会错过激发系统请求的机会。另一方面，这是成本最低的转换方法，如果转换成功，将会带来可观的收益。有时，如果没办法必须新旧系统并行，直接转换是可能转换策略中的一种，而某种程度上的新旧系统并行是采用其他转换方法一定会出现的情况。

并行转换

并行转换（parallel installation）相对直接转换来说，风险小得多。实行并行转换时，旧系统与新系统一并工作，直到用户和管理者认为新系统能有效运行时，旧系统才被关闭（见图 13— 5（b））。所有旧系统运行的工作都将由新系统同时执行。尽最大可能地对输出结果进行比较，以帮助确定新系统的运行能否与旧系统相当。新系统发现的错误不会给组织带来严重损失，因为可以将错误独立出来，而业务运行依靠旧系统。由于工作量几乎是正常情况下的两倍，并行转换的费用可能非常高，往往要聘用（和支付）两套人员去操作和维护不同的系统。并行转换还可能让用户感到困惑，因为他们必须处理两个系统。与直接转换方法相同，使用并行转换方法，在新系统完全准备就绪之前可能会有相当长的一段延迟。如果用户（如顾客）无法忍受重复冗余的操作，或者系统规模（用户数量或功能扩展）比较大，并行转换方法可能是不合适的。

单点转换

单点转换（single-location installation）也叫位置转换或试点转换，是直接转换和并行转换的一种折中的方法。比起一次性将组织的整个系统进行转换，单点转换强调只在一个地方进行新旧系统的转换，然后可以随着时间的推移，进行一系列这样单点的转换（图 13—5（c）展示了该方法的一种简单情形，即两个地理位置的转换）。单点可以是一个分公司、一个单独的工厂或者一个部门。在单点进行的转换可以使用其他任何转换方法。单点转换的主要优点是只对单一地点有影响，从而限制了可能的损失和费用。一旦管理层认为该地点的转换是成功的，就可以对组织其余部分实行转换，很可能继续采用一次一个地点的转换方式。试点的成功可以说服其他地点人员，使他们相信新系统同样有价值。系统出现的问题，例如软件自身或者文档、培训和支持，能在部署到其他地点前得到解决。虽然单点转换方法对用户来说比较容易，但它仍然是信息系统人员一个很大的负担，因为要支持系统的两个版本。另一方面，由于出现的问题在每个试点是孤立的，因此信息系统人员可以集中全力保证试点成功。同时，由于不同地点需要数据共享，因此还需要编写额外的程序来保证新系统与现有系统的数据同步；尽管这对用户来说没有影响，但却是信息系统人员的额外工作。到目前为止，除了分阶段转换，使用其他的转换方法已经完成了整个系统的转换工作；然而，组织中的某些部分还没有获得新系统的收益，这需要等试点转换测试完成后才能显现出来。

□ 分阶段转换

分阶段转换（phased installation）也叫分段转换，是一种渐进方法。新系统按功能组件逐步转换，新旧系统的不同功能被组合在一起进行工作，直到整个系统转换完成（图13—5（d）展示了转换成新系统的前两个组件）。与单点转换一样，无论从费用还是业务中断的角度来说，分阶段转换都尽量将组织所面临的风险降到最低。通过转换的逐步进行，组织的风险被分时间、分地点地扩展出来。此外，分阶段转换的部分效果在整个系统就绪前就能显现出来。例如，新的数据采集方法在所有报表模块准备好之前就能使用。分阶段转换要求新系统必须能共享数据。因此，需要建立能连接新旧系统数据库和程序的桥接程序。有时，新旧系统如此不兼容（例如，使用完全不同的结构建立），以至于旧系统不能被逐步取代，在这种情况下这一战略是不可行的。分阶段转换是一个将系统按顺序发布的过程。因此，分阶段转换策略需要严格控制软件版本、在每个阶段重复转换，以及长期修改，这对用户来说可能是令人沮丧和困惑的。但另一方面，每个阶段的变化较小，对所有涉及的内容更易于管理。

□ 转换计划

每种转换策略不仅涉及转换软件，还涉及数据、硬件（可能）、文档、工作方法、工作描述、办公室和其他设施、培训材料、商业表格，以及系统的其他方面。例如，必须回收或更换所有当前系统的文件和业务表格，这意味着信息系统部门必须追溯到谁拥有这些东西，以便他们能得到通知，并更换文件和表格。在实践中，你几乎不会选择单一的转换策略，大多数转换都会依靠混合策略，即两个或两个以上的策略组合。例如，你选择单点转换方法，接着你必须决定在那个地点以及之后的地点如何转换。它应该是直接转换、并行转换，还是分阶段转换？

在转换过程中要特别关注的是数据转换。由于新系统通常要用到现有系统中的数据，因此当前的数据必须毫无差错地从现有的文件中下载，与新数据合在一起加载到新文件中。数据可能需要转换成更高级的数据类型，以便与使用先进技术的新系统保持一致。新的数据字段将允许更大的数量级，因此从现有系统中复制过来的每条记录都被扩展了。在转移到新系统之前，可能需要人工的数据盘点来对数据进行验证。总的数据转换过程可能是非常乏味的。此外，在进行转换的过程中，提取数据时可能需要关闭现有系统。因为如果不关闭，现有系统将会进行数据更新，而提取的数据就会被污染。

在新系统到位之前，任何需要关闭全部或部分现有系统的决定，都需要特别小心。对于那些需要中断系统支持的转换，通常利用下班时间来进行。无论是否服务失效，转换的计划都应该提前告知用户，以便他们能计划自己在服务中断或支持系统不稳定时的工作安排。应该公布成功的转换步骤，并且设置特别的流程，使用户能方便地通知你他们在转换期间遇到的问题。你还应该设计应急预案，以防万一系统失败，业务运转能够尽快恢复。另外还要考虑的是组织的商业周期。大多数机构在每年的某些时期业务量较重，而另一些时期则业务量较轻。一个著名的例子是零售业，一年中最忙的是秋天，正值一年中最重要的赠送礼物的节日。你不会想要计划在 12 月 1 日为百货公司转换一个新的销售系统。在计划转换之前，确定你了解了商业周期的特点。

转换规划可以早在系统分析阶段就开始。一些转换活动，如购买硬件、重塑设施、验证被转移到新系统中的数据、将新数据收集并加载到新系统中等，必须发生在软件转换之前。通常项目小组组长负责估计所有的转换任务，并将这些任务分配给每个分析员。

每个转换过程都涉及改变员工的工作方式。因此，转换不能简单看成是安装一个新的计算机系统，而是一个组织的变革过程。不仅仅是一个计算机系统的改变，你也改变了人们的工作方式和组织的运作模式。

编制系统文档

从某种意义上说，每个系统开发项目都是独一无二的，并会生成自己独有的文档。开发小组无论是采取传统的计划驱动方法还是敏捷方法，都将决定生成文档的数量和类型。系统开发项目也确实有许多相似之处，然而，这也就意味着要开展某些活动并且将其记录在案。Bell and Evans（1989）说明了一幅通用的系统开发生命周期（SDLC）地图是如何映射到一份通用清单中的，这个清单记录了该特定系统开发文档最终确定的时间（见表 13—5）。如果你把表 13—5 中的通用生命周期与本书展示的生命周期相比较，你就会看到有不同之处，但两个生命周期的大体结构是相同的，因为两者都包含分析、设计、实施和项目规划这几个基本阶段。具体文档会根据你沿用的生命周期而不同，同时，文档的形式和内容也取决于你所工作的组织。然而，文档的基本框架可以根据需要来改变，如表 13—5 所示。请注意，此表显示的文档都是最终确定的时间，你需要尽早开始准备文档，以获取所需要的信息。

表 13—5　SDLC 每个阶段对应的文档

通用的生命周期阶段	通用的文档
需求确定	系统需求说明书
	资源需求说明书
项目控制架构	管理计划
	修改设计建议
系统开发	
架构设计	架构设计文档
原型设计	原型设计文档
详细设计和实施	详细设计文档
测试计划	测试规范
测试执行	测试报告
系统交付	用户指南
	发布描述
	系统管理员指南
	参考指南
	验证签收

资料来源：Adapted from Bell and Evans，1989.

我们可以进一步将文档简化为两种基本类型，**系统文档**（system documentation）和**用户文档**（user documentation）。系统文档记录有关系统具体设计、内部运作及其功能的详细信息。在表 13—5 中，所有列出的文档（系统交付除外）都可以归为系统文档。系统文档可以进一步分成内部文档和外部文档（Martin and McClure，1985）。**内部文档**（internal documentation）是一部分程序源代码，或是在编译时生成的文档。**外部文档**（external documentation）包括你在本书中学到的所有结构化图表，例如数据流图和实体—联系图。尽管不是代码的一部分，但外部文档能为系统文档的主要用户——程序维护员提供有用的信息。过去，主要考虑到不断更新的成本太高，外部文档在实施后经常被忽略了。但在今天的环境中，按照你的期望维护和更新外部文档是很容易实现的。

系统文档主要是提供给维护人员的（见第 14 章），用户文档则主要是提供给用户的。一个组织可能会对系统文档有确切的标准，它一般与 CASE 工具和系统开发过程相一致。这些标准可能包括项目字典的大纲和其中具体的文档条目。而用户文档的标准则是不明确的。

□ 用户文档

用户文档包括一个应用系统的书面或其他可视化的信息，即它是如何工作、如何使用的。图 13—6 展示的是微软 Word 的在线用户文档摘录。请注意文档是如何围绕主题组织的，每个主题下有若干子主题。这种特殊的页面组织形式用于提供帮助，同时，左边的菜单中提供了到其他相关页面（如培训和模板）的链接。这种展示方法已经成为个人计算机文档在线帮助的标准形式。

图 13—6　在线用户文档的示例

图 13—6 展示了参考指南的内容，这仅仅是一种类型的用户文档。其余用户文

档包括快速参考指南、用户指南、发布描述、系统管理员指南和验证签收（见表 13—5）。参考指南包括系统功能和命令的详尽清单，通常按字母顺序排列。大多数在线参考指南允许你按主题查找或者输入关键字的前几个字母查找。参考指南很适合定位非常具体的信息（如图 13—6 所示）；但如果你想知道给定任务的所有步骤如何执行，参考指南恐怕无法给你提供一个广泛的视图。快速参考指南以精简形式的信息告诉你如何操作系统。当计算机资源被共享，许多用户在同一台机器上执行类似的任务（如机票预订或者网购）时，快速参考指南通常被印成索引卡或小册子，放在电脑终端附近。表 13—6 展示了一个通用的用户指南大纲（来自 Bell and Evans，1989）。指南的目的在于为用户提供信息，指导执行计算机系统的特定任务。用户指南的信息一般按任务执行的频次和复杂程度排列。

表 13—6　　**通用的用户指南大纲**

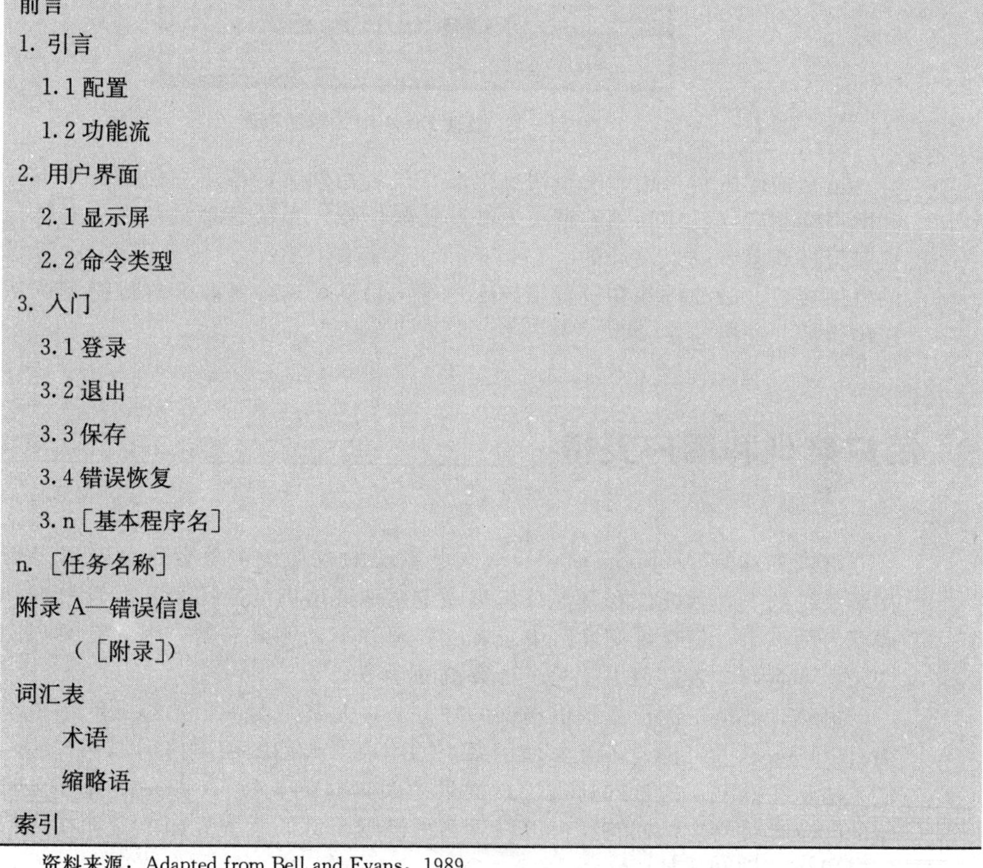

前言
1. 引言
  1.1 配置
  1.2 功能流
2. 用户界面
  2.1 显示屏
  2.2 命令类型
3. 入门
  3.1 登录
  3.2 退出
  3.3 保存
  3.4 错误恢复
  3.n [基本程序名]
n. [任务名称]
附录 A—错误信息
  ([附录])
词汇表
  术语
  缩略语
索引

资料来源：Adapted from Bell and Evans，1989.

在表 13—6 中，“n”和方括号中的标题表示有很多这样的部分，每个部分有不同的主题。例如，对于一个会计应用程序来说，第 4 部分及以外部分可能会强调的主题包括：在分类账中输入一笔交易、月结算和打印报告等。括号中的项目是可选的，需要时可以包括进来。对较大的用户指南来说，索引变得更加重要。图 13—7 展示了微软 Excel 的参考指南，主要是帮助内容的清单。合并的部分展示得更加详细，因为这个清单旨在解释如何在 Excel 中合并工作表。在一个组织中，每个软件都有不同的用户指南。你可能想通过将图 13—7 的指南与其他软件相比较来识别差异。

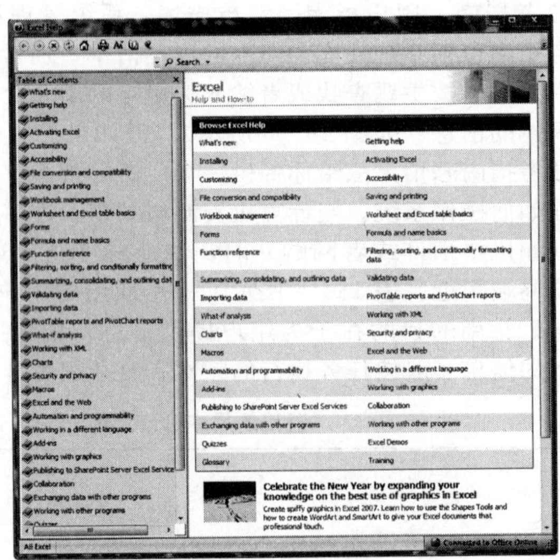

图 13—7　微软 Excel 中的帮助指南

发布描述由新系统的发布信息组成，是一系列文档清单，包括新版本、新功能和增强的功能、已知问题的解决方法和转换信息。系统管理员指南主要是为那些转换和管理新系统的人设计的。它包括系统运行的网络信息、外围设备（如打印机）的软件接口、故障排除和设置用户账户等。最后，验证签收允许用户测试系统是否正确转换，然后签字验收。

用户培训和用户支持

培训和**支持**（support）对一个信息系统的成功至关重要。由于用户是最终使用新系统的人，因此你和其他分析员一定要保证培训的高质量。尽管培训和支持可以视为两件事，但在组织实践中二者的界限并不是那么清楚，因为有时它们之间有交叉。毕竟，二者都致力于关于计算机的学习。

显然，支持机制也是提供培训的好方法，尤其是对一个不经常使用系统的用户而言（Eason，1988）。不经常使用系统的用户对典型的用户培训不感兴趣，因为他们无法从中获益。应该向这类用户提供“关键时刻支持”，即在需要答案时，为特定的问题提供特定的回答。可以设计多种机制，例如系统界面本身和在线帮助，来同时提供培训和支持。

培训系统用户

使用计算机需要一定的技巧，对组织来说，培训人们使用计算机应用程序可能非常昂贵（Kling and Iacono，1989）。各种类型的培训是美国企业的基本活动之一，但信息系统的培训却常常被忽略。许多组织打算削减在计算机技能培训上的开支。一些组织将高水平的信息系统培训纳入制度中，而其他大多数的组织根本没有系统化的培训。

需要的培训类型取决于系统类型和用户的专业知识。以下清单列出了可能的主题，你可以从中选择是否需要这项培训：

- 系统的使用（例如，如何输入一个课程注册申请）
- 通用计算机概念（例如，计算机文件，以及如何复制它们）
- 信息系统概念（例如，批处理）
- 组织化概念（例如，先进先出库存策略）
- 系统管理（例如，如何请求系统变更）
- 系统转换（例如，在分阶段转换中如何协调新旧系统）

正如你所看到的这部分清单，许多潜在的主题远不仅仅是如何使用新系统。可能需要你为用户在其他方面提供培训，以帮助他们在概念上和心理上做好使用新系统的准备。一些培训，如概念培训，应该在项目早期就开始，因为这样的培训能在系统变革过程中支持“解冻”（帮助用户放弃旧的工作程序）。

培训的每一项内容可以用多种方法进行表达。表 13—7 列出了信息系统部门最常用的培训方法。为企业提供培训的最常见的方法仍然是传统的课堂培训（GAO，2003）。很多时候，用户从常驻专家或其他用户处获得培训。用户更可能求助于当地专家而不是组织的技术支持人员，因为当地专家更了解用户的主要工作和他们所使用的电脑系统。由于是依靠其他用户进行培训，所以用户将最常见的计算机培训模式描述为自我培训不足为奇。

表 13—7 培训方法的类型

培训方法的类型
常驻专家
传统课堂培训
在线学习/远程学习
混合学习（结合教师指导和在线学习）
软件帮助组件
外部来源，如供应商

新系统有效的培训策略是先培训一部分关键用户，然后组织培训课程和支持机制，其中涉及为这些用户提供进一步的培训，包括正式的和即时的。通常情况下，如果你为不同的用户群定制培训内容，那么这种培训是最有效的，并且这些群体中的领导又是培训其他同事的最佳人选。

越来越多的公司将在线学习作为培训的一个重要模式。尽管在线学习这一术语没有明确的界定，但它一般是指远程学习，即设计一个正式的基于计算机的电子通信学习系统来进行远程学习。你可能已经选择了一门远程课程，或者你已经在校园课程里体验过使用软件包进行在线学习，例如 WebCT，Blackboard 或者是 Desire2Learn。在线学习课程可以通过互联网或企业内部网传输。这种课程可以从供应商处购买，或是由公司内部培训人员编制。与传统的课程培训相比，在线学习相对便宜，并且还有随时随地学习的优势。学习者可以按自己的节奏学习。电子学习系统可以提供几个不同的元素来提高学习体验，包括模拟、在线访问导师和专家、电子图书、网络会议和视频点播等。企业中的另一个趋势是混合训练学习，即在线学习与教师主导的课堂培训相结合的方式。最近的一项调查报告指出，超过 80%的受访公司表示正在使用在线学习或混合方式培训它们的员工（Kim，Bonk，and Zeng，2005）。50%的受访者认为到 2010 年，在线学习将成为主要的培训方式。

在表 13—7 中列出的另一种培训方法是软件帮助组件。一种常见的帮助组件叫

做电子性能支持系统（electronic performance support system，EPSS）。EPSS是在线帮助系统，但远不止简单地提供帮助，它们直接将培训嵌入到软件包中（Cole et al.，1997）。一个EPSS可以有多种形式，它可以是一个在线教程，即提供基于超文本访问的上下文参考资料；也可以是像教练指导一样的专家系统。EPSS开发的主要思想是，用户不必离开应用系统就能获得培训。用户可以在自己的机器上，以自己的进度学习新系统或新功能，而不必长途跋涉去接受培训，也不必为此而占用工作时间。此外，这种学习是最能够激发学习欲望的，当用户完成EPSS时，是他最有动力的时候。EPSS有时被称为“即时知识”。图13—8展示了微软PowerPoint的新手教程。用户可以以自己的进度完成教程，随时根据他们的需要停止或继续。教程还具有语音支持。

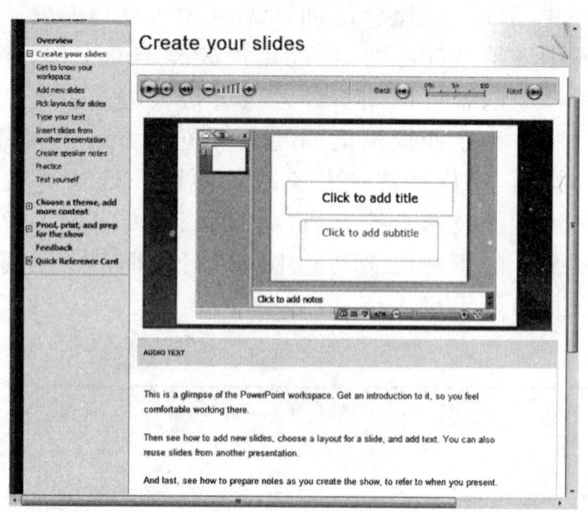

图13—8 微软PowerPoint的新手教程首页

通过一些嵌入的软件包和应用程序（例如EPSS），计算机培训和支持日益应用到在线模块中。培训和支持之间原本模糊的界限变得更不清楚。有关计算机用户支持的一些最特殊的问题，将在下一节加以讨论。

□ 信息系统用户支持

从历史来看，计算机用户支持可以以下列几种形式提供：纸质版、基于纸质文件的在线版本、由第三方供应商提供，或由组织中的其他成员提供。如我们前面所述，不管采用什么形式，通常都不能满足用户的需求。然而用户却认为支持极为重要。

随着公司中计算机的普及，特别是随着个人电脑的出现，支持工作变得越来越必要，因为越来越多的员工依靠计算机来完成工作。随着公司转向客户端/服务器架构，员工需要更多的支持，组织也开始越来越依赖供应商的支持（From，1993）。这种对支持需求的增加，部分源自缺乏管理客户端/服务器架构产品的统一标准，以及由此而导致的从不同厂商购买设备和软件。供应商能够提供必要的支持，但由于它们都把主要产品从昂贵的大型软件包转移到廉价的商用软件上来，供应商发现，它们将无法承担免费提供支持的成本。现在大多数厂商收取支持费用，其中有些厂商为按年或按月付费的客户提供全天候的支持服务。

自动化支持 为了削减提供支持服务的成本以及满足不断增长的支持需求，供应商将它们的许多支持服务变成自动化的。在线支持论坛为用户提供新版本信息、纠错和更有效的使用提示。论坛放在互联网或公司内部网上。用户可以拨打电话号码 800 订购支持信息，并能立即收到传真机的答复。最后，语音应答系统通过导航选项菜单帮助用户浏览预先录制的关于使用方法、常见问题和解决办法的信息。针对由开发部门建立或购买的系统，组织建立了类似的支持机制。内部电子邮件、集团支持系统和办公自动化系统也可以为组织提供支持。

供应商可能会提供支持，使用户能够访问它的知识数据库，包括电子支持服务、单一接触点等，还能获得供应商技术人员的优先支持（Schneider，1993）。产品支持数据库包括供应商产品的所有技术信息和支持信息，还有为现场人员解决问题时提供的额外信息。供应商通过互联网提供完整的技术文档和用户文档，并进行定期更新，以便用户组织能够给网上的所有内部用户提供一个文件库，包含文档、错误报告、变更方案公告，以及未归档性能的记录。电子支持服务包括之前讨论的所有供应商提供的服务，但这些都是为公司专门定制的。单一接触点是指在现场工作的系统工程师，他作为供应商和客户公司的联系人。最后，优先支持意味着客户公司职员通过电话或 E-mail 联系供应商以获得帮助，通常响应时间都在 4 小时以内或更短。

这种供应商支持特别适合使用不同供应商的软件产品的组织，或者是内部应用开发将供应商的软件作为大系统的一个组件的组织，或者是将供应商的产品作为应用基础的组织。前者的一个例子是，组织已经建立了基于特定供应商 SQL 服务器和 API 的客户端/服务器架构。这样，在客户端/服务器架构上开发什么样的应用程序主要取决于服务器和 API。在这些组件中处理问题时供应商的直接支持，对企业的信息系统人员非常有用。后者的一个例子是，使用微软的 Access 或 Excel 开发一个包括订单输入和库存控制的应用系统。在这种情况下，系统开发者和用户有时是同一群人，可以就产品问题直接咨询产品供应商的代表，以获得较大收益。

通过帮助台提供支持　无论能否得到供应商的支持或是自己完成，在许多组织中，信息系统支持活动的重点都是帮助台。**帮助台**（help desk）是信息系统部门的职能，它配置了信息系统人员。当用户信息系统出现问题需要帮助时，可以立即致电。帮助台成员会立即解决用户的问题或者推荐最合适的人选。

多年来，帮助台对人们来说像一个垃圾场，信息系统经理不知道还可以做些什么。人员流动非常快，因为帮助台有时候只不过是个投诉部门，并且薪水很低，员工的倦怠率非常高。然而在当今依赖信息系统的企业中，这一状况有所改变。管理人员意识到，好的帮助台员工应该是技术技能和人际技能的结合，帮助台重新赢得了人们的尊重。帮助台人员的两项最有价值的技能是沟通和客户服务（Crowley，1993）。

帮助台人员必须能和用户良好沟通，倾听他们的问题，并机智地沟通以解决问题。这些人员还需要了解技术来帮助用户。然而，最关键的是，帮助台人员需要了解新系统什么时候实施，以及用户什么时候接受关于新系统的培训。帮助台人员自身应该接受新系统的完整培训。如果只培训了用户而没有培训帮助台人员，用户转向帮助台求助，这将是一场灾难。

□ 分析员需考虑的支持问题

支持不仅仅是回答用户关于如何使用系统、如何执行某个任务，或者关于系统功能的问题，还包括提供恢复或备份、灾难恢复、计算机维护、书面通信、提供其他类型的信息共享支持，以及设置用户组等。分析员要保证在系统转换完成之前，新系统中所有形式的支持均已准备就绪。

大中型企业拥有活跃的信息系统功能，这些问题很多都能集中处理。例如，用户可能从中央信息系统单元中获取备份软件并了解日常备份的时间表。关于启动恢复程序的政策也准备好了，以防止系统崩溃。同样，灾难恢复计划也由中央信息系统单元建立。通常，大中型企业的信息系统人员也负责日常的计算机维护，因为个人计算机也是组织的资产。信息系统单元的专家也可能负责编写和传播时事通讯、监督公告栏和管理用户群。

当所有这些（或更多）服务由中央信息系统提供时，你必须遵循正确的步骤，以包括所有的新系统，以及所提供服务的用户。你必须为支持人员设计相关系统的培训，并确保将系统文档提供给他们。你也必须让支持人员了解转换计划，并当系统升级时通知他们。同样，任何新硬件和商用软件必须在中央信息系统进行授权登记。

如果没有正式的中央信息系统来提供支持服务，你必须制定一个创新性的计划，以提供尽可能多的支持服务。你可能需要制定备份和恢复的程序以及日程安排，用户部门可能需要购买并负责维护他们的硬件。有时，软硬件维护可能要外包给供应商或其他更有能力的专业人员。在这种情况下，用户的互动和信息的传播可能更多的是通过非正式途径：非正式用户组可能在午餐或喝咖啡的时候，而不是在正式的组织和论坛上相聚。

企业在系统实施中面临的问题

尽管开发小组会尽最大努力设计和建立一个高质量的系统，并控制组织的变革进程，但有时实施还是失败了。有时员工不去使用为他们开发的新系统，或者使用但对新系统的满意度非常低。信息系统实施为何失败？40年来这个问题一直是信息系统研究的主题。本节的第一部分，我们试着提供一些答案，寻找那些已经被识别的影响实施成功的重要因素。本节的第二部分，你将了解企业在系统实施中的另一个问题，即安全性。你将了解到对组织系统的各种安全威胁，以及一些帮助解决问题的补救措施。

为什么实施有时会失败

多年来，传统观点是成功的实施至少需要两个条件：开发阶段管理层的支持，以及开发过程中用户的参与（Ginzberg，1981b）。传统观点认为如果这两点都满足，你就可能成功地实施。然而，尽管有管理层的支持和用户的积极参与，信息系统的实施有时仍然会失败（案例请参见“系统实施的失败”专栏）。

系统实施的失败

好时公司，世界著名的巧克力生产商，在1999年10月面临一次危机。对糖果生产商而言，因为有万圣节，所以10月是关键月份之一。1999年，好时公司在把为即将到来的万圣节所准备的糖果运送到仓库，再从仓库运输到零售商的过程中遇到了麻烦。公司无法将订单输入新系统中，也无法将订单详情提供给仓库，以便其送货。它新的耗资1.12亿美元的订单履行系统（包含SAP，Seibel和Manugistics公司的组件）不能正常工作。该系统原定于当年4月进行转换，但因为开发和测试不够完善，转换一直被推迟到7月。系统中剩下的问题一直没有被发现，直到下一次万圣节大批量糖果订购事件的发生。

另一个实施失败的案例发生在 SAP 和加利福尼亚州的里士满市。里士满市于 2000 年开始安装 SAP。2004 年中期，全市花了 450 万美元，但实施仍没有完成。该市的一些部门负责人表示，该系统实际上给他们增加了许多工作量，而不是 SAP 的 R/3 在介绍时所提到的那些功能。财务总监报告说，他的工作人员用系统来编制预算，实际上需要额外的数百小时的工作。规划主任报告说，该系统远不能满足他对计费和收入跟踪的需求。虽然里士满市提起了对 SAP 和丹佛的咨询公司（SAP 公司雇用它来帮助完成实施）的诉讼，但该市的信息技术主管认为该系统的实施根本没有失败。她说，工作人员投诉的问题只是由于不习惯使用新技术。截至 2008 年底，里士满市已决定放弃 SAP R/ 3 系统，而改用专为市政府设计的系统 MUNIS。MUNIS 系统的开始使用日期定为 2009 年 1 月 1 日。

Avis Europe 是另一个案例。2004 年，因为信息技术问题而关闭了其信贷业务，Avis Europe 为此付出了 4 500 万英镑的代价。2003 年，该公司宣布，它计划实施 PeopleSoft 系统。一年后，由于延误及系统设计和实施的额外费用，公司终止了该项目。这个终止发生在将该项目推广到 Avis Europe 的所有业务之前，从而最大限度地减少了中断操作。

资料来源：Harper，W. 2004. "System failure." *East Bay Express*. Available at www.eastbayexpress.com/news/system_failure/Content? oid=287358. Accessed March 17，2009； "City Manager's Weekly Report for the week ending October 17th, 2008." Available at www.ci.richmond.ca.us/Archive.asp? ADID=1931. Accessed March 17，2009；Best，J. 2004. "Avis bins PeopleSoft after £45m IT failure." *ZDNet Australia*. Available at www.zdnet.com.au/news/business/soa/Avis-bins-PeopleSoft-system-after-45m-IT-failure/0,139023166,139164049,00.htm. Accessed March 17，2009.

管理层的支持和用户的参与对系统成功实施来说非常重要，但是相较于其他重要的影响因素，它们可能被高估了。研究表明，用户参与和成功实施之间的关系甚微（Ives and Olson，1984）。当系统很复杂时，用户参与可以降低系统失败的风险；但当有经济和时间限制时，开发过程中的用户参与更容易导致系统失败（Tait and Vessey，1988）。信息系统实施的失败很常见，传统观点一直认为其原因是实施过程过于复杂。

多年来，其他研究发现了影响系统成功实施的其他因素。这三个因素是：项目的承诺、对变更的承诺、项目定义和计划的程度（Ginzberg，1981b）。项目的承诺涉及对系统开发项目进行管理，使问题得到很好的理解，并且所开发的系统确实解决了这些问题。对变更的承诺涉及改变行为、流程和组织的其他方面。项目定义和计划的程度用来衡量项目规划的效果。还有另一个关于成功实施的因素就是用户期望（Ginzberg，1981a）。用户对新系统和功能的早期设想越具有可操作性，最后就越有可能对新系统感到满意，并实际使用它。

尽管有许多方法可以用来确定实施是否成功，但最常见和最值得信赖的两种方法是系统使用程度和用户满意度（Lucas，1997）。Lucas 深入地对信息系统实施进行了研究，确定了六个影响系统使用程度的因素（1997）：

1. 用户个人收益。对用户来说，系统有多重要，换句话说，系统与用户所做的工作有多相关。用户个人收益本身受到两方面的影响，即系统实施时管理层的支持程度，以及系统致力于解决的问题对用户而言的紧迫程度。管理层的支持程度越高，问题越紧迫，用户个人的收益就越高。

2. 系统特性。包括系统设计是否易于使用、可靠性、系统支持与任务的相关性。

3. 用户人口统计数据。用户特征，如年龄和计算机水平。

4. 组织支持。这和你在本章前面了解到的支持问题相同。系统支持程度越高，个人越可能使用它。

5. 性能。个人可以使用系统来支持他们的工作，这将对系统使用程度产生重要的影响。用户可以做得越多，越有可能从系统中发掘出创造性的方法而获益，用户使用得也就越多。性能和使用是相互促进的，性能越高，使用越多；使用越多，性能越高。

6. 满意度。使用与满意度也是相互促进的。用户对系统越满意，就会越多地使用系统；他们使用得越多，满意度也会越高。

这些因素被 Lucas 识别出来，它们之间的关系如图 13—9 所示。在这个模型中，你可以很容易地看到各种因素之间的关系。例如，管理层的支持和问题的紧迫程度影响着个人的利益。注意显示性能和满意度关系的箭头是双向的，说明这些因素之间相互促进、相互影响。

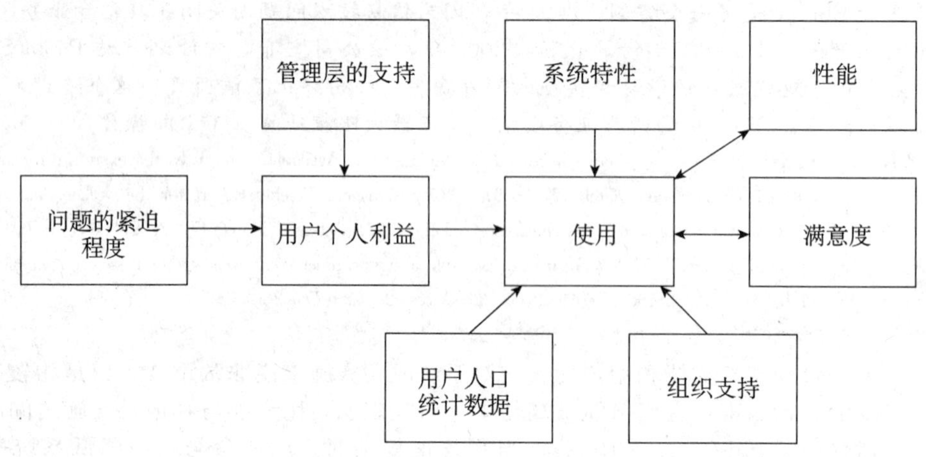

图 13—9　成功的实施

资料来源：Adapted from Lucas，H. C. 1997. *Information Technology for Management*. New York：McGraw-Hill，with the permission of the McGraw-Hill Companies. All rights reserved.

应该明确的是，作为一名系统分析员，同时也是负责整个信息系统成功实施的人，你比其他人有更多的权力控制某些因素。例如，你对系统的性能有相当大的影响，你还能影响到系统提供给用户的支持水平。你无法直接控制用户的人口统计数据、个人利益、管理层的支持或对用户来说问题的紧迫程度。但这并不意味着你可以忽略这些你无法改变的因素。相反，你需要充分了解它们，因为你必须用在系统中能够改变的因素和你的实施策略去平衡它们。你可能无法改变用户的人口统计数据或个人利益，但你可以在设计系统和制定实施策略时考虑这些因素。

到目前为止，以上提到的因素都很直截了当。例如，缺乏电脑操作经验可能会使用户犹豫不决、效率低下，导致系统无法充分发挥性能。如果连高层管理人员都不怎么关心系统，下属何必要在乎呢？然而，还有其他一些影响因素，例如政治因素，它们可能更为隐蔽，很难影响，甚至与正在实施的系统无关，但确实影响了系统的成功。

政治因素主要指为组织工作的个人，除了所在部门和组织的目标外，他们还有自己感兴趣并想追求的目标。例如，人们可能会采取行动，以增加自己在同事中的势力。有时候，人们可能会抵制他人的势力或防止他人势力的增加。信息系统常常被看作施加影响和增加势力的工具。了解组织的历史和周围的政治，要像处理那些积极的可操作的因素一样，处理好负面的政治因素，这一点是很有用的。有时，政治更好地解释了实施过程，以及为什么发生了这样的事件。

一旦信息系统实施成功，文档就变得极其重要。系统成为员工日常生活的一部分。大多数员工将会使用系统，其余人则是维护系统，保证它能继续运转。

安全问题

对组织和管理来说，安全问题越来越重要。根据卡内基梅隆大学的 CERT/CC 中心的统计，单一系统的漏洞数量在 2007 年达到 7 236 个，是 2000 年1 090个漏洞的 7 倍。漏洞是系统的弱点，很容易被了解漏洞的人所利用。2003 年，当实际与安全有关的事件数量达到 137 539 起时，CERT/CC 停止了这方面的报道，因为这类事件已经变得司空见惯。安全漏洞引起损失的确切数据很难获得，因为大多数公司经历这种事情后都不好意思承认，更不会透露任何实际的经济损失。计算机安全协会估算了安全问题给公司带来的损失。2008 年，受访的 522 家公司中有 144 家承认有安全漏洞，并提供了损失金额的大概估计。这 144 家公司的总损失金额约为 4 100万美元。我们可以肯定整个经济中真实的损失更多。

如果组织是安全漏洞的受害者，那么威胁来自哪里呢？表 13—8 展示了一些答案。正如你所想，本次调查的那些承认受到外部威胁的公司中，相当大的比重是来自计算机病毒的攻击，也包括特洛伊木马、蠕虫病毒和其他所谓的恶意插件。表中的其他外部威胁包括电脑被盗、系统渗透和拒绝服务。拒绝服务是一种流行战术，用来阻止访问 Web 网站，在短时间内传送大量数据包使系统无法负荷。请注意，虽然常见的是外部威胁，但内部威胁也很普遍。第二种最常见的威胁是内部滥用。员工滥用包括看似无辜的活动，如发送私人电子邮件、工作时间出于私人目的在网上冲浪等。虽然这些行为不会损害公司系统，但它们确实利用了本该用于工作的公司资源。工作时间下载大的音乐或视频文件，可能真的会妨碍正常工作，因为下载大型文件会占用带宽、减缓工作流程。未经授权访问信息和专有信息失窃这两个威胁可能源于内部，也可能源于外部。

表 13—8　　IT 行业安全问题的统计数据

违规的性质：	
病毒	50%
内部滥用	44%
笔记本电脑/手机被盗	42%
未经授权访问信息	29%
拒绝服务	21%
系统渗透	13%
专有信息失窃	9%
安全问题开支占 IT 预算的比例：	
支出比例超过 10%	12%
支出比例占 2%～10%	43%
支出比例占 1%～2%	18%
支出比例不到 1%	11%
所使用的安全技术：	
杀毒软件	97%
防火墙	94%
反间谍软件	80%
入侵检测软件	69%
生物识别	23%

资料来源：Computer Security Institute，2008.

公司可以采取行动来处理信息安全问题，而且大多数公司也这样做了。尽管大多数公司的安全预算只占信息系统成本的一小部分，但仍有一些公司拿出超过10%的预算用于处理安全问题（见表13—8）。小公司花在安全上的成本比大公司要多，因为小公司无法获得安全支出的规模效益。你可能每年会花30～50美元用于安全软件的认证和更新，以保护个人电脑安全。当组织和个人开始考虑系统安全时，他们最先想到的是技术解决方案（Schneier，2000）。通常的解决方案包括防火墙和入侵检测软件，还包括反恶意插件软件。

94%的公司使用防火墙来阻止外来者进入。防火墙是一系列程序集，将用户的网络与其他网络隔开。基本上讲，防火墙与路由器密切合作，检查网络上的每一个数据包，从而决定是否将它转发到目的地。防火墙通常安装在一台专门的计算机上，与网络上的其他计算机隔开，这样进入的请求无法直接在专用网络上获取资源。入侵检测软件（IDS）用于直接检测那些通过防火墙的入侵者。根据CSI的调查，69%的公司使用IDS（见表13—8）。检测软件监视组织的网络流量，寻找那些未授权的活动。这种检测系统通常使用基于签名的方法或基于异常的方法。在基于签名的方法中，检测软件搜寻那些已知形式的攻击，类似于病毒检测系统搜索已知的病毒。

然而，任何电脑防御最薄弱的环节都是使用计算机系统的人。例如，系统用户没有好好利用密码：他们把密码告诉其他人（包括陌生人），或者将密码写在便利贴里，贴在他们的显示器上。世界上最好的防御技术也不能战胜人的懒惰和疏忽。专家认为，计算机安全中关于人的问题，可以通过制定用户行为的流程和政策的方法来解决（Denning，1999；Mitnick and Simon，2002）。这种政策包括系统用户不能透露密码、定期更换密码、保持操作系统和反病毒软件的实时更新等。好的系统安全要求恰当信息技术的有效使用、用户的积极参与，以及在组织信息安全方面的投资。

电子商务应用：松谷家具公司 WebStore 的实施和运行

与许多其他的分析和设计活动一样，一个基于互联网的电子商务应用的系统实施和运行，与其他类型应用的流程没有什么区别。在此之前，你已经了解了吉姆和松谷家具公司（PVF）的开发小组是怎样将WebStore的数据模型变成一套范式的。在这里，我们将讨论在安装和上线之前，网站系统是如何进行测试的。

WebStore所有的软件模块都已经完成编程工作，程序员对每一个独立单元进行了广泛的测试，现在可以进行系统范围内的测试了。在这个部分，我们会研究如何制定测试用例、如何记录和修正错误，以及如何进行α测试和β测试。

为 WebStore 制定测试用例

为了展开系统范围内的测试，吉姆和PVF小组的成员们要制定测试用例来检查系统的各个方面。吉姆知道，系统测试与生命周期的其他部分一样，需要一个非常有条理、有计划的过程。WebStore对公众开放之前，系统的每个模块和组件需要在一个可控的环境下进行测试。根据其他系统的实施经验，吉姆认为他们需要大约150～200个完全独立的测试用例，才能对WebStore进行全面的测试。为了专注于制定测试用例，将系统的责任具体到每个部分并分配给小组成员，吉姆制定了以下测试用例的分类清单：

- 简单功能：加入购物车、列表、计算税额、修改个人资料
- 复合功能：添加商品到购物车和改变商品数量、创建用户账号、修改地址
- 功能链：添加商品到购物车、结算、创建用户账号、购买
- 可选功能：退货、发货丢失、缺货
- 紧急情况/危机：丢失订单、硬件故障、安全威胁

开发团队被分成五个小组，每组负责一个类别的测试用例。他们用一天的时间来制定测试用例。一旦用例建好，每组就会进行一次演练，让每个成员了解测试的全部过程，同时增进每组的广泛反馈。因而，测试过程会尽可能全面。为了做到这一点，吉姆说："如果顾客不断将同一件商品放进购物车会怎样，我们能处理吗？如果顾客增加一件商品到购物车然后又删掉，不断重复，将会怎样，我们能处理吗？尽管这类事情不太可能发生，但我们要确信系统足够强大，能够应对任何类型的顾客互动。我们必须制定每一个测试用例来确保系统会运转得像期望那样好，365 天全天候运行！"

在一个成功的系统测试中，很大一部分是要确保没有信息丢失，并且所有的测试都以一致的方式描述。要做到这一点，吉姆为每个团队提供了标准表格，用于记录每个用例和测试结果。这种表格有以下组成部分：

- 测试用例编号
- 分类/测试目的
- 描述
- 系统版本
- 完成日期
- 参与者
- 机器特性（处理器、操作系统、内存、浏览器等）
- 测试结果
- 评论

每个小组还制定了各种通用测试类型的标准代码，用来创建测试用例编号。例如，所有与"简单功能"有关的测试用例都以"SF"作为前缀，再加上数字（例如 SF001）。队员们还制定了测试分类的标准、目标排列的标准，以及记录其他形式测试的标准。制定这些标准是为了保证测试过程的文档一致性。

错误追踪和系统改进 测试过程的成果之一是识别系统错误。因此，除了为记录测试用例制定标准方法外，吉姆和小组成员还制定了其他几种规则来确保测试顺利进行。有经验的开发人员很早就知道，要在测试过程中迅速排除故障和修复，一个精准的错误跟踪过程是必需的。你可以把错误追踪想象成是按图索骥，以便程序员能够更容易地找出并修改错误。为了保证所有的错误都以相同的方式记录归档，小组成员制定了错误追踪表格，包含如下分类：

- 错误编号（简单递增的数字）
- 产生错误的测试用例编号
- 这个错误会重复出现吗？
- 影响
- 描述
- 解决方案
- 解决时间
- 评价

PVF开发小组赞成错误修改分批进行，因为每当对软件进行改动，所有的测试用例都必须重做。这样做是为了保证在修改错误的过程中，没有新的错误被引进到系统中。系统随着测试过程不断变化，随着分批的错误得到修改，软件的版本也在递增。在开发和测试阶段，这一版本通常应该低于首次发布的1.0版本。

□ α测试和β测试

在完成所有系统测试用例，并修改所有已知错误后，WebStore进入了α测试阶段。在这一阶段，整个PVF开发小组，还有公司上下职员都将对系统进行考察。为了激励公司上下员工积极参与测试WebStore，需要举办一些创新性的促销活动并准备赠品。每个员工得到一件T恤，上面写着“我在WebStore上购物，你呢?”另外，每个员工还得到WebStore的100美元购物券。在购物时，如果谁发现了一个系统错误，他所在的整个部门都可以得到一顿免费的午餐。在α测试中，开发小组要对系统的恢复性、安全性、压力和性能进行广泛的测试。表13—9提供了实施测试类型的样本。

表13—9　WebStore在进行α测试时使用的测试样本

测试类型	测试结果
恢复性测试	● 拔掉主服务器，以测试电源备份系统。 ● 关闭主服务器，以测试能否自动切换到备份服务器。
安全性测试	● 尝试不以客户身份进行购买。 ● 尝试检查服务器目录文件，分别以PVF局域网接入以及外部互联网服务提供商接入的方式进行。
压力测试	● 有多个用户同时新建账户、采购、添加商品到购物车、从购物车中删除商品，等等。
性能测试	● 使用不同的网速、处理器、内存、浏览器和其他系统配置来检查响应时间。 ● 在备份服务器数据时检查响应时间。

α测试结束后，PVF小组招募了一些签约用户来帮助完成WebStore的β测试。由于是由现实世界的顾客使用该系统，吉姆能够监控系统，微调服务器以达到系统的最佳性能。随着系统逐步完成整个测试过程，发现的错误越来越少。经过数天使用的“零错误”，吉姆十分自信地认为，现在是时候让WebStore开门营业了。

□ 转换WebStore

整个测试过程中，吉姆不断让PVF的成员们知道每一处的成功和失败。幸运的是，由于吉姆和开发小组成员遵循的是结构化和规律化的开发过程，他们的成功之处远比失败要多。事实上，吉姆已经有信心将WebStore放到网上，并建议PVF的高层管理人员是时候“打开开关”了，让WebStore走入世界。

项目结束

在第3章中，你已经了解了项目管理的各个阶段，从项目启动一直到项目结束。如果你是项目经理，你已经成功领导了本书到目前为止所展示的生命周期的各个阶段。尽管维护阶段才刚刚开始，但开发项目本身已经结束了。正如你将在下一章看到的，维护可以看作由一系列较小的开发项目组成，每个项目都有自己的一系列项目管理阶段。

正如你在第 3 章中所了解的，要结束项目，你的第一个任务将涉及许多不同的活动，从处理项目人事问题，到规划项目结束的庆祝仪式。你可能必须评价你的小组成员，重新分配大多数人员到其他项目上去，还可能解雇一些人。作为项目经理，你也要通知受影响的各方：开发项目结束了，你现在将切换到维护模式。

你的第二个任务是与管理层和你的客户一起，实施项目的结项评审。在一些组织中，这项工作通常会遵循一套正式的程序，还可能涉及内部审计或电子数据处理（EDP）审计。一个项目的审查重点是评判项目、方法、可交付成果和管理。通过全面的项目结项评审，你可以获得很多经验教训，以用于改善将来的项目。

结束项目第三个重要的任务是结束客户合同。在项目存续期内，你与客户的任何有效合同都必须履行完毕，尤其是需要经过多方同意的合同。这可能需要客户做一个正式的“签署”，来说明你的工作已经完成并且感到满意。维护阶段通常包含在新的合同协议里。如果你的客户不属于你所在的公司，你可能还需要商谈一份独立的支持协议。

作为开发小组中的一名系统分析员，当项目结束时，你在该项目中的工作算是完成了。你可能会被重新安排到其他项目中去处理其他一些组织问题。新系统的维护工作将开始并持续下去，而此时你并不在其中。然而，为了完成对整个生命周期的讨论，我们将在第 14 章讲述维护阶段及其任务。

小结

本章对系统实施过程中的各个方面做了一个概括性的介绍。你学习了七种不同的测试类型：（1）代码审查，主要是检查代码中一些显著典型的错误；（2）走查，由一个小组人工检查代码是用来做什么事情的；（3）桌面检查，即个人在大脑中运行计算机指令；（4）语法检查，通常由计算机完成；（5）单元测试或模块测试；（6）集成测试，即模块被集成到一起进行测试，直到整个程序作为一个整体进行测试；（7）系统测试，即程序被集成到一起作为一个系统进行测试，并且还将测试系统是否达成目标。你还学习了验收测试，即用户测试系统的能力是否满足他们的需求，此时使用的是真实环境下的数据。

你了解了四种类型的转换：（1）直接转换，即直接关闭旧系统，安装新系统；（2）并行转换，即新旧系统同时运行一段时间，直到新系统可以独立使用；（3）单点转换，即选择一个地点来测试新系统；（4）分阶段转换，即新旧系统随时间推移逐步转换。

你学习了四种类型的文档：（1）系统文档，即对整个系统的设计和它的规格的详细描述；（2）内部文档，包括代码或其他编译时生成的文件；（3）外部文档，包括绘图技术的成果，如数据流图和实体—联系图；（4）用户文档，描述系统和系统用户的使用方法。

计算机培训通常是以课程和指导的形式提供的。尽管有证据表明，在培训人们使用计算机时面对面的讲座是很重要的，但目前的培训主要是强调一些自动的可交付手段，如在线参考设施、多媒体培训和电子性能支持系统（EPSS）。EPSS 是在应用程序中嵌入培训，试图将培训变成该应用程序日常操作的一部分。支持工作也强调在线可交付成果，包括在线支持论坛等。随着向客户端/服务器架构的转变，组织更多地依赖供应商提供支持。供应商提供了多种在线支持服务，还会向客户派驻工作人员，并提供上门的支持服务。帮助台是一个专门的部门或系统，为用户提供帮助。

你已经看到了，信息系统研究人员是如何尝试着解释：一个成功的实施需要什么。如果把本章内容归纳成一个主要观点，那就是：实施是一个复杂的过程，从开发团队的管理，到一个系统成功实施后可能对系统产生影响的政治因素，以及规划和执行一个有效的培训，建立支持机制，等等。为了成功地实施，分析员需要识别和管理许多因素。一个成功的实施不可能是完全偶然的，也不可能是完全可预测的。成功实施的第一步就是意识到这个事实。一旦系统实施完成，组织必须应对来自内部和外部的安全威胁。尽管已经采用了技术措施来保障系统安全，如病毒检测软件和防火墙，但是良好的安全保障还需要政策和流程来引导员工正确地使用系统。在许多方面，以互联网为基础的系统的实施几乎没有什么不同。与传统的系统实施一样，基于互联网的系统实施也需要很好地关注细节。它的实施成功也不会是偶然的。

关键术语

验收测试（acceptance testing）
α测试（alpha testing）
β测试（beta testing）
桌面检查（desk checking）
直接转换（direct installation）
电子性能支持系统（electronic performance support system，EPSS）
外部文档（external documentation）
帮助台（help desk）
代码审查（inspections）
转换（installation）
集成测试（integration testing）
内部文档（internal documentation）
并行转换（parallel installation）
分阶段转换（phased installation）
重构（refactoring）
单点转换（single-location installation）
桩测试（stub testing）
支持（support）
系统文档（system documentation）
系统测试（system testing）
单元测试（unit testing）
用户文档（user documentation）

复习题

1. 编程、测试和转换的可交付成果是什么？
2. 解释代码测试的过程。
3. 什么是代码的结构化走查？目的是什么？如何进行？与代码审查有什么不同？
4. 系统转换的四种方法是什么？最昂贵的是哪一种？哪种是最危险的？组织如何决定使用哪种转换方法？
5. 关于成功实施传统的观点是什么？
6. 列出和明确那些对实施成功有重要影响的工作。
7. 解释卢卡斯关于成功实施的模型。
8. 系统文档与用户文档有什么区别？
9. 什么是计算机培训的通用方法？
10. 什么是自我培训？
11. 什么是在线学习？
12. 关于个人差异会影响计算机培训，你有什么证据吗？
13. 为什么公司如此依赖供应商提供的支持服务？
14. 描述一下许多供应商提供支持服务的方法。
15. 描述帮助台的各种工作任务。
16. 信息系统的共同安全威胁是什么？应该怎样处理？

问题与练习

1. 为PVF的采购执行系统制定一个测试策略或计划。
2. 对于PVF的采购执行系统，你建议采用哪种转换策略？对于Hoosier Burger的库存控制系统，你建议怎样转换？如果你建议的是不同的方法，请说明原因，解释PVF的案例与Hoosier

Burger 有什么不同。

3. 制作一张比较四种转换策略的表格，显示每种策略的利与弊。当某种方法的缺点正好是另一种方法的优点时，试着做出直接的比较。

4. 使用单点转换方法最困难的是选择一个合适的地点。在挑选试点时，需要考虑哪些因素？

5. 你已经是很多系统的用户了，包括你学校的课程注册系统、银行账户系统、文字处理系统，以及航空公司的预订系统。选择一个你使用过的系统，并假设你参与了该系统的 β 测试，你会使用什么标准来验证该系统是否可以交付使用？

6. 为什么即使系统已经修订了数次，仍要保留测试用例的历史记录和结果？

7. 文档的数量要多少才足够？

8. 电子性能支持系统的目的是什么？你如何为文字处理软件设计一个这样的系统？是一个数据库程序包吗？

9. 讨论在现代组织中集中培训和支持设施的作用。由于技术的进步及终端计算机用户的自我培训和咨询普遍存在，这种集中化的设施将如何体现自己的作用？

10. 企业依赖供应商的计算支持是好还是坏？列出支持和反对的理由。

11. 假设你负责为 Hoosier Burger 的库存控制系统（在前面章节中有叙述）制定一个培训方案。你会使用什么形式的培训？为什么？

12. 假设你负责为 Hoosier Burger 的库存控制系统（在前面章节中有叙述）建立一个用户帮助台。你会创建什么支持系统元素来帮助用户有效使用系统？为什么？

13. 你的学校可能会有为学生服务的计算机中心或帮助台。这个中心需要具备什么功能？这些功能与本章列出的那些功能有何差别？

14. 假设你负责为 Hoosier Burger 的库存控制系统（在前面章节中有叙述）组织用户文档。写出一个提纲，列出你认为应该创建哪些文档，为文档中的每个元素制作表格或大纲。

15. 你所在的大学使用什么安全策略和程序来维护信息系统安全？

参考文献

Beck, K. and C. Andres. 2004. *eXtreme Programming eXplained.* Upper Saddle River, NJ: Addison-Wesley.

Bell, P., and C. Evans. 1989. *Mastering Documentation.* New York: John Wiley & Sons.

Bozman, J. S. 1994. "United to Simplify Denver's Troubled Baggage Project." *ComputerWorld* 10 (10): 76.

CERT/CC. *www.cert.org/.* Accessed March 3, 2009.

Cole, K., O. Fischer, and P. Saltzman. 1997. "Just-in-Time Knowledge Delivery." *Communications of the ACM* 40 (7): 49–53.

Crowley, A. 1993. "The Help Desk Gains Respect." *PC Week* 10 (November 15): 138.

Downes, S. 2005. "E-learning 2.0." *E-learn Magazine.* Available at *elearning.org.* Accessed February 18, 2009.

Eason, K. 1988. *Information Technology and Organisational Change.* London: Taylor & Francis.

Fagan, M. E. 1986. "Advances in Software Inspections." *IEEE Transactions on Software Engineering* 12 (7): 744–751.

Ginzberg, M. J. 1981a. "Early Diagnosis of MIS Implementation Failure: Promising Results and Unanswered Questions." *Management Science* 27 (4): 459–478.

Ginzberg, M. J. 1981b. "Key Recurrent Issues in the MIS Implementation Process." *MIS Quarterly* 5 (2): 47–59.

Gordon, L. A., Loeb, M. P., Lucyshyn, W., and Richardson, R. 2004. *2004 CSI/FBI Computer Crime and Security Survey.* Computer Security Institute.

Griffin, G., and J. Leib. (2003). "Webb Blasts United." DenverPost.com. *www.denverpost.com/Stories/0,1413,36%257E26385%257E1514432,00.html.* July 16. Accessed February 18, 2009.

Ives, B., and M. H. Olson. 1984. "User Involvement and MIS Success: A Review of Research." *Management Science* 30 (5): 586–603.

Kim, K-J., C. J. Bonk, and T. T. Zeng. 2005. "Surveying the Future of Workplace 2-learning: The Rise of Blending, Interactivity, and Authentic Learning." *E-learn Magazine.* Available at *elearning.org.* Accessed February 18, 2009.

Lucas, H. C. 1997. *Information Technology for Management.* New York: McGraw-Hill.

Martin, J., and C. McClure. 1985. *Structured Techniques for Computing.* Upper Saddle River, NJ: Prentice Hall.

Mitnick, K. D., and W. L. Simon. 2002. *The Art of Deception.* New York: John Wiley & Sons.

Mosley, D. J. 1993. *The Handbook of MIS Application Software Testing.* Upper Saddle River, NJ: Prentice Hall/Yourdon Press.

Schneider, J. 1993. "Shouldering the Burden of Support." *PC Week* 10 (November 15): 123, 129.

Schneier, B. 2000. *Secrets and Lies: Digital Security in a Networked World.* New York: John Wiley & Sons.

Schurr, A. 1993. "Support is No. 1." *PC Week* (November 15): 126.

SearchSecurity.com. *www.searchsecurity.com.* Accessed February 18, 2009.

Tait, P., and I. Vessey. 1988. "The Effect of User Involvement on System Success: A Contingency Approach." *MIS Quarterly* 12 (1): 91–108.

Torkzadeh, G., and W. J. Doll. 1993. "The Place and Value of Documentation in End-User Computing." *Information & Management* 24 (3): 147–158.

United States General Accounting Office. 2003. "Information Technology Training: Practices of Leading Private-Sector Companies." Available at *www.gao.gov/getrpt?GAO-03-390.* Accessed February 18, 2009.

Yourdon, E. 1989. *Managing the Structured Techniques,* 4th ed. Upper Saddle River, NJ: Prentice Hall.

百老汇娱乐公司

◆ 为客户关系管理系统制定一个测试计划

◇ 案例介绍

MyBroadway是俄亥俄州森特维尔百老汇娱乐公司（BEC）的基于Web的客户关系管理系统，卡丽·道格拉斯为该公司经理。斯蒂尔沃特州立大学的学生们都渴望得到对MyBroadway初始原型的反馈。根据用户对话设计（见BEC图11—1，在第11章末尾），团队对建设原型的工作进行了分解。特蕾西·韦斯利负责定义数据库，从规范化关系开始（见第9章的BEC案例），接着用数据库中来自BEC商店和公司系统的生产数据填充样本数据。团队中的约翰·惠特曼和阿伦·夏普对微软Access最有经验，所以他们负责开发菜单、表格，并为客户页面的特定子集做展示。米西·戴维斯负责开发和管理测试系统的流程。该小组认为任命没有直接参与开发的人员来负责整个测试过程是可取的。测试有两部分，包括由米西进行测试，以及由BEC商店的员工和客户来使用原型。在特蕾西、约翰和阿伦开发原型时，米西开始组织测试计划。

◇ 制定测试计划

到目前为止，数据库和系统人机界面元素已经得到很好的总结，因此，米西对MyBroadway可能的功能和运作有了一个大致的了解。由于MyBroadway具有天然的模块化设计，米西认为可以采用自顶向下模块化的方法来进行测试。

米西决定，测试计划必须包括相关步骤的顺序，其中先是单独的模块，然后是模块的组合。米西将测试各个模块，然后测试它们的组合。在她按主要功能类别测试完所有的客户网页，并充分相信它们能正常运行后，将由店内员工和顾客对原型进行测试。

在研究了MyBroadway的对话设计后（见第11章末尾的BEC图11—1），她认为有六个主要模块，可由员工和客户独立测试。这些测试模块与对话图第三层次的六个页面相对应：页面1.1，2.1，2.2，2.3，2.4和2.5。但是米西觉得这种测试太零碎，会使员工和顾客感到困惑，而这些模块可以驱动内部的测试过程。在对页面和模块进行单独测试之前，她知道需要先测试特蕾西的数据库建设工作。米西翻出小组为MyBroadway开发的E-R图（见第8章末尾的BEC图8—1）。实体“挑选”和“请求”的数据将由客户输入，“商品”、“销售”、“租赁”和“推荐”的数据将从BEC的店内系统中调用。因此，测试步骤形成了。

米西决定，第一步是让特蕾西建立数据库，用样本数据模拟店内系统中的输入数据。作为原型，小组当然不会使用真正的输入数据。米西联系卡丽以请求商品、销售和租赁历史的数据。米西要求特蕾西首先准备测试商品数据的加载。这样看来，似乎只有测试页面1.1需要来自店内的商品数据。这种方法可以使米西，在约翰需要一个稳定的数据库之前（他正在开发一个不需要登录的模块），测试特蕾西在产品数据加载方面的工作。接着，米西将测试约翰的工作，即MyBroadway无须登录的模块。她可以分别测试特蕾西负责的销售和租赁历史数据的加载工作，以及阿伦负责的需要登录的模块。

米西将给特蕾西一些卡丽提供的数据，供她在测试时使用。当特蕾西拿到这些数据后，米西可以虚构一些数据来涵盖特殊情况（例如，商品缺少字段值或字段值超出范围）。米西会保留一些卡丽提供的数据，用于测试特蕾西构建数据加载的程序。米西认为约翰和阿伦应该先自己测试开发的页面，直到他们认为页面工作正常为止。她希望他们使用自己的测试数据，而当她检查他们的页面时，她会使用单独的数据进行测试。

米西将自己的想法变成了一个粗略的测试计划大纲（见 BEC 图 13—1）。到目前为止，大纲没有显示时间线或步骤的顺序。米西知道，在向团队成员展示这个测试计划之前，她必须制定好时间线。在看过整个纲要和时间线后，阿伦，负责项目进度的人，将使用微软的 Project 输入这些活动，把它们纳入正式项目进度计划中。坦恩教授，斯蒂尔沃特大学的信息系统项目导师，要求每个小组也制定这样的进度计划。

◇ 制定测试用例

米西除了管理测试过程以外，在 BEC 图 13—1 的整体测试计划中，她还有一项任务，即为每个测试步骤制定一个详细的测试用例。由于从未测试过新系统，因此米西认为她应制定一个测试用例，这样她可以从坦恩教授那里得到反馈，然后再制定其余的用例。米西决定先从最简单的测试用例开始，页面 2.2（客户请求租赁一部电影）比较合适。

米西查看了团队为数据库开发的规范化关系（见第 9 章末尾的 BEC 图 9—2）。页面 2.2 是关于申请表中的数据录入的。申请表中包含的数据有：

- 会员编号。表明谁要申请电影租赁。米西假定这个数据项将在前一个页面收集，所以这一项不是测试页面 2.2 的组成部分。
- 申请时间戳。表示请求电影租赁的时间。约翰的这一页面程序将取得计算机系统的时间并存储在申请表中，但用户无法改变这个数据。时间的获取是否正确，可以在页面 2.2 和 2.2.1 中测试出来，因为电影租赁申请是按时间顺序排列的。
- 商品编号。表示顾客申请的是哪个商品。这个值将在页面 2.2 被输入或选定。米西询问约翰他是如何设计页面 2.2 的。约翰决定通过一系列问题让用户选择商品，这样页面 2.2 上使用的商品都是有效的。因此，这方面的测试将检查，是否只有已经存在的商品才出现在客户选择的列表中。

除了确保 MyBroadway 的每个字段都有可选值外，米西还考虑她在斯蒂尔沃特州立大学课程中所学到的其他重要测试。由于原型只在店里的一台计算机上使用，所以没有同时使用数据的问题。此外，出于同样的原因，也不考虑压力测试。由于卡丽从未指出安全问题很重要，所以没有任何安全性测试。恢复测试是在数据输入时关闭 PC 电源。由于所开发的原型使用范围有限，所以性能测试也没有考虑。

◇ 案例小结

米西非常自信，认为她在细化 MyBroadway 的测试计划时，已经有了一个良好的开端。在她把自己的想法转化为一个测试用例样表并交给坦恩教授查阅后，米西已经准备好设定测试的时间线。她需要与她的队员们确定，他们认为每个模块何时能够准备好进行测试，以及何时他们需要从她这里获得指导，以帮助他们完成各自的 α 测试。

从卡丽那里收集商品数据、销售数据和租赁数据
  为特蕾西选择子集
  为特蕾西的测试生成额外的样本数据
  为特蕾西设计测试文档格式
  将数据交给特蕾西
  为米西的测试生成额外的样本数据
为约翰和阿伦设计测试文档格式
为米西设计测试文档格式
执行模块测试
  与特蕾西一起对商品数据输入程序进行走查
  测试特蕾西的商品数据输入程序
    向特蕾西提供测试的反馈
  测试约翰和阿伦的商品信息导航页面
  测试页面 1.1.1
  测试页面 1.1.2
  为页面 1.1.1 和 1.1.2 做集成测试
  测试页面 1.2.1
  测试页面 1.3
  与特蕾西一起对租赁和销售的历史数据输入程序进行走查
  测试特蕾西的租赁和销售的历史数据输入程序
    向特蕾西提供测试的反馈
  测试约翰和阿伦的租赁信息导航页面
  测试页面 2.1.1 和 2.1.1.1
  测试页面 2.2
    向约翰和阿伦提供测试的反馈
测试最初的模块测试后所要求的修订
  循环修订和测试，直到系统准备好可以进行用户测试
与员工们一起进行测试
  设计员工反馈表以收集测试结果
  测试页面 1 及以下
  测试页面 2 及以下
回顾员工测试结果
  循环测试和修订，直到系统解决了员工们的问题
与客户一起进行测试
  设计客户反馈表以收集测试结果
  与客户一起测试整个系统
回顾客户测试结果
  循环测试和修订，直到系统解决了客户的问题
总结测试结果，形成最终报告交给教授和客户

BEC 图 13—1　MyBroadway 的测试计划大纲

问题

1. 以图 13—4 为指导，为米西设计的页面 2.2 的测试准备一个测试用例描述和总结表。

2. 评价一下米西的测试计划大纲（见 BEC 图 13—1）。你能想到缺少了哪些步

骤吗？是否步骤太多？如果是，能否把一些步骤结合起来？

3. BEC 图 13—1 展示了测试大纲，但并没有表明步骤顺序以及哪些步骤可以同时进行。依照该图，制定一个进度计划，使用微软 Project 或其他制图工具，说明你将如何设计测试步骤的顺序。为每个步骤假定一个时间长度。

4. 测试计划大纲的其中一个要素是 α 测试循环。当米西测试和发现问题时，其他成员需要改写有问题的代码模块。你会使用什么规则来决定何时停止 α 测试，并且发布模块让员工进行 β 测试？

5. 设计测试文档的格式，特蕾西、约翰或阿伦将使用它来解释，学生如何测试他的代码以及该测试的结果。

6. 设计顾客反馈表，用来收集客户在使用 MyBroadway 原型期间的意见。MyBroadway 应该使用哪种可用性评价？顾客反馈表对于收集所有的可用性评价是一种有效的方式吗？

7. 对于需要客户完成的 β 测试，你有何建议？例如，用户应该直接使用该系统，还是通过别人操作键盘和鼠标？当顾客正在使用系统时，他应该被一群学生或摄像机观察吗？

第14章

系统维护

学习目标

- *解释和对比四种类型的维护*
- *描述影响维护费用的各种因素，并将这些因素应用到系统维护的设计中*
- *描述维护管理相关问题，包括替代组织结构、质量测量、处理变更请求和配置管理*
- *解释 CASE 工具在信息系统维护时的作用*

引言

在本章中，我们将讨论系统维护，这对很多组织来说是最大的一项系统开发支出。事实上，如今更多的程序员是在进行系统的维护，而不是新系统的开发。毕业后你的第一份工作很可能就是维护程序员或维护分析员。维护程序员的这种不相称分布非常有趣，因为软件不像建筑或机器那样会有物理损耗。

软件需要进行维护的原因并不仅仅只有一个；然而，大多数的原因涉及一个意愿——改进系统功能，以纠正内部处理错误，或更好地支持不断变化的业务需求。因此，维护是大多数系统生命周期的一个事实。这也就意味着在系统安装完成后不久就可以开始系统维护了。对系统的初始设计而言，维护活动不仅限于软件修改，还包括硬件和业务流程的修改。很多人对于维护都提出一个问题，即组织应该保有系统多长时间。5 年？10 年？甚至更长？这个问题没有简单的答案。但这却是最常见的经济学问题。换句话说，什么点停止改进旧系统，建立或购买新系统在经济上是比较合适的？高层信息管理者的很大一部分精力都集中于在维护旧系统和开发新系统之间进行权衡。在本章中，我们将让你更好地理解维护过程，并描述维护过程中会遇到的各种问题。

在本章中，我们还将简要地描述系统维护过程和这些过程的可交付成果。其次是对各种类型维护的详细对比、对关键管理问题的概述，以及对计算机辅助软件工程（CASE）和自动开发工具在维护过程中的作用的叙述。最后，我们将描述基于 Web 的应用程序的维护过程，包括松谷家具公司（PVF）的 WebStore 应用实例。

信息系统维护

一旦信息系统安装完成，系统就开始进入系统开发生命周期（SDLC）的维护阶段。当系统进入这个阶段时，一些系统开发小组的人员就负责从系统用户和其他利益相关者（如系统审计人员、数据中心和网络管理人员、数据分析员）那里收集维护请求。收集完成后，会对每个请求进行分析，以便更好地了解该请求能否改进系统，以及从这样的变更中能获得哪些商业利益。如果变更请求获得批准，就会设计这个变更并实施。与系统初次开发相同，在将变更纳入运营系统之前，都要进行正式的审查和测试。

信息系统维护的流程

在图 14—1 中我们可以看到，维护阶段是 SDLC 的最后一个阶段，正是在这里，最后一项活动变成了第一项活动，SDLC 成为一个循环。这意味着信息系统的维护过程成为 SDLC 的开始过程，并重复开发步骤直到变更实施完成。

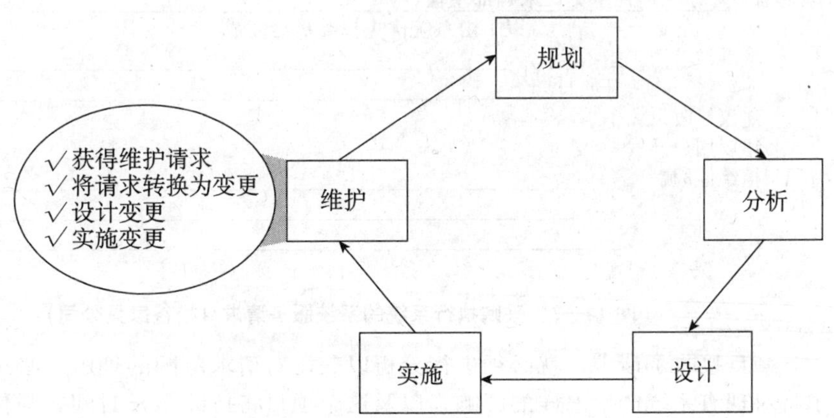

图 14—1　突出维护阶段的系统开发生命周期

如图 14—1 所示，在维护阶段将发生四项主要活动：

1. 获得维护请求
2. 将请求转换为变更
3. 设计变更
4. 实施变更

获得维护请求需要建立一个正式的流程，以便用户可以提交系统变更请求。此前我们介绍过用户请求文档，称为系统服务请求（SSR），如图14—2所示。大多数公司都有各种类似于SSR的文档，用以申请一个新开发、报告问题，或者在现有系统内要求一个新特性等。当开发获得维护请求的流程时，组织还必须指定一个人收集这些请求，并且将这些请求分配给维护人员。我们将在本章稍后详细讨论收集和分配维护请求。

松谷家具公司
系统服务请求

提出人 朱厄妮塔·洛佩斯 日期 2010年11月5日
部门 采购、制造支持
地点 总部，1-322
联系方式 电话：4-3267 传真：4-3270 电子邮箱：jlopez

请求类型	紧急程度
[✓] 新系统	[ ] 立即——操作遭到破坏或机会丧失
[ ] 系统改进	[ ] 存在问题，但仍可运行
[ ] 系统错误纠正	[✓] 可以容忍业务机会的丧失，直到安装新系统

问题描述

PVF销售量的增长使生产制造工作大幅增加。而且，更多对客户服务的关注缩短了制造提前期，这给采购活动带来了更大的压力。此外，缩减开支的压力使与供应商的谈判更具挑战性，要求供应的及时性，并减少库存投资。现有的系统对生产和采购的支持已经不能满足新的商业环境。数据无法获得，信息不能总结，供应订单不能及时处理，货物购买不能得到很好的支持。PVF在原材料上已经花费了很多，但是仍不能满足生产的需要。

服务请求

我请求对我们目前的经营进行全面的分析，以设计和开发一个全新的信息系统。这个系统要能处理所有的采购事务，支持输出和提供重要采购数据的报告，帮助采购代理商购买商品。

联系人 克里斯·马丁（电话：4-6204 传真：4-6200 电子邮箱：cmartin）
发起者 萨尔·迪瓦里奥，采购部主任

以下由系统优先权委员会完成

[ ] 批准请求 指派给 ______
开始日期 ______
[ ] 建议修改
[ ] 建议用户开发
[ ] 拒绝原因 ______

图14—2 采购执行系统的系统服务请求（松谷家具公司）

一旦接收了请求，就必须进行分析以获得对请求范围的理解。必须确定这个请求将对现有系统产生怎样的影响，以及这个项目将持续多长时间。与信息系统初次开发相同，维护请求的规模将被分析，以判定其风险和可行性（见第5章）。接下来，变更请求可以转化成正式的设计变更，之后就可以进入维护实施阶段了。因此，维护阶段的活动与SDLC有很多相似的地方。图14—3将SDLC的阶段与刚才描述的维护流程的各项活动进行了匹配。SDLC的第一阶段，即规划阶段，与维护流程的获得维护请求类似（步骤1）。SDLC的分析阶段与维护流程的将请求转换为一个具体的系统变更类似（步骤2）。当然，SDLC的设计阶段与维护流程的设计变更类似（步骤3）。最后，SDLC的实施阶段等价于维护流程中的实施变更（步骤4）。这些相似并不是偶然的，初次开发一个系统的概念和技术也可以用于对其进行维护。

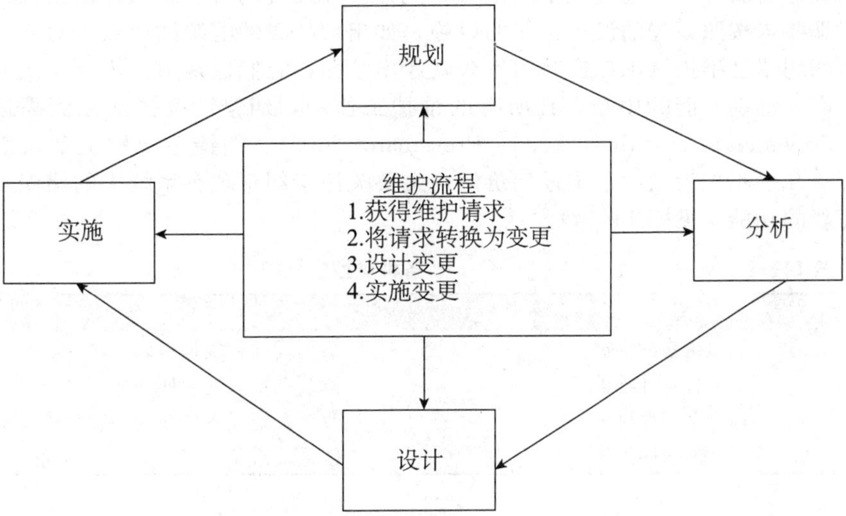

图 14—3　维护活动与 SDLC 活动的对比

可交付成果

因为 SDLC 的维护阶段基本上就是整个开发过程活动的一个子集，所以可交付成果是维护流程中所开发软件的新版本，以及开发或修改的所有设计文档的新版本。也就是说，维护阶段所有文档创建和修改工作，包括系统本身，就是可交付成果。那些没有更改的程序和文档，也可能是新系统的一部分。由于大多数组织要将以前的系统版本存档，因此以前所有的文档和程序都必须保留下来，以保证适当的版本控制。配置管理和变更控制将在本章稍后详细讨论。

由于开发新系统和维护流程中的步骤、可交付成果如此相似，你可能会对如何区分这两个流程产生疑问。其中一个不同点是维护阶段在产生新系统版本时，将重用大多数的现有系统模块。另一个区别是，在硬件或软件平台发生变更，或数据、逻辑及流程模型的基本假定和特征改变后，将开发一个新系统。

系统维护

组织内对信息系统的支出中有很大比例是对现有系统进行维护，而不是开发一个新系统。我们将讨论维护的各种类型、影响维护复杂性和成本的因素、管理维护的各种活动和 CASE 工具在维护阶段的作用。鉴于维护活动消耗了信息系统相关支出的主要部分，因此获得对这些主题的认识将非常有助于你成为一名信息系统专业人员。

维护的类型

你可以对信息系统进行几种类型的**维护**（maintenance）（见表 14—1）。维护是指修正或改进一个信息系统。**纠错性维护**（corrective maintenance）是指修正那些设计、编程和实施过程中的错误。例如，你最近购买了新房，纠错性维护是指修理那些未按照原先的设想工作的设施，如出现故障的电源插座或未对齐的门。大多数的纠错性维护请求在安装后不久就浮出水面，它们通常迫切需要解决，以减少日常商业活动可能的中断。在所有的维护工作中，纠错性维护的比例高达75%（Andrews and Leventhal，1993；Pressman，2005）。纠错性维护是令人遗憾的，因为它几乎不能为组织带来任何价值，主要关注于纠正现有系统中的错误，而不是增加新的功能（见图14—4）。

表14—1　各种类型的维护

类型	描述
纠错性维护	纠正设计和编程错误
适应性维护	修改系统以适应环境变化
完善性维护	改进系统以解决新问题或利用新机会
预防性维护	使系统避免将来可能出现的问题

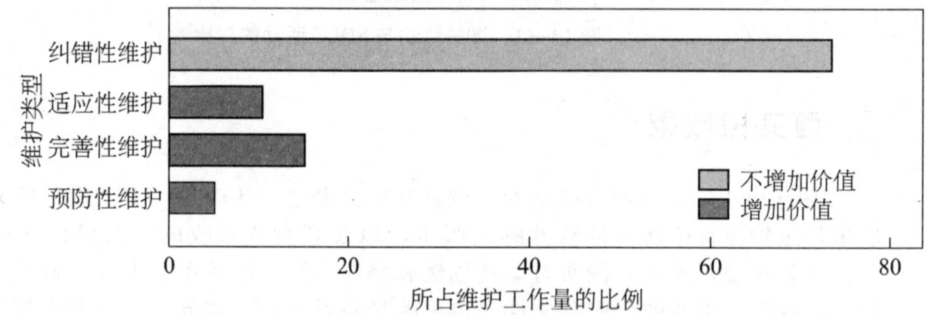

图14—4　不同类型的维护增加或不增加价值

资料来源：Andrews and Leventhal，1993；and Pressman，2005.

适应性维护（adaptive maintenance）是指增进信息系统的功能以适应变化的业务需求，或将系统移植到不同的操作环境中。在新家的例子中，适应性维护可能是增加遮挡风雨的护窗，以提高空调的制冷性能。适应性维护通常不如纠错性维护紧急，因为业务和技术变化通常在一段时期后发生。适应性维护通常只占组织维护活动的一小部分，但是却能为组织增加价值，这一点与纠错性维护正好相反。

完善性维护（perfective maintenance）是指提高处理过程的性能或界面有用性，或者增加一些需要但不是必需的系统特性（附加特性）。在新家的例子中，完善性维护可能是增加一个新房间。许多信息系统专业人员认为完善性维护不是真正的维护，而是一个新的开发。

预防性维护（preventive maintenance）是指采取一些措施来预防今后系统可能会发生的崩溃。一个预防性维护的例子是大幅提高系统处理的数据量，它远超过当前需要的数量，或者是概括系统如何将报表信息发送给打印机，使系统能够轻松适应打印技术的变化。在新家的例子中，预防性维护可以是在外墙刷上防护涂料来应对恶劣天气。与适应性维护一样，与纠错性维护相比，完善性维护和预防性维护通常占非常小的比例。在系统生命周期中，纠错性维护最可能发生在系统安装的初始阶段，或更改主要系统之后。这说明适应性维护、完善性维护和预防性维护如果没有仔细地设计和实施，就可能导致需要纠错性维护。

维护的费用

信息系统的维护费用是一项庞大的支出。对某些组织来说，维护的开支占整个预算的比例高达 60%～80%（Kaplan，2002）。该比例从 20 年前的大约 50%开始一直增长，这是因为许多组织中积累了越来越多的旧系统，即所谓的遗留系统，需要越来越多的维护（见图 14—5）。更多的维护意味着程序员要做更多的维护工作。在最近的一项民意调查中，超过 200 位管理者表示，一个公司平均有 52%的程序员被分配从事维护现有系统的工作（Lytton，2001），仅有 3%被分配到新应用的开发中。在公司并没有在内部开发系统，而是购买授权软件，如 ERP 系统的情况下，维护成本依然高居不下。在许多情况下，ERP 系统每年的维护费用占前期费用的比例高达 20%（Worthen，2003）。此外，程序维护占建立和维持一个网站费用的 1/3（Legard，2000）。这些维护的高成本意味着你必须了解影响系统可维护性的因素。可维护性指哪些软件是可以理解、纠正、调整和加强的。低维护性的系统会导致无法遏制维护成本的增长。

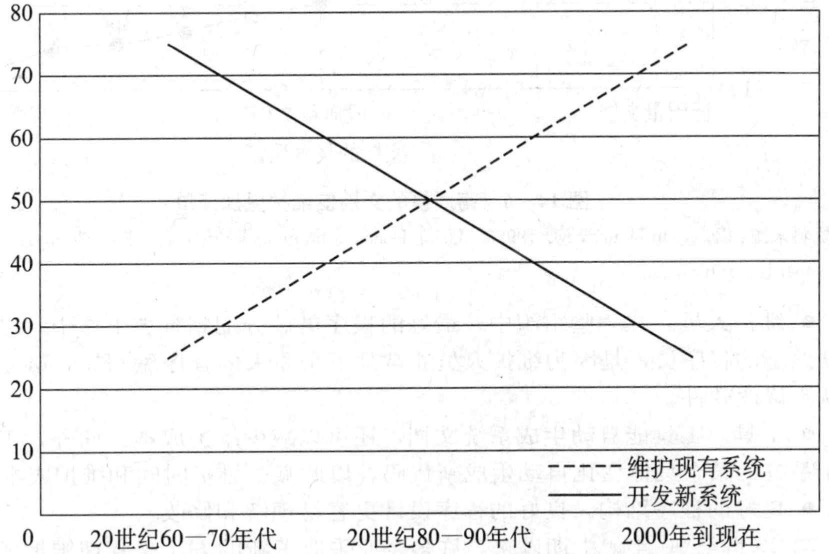

图 14—5　开发新系统、维护现有系统所占软件预算比例随时间推移的变化

资料来源：Based on Pressman，2005.

许多因素会影响系统的**可维护性**（maintainability）。这些因素或成本要素，决定系统可维护性的高低程度。在这些因素中，有三种是最重要的：潜在缺陷的数量、客户数量、文档的质量。其他因素，例如人员、工具、程序结构也需要注意，但是影响较小。

● 潜在缺陷的数量。这是安装完成后系统中未知的错误数量。由于维护活动中多数是纠错性维护，因此潜在缺陷的数量决定了系统维护费用的大部分。

● 一个给定系统的客户数量。一般来说，客户越多，维护费用越高。例如，如果系统只有一个客户，问题和变更请求将只有一个来源。此外，培训、错误报告和支持将会更加简单。维护请求不太可能是矛盾或不兼容的。

● 系统文档的质量。没有高质量的文档，维护的工作量可能成倍增加。图 14—6

显示了质量差的系统文档要多消耗400%的维护工作量。与一般质量的系统文档相比，高质量的系统文档减少了80%的维护工作量。换句话说，高质量的文档使找出需要修改的代码，以及理解为什么代码需要修改更加容易。良好的文档也解释了系统为什么要做这些工作，为什么替代方案不可行，从而节省了那些被浪费的维护工作。

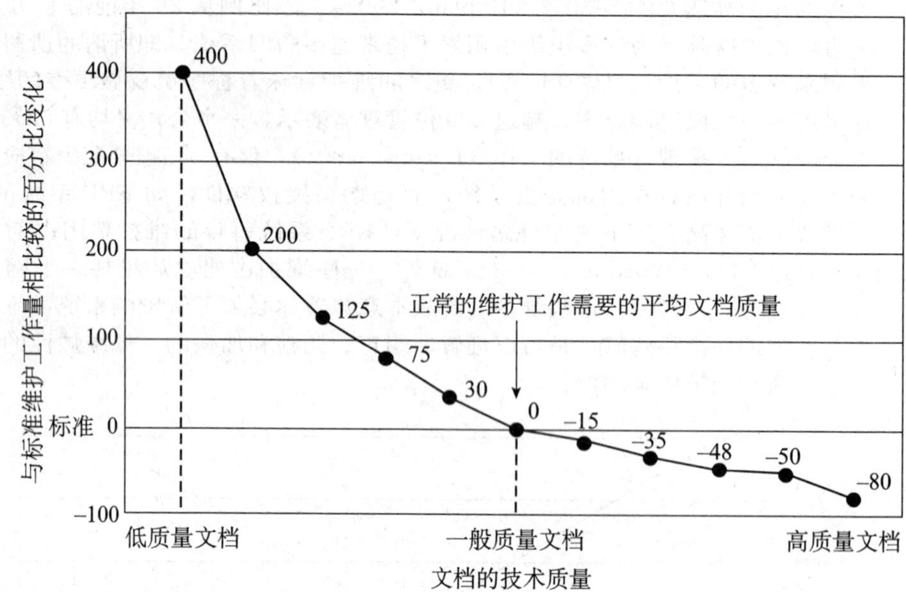

图14—6 高质量的文档使维护更加简单

资料来源：Based on Hanna，M. 1992. “Using Documentation as a Life-Cycle Tool.” *Software Magazine* [December]：41-46.

● 维护人员。在一些组织中，最好的程序员被分配到维护工作中。之所以需要高度熟练的程序员，是因为维护人员通常都不是原来的程序编写者，必须快速熟悉并认真修改软件。

● 工具。工具能自动生成系统文档，还可以减少维护成本。此外，工具还可以基于系统的某个具体变化自动生成新代码，以此减少维护时间和维护成本。

● 良好的程序结构。良好的程序设计更容易理解和修改。

自20世纪90年代中期以来，许多企业采取了新的方法来管理维护成本。它们没有选择内部开发定制系统或采取外包，而是选择购买套装应用软件。尽管软件套装供应商每年收取维护更新费，但这些费用更加可预见，而且远比定制开发系统的费用低（Worthen，2003）。然而，即使使用套装软件，内部维护工作可能仍是必要的。主要维护工作之一就是使软件包同与它合作的其他软件包以及内部开发系统相兼容。当购买的软件包有新版本时，可能还需要对它进行维护，使所有的软件包继续共享和交换数据。一些公司正在最小化这项工作，通过购买全面的软件包，如ERP软件包，在大范围内为组织提供信息服务（从人力资源到会计、生产、销售和市场营销）。尽管安装ERP软件包的初始价格不菲，但它为大幅降低系统维护成本提供了巨大的潜力。

□ 维护的管理

随着维护工作占系统开发预算的比例越来越大，维护的管理也变得越来越重要。今天，全世界有更多的程序员致力于维护工作而不是新系统的开发。换言之，维护工作是程序员最大的细分市场，这意味着需要更仔细地管理。我们将通过讨论几个关于系统维护有效管理的话题来阐述这个问题。

管理维护人员 与维护管理有关的一项内容是人员管理。历史上，许多组织都有“维护小组”，它独立于开发小组。随着维护人员的不断增加、传统开发方法和工具的发展、组织形式的变化、终端用户计算系统的普及，以及在一些系统开发中越来越广泛地使用高级开发语言，组织已经开始重新考虑维护和开发的人员。换句话说，维护小组应该与开发小组分开独立吗？还是维护人员就是开发系统的这些人？第三种方案是，为使用系统的主要职能部门配备各自的维护人员。表 14—2 总结了每种方案的优缺点。

表 14—2 不同维护组织结构的优缺点

类型	优点	缺点
独立的	小组之间正式交接，保证了系统和文档的质量	不能将所有事情文档化，所以维护小组可能不清楚系统的关键信息
综合的	维护人员知道或了解系统初始设计的所有假设与决策	由于没有正式的责任交接，文档和测试过程可能会很艰难
职能部门的	有效维护系统对人员来说有既得利益，他们能更好地理解部门的功能需求	人员的工作灵活性有限，可能缺少人力和技术资源

除了表 14—2 列出的优缺点外，组织考虑它们应该如何管理和分派维护人员，还有许多其他原因。其中的一个关键问题是，许多系统专业人士不喜欢维护工作，因为他们觉得更精彩的是创造新的东西，而不是改变现有的东西（Martin et al.，2005）。换言之，维护工作通常被视作“清理别人的烂摊子”。同时，在历史上，组织会给予开发新系统的人员更多的奖励和工作机会，因此使得人们避开维护类型的职业生涯。所以，无论一个企业如何组织维护小组——独立的、综合的，或是职能部门的——将人员调进调出维护小组都很常见。这种来回调动被认为可以缓解有关维护工作的消极情绪，并能使员工更好地理解开发新系统与维护工作的困难和它们两者之间的关系。

测量维护效率 第二个管理问题就是维护效率的测量。与人员的有效管理一样，维护活动的测量对于理解开发和维护工作的质量也是很根本的。要测量效率，你必须测量以下要素：

- 故障的数量
- 每次故障的时间间隔
- 故障的类型

测量故障的数量和时间间隔为你奠定了一个基础，用来计算一个被广泛使用的系统质量测量指标。该指标称为**平均故障间隔时间**（mean time between failures，MTBF）。正如其名，MTBF 指标显示了一个系统故障被识别到下一个故障被识别的平均时间长度。随着时间的推移，你可以想象 MTBF 值会在系统使用（和纠错性维护）几个月后迅速增加（图 14—7 显示了 MTBF 值和系统安装时间的关系）。如果 MTBF 没有随着时间的推移迅速增加，这将是一个信号，即系统中存在的主要问题在维护阶段并没有被充分解决。

更准确的测量方法是检查正在发生的故障。随着时间的推移，记录故障的种类会提供一个非常清晰的画面——在何处、何时以及如何发生故障。例如，当某个客

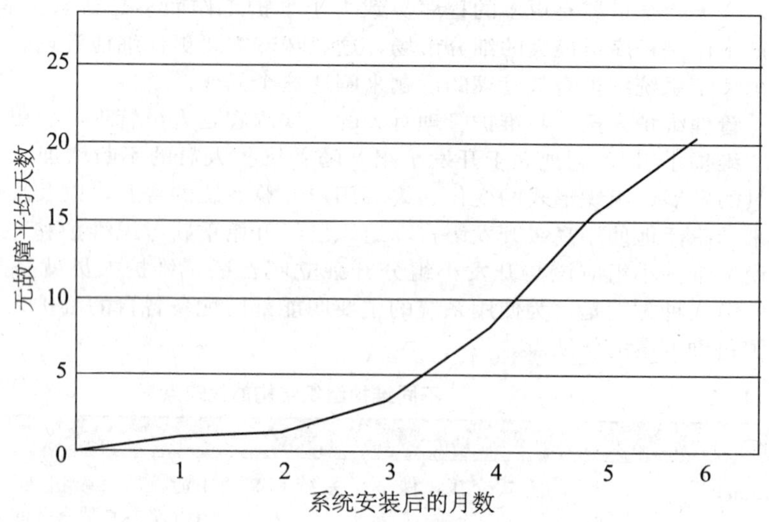

图 14—7 MTBF 随时间的变化

户使用系统时，系统反复发生故障而无法将新的账户信息记录到数据库中，如果了解这个故障的原因，就可以为维护人员提供宝贵的资料。用户的培训是否充分？这个用户有什么特别的地方？在安装时是否发生了什么特别的事情导致了这个故障？当故障发生时，系统正在执行什么活动？

跟踪故障的类型也为将来的项目提供了重要的管理信息。例如，当使用某个特定的开发环境时，错误的发生频率较高，这些信息可以帮助指导人员分配、培训课程，或在未来的开发工作中避免某个特定的软件包、开发语言或环境。这里要记住的是，如果没有测量和跟踪维护活动，你就不能获得知识去改善或了解你现在所做的工作，也不知道与过去相比，现在究竟有没有进步。为了有效地进行管理和持续改进，你必须随着时间的推移衡量和评估所做的工作。

控制维护请求 另一项维护活动是管理维护请求。有多种类型的维护请求，有一些是纠正系统轻微或严重的缺陷，另一些则是改善或扩展系统的功能。从管理角度看，一个关键问题是确定哪些请求需要执行，哪些可以忽略。由于有些请求更重要，因此必须确定优选请求的方法。

图 14—8 展示的流程图提供了一个可行的办法，可用来处理维护变更请求。首先，必须确定请求的类型。如果请求与错误有关，即纠错性维护，则流程图显示该请求被放置在系统执行任务的等待队列中。对于严重的错误，必须尽快改正。但是，如果错误被认为是“非严重的”，维护请求就可以根据其类型和相对重要性进行分类和排序。

如果变更请求与错误无关，那么你必须判断该请求是不是为了使系统与技术变化或商业需求相适应，以某种方式完善操作，或增强系统使它能提供新的业务功能。增强系统这类请求必须先进行评估，看看这些增强的功能是否与未来的业务和信息系统规划相一致。如果不一致，该请求将被拒绝，并告知申请者。如果增强的功能看起来与业务和信息系统规划相一致，那么它可以被优先考虑，并放置到今后的任务队列中。优选排序的流程包括评估变更的范围和可行性。整个项目的范围评估和可行性评估技术可以用来评价维护请求（见第 5 章）。

待处理任务队列的管理是一项重要的活动。对于一个给定的系统，维护任务的队列是变化的，它将根据业务变更和错误量而增加或减少。事实上，一些低优先级

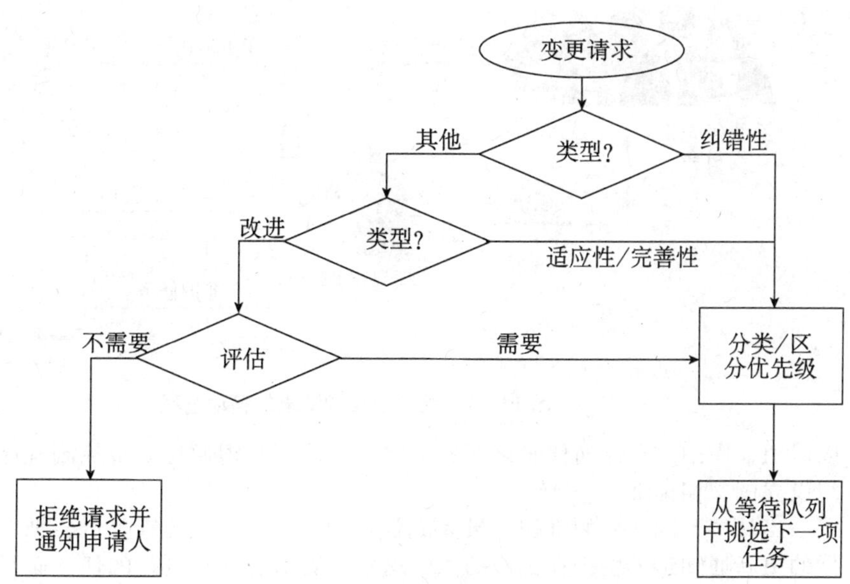

图 14—8　如何确定维护请求的优先级

的变更请求可能永远不会完成，因为在一个给定的时间内，只能完成有限数量的变更。换言之，当任务终于上升到队列的顶部而业务需求已经变化时，这可能导致由于当前的业务状况，该请求被视为不必要或不再重要。因此，管理待处理任务队列是一项重要的活动。

为更好地了解处理变更请求的流程，请参见图 14—9。最初，使用系统的小组用户可能会主动要求更改系统。该请求将流向系统的项目经理（标示 1）。项目经理根据现有系统和待处理的请求，对这个请求进行评估，接着向系统优先权委员会转发评价的结果（标示 2）。这种评价也包括可行性分析，包括项目范围、资源需求、风险以及其他相关因素的估计。该委员会依据组织战略和信息系统规划两个方面，对请求进行评估、分类并评价优先级（标示 3）。如果委员会决定拒绝请求，则项目经理通知申请人并解释拒绝的理由（标示 4）。如果请求通过，则被放置在等待任务的队列中。然后项目经理根据其可用性和任务的优先级，向维护人员分配任务（标示 5）。项目经理会定期准备所有待变更请求的报告。这份报告将转发给优先权委员会，他们将根据现在的业务情况重新评估。这个过程可能会导致删除或修改某些请求。

尽管每个变更请求都要经过图 14—9 所示的审批过程，但变更通常分批实施，形成了该软件的新版本。这些大量的微小变化实在难以管理。另外，当一些变更请求影响同一个或高度相关的模块时，分批改变可以减少维护工作量。如果报表或数据输入屏幕发生变化，频繁发布新系统版本也可能使用户感到困惑。

配置管理　管理维护的最后一个方面是**配置管理**（configuration management），以确保只有经过授权的变更才能更改系统。一旦系统实施和安装完成，用于构造系统的程序代码代表了系统的**基线模块**（baseline modules）。基线模块是系统最新版本的软件模块，每一个模块都通过了组织的质量保证流程和文档标准。**系统管理员**（system librarian）负责基线源代码模块的签入和签出。如果某些维护人员被分配进行系统变更，他们必须首先签出基线系统模块的副本，也就是说，不允许任何人直接修改基线模块。只有那些已经过测试并通过正式检查流程的模块才可

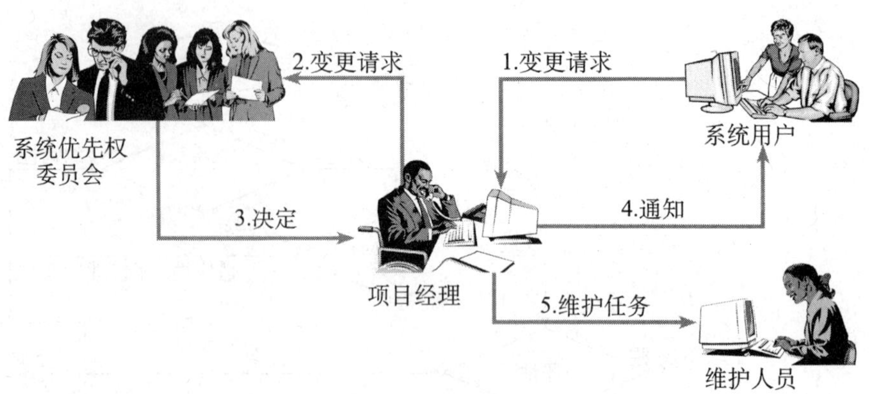

图 14—9　组织中维护请求的移动过程

以保留在库中。在任何代码重新签入之前，代码必须通过质量控制程序、测试和组织设立的文档标准。

当从事不同任务的维护人员完成各自的工作时，系统管理员会把对基线模块所做的更新通知给那些仍在工作的人。这意味着所有现在进行的任务必须与最新的基线模块相结合才能被批准签入。系统管理员可以通过一个模块检查的正式流程，帮助确保只有经过测试和批准的模块才能成为基线系统的一部分。系统管理员的责任还包括保持所有先前的系统模块版本的副本，包括构建曾存在的系统任何版本所需要的**构建规程**（build routines）。当新的版本发生故障，或者用户不能在他们的计算机系统上运行新版本时，重建系统的旧版本是很重要的。

现在已经有专门管理系统配置和版本控制活动的软件了（见“配置管理工具”专栏）。随着组织中部署多个不同的网络、操作系统、语言和数据库管理系统，系统中可能有许多不同平台的应用程序协作。在这种情况下，变更控制过程日益复杂，使这类软件变得越来越有必要。该软件的一个功能就是控制库中模块的访问。每次模块经过系统管理员授权后的签出或签入活动都将被记录。该软件可以帮助系统管理员跟踪所有必要的步骤，从一个新的模块的发布到构建，包括所有的整合测试、文档更新和审核。

配置管理工具

一般有两种方法配置管理工具：版本控制和源代码控制。通过版本控制工具，每个系统模块文件被“冻结”到下一个版本（不可变），或设计成“浮动的”（可变），这意味着程序员可以签出、锁定和修改某个特定的系统模块。只有最新版本的模块存储在系统库中。如果需要，一个模块的所有旧版本都可以通过逆向的顺序变更进行重建。源代码控制工具扩展了版本控制工具，不仅仅是单独模块，还可以是任何模块中相互关联的文件。通过重新编译正确的源代码模块，配置管理工具能够重建任何一个系统的历史版本，这一点使得它在维护系统的过程中显得极其重要。配置管理工具允许跟踪一个可执行代码模块到最初的源代码版本，这大大加快了编程错误的识别进程。

□ CASE 工具和自动开发工具在维护阶段的作用

在传统开发方法中，大部分时间花在编码和测试上。如果软件变更获得批准，则先要修改代码，然后进行测试。一旦代码的功能是可靠的，就需要更新文件和规范性文档，以反映系统的变化。随着时间的推移，保持所有的系统文件为“最新”状态的过程非常枯燥，并且是一项耗时的活动，经常被忽略。这种忽略使得日后的维护，无论是由原来的程序员完成，还是由不同的程序员完成，都非常困难。

使用 CASE 和其他自动化系统开发工具的主要目的，是从根本上改变修改和更新文档、代码的方式。当使用集成开发环境时，分析员维护设计文档，例如数据流图和屏幕设计，而不是源代码。换句话说，设计文档被修改，然后代码生成器自动为这些更新的设计创建系统的一个新版本。同时，由于变更是在设计规范层面做出的，大部分的文档变更，例如数据流图的更新，在维护过程中就已经完成了。因此，使用 CASE 工具的一个最大优点，就是它在系统维护阶段的作用。

除了使用一般的自动化工具进行维护，还有两个具有特殊用途的工具：逆向工程和再造工具，用来维护没有完整文档的旧系统，或在使用 CASE 工具之前进行开发的系统。这些工具通常称为设计恢复工具，因为它们的主要优点是通过分析系统的源代码，创建一个高水平的设计文档。

逆向工程（reverse engineering）工具能够生成一个系统或程序模块在抽象设计层面的表述。例如，逆向工程读入程序源代码；进行分析；提取信息，包括程序的控制结构、数据结构和数据流等。一旦一个程序使用图形和文字表述在设计层面出现，分析员就可以根据现在的业务需求和编程实践进行更有效的重构。例如，微软的 Visual Studio. NET 就可以用来将应用程序转换为 UML 或其他设计图（见图 14—10）。

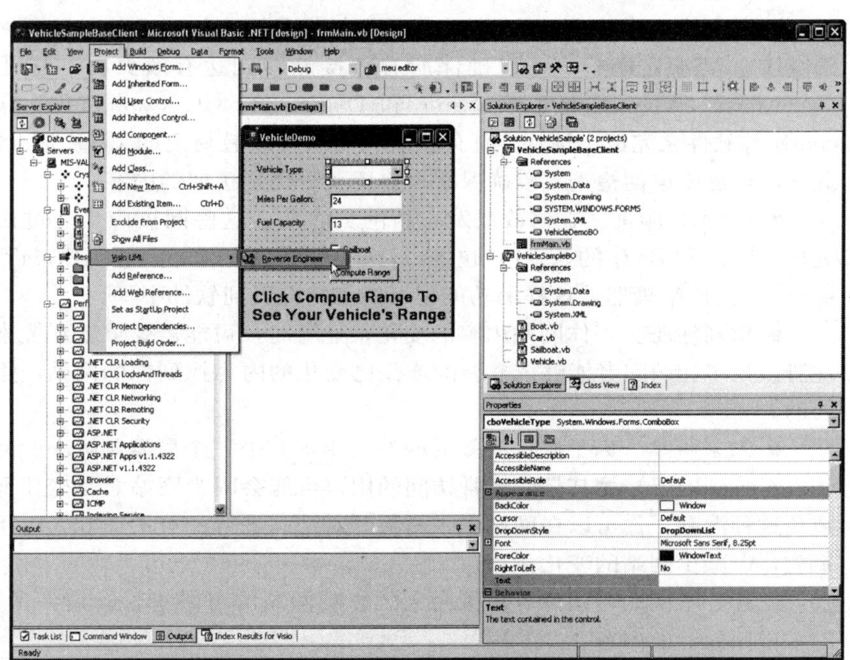

图 14—10　Visual Studio. NET 可以将应用程序逆向转换为 Visio UML 图

同样，**再造**（reengineering）工具扩展了逆向工程工具，通过自动地（或与系统分析员交互）改变现有系统，以提高其质量和性能。由于逆向和再造功能被纳入更多的流行开发环境中，因此延长系统寿命、扩展现有系统的能力将得到加强（Orr，2005）。

网站维护

本章讨论的所有维护活动适用于任何类型的信息系统，无论它在何种平台上运行。然而，基于网站的特殊性质和运行状态，也存在一些特殊的问题和过程。这些问题和过程包括：

● 全天候。大多数网站从不会刻意让人无法访问。事实上，电子商务网站具有连续操作的优点。因此，进行网页和整个网站的维护时，必须保证网站不能下线。然而，在更改网页时，可能需要锁定一个网站部分网页的使用。这可以通过在主页上插入一个"临时暂停服务"的通知，并禁用该服务的所有链接来实现。或者，在维护网站以创建网页的新版本时，可以将对这部分主页的引用暂时重新定位到其他位置，并在该位置上保留这些网页的原有版本。真正棘手的部分是在一个进程中向用户保持网站的一致性。也就是说，在同一个进程中当用户看到两个不同版本的页面时，会感到困惑。浏览器缓存功能可能会展示一个旧页面的版本，即使该页面在进程中已经改变了。避免这种混乱的一个措施是锁定，如前面所述。另一种方法是不锁定被更新的网页，但包括一个最新变化的时间戳。这可以提示访问者以减少他们的困惑。

● 检查链接是否损坏。对任何一个网站来说，最常见的维护问题（除了改变网站的内容以外）就是验证来自站点的网页链接是否有效（尤其是访问网站外部资源的链接）。需要定期检查，以确保所有链接能够到达有效页面。这可以通过诸如LinkAlarm（www.linkalarm.com）和Doctor HTML（www.fixingyourwebsite.com）等软件来完成。请注意任何发表在出版物或教材上的URL是很容易改变的！此外，还需要定期检查，以确保每个引用页上仍是预期的内容。

● HTML验证。在修改或发布新网页之前，这些网页应当通过代码验证程序处理，以确保所有的代码（包括applets）有效。如果你使用HTML，XML，script或其他编辑器，这样的功能很可能已经内置到软件中了。

● 重新注册。当你网站内容的变化很显著时，可能需要重新到搜索引擎网站上注册。为了让访问者能够依靠新的或是已变化的内容找到你的网站，重新注册是必要的。

● 未来版本。为了确保有效的网站使用，其中一个最需要解决的问题是避免使访问者感到困惑。尤其是，经常访问的用户可能会因为网站总是变化而不解。为了避免这种混乱，你可以在网站上张贴将要对网站进行变更的通知，也可以进行批量调整，以减少网站的变化频率。

此外，不同的网站设计决策会大大影响网站的可维护性；请参考第12章有关有效网站设计的内容。

电子商务应用：维护松谷家具公司的WebStore

在本章中，我们叙述了系统维护的各个方面。维护是任何系统生命周期的一个自然部分。在本节中，我们将通过对 PVF WebStore 维护活动的考察，来结束对该系统的讨论。

□ 维护松谷家具公司的 WebStore

星期六晚上，杰姬，PVF 的营销副总裁，正在查看张贴在公司电子商务网站 WebStore 上新产品的内容。她星期六晚上还工作，因为第二天她将去南达科他州的布拉克山享受她期待已久的两周假期。但在离开之前，她想要查看一下网页的外观和布局。

在查看的过程中，WebStore 的页面加载开始变得非常缓慢。最后，在请求查看某个特定产品的详细信息后，WebStore 干脆停止了工作。在她的网页浏览器的标题栏报告了这样一个错误：无法找到服务器。

由于她飞往拉皮特城的航班在不到 12 小时后即将起飞，杰姬希望审查一下内容，并找出方法来纠正这一灾难性的系统错误。她首先想到的是到信息系统开发小组的办公室，它就在同一栋建筑内。她去了这个办公室，结果发现那里没有人。她的下一个想法是联系吉姆，WebStore 系统的高级系统分析员和项目经理。她打电话到吉姆家，得知他在超市，但很快会回家。杰姬留下信息，让吉姆尽快给她办公室打电话。

不到 30 分钟，吉姆打了电话并回到办公室来帮助杰姬。虽然不是经常发生，但吉姆在下班时间赶回来协助用户处理系统故障，已经不是第一次了。在动身去办公室之前，他试着连接互联网，同样发现 WebStore 无法访问。由于 PVF 公司将 WebStore 外包给一个外部供应商，吉姆立即将 WebStore 关闭的情况通知了供应商。该供应商是一个本地的互联网服务提供商（ISP），长期为 PVF 提供互联网接入，但它托管商业网站的经验有限。吉姆被告知，是一个小故障导致了系统的瘫痪，WebStore 过一个小时会恢复运行。然而，这已经不是 WebStore 第一次发生问题了，吉姆感到力不从心。他比以往更加相信，PVF 需要找到一种更好的方式来了解系统故障，更重要的是，PVF 需要对可靠运行有更多的信心。

周一早上，吉姆召集数名 PVF 的高级经理一起开会。在这次会议上，他提出了下列问题：

- 我们的网站值多少钱？
- 当网站出现故障时，会给公司造成多大的损失？
- 我们网站的可靠性应该是多少？

大家对这些问题开始了热烈的讨论，一致认为，WebStore 对 PVF 的将来“至关重要”，网站的关闭是“不可接受的”。一位经理说出了大家的感受：“我想不出系统崩溃的任何借口……我们的客户对我们寄予厚望……一个大事故对 PVF 将是灾难性的。”

吉姆向成员们简要介绍了他认为需要采取的下一个步骤。“我相信问题根源在于我们与 Web 托管公司的合同。具体来说，我们需要重新协商合同，或者寻找其他的供应商，来达到我们的服务期望。我们目前的协议并没有涉及如何对紧急情况做出回应，或对持续的系统故障有什么补救措施。我们还必须了解清楚，一个网站 99%的时间正常运作与一个网站 99.999%的时间正常运作之间所需费用的差异。”他接着说，“这将增加每月数万美元的成本，以保证系统具有非常高的可靠性。”

在会议结束时，高级管理人员一致同意应立即制定一个计划，以解决 WebStore 服务层面的问题。为了开始这项工作，吉姆准备了他们所需供应商服务的详细列表。他认为非常具体的名单是必要的，这样就可以讨论针对不同服务和不同服务层次（如系统故障响应时间和违规处罚）的相关费用。

当有同事问及，用什么类型的维护来提高 WebStore 的系统可靠性时，吉姆不得不停下来想一想。“嗯，显然是适应性维护，我们计划将系统转移到一个更可靠的环境中……这也是完善性和预防性维护……这是完善性维护，因为我们改变一些操作，这将提高系统的性能；同时它也是预防性维护，因为我们的目标之一是减少系统出现故障的可能性。”通过这次讨论，吉姆也清楚地认识到，系统远不止是用于构造 WebStore 的 HTML 语言，它也包括硬件、系统软件、程序和突发事件的响应。尽管以前也听过很多次，但吉姆现在终于知道，一个成功的系统反映了各个方面。

小结

维护是 SDLC 的最后一个阶段。在维护过程中，系统被改变，以纠正内部处理过程中的错误，或扩展系统的功能。维护是系统的一项主要投资，时间跨度可能在 20 年以上。由于许多系统从最初的开发阶段转换到运行使用阶段，因此越来越多的信息系统专业人员从事系统维护工作，可能在将来需要更多的专业维护人员。

正是在维护阶段，SDLC 完成了一个生命周期，因为系统变更请求必须首先被批准、规划、分析、设计，然后才能实施。在某些特殊情况下，当由于内部系统错误而导致业务遭受损失时，可以采取快速修复的方式。这当然需要绕过正常的维护程序。快速修复完成后，维护人员必须进行资料备份，并对问题进行彻底的分析，以确保修复过程符合正常的系统关于设计、编程、测试和文档的开发标准。维护请求可以是以下四种类型之一：纠错性维护、适应性维护、完善性维护和预防性维护。

一个系统的设计和实施方法将会大幅影响对它进行维护的成本。系统安装时其中未知的错误数量是决定维护费用的主要因素。其他因素，如用户数量和文档质量，对维护成本的影响也比较大。

维护管理涉及的另一个问题，是如何衡量维护工作的质量。大多数组织跟踪每个故障的频率、时间和类型，并比较系统的表现。由于资源有限，组织不能执行所有的维护请求，因此必须建立一些正规的审查流程，以确保只有那些与组织和信息系统规划相一致的维护请求得以执行。通常是项目经理负责收集维护请求。在请求被提交后，项目经理将其转发给负责评估的委员会。评估完成后，项目经理将较高优先级的任务分配给维护人员。

维护人员不允许在系统中实施未经批准的变更。为保证这一点，大多数组织任命一个维护人员，通常是高级程序员或分析员，作为系统管理员。系统管理员控制系统模块的签入和签出，以确保执行正确的维护程序，例如需要遵循适当的测试环节和进行文档记录。

CASE 工具在维护过程中经常被采用，以便维护工作是在设计文档层面，而不是低层次的源代码层面上进行。逆向工程和 CASE 工具用于恢复旧系统的设计文档（这些旧系统不是使用 CASE 工具开发的）或是设计文档缺失的系统。恢复后，这些旧系统将实现在设计层面上的变更而不是源代码层面上的变更，这显著提升了维护人员的工作效率。

网站维护有一些特殊的地方需要注意，包括全天候运作、检查损坏的外部链接、在发布新版本或修改网页前验证代码、网站在搜索引擎的重新注册，以及通过预览避免访问者对新旧版面产生困惑。

关键术语

适应性维护（adaptive maintenance）
基线模块（baseline modules）
构建规程（build routines）
配置管理（configuration management）
纠错性维护（corrective maintenance）
可维护性（maintainability）
维护（maintenance）
平均故障间隔时间（mean time between failures, MTBF）
完善性维护（perfective maintenance）
预防性维护（preventive maintenance）
再造（reengineering）
逆向工程（reverse engineering）
系统管理员（system librarian）

复习题

1. 比较下列术语：

a. 适应性维护、纠错性维护、完善性维护、预防性维护

b. 基线模块、构建规程、系统管理员

c. 维护、可维护性

2. 列出维护过程的步骤，并与系统生命周期的各个阶段进行比较。

3. 维护的类型有哪些？它们有什么不同？

4. 描述影响维护成本的因素。是否有哪个因素比其他因素更重要？为什么？

5. 描述组织维护人员的三种方式，并比较它们各自的优缺点。

6. 为了获得对维护有效性的理解，必须采用什么类型的测量手段？为什么平均故障间隔时间是一种重要的测量手段？

7. 通过测量维护有效性，可以更好地理解哪些管理问题？

8. 描述控制维护请求的过程。所有的请求都应该同样处理吗？是否存在需要绕开维护流程的情况？什么时候存在？为什么？

9. 配置管理指什么？你认为组织为什么需要系统管理员？

10. 在信息系统维护中，如何使用 CASE 工具？

11. 逆向工程与再造 CASE 工具的区别是什么？

12. 与网站相关的特殊维护问题和步骤是什么？

问题与练习

1. 维护既被视为 SDLC 的最后一个阶段（见图 14—1）；也被视为一个与 SDLC 相似的过程（见图 14—3）。以这两种方式讨论它的意义是什么？你认为，将它看作这两种方式有什么矛盾吗？

2. 信息系统的变更请求与申请一个新系统的请求在处理上有什么不同？

3. 根据图 14—4，纠错性维护是目前为止发生的最频繁的维护类型。作为一名系统分析员，你可以做些什么来减少这种维护？

4. 为完成一个系统服务请求（见图 14—2），还需要收集哪些其他信息？

5. 请简要讨论系统分析员应如何管理本章中所描述的六种维护成本。

6. 假设你是一名系统管理员。用实体—关系图的图例来描述你所需要的数据库，该数据库用来存储工作中所用到的必要信息。考虑工作所涉及的运营、管理和计划等多个方面。

7. 假设一个信息系统是按照 RAD 方法（见第 1 章）开发的。它的维护与采用传统生命周期开发的系统的维护有什么区别？原因是什么？

8. 软件配置管理与任何工程环境下的配置管理一样。例如，一台冰箱的产品设计工程师需要协调各种动态变化，如压缩机、电动机、电子控制、内部特性和外部设计等。这个产品设计工程师应如何管理他的产品配置？有哪些类似的活动是系统分析员和系统管理员应该遵守的？

9. 在PVF公司的WebStore一节中，提到吉姆会准备一个ISP服务供应商的清单。请你准备这样一个清单。比较ISP和PVF各自有什么责任。

参考文献

Andrews, D. C., and N. S. Leventhal. 1993. *Fusion: Integrating IE, CASE, JAD: A Handbook for Reengineering the Systems Organization*. Upper Saddle River, NJ: Prentice Hall.

Hanna, M. 1992. "Using Documentation as a Life-Cycle Tool." *Software Magazine* 6(December): 41–46.

Kaplan, S. 2002. "Now Is the Time to Pull the Plug on Your Legacy Apps." *CIO Magazine*, March 15. Available at *www.cio.com/archive/031502/infrastructure.html*. Accessed February 14, 2009.

Legard, D. 2000. "Study: Online Maintenance Costs Just Keep Growing." *InfoWorld*, November 8. Available at *archive.infoworld.com/articles/hn/xml/00/11/08/001108hnmaintain.xml*. Accessed February 14, 2009.

Lytton, N. 2001. "Maintenance Dollars at Work." *ComputerWorld*, July 16. Available at *www.computerworld.com/managementtopics/roi/story/0,10801,62240,00.html*. Accessed February 14, 2009.

Martin, E. W., C. V. Brown, D. W. DeHayes, J. A. Hoffer, and W. C. Perkins. 2008. *Managing Information Technology: What Managers Need to Know*, 6th ed. Upper Saddle River, NJ: Prentice Hall.

Orr, S. 2005. "Design and Generate Code with Visio." Dotnetjunkies, March 7. Available at *www.dotnetjunkies.com/Article/74851895-C4D4-4F11-956D-A27D849E4A62.dcik*. Accessed February 14, 2009.

Pressman, R. S. 2005. *Software Engineering*, 6th ed. New York: McGraw-Hill.

Worthen, B. 2003. "No Tolerance for High Maintenance." *CIO Magazine*, July 1. Available at *www.cio.com/archive/060103/vendor.html*. Accessed February 14, 2009.

百老汇娱乐公司

◆ 为客户关系管理系统设计一个维护计划

◇ 案例介绍

MyBroadway 是俄亥俄州森特维尔百老汇娱乐公司（BEC）的基于 Web 的客户关系管理系统，卡丽·道格拉斯为该公司经理。斯蒂尔沃特州立大学的学生并不熟悉系统开发中维护阶段的工作。他们学习过的编程课程、系统分析课程和系统设计课程，没有一个涉及有关这一阶段的内容。而 MyBroadway，由于它仅仅是一个原型系统，因此并没有设计成在学生们完成工作后还需要对其进行维护。坦恩教授，MIS 项目课程的导师，鼓励所有的学生小组要考虑维护问题，即使小组本身并不参与维护。

◇ 制定维护计划

MyBroadway 的团队成员对该信息系统维护的概念进行了讨论。结论是，每次原型迭代都类似于一次维护。在每次迭代中，可能会发生系统中的缺陷需要进行纠正，即纠错性维护；一个新的业务需求被识别，即适应性维护；一个希望的系统改进得以完成，即完善性维护；或系统可能改变以应对未来的问题，即预防性维护。目前，该小组已经完成了 MyBroadway 的多次迭代，例如增加模块或系统接口的改变。原型倾向于是非正式的和用户驱动的，所以严格控制变更并不合适。另一方面，许多小的改变需要付出相当大的努力，但似乎每次迭代对最终用户来说都是微不足道的，并且迭代永无止境，这也难以与团队成员繁忙的课程安排相适应。因此，需要采用系统的方法来处理变更，即使这些方法不是很正规，但可以使团队的工作效率更高。

斯蒂尔沃特的学生决定，赋予预防性维护最低的优先级，只有当没有其他的变更请求，或者它可以很容易地与其他变更一起完成时，才执行预防性维护。所有维护中，纠错性维护是重中之重。原型法是由对适应性变更和一定程度的完善性变更的识别来驱动的，所以这两种维护都很重要。学生们得出结论，原型法的维护就是一门设定优先级的艺术，需要对变更进行分组，使其同时完成，以获得一次迭代的最大效率。

鉴于上述意见，MyBroadway 的成员想出了一个处理变更请求的步骤（见 BEC 图 14—1）。客户和员工在使用迭代原型后提交的反馈表，是变更请求的一个来源。另一个来源是卡丽和商店员工关于适应性和完善性的建议。最后一个来源是由团队成员提出的意见。所有这些来源可以生成任何类型的请求，尽管卡丽和商店员工的建议及团队成员的意见不太可能是纠错性维护请求。来源不分先后，但变更请求将按下面的模块分组：

1. 电影推荐
2. 电影租赁协议
3. 电影租赁请求和存货检查
4. 租赁状况

5. 娱乐追踪接口
6. 数据库

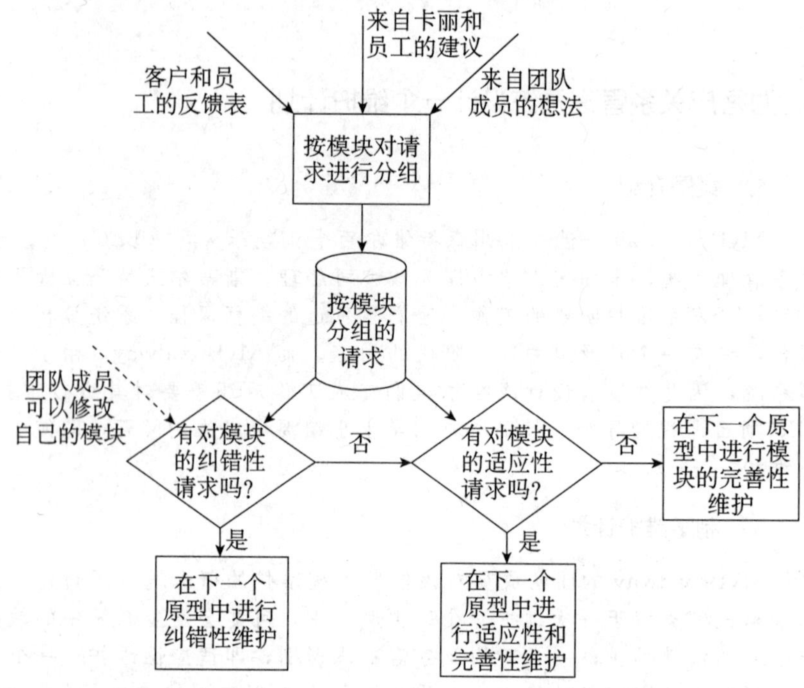

BEC 图 14—1　MyBroadway 原型的维护流程

每个成员负责一个模块。纠错性请求将尽快完成，而不考虑其优先级或能否与其他请求打包在一起。也就是说，当一个成员对负责的系统模块进行维护时，他将尽量处理等待队列中的所有纠错性请求，并创建一个包括这些变更的新迭代原型。如果队列中没有纠错性维护，而成员又有时间，就可以为自己的模块实施任何适应性请求。完善性请求将被暂时搁置，直到某个需要处理的适应性请求涉及它。因为需要尽可能高效地开发原型来处理目前已经识别的需求，所以预防性请求的优先级最低，除非没有其他的请求需要处理，否则不会处理。

BEC 团队的学生认为，这个流程既为他们制定了原则，又为他们提供了机会，使得他们为每次迭代所付出的努力更有效果。通过按模块对变更进行分组，每个学生负责自己最熟悉的模块，这将使他们能够最准确地实施变更，同时也获得最大的动力。

◇ 案例小结

这是最后一个 BEC 案例。你有结论了吗？并非如此。MyBroadway 项目的结果仍取决于斯蒂尔沃特的学生如何处理所有的变更并迭代系统原型。他们的成功也取决于你在本章和前面章节对他们的指导，以及你对案例问题的回答。系统开发项目的成功来自小组成员在每个阶段所做的杰出工作。正如有经验的系统开发员常说，“成功在于细节”。项目必须有充分的计划，要管理好资源，必须符合甚至超越用户的需求，还要顺利平稳地实施。你有机会批判斯蒂尔沃特的学生的系统开发的每个步骤。我们相信你一定发现了其中的一些缺陷，并提出了一些可以带来明显改进的建议。同行的批评和审查是专业系统分析和设计的基石。

问题

1. 评价 BEC 图 14—1 中的原型/维护步骤。你有哪些改进建议？为什么？

2. 你认为将每个成员分配到一个模块的优点是什么？这一资源分配模式的缺点是什么？

3. BEC 图 14—1 中的步骤是否适当地满足了典型网站的维护需求？你认为缺少什么内容？

4. 数据库模块将实行什么类型的变更？将其作为一个单独模块的原因是什么？

5. 娱乐追踪模块将实行什么类型的变更？是否可以将该模块与数据库模块打包分配给一个团队成员？请解释你的答案。

6. 维护不仅包括系统本身，还包括对所有系统文档的维护。由于 MyBroadway 团队使用的是原型法，因此，当维护请求是为了纠正需求分析、系统分析或系统设计等环节的缺陷或不足时，每个团队成员更新由之前各阶段所产生文档的职责是什么？

术语表

抽象类（abstract class） 一个自身没有直接实例，但其后代可以有直接实例的类。(8)

抽象操作（abstract operation） 定义了操作的形式或规则，而不关注其实施。(8)

验收测试（acceptance testing） 实际使用者测试一个完整系统的流程，其最终结果是使用者对系统的接收。(13)

行动段（action stubs） 决策表的一部分，列出给定条件下导致的行动。(7)

激活期（activation） 一个对象执行操作的时间段。(7)

活动图（activity diagram） 表明为完成一个业务流程所需要的系统活动顺序的条件逻辑。(7)

参与者（actor） 与一个系统交互的外部实体。(7)

适应性维护（adaptive maintenance） 为使系统适应变化的业务需求或技术所做的变更。(14)

近邻聚类（affinity clustering） 一种合理规划矩阵信息的过程，以便聚类中一些具有相似预定义水平或类型的信息在矩阵中被放在相邻的位置。(4)

聚合（aggregation） 一个组件对象和一个聚合对象间的部分关系。(8)

α 测试（alpha testing） 用户利用模拟数据对完整的信息系统进行的测试。(13)

分析（analysis） 系统开发生命周期的第二个阶段，在该阶段需要完成系统需求的研究和构建。(1)

应用程序界面（application program interface，API） 用来确保系统基本功能，如用户界面和打印功能的软件构建模块，对该模块进行标准化以便于客户端和服务器之间的数据交换。(12)

应用服务器（application server） 主要完成数据分析功能的处理服务器。(12)

应用软件（application software） 用于支持组织功能或流程的计算机软件。(1)

关联（association） 对象类之间的命名关系。(8)

关联角色（association role） 与一个类相连的一个关联的末端。(8)

关联类（associative class） 一个具有自身的属性或操作，或是参与到与其他类的关系中的关联。(8)

关联实体（associative entity） 一种与一个或多个实体类型的实例相关联的实体类型，该实体中包含的属性是这些实体实例之间的联系所特有的。(8)

异步信息（asynchronous message） 消息发送者不必等候接收者处理的信息。(7)

属性（attribute） 与组织相关的一个实体的本质或特征。(8)

平衡（balancing） 当一个数据流图的流程被分解为更低层级时，该流程的输入和输出要守恒。(7)

基线模块（baseline modules） 已经通过测试、记录，并且被包含在最新版本系统中的软件模块。(14)

基线项目计划（Baseline Project Plan，BPP） 在项目启动和计划阶段得到的主要可交付成果，包含对一个项目的范围、利润、成本、风险、资源需求的最优估计。（5）

行为（behavior） 表示一个对象如何实施行为和作出反应。（8）

***β* 测试**（beta testing） 用户利用实际环境中的真实数据对完整的信息系统进行的测试。（13）

二元联系（binary relationship） 两个实体类型实例间的联系，也是数据建模中最常见的联系类型。（8）

自底向上规划（bottom-up planning） 一种通用的信息系统规划方法，从解决业务问题或获取业务机会的角度明确并定义信息系统开发项目。（4）

盈亏平衡分析（break-even analysis） 用于确定盈亏平衡点（如果存在）的一类成本效益分析。（5）

构建规程（build routines） 由源代码构建可执行系统的指南。（14）

商业论证（business case） 一个信息系统的构建理由，说明了该系统有形和无形的经济收益及成本，以及所建议系统的技术和组织可行性。（5）

业务流程再造（business process reengineering，BPR） 在业务流程中发现本质的变化并予以实施，以实现产品和服务的突破性改善。（6）

计算字段（calculated field） 一个可以从其他的数据库字段派生出来的字段，也称为派生字段。（9）

候选键（candidate key） 能够唯一标识实体类型中每个实例的一个属性（或一组属性）。（8）

基数（cardinality） 实体 B 的实例可以（或必须）与每个实体 A 的实例关联的实例个数。（8）

层叠样式表（Cascading Style Sheets，CSS） 说明 Web 浏览器文档显示风格的一系列样式原则的集合。（12）

类图（class diagram） 表示一个面向对象模型对象类、其内部结构和它们所参与关系的静态结构。（8）

类范围属性（class-scope attribute） 一个为整个类定义属性值，而不是为某个实例定义属性值的属性。（8）

类范围操作（class-scope operation） 应用于类而不是对象实例的操作。（8）

客户端（client） 客户端/浏览器的前端部分，提供用户界面和数据操作功能。（12）

客户端/服务器架构（client/server architecture） 一种基于局域网的计算机环境，在该环境中由中央数据库服务器或引擎执行所有客户端工作站发出的数据库命令，每个客户端的应用程序只着重于用户界面功能。（12）

封闭式问题（closed-ended questions） 面谈中那些让被面谈者从特定答案中做出选择的问题。（6）

云计算（cloud computing） 在互联网上提供计算资源或应用程序，使得用户不必投资购买运行和维护这些资源所需的计算基础设施。（2）

命令语言交互（command language interaction） 用户通过向系统输入明确的命令语句来调用操作的人机交互方法。（11）

竞争战略（competitive strategy） 一个组织试图实现其使命和目标的方法。（4）

复合属性（composite attribute） 每个组成部分都具有意义的属性。（8）

复合（composition） 组件只能属于一个整体对象，并且组件的存在依赖于其整体对象的部分关系。（8）

计算机辅助软件工程（computer-aided software engineering，CASE） 为部分系统开发流程提供自动化支持的软件工具。（1）

概念数据模型（conceptual data model） 用于描述与数据库管理系统或其他实施事项独立的整个组织数据结构的详细模型。（8）

具体类（concrete class） 一个有直接实例的类。（8）

条件段（condition stubs） 决策表中列出与决策相关的条件的部分。（7）

配置管理（configuration management） 确保系统的每个改动都是经过授权的管理行为。（14）

构造符操作（constructor operation） 创建一个类的一个新实例的操作。（8）

内容管理系统（content management system，CMS） 用于收集、组织和发布网站内容的一类特殊软件应用。（12）

上下文开发（context development） 帮助分析员更好地理解一个系统是如何适应当前业务活动和数据的方法。（12）

上下文图（context diagram） 一个组织系统的大致框架，展示了系统边界、与系统交互的外部实体以及实体与系统间的主要信息流。（7）

Cookie 片（Cookie crumbs） 一种在网页上放置"标签"的技术，表明一个用户当前所处网站位置及其历史浏览记录。（11）

企业战略规划（corporate strategic planning） 明确一个组织的使命、目标和战略的持续过程。（4）

纠错性维护（corrective maintenance） 对系统做出修改，以便修复系统设计、编码和实施中存在的缺陷。（14）

关键路径进度表（critical path scheduling） 一种进度安排技术，它的顺序和每项任务活动的持续时间直接影响了项目的完工日期。（3）

关键路径（critical path） 一个项目可以完成的最短时间。（3）

定制（customization） 允许用户依据个人偏好来确定所要浏览内容的网站。（12）

数据流图（data flow diagram，DFD） 描述外部实体、加工及系统内部数据存储间数据移动的图表。（7）

数据集市（data mart） 一个在有限范围内的数据仓库，其数据来源是对企业数据仓库中数据的选择和（在适当地方）汇总。（12）

数据存储（data store） 静止的数据，可以表示多种不同的物理形式。（7）

数据类型（data type） 由系统软件识别的用于表示组织数据的编码方案。（9）

数据仓库（data warehouse） 一种用于支持管理决策的、面向主题的、集成的、随时间变化的、永久的数据集合。（12）

数据库引擎（database engine） 运行在服务器上的客户端/服务器数据库系统的后端部分，提供数据库处理和共享访问功能。（12）

决策表（decision table） 以矩阵形式表示的逻辑决策，明确了每个决策的可能条件以及由此产生的行为。（7）

缺省值（default value） 在没有对一个字段明确赋值的情况下，该字段具有的假设值。（9）

度（degree） 与关系相关的实体类型的数量。（8）

可交付成果（deliverable） 一个系统开发生命周期阶段的最终产物。（3）

去规范化（denormalization） 基于行以及字段使用的相似性，将规范化关系分割或合并到物理表中的过程。（9）

派生属性（derived attribute） 属性值可以由其他相关属性的值计算得出的属性。(8)

设计（design） 系统开发生命周期的第三个阶段，在该阶段中，需要将可选的解决方案转换为逻辑以及物理系统规范文档。(1)

桌面检查（desk checking） 一种由审查员手动按顺序执行程序代码的测试技术。(13)

数据流图完整性（DFD completeness） 一个数据流图中包含所有必要组件并对其完整描述的程度。(7)

数据流图一致性（DFD consistency） 包含在数据流图一个层级图表中的信息也必须包含在其他层级中。(7)

对话图（dialogue diagramming） 使用框和线来设计和表示人机对话的规范方法。(11)

对话（dialogue） 用户和系统间的交互序列。(11)

直接转换（direct installation） 通过废弃旧的信息系统、启用新的信息系统来完成新旧信息系统间的转换。(13)

贴现率（discount rate） 用于计算未来现金流现值的回报率。(5)

不相交规则（disjoint rule） 如果一个超类的实体实例是某个子类的成员，那么它不能同时是另一个子类的成员。(8)

破坏性技术（disruptive technologies） 使那些长期存在的抑制企业实现彻底业务改善的业务规则得到突破的技术。(6)

域名系统（domain naming system (BIND)） 一种将互联网域名转换为互联网协议地址的方法。BIND 是加州大学伯克利分校的互联网域名的英文首字母缩写。(12)

域（domain） 一个属性可能设定的一系列数据类型和取值范围。(8)

下拉式菜单（drop-down menu） 一种菜单定位方式，在画面的顶行放置菜单的连接点，连接后，菜单在画面上以下拉的方式打开。(11)

经济可行性（economic feasibility） 明确与开发项目相关的收益和成本的过程。(5)

电子商务（electronic commerce，EC） 支持日常商务活动的基于互联网的通信。(4)

电子数据交换（electronic data interchange，EDI） 在各组织间使用电子通信技术来直接传输业务文档。(4)

电子性能支持系统（electronic performance support system，EPSS） 嵌入培训和教育信息的一个软件包组件或应用软件。一个电子性能支持系统可以有多种形式，包括教程、专家系统外壳，以及参考文献的超文本链接。(13)

封装（encapsulation） 在一个对象的外部视图中隐藏了该对象内部实现细节的技术。(8)

企业数据仓库（enterprise data warehouse，EDW） 一个集中式的、集成的数据仓库，是所有数据的控制点和单一来源，这些数据将提供给终端用户以实现整个组织的决策支持应用。(12)

企业资源计划系统（enterprise resource planning (ERP) systems） 一个将单一的传统业务功能集成为一系列模块的系统，以便单一的业务发生在单一无缝的信息系统而不是多个单独的系统中。(2)

实体实例（entity instance） 一个实体类型的具体存在，有时也简称为实例。(8)

实体类型（entity type） 具有共同属性或特征的实体的集合。(8)

实体—联系数据模型（entity-relationship data model，E-R model） 组织内或业务领域内数据元素的详细的逻辑表示方法。(8)

实体—联系图（entity-relationship diagram，E-R diagram） E-R 模型的图形化表示方法。(8)

扩展关系（extend relationship） 两个用例之间的关联，其中一个用例增加了另一个用例的行为或动作。(7)

可扩展标记语言（eXtensible Markup Language，XML） 一种允许设计人员创建自定义标签，在不同的应用程序间进行数据定义、传输、验证及说明的互联网语言。(12)

可扩展样式语言（eXtensible Style Language，XSL） 生成 HTML 文件时，用于将文件内容和样式相分离的规范。(12)

扩展（extension） 用例主要成功场景之外的用例内部行为或功能的集合。(7)

外部文档（external documentation） 包括结构化绘图技术成果的系统文档，如数据流图和实体—联系图。(13)

企业外部网（Extranet） 基于互联网的通信，用于支持企业之间的业务活动。(4)

可行性研究（feasibility study） 明确一个所提议的信息系统是否对组织的经济效益和运行方面有积极作用的研究。(3)

字段（field） 由系统软件识别的应用数据最小命名单位。(9)

文件组织（file organization） 一种记录文件物理安排的技术。(9)

文件服务器（file server） 一种管理文件操作并由连接到局域网中的每个客户端用户共享的设备。(12)

外键（foreign key） 在一个关系中不作为主键，但在另一个关系中作为主键（或主键的一部分）的属性。(9)

表单（form） 一个包含了一些预定义数据并可能在其中一些区域中填充了额外数据的业务文档。一个表单的记录通常基于一个数据库记录。(10)

表单交互（form interaction） 一种非常直观的人机交互方法，其中数据字段的格式与纸质表格中的类似。(11)

正式系统（formal system） 系统按照组织文档所描述的那样运作的正规方式。(6)

功能分解（functional decomposition） 将一个系统分解为更详细部分的迭代过程，过程中将创建一系列图表，给定图表中的加工将会在另一图表中描述得更为详细。(7)

函数依赖（functional dependency） 两个属性间的约束，其中一个属性值由另一个属性值决定。(9)

甘特图（Gantt chart） 一个项目的图形化表示方法，每一项任务都以水平条表示，水平条的长度与该任务的完成时间成正比。(3)

差距分析（gap analysis） 发现两个或两个以上数据流图集之间或单一数据流图内部不一致处的流程。(7)

哈希文件组织（hashed file organization） 一种文件组织方法，其中每行的地址都是由算法确定的。(9)

帮助台（help desk） 对特定信息系统的所有用户或对某一特定部门的所有用户提供查询和问题援助的单一联络点。(13)

同名异义属性（homonym） 同一个名称表示多个属性或特征。(9)

超文本标记语言（Hypertext Markup Language，HTML） 利用数百个命令标签来表示网页内容的标准语言。(12)

超文本传输协议（Hypertext Transfer Protocol，HTTP） 一个在互联网上交换信息的通信协议。(12)

图标（icon） 表示系统内特定功能的图片。(11)

标识符（identifier） 所选出的用于唯一标识一个实体类型的候选键。(8)

实施（implementation） 系统开发生命周期的第四个阶段，在该阶段中需要对信息系统进行编码、测试、安装以支持组织。(1)

包含关系（include relationship） 两个用例间的关联，其中一个用例使用了包含在另一个用例中的功能。(7)

循序渐进式承诺（incremental commitment） 一个系统分析和设计的战略，在每个阶段实施之后评估项目，重新确定其是否继续实施。(4)

索引（index） 用于确定满足某种条件的文件中行位置的表。(9)

索引文件组织（indexed file organization） 一种文件组织方法，在该组织中行既可以按照某种顺序存储，也可以随意存储，创建索引来允许软件对单独的行进行定位。(9)

无关条件（indifferent condition） 在一个决策表中，无关条件的值对于两个或多个规则下应采取哪个行动不产生影响。(7)

非正式系统（informal system） 系统实际的运作方式。(6)

信息系统分析与设计（information systems analysis and design） 一种复杂的组织流程，在该流程中需要开发并维护基于计算机的信息系统。(1)

信息系统规划（information systems planning，ISP） 一种评估组织中信息需求，并定义了最优满足这些需求的系统、数据库以及技术的有序方法。(4)

情报系统（informational systems） 基于实时稳定或历史的数据来支持决策的系统。(12)

继承（inheritance） 实体类或对象类以一种层级方式排列，每个实体类或对象类默认拥有其祖先，即高层次类的属性和方法。继承可以从已有类中得出新的相关类。(1)

代码审查（inspections） 一种测试技术，参与者检查程序编码中可预见的特定语言错误。(13)

转换（installation） 从当前信息系统转换到新信息系统的过程。(13)

无形收益（intangible benefit） 创建一个信息系统可以带来的不能准确用现金衡量的收益。(5)

无形成本（intangible cost） 与一个信息系统相关的不能准确用现金衡量的成本。(5)

集成深度（integration depth） 测量在现有技术基础设施中系统渗透程度的一个指标。(12)

集成测试（integration testing） 为了测试而将所有的程序模块集成到一起的过程。模块通常以自顶向下、渐进的方式进行集成。(13)

界面（interface） 用户与信息系统交互的方法。(11)

内部文档（internal documentation） 程序源代码的一部分或在编译时自动生成的系统文档。(13)

互联网（Internet） 一个使用共同协议进行通信的大规模、世界范围内的网络。(4)

企业内部网（Intranet） 基于互联网的通信，用于在单一的组织内部支持业务活动。(4)

JAD 会议领导（JAD session leader） 计划和指挥联合应用设计会议的训练有素的个人。(6)

联合应用设计（Joint Application Design，JAD） 用户、管理者和分析员共同工作，通过几天一系列密集的会议详细说明和审查系统需求的结构化流程。(6)

关键业务流程（key business processes） 为了给特定的客户或市场生成特定的产物而设计的一系列结构化、标准化活动。(6)

法律及合同可行性（legal and contractual feasibility） 对由于某系统的构建所导致的潜在法律及合同问题进行评价的过程。(5)

层（level） 描写一个用例的角度，通常由高层次角度向非常详细的角度排列。(7)

第0层图（level-0 diagram） 以高层级展示系统主要加工、数据流、数据存储的数据流图。(7)

第*n*层图（level-*n* diagram） 将第0层图中的加工进行*n*次分解得到的数据流图。(7)

轻量级图片（lightweight graphics） 使用较小、简单的图片使得网页能够较快显示。(10)

局域网（local area network，LAN） 利用光缆、硬件和软件连接一个封闭地理区域内的工作站、计算机和文件服务器（通常在一栋大楼或校园内）。(12)

逻辑设计（logical design） 系统开发生命周期设计阶段的一部分，在该阶段中，对系统分析阶段所选择的功能特征进行描述，此描述独立于计算机平台。(1)

可维护性（maintainability） 软件易理解、易修改、易适用、易升级等特性。(14)

维护（maintenance） 对系统进行修改以修复或提高系统的性能。(14)

维护（maintenance） 系统开发生命周期的最后一个阶段，在该阶段需要对一个信息系统进行系统化的修改和提升。(1)

平均故障间隔时间（mean time between failures，MTBF） 测量错误发生情况的指标，可以通过持续追踪来判断一个系统的质量。(14)

菜单交互（menu interaction） 一种人机交互方法，该方法提供了一系列的系统选项，以及用户选择某个菜单选项时所调用的特定命令。(11)

方法（method） 一个操作的实施。(8)

中间件（middleware） 一种硬件、软件，以及通信技术的结合，将数据管理、表示以及分析集成到一个三层客户端/服务器环境中。(12)

最低保证（minimal guarantee） 一个用例向利益相关者作出的最低承诺。(7)

使命声明（mission statement） 明确阐述一个企业所从事业务的说明。(4)

多重性（multiplicity） 表明参与到一个给定的关系中的对象数量的规定。(8)

多值属性（multivalued attribute） 可能导致每个实体实例有多个值的属性。(8)

自然语言交互（natural language interaction） 一种人机交互方法，该方法使用常规语言（如英语）向基于计算机的应用软件输入并获得输出。(11)

网络图（network diagram） 一个描述项目任务以及它们之间交互关系的图表。(3)

名义群体法（Nominal Group Technique，NGT） 一个支持群组共同产生创意的方法。开始时，群组成员独自思考创意，然后在训练有素的协助者的指导下将大家的创意汇集起来。(6)

规范化（normalization） 将复杂的数据结构转换为简单稳定的数据结构的过程。(9)

空值（null value） 一种与0、空白或其他值都不同的特殊字段值，表示该字段缺失或未知。(9)

对象（object） 一种封装了属性及操作于这些属性之上的方法（或放入包）的结构。一个对象是一个真实世界中事物的抽象，它将数据和流程放在一起，用以对真实世界中事物的结构和行为进行建模。(1)

对象（object） 在应用程序的域中具有定义明确的角色的实体，具有状态、行为和标识特征。(8)

对象类（object class） 一个有相同（或相似）属性和行为（方法）的逻辑对象分组。(1)

对象类（object class） 也称为类。一个具有相同（或相似）属性、关系和行为（方法）的逻辑对象分组。(8)

基于对象的交互（object-based interaction） 用符号表示命令或功能的一种人机交互方法。(11)

目标声明（objective statement） 表达一个组织的性质及其未来希望实现的目标的一系列说明。(4)

面向对象分析与设计（object-oriented analysis and design，OOAD） 基于对象而不是数据或流程的系统开发方法和技术。(1)

一次性成本（one-time cost） 与项目的启动及开发或系统的启动相关的成本。(5)

在线分析处理（online analytical processing，OLAP） 图形化软件工具的使用，对存储在数据库中的数据提供复杂的分析。(12)

在线事务处理（online transaction processing，OLTP） 对用户请求的即时自动响应。(12)

开放式问题（open-ended questions） 面谈时没有预先设定答案的问题。(6)

操作（operation） 一个类的所有实例都能提供的一种功能或一项服务。(8)

运行可行性（operational feasibility） 评估所建议系统能够在何种程度上解决业务问题或利用业务机会的过程。(5)

运营系统（operational systems） 用来与客户交互并实时执行业务的系统。(12)

可选属性（optional attribute） 对每个实体实例来说属性值可以为空的属性。(8)

组织宽度（organizational breadth） 跟踪系统影响的核心业务功能的测量指标。(12)

外包（outsourcing） 将部分或全部的组织信息系统应用开发或操作职责转交给外部公司的行为。(2)

重叠规则（overlap rule） 一个实体实例可以同时是两个或多个子类的成员。(8)

并行转换（parallel installation） 旧的信息系统和新的信息系统同时运行，直到管理者决定废弃旧的信息系统为止。(13)

部分特化规则（partial specialization rule） 规定超类中的实体实例可以不属于任何一个子类。(8)

完善性维护（perfective maintenance） 对系统所做的增加新的功能或提高系统性能的更改。(14)

个性化（personalization） 基于对用户的了解向用户提供互联网内容。(12)

计划评价与审查技术（Program Evaluation Review Technique，PERT） 一种利用乐观、悲观和现实时间评估计算一项特定任务预计所需时间的技术。(3)

分阶段转换（phased installation） 逐步将旧系统向新系统转换的过程，开始先运行某个或某些功能模块，然后逐渐扩大范围直到覆盖整个系统。(13)

物理设计（physical design） 系统开发生命周期设计阶段的一部分，在该阶段需要将系统逻辑设计阶段中得到的逻辑规范转换为技术细节，所有编程工作和系统构建可以据此完成。(1)

物理文件（physical file） 一系列具有名称的表行存储在二级内存连续部分中。(9)

物理表（physical table） 由行和列组成的集合，表中每行有确定的字段。(9)

规划（planning） 系统开发生命周期的第一个阶段，在该阶段需要识别、分析、排序并安排一个组织的总体信息系统需求。(1)

指针（pointer） 可以用来查找相关数据字段或数据行的数据字段。(9)

政策可行性（political feasibility） 评价组织内的关键利益相关者如何看待所建议系

统的过程。(5)

多态性（polymorphism） 相同的操作以不同的方式应用于两个或多个类中。(8)

弹出式菜单（pop-up menu） 一种菜单定位方式，在当前的光标位置附近显示菜单。(11)

前提条件（preconditions） 在某个用例启动之前必须符合的条件。(7)

现值（present value） 未来现金流的当前价值。(5)

预防性维护（preventive maintenance） 系统为避免未来可能出现的问题而做的更改。(14)

主键（primary key） 一个属性（或一组属性），其值在一个关系中是唯一的。(9)

基本数据流图（primitive DFD） 一个数据流图的最低层级的分解。(7)

加工（process） 导致数据进行转换、存储或分布的操作或动作。(7)

项目（project） 为了达到某个目标而有计划地进行相关活动，该活动通常有始有终。(3)

项目章程（project charter） 在项目启动阶段为用户准备的一份简短文档，它从高层次的角度介绍该项目的可交付成果和大致框架，以及完成该项目所需的全部工作。(3)

项目结束（project closedown） 项目管理过程的最后阶段，着重于完成该项目。(3)

项目执行（project execution） 项目管理过程的第三个阶段，在该阶段需要执行之前阶段（项目启动和计划）所提出的计划。(3)

项目启动（project initiation） 项目管理过程的第一个阶段，在该阶段需要评估项目的规模、范围以及复杂性，并且需要制定支持后续项目活动的规程。(3)

项目管理（project management） 一个项目启动、计划、执行以及结束的控制流程。(3)

项目经理（project manager） 具备一系列如管理、领导、技术、冲突管理以及客户关系管理等技能的系统分析人员，其负责一个项目的启动、计划、执行和结束。(3)

项目计划（project planning） 项目管理过程的第二个阶段，该阶段着重于定义清晰的、独立的活动，以及完成该项目每项活动所需的工作。(3)

项目范围说明书（Project Scope Statement，PSS） 为客户准备的从高层次的角度说明项目的可交付成果、大致框架以及完成该项目所需工作的文档。(5)

项目工作手册（project workbook） 一种在线或打印的资料库，包含所有用于执行项目审计、使新的团队成员熟悉项目、与管理者和客户沟通、识别未来项目，以及回顾之前项目的项目通讯、输入、输出、可交付成果、规程和标准。(3)

原型法（prototyping） 一个系统开发的迭代流程，通过分析员和用户间密切的交互不断进行修改，将需求转化为实际运作系统。(6)

查询操作（query operation） 一个访问对象状态但并不改变该状态的操作。(8)

快速应用开发（Rapid Application Development，RAD） 一种从本质上减少信息系统开发和实施所需时间的系统开发方法，快速应用开发依靠广泛的用户参与、原型法、集成的 CASE 工具和代码生成器。(1)

统一开发过程（Rational Unified Process，RUP） 一种面向对象的系统开发方法。由初始、细化、构造和移交四个阶段构成。每个阶段都被分为多个独立的迭代过程。(1)

衍生成本（recurring cost） 因一个系统的持续演化和使用而耗费的成本。(5)

递归外键（recursive foreign key） 引用同一个关系中的主键的外键。(9)

再造（reengineering） 读入程序源代码作为输入的自动化工具；对程序数据和逻辑进行分析；然后自动或与系统分析员交互，更改现有系统以提高其质量和性能。(14)

重构（refactoring） 通过增加一个新功能来简化程序。(13)

参照完整性（referential integrity） 说明每个外键的值必须与另一关系中的主键值相对应，或者外键的值必须为空（没有值）的规定。(9)

关系（relation） 具有名称的二维表，每个关系都包含一定数量已命名的列和任意数量未命名的行。(9)

关系数据库模型（relational database model） 将数据表示为一系列相关的表和关系的模型。(9)

联系（relationship） 与组织相关的一个或多个实体类型的实例间存在的关联。(8)

重复组（repeating group） 逻辑相关的一组两个或两个以上的多值属性。(8)

报表（report） 只包含预定义数据，仅能用于阅读和查看的业务文档；报表通常包含许多不相关记录和交易产生的数据。(10)

征求建议书（request for proposal，RFP） 向供应商提供的一种文档，让它们提出满足新系统需求的硬件及系统软件的可行方案。(2)

必要属性（required attribute） 对每个实体实例来说属性值都必须非空的属性。(8)

资源（resources） 在完成一项活动过程中所使用的人员、小组、设备或材料。(3)

复用（reuse） 在新的应用程序中使用之前编写的软件资源，特别是对象和组件。(2)

逆向工程（reverse engineering） 读入程序源代码作为输入的自动化工具，它能够创建设计层面信息的图形和文字表达方式，如程序的控制结构、数据结构、逻辑流以及数据流。(14)

规则（rules） 决策表中说明所给条件将会导致哪种行为出现的部分。(7)

进度可行性（schedule feasibility） 一个评估过程，用来判断项目主要活动的潜在时间框架和完成日期能够满足组织截止日期及影响变革的约束条件的程度。(5)

记录员（scribe） 在联合应用设计会议期间详细记录所发生事件的人。(6)

第二范式（second normal form，2NF） 每个非主键都完全函数依赖于主键。(9)

次键（secondary key） 多个数据行可能具有相同组合值的一个或一组字段。(9)

顺序图（sequence diagram） 描述一定时间内对象间的交互的图表。(7)

顺序文件组织（sequential file organization） 一种文件组织方法，在该方法中文件的行依据主键值按顺序存储。(9)

面向服务架构（Service-Oriented Architecture，SOA） 一种通过组装软件组件而构建完整系统的系统开发方法，其中每个组件都具有一定的功能。(1)

简单消息（simple message） 由发送者向接收者传递控制的消息，该消息中并不包含通信的细节。(7)

单点转换（single-location installation） 在某个地点试用一个新信息系统，利用经验决定该信息系统是否应该部署在组织中。(13)

松弛时间（slack time） 在不推迟一个项目完成时间的情况下，一项活动可以被推迟的时间量。(3)

来源/去向（source/sink） 数据的原始来源或要到达的目的地，有时称为外部实体。(7)

利益相关者（stakeholder） 能够从正在开发的系统中获得利益的人。(7)

状态（state） 包含一个对象的特征（属性和关系）及特征的取值。(8)

桩测试（stub testing） 在测试模块特别是以自顶向下方式编写和测试的模块中使用的技术，该技术中用代码代替其下属模块。(13)

子类（subtype） 组织中某个实体类型的有意义的子集，此子集既与该实体分享共同的属性或联系，又与其他子集不同。(8)

成功保证（success guarantee） 为了满足利益相关者的需求，一个用例必须有效完成的事件。(7)

超类（supertype） 与一个或多个子类有关系的通用的实体类型。(8)

支持（support） 为信息系统用户提供的持续的教育与问题解决援助。对于内部开发的系统来说，需要准备和设计的支持材料和工作作为实施过程的一部分。(13)

同步消息（synchronous message） 调用者必须等待接收对象完成被调用操作，才能继续执行自身操作的消息。(7)

同义异名属性（synonym） 相同的属性使用两个不同的名称。(9)

系统文档（system documentation） 关于系统设计规格、系统内部运作以及系统功能的详细信息。(13)

系统管理员（system librarian） 系统开发和维护时，负责控制系统基线模块签入及签出的人员。(14)

系统测试（system testing） 为了测试而将系统包含的所有程序集成到一起。程序通常以自顶向下、渐进的方式集成。(13)

系统分析员（systems analyst） 主要负责信息系统分析和设计的组织成员。(1)

系统开发生命周期（systems development life cycle，SDLC） 用于信息系统开发、维护和替换的传统方法。(1)

系统开发方法（systems development methodology） 组织在构建信息系统时需要遵循的标准流程，包含以下必要步骤：分析、设计、实施、维护。(1)

有形收益（tangible benefit） 信息系统的创建能够带来的，可以准确计算并以现金衡量的收益。(5)

有形成本（tangible cost） 与信息系统相关的，可以精确计算并以现金衡量的成本。(5)

技术可行性（technical feasibility） 评估开发组织构建一个提议系统的能力的过程。(5)

基于模板的HTML（template-based HTML） 使用模板来显示和处理较高层次的共同属性和更为抽象的条目。(10)

三元联系（ternary relationship） 三个实体类型的实例间的同步联系。(8)

瘦客户端（thin client） 大部分数据处理及数据存储都发生在服务器的客户端设备。(12)

第三范式（third normal form，3NF） 符合第二范式，并且两个（或更多）非主属性间不存在功能（传递）依赖的关系。(9)

三层客户端/服务器架构（three-tiered client/server） 高级的客户端/服务器架构，在其架构中有三个不同的逻辑应用系统，分别是数据管理、表示和分析，它们结合成为单一的信息系统。(12)

货币时间价值（time value of money，TVM） 当前的货币价值比未来相同金额的货币价值更高。(5)

自顶向下规划（top-down planning） 一种通用的信息系统规划方法，该方法试图获取对整个组织中信息系统需求的大致理解。(4)

总体特化规则（total specialization rule） 规定每个超类的实体实例必须是关系中某个子类的成员。(8)

触发器（trigger） 发起一个用例的事件。（7）

触发器（triggering operation，trigger） 一个管理数据如插入、修改和删除等处理操作有效性的判断或规则。（8）

一元联系（unary relationship） 一个实体类型的实例间的联系，也称为递归联系。（8）

单元测试（unit testing） 每个模块被单独测试，以试图发现其代码错误。（13）

更新操作（update operation） 改变一个对象状态的操作。（8）

可用性（usability） 对系统在支持特定用户完成特定任务时所表现出的性能的总体评价。（10）

用例（use case） 系统响应用户请求时，对其在各种情况下的行为或功能的描述。（7）

用例图（use case diagram） 一个显示系统行为，以及与该系统交互的主要参与者的图形。（7）

用户文档（user documentation） 关于一个应用系统如何工作以及如何使用的书面记录或其他可视化信息。（13）

价值链分析（value chain analysis） 分析组织活动以确定产品/服务的价值增值环节，以及随之产生的成本。为了实现组织运作和性能的改进，通常还包括与其他组织的活动、增值及成本的比较。（4）

走查（walkthrough） 仔细审查系统开发流程中得到的产物，也称为结构化走查。（5）

结构良好的关系（well-structured relation） 一个包含最小冗余量的关系，使得用户可以插入、修改和删除行，而不会引起错误或不一致。也可称为表。（9）

任务分解结构（work breakdown structure） 把项目分解成多个可管理的任务，并按逻辑关系将它们排序，以保证任务间的平稳进展。（3）

尊敬的老师：

您好！

为了确保您及时有效地申请培生整体教学资源，请您务必完整填写如下表格，加盖学院的公章后传真给我们，我们将会在2～3个工作日内为您处理。

请填写所需教辅的开课信息：

采用教材		□ 中文版 □ 英文版 □ 双语版	
作　者		出版社	
版　次		ISBN	
课程时间	始于　年　月　日	学生人数	
	止于　年　月　日	学生年级	□ 专科　□ 本科 1/2 年级 □ 研究生　□ 本科 3/4 年级

请填写您的个人信息：

学　校			
院系/专业			
姓　名		职　称	□ 助教 □ 讲师 □ 副教授 □ 教授
通信地址/邮编			
手　机		电　话	
传　真			
official email（必填） （eg：×××@ruc. edu. cn）		email （eg：×××@163. com）	
是否愿意接受我们定期的新书讯息通知：　□ 是　□ 否			

系/院主任：________（签字）

（系 / 院办公室章）

____年___月___日

资源说明：

—常规教辅资源（PPT、教师手册、题库等）：请访问 www. pearsonhighered. com/educator（免费）

—MyLabs/Mastering 系列在线平台：适合老师和学生共同使用，访问需要 Access Code（付费）

100013　北京市东城区北三环东路 36 号环球贸易中心 D 座 1208 室

电话：（8610）57355169

传真：（8610）58257961

Please send this form to：Service. CN@pearson. com

Website：www. pearsonhighered. com/educator

教师教学服务说明

中国人民大学出版社工商管理分社以出版经典、高品质的工商管理、财务会计、统计、市场营销、人力资源管理、运营管理、物流管理、旅游管理等领域的各层次教材为宗旨。为了更好地服务于一线教师教学，近年来工商管理分社着力建设了一批数字化、立体化的网络教学资源。教师可以通过以下方式获得免费下载教学资源的权限：

（1）在“人大经管图书在线”（www. rdjg. com. cn）注册并下载“教师服务登记表”，或直接填写下面的“教师服务登记表”，加盖院系公章，然后邮寄或传真给我们。我们收到表格后将在一个工作日内为您开通相关资源的下载权限。

（2）如果您有“人大出版社教研服务网络”（http：//www. ttrnet. com）会员卡，可以将卡号发到我们的电子邮箱，无须重复注册，我们将直接为您开通相关专业领域教学资源的下载权限。

如您需要帮助，请随时与我们联络：

中国人民大学出版社工商管理分社

联系电话：010-62515735，62515749，82501704

传真：010-62515732，62514775　　　　电子邮箱：rdcbsjg@crup. com. cn

通讯地址：北京市海淀区中关村大街甲 59 号文化大厦 1501 室（100872）

教师服务登记表

<table>
<tr><td>姓 名</td><td></td><td>□先生　□女士</td><td>职　　称</td><td colspan="2"></td></tr>
<tr><td>座机/手机</td><td colspan="2"></td><td>电子邮箱</td><td colspan="2"></td></tr>
<tr><td>通讯地址</td><td colspan="2"></td><td>邮　　编</td><td colspan="2"></td></tr>
<tr><td>任教学校</td><td colspan="2"></td><td>所在院系</td><td colspan="2"></td></tr>
<tr><td rowspan="3">所授课程</td><td>课程名称</td><td>现用教材名称</td><td>出版社</td><td>对象（本科生/研究生/MBA/其他）</td><td>学生人数</td></tr>
<tr><td></td><td></td><td></td><td></td><td></td></tr>
<tr><td></td><td></td><td></td><td></td><td></td></tr>
<tr><td colspan="2">需要哪本教材的配套资源</td><td colspan="4"></td></tr>
<tr><td colspan="2">人大经管图书在线用户名</td><td colspan="4"></td></tr>
<tr><td colspan="6">院/系领导（签字）：
院/系办公室盖章</td></tr>
</table>